Fit für den Rat

Kommunale Gesetzestexte
für das Saarland im Überblick

UNION
STIFTUNG

Fit für den Rat

Kommunale Gesetzestexte für das Saarland im Überblick

Eine Handreichung der UNION STIFTUNG

Die Angaben in diesem Buch wurden mit Sorgfalt aus öffentlichen Quellen und nach bestem Gewissen zusammengetragen.

Bitte beachten Sie, dass unsere Angabe über die Fundstelle des jeweiligen Gesetzes bzw. der jeweiligen Verordnung die Veröffentlichung des gesamten Textes im Amtsblatt des Saarlandes betrifft. Sofern einzelne Paragraphen seit Veröffentlichung geändert werden, wird im Saarland die Vorschrift in der Regel nicht nochmals vollständig neu im Amtsblatt veröffentlicht (sondern nur der geänderte Paragraph).

Die vorliegend abgedruckte Fassung ist aber – unabhängig von der Veröffentlichung der ursprünglichen Vorschrift – die aktuelle Regelung.

Grundlage der hier abgedruckten Texte: https://www.recht.saarland.de

Bibliografische Information der Deutschen Nationalbibliothek:
Die Deutsche Nationalbibliothek verzeichnet diese Publikation in der Deutschen Nationalbibliografie; detaillierte bibliografische Daten sind im Internet über http://dnb.d-nb.de abrufbar.

ISBN 978-3-9822386-7-8

4. Auflage 2024

Herausgeber:	Union Stiftung e. V., Steinstraße 10, 66115 Saarbrücken
Druck:	Kern GmbH, In der Kolling 120, 66450 Bexbach
Satz:	Sandro Spaniol, Rosenstraße 3, 66111 Saarbrücken
Coverfoto:	Josef Bonenberger

Vorwort

Die Union Stiftung legt mit „Fit für den Rat“ ein Überblickswerk für die Arbeit in den Kommunen vor, deren Aufgabe es sein soll, Mitbürgern, die sich kommunalpolitisch engagieren wollen oder sich bereits engagieren, bei ihrer ehrenamtlichen Arbeit zu unterstützen.

Für unser Gemeinwesen ist es unbezahlbar, dass möglichst viele Frauen und Männer sich dafür begeistern, sich ehrenamtlich für ihre Gemeinde, ihre Stadt, ihr Land, ihren Landkreis oder den Regionalverband Saarbrücken zu engagieren und eigene Erfahrung und eigenes Wissen zum Wohle aller Bürger einzubringen. Ihr Entschluss, sich ehrenamtlich zu engagieren, ist nicht nur wichtig für unsere Demokratie, sondern für das Zusammenleben aller Menschen vor Ort. Die Vielfältigkeit der Probleme, die vor Ort gelöst werden können und müssen, verlangt Sachkunde und stellt Sie vor eine hohe Verantwortung.

In „Fit für den Rat“ haben wir eine Vielzahl gesetzlicher Regelungen – nicht nur das Kommunalselbstverwaltungsgesetz – zusammengetragen, die den rechtlichen Rahmen beschreiben, aber auch Möglichkeiten aufzeigen, zu gestalten. Das Werk soll es Ihnen ermöglichen, die einschlägigen Vorschriften einfach zu finden und nachzuschlagen.
In dieser Auflage haben wir alle Gesetze auf den bis zum Zeitpunkt der Drucklage aktuellen Stand gebracht. Außerdem haben wir zum ersten Mal auch die Landesbauordnung abgedruckt.

Die Union Stiftung wurde im Jahre 1959 gegründet und hat satzungsgemäß die Aufgabe, staatsbürgerliche Bildung zu betreiben. Ein wesentlicher Schwerpunkt unserer Arbeit liegt darin, Kommunalpolitiker aller Parteien in ihrer Arbeit im kommunalen Bereich zu unterstützen. Dies geschieht durch die Zurverfügungstellung von Unterlagen, durch die Durchführung von Schulungen und Seminaren, ob in Rhetorik, Planungsrecht, Haushaltsrecht oder zu speziellen steuerlichen und gemeindlichen Themen. Ehrenamtlich tätige Gemeinde- oder Stadträte, Mitglieder der Regionalverbandsversammlung oder der Kreistage sollen durch die entsprechenden Informationen, Schulungen und Unterlagen, aber auch den Austausch von Kommunalpolitikern untereinander, die Möglichkeit haben, sachkundig in den Diskussionen mit der Verwaltung und dem jeweiligen Verwaltungschef, ob Bürgermeister, Landrat oder Regionalverbandsdirektor, mithalten zu können. Rund 5.000 kommunale Mandatsträger in Orts-, Gemeinde- und Stadträten in Kreistagen und der Regionalverbandsversammlung des Regionalverbandes Saarbrücken leisten mit ihrem Engagement einen unschätzbaren Beitrag zur Verwaltung und zur Fortentwicklung unseres Gemeinwesens zum Nutzen der Menschen, die hier leben.

Nutzen Sie die Möglichkeiten der Union Stiftung, nutzen Sie die Möglichkeit, im Netzwerk für Kommunalpolitik (www.netzwerk-kommunalpolitik.de) regelmäßige Informationen zu erhalten, nutzen Sie den parteiübergreifenden Dialog und die Erfahrungen von kommunalen Mandatsträgern, auch aus anderen Kommunen, Kreisen und dem Regionalverband.

Wie auch bisher sind wir Ihnen für Ihre Anregungen bezüglich dieses Werks, aber auch unseres Informations- und Seminarangebotes verbunden.

JR Hans-Georg Warken,
Vorstandsvorsitzender der Union Stiftung

GG

Grundgesetz für die Bundesrepublik Deutschland, Art. 28

Grundgesetz für die Bundesrepublik Deutschland
in der aktuellen Fassung, zuletzt geändert durch
Artikel 1 des Gesetzes vom 19. Dezember 2022
(BGBl. I S. 2478).

Auszug

Grundgesetz für die Bundesrepublik Deutschland

in der aktuellen Fassung,
zuletzt geändert durch Artikel 1
des Gesetzes vom 19. Dezember 2022
(BGBl. I S. 2478).

Artikel 28

(1) Die verfassungsmäßige Ordnung in den Ländern muß den Grundsätzen des republikanischen, demokratischen und sozialen Rechtsstaates im Sinne dieses Grundgesetzes entsprechen. In den Ländern, Kreisen und Gemeinden muß das Volk eine Vertretung haben, die aus allgemeinen, unmittelbaren, freien, gleichen und geheimen Wahlen hervorgegangen ist. Bei Wahlen in Kreisen und Gemeinden sind auch Personen, die die Staatsangehörigkeit eines Mitgliedstaates der Europäischen Gemeinschaft besitzen, nach Maßgabe von Recht der Europäischen Gemeinschaft wahlberechtigt und wählbar. In Gemeinden kann an die Stelle einer gewählten Körperschaft die Gemeindeversammlung treten.

(2) Den Gemeinden muß das Recht gewährleistet sein, alle Angelegenheiten der örtlichen Gemeinschaft im Rahmen der Gesetze in eigener Verantwortung zu regeln. Auch die Gemeindeverbände haben im Rahmen ihres gesetzlichen Aufgabenbereiches nach Maßgabe der Gesetze das Recht der Selbstverwaltung. Die Gewährleistung der Selbstverwaltung umfaßt auch die Grundlagen der finanziellen Eigenverantwortung; zu diesen Grundlagen gehört eine den Gemeinden mit Hebesatzrecht zustehende wirtschaftskraftbezogene Steuerquelle.

(3) Der Bund gewährleistet, daß die verfassungsmäßige Ordnung der Länder den Grundrechten und den Bestimmungen der Absätze 1 und 2 entspricht.

SVerf

Verfassung des Saarlandes

in der Fassung vom 15. Dezember 1947, zuletzt geändert durch das Gesetz vom 7. Februar 2024 (Amtsbl. I S. 147).

Auszug

Verfassung des Saarlandes (SVerf)
vom 15. Dezember 1947.
zuletzt geändert durch Gesetz vom
7. Februar 2024 (Amtsbl. I S. 147)
Fundstelle: Amtsblatt 1947, S. 1077

Zweiter Hauptteil
Aufgaben und Aufbau des Staates

Achter Abschnitt
Kommunale Selbstverwaltung

Artikel 117
(1) Die Gemeinden sind die in den Staat eingeordneten Gemeinwesen der in örtlicher Gemeinschaft lebenden Menschen.
(2) Zur Förderung des Wohls ihrer Einwohner erfüllen die Gemeinden alle öffentlichen Aufgaben der örtlichen Gemeinschaft, soweit diese nicht durch Gesetz anderen Stellen im öffentlichen Interesse zugewiesen sind.
(3) Die Gemeinden regeln ihre Angelegenheiten im Rahmen der Gesetze in eigener Verantwortung.

Artikel 118
Die Gemeindeverbände haben im Rahmen ihres gesetzlichen Aufgabenbereichs nach Maßgabe der Gesetze das Recht der Selbstverwaltung.

Artikel 119
(1) Gemeinden und Gemeindeverbände führen ihre Finanz- und Haushaltswirtschaft im Rahmen der Gesetze in eigener Verantwortung. Sie haben das Recht, Steuern und sonstige Abgaben nach Maßgabe der Gesetze zu erheben.
(2) Das Land gewährleistet den Gemeinden und Gemeindeverbänden durch seine Gesetzgebung eine Finanzausstattung, die ihnen eine angemessene Aufgabenerfüllung ermöglicht. Diesem Zweck dient auch der kommunale Finanzausgleich.

Artikel 120
Das Land kann die Gemeinden und Gemeindeverbände durch Gesetz zur Übernahme und Durchführung bestimmter öffentlicher Aufgaben verpflichten, wenn dabei gleichzeitig Bestimmungen über die Deckung der Kosten getroffen werden. Führt die Übertragung neuer Aufgaben durch Gesetz oder die Veränderung bestehender und übertragbarer Aufgaben durch Gesetz oder Rechtsverordnung zu einer wesentlichen Belastung der davon betroffenen Gemeinden oder Gemeindeverbände, ist dafür durch Gesetz oder Rechtsverordnung aufgrund einer Kostenfolgeabschätzung ein entsprechender finanzieller Ausgleich für die entstehenden notwendigen, durchschnittlichen Aufwendungen zu schaffen. Der Aufwendungsersatz soll pauschaliert geleistet werden. Wird nachträglich eine wesentliche Abweichung von der Kostenfolgeabschätzung festgestellt, wird der finanzielle Ausgleich für die Zukunft angepasst. Das Nähere zu den Sätzen 2 bis 4 regelt ein Gesetz; darin sind die Grundsätze der Kostenfolgeabschätzung festzulegen und Bestimmungen über eine Beteiligung der kommunalen Spitzenverbände zu treffen.

Artikel 121
In den Gemeinden und Gemeindeverbänden werden Vertretungskörperschaften nach Grundsätzen eines Verhältniswahlrechts gewählt, sofern mehr als ein gültiger Wahlvorschlag eingereicht wird.

Artikel 122
Die Gemeinden und Gemeindeverbände unterstehen der Aufsicht des Staates. In Selbstverwaltungsangelegenheiten beschränkt sich die Aufsicht darauf, die Rechtmäßigkeit sicherzustellen.

Artikel 123
Gemeinden und Gemeindeverbände können den Verfassungsgerichtshof anrufen, wenn sie geltend machen, durch ein Gesetz in ihrem Selbstverwaltungsrecht verletzt zu sein.

Artikel 124
Bevor durch Gesetz oder Verordnung allgemeine Fragen geregelt werden, welche die Gemeinden und Gemeindeverbände unmittelbar berühren, sollen die kommunalen Spitzenverbände gehört werden.

Artikel 125 bis 128
(aufgehoben)

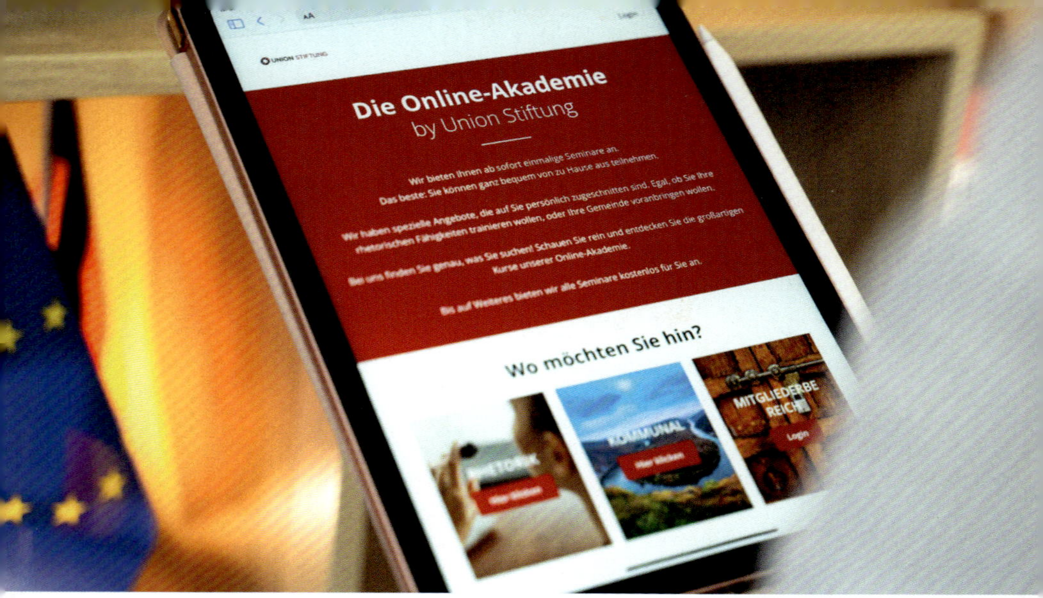

DIE ONLINE-AKADEMIE DER UNION STIFTUNG

Ihre nächste Fortbildung ist kostenlos und begleitet Sie überall dorthin, wo Sie gerade sind. Mit den Kursen der Online-Akademie bleiben Sie immer auf dem neusten Stand und informiert. Mit unserer App können Sie die Kurse außerdem ganz bequem und jederzeit unterwegs anhören und ansehen, auch offline.

Sie sind neu in den Gemeinderat gewählt und wissen nicht so recht, was genau Sie da erwartet? Sie bereiten gerade die Haushaltsberatungen vor und wollen sich in das Thema kommunaler Haushalt einarbeiten? Alles, was Sie für Ihre Arbeit in Ihrer Kommune brauchen, erfahren Sie in unserem Grundkurs Kommunalpolitik auf
www.onlineakademie.saarland

Schauen Sie jetzt in der Online-Akademie auf **www.onlineakademie.saarland** vorbei, nutzen Sie unsere kostenfreien Kurse für Kommunalpolitiker und entdecken Sie auch die vielen weiteren spannenden Angebote der Online-Akademie.

Jetzt Kurse kostenlos sichern auf **www.onlineakademie.saarland**

KSVG

Kommunalselbst-verwaltungsgesetz

in der Fassung der Bekanntmachung vom 27. Juni 1997,
zuletzt geändert durch das Gesetz vom 12. Dezember 2023
(Amtsbl. I S. 1119). Fundstelle: Amtsblatt 1997, S. 682.

Kommunalselbstverwaltungsgesetz (KSVG)

in der Fassung der Bekanntmachung vom 27. Juni 1997, letzte berücksichtigte Änderung: Inhaltsverzeichnis geändert sowie § 50 neu gefasst durch Gesetz vom 12. Dezember 2023 (Amtsbl. I S. 1119). Fundstelle: Amtsblatt 1997, S. 682.

INHALTSÜBERSICHT

III. Abschnitt: Bürgermeisterin, Bürgermeister und Beigeordnete

IV. Abschnitt: Förderung der Selbstverwaltung in Gemeindebezirken und Stadtbezirken

V. Abschnitt: Gemeindebedienstete

Dritter Teil
Gemeindewirtschaft

I. Abschnitt:
Haushaltswirtschaft

II. Abschnitt:
Sondervermögen, Treuhandvermögen

III. Abschnitt:
Wirtschaftliche Betätigung und privatrechtliche Beteiligung

IV. Abschnitt:
Prüfungswesen

V. Abschnitt:
Gemeinsame Vorschriften

Teil A
Gemeindeordnung

Erster Teil
Grundlagen

I. Abschnitt
Wesen, Rechtsstellung und Aufgaben

§ 1
Wesen der Gemeinden

(1) Die Gemeinden sind die in den Staat eingeordneten Gemeinwesen der in örtlicher Gemeinschaft lebenden Menschen. Sie regeln alle Angelegenheiten der örtlichen Gemeinschaft im Rahmen der Gesetze durch die von der Bürgerschaft gewählten Organe oder durch Bürgerentscheid in eigener Verantwortung.
(2) Die Gemeinden sind Gebietskörperschaften.

§ 2
Namen und Bezeichnungen

(1) Die Gemeinden führen ihre bisherigen Namen. Das Ministerium für Inneres und Sport bestimmt den Namen einer neu gebildeten Gemeinde, wenn der Name nicht durch Gesetz bestimmt wird. Auf Antrag einer Gemeinde kann es den Gemeindenamen ändern.
(2) Die Bezeichnung Stadt führen die Gemeinden, denen diese Bezeichnung nach bisherigem Recht zusteht. Das Ministerium für Inneres und Sport kann auf Antrag die Bezeichnung Stadt solchen Gemeinden verleihen, die nach Einwohnerzahl und Siedlungsform sowie kultureller und wirtschaftlicher Bedeutung städtisches Gepräge tragen.
(3) Kreisangehörige Städte, die Sitz der Landkreisverwaltung sind, führen die Bezeichnung Kreisstadt.
(4) Die Stadt Saarbrücken führt die Bezeichnung Landeshauptstadt.

§ 3
Wappen, Farben und Dienstsiegel

(1) Die Gemeinden führen ihre bisherigen Wappen und Farben. Das Ministerium für Inneres und Sport kann Gemeinden auf ihren Antrag das Recht verleihen, Wappen und Farben zu führen; es kann Wappen und Farben auf Antrag der Gemeinden ändern. Gemeindewappen dürfen von Dritten nur mit Genehmigung der Gemeinden verwendet werden.
(2) Die Gemeinden führen Dienstsiegel. Gemeinden, die zum Führen eines Wappens berechtigt sind, führen, soweit gesetzlich nichts anderes bestimmt ist, dieses Wappen in ihrem Dienstsiegel; die übrigen Gemeinden führen als Siegel das Bild des kleinen Landes-

siegels[1] mit einer die Gemeinde bezeichnenden Umschrift.

§ 4

Gemeindearten

(1) Kreisangehörige Gemeinden sind Gemeinden, die einem Landkreis angehören.

(2) Regionalverbandsangehörige Gemeinden sind Gemeinden, die dem Regionalverband Saarbrücken angehören.

(3) Mittelstädte sind kreisangehörige oder regionalverbandsangehörige Städte, denen diese Rechtsstellung auf Antrag durch Rechtsverordnung der Landesregierung zu verleihen ist, wenn sie mehr als 30.000 Einwohnerinnen und Einwohner haben und nicht Sitz der Landkreisverwaltung oder der Regionalverbandsverwaltung sind.

(4) Kreisfreie Städte sind Städte, die weder einem Landkreis noch dem Regionalverband Saarbrücken angehören, denen diese Rechtsstellung durch Gesetz verliehen wird.

§ 5

Selbstverwaltungsangelegenheiten

(1) Die Gemeinden sind berechtigt und in den Grenzen ihrer Leistungsfähigkeit verpflichtet, zur Förderung des Wohls ihrer Einwohnerinnen und Einwohner alle öffentlichen Aufgaben zu erfüllen, soweit diese nicht kraft Gesetzes anderen Stellen übertragen sind.

(2) Die Gemeinden haben insbesondere die Aufgabe, das soziale, gesundheitliche, kulturelle und wirtschaftliche Wohl ihrer Einwohnerinnen und Einwohner zu fördern; hierbei haben sie die Belange des Natur- und Umweltschutzes zu wahren, die sportliche Betätigung ihrer Einwohnerinnen und Einwohner zu unterstützen, der Interessenvertretung von Kindern und Jugendlichen ein besonderes Gewicht beizumessen und die Gleichberechtigung von Mann und Frau zu verwirklichen. Sie können sich an Städtepartnerschaften beteiligen. Sie arbeiten mit benachbarten kommunalen Gebietskörperschaften anderer europäischer Regionen grenzüberschreitend zusammen.

(3) Den Gemeinden kann durch Gesetz die Erfüllung einzelner Aufgaben zur Pflicht gemacht werden (Pflichtaufgaben); dabei sind gleichzeitig Bestimmungen über die Deckung der Kosten zu treffen. Führt die Übertragung neuer Aufgaben durch Gesetz oder die Veränderung bestehender Aufgaben durch Gesetz oder Rechtsverordnung zu einer wesentlichen Belastung der davon betroffenen Gemeinden, ist dafür aufgrund einer Kostenfolgeabschätzung ein entsprechender finanzieller Ausgleich zu schaffen. Das Nähere regelt ein Gesetz. Verordnungen zur Durchführung solcher Gesetze sowie Verordnungen nach Satz 2 bedürfen der Zustimmung des Ministeriums für Inneres und Sport.

(4) In Selbstverwaltungsangelegenheiten sind die Gemeinden nur an die Gesetze gebunden.

§ 6

Auftragsangelegenheiten

(1) Die Gemeinden erfüllen die ihnen übertragenen staatlichen Aufgaben nach Weisung der zuständigen Behörden (Auftragsangelegenheiten).

(2) Die Gemeinden sind bei der Erfüllung von Auftragsangelegenheiten zur Geheimhaltung verpflichtet, soweit dies von den zuständigen Behörden angeordnet wird. Sie haben hierbei die für die staatlichen Behörden geltenden Vorschriften zu beachten. Das Ministerium für Inneres und Sport kann hierzu weitere Verwaltungsvorschriften erlassen.

(3) Den Gemeinden können neue staatliche Aufgaben zur Erfüllung nach Weisung nur durch Gesetz übertragen werden; dabei sind gleichzeitig Bestimmungen über die Deckung der Kosten zu treffen. Führt die Übertragung neuer Aufgaben durch Gesetz oder die Veränderung bestehender Aufgaben durch Gesetz oder Rechtsverordnung zu einer wesentlichen Belastung der davon betroffenen Gemeinden, ist dafür aufgrund einer Kosten-

1 Vgl. Anl. 8 in BS-Nr. 1130-1.

folgeabschätzung ein entsprechender finanzieller Ausgleich zu schaffen. Das Nähere regelt ein Gesetz.

§ 7
Besondere Aufgaben der Mittelstädte

Die Mittelstädte erfüllen neben ihren Aufgaben als Gemeinden in ihrem Gebiet auch den Landkreisen übertragene staatliche Aufgaben nach Maßgabe einer Rechtsverordnung[2] der Landesregierung.

§ 8
Besondere Aufgaben der kreisfreien Städte

Die kreisfreien Städte erfüllen neben ihren Aufgaben als Gemeinden in ihrem Gebiet alle Aufgaben, die den Landkreisen obliegen.

§ 9
Besondere Aufgaben der Landeshauptstadt Saarbrücken

(1) Die Landeshauptstadt Saarbrücken erfüllt neben ihren Aufgaben als Gemeinde in ihrem Gebiet die den Landkreisen übertragenen staatlichen Aufgaben, soweit sie nicht durch Gesetz oder Rechtsverordnung dem Regionalverband Saarbrücken übertragen sind.
(2) Der Landeshauptstadt Saarbrücken können den Landkreisen übertragene staatliche Aufgaben durch Gesetz für das übrige Regionalverbandsgebiet übertragen werden.

§ 10
Kommunale Gemeinschaftsarbeit

Gemeinden können zur gemeinsamen Erfüllung bestimmter Aufgaben Zweckverbände oder Arbeitsgemeinschaften bilden oder öffentlich-rechtliche Vereinbarungen abschließen. Das Nähere wird durch Gesetz[3] bestimmt.

§ 11
Sicherung der Mittel

(1) Die Gemeinden regeln ihre Finanzwirtschaft in eigener Verantwortung. Sie haben das Recht, Steuern und sonstige Abgaben nach Maßgabe der Gesetze zu erheben.
(2) Soweit die eigenen Einnahmen nicht ausreichen, sichert das Land den Gemeinden die zur Durchführung ihrer eigenen und der übertragenen Aufgaben erforderlichen Mittel im Rahmen des kommunalen Finanzausgleichs.

§ 12
Gemeindesatzungen

(1) Die Gemeinden können ihre Selbstverwaltungsangelegenheiten durch Satzung regeln. Sie können mit gesetzlicher Ermächtigung auch in Auftragsangelegenheiten Satzungen erlassen.
(2) Satzungen bedürfen der Genehmigung der Kommunalaufsichtsbehörde nur, soweit diese gesetzlich vorgeschrieben ist.
(3) Ordnungswidrig handelt, wer vorsätzlich oder fahrlässig einer auf Grund des Absatzes 1 erlassenen Satzung zuwiderhandelt, soweit die Satzung für einen bestimmten Tatbestand auf diese Bußgeldvorschrift verweist. Die Ordnungswidrigkeit kann mit einer Geldbuße geahndet werden. Zuständige Verwaltungsbehörde im Sinne des § 36 Abs. 1 Nr. 1 des Gesetzes über Ordnungswidrigkeiten in der Fassung der Bekanntmachung vom 19. Februar 1987 (BGBl. I S. 602), zuletzt geändert durch Gesetz vom 22. August 2002 (BGBl. I S. 3387), in der jeweils geltenden Fassung ist die Bürgermeisterin oder der Bürgermeister.
(4) Satzungen sind öffentlich bekannt zu machen. Soweit Satzungen nach gesetzlichen Vorschriften einer Genehmigung bedürfen, ist diese zusammen mit der Satzung öffentlich bekannt zu machen. Das Gleiche gilt, wenn gesetzlich eine Zustimmung vorgeschrieben ist.
(5) Satzungen treten, wenn in ihnen kein anderer Zeitpunkt bestimmt ist, am Tag nach der Bekanntmachung in Kraft.

2 Vgl. BS- Nr. 2020- 1- 14.
3 Vgl. BS- Nr. 2020- 5.

(6) Satzungen[4], die unter Verletzung von Verfahrens- oder Formvorschriften dieses Gesetzes oder auf Grund dieses Gesetzes zustande gekommen sind, gelten ein Jahr nach der öffentlichen Bekanntmachung als von Anfang an gültig zustande gekommen. Dies gilt nicht, wenn

1. die Vorschriften über die Genehmigung oder die öffentliche Bekanntmachung der Satzung verletzt worden sind,
2. vor Ablauf der in Satz 1 genannten Frist die Bürgermeisterin oder der Bürgermeister dem Beschluss widersprochen oder die Kommunalaufsichtsbehörde den Beschluss beanstandet hat oder der Verfahrens- oder Formmangel gegenüber der Gemeinde unter Bezeichnung der Tatsache, die den Mangel ergibt, schriftlich gerügt worden ist.

Bei der öffentlichen Bekanntmachung der Satzung ist auf die Rechtsfolgen nach Satz 1 hinzuweisen.

(7) Absatz 6 gilt für Beschlüsse über Flächennutzungspläne entsprechend.

II. Abschnitt
Gemeindegebiet

§ 13
Gebietsbestand

(1) Das Gebiet der Gemeinde bilden die Grundstücke, die nach geltendem Recht zu ihr gehören. Grenzstreitigkeiten entscheidet die Kommunalaufsichtsbehörde.

(2) Jedes Grundstück muss zu einer Gemeinde gehören.

(3) Das Gebiet jeder Gemeinde soll so bemessen sein, dass die örtliche Verbundenheit der Einwohnerinnen und Einwohner gewahrt und die Leistungsfähigkeit der Gemeinde zur Erfüllung ihrer Aufgaben gesichert ist.

§ 14
Gebietsänderungen

(1) Aus Gründen des öffentlichen Wohls können Gemeindegrenzen geändert, Gemeinden aufgelöst und Gemeinden neu gebildet werden.

(2) Die Änderung von Gemeindegrenzen als Folge von Überflutung, Verlandung oder Uferabriss regelt das Saarländische Wassergesetz. Die Änderung von Gemeindegrenzen im Rahmen der Flurbereinigung regelt das Flurbereinigungsgesetz.

§ 15
Verfahren

(1) Die Gemeinden können über die Änderung ihrer Grenzen Vereinbarungen treffen (Grenzänderungsverträge).

(2) Grenzänderungsverträge bedürfen der Zustimmung des Ministeriums für Inneres und Sport; es macht sie öffentlich bekannt.

(3) Grenzänderungen, die gegen den Willen einer Gemeinde durchgeführt werden sollen, bedürfen einer Rechtsverordnung der Landesregierung. Die beteiligten Gemeinden sind zuvor zu hören.

(4) Die Auflösung und die Neubildung von Gemeinden erfolgen

1. bei Zustimmung der beteiligten Gemeinden durch Rechtsverordnung der Landesregierung,
2. gegen den Willen einer beteiligten Gemeinde durch Gesetz.

§ 16
Auseinandersetzung

(1) Der Grenzänderungsvertrag soll die näheren Bedingungen der Grenzänderungen, insbesondere die Auseinandersetzung, die Rechtsnachfolge, das Ortsrecht und die neue Verwaltung regeln.

4 Vgl. hierzu Übergangsvorschrift in Art. 2 des Gesetzes vom 18. Januar 1989 (Amtsbl. S. 321): „(1) Für Satzungen der Gemeinden, die vor In-Kraft-Treten dieses Gesetzes in Kraft getreten sind, kann die Wirkung des § 12 Abs. 5 nachträglich herbeigeführt werden, wenn innerhalb von sechs Monaten nach In-Kraft-Treten dieses Gesetzes durch öffentliche Bekanntmachung auf die in § 12 Abs. 5 bezeichneten Rechtsfolgen und auf die in § 12 Abs. 5 Satz 2 Nr. 2 bezeichnete Frist, die mit der Bekanntmachung beginnt, hingewiesen wird. (2) Absatz 1 gilt für Flächennutzungspläne entsprechend."

(2) Vereinbarungen im Sinne des Absatzes 1 können von den beteiligten Gemeinden auch getroffen werden, wenn eine Gebietsänderung durch Rechtsverordnung oder durch Gesetz erfolgt. Kommt eine Vereinbarung nicht zustande oder enthält der Grenzänderungsvertrag oder die Vereinbarung keine erschöpfende Regelung, so erlässt die Kommunalaufsichtsbehörde, sofern Grenzen von Landkreisen berührt werden das Ministerium für Inneres und Sport, die notwendigen Bestimmungen.
(3) Der Grenzänderungsvertrag und die gemäß Absatz 2 erlassenen Bestimmungen begründen im Zeitpunkt ihres In-Kraft-Tretens Rechte und Pflichten der Beteiligten und bewirken den Übergang, die Beschränkung oder die Aufhebung von dinglichen Rechten. Die Kommunalaufsichtsbehörde beantragt die Berichtigung des Grundbuchs und anderer öffentlicher Bücher; sie ist befugt, Unschädlichkeitszeugnisse auszustellen.

§ 17
Abgabenfreiheit
Rechtshandlungen, die aus Anlass der Änderung des Gemeindegebiets erforderlich werden, sind frei von öffentlichen Abgaben. Das Gleiche gilt für Berichtigungen, Löschungen und sonstige Eintragungen gemäß § 16 Abs. 3 Satz 2.

III. Abschnitt
Einwohnerinnen und Einwohner, Bürgerinnen und Bürger

§ 18
Begriff
(1) Einwohnerin oder Einwohner ist, wer in der Gemeinde wohnt.
(2) Bürgerin oder Bürger der Gemeinde ist jede oder jeder Deutsche im Sinne des Artikels 116 des Grundgesetzes und jede oder jeder Staatsangehörige der übrigen Mitgliedstaaten der Europäischen Union (Unionsbürger), die oder der das achtzehnte Lebensjahr vollendet hat und mindestens drei Monate in der Gemeinde wohnt. Wer in mehreren Gemeinden wohnt, ist Bürgerin oder Bürger nur in der Gemeinde, in der sie oder er ihre oder seine Hauptwohnung hat.

§ 19
Rechte und Pflichten der Einwohnerinnen und Einwohner
(1) Die Einwohnerinnen und Einwohner sind im Rahmen der bestehenden Vorschriften berechtigt, die öffentlichen Einrichtungen der Gemeinde zu benutzen und verpflichtet, zu den Gemeindelasten beizutragen.
(2) Grundbesitzerinnen, Grundbesitzer und Gewerbetreibende, die nicht in der Gemeinde wohnen, sind in gleicher Weise berechtigt, die öffentlichen Einrichtungen zu benutzen, die in der Gemeinde für Grundbesitzerinnen und Grundbesitzer oder Gewerbetreibende bestehen, und verpflichtet, für ihren Grundbesitz oder Gewerbebetrieb im Gemeindegebiet zu den Gemeindelasten beizutragen.
(3) Die Vorschriften gelten entsprechend für juristische Personen und nicht rechtsfähige Personenvereinigungen.

§ 20
Unterrichtung der Einwohnerinnen und Einwohner
(1) Die Bürgermeisterin oder der Bürgermeister soll die Einwohnerinnen und Einwohner über wichtige Gemeindeangelegenheiten in geeigneter Form unterrichten. Zu diesem Zweck kann sie oder er auch Einwohnerversammlungen einberufen; diese können auf Gemeindeteile beschränkt werden.
(2) Bei der Gemeinde ist eine Sammlung der geltenden Gesetze und Rechtsverordnungen des Bundes und des Landes sowie eine Sammlung aller in ihrem Gebiet geltenden Satzungen und Verordnungen anzulegen und zu gewährleisten, dass jedermann während der Geschäftszeiten der Gemeindeverwaltung Einsicht nehmen und sich auf seine Kosten Ausdrucke oder Kopien anfertigen lassen kann.

§ 20a
Einwohnerfragestunde

Der Gemeinderat kann bei öffentlichen Sitzungen Einwohnerinnen und Einwohnern und den ihnen nach § 19 Abs. 2 und 3 gleich gestellten Personen und Personenvereinigungen die Gelegenheit geben, Fragen aus dem Bereich der kommunalen Selbstverwaltung zu stellen sowie Anregungen und Vorschläge zu unterbreiten. Das Nähere bestimmt eine Satzung

§ 20b
Einwohnerbefragung

(1) Der Gemeinderat kann beschließen, dass zu wichtigen Angelegenheiten der Gemeinde eine Befragung der Einwohnerinnen und Einwohner durchgeführt wird.
(2) Wird eine Befragung durchgeführt, müssen den Einwohnerinnen und Einwohnern zuvor die von den Gemeindeorganen vertretenen Auffassungen in der Form einer öffentlichen Bekanntmachung dargelegt werden. Eine Befragung hat in anonymisierter Form zu erfolgen. Die Teilnahme ist freiwillig.
(3) Das Nähere bestimmt eine Satzung.

§ 21
Einwohnerantrag

(1) Die Einwohnerinnen und Einwohner einer Gemeinde, die das sechzehnte Lebensjahr vollendet haben, können beantragen, dass die Bürgermeisterin oder der Bürgermeister dem Gemeinderat eine bestimmte dem Gemeinderat obliegende Selbstverwaltungsangelegenheit zur Beratung und Entscheidung vorlegt (Einwohnerantrag).
(2) Der Einwohnerantrag muss schriftlich eingereicht werden. Er muss einen bestimmten mit Begründung versehenen Antrag enthalten und von mindestens 5 vom Hundert der Einwohnerinnen und Einwohner nach Absatz 1 unterzeichnet sein.
(3) Über die Zulässigkeit des Einwohnerantrags nach den Absätzen 1 und 2 entscheidet die Bürgermeisterin oder der Bürgermeister. Ist der Einwohnerantrag zulässig, so hat der Gemeinderat oder, wenn die Angelegenheit einem Ausschuss zur Beschlussfassung übertragen ist, der Ausschuss innerhalb von drei Monaten nach seinem Eingang die Angelegenheit zu behandeln; hierbei sollen Vertreterinnen oder Vertreter der Antragstellerinnen und Antragsteller gehört werden. Die Entscheidung ist öffentlich bekannt zu machen.
(4) § 3a des Saarländischen Verwaltungsverfahrensgesetzes findet keine Anwendung.

§ 21a
Bürgerbegehren und Bürgerentscheid

(1) Die Bürgerinnen und Bürger einer Gemeinde können beantragen (Bürgerbegehren), dass sie an Stelle des Gemeinderats über eine Angelegenheit der Gemeinde selbst entscheiden (Bürgerentscheid). Der Gemeinderat kann die Durchführung eines Bürgerentscheids beschließen.
(2) Das Bürgerbegehren ist schriftlich bei der Gemeinde einzureichen; richtet es sich gegen einen Beschluss des Gemeinderats, muss es innerhalb von zwei Monaten nach der Beschlussfassung eingereicht sein. Es muss die zu entscheidende Angelegenheit in Form einer mit „Ja“ oder „Nein“ zu beantwortenden Frage, eine Begründung und einen nach den gesetzlichen Bestimmungen durchführbaren Vorschlag für die Deckung der Kosten der begehrten Maßnahme enthalten sowie bis zu drei Personen benennen, die berechtigt sind, das Bürgerbegehren zu vertreten.
(3) Das Bürgerbegehren muss von mindestens 15 vom Hundert der Bürgerinnen und Bürger unterzeichnet sein. Ausreichend sind jedoch in Gemeinden

mit nicht mehr als 20.000 Einwohnerinnen und Einwohnern 2.000 Unterschriften,

mit mehr als 20.000 Einwohnerinnen und Einwohnern, aber nicht mehr als 40.000 Einwohnerinnen und Einwohnern 4.500 Unterschriften,

mit mehr als 40.000 Einwohnerinnen und Einwohnern, aber nicht mehr als 60.000 Einwohnerinnen und Einwohnern
7.500 Unterschriften,

mit mehr als 60.000 Einwohnerinnen und Einwohnern 18.000 Unterschriften.

(4) Bürgerbegehren und Bürgerentscheid sind unzulässig über
1. die innere Organisation der Gemeindeverwaltung,
2. die Rechtsverhältnisse der für die Gemeinde ehren- oder hauptamtlich Tätigen,
3. die Haushaltssatzung einschließlich der Wirtschaftspläne der Eigenbetriebe und sonstigen Unternehmen ohne eigene Rechtspersönlichkeit mit Sonderrechnung, den Haushaltssanierungsplan oder den Sanierungshaushalt sowie die kommunalen Abgaben und die privatrechtlichen Entgelte,
4. den Jahresabschluss der Gemeinde, die Entlastung der Bürgermeisterin oder des Bürgermeisters und der Beigeordneten und die Feststellung der Jahresabschlüsse der Eigenbetriebe und sonstigen Unternehmen ohne eigene Rechtspersönlichkeit mit Sonderrechnung,
5. Vorhaben, für deren Zulassung ein Planfeststellungsverfahren oder ein förmliches Verwaltungsverfahren mit Öffentlichkeitsbeteiligung erforderlich ist,
6. die Aufstellung, Änderung, Ergänzung und Aufhebung von Bauleitplänen,
7. Entscheidungen über Rechtsbehelfe und Rechtsstreitigkeiten,
8. Angelegenheiten, für die der Gemeinderat keine gesetzliche Zuständigkeit hat,
9. Anträge, die ein gesetzwidriges Ziel verfolgen und
10. Angelegenheiten, über die innerhalb der letzten zwei Jahre bereits ein Bürgerentscheid durchgeführt worden ist.

(5) Der Gemeinderat stellt unverzüglich fest, ob das Bürgerbegehren zulässig ist. Entspricht der Gemeinderat dem zulässigen Bürgerbegehren nicht, ist innerhalb von drei Monaten ein Bürgerentscheid durchzuführen. § 20b Abs. 2 Satz 1 gilt entsprechend. Entspricht der Gemeinderat dem Bürgerbegehren, so unterbleibt der Bürgerentscheid. Der Bürgerentscheid nach Absatz 1 Satz 2 ist innerhalb von drei Monaten durchzuführen.

(6) Bei einem Bürgerentscheid ist die gestellte Frage in dem Sinn entschieden, in dem sie von der Mehrheit der gültigen Stimmen beantwortet wurde, sofern diese Mehrheit mindestens 30 vom Hundert der Stimmberechtigten beträgt. Bei Stimmengleichheit gilt die Frage als mit „Nein“ beantwortet.

(7) Der Bürgerentscheid steht einem Beschluss des Gemeinderats gleich. § 60 findet keine Anwendung. Vor Ablauf von zwei Jahren kann er nur auf Initiative des Rats durch einen neuen Bürgerentscheid abgeändert werden.

(8) Das Nähere bestimmt das Kommunalwahlgesetz.

(9) § 3a des Saarländischen Verwaltungsverfahrensgesetzes findet keine Anwendung.

§ 22
Anschluss- und Benutzungszwang

(1) Die Gemeinden können bei öffentlichem Bedürfnis durch Satzung für die Grundstücke ihres Gebiets den Anschluss an Wasserleitung, Kanalisation, Straßenreinigung, Einrichtungen zur Versorgung mit Fernwärme und ähnliche der Volksgesundheit dienende Einrichtungen (Anschlusszwang) und die Benutzung dieser Einrichtungen und der Schlachthöfe (Benutzungszwang) vorschreiben.

(2) Die Satzung kann Ausnahmen vom Anschluss- und Benutzungszwang zulassen.Sie kann den Zwang auch auf bestimmte Teile des Gemeindegebiets und auf bestimmte Gruppen von Grundstücken oder Personen beschränken.

§ 23
Ehrenbürgerrecht und Ehrenbezeichnungen

(1) Die Gemeinde kann Persönlichkeiten, die sich um sie besonders verdient gemacht ha-

ben, das Ehrenbürgerrecht verleihen.
(2) Die Gemeinde kann Bürgerinnen und Bürgern, die mindestens zwanzig Jahre ein Ehrenamt verwaltet haben und in Ehren ausgeschieden sind, eine Ehrenbezeichnung verleihen.
(3) Ehrenbürgerrecht und Ehrenbezeichnungen werden verwirkt, wenn die Trägerin oder der Träger die Fähigkeit verliert, öffentliche Ämter zu bekleiden.

§ 24
Rechte und Pflichten der Bürgerinnen und Bürger

(1) Die Bürgerinnen und Bürger sind nach Maßgabe des Kommunalwahlgesetzes wahlberechtigt und wählbar.
(2) Die Bürgerinnen und Bürger sind zu ehrenamtlicher Tätigkeit für die Gemeinde verpflichtet. Die Bestellung zu ehrenamtlicher Tätigkeit kann zurückgenommen werden.

§ 25
Ablehnung ehrenamtlicher Tätigkeit

(1) Die Bürgerin oder der Bürger kann die Übernahme einer ehrenamtlichen Tätigkeit ablehnen oder ihre Ausübung verweigern, wenn ein wichtiger Grund vorliegt. Ein wichtiger Grund liegt vor, wenn der Bürgerin oder dem Bürger die ehrenamtliche Tätigkeit wegen ihres oder seines Alters, ihres oder seines Gesundheitszustandes, ihrer oder seiner Berufs- oder Familienverhältnisse oder wegen sonstiger in ihrer oder seiner Person liegender Umstände nicht zugemutet werden kann. Ob ein wichtiger Grund vorliegt, entscheidet der Gemeinderat.
(2) Der Gemeinderat kann gegen eine Bürgerin oder einen Bürger, die oder der ohne wichtigen Grund eine ehrenamtliche Tätigkeit ablehnt oder ihre weitere Ausübung verweigert, zur Erzwingung pflichtgemäßen Verhaltens nach vorheriger Androhung und Setzung einer angemessenen Frist ein Zwangsgeld bis zu 250 Euro festsetzen.

§ 26
Treuepflicht

(1) Ehrenamtlich tätige Bürgerinnen und Bürger haben eine besondere Treuepflicht gegenüber der Gemeinde.
(2) Ehrenamtlich tätige Bürgerinnen und Bürger dürfen Ansprüche Dritter gegen die Gemeinde nicht geltend machen, wenn die Ansprüche mit den Aufgaben ihrer ehrenamtlichen Tätigkeit in Zusammenhang stehen, es sei denn, sie handeln als gesetzliche Vertreter.
(3) Eine Bürgerin oder ein Bürger, die oder der zu ehrenamtlicher Tätigkeit bestellt wird, ist zur Verschwiegenheit verpflichtet über alle Angelegenheiten, deren Geheimhaltung besonders vorgeschrieben, angeordnet oder ihrer Natur nach erforderlich ist. Sie oder er darf die Kenntnis von Angelegenheiten, über die sie oder er Verschwiegenheit zu wahren hat, nicht unbefugt verwerten. Diese Verpflichtungen bestehen auch nach Beendigung der ehrenamtlichen Tätigkeit fort.
(4) Ordnungswidrig handelt, wer vorsätzlich oder fahrlässig die Treuepflicht nach Absatz 2 oder 3 verletzt. Die Ordnungswidrigkeit kann mit einer Geldbuße geahndet werden. Verwaltungsbehörde im Sinne des § 36 Abs. 1 Nr. 1 des Gesetzes über Ordnungswidrigkeiten ist die Bürgermeisterin oder der Bürgermeister. Beabsichtigt die Bürgermeisterin oder der Bürgermeister, eine Geldbuße gegen ein Gemeinderatsmitglied festzusetzen, so ist der Gemeinderat zu hören.

§ 27
Mitwirkungsverbot bei Interessenwiderstreit und Heilung bei Verfahrensmängeln

(1) Wer ehrenamtlich tätig ist, darf weder beratend noch entscheidend mitwirken, wenn die Entscheidung einer Angelegenheit
1. ihr oder ihm selbst,
2. einer oder einem ihrer oder seiner Angehörigen,
3. einer von ihr oder ihm kraft Gesetzes oder kraft Vollmacht vertretenen natürlichen oder juristischen Person

einen unmittelbaren Vorteil oder Nachteil bringen kann.

(2) Das Mitwirkungsverbot gilt auch, wenn die oder der ehrenamtlich Tätige

1. Angehörige oder Angehöriger einer Person ist, die eine natürliche oder juristische Person, der die Entscheidung einen unmittelbaren Vorteil oder Nachteil bringen kann, in der betreffenden Angelegenheit vertritt,
2. bei einer natürlichen oder juristischen Person oder einer Vereinigung, der die Entscheidung einen unmittelbaren Vorteil oder Nachteil bringen kann, gegen Entgelt beschäftigt ist und nach den tatsächlichen Umständen, insbesondere der Art ihrer oder seiner Beschäftigung, ein Interessenwiderstreit anzunehmen ist,
3. Mitglied des Vorstandes, des Aufsichtsrats oder eines gleichartigen Organs einer juristischen Person oder einer Vereinigung ist, der die Entscheidung einen unmittelbaren Vorteil oder Nachteil bringen kann, es sei denn, sie oder er gehört den genannten Organen als Vertreterin oder Vertreter oder auf Vorschlag der Gemeinde an,
4. in anderer als öffentlicher Eigenschaft in der Angelegenheit ein Gutachten abgegeben hat oder sonst tätig geworden ist.

(3) Das Mitwirkungsverbot gilt nicht,

1. wenn der Vorteil oder Nachteil nur darauf beruht, dass jemand einer Berufs- oder Bevölkerungsgruppe angehört, deren gemeinsame Interessen durch die Angelegenheit berührt werden,
2. bei Wahlen in unbesoldete Stellen, die vom Gemeinderat aus seiner Mitte vorgenommen werden.

(4) Ob Interessenwiderstreit vorliegt, entscheidet im Streitfall der Gemeinderat. Die von der Entscheidung Betroffenen dürfen an der Beratung und Abstimmung nicht teilnehmen.

(5) Angehörige im Sinne des Absatzes 1 Nr. 2 und des Absatzes 2 Nr. 1 sind die in § 20 Abs. 5 des Saarländischen Verwaltungsverfahrensgesetzes aufgeführten Personen.

(6) Ein Beschluss, der unter Verletzung der Absätze 1 und 2 gefasst worden ist oder bei dem ein Mitglied des Gemeinderats zu Unrecht von der Beratung oder Abstimmung ausgeschlossen worden war, ist unwirksam. Er gilt jedoch ein Jahr nach der Beschlussfassung, wenn eine öffentliche Bekanntmachung erforderlich ist ein Jahr nach dieser, bei einem ungerechtfertigten Ausschluss eines Mitglieds des Gemeinderats bereits mit Zustimmung dieses Mitglieds als von Anfang an gültig zustande gekommen. Dies gilt nicht, wenn vor Ablauf der Frist die Bürgermeisterin oder der Bürgermeister dem Beschluss widersprochen oder die Kommunalaufsichtsbehörde den Beschluss beanstandet hat. Die Heilung tritt nicht gegenüber derjenigen oder demjenigen ein, die oder der vor Ablauf der Jahresfrist einen förmlichen Rechtsbehelf eingelegt hat, wenn in dem Verfahren der Mangel festgestellt wird.

§ 28
Entschädigung für ehrenamtliche Tätigkeit

(1) Ehrenamtlich tätige Bürgerinnen und Bürger haben gegen die Gemeinde Anspruch auf Ersatz ihrer baren Auslagen und des Verdienstausfalls. Die Gemeinden können die Entschädigung bei regelmäßig wiederkehrenden Tätigkeiten auch durch einen Pauschbetrag gewähren.

(2) Die Ansprüche nach Absatz 1 sind nicht übertragbar.

Zweiter Teil
Organe und Verwaltung

I. Abschnitt
Allgemeine Vorschriften

§ 29
Organe

(1) Organe der Gemeinde sind der Gemeinderat und die Bürgermeisterin oder der Bürgermeister.

(2) Der Gemeinderat führt in den Städten die Bezeichnung Stadtrat.

(3) Die Bürgermeisterin oder der Bürgermeister führt in Städten mit mehr als 30.000 Einwohnerinnen und Einwohnern die Amtsbezeichnung Oberbürgermeisterin oder Oberbürgermeister.

§ 30

Rechtsstellung der Organträger

(1) Die Mitglieder des Gemeinderats sind ehrenamtlich tätig. Sie handeln nach ihrer freien, nur durch die Rücksicht auf das Gemeinwohl bestimmten Gewissensüberzeugung. Sie sind an Aufträge und Weisungen nicht gebunden. Die Vorschriften über die Ausübung einer ehrenamtlichen Tätigkeit finden Anwendung mit Ausnahme der §§ 24 und 25.

(2) Die Bürgermeisterin oder der Bürgermeister und hauptamtliche Beigeordnete sind Beamtinnen oder Beamte auf Zeit. In § 40 Abs. 2 des Saarländischen Beamtengesetzes tritt für sie an die Stelle des Anspruchs auf Übertragung eines Amtes derselben oder einer mindestens gleichwertigen Laufbahn der Anspruch auf die Bezüge, die ihnen aus ihrem bisherigen Amt zugestanden hätten.

(3) Ehrenamtliche Beigeordnete sind Ehrenbeamtinnen oder Ehrenbeamte. Das Ehrenbeamtenverhältnis ist an eine Altersgrenze nicht gebunden. Es beginnt mit der Ernennung und endet, soweit gesetzlich nichts anderes bestimmt ist, mit dem Ausscheiden aus dem Amt. Die Vorschriften des Saarländischen Beamtengesetzes über das Verbot der Führung der Dienstgeschäfte (§ 7 Abs. 2), die Entlassung (§§ 36 bis 39), die Entscheidung im Wiederaufnahmeverfahren (§ 40 Abs. 2 bis 5) sowie die Erteilung eines Dienstzeugnisses (§ 77) und die Ausübung des Begnadigungsrechts nach § 3 Abs. 1 Nr. 3 des Saarländischen Gnadengesetzes finden keine Anwendung.

(4) Mitglieder des Gemeinderats und ehrenamtliche Beigeordnete scheiden mit dem Verlust der Wählbarkeit aus ihrem Amt aus. Die Feststellung über den Verlust der Wählbarkeit und das Ausscheiden trifft der Gemeinderat. Ehrenamtliche Beigeordnete scheiden ferner mit der Beendigung des Ehrenbeamtenverhältnisses aus ihrem Amt aus. Das Gleiche gilt, wenn ehrenamtliche Beigeordnete sich weigern, den gesetzlich vorgeschriebenen Diensteid zu leisten oder das an dessen Stelle vorgeschriebene Gelöbnis abzulegen.

(5) Gemeinderatsmitglieder, die derselben Partei oder politischen Gruppierung mit im Wesentlichen gleicher politischer Zielsetzung angehören, können sich zu einer Fraktion zusammenschließen. Eine Fraktion muss aus mindestens zwei Mitgliedern bestehen. Die näheren Einzelheiten über die Bildung der Fraktionen, ihre Rechte und Pflichten regelt die Geschäftsordnung.

§ 31

Amtszeit

(1) Die Amtszeit des Gemeinderats beträgt fünf Jahre; sie beginnt am fünfzehnten auf den Wahltag folgenden Tag, jedoch nicht vor Ablauf der Amtszeit des bisherigen Gemeinderats. Endet die Amtszeit des bisherigen Gemeinderats vor dem fünfzehnten auf den Tag der Wahl des neuen Gemeinderats folgenden Tag, so verlängert sich die Amtszeit bis zum Beginn der Amtszeit des neu gewählte Rats, längstens jedoch um einen Monat.

(2) Für die Dauer von zehn Jahren werden Bürgermeisterinnen und Bürgermeister vorbehaltlich der Regelung des § 56 Abs. 3 sowie hauptamtliche Beigeordnete berufen.

(3) Ehrenamtliche Beigeordnete werden für die Amtszeit des Gemeinderats gewählt. Ihre Amtszeit beginnt mit ihrer Wahl; die Ernennung zum Ehrenbeamten ist unverzüglich vorzunehmen.

(4) Die besonderen Vorschriften über die vorzeitige Beendigung der Amtszeit des Gemeinderats und seiner Mitglieder sowie der ehrenamtlichen Beigeordneten bleiben unberührt.

II. Abschnitt
Gemeinderat

§ 32
Zusammensetzung und Wahl des Gemeinderats

(1) Der Gemeinderat besteht aus den von den Bürgerinnen und Bürgern in allgemeiner, gleicher, geheimer, unmittelbarer und freier Wahl gewählten Mitgliedern.
(2) Die Zahl der Mitglieder des Gemeinderats beträgt in Gemeinden

bis zu 10.000 Einwohnerinnen und Einwohnern	27,
mit mehr als 10.000 bis zu 20.000 Einwohnerinnen und Einwohnern	33,
mit mehr als 20.000 bis zu 30.000 Einwohnerinnen und Einwohnern	39,
mit mehr als 30.000 bis zu 40.000 Einwohnerinnen und Einwohnern	45,
mit mehr als 40.000 bis zu 60.000 Einwohnerinnen und Einwohnern	51,
mit mehr als 60.000 bis zu 100.000 Einwohnerinnen und Einwohnern	57,
mit mehr als 100.000 Einwohnerinnen und Einwohnern	63.

Die Gemeinden können durch Satzung bestimmen, dass für die Zahl der Mitglieder des Gemeinderats die nächstniedrigere Gemeindegrößenklasse maßgebend ist. In der niedrigsten Gemeindegrößenklasse kann die Zahl der Mitglieder des Gemeinderats auf 21 abgesenkt werden. Die Zahl der Mitglieder des Gemeinderats darf nur zum Ende der Amtszeit des Gemeinderats, spätestens ein Jahr vor ihrem Ablauf, geändert werden. Der Beschluss bedarf der Mehrheit von zwei Dritteln der gesetzlichen Zahl der Mitglieder des Gemeinderats.
(3) Das Nähere über die Wahl und Ergänzung des Gemeinderats bestimmt das Kommunalwahlgesetz.

§ 33
Pflichten und Rücktrittsrecht

(1) Die Mitglieder des Gemeinderats haben die ihnen obliegenden Pflichten gewissenhaft zu erfüllen, insbesondere an den Sitzungen des Gemeinderats teilzunehmen. Der Gemeinderat kann in seiner Geschäftsordnung regeln, dass gegen Gemeinderatsmitglieder, die wiederholt ohne genügende Entschuldigung an den Sitzungen des Gemeinderats oder seiner Ausschüsse nicht teilnehmen, ein Ordnungsgeld bis zur dreifachen Höhe der monatlichen Aufwandsentschädigung verhängt werden kann.
(2) Die Mitglieder des Gemeinderats werden vor ihrem Amtsantritt in öffentlicher Sitzung von der Bürgermeisterin oder vom Bürgermeister durch Handschlag zur gesetzmäßigen und gewissenhaften Ausübung ihres Amtes und zur Verschwiegenheit verpflichtet.
(3) Die Mitglieder des Gemeinderats können ihr Amt jederzeit durch schriftliche Erklärung gegenüber der Bürgermeisterin oder dem Bürgermeister niederlegen. Die Erklärung ist unwiderruflich.

§ 34
Aufgaben des Gemeinderats

Der Gemeinderat beschließt über alle Selbstverwaltungsangelegenheiten der Gemeinde, soweit sie nicht der Bürgermeisterin oder dem Bürgermeister, einem Ausschuss, einem Bezirksrat oder einem Ortsrat übertragen sind. Über andere als Selbstverwaltungsangelegenheiten kann der Gemeinderat nur beschließen, wenn besondere gesetzliche Vorschriften dies zulassen.

§ 35
Vorbehaltene Aufgaben

Der Gemeinderat kann die Entscheidung über folgende Angelegenheiten nicht übertragen:

1. die Bestimmung und die Änderung von Namen, Bezeichnungen, Wappen und Farben;
2. die Änderung des Gemeindegebiets;
3. die Verleihung des Ehrenbürgerrechts und einer Ehrenbezeichnung;
4. den Ausschluss wegen Interessenwiderstreits im Gemeinderat (§ 27 Abs. 4) sowie die Feststellung über den Verlust der Wählbarkeit und das Ausscheiden aus dem Gemeinderat (§ 30 Abs. 4);
5. die Wahl der Bürgermeisterin oder des Bürgermeisters nach § 56 Abs. 2 und der Beigeordneten;
6. die Bildung und Auflösung von Ausschüssen sowie die Feststellung der Sitzverteilung;
7. die Einteilung des Gemeindegebiets in Gemeindebezirke oder Stadtbezirke;
8. die Übertragung von Aufgaben auf den Ortsrat (§ 73) und auf den Bezirksrat sowie die Zustimmung bei der Übertragung von Verwaltungsgeschäften auf die Verwaltungsstelle (§ 76) und die Bezirksverwaltung (§ 77);
9. die Aufstellung von Grundsätzen für die Ernennung und Entlassung der Beamtinnen und Beamten sowie für die Einstellung, Einstufung und Entlassung der Arbeitnehmerinnen und Arbeitnehmer, soweit hierüber im geltenden Beamten- und Arbeitsrecht keine Vorschriften enthalten sind;
10. den Abschluss von Tarifverträgen oder den Beitritt zu einem Arbeitgeberverband;
11. die Ernennung und Entlassung von leitenden Beamtinnen und Beamten sowie die Einstellung und Entlassung von leitenden Arbeitnehmerinnen und Arbeitnehmern;
12. den Erlass, die Änderung und die Aufhebung von Satzungen;
13. den Erlass der Geschäftsordnung;
14. die allgemeine Festsetzung öffentlicher Abgaben und privatrechtlicher Entgelte;
15. den Erlass der Haushaltssatzung, die Aufstellung eines Haushaltssanierungsplans oder eines Sanierungshaushalts, die Zustimmung zu erheblichen überplanmäßigen und außerplanmäßigen Aufwendungen und Auszahlungen oder derartigen Verpflichtungsermächtigungen sowie die Festsetzung des Investitionsprogramms;
16. die Feststellung des Jahresabschlusses und die Entlastung der Bürgermeisterin oder des Bürgermeisters;
17. den Erwerb von Vermögensgegenständen und die Verfügung über Gemeindevermögen, soweit der Vermögensgegenstand eine vom Gemeinderat allgemein festgesetzte Wertgrenze übersteigt;

17a. die Feststellung und die Änderung des Wirtschaftsplans sowie die Feststellung des Jahresabschlusses und die Behandlung des Ergebnisses von Eigenbetrieben und sonstigen Unternehmen ohne eigene Rechtspersönlichkeit mit Sonderrechnung;

18. die Feststellung des Betriebsplans und des Wirtschaftsplans für die Gemeindewaldungen;

18a. die vollständige oder teilweise Anwendung der für Eigenbetriebe geltenden Vorschriften über die Wirtschaftsführung und das Rechnungswesen auf Unternehmen ohne eigene Rechtspersönlichkeit;

19. die Errichtung, Übernahme und Erweiterung, die Änderung der Rechtsform und die vollständige oder teilweise Veräußerung von öffentlichen Einrichtungen und Unternehmen;
20. die unmittelbare und mittelbare Beteiligung, die Änderung und die vollständige oder teilweise Veräußerung einer solchen Beteiligung an einem Unternehmen in einer Rechtsform des privaten Rechts;
21. die Umwandlung des Zwecks und die Aufhebung einer Stiftung einschließlich der Entscheidung über den Verbleib des Stiftungsvermögens;
22. die Umwandlung von Gemeindegliedervermögen in freies Gemeindevermögen sowie die Veränderung der Nutzungs-

rechte am Gemeindegliedervermögen;

23. die Übernahme von Bürgschaften, den Abschluss von Gewährverträgen und die Bestellung anderer Sicherheiten für Dritte sowie solche Rechtsgeschäfte, die den vorgenannten wirtschaftlich gleichkommen;
24. die Bestellung und die Abberufung der Leiterin oder des Leiters des Rechnungsprüfungsamts;
25. die Geltendmachung von Ansprüchen der Gemeinde gegen Bürgermeisterin, Bürgermeister, Beigeordnete und Mitglieder des Gemeinderats sowie die Genehmigung von Verträgen der Gemeinde mit der Bürgermeisterin, dem Bürgermeister oder mit Mitgliedern des Gemeinderats;
26. den Beitritt zu Zweckverbänden oder anderen Körperschaften des öffentlichen Rechts und den Austritt aus diesen sowie den Abschluss von öffentlich-rechtlichen Vereinbarungen;
27. die Übernahme neuer Aufgaben, für die keine gesetzliche Verpflichtung besteht;
28. die Führung eines Rechtsstreites von erheblicher Bedeutung;
29. den Verzicht auf Ansprüche der Gemeinde und den Abschluss von Vergleichen, soweit eine vom Gemeinderat allgemein festgesetzte Wertgrenze überschritten wird.

Dies gilt nicht für Angelegenheiten der Nummern 11, mit Ausnahme der Bestellung einer Werkleitung, 14, 17, 23 und 29, wenn diese Angelegenheiten dem Werksausschuss (§ 109 Abs. 2) oder der Werkleitung eines Eigenbetriebs übertragen werden sollen.

§ 36
Zuständigkeit bei Interessenwiderstreit

(1) Ein Beschluss des Gemeinderats über die Geltendmachung von Ansprüchen der Gemeinde gegen die Bürgermeisterin oder den Bürgermeister ist durch eine oder einen vom Gemeinderat aus seiner Mitte gewählte Beauftragte oder gewählten Beauftragten auszuführen.

(2) Verträge der Gemeinde mit der Bürgermeisterin, dem Bürgermeister oder mit Mitgliedern des Gemeinderats sind nur rechtsverbindlich, wenn der Gemeinderat sie genehmigt. Dies gilt nicht für Verträge nach feststehenden Tarifen.

§ 37
Auskunftsrecht

(1) Der Gemeinderat ist berechtigt, sich von der Durchführung der von ihm, seinen Ausschüssen oder einem Bezirksrat oder Ortsrat gefassten Beschlüsse zu überzeugen. Die Mitglieder des Gemeinderats können sich von der Bürgermeisterin oder vom Bürgermeister über alle Angelegenheiten, die der Beschlussfassung des Gemeinderats, seiner Ausschüsse oder eines Bezirksrats oder Ortsrats unterliegen, unterrichten lassen. Auf Beschluss des Gemeinderats oder auf Verlangen von mindestens einem Viertel der gesetzlichen Zahl der Mitglieder des Gemeinderats hat die Bürgermeisterin oder der Bürgermeister dem Gemeinderat oder einem vom Gemeinderat bestimmten Ausschuss oder einzelnen von ihm beauftragten Mitgliedern des Gemeinderats Einsicht in die Akten zu gewähren.

(2) Zur Wahrnehmung seiner Rechte nach Absatz 1 dürfen personenbezogene Daten nur im jeweils erforderlichen Umfang an den Gemeinderat übermittelt werden.

(3) Einsicht in die Akten darf den Mitgliedern des Gemeinderats nicht gewährt werden, die wegen Interessenwiderstreits von der Beratung und der Entscheidung der Angelegenheit ausgeschlossen sind.

§ 38
Sitzungszwang

Der Gemeinderat beschließt in Sitzungen.

§ 39
Geschäftsordnung

Der Gemeinderat gibt sich eine Geschäftsordnung. Der Erlass und die Änderung bedürfen der Zustimmung der Mehrheit der gesetzlichen Zahl der Mitglieder des Gemeinderats. Das Gleiche gilt, wenn der Gemeinderat im Einzelfall von der Geschäftsordnung abweichen will. Die Gültigkeit der Geschäftsordnung ist nicht auf die Amtszeit des Gemeinderats beschränkt.

§ 40
Öffentlichkeit

(1) Die Sitzungen des Gemeinderats sind öffentlich, soweit nicht Rücksichten auf das öffentliche Wohl oder berechtigte Interessen Einzelner entgegenstehen. In öffentlichen Sitzungen des Gemeinderats sind Ton- und Bildübertragungen sowie Ton- und Bildaufzeichnungen durch Presse, Rundfunk und andere Medien zulässig, soweit die Geschäftsordnung des Gemeinderats dies bestimmt. Gleiches gilt für vom Gemeinderat selbst veranlasste Ton- und Bildübertragungen sowie Ton- und Bildaufzeichnungen in öffentlichen Sitzungen. Jedes Ratsmitglied kann verlangen, dass die Übertragung und Aufzeichnung seines Redebeitrags oder die Veröffentlichung der Aufzeichnung unterbleibt.
(2) Anträge auf Ausschluss der Öffentlichkeit werden in nicht öffentlicher Sitzung begründet, beraten und entschieden; die Entscheidung kann in öffentlicher Sitzung getroffen werden, wenn keine besondere Begründung oder Beratung erforderlich ist.
(3) Die Geschäftsordnung kann festlegen, dass Angelegenheiten bestimmter Art unter Ausschluss der Öffentlichkeit zu behandeln sind.

§ 41
Einberufung und Tagesordnung

(1) Der Gemeinderat wird von der Bürgermeisterin oder vom Bürgermeister nach Bedarf einberufen. Die Bürgermeisterin oder der Bürgermeister muss den Gemeinderat unverzüglich einberufen, wenn eine Fraktion oder mindestens ein Viertel der gesetzlichen Zahl der Mitglieder des Gemeinderats unter Bezeichnung des Verhandlungsgegenstandes, der zu den Aufgaben des Gemeinderats gehören muss, dies schriftlich oder elektronisch beantragt. Dies gilt nicht, wenn der Gemeinderat den gleichen Gegenstand innerhalb der letzten drei Monate bereits beraten hat. Auf schriftlichen oder elektronischen Antrag einer Fraktion oder von mindestens einem Viertel der gesetzlichen Zahl der Mitglieder des Gemeinderats hat die Bürgermeisterin oder der Bürgermeister bestimmte Verhandlungsgegenstände, die zu den Aufgaben des Gemeinderats gehören müssen, in die Tagesordnung der nächsten Sitzung aufzunehmen; Satz 3 gilt entsprechend. Die Anträge müssen bei der Bürgermeisterin oder beim Bürgermeister innerhalb einer in der Geschäftsordnung zu bestimmenden Frist eingegangen sein. Die Kommunalaufsichtsbehörde kann die Einberufung des Gemeinderats unter Angabe bestimmter Verhandlungsgegenstände verlangen. Sie kann jederzeit an den Sitzungen des Gemeinderats teilnehmen.
(2) Der Gemeinderat ist zu seiner ersten Sitzung innerhalb eines Monats nach Beginn seiner Amtszeit einzuberufen.
(3) Der Gemeinderat wird schriftlich unter Mitteilung der Tagesordnung einberufen; die Einberufung kann auch elektronisch erfolgen, sofern die Empfängerin oder der Empfänger hierfür einen Zugang eröffnet. Zeit, Ort und Tagesordnung der Sitzung sind öffentlich bekannt zu machen. Die Einberufungsfrist beträgt mindestens drei Tage. In dringenden Fällen kann die Frist bis auf einen Tag verkürzt werden. Die Dringlichkeit muss durch den Gemeinderat vor Eintritt in die Tagesordnung bestätigt werden.
(4) Eine Verletzung von Form und Frist der Einberufung gilt gegenüber einem Mitglied des Gemeinderats als geheilt, wenn dieses Mitglied zu der Sitzung erscheint.
(5) Mit Zustimmung einer Mehrheit von zwei Dritteln der gesetzlichen Zahl der Mitglieder des Gemeinderats kann über unvorhergesehene und keinen Aufschub duldende Ange-

legenheiten beraten und Beschluss gefasst werden, auch wenn diese in die Tagesordnung nicht aufgenommen waren.

§ 42
Vorsitz

(1) Die Bürgermeisterin oder der Bürgermeister führt den Vorsitz im Gemeinderat. Sie oder er hat kein Stimmrecht. Die Beigeordneten vertreten sie oder ihn in der Reihenfolge ihrer Vertretungsbefugnis.
(2) Bei Verhinderung der Bürgermeisterin oder des Bürgermeisters und der Beigeordneten bestellt der Gemeinderat die Vorsitzende oder den Vorsitzenden aus seiner Mitte. Während der Wahl der oder des Vorsitzenden führt das an Lebensjahren älteste hierzu bereite Mitglied des Gemeinderats den Vorsitz.
(3) Bei Sitzungen, in denen über den Jahresabschluss beraten wird, bestellt der Gemeinderat für diesen Gegenstand der Tagesordnung eine besondere Vorsitzende oder einen besonderen Vorsitzenden.

§ 43
Aufgaben der oder des Vorsitzenden

(1) Die oder der Vorsitzende eröffnet und schließt die Sitzung, leitet die Verhandlung, handhabt die Ordnung und übt das Hausrecht aus.
(2) Die oder der Vorsitzende kann bei grober Ungebühr oder Zuwiderhandlung gegen die zur Aufrechterhaltung der Ordnung getroffenen Anordnungen Mitglieder des Gemeinderats zur Ordnung rufen. Nach dreimaligem Ordnungsruf kann sie oder er Mitglieder des Gemeinderats von der Sitzung ausschließen. Die Geschäftsordnung kann vorsehen, dass die oder der Vorsitzende in schweren Fällen den Ausschluss eines Mitglieds des Gemeinderats auch für mehrere, höchstens jedoch für drei Sitzungen aussprechen darf.
(3) Der Ausschluss von den Sitzungen des Gemeinderats hat den Ausschluss von allen Ausschusssitzungen für die gleiche Dauer zur Folge.

§ 44
Beschlussfähigkeit

(1) Der Gemeinderat ist beschlussfähig, wenn alle Mitglieder ordnungsgemäß einberufen sind und mehr als die Hälfte der gesetzlichen Mitgliederzahl anwesend ist. Im Falle des § 41 Abs. 4 gilt das Gemeinderatsmitglied als ordnungsgemäß einberufen.
(2) Ist die zur Beschlussfähigkeit erforderliche Anzahl von Mitgliedern nicht anwesend, so ist der zur Beratung derselben Gegenstände mit einer Frist von mindestens drei Tagen einberufene Gemeinderat beschlussfähig, sofern an stimmberechtigten Mitgliedern mindestens ein Fünftel der gesetzlichen Mitgliederzahl anwesend ist. Bei der Einberufung ist darauf ausdrücklich hinzuweisen.
(3) Ist die zur Beschlussfähigkeit erforderliche Anzahl von Mitgliedern nicht mehr vorhanden, weil mehr als die Hälfte der gesetzlichen Zahl der Mitglieder des Gemeinderats wegen Interessenwiderstreits ausgeschlossen ist, so ist der Gemeinderat beschlussfähig, sofern mindestens drei stimmberechtigte Mitglieder anwesend sind.

§ 45
Beschlussfassung

(1) Der Gemeinderat beschließt mit einfacher Stimmenmehrheit, soweit das Gesetz nichts anderes bestimmt. Bei Stimmengleichheit gilt der Antrag als abgelehnt.
(2) Die Abstimmung ist grundsätzlich offen.
(3) Wenn mehr als ein Drittel der anwesenden Mitglieder des Gemeinderats es beantragt, wird namentlich abgestimmt. In der Sitzungsniederschrift ist zu vermerken, wie jedes einzelne Mitglied abgestimmt hat.
(4) Wenn mehr als ein Drittel der anwesenden Mitglieder des Gemeinderats es beantragt, wird geheim abgestimmt.
(5) Der Antrag auf geheime Abstimmung geht dem Antrag auf namentliche Abstimmung vor.
(6) Beschlüsse über die Einstellung und die Anstellung von leitenden Beamtinnen, Beamten, Arbeitnehmerinnen und Arbeit-

nehmern werden nach den für Wahlen geltenden Vorschriften gefasst.
(7) Stimmenthaltungen und ungültige Stimmen zählen bei der Berechnung der Mehrheit nicht mit.

§ 46
Wahlen
(1) Wahlen werden durch geheime Abstimmung vorgenommen.
(2) Gewählt ist, wer mehr als die Hälfte der abgegebenen gültigen Stimmen erhalten hat. Wird diese Mehrheit im ersten Wahlgang nicht erreicht, so tritt Stichwahl unter den beiden Bewerberinnen oder Bewerbern ein, die im ersten Wahlgang die höchsten Stimmzahlen erreicht haben. Bei Stimmengleichheit entscheidet das Los, wer in die Stichwahl kommt. Ergibt auch die Stichwahl Stimmengleichheit, so entscheidet das Los. § 45 Abs. 7 gilt entsprechend.

§ 47
Niederschrift
(1) Über den wesentlichen Inhalt der Verhandlungen des Gemeinderats ist eine Niederschrift zu fertigen.
(2) Die Führung der Sitzungsniederschrift kann einer oder einem Bediensteten der Gemeinde übertragen werden.
(3) Jedes Mitglied des Gemeinderats kann verlangen, dass seine Auffassung und seine Anträge in die Niederschrift aufgenommen werden.
(4) Die Niederschrift ist von der oder dem Vorsitzenden, der Schriftführerin oder dem Schriftführer und mindestens zwei durch die Geschäftsordnung oder durch Beschluss des Gemeinderats bestimmten Mitgliedern zu unterzeichnen.
(5) Die Niederschrift ist spätestens bei Beginn der nächsten Sitzung zu verlesen. Die Geschäftsordnung kann eine andere Form der Bekanntgabe der Niederschrift an die Mitglieder des Gemeinderats vorsehen. Über Einwendungen gegen die Niederschrift beschließt der Gemeinderat.
(6) Die Einwohnerinnen und Einwohner können die Niederschrift über die öffentliche Sitzung des Gemeinderats bei der Gemeindeverwaltung einsehen; sie können sich auf ihre Kosten Ablichtungen anfertigen lassen. Die Ablichtungen der Niederschriften sind für die Mitglieder des Gemeinderats kostenlos anzufertigen.

§ 48
Ausschüsse
(1) Der Gemeinderat kann zur Vorbereitung seiner Beschlüsse und zur Beschlussfassung über Angelegenheiten, die ihm nicht nach § 35 vorbehalten sind, aus seiner Mitte Ausschüsse bilden. Für Finanzangelegenheiten, Personalangelegenheiten, Natur- und Umweltschutzangelegenheiten und Rechnungsprüfungsangelegenheiten müssen solche Ausschüsse gebildet werden. Eine Zusammenlegung von Ausschüssen ist, mit Ausnahme des Rechnungsprüfungsausschusses, zulässig.
(2) Bei der Besetzung der Ausschüsse sind die im Gemeinderat vertretenen Parteien und Wählergruppen entsprechend ihrer Stärke zu berücksichtigen; soweit Fraktionen bestehen, ist auf diese abzustellen. Die Sitze in den Ausschüssen werden auf die Gruppierungen nach Satz 1 entsprechend der Anzahl ihrer Mitglieder im Gemeinderat nach dem Höchstzahlverfahren nach d'Hondt verteilt. Bei gleichen Höchstzahlen entscheidet das Los. Die Mitglieder der Ausschüsse werden von den jeweiligen Gruppierungen entsprechend der vom Gemeinderat festgestellten Sitzverteilung benannt. Jedes Ausschussmitglied kann sich durch ein Mitglied des Gemeinderats vertreten lassen. Die Vertretung ist der oder dem Ausschussvorsitzenden anzuzeigen und in der Niederschrift zu vermerken. Ändert sich das Stärkeverhältnis der im Gemeinderat vertretenen Gruppierungen, so sind die Ausschüsse neu zu bilden, wenn sich aufgrund des neuen Stärkeverhältnisses eine andere Besetzung ergeben würde.
(3) Bleibt eine Fraktion bei der Bildung eines

Ausschusses nach Absatz 2 unberücksichtigt, so kann sie aus ihrer Mitte ein Mitglied benennen, das mit beratender Stimme und dem Recht, Anträge zu stellen, an den Ausschusssitzungen teilnimmt. Absatz 2 Satz 5 und 6 gilt entsprechend. Sonstige Mitglieder des Gemeinderats können an den Ausschusssitzungen ohne Stimmrecht teilnehmen.
(4) Die Bürgermeisterin oder der Bürgermeister führt den Vorsitz in den Ausschüssen für Finanzangelegenheiten und Personalangelegenheiten. Sind die Finanz- oder Personalangelegenheiten hauptamtlichen Beigeordneten übertragen, so kann die Bürgermeisterin oder der Bürgermeister die jeweils zuständige hauptamtliche Beigeordnete oder den jeweils zuständigen hauptamtlichen Beigeordneten mit dem Vorsitz in diesen Ausschüssen betrauen. In den übrigen Ausschüssen steht der Bürgermeisterin oder dem Bürgermeister der Vorsitz zu. Beansprucht die Bürgermeisterin oder der Bürgermeister den Vorsitz nicht, so steht er den Beigeordneten in der festgelegten Reihenfolge zu. Verzichten auch die Beigeordneten auf den Vorsitz, so wählt der Ausschuss die Vorsitzende oder den Vorsitzenden aus seiner Mitte. Die oder der Vorsitzende ist nur stimmberechtigt, wenn sie oder er gemäß Absatz 2 in den Ausschuss berufen ist.
(5) Die Sitzungen der Ausschüsse zur Vorbereitung der Beschlüsse des Gemeinderats sind nicht öffentlich. Sitzungen über die den Ausschüssen zur Beschlussfassung übertragenen Angelegenheiten sind öffentlich. § 40 ist entsprechend anzuwenden.
(6) Die für den Gemeinderat geltenden Vorschriften mit Ausnahme des § 37 Abs. 1 Satz 3, des § 39 und des § 41 Abs. 2 sind für die Ausschüsse sinngemäß anzuwenden. § 41 Abs. 1 Satz 2 gilt mit der Maßgabe, dass die oder der Vorsitzende den Ausschuss einberufen muss, wenn eine Fraktion oder mindestens ein Viertel der gesetzlichen Zahl der Mitglieder des Gemeinderats unter Bezeichnung des Verhandlungsgegenstandes dies schriftlich oder elektronisch beantragt.

§ 49
Hinzuziehung von Sachverständigen und anderen Personen zu den Sitzungen
(1) Auf Beschluss des Gemeinderats können Sachverständige zu den Sitzungen des Gemeinderats und seiner Ausschüsse hinzugezogen werden. Sie sind nicht stimmberechtigt.
(2) Sachverständige, die zu nicht öffentlichen Sitzungen hinzugezogen werden, sind zur Verschwiegenheit verpflichtet.
(3) Der Gemeinderat kann beschließen, zu bestimmten Beratungsgegenständen Personen oder Personengruppen zu hören.
(4) Die Absätze 1 bis 3 gelten auch für Personen oder Personengruppen mit fremder Staatsangehörigkeit.

§ 49a
Beteiligung von Kindern und Jugendlichen
(1) Die Gemeinden können bei Planungen und Vorhaben, die die Interessen von Kindern und Jugendlichen berühren, diese in angemessener Weise beteiligen.
(2) Für Jugendliche können hierzu Gremien eingerichtet werden. Das Nähere ist von den Gemeinden durch Satzung zu bestimmen, insbesondere sind dabei Regelungen über die Zusammensetzung, Wahl, Amtszeit, Rechtsstellung, Arbeitsweise und Entschädigung zu treffen.
(3) Kinder können über mit ihnen kooperierende und von der Gemeinde zu benennende Sachwalterinnen oder Sachwalter beteiligt werden.

§ 50
Integrationsbeiräte, Integrationsbeauftragte
(1) Gemeinden mit einem Ausländeranteil von mindestens zehn vom Hundert sollen einen Integrationsbeirat bilden; sie können daneben auch eine ehren- oder hauptamtliche Integrationsbeauftragte oder einen ehren- oder hauptamtlichen Integrationsbeauftragten benennen. Gemeinden mit einem geringeren Ausländeranteil können von beiden Möglichkeiten einzeln oder nebenein-

ander Gebrauch machen. Integrationsbeirat und Integrationsbeauftragte können sich mit allen Selbstverwaltungsangelegenheiten befassen, welche die Belange der Einwohnerinnen und Einwohner im Sinne des Absatzes 2 Satz 1 berühren. Das Nähere regelt die Gemeinde durch Satzung. Für die Ermittlung des Ausländeranteils gilt § 71 Absatz 2 Satz 4 entsprechend.

(2) Der Integrationsbeirat setzt sich zu zwei Dritteln aus Einwohnerinnen und Einwohnern zusammen,

1. die nicht Deutsche im Sinne des Artikels 116 Absatz 1 des Grundgesetzes sind,
2. die die deutsche Staatsangehörigkeit durch Einbürgerung erhalten haben,
3. die Spätaussiedlerinnen oder Spätaussiedler sind oder
4. die die deutsche Staatsangehörigkeit nach § 4 Absatz 3 Satz 1 des Staatsangehörigkeitsgesetzes erworben haben.

Wahlberechtigt sind alle Personen, die nach Satz 1 wählbar sind, wobei die Personen nach Satz 1 Nummern 2 bis 4 zunächst nach öffentlich bekannt gemachter Aufforderung bis zum 21. Tag vor der Wahl eine Aufnahme in das Wählerverzeichnis beantragen müssen. Im Übrigen gelten für die Wahl die Grundsätze des Kommunalwahlrechts entsprechend.

Ein Drittel der Mitglieder wird vom Gemeinderat entsprechend den Vorschriften über die Besetzung der Ausschüsse entsandt.

(3) Werden keine Wahlvorschläge eingereicht oder zugelassen oder übersteigt die Zahl der zugelassenen Bewerber nicht die Zahl der zu wählenden Mitglieder des Integrationsbeirats, findet keine Wahl statt und die Verpflichtung zur Einrichtung eines Integrationsbeirats nach Absatz 1 Satz 1 Halbsatz 1 entfällt für die Dauer von fünf Jahren. In diesem Fall soll eine Integrationsbeauftragte oder ein Integrationsbeauftragter benannt werden.

(4) Für die Rechtsstellung der Mitglieder des Integrationsbeirats und der ehrenamtlichen Integrationsbeauftragten gelten die §§ 30 Absatz 1, 33 und 51 Absatz 1 Satz 2, Absatz 3 und 4 entsprechend.

(5) Der Integrationsbeirat wählt eine Sprecherin oder einen Sprecher und eine Stellvertreterin oder einen Stellvertreter. Auf Antrag des Integrationsbeirats hat die Bürgermeisterin oder der Bürgermeister dem Gemeinderat Selbstverwaltungsangelegenheiten gemäß Absatz 1 Satz 3 zur Beratung und Entscheidung vorzulegen. Die Sprecherin oder der Sprecher des Integrationsbeirats ist berechtigt, bei der Beratung solcher Angelegenheiten an Sitzungen des Gemeinderats oder seiner Ausschüsse teilzunehmen; auf Verlangen ist ihr oder ihm das Wort zu erteilen. Der Integrationsbeirat soll zu Fragen, die ihm vom Gemeinderat, einem Ausschuss oder von der Bürgermeisterin oder dem Bürgermeister vorgelegt werden, Stellung nehmen. Entsprechendes gilt für Integrationsbeauftragte.

§ 50a
Interessenvertretung für ältere Menschen und für Menschen mit Behinderungen

(1) Gemeinden sollen zur Wahrung der Interessen älterer Menschen Beiräte einrichten. Anstelle eines Beirates kann auf Beschluss des Gemeinderates auch eine Beauftragte oder ein Beauftragter gewählt werden. Das Nähere ist von den Gemeinden durch Satzung zu bestimmen, wobei insbesondere Regelungen über die Zusammensetzung, Wahl, Amtszeit, Rechtsstellung, Arbeitsweise und Entschädigung zu treffen sind.

(2) Die Wahrung der Interessen behinderter Menschen erfolgt nach Maßgabe des § 22 des Gesetzes zur Gleichstellung von Menschen mit Behinderungen im Saarland (Saarländisches Behindertengleichstellungs gesetz – SBGG) vom 26. November 2003 (Amtsbl. S. 2987), geändert durch das Gesetz vom 15. Februar 2006 (Amtsbl. S. 474, 530), in der jeweils geltenden Fassung.

§ 51
Entschädigung der Gemeinderatsmitglieder

(1) Gemeinderatsmitglieder erhalten zur Abgeltung der mit ihrer Tätigkeit verbundenen baren Auslagen einen monatlichen Grundbetrag in angemessener Höhe. Daneben werden ihnen für die Teilnahme an Sitzungen des Gemeinderats und seiner Ausschüsse Sitzungsgelder gewährt. Die Gemeinden können die Entschädigungen nach den Sätzen 1 und 2 auch durch einen einheitlichen Pauschbetrag gewähren.
(2) Über die Entschädigung nach Absatz 1 entscheidet der Gemeinderat mit der Mehrheit der gesetzlichen Zahl der Mitglieder.
(3) Den durch die Teilnahme an Sitzungen des Gemeinderats und seiner Ausschüsse entstandenen Verdienstausfall hat die Gemeinde in der nachgewiesenen Höhe zu ersetzen. Gemeinderatsmitglieder, die keinen Verdienstausfall nachweisen können, weil sie mit der Führung ihres Haushalts betraut sind, erhalten einen durch den Gemeinderat festzusetzenden Stundensatz. Ein durch die Sitzungsteilnahme entstehender Arbeitsausfall gilt nicht als schuldhaftes Arbeitsversäumnis im Sinne des geltenden Beamten-, Arbeits- oder Tarifrechts.
(4) Ist zur Teilnahme an Sitzungen des Gemeinderats und seiner Ausschüsse eine entgeltliche Betreuung von Kindern oder pflegebedürftigen Angehörigen notwendig, werden die nachgewiesenen Kosten auf Antrag erstattet. Der Gemeinderat kann die Kostenerstattung durch Festsetzung von Höchstbeträgen begrenzen. Betreuungskosten werden nicht für Zeiträume erstattet, für die eine Entschädigung nach Absatz 3 geleistet wird.

§ 51a
Erhaltung kommunaler Entscheidungsfähigkeit in außerordentlichen Notlagen

(1) Gemeinderatssitzungen können als Videokonferenzen durchgeführt werden, wenn
1. aufgrund einer außerordentlichen Notlage, insbesondere einer epidemischen Lage, einer Naturkatastrophe oder eines besonders schweren Unglücksfalls die Durchführung einer Gemeinderatssitzung nach § 38 ganz erheblich erschwert ist und
2. zwei Drittel der gesetzlichen Zahl der Mitglieder des Gemeinderats dem zustimmen.

(2) Der Beschluss des Gemeinderats zur Durchführung von Videokonferenzen nach Absatz 1 Nummer 2 kann abweichend von § 38 auch im schriftlichen oder elektronischen Verfahren erfolgen. Der Gemeinderat kann einen entsprechenden Grundsatzbeschluss für die gesamte Dauer seiner Amtszeit fassen.
(3) Die technischen Voraussetzungen nach den Absätzen 1 und 2 sind bei jedem Ratsmitglied zu gewährleisten.
(4) Absatz 1 gilt nicht für Wahlen und geheime Abstimmungen.
(5) Ist zu erwarten, dass die Voraussetzungen des Absatzes 1 Nummer 1 über einen längeren, mehrere Monate umfassenden Zeitraum vorliegen werden, oder sind die technischen Voraussetzungen nach Absatz 1 in der Gemeinde nicht zu gewährleisten, kann der Gemeinderat mit einer Mehrheit von zwei Dritteln der gesetzlichen Zahl seiner Mitglieder für die Dauer der außerordentlichen Notlage die Beschlussfassung auf einen hierfür gebildeten Notausschuss übertragen. Hat die Gemeinde keinen Notausschuss gebildet, kann sie die Beschlussfassung auf den Finanzausschuss übertragen, der dann als Notausschuss tagt. Für die jeweilige Übertragung gilt Absatz 2 Satz 1 entsprechend. Die Entscheidungen des Ausschusses sind dem Gemeinderat in seiner nächsten ordentlichen Sitzung zur Genehmigung vorzulegen; eine Aufhebung ist nur möglich, wenn durch die Ausführung der Entscheidung noch keine Rechte Dritter begründet wurden. Für den Notausschuss gilt § 48 entsprechend.
(6) Bei Durchführung einer Sitzung als Videokonferenz erfolgt die Information der Öffentlichkeit durch zeitgleiche Übertragung

in Ton und Bild in einen öffentlich zugänglichen Raum, der in der Bekanntmachung der Sitzung benannt wird. Über Beschlüsse nach Absatz 2 ist die Öffentlichkeit unverzüglich zu informieren; dies gilt entsprechend, wenn die Öffentlichkeit bei einer Ausschusssitzung nicht hergestellt werden kann. § 40 bleibt unberührt.

§ 52
Vorzeitige Beendigung der Amtszeit bei Gebietsänderungen

(1) Ändert sich bei einer Gebietsänderung die Zahl der Einwohnerinnen und Einwohner, so endet die Amtszeit des Gemeinderats mit dem In-Kraft-Treten der Gebietsänderung; es findet innerhalb von drei Monaten eine Neuwahl statt. Satz 1 findet keine Anwendung, wenn die Zahl der aufgenommenen Einwohnerinnen und Einwohner im Verhältnis zu der Zahl der Einwohnerinnen und Einwohner der aufnehmenden Gemeinde oder die Zahl der abgegebenen Einwohnerinnen und Einwohner im Verhältnis zu der Zahl der Einwohnerinnen und Einwohner der abgebenden Gemeinde unbedeutend ist und die Struktur der Gemeinde nur unwesentlich verändert wird; die Entscheidung trifft das Ministerium für Inneres und Sport. In einer neu gebildeten Gemeinde ist stets eine Neuwahl durchzuführen. Das Nähere bestimmt das Kommunalwahlgesetz.
(2) Die Amtszeit des nach Absatz 1 gewählten Gemeinderats endet mit dem Ablauf der allgemeinen Amtszeit. Findet eine Neuwahl innerhalb von sechs Monaten vor Ablauf der allgemeinen Amtszeit statt, so endet die Amtszeit erst mit dem Ende der nächsten allgemeinen Amtszeit.

§ 53
Auflösung des Gemeinderats

(1) Das Ministerium für Inneres und Sport hat einen Gemeinderat aufzulösen, wenn die Zahl der Mitglieder des Gemeinderats auf weniger als die Hälfte der gesetzlichen Zahl der Mitglieder gesunken ist und Ersatzleute nicht zur Verfügung stehen.
(2) Die Landesregierung kann auf Antrag des Ministeriums für Inneres und Sport einen Gemeinderat auflösen, wenn eine ordnungsgemäße Erledigung der Gemeindeaufgaben in anderer Weise auf Dauer nicht gesichert ist.
(3) Die Entscheidung über die Auflösung des Gemeinderats ist durch das Ministerium für Inneres und Sport öffentlich bekannt zu machen.
(4) Nach unanfechtbar gewordener Auflösung des Gemeinderats findet eine Neuwahl innerhalb von drei Monaten statt. Das Nähere bestimmt das Kommunalwahlgesetz. § 52 Abs. 2 gilt entsprechend.

III. Abschnitt
Bürgermeisterin, Bürgermeister und Beigeordnete

§ 54
Eignung

(1) Wählbar zur Bürgermeisterin oder zum Bürgermeister ist jede oder jeder Deutsche im Sinne des Artikels 116 des Grundgesetzes und jede Unionsbürgerin oder jeder Unionsbürger, die oder der am Tag der Wahl das 25. Lebensjahr vollendet hat, die Wählbarkeit zum Deutschen Bundestag oder zum Europäischen Parlament besitzt und die Gewähr dafür bietet, dass sie oder er jederzeit für die freiheitliche demokratische Grundordnung im Sinne des Grundgesetzes eintritt. Zur Bürgermeisterin oder zum Bürgermeister kann nicht gewählt werden, wer am Tag des Beginns der Amtszeit das 65. Lebensjahr vollendet hat.
(2) Die hauptamtlichen Beigeordneten müssen für ihr Amt geeignet sein. Sie müssen mindestens die Befähigung für den gehobenen Dienst in der allgemeinen Verwaltung besitzen oder über entsprechende Erfahrungen verfügen, die sie durch verantwortliche Tätigkeiten in Verwaltung oder Wirtschaft erworben haben. Absatz 1 findet entsprechende Anwendung.
(3) In Gemeinden mit mehr als 20.000 Einwohnerinnen und Einwohnern muss die Bür-

germeisterin oder der Bürgermeister oder eine hauptamtliche Beigeordnete oder ein hauptamtlicher Beigeordneter oder eine andere leitende Beamtin oder ein anderer leitender Beamter der Gemeinde die Befähigung zum höheren Verwaltungsdienst oder zum Richteramt besitzen; in besonders begründeten Ausnahmefällen kann die oberste Kommunalaufsichtsbehörde Ausnahmen zulassen.

§ 55
Ausschreibung

Die Stelle der Bürgermeisterin oder des Bürgermeisters ist spätestens drei Monate vor der Wahl öffentlich auszuschreiben.

§ 56
Wahl der Bürgermeisterin oder des Bürgermeisters

(1) Die Bürgermeisterin oder der Bürgermeister wird von den Bürgerinnen und Bürgern in allgemeiner, unmittelbarer, freier, gleicher und geheimer Wahl gleichzeitig mit dem Gemeinderat gewählt. Für die Wahl gelten die Vorschriften des Kommunalwahlgesetzes.

(2) Findet eine Wahl nach Absatz 1 nicht statt, wird die Bürgermeisterin oder der Bürgermeister vom Gemeinderat nach den Bestimmungen des § 46 gewählt.

(3) Scheidet die Bürgermeisterin oder der Bürgermeister während der Amtszeit des Gemeinderates aus dem Amt aus und erfolgt die Wahl nicht gleichzeitig mit der Gemeinderatswahl, so wird die Nachfolgerin oder der Nachfolger für die Zeit bis zum 30. September des Jahres, in dem die nächste Amtszeit des Gemeinderates endet, gewählt. Die Absätze 1 und 2 gelten entsprechend.

(4) Wird die Wiederwahl der Bürgermeisterin oder des Bürgermeisters später als drei Monate vor Ablauf der Amtszeit durchgeführt, entfällt die Verpflichtung zur Weiterführung des Amtes nach § 119 Abs. 3 des Saarländischen Beamtengesetzes vom 11. März 2009 (Amtsbl. S. 514), zuletzt geändert durch das Gesetz vom 16. Oktober 2012 (Amtsbl. I S. 437), in der jeweils geltenden Fassung.

(5) Für die öffentliche Bekanntmachung des Wahlergebnisses findet § 78 Abs. 1 Satz 2 des Kommunalwahlgesetzes entsprechende Anwendung.

§ 57
Wahlanfechtung

(1) Wird die Wahl der Bürgermeisterin oder des Bürgermeisters vom Gemeinderat vorgenommen, kann die Wahl von jedem Mitglied des Gemeinderats innerhalb von zwei Wochen nach der Wahl bei der Kommunalaufsichtsbehörde angefochten werden.

(2) Gegen die Entscheidung der Kommunalaufsichtsbehörde kann innerhalb eines Monats Klage im verwaltungsgerichtlichen Verfahren erhoben werden. Ein Vorverfahren findet nicht statt.

(3) Wird die Wahl für ungültig erklärt, so ist sie unverzüglich zu wiederholen.

§ 58
Abwahl der Bürgermeisterin oder des Bürgermeisters

(1) Die Bürgermeisterin oder der Bürgermeister kann von den Bürgerinnen und Bürgern vor Ablauf ihrer oder seiner Amtszeit abgewählt werden. Zur Einleitung des Abwahlverfahrens bedarf es eines von mindestens der Hälfte der gesetzlichen Zahl der Mitglieder des Gemeinderats gestellten Antrags und eines mit der Mehrheit von zwei Dritteln der gesetzlichen Zahl der Mitglieder des Gemeinderats zu fassenden Beschlusses.

(2) Über den Antrag auf Einleitung des Abwahlverfahrens ist namentlich abzustimmen. Zwischen der Antragstellung und der Beschlussfassung müssen mindestens zwei Wochen liegen.

(3) Die Bürgermeisterin oder der Bürgermeister ist abgewählt, wenn die Mehrheit der gültigen Stimmen auf Abwahl lautet, sofern diese Mehrheit mindestens 30 vom Hundert

der Abwahlberechtigten beträgt. Das Nähere bestimmt das Kommunalwahlgesetz.

(4) Die Bürgermeisterin oder der Bürgermeister gilt als abgewählt, wenn sie oder er innerhalb einer Woche nach dem Beschluss des Gemeinderats, das Abwahlverfahren einzuleiten, auf die Durchführung des Abwahlverfahrens verzichtet. Der Verzicht ist schriftlich gegenüber der oder dem zur Vertretung der Bürgermeisterin oder des Bürgermeisters berufenen Beigeordneten zu erklären.

(5) Die Bürgermeisterin oder der Bürgermeister scheidet mit Ablauf des Tages, an dem der Wahlausschuss die Abwahl feststellt oder an dem eine Verzichtserklärung nach Absatz 4 Satz 2 der oder dem zur Vertretung berufenen Beigeordneten zugeht, aus ihrem oder seinem Amt aus.

§ 58a

Ruhestand auf Antrag aus besonderem Grund

Die Bürgermeisterin oder der Bürgermeister kann die Versetzung in den Ruhestand mit der Begründung beantragen, dass ihr oder ihm das für die weitere Amtsführung erforderliche Vertrauen nicht mehr entgegengebracht wird. Der Antrag ist schriftlich bei der oder dem zur Vertretung der Bürgermeisterin oder des Bürgermeisters berufenen Beigeordneten zu stellen und bedarf der Zustimmung von zwei Dritteln der gesetzlichen Zahl der Mitglieder des Gemeinderats. § 58 Absatz 2 gilt entsprechend. Der Antrag kann nur bis zur Beschlussfassung des Gemeinderats schriftlich zurückgenommen werden. Hat der Gemeinderat dem Antrag zugestimmt und sind die Voraussetzungen für die Gewährung eines Ruhegehalts erfüllt, so versetzt die oder der vertretungsberechtigte Beigeordnete die Bürgermeisterin oder den Bürgermeister durch schriftliche Verfügung in den Ruhestand. Der Ruhestand beginnt mit Ablauf des Tages, an dem der Bürgermeisterin oder dem Bürgermeister die Verfügung zugestellt worden ist.

§ 59

Aufgaben der Bürgermeisterin oder des Bürgermeisters

(1) Die Bürgermeisterin oder der Bürgermeister ist die gesetzliche Vertreterin oder der gesetzliche Vertreter der Gemeinde.

(2) Die Bürgermeisterin oder der Bürgermeister leitet die Gemeindeverwaltung. Sie oder er bereitet die Beschlüsse des Gemeinderats vor und führt sie aus.

(3) Die Bürgermeisterin oder der Bürgermeister erledigt die Geschäfte der laufenden Verwaltung und die ihr oder ihm übertragenen Selbstverwaltungsangelegenheiten der Gemeinde. Sie oder er ist allein zuständig, soweit gesetzlich eine Anhörung der Gemeinde vorgeschrieben und die Angelegenheit im Interesse der Sicherheit oder anderer wichtiger Belange der Bundesrepublik oder eines ihrer Länder geheim zu halten ist.

(4) Die Bürgermeisterin oder der Bürgermeister erledigt die der Gemeinde übertragenen Auftragsangelegenheiten, soweit durch Gesetz nichts anderes bestimmt ist.

(5) Die Bürgermeisterin oder der Bürgermeister ist Dienstvorgesetzte oder Dienstvorgesetzter und oberste Dienstbehörde der Gemeindebediensteten und der Ehrenbeamtinnen und Ehrenbeamten. Ihr oder ihm obliegt die Ernennung und Entlassung der Beamtinnen und Beamten sowie die Einstellung, Einstufung und Entlassung der Arbeitnehmerinnen und Arbeitnehmer nach den Beschlüssen des Gemeinderats.

(6) Die Befugnisse der oder des Dienstvorgesetzten und der obersten Dienstbehörde nimmt gegenüber der Bürgermeisterin oder dem Bürgermeister in den Fällen des § 8 Abs. 1, § 58 Abs. 1 und § 59 Abs. 2 des Saarländischen Beamtengesetzes und des § 83 Abs. 2 des Saarländischen Disziplinargesetzes die Kommunalaufsichtsbehörde, im Fall des § 85 des Saarländischen Beamtengesetzes der Gemeinderat, im Übrigen die oder der zur Vertretung der Bürgermeisterin oder des Bürgermeisters berufene Beigeordnete wahr.

§ 60
Widerspruchs- und Vorlagepflicht bei rechtswidrigen Beschlüssen

(1) Die Bürgermeisterin oder der Bürgermeister ist verpflichtet, rechtswidrigen Beschlüssen unverzüglich zu widersprechen. Hält der Gemeinderat seinen Beschluss aufrecht, so hat die Bürgermeisterin oder der Bürgermeister die Entscheidung der Kommunalaufsichtsbehörde einzuholen.
(2) Beschlüsse, über deren Rechtmäßigkeit die Bürgermeisterin oder der Bürgermeister im Zweifel sein muss, hat sie oder er der Kommunalaufsichtsbehörde vorzulegen; über die Vorlage hat sie oder er die Mitglieder des Gemeinderats unverzüglich zu unterrichten.
(3) Widerspruch und Vorlage haben aufschiebende Wirkung.

§ 61
Anordnungsbefugnis der Bürgermeisterin oder des Bürgermeisters in dringenden Angelegenheiten

(1) Die Bürgermeisterin oder der Bürgermeister ist berechtigt, dringende Maßnahmen, die aus Gründen des Gemeinwohls keinen Aufschub dulden, auch ohne Beschluss des Gemeinderats anzuordnen. In diesen Fällen hat sie oder er unverzüglich den Gemeinderat zu unterrichten. Der Gemeinderat kann die Anordnung aufheben, soweit nicht schon Rechte anderer durch die Ausführung der Anordnung entstanden sind.
(2) Absatz 1 findet auf Angelegenheiten, über die ein Ausschuss oder der Ortsrat beschließt, entsprechende Anwendung.

§ 62
Verpflichtungserklärungen

(1) Erklärungen, durch die die Gemeinde verpflichtet werden soll, sowie Erklärungen, durch die die Gemeinde auf Rechte verzichtet, müssen schriftlich oder elektronisch erfolgen. Erklärungen in Schriftform sind nur rechtsverbindlich, wenn sie von der Bürgermeisterin oder vom Bürgermeister oder der allgemeinen Vertreterin oder dem allgemeinen Vertreter unter Beifügung der Amtsbezeichnung und des Dienstsiegels handschriftlich unterzeichnet sind. Erklärungen in elektronischer Form sind nur rechtsverbindlich, wenn sie mit einer dauerhaft überprüfbaren Signatur und dem elektronischen Dienstsiegel versehen sind.
(2) Wird für ein Geschäft oder einen Kreis von Geschäften eine Bevollmächtigte oder ein Bevollmächtigter bestellt, so bedarf die Vollmacht der Form des Absatzes 1. Die im Rahmen dieser Vollmacht abgegebenen Erklärungen müssen schriftlich oder elektronisch erfolgen.
(3) Die Absätze 1 und 2 gelten nicht für Erklärungen in den Geschäften der laufenden Verwaltung.

§ 63
Vertretung der Bürgermeisterin oder des Bürgermeisters

(1) Die Bürgermeisterin oder der Bürgermeister wird im Fall ihrer oder seiner Verhinderung durch Beigeordnete in der vom Gemeinderat festgesetzten Reihenfolge vertreten. Die erste Stellvertreterin oder der erste Stellvertreter der Bürgermeisterin oder des Bürgermeisters führt die Amtsbezeichnung Erste Beigeordnete oder Erster Beigeordneter, in Städten mit mehr als 30.000 Einwohnerinnen und Einwohnern die Amtsbezeichnung Bürgermeisterin oder Bürgermeister.
(2) Im Fall gleichzeitiger Verhinderung der Bürgermeisterin oder des Bürgermeisters und der Beigeordneten wählt der Gemeinderat für die Dauer der Verhinderung eine besondere Vertreterin oder einen besonderen Vertreter aus seiner Mitte; hierbei führt das an Lebensjahren älteste hierzu bereite Mitglied des Gemeinderats den Vorsitz.
(3) Die Bürgermeisterin oder der Bürgermeister kann mit Zustimmung des Gemeinderats ehrenamtlichen Beigeordneten bestimmte Geschäftszweige zur Erledigung übertragen. Über die Übertragung bestimmter Geschäftszweige an hauptamtliche Beigeordnete und die Änderung entscheidet der Gemeinderat

auf Vorschlag der Bürgermeisterin oder des Bürgermeisters.

§ 64
Zahl der Beigeordneten
Die Gemeinden haben eine oder einen oder zwei Beigeordnete. Durch Beschluss des Gemeinderats kann die Zahl der Beigeordneten in Gemeinden

mit mehr als 10.000 bis zu 20.000 Einwohnerinnen und Einwohnern auf drei,

mit mehr als 20.000 bis zu 40.000 Einwohnerinnen und Einwohnern auf vier,

mit mehr als 40.000 bis zu 100.000 Einwohnerinnen und Einwohnern auf fünf,

und in Gemeinden mit mehr als 100.000 Einwohnerinnen und Einwohnern bis auf sieben

erhöht werden.

§ 65
Wahl und Abwahl der ehrenamtlichen Beigeordneten
(1) Die ehrenamtlichen Beigeordneten werden aus der Mitte des Gemeinderats gewählt. Bei der Wahl ist die Reihenfolge der Beigeordneten festzusetzen. Die Wahl soll in der ersten Sitzung des neu gewählten Gemeinderats vorgenommen werden.
(2) Ehrenamtliche Beigeordnete können nicht sein
1. Bedienstete der Gemeinde
2. Beamtinnen und Beamte, Arbeitnehmerinnen und Arbeitnehmer von Zweckverbänden, denen die Gemeinde angehört, oder von Körperschaften, Anstalten und Stiftungen des öffentlichen Rechts, an denen die Gemeinde beteiligt ist, oder von Gesellschaften und Vereinigungen, an denen die Gemeinde mit mehr als 50 vom Hundert beteiligt ist.

(3) Der Gemeinderat kann ehrenamtliche Beigeordnete abwählen. § 68a gilt entsprechend.
(4) Auf die Wahl der ehrenamtlichen Beigeordneten sind die Vorschriften der §§ 46, 56 Abs. 5 und § 57 entsprechend anzuwenden.

§ 66
Vorzeitige Beendigung der Amtszeit und Weiterführung der Amtsgeschäfte nach Ablauf der Amtszeit
(1) Die ehrenamtlichen Beigeordneten können ihr Amt jederzeit durch schriftliche Erklärung gegenüber der Bürgermeisterin oder dem Bürgermeister niederlegen; die Erklärung ist unwiderruflich.
(2) Beschließt der Gemeinderat im Lauf seiner Amtszeit, an Stelle einer oder eines bestimmten ehrenamtlichen Beigeordneten eine hauptamtliche Beigeordnete oder einen hauptamtlichen Beigeordneten zu berufen, so erlischt das Amt dieser oder dieses ehrenamtlichen Beigeordneten mit der Ernennung der oder des hauptamtlichen Beigeordneten.
(3) Die bisherigen ehrenamtlichen Beigeordneten führen die Amtsgeschäfte nach Ablauf der Amtszeit des Gemeinderats bis zur Ernennung der neuen ehrenamtlichen Beigeordneten weiter. Die Weiterführung der Amtsgeschäfte endet auch, wenn eine geringere Anzahl von Beigeordneten ernannt wird.

§ 67
Aufwandsentschädigung
(1) Ehrenamtliche Beigeordnete können eine angemessene Aufwandsentschädigung erhalten. § 51 Abs. 1 bleibt unberührt. Das Ministerium für Inneres und Sport wird ermächtigt, durch Rechtsverordnung[5] die Voraussetzungen sowie Höchstgrenzen der Aufwandsentschädigung festzulegen.
(2) Die Gemeinde hat den durch die Tätigkeit als ehrenamtliche Beigeordnete oder ehrenamtlicher Beigeordneter entstandenen unvermeidlichen Verdienstausfall in der nachgewiesenen Höhe zu ersetzen. § 51 Abs. 3 Satz 2 gilt entsprechend.

§ 68
Hauptamtliche Beigeordnete

(1) Gemeinden mit mehr als 20.000 Einwohnerinnen und Einwohnern können hauptamtliche Beigeordnete berufen. Die Gesamtzahl der hauptamtlichen und ehrenamtlichen Beigeordneten darf die nach § 64 zulässige Höchstzahl nicht übersteigen.
(2) Die Stelle der hauptamtlichen Beigeordneten ist öffentlich auszuschreiben. Die Besoldung der hauptamtlichen Beigeordneten wird vor der Ausschreibung durch den Gemeinderat im Rahmen der geltenden Vorschriften festgesetzt.
(3) Die hauptamtlichen Beigeordneten werden vom Gemeinderat gewählt. Die Wahl oder Wiederwahl ist frühestens neun Monate vor Ablauf der Amtszeit zulässig. Die Wiederwahl muss spätestens drei Monate vor Ablauf der Amtszeit vorgenommen sein. Auf die Wahl finden die Vorschriften des § 46 Anwendung.
(4) Hauptamtliche Beigeordnete haben kein Stimmrecht im Gemeinderat.
(5) Auf die hauptamtlichen Beigeordneten finden die Vorschriften des § 17 Absatz 2 des Kommunalwahlgesetzes sowie des § 56 Absatz 4 und 5 und des § 57 entsprechende Anwendung.
(6) Auf hauptamtliche Beigeordnete, die aufgrund des § 120 Nummer 4 des Saarländischen Beamtengesetzes in ihr Amt berufen werden, finden die Absätze 1 bis 3 und 5 keine Anwendung. Die Besoldung der hauptamtlichen Beigeordneten wird durch den Gemeinderat im Rahmen der geltenden Vorschriften festgesetzt.
(7) Soweit sich für die hauptamtlichen Beigeordneten aus Absatz 1 bis 6 sowie aus anderen gesetzlichen Vorschriften nichts anderes ergibt, sind die Vorschriften über die ehrenamtlichen Beigeordneten mit Ausnahme der §§ 66 Abs. 1 und 3 und 67 entsprechend anzuwenden.

5 Vgl. BS- Nr. 2032- 6.

§ 68a
Abwahl der hauptamtlichen Beigeordneten

(1) Die hauptamtlichen Beigeordneten können vom Gemeinderat vor Ablauf ihrer Amtszeit abgewählt werden. Ein Antrag auf Abwahl kann nur schriftlich von mindestens der Hälfte der gesetzlichen Zahl der Mitglieder des Gemeinderats gestellt werden. Die Beschlussfassung über die Abwahl erfolgt in einer besonderen Sitzung des Gemeinderats.
(2) Über den Antrag muss namentlich abgestimmt werden. Der Beschluss bedarf der Zustimmung von zwei Dritteln der gesetzlichen Zahl der Mitglieder des Gemeinderats. Über die Abwahl ist zweimal zu beraten und abzustimmen. Die zweite Beratung und Abstimmung darf frühestens einen Monat, jedoch nicht später als zwei Monate nach der ersten erfolgen; Absatz 1 Satz 2 findet hierbei keine Anwendung. Die oder der hauptamtliche Beigeordnete scheidet an dem Tag, an dem die Abwahl zum zweiten Mal beschlossen wird, aus ihrem oder seinem Amt aus. Die Mitteilung über die Abwahl ist ihr oder ihm unverzüglich zuzustellen.
(3) Die Absätze 1 und 2 finden auf hauptamtliche Beigeordnete, die aufgrund des § 120 Nummer 4 des Saarländischen Beamtengesetzes in ihr Amt berufen wurden, keine Anwendung.

§ 69
(aufgehoben)

IV. Abschnitt
Förderung der Selbstverwaltung in Gemeindebezirken und Stadtbezirken

§ 70
Gemeindebezirke

(1) Das Gebiet einer Gemeinde kann durch Satzung in Gemeindebezirke (Stadtteile, Ortsteile) eingeteilt werden. Bei der Einteilung in Gemeindebezirke sollen im Rahmen der Gemeindeentwicklung die Besonderheiten der engeren örtlichen Gemeinschaft,

insbesondere die geschichtlichen und kulturellen Zusammenhänge und Namen sowie die Siedlungsstruktur berücksichtigt werden. Ein Gemeindebezirk muss bei seiner Bildung mehr als 200 Einwohnerinnen und Einwohner haben. Für die Ermittlung der Einwohnerzahl gilt § 71 Abs. 2 Satz 2.
(2) Bestehende Gemeindebezirke dürfen nur zum Ende der Amtszeit des Gemeinderats, spätestens ein Jahr vor ihrem Ablauf aufgehoben oder geändert werden; der Beschluss bedarf der Mehrheit von zwei Dritteln der gesetzlichen Zahl der Mitglieder des Gemeinderats.

§ 71
Ortsrat

(1) Für jeden Gemeindebezirk ist ein Ortsrat zu bilden. Der Ortsrat besteht aus den von den im Gemeindebezirk wohnhaften Bürgerinnen und Bürgern in allgemeiner, gleicher, geheimer, unmittelbarer und freier Wahl gewählten Mitgliedern.
(2) Die Zahl der Mitglieder der Ortsräte beträgt in Gemeindebezirken

bis zu 5.000 Einwohnerinnen und Einwohnern
mindestens 7 und höchstens 11,
mit mehr als 5.000 bis zu 10.000 Einwohnerinnen und Einwohnern
mindestens 9 und höchstens 13,

mit mehr als 10.000 bis zu 25.000 Einwohnerinnen und Einwohnern
mindestens 11 und höchstens 15,
mit mehr als 25.000 Einwohnerinnen und Einwohnern
mindestens 15 und höchstens 21.

Die Gemeinden können durch Satzung bestimmen, dass für die Zahl der Mitglieder der Ortsräte die nächstniedrigere Größenklasse der jeweiligen Gemeindebezirke maßgebend ist. In der niedrigsten Größenklasse der Gemeindebezirke kann die Zahl der Mitglieder der Ortsräte auf 5 abgesenkt werden. Die Einwohnerzahl der Gemeindebezirke ist von der Gemeinde nach den melderechtlichen Vorschriften zu ermitteln; maßgebend ist die Einwohnerzahl am Tag der letzten vorausgegangenen allgemeinen Kommunalwahlen. Die Zahl der Ortsratsmitglieder ist in der Satzung nach § 70 Abs. 1 zu bestimmen, für ihre Änderung gilt § 70 Abs. 2 entsprechend.
(3) Das Nähere über die Wahl und die Ergänzung des Ortsrats bestimmt das Kommunalwahlgesetz.

§ 72
Amtszeit, Rechtsstellung

(1) Die Amtszeit des Ortsrats beträgt fünf Jahre; sie beginnt am fünfzehnten Tag, der auf den Wahltag folgt, jedoch nicht vor Ablauf der Amtszeit des bisherigen Ortsrats. Endet die Amtszeit des bisherigen Ortsrats vor dem fünfzehnten auf den Tag der Wahl des neuen Ortsrats folgenden Tag, so verlängert sich die Amtszeit bis zum Beginn der Amtszeit des neu gewählten Ortsrats, längstens jedoch um einen Monat. Die Amtszeit der Mitglieder des Ortsrats endet vorzeitig mit der Niederlegung des Amtes oder mit dem Verlust der Wählbarkeit in den Ortsrat.
(2) Die Mitglieder des Ortsrats können ihr Amt jederzeit niederlegen. Der Rücktritt ist gegenüber der Bürgermeisterin oder dem Bürgermeister schriftlich zu erklären; er ist unwiderruflich.
(3) Die Feststellung über den Verlust der Wählbarkeit und das Ausscheiden aus dem Ortsrat trifft der Ortsrat.
(4) Die Mitglieder des Ortsrats sind ehrenamtlich tätig. Sie handeln nach ihrer freien, nur durch die Rücksicht auf das Gemeinwohl bestimmten Gewissensüberzeugung. Sie sind an Aufträge und Weisungen nicht gebunden. Die Vorschriften der Gemeindeordnung über die Ausübung einer ehrenamtlichen Tätigkeit mit Ausnahme der §§ 24 und 25 sind entsprechend anzuwenden.

§ 73
Aufgaben des Ortsrats

(1) Der Ortsrat kann zu allen den Gemeindebezirk betreffenden Angelegenheiten Anträge einreichen und Vorschläge unterbreiten. Soweit die Bürgermeisterin oder der Bürgermeister nicht selbst zuständig ist, hat sie oder er die Anträge und die Vorschläge des Ortsrats dem Gemeinderat oder dem zuständigen Ausschuss zur Entscheidung oder Beratung vorzulegen. Über die Entscheidung oder das Ergebnis der Beratung des Gemeinderats oder des Ausschusses ist der Ortsrat zu unterrichten.

(2) Der Ortsrat ist in allen wichtigen Angelegenheiten, die den Gemeindebezirk betreffen, ausgenommen in den Fällen des § 41 Abs. 3 Satz 4 und Abs. 5, vor der Beschlussfassung des Gemeinderats oder seiner Ausschüsse zu hören. Dies gilt insbesondere in folgenden Angelegenheiten:

1. Planung von Investitionsvorhaben im Gemeindebezirk,
2. Aufstellung, Änderung, Ergänzung und Aufhebung des Flächennutzungsplans sowie von Satzungen nach dem Baugesetzbuch, soweit sie sich auf den Gemeindebezirk beziehen,
3. Aufstellung des Haushaltsplans, soweit es sich um Ansätze für den Gemeindebezirk handelt,
4. Planung, Errichtung, Übernahme, wesentliche Änderungen und Aufhebungen von öffentlichen Einrichtungen im Gemeindebezirk,
5. Ausbau und Umbau von Straßen, Wegen und Plätzen im Gemeindebezirk,
6. Veräußerung, Vermietung und Verpachtung von Grundvermögen der Gemeinde im Gemeindebezirk,
7. Änderung der Grenzen des Gemeindebezirks,
8. Wahl, Benennung oder Vorschlag der für den Gemeindebezirk zuständigen ehrenamtlich tätigen Personen, soweit nicht der Ortsrat nach Absatz 3 Satz 3 Nr. 10 selbst entscheidet.

Darüber hinaus soll der Ortsrat zu denjenigen Fragen Stellung nehmen, die ihm vom Gemeinderat, einem Ausschuss oder von der Bürgermeisterin oder vom Bürgermeister vorgelegt werden.

(3) Soweit nicht nach den Vorschriften dieses Gesetzes der Gemeinderat ausschließlich zuständig ist und soweit es sich nicht um Aufgaben handelt, die der Bürgermeisterin oder dem Bürgermeister obliegen, entscheidet der Ortsrat in den nachstehend genannten Angelegenheiten. Stellt der Gemeinderat für deren Erledigung Mittel zur Verfügung, so sind diese gemeindebezirksbezogen im Haushaltsplan auszuweisen und vom Ortsrat abschließend zu entscheiden. Diese Angelegenheiten sind:

1. Unterhaltung, Ausstattung und Benutzung der im Gemeindebezirk gelegenen öffentlichen Einrichtungen, wie Büchereien, Kindergärten, Kinderspielplätze, Jugendbegegnungsstätten, Sportanlagen, Dorfgemeinschaftshäuser, Friedhöfe und ähnliche soziale und kulturelle Einrichtungen, deren Bedeutung über den Gemeindebezirk nicht hinausgeht, mit Ausnahme von Schulen,
2. Festlegung der Reihenfolge der Arbeiten zum Um- und Ausbau sowie zur Unterhaltung und Instandsetzung von Straßen, Wegen und Plätzen, deren Bedeutung über den Gemeindebezirk nicht hinausgeht, einschließlich der Beleuchtungseinrichtungen,
3. Pflege des Ortsbildes sowie Unterhaltung und Ausgestaltung der örtlichen Park- und Grünanlagen, deren Bedeutung nicht wesentlich über den Gemeindebezirk hinausgeht,
4. Förderung von Vereinen, Verbänden und sonstigen Vereinigungen im Gemeindebezirk,
5. Förderung und Durchführung von Veranstaltungen der Heimatpflege und des Brauchtums im Gemeindebezirk,
6. Pflege vorhandener Patenschaften und Partnerschaften,

7. Durchführung von Gemeinschaftsveranstaltungen auf Gemeindebezirksebene,
8. Teilnahme an Dorfverschönerungswettbewerben,
9. Benennung von Straßen, Wegen und Plätzen im Gemeindebezirk mit der Maßgabe, dass Doppelbenennungen innerhalb der Gemeinde unzulässig sind,
10. Wahl, Benennung oder Vorschlag von ehrenamtlich tätigen Personen, soweit sich deren Ehrenamt auf den Gemeindebezirk beschränkt und der Gemeinde diese Rechte zustehen.

Der Gemeinderat kann die Angelegenheiten im Einzelnen abgrenzen und für die Erledigung allgemeine Richtlinien erlassen. Umfang und Inhalt der Entscheidungsbefugnisse können im Einzelfall abweichend geregelt werden; der Beschluss bedarf der Mehrheit von zwei Dritteln der gesetzlichen Zahl der Mitglieder des Gemeinderats.

(4) Der Gemeinderat kann dem Ortsrat allgemein durch Satzung oder im Einzelfall weitere bestimmte Angelegenheiten, die sich ohne Beeinträchtigung der einheitlichen Entwicklung der gesamten Gemeinde innerhalb eines Gemeindebezirks erledigen lassen, zur Entscheidung übertragen. Ausgenommen sind die dem Gemeinderat durch Rechtsvorschrift vorbehaltenen Aufgaben.

(5) Der Gemeinderat hat unter Beachtung der Belange der gesamten Gemeinde und einer geordneten Haushaltswirtschaft die zur Erfüllung der Aufgaben der Ortsräte und der Ortsvorsteherinnen oder Ortsvorsteher erforderlichen Mittel zur Verfügung zu stellen.

(6) Unterlässt es der Ortsrat, die im Rahmen der ihm nach den Absätzen 3 und 4 übertragenen Entscheidungsbefugnisse notwendigen Beschlüsse zu fassen, so kann die Bürgermeisterin oder der Bürgermeister anordnen, dass der Ortsrat innerhalb einer bestimmten Frist das Erforderliche veranlasst. Kommt der Ortsrat der Anordnung innerhalb der gesetzten Frist nicht nach, so entscheidet der Gemeinderat an Stelle des Ortsrats.

§ 74
Anzuwendende Vorschriften

Für den Ortsrat gelten sinngemäß die Vorschriften der Gemeindeordnung über

1. Einwohnerfragestunde (§ 20a),
2. Fraktionen (§ 30 Abs. 5),
3. Pflichten (§ 33 Abs. 1 und 2),
4. Sitzungszwang (§ 38),
5. Geschäftsordnung (§ 39),
6. Öffentlichkeit (§ 40) mit der Maßgabe, dass auch Angelegenheiten, die der Gemeinderat, ein Ausschuss, die Bürgermeisterin oder der Bürgermeister gegenüber dem Ortsrat als vertraulich bezeichnen, unter Ausschluss der Öffentlichkeit zu behandeln sind,
7. Einberufung und Tagesordnung (§ 41) mit der Maßgabe, dass
   a) die Bürgermeisterin oder der Bürgermeister die Einberufung des Ortsrats verlangen kann und sie oder er sowie die Mitglieder des Gemeinderats jederzeit an den Sitzungen teilnehmen können,
   b) der Bürgermeisterin oder dem Bürgermeister auf Verlangen das Wort zu erteilen ist,
   c) die Einberufungsfrist bei nicht öffentlichen Sitzungen mindestens einen Tag beträgt,
   d) es bei nichtöffentlichen Sitzungen einer öffentlichen Bekanntmachung nicht bedarf,
8. Aufgaben der oder des Vorsitzenden (§ 43),
9. Beschlussfähigkeit (§ 44) mit der Maßgabe, dass
   a) mehr als die Hälfte der in der Satzung nach § 70 Abs. 1 festgelegten Mitgliederzahl und
   b) im Fall des § 44 Abs. 2 Satz 1 mindestens drei stimmberechtigte Mitglieder anwesend sind,
10. Beschlussfassung (§ 45),
11. Wahlen (§ 46),
12. Niederschrift (§ 47) mit der Maßgabe,

dass die Niederschrift von der oder dem Vorsitzenden und der Schriftführerin oder dem Schriftführer zu unterzeichnen ist,
13. Hinzuziehung von Personen zu den Sitzungen (§ 49 Abs. 3 und 4),
14. Entschädigung der Gemeinderatsmitglieder (§ 51) mit der Maßgabe, dass der Gemeinderat den Grundbetrag und das Sitzungsgeld oder den Pauschbetrag festsetzt,
14a. § 51a Erhaltung kommunaler Entscheidungsfähigkeit in außerordentlichen Notlagen mit der Maßgabe, dass Absatz 5 keine Anwendung findet,
15. vorzeitige Beendigung der Amtszeit bei Gebietsänderung (§ 52),
16. Auflösung des Gemeinderats (§ 53) mit der Maßgabe, dass die Kommunalaufsichtsbehörde über die Auflösung des Ortsrats entscheidet,
17. Widerspruchs- und Vorlagepflicht bei rechtswidrigen Beschlüssen (§ 60) mit der Maßgabe, dass nur die Bürgermeisterin oder der Bürgermeister zum Widerspruch und zur Vorlage berechtigt und verpflichtet ist.

§ 75

Ortsvorsteherin, Ortsvorsteher

(1) In seiner ersten von der Bürgermeisterin oder vom Bürgermeister einzuberufenden Sitzung wählt der Ortsrat aus seiner Mitte für die Dauer der Amtszeit des Ortsrats eine Vorsitzende oder einen Vorsitzenden und deren oder dessen Stellvertreterin oder Stellvertreter. Die Vorschriften des § 42 Abs. 2, § 65 Abs. 3 und 4 sowie der §§ 66 und 67 finden entsprechende Anwendung.
(2) Die oder der Vorsitzende führt die Bezeichnung Ortsvorsteherin oder Ortsvorsteher. Sie oder er ist Ehrenbeamtin oder Ehrenbeamter; auf ihre oder seine Rechtsstellung finden § 30 Abs. 3 und 4 und § 31 Abs. 3 entsprechende Anwendung.
(3) Die Ortsvorsteherin oder der Ortsvorsteher nimmt unter Berücksichtigung der Stellungnahme des Ortsrats die Belange ihres oder seines Gemeindebezirks gegenüber der Gemeinde wahr. Sie oder er ist berechtigt, an Sitzungen des Gemeinderats oder seiner Ausschüsse teilzunehmen. In Angelegenheiten, die ihren oder seinen Gemeindebezirk betreffen, ist ihr oder ihm auf Verlangen das Wort und Auskunft zu erteilen.
(4) Der Ortsvorsteherin oder dem Ortsvorsteher obliegt die repräsentative Vertretung des Gemeindebezirks. Sie oder er ist befugt, Anträge entgegenzunehmen sowie amtliche Beglaubigungen und Lebensbescheinigungen auszustellen. Der Gemeinderat kann ihr oder ihm zusätzliche Aufgaben durch Satzung übertragen. Darüber hinaus kann sie oder er im Auftrag der Bürgermeisterin oder des Bürgermeisters weitere Verwaltungsangelegenheiten wahrnehmen.
(5) Die Bürgermeisterin oder der Bürgermeister hat mit den Ortsvorsteherinnen und Ortsvorstehern in regelmäßigen Besprechungen wichtige Angelegenheiten der Gemeinde und der Gemeindebezirke zu erörtern.

§ 76

Außenstelle der Gemeindeverwaltung

(1) Für einen oder mehrere Gemeindebezirke kann eine Außenstelle der Gemeindeverwaltung (Verwaltungsstelle) eingerichtet werden. Die Bürgermeisterin oder der Bürgermeister soll der Verwaltungsstelle mit Zustimmung des Gemeinderats und nach Anhörung der Ortsräte solche Aufgaben der Gemeindeverwaltung übertragen, die sich, ohne die Einheit und die Wirtschaftlichkeit der Verwaltung zu beeinträchtigen, für eine Übertragung eignen.
(2) Die Leiterin oder der Leiter der Verwaltungsstelle wird von der Bürgermeisterin oder vom Bürgermeister bestellt und abberufen. Die Leiterin oder der Leiter der Verwaltungsstelle ist berechtigt, an den Sitzungen der Ortsräte mit beratender Stimme teilzunehmen und, soweit die Verwaltungsstelle Beschlüsse der Ortsräte durchführt, verpflichtet, gegenüber den Ortsräten und den Ortsvorste-

herinnen oder Ortsvorstehern Auskunft zu erteilen.

§ 77
Stadtbezirke

(1) In Städten mit mehr als 100.000 Einwohnerinnen und Einwohnern führen

1. die Gemeindebezirke die Bezeichnung Stadtbezirke,
2. die Ortsräte die Bezeichnung Bezirksräte und
3. die Ortsvorsteherinnen und Ortsvorsteher die Bezeichnung Bezirksbürgermeisterinnen oder Bezirksbürgermeister.

(2) In Stadtbezirken ohne eigene Bezirksverwaltung wird die Bezirksbürgermeisterin oder der Bezirksbürgermeister für die Dauer der Amtszeit des Bezirksrats von diesem aus seiner Mitte gewählt. Sie oder er ist Ehrenbeamtin oder Ehrenbeamter. In Stadtbezirken mit eigener Bezirksverwaltung ist die Bezirksbürgermeisterin oder der Bezirksbürgermeister die oder der von der Oberbürgermeisterin oder vom Oberbürgermeister mit Zustimmung des Stadtrats mit der Leitung der Bezirksverwaltung beauftragte Beamtin oder Beamte; sie oder er hat kein Stimmrecht im Bezirksrat.

(3) Stellvertreterin oder Stellvertreter der Bezirksbürgermeisterin oder des Bezirksbürgermeisters ist die oder der Bezirksbeigeordnete. Sie oder er ist ehrenamtlich tätig. In Stadtbezirken mit eigener Bezirksverwaltung ist die oder der Bezirksbeigeordnete Ehrenbeamtin oder Ehrenbeamter.

(4) Soweit sich aus den Absätzen 2 und 3 nichts anderes ergibt, finden auf die Bezirksbürgermeisterinnen oder Bezirksbürgermeister und die Bezirksbeigeordneten die Vorschriften des § 75 entsprechende Anwendung.

(5) In Stadtbezirken kann durch Satzung eine Bezirksverwaltung eingerichtet werden; für den Zeitpunkt gilt § 70 Abs. 2 entsprechend. Die Bezirksverwaltung erledigt die Verwaltungsaufgaben, die ihr von der Oberbürgermeisterin oder vom Oberbürgermeister mit Zustimmung des Stadtrats übertragen sind.

V. Abschnitt
Gemeindebedienstete

§ 78
Einstellungspflicht

Die Gemeinde ist verpflichtet, die zur ordnungsgemäßen Erfüllung ihrer Aufgaben erforderlichen geeigneten Bediensteten (Beamtinnen und Beamte, Arbeitnehmerinnen und Arbeitnehmer) einzustellen.

§ 79
Stellenplan

(1) Die Gemeinde bestimmt in einem Stellenplan die Planstellen ihrer Bediensteten nach Zahl, Art und Bewertung. Zahl und Art der Planstellen haben sich nach dem sachlichen Bedürfnis zu richten. Die Bewertung der Planstellen bestimmt sich nach den Merkmalen, die sich aus Inhalt, Umfang und Bedeutung des mit der Stelle verbundenen und durch den Organisations- und Geschäftsverteilungsplan festgelegten Aufgabengebiets ergeben. Änderungen des Stellenplans sollen gleichzeitig mit der Haushaltssatzung beschlossen werden.

(2) Bei der Ernennung von Beamtinnen und Beamten sowie bei der Einstellung und Einstufung von Arbeitnehmerinnen und Arbeitnehmern ist der Stellenplan einzuhalten.

(3) Aus dem Stellenplan können Ansprüche nicht hergeleitet werden. Besoldungsrechtliche Vorschriften bleiben unberührt.

§ 79a
Kommunale Frauenbeauftragte

(1) Gemeinden mit mehr als 20.000 Einwohnerinnen und Einwohnern müssen eine hauptamtliche Frauenbeauftragte (Kommunale Frauenbeauftragte) bestellen.

(2) Die Kommunale Frauenbeauftragte ist unmittelbar der Bürgermeisterin oder dem Bürgermeister unterstellt. Im Einvernehmen mit der Bürgermeisterin oder dem Bürgermeister kann sich die Kommunale Frauenbeauftragte eigenständig an die Öffentlichkeit wenden.

(3) Die Kommunale Frauenbeauftragte hat die Aufgabe, auf kommunaler Ebene an der tatsächlichen Durchsetzung der Gleichberechtigung von Frauen und Männern mitzuwirken und bestehende Nachteile beseitigen zu helfen. Sie ist frühzeitig und umfassend an allen Vorhaben, Projekten, Entscheidungen, Maßnahmen und Beschlüssen zu beteiligen, die sich in besonderer Weise auf die im jeweiligen Gemeindegebiet lebenden Frauen und Familien auswirken können. Sie kann selbst Vorhaben, Maßnahmen und Projekte anregen, die die Situation von Frauen und Familien in der örtlichen Gemeinschaft betreffen.
(4) Die Kommunale Frauenbeauftragte hat im Gemeinderat und in jedem seiner Ausschüsse – auch bei nicht öffentlicher Verhandlung – das Recht zur Teilnahme an Sitzungen und zu vorheriger Einsicht in alle Vorlagen. Auf Anregung der Kommunalen Frauenbeauftragten hat die Bürgermeisterin oder der Bürgermeister bestimmte Verhandlungsgegenstände in die Tagesordnung der nächsten Gemeinderatssitzung aufzunehmen, es sei denn, sie berühren offensichtlich nicht den Aufgabenbereich der Kommunalen Frauenbeauftragten. Wird ein Verhandlungsgegenstand aufgrund der Anregung der Kommunalen Frauenbeauftragten in die Tagesordnung aufgenommen, so genießt sie im Gemeinderat zu diesem Gegenstand Rederecht. Der Gemeinderat und jeder seiner Ausschüsse kann mit den Stimmen einer Fraktion oder einem Viertel der gesetzlichen Zahl seiner Mitglieder der Kommunalen Frauenbeauftragten zu jedem Verhandlungsgegenstand der Tagesordnung ein Rederecht einräumen; ein entsprechender Beschluss kann auch auf Antrag der Kommunalen Frauenbeauftragten herbeigeführt werden.
(5) Die Kommunale Frauenbeauftragte ist weiterhin zu beteiligen bei der Erhebung der statistischen Daten, der Erarbeitung einer gezielten frauenfördernden Personalplanung, bei der Umsetzung aller Maßnahmen auf der Grundlage der in Kraft gesetzten Personalplanung, insbesondere der Vorbereitung und Umsetzung der Personalentscheidungen.
(6) Wurde eine Beteiligung nach Absatz 5 oder Absatz 4 unterlassen, ist die Maßnahme auszusetzen und die Beteiligung nachzuholen.
(7) Frauen, die aufgrund dieses Gesetzes als Kommunale Frauenbeauftragte tätig sind, dürfen in oder aufgrund der Ausübung ihrer Tätigkeit nicht behindert oder benachteiligt werden.

§ 80
Sonstige Vorschriften

(1) Auf die Gemeindebediensteten sind die für die Landesbediensteten geltenden Vorschriften entsprechend anzuwenden, soweit gesetzlich nichts anderes bestimmt ist.
(2) Personalausgaben dürfen nur geleistet werden, soweit gesetzliche Vorschriften, Arbeits- und Tarifverträge hierzu verpflichten oder ausdrücklich ermächtigen.

§ 81
Versorgungseinrichtung

Die Gemeinden sind verpflichtet, zur Sicherung der Versorgungsansprüche ihrer Beamtinnen und Beamten einer gemeinsamen öffentlich-rechtlichen Versorgungseinrichtung als Mitglied anzugehören.

Dritter Teil
Gemeindewirtschaft

I. Abschnitt
Haushaltswirtschaft

§ 82
Allgemeine Haushaltsgrundsätze

(1) Die Gemeinde hat ihre Haushaltswirtschaft so zu planen und zu führen, dass die stetige Erfüllung ihrer Aufgaben gesichert ist. Dabei ist den Erfordernissen des gesamtwirtschaftlichen Gleichgewichts Rechnung zu tragen.
(2) Die Haushaltswirtschaft ist sparsam und wirtschaftlich zu führen.
(3) Der Haushalt muss in jedem Haushaltsjahr in Planung und Rechnung ausgeglichen sein.

Er ist ausgeglichen, wenn der Gesamtbetrag der Erträge die Höhe des Gesamtbetrages der Aufwendungen erreicht oder übersteigt. Die Verpflichtung des Satzes 1 gilt als erfüllt, wenn der Fehlbedarf im Ergebnishaushalt und der Fehlbetrag in der Ergebnisrechnung durch Inanspruchnahme der Ausgleichsrücklage gedeckt werden können.
(4) Die Ausgleichsrücklage ist in der Vermögensrechnung zusätzlich zur allgemeinen Rücklage als gesonderter Posten des Eigenkapitals anzusetzen. Der Ausgleichsrücklage können Jahresüberschüsse durch Beschluss nach § 101 Abs. 2 Satz 1 zugeführt werden; durch die Zuführung darf ein Drittel des Eigenkapitals nicht überschritten werden.
(5) Wird bei der Aufstellung der Haushaltssatzung eine Verringerung der allgemeinen Rücklage vorgesehen, bedarf dies der Genehmigung der Kommunalaufsichtsbehörde. Die Genehmigung gilt als erteilt, wenn die Kommunalaufsichtsbehörde nicht innerhalb eines Monats nach Eingang des Antrages der Gemeinde eine andere Entscheidung trifft; § 91 Abs. 4 und § 92 Abs. 2 bleiben unberührt. Die Genehmigung kann unter Bedingungen und mit Auflagen erteilt werden. Sie ist mit der Verpflichtung zu verbinden, einen Haushaltssanierungsplan nach § 82a aufzustellen, wenn die Voraussetzungen des § 82a Abs. 1 vorliegen.
(6) Weist die Ergebnisrechnung bei der Feststellung des Jahresabschlusses nach § 101 Abs. 2 Satz 1 trotz eines ursprünglich ausgeglichenen Ergebnishaushalts einen Fehlbetrag oder einen höheren Fehlbetrag als im Ergebnishaushalt ausgewiesen aus, so hat die Gemeinde dies der Kommunalaufsichtsbehörde unverzüglich anzuzeigen. Die Kommunalaufsichtsbehörde kann in diesem Fall Anordnungen treffen, um eine geordnete Haushaltswirtschaft wieder herzustellen.
(7) Die Liquidität der Gemeinde einschließlich der Finanzierung der Investitionen ist sicherzustellen.
(8) Die Gemeinde darf sich grundsätzlich nicht überschulden. Tritt eine Überschuldung dennoch ein, so ist ein Sanierungshaushalt nach § 82a Abs. 2 aufzustellen. Sie ist überschuldet, wenn nach der Vermögensrechnung das Eigenkapital aufgebraucht ist.

§ 82a
Haushaltssanierungsplan, Sanierungshaushalt

(1) Die Gemeinde hat zur Sicherung ihrer dauerhaften Leistungsfähigkeit einen Haushaltssanierungsplan aufzustellen, wenn bei der Aufstellung des Haushaltsplans

1. durch Veränderungen der Haushaltswirtschaft innerhalb eines Haushaltsjahres der in der Vermögensrechnung des Vorjahres auszuweisende Ansatz der allgemeinen Rücklage um mehr als ein Viertel verringert wird oder
2. in zwei aufeinanderfolgenden Haushaltsjahren geplant ist, den in der Vermögensrechnung des Vorjahres auszuweisenden Ansatz der allgemeinen Rücklage jeweils um mehr als ein Zwanzigstel zu verringern oder
3. innerhalb des Zeitraumes der mittelfristigen Ergebnis- und Finanzplanung die allgemeine Rücklage aufgebraucht wird.

Dies gilt entsprechend bei der Feststellung des Jahresabschlusses gem. § 101 Abs. 2 Satz 1.
(2) Der Haushaltssanierungsplan dient dem Ziel, den Haushaltsausgleich zum nächstmöglichen Zeitpunkt wieder herzustellen. Der Sanierungshaushalt dient zusätzlich dem Ziel, eine eingetretene Überschuldung zu beseitigen. Die Maßnahmen, durch die das jeweilige Ziel erreicht werden soll, sind darzustellen. Außerdem ist der Zeitraum festzulegen, innerhalb dessen der Haushaltsausgleich wieder erreicht oder eine Überschuldung beseitigt werden soll. Ist dieser Zeitraum wegen der Höhe des Haushaltsfehlbedarfs oder der Überschuldung nicht konkret absehbar, so muss aufgezeigt werden, in welchen Schritten der Haushaltsfehlbedarf oder die Über-

schuldung nennenswert verringert werden kann. Alle Möglichkeiten sind auszuschöpfen. Der Haushaltssanierungsplan und der Sanierungshaushalt bedürfen der Genehmigung der Kommunalaufsichtsbehörde. Die Genehmigung kann unter Bedingungen und Auflagen erteilt werden.

§ 83
Grundsätze der Finanzmittelbeschaffung

(1) Die Gemeinde erhebt Abgaben nach den gesetzlichen Vorschriften.

(2) Sie hat die zur Erfüllung ihrer Aufgaben erforderlichen Finanzmittel

1. soweit vertretbar und geboten aus Entgelten für die von ihr erbrachten Leistungen,
2. im Übrigen aus Steuern

zu beschaffen, soweit die sonstigen Finanzmittel nicht ausreichen. Eine Rechtspflicht zur Erhebung von Straßenausbaubeiträgen für die Fahrbahnen von öffentlichen Straßen sowie von Tourismusabgaben und -beiträgen besteht nicht.

(3) Die Gemeinde darf Kredite für Investitionen nur aufnehmen, wenn eine andere Finanzierung nicht möglich ist oder wirtschaftlich unzweckmäßig wäre. Straßenausbaubeiträge für die Fahrbahnen von öffentlichen Straßen sowie Tourismusabgaben und -beiträge zählen nicht zu den anderen Finanzierungsmöglichkeiten.

§ 84
Haushaltssatzung

(1) Die Gemeinde hat für jedes Haushaltsjahr eine Haushaltssatzung zu erlassen.

(2) Die Haushaltssatzung enthält die Festsetzung

1. des Haushaltsplans unter Angabe des Gesamtbetrages
   a) der Erträge und Aufwendungen des Ergebnishaushalts sowie deren Saldo,
   b) der Einzahlungen und Auszahlungen aus Investitionstätigkeit und der Einzahlungen und Auszahlungen aus Finanzierungstätigkeit des Finanzhaushalts sowie jeweils deren Saldo,
   c) der vorgesehenen Kreditaufnahmen für Investitionen (Kreditermächtigung),
   d) der vorgesehenen Ermächtigungen zum Eingehen von Verpflichtungen, die künftige Haushaltsjahre mit Auszahlungen für Investitionen und Investitionsförderungsmaßnahmen belasten (Verpflichtungsermächtigungen),
2. der Inanspruchnahme der Ausgleichsrücklage und der Verringerung der allgemeinen Rücklage,
3. des Höchstbetrages der Kredite zur Liquiditätssicherung,
4. der Steuersätze, die für jedes Haushaltsjahr neu festzusetzen sind.

Sie kann weitere Vorschriften enthalten, die sich auf die Erträge und Aufwendungen, Einzahlungen und Auszahlungen sowie den Stellenplan und den Haushaltssanierungsplan oder den Sanierungshaushalt beziehen.

(3) Die Haushaltssatzung tritt mit Beginn des Haushaltsjahres in Kraft und gilt für das Haushaltsjahr. Sie kann Festsetzungen für zwei Haushaltsjahre, nach Jahren getrennt, enthalten.

(4) Haushaltsjahr ist das Kalenderjahr, soweit für einzelne Bereiche durch Gesetz oder Rechtsverordnung nichts anderes bestimmt ist.

§ 85
Haushaltsplan

(1) Der Haushaltsplan ist Teil der Haushaltssatzung. Er enthält alle im Haushaltsjahr für die Erfüllung der Aufgaben der Gemeinde voraussichtlich

1. anfallenden Erträge und eingehenden Einzahlungen,
2. entstehenden Aufwendungen und zu leistenden Auszahlungen,
3. notwendigen Verpflichtungsermächtigungen.

Die Vorschriften über die Sondervermögen der Gemeinde bleiben unberührt.

(2) Der Haushaltsplan ist in einen Ergebnishaushalt und einen Finanzhaushalt sowie in Teilhaushalte zu gliedern. Der Haushaltssanierungsplan oder der Sanierungshaushalt nach § 82a und der Stellenplan sind Bestandteile des Haushaltsplans.

(3) Der Haushaltsplan ist Grundlage für die Haushaltswirtschaft der Gemeinde. Er ist nach Maßgabe dieses Gesetzes und der aufgrund dieses Gesetzes erlassenen Vorschriften für die Haushaltsführung verbindlich. Ansprüche und Verbindlichkeiten Dritter werden durch ihn weder begründet noch aufgehoben.

§ 86

Erlass der Haushaltssatzung

(1) Die Haushaltssatzung mit dem Haushaltsplan und seinen Anlagen wird vom Gemeinderat in öffentlicher Sitzung beraten und beschlossen.

(2) Die vom Gemeinderat beschlossene Haushaltssatzung ist mit dem Haushaltsplan und seinen Anlagen der Kommunalaufsichtsbehörde vorzulegen. Sie soll bis zum Beginn des Haushaltsjahres vorgelegt werden.

(3) Die Haushaltssatzung ist öffentlich bekannt zu machen. Enthält sie genehmigungspflichtige Teile, darf sie erst nach Erteilung der Genehmigung öffentlich bekannt gemacht werden. Haushaltssatzungen ohne genehmigungspflichtige Teile dürfen frühestens einen Monat nach der Vorlage bekannt gemacht werden, es sei denn, die Kommunalaufsichtsbehörde erklärt schon vorher, dass keine Bedenken bestehen. § 12 Abs. 4 Satz 2 gilt entsprechend.

(4) Im Anschluss an die öffentliche Bekanntmachung der Haushaltssatzung ist der Haushaltsplan an sieben Werktagen öffentlich auszulegen; in der Bekanntmachung ist auf Ort und Zeit der Auslegung hinzuweisen.

§ 87

Nachtragssatzung

(1) Die Haushaltssatzung kann nur durch Nachtragssatzung geändert werden, die spätestens bis zum Ablauf des Haushaltsjahres öffentlich bekannt zu machen ist. Für die Nachtragssatzung gelten die Vorschriften für die Haushaltssatzung entsprechend. Die öffentliche Auslegung des Nachtragshaushaltsplans kann entfallen, wenn er zusammen mit der Veröffentlichung der Nachtragssatzung öffentlich bekannt gemacht wird.

(2) Die Gemeinde hat unverzüglich eine Nachtragssatzung zu erlassen, wenn

1. sich zeigt, dass im Ergebnishaushalt trotz Ausnutzung jeder Sparmöglichkeit ein erheblicher Fehlbetrag entstehen oder ein bereits ausgewiesener Fehlbedarf sich wesentlich erhöhen wird und nur durch eine Änderung der Haushaltssatzung der Haushaltsausgleich erreicht oder ein wesentlicher Anstieg des ausgewiesenen Fehlbedarfs vermieden werden kann,
2. sich zeigt, dass im Finanzhaushalt ein erheblicher Fehlbetrag bei den Ein- und Auszahlungen aus laufender Verwaltungstätigkeit entstehen oder ein bereits ausgewiesener Fehlbetrag sich wesentlich erhöhen wird und nur durch die Änderung der Haushaltssatzung der Haushaltsausgleich erreicht oder ein wesentlicher Anstieg des ausgewiesenen Fehlbetrags vermieden werden kann,
3. bisher nicht veranschlagte oder zusätzliche Aufwendungen oder Auszahlungen bei einzelnen Haushaltspositionen in einem im Verhältnis zu den Gesamtaufwendungen oder Gesamtauszahlungen erheblichen Umfang geleistet werden müssen,
4. Auszahlungen für bisher nicht veranschlagte Baumaßnahmen oder Investitionsförderungsmaßnahmen geleistet werden sollen oder
5. Beamtinnen oder Beamte oder Arbeitnehmerinnen oder Arbeitnehmer angestellt, eingestellt, befördert oder in einer

höheren Entgeltgruppe eingestuft werden sollen und der Stellenplan die entsprechenden Stellen nicht enthält.

(3) Absatz 2 Nr. 3 bis 5 findet keine Anwendung auf

1. Auszahlungen für geringfügige Baumaßnahmen und Investitionsförderungsmaßnahmen sowie auf Aufwendungen und Auszahlungen für unabweisbare Instandsetzungen an Bauten und Anlagen,
2. die Umschuldung von Krediten für Investitionen,
3. Abweichungen vom Stellenplan und die Leistung höherer Personalaufwendungen und -auszahlungen, die auf Grund des Besoldungs- oder Tarifrechts notwendig werden.

§ 88

Vorläufige Haushaltsführung

(1) Ist die Haushaltssatzung bei Beginn des Haushaltsjahres noch nicht bekannt gemacht, so darf die Gemeinde ausschließlich

1. Aufwendungen entstehen lassen und Auszahlungen leisten, zu denen sie rechtlich verpflichtet ist oder die für die Weiterführung notwendiger Aufgaben unaufschiebbar sind; sie darf insbesondere Bauten, Beschaffungen und sonstige Investitionsmaßnahmen, für die im Haushaltsplan eines Vorjahres Beträge vorgesehen waren, fortsetzen,
2. Realsteuern nach den Sätzen des Vorjahres erheben,
3. Kredite umschulden.

(2) Reichen die Finanzmittel für die Fortsetzung der Bauten, der Beschaffungen und der sonstigen Investitionsmaßnahmen oder zur Finanzierung von Investitionsmaßnahmen, zu deren Durchführung die Gemeinde rechtlich verpflichtet ist, nach Absatz 1 Nr. 1 nicht aus, so darf die Gemeinde Kredite für Investitionen bis zu einem Viertel der in der Haushaltssatzung des Vorjahres festgesetzten Kredite für Investitionen und mit Genehmigung der Kommunalaufsichtsbehörde darüber hinaus aufnehmen; § 92 Abs. 2 Satz 2 und 3 gilt entsprechend.

§ 89

Überplanmäßige und außerplanmäßige Aufwendungen und Auszahlungen

(1) Überplanmäßige und außerplanmäßige Aufwendungen und Auszahlungen aus Investitionstätigkeit sind nur zulässig, wenn sie unabweisbar sind und die Deckung gewährleistet ist. Sind sie erheblich, so bedürfen sie der vorherigen Zustimmung des Gemeinderates; im Übrigen sind sie dem Gemeinderat zur Kenntnis zu bringen.

(2) Für Investitionen, die im folgenden Haushaltsjahr fortgesetzt werden, sind überplanmäßige Auszahlungen auch dann zulässig, wenn ihre Deckung im laufenden Haushaltsjahr nur durch Erlass einer Nachtragssatzung möglich wäre, die Deckung aber im folgenden Jahr gewährleistet ist; sie bedürfen der vorherigen Zustimmung des Gemeinderates.

(3) Die Absätze 1 und 2 finden entsprechende Anwendung auf Maßnahmen, durch die später über- oder außerplanmäßige Aufwendungen und Auszahlungen entstehen können.

(4) Nicht veranschlagte oder zusätzliche Aufwendungen, die erst bei der Aufstellung des Jahresabschlusses festgestellt werden können und nicht zu Auszahlungen führen, gelten nicht als überplanmäßige oder außerplanmäßige Aufwendungen.

(5) § 87 Abs. 2 bleibt unberührt.

§ 90

Mittelfristige Ergebnis- und Finanzplanung, Investitionsprogramm

(1) Die Gemeinde hat ihrer Haushaltswirtschaft eine fünfjährige Ergebnis- und Finanzplanung zu Grunde zu legen und in den Haushaltsplan einzubeziehen. Das erste Planungsjahr ist das laufende Haushaltsjahr. Die Ergebnis- und Finanzplanung für die dem Haushaltsjahr folgenden drei Planungsjahre soll in den einzelnen Jahren ausgeglichen sein.

(2) Als Grundlage für die mittelfristige Ergebnis- und Finanzplanung ist ein Investitionsprogramm aufzustellen. Das Investitionsprogramm ist vom Gemeinderat zu beschließen.
(3) Die mittelfristige Ergebnis- und Finanzplanung und das Investitionsprogramm sind jährlich der Entwicklung anzupassen und fortzuführen.

§ 91
Verpflichtungsermächtigungen

(1) Verpflichtungen zur Leistung von Auszahlungen für Investitionen und Investitionsförderungsmaßnahmen in künftigen Jahren dürfen grundsätzlich nur eingegangen werden, wenn der Haushaltsplan hierzu ermächtigt. Sie dürfen ausnahmsweise auch überplanmäßig oder außerplanmäßig eingegangen werden, wenn sie unabweisbar sind und der in der Haushaltssatzung festgesetzte Gesamtbetrag der Verpflichtungsermächtigungen nicht überschritten wird; § 89 Abs. 1 Satz 2 gilt entsprechend.
(2) Verpflichtungsermächtigungen dürfen in der Regel nur zu Lasten der dem Haushaltsjahr folgenden drei Jahre veranschlagt werden, in Ausnahmefällen bis zum Abschluss einer Maßnahme; sie sind nur zulässig, wenn die Finanzierung der aus ihrer Inanspruchnahme entstehenden Auszahlungen im Rahmen der mittelfristigen Finanzplanung gesichert erscheint.
(3) Verpflichtungsermächtigungen gelten bis zum Ende des Haushaltsjahres und, wenn die Haushaltssatzung für das folgende Haushaltsjahr nicht rechtzeitig öffentlich bekannt gemacht wird, bis zu deren Bekanntmachung.
(4) Der Gesamtbetrag der Verpflichtungsermächtigungen bedarf im Rahmen der Haushaltssatzung insoweit der Genehmigung der Kommunalaufsichtsbehörde, als in den Jahren, zu deren Lasten sie veranschlagt sind, Kreditaufnahmen für Investitionen vorgesehen sind.

§ 92
Kredite für Investitionen

(1) Kredite für Investitionen dürfen unter der Voraussetzung des § 83 Abs. 3 nur im Finanzhaushalt und nur für Investitionen und Investitionsförderungsmaßnahmen sowie zur Umschuldung aufgenommen werden.
(2) Der Gesamtbetrag der vorgesehenen Kreditaufnahmen für Investitionen, mit Ausnahme der Kreditaufnahmen zur Umschuldung, bedarf im Rahmen der Haushaltssatzung der Genehmigung der Kommunalaufsichtsbehörde (Gesamtgenehmigung). Die Genehmigung soll unter dem Gesichtspunkt einer geordneten Haushaltswirtschaft erteilt oder versagt werden; sie kann unter Bedingungen erteilt und mit Auflagen verbunden werden. Sie ist in der Regel zu versagen, wenn die Kreditverpflichtungen mit der dauernden Leistungsfähigkeit der Gemeinde nicht im Einklang stehen.
(3) Die Kreditermächtigung gilt bis zum Ende des auf das Haushaltsjahr folgenden Haushaltsjahres und, wenn die Haushaltssatzung für das übernächste Haushaltsjahr nicht rechtzeitig öffentlich bekannt gemacht wird, bis zu deren Bekanntmachung.
(4) Die Aufnahme der einzelnen Kredite, deren Gesamtbetrag nach Absatz 2 genehmigt worden ist, bedarf der Genehmigung der Kommunalaufsichtsbehörde (Einzelgenehmigung), sobald die Kreditaufnahmen nach § 19 des Gesetzes zur Förderung der Stabilität und des Wachstums der Wirtschaft beschränkt worden sind. Die Einzelgenehmigung kann nach Maßgabe der Kreditbeschränkungen versagt werden.
(5) Die Begründung einer Zahlungsverpflichtung, die wirtschaftlich einer Kreditverpflichtung gleichkommt, bedarf der Genehmigung der Kommunalaufsichtsbehörde. Absatz 2 Satz 2 und 3 gilt sinngemäß. Eine Genehmigung ist nicht erforderlich für die Begründung von Zahlungsverpflichtungen im Rahmen der laufenden Verwaltung.
(6) Die Gemeinde darf zur Sicherung des Kredits keine Sicherheiten bestellen. Die Kommu-

nalaufsichtsbehörde kann Ausnahmen zulassen, wenn die Bestellung von Sicherheiten der Verkehrsübung entspricht.

§ 93
Sicherheiten und Gewährleistung für Dritte

(1) Die Gemeinde darf keine Sicherheiten zugunsten Dritter bestellen. Die Kommunalaufsichtsbehörde kann Ausnahmen zulassen.
(2) Die Gemeinde darf Bürgschaften und Verpflichtungen aus Gewährverträgen nur im Rahmen der Erfüllung ihrer Aufgaben übernehmen. Die Rechtsgeschäfte bedürfen der Genehmigung der Kommunalaufsichtsbehörde, soweit sie nicht im Rahmen der laufenden Verwaltung abgeschlossen werden; § 92 Abs. 2 Satz 2 und 3 gilt entsprechend. Nicht genehmigungspflichtig ist die Übernahme von bis zur dinglichen Sicherung des Darlehensbetrages befristeten Ausfallbürgschaften für Darlehen zur Förderung des Städte- und Wohnungsbaues.
(3) Absatz 2 Satz 1 und 2 gilt entsprechend für Rechtsgeschäfte, die den dort genannten Rechtsgeschäften wirtschaftlich gleichkommen, insbesondere für die Zustimmung zu Rechtsgeschäften Dritter, aus denen der Gemeinde in künftigen Haushaltsjahren Verpflichtungen zu Leistungen erwachsen können.

§ 94
Kredite zur Liquiditätssicherung

(1) Zur rechtzeitigen Leistung ihrer Auszahlungen kann die Gemeinde Kredite zur Liquiditätssicherung bis zu dem in der Haushaltssatzung festgesetzten Höchstbetrag aufnehmen, soweit dafür keine anderen Mittel zur Verfügung stehen. Diese Ermächtigung gilt über das Haushaltsjahr hinaus bis zur Bekanntmachung der neuen Haushaltssatzung.
(2) Die Gemeinde kann Kredite zur Liquiditätssicherung mit Laufzeiten über das Haushaltsjahr hinaus aufnehmen, soweit dies wirtschaftlich geboten ist.

§ 95
Vermögensgegenstände

(1) Die Gemeinde soll Vermögensgegenstände nur erwerben, soweit dies zur Erfüllung ihrer Aufgaben in absehbarer Zeit erforderlich ist.
(2) Die Vermögensgegenstände sind pfleglich und wirtschaftlich zu verwalten und ordnungsgemäß nachzuweisen. Bei Geldanlagen ist auf eine ausreichende Sicherheit zu achten; sie sollen einen angemessenen Ertrag erbringen.
(3) Die Gemeinde darf Vermögensgegenstände, die sie zur Erfüllung ihrer Aufgaben in absehbarer Zeit nicht braucht, veräußern. Vermögensgegenstände dürfen in der Regel nur zu ihrem vollen Wert veräußert werden.
(4) Für die Überlassung der Nutzung eines Vermögensgegenstandes gilt Absatz 3 entsprechend.
(5) Besondere Rechtsvorschriften für die Bewirtschaftung des Gemeindewaldes bleiben unberührt.

§ 96
Inventur, Inventar und Vermögensbewertung

(1) Die Gemeinde hat zum Schluss eines jeden Haushaltsjahres sämtliche Vermögensgegenstände, Schulden und Rechnungsabgrenzungsposten in einer Inventur unter Beachtung der Grundsätze ordnungsgemäßer Inventur vollständig aufzunehmen und dabei den Wert der einzelnen Vermögensgegenstände und Verbindlichkeiten anzugeben (Inventar).
(2) Für die im Jahresabschluss auszuweisenden Wertansätze gilt:
1. Vermögensgegenstände sind höchstens mit den Anschaffungs- oder Herstellungskosten vermindert um die planmäßigen und außerplanmäßigen Abschreibungen anzusetzen,
2. Verbindlichkeiten sind zu ihrem Rückzahlungsbetrag, Rentenverpflichtungen, für die eine Gegenleistung nicht mehr zu erwarten ist, zu ihrem Barwert und Rückstellungen nur in Höhe des Betrages anzusetzen, der voraussichtlich notwendig ist.

Die Bewertung ist unter Anwendung der Grundsätze ordnungsgemäßer Buchführung vorzunehmen, soweit dieses Gesetz oder eine aufgrund dieses Gesetzes erlassene Rechtsverordnung nichts Anderes vorsehen.

§ 97
Gemeindekasse

(1) Die Gemeindekasse erledigt alle Kassengeschäfte der Gemeinde; § 104 bleibt unberührt.
(2) Die Gemeinde hat, wenn sie ihre Kassengeschäfte nicht durch eine Stelle außerhalb der Gemeindeverwaltung besorgen lässt, eine Kassenverwalterin oder einen Kassenverwalter und eine Stellvertreterin oder einen Stellvertreter zu bestellen.
(3) Die anordnungsbefugten Gemeindebediensteten sowie die Leiterin oder der Leiter und die Prüferinnen oder Prüfer des Rechnungsprüfungsamtes können nicht gleichzeitig die Stellung einer Kassenverwalterin oder eines Kassenverwalters oder einer Vertreterin oder eines Vertreters innehaben.
(4) Die Kassenverwalterin oder der Kassenverwalter und die Stellvertreterin oder der Stellvertreter dürfen mit der Bürgermeisterin oder dem Bürgermeister, der Leiterin oder dem Leiter der Finanzverwaltung sowie der Leiterin oder dem Leiter und den Prüferinnen oder den Prüfern des Rechnungsprüfungsamtes nicht bis zum dritten Grad verwandt oder bis zum zweiten Grad verschwägert oder durch Ehe oder eingetragene Lebenspartnerschaft verbunden sein.
(5) Die Kassenverwalterin oder der Kassenverwalter und die Stellvertreterin oder der Stellvertreter sind nicht befugt, Zahlungen anzuordnen.

§ 98
Übertragung von Kassengeschäften, Automation

(1) Die Gemeinde kann die Kassengeschäfte ganz oder zum Teil von einer Stelle außerhalb der Gemeindeverwaltung besorgen lassen, wenn die ordnungsgemäße Erledigung und die Prüfung nach den für die Gemeinde geltenden Vorschriften gewährleistet sind. Die Vorschriften des Gesetzes über die kommunale Gemeinschaftsarbeit bleiben unberührt.
(2) Werden die Kassengeschäfte oder das Rechnungswesen ganz oder zum Teil automatisiert, so ist den für die Prüfung zuständigen Stellen Gelegenheit zu geben, die Programme vor ihrer Anwendung zu prüfen.

§ 99
Jahresabschluss

(1) Die Gemeinde hat zum Schluss eines jeden Haushaltsjahres einen Jahresabschluss aufzustellen, in dem das Ergebnis der Haushaltswirtschaft des Haushaltsjahres nachzuweisen ist.
(2) Der Jahresabschluss besteht aus
1. der Ergebnisrechnung,
2. der Finanzrechnung,
3. den Teilrechnungen,
4. der Vermögensrechnung,
5. dem Anhang.

(3) Dem Jahresabschluss sind als Anlagen beizufügen
1. der Rechenschaftsbericht,
2. die Anlagenübersicht,
3. die Forderungsübersicht,
4. die Verbindlichkeitenübersicht.

(4) Der Jahresabschluss ist innerhalb von sechs Monaten nach Ablauf des Haushaltsjahres aufzustellen.

§ 100
(aufgehoben)

§ 101
Prüfung und Feststellung des Jahresabschlusses und des Gesamtabschlusses, Entlastung

(1) Die Bürgermeisterin oder der Bürgermeister legt den Jahresabschluss dem Gemeinderat vor. Soweit ein Rechnungsprüfungsamt besteht oder sich die Gemeinde zur Prüfung eines Zweckverbandes, des Rechnungsprüfungsamtes einer anderen Gemeinde oder eines

Gemeindeverbandes oder einer anderen Abschlussprüferin oder eines anderen Abschlussprüfers nach § 124 Abs. 2 bedient, die bei der Führung der Bücher oder der Aufstellung des zu prüfenden Jahresabschlusses nicht mitgewirkt haben dürfen, fügt die Bürgermeisterin oder der Bürgermeister dessen Prüfungsbericht bei. Der Jahresabschluss ist in nicht öffentlicher Sitzung durch den Rechnungsprüfungsausschuss nach den Grundsätzen des § 122 Abs. 1 zu prüfen. Für den Ausschussvorsitz gilt § 42 Abs. 3 entsprechend. Ehrenamtliche Beigeordnete haben, wenn sie die Bürgermeisterin oder den Bürgermeister vertreten haben oder ihnen bestimmte Geschäftszweige zur Erledigung übertragen waren, im Rechnungsprüfungsverfahren kein Stimmrecht. Die Bürgermeisterin oder der Bürgermeister und die Beigeordneten sind berechtigt und verpflichtet, Auskünfte zu erteilen.

(2) Der Gemeinderat stellt den geprüften Jahresabschluss bis spätestens 31. Dezember des auf das Haushaltsjahr folgenden Jahres fest; dabei beschließt er auch über die Verwendung des Jahresüberschusses, oder er stellt den Jahresfehlbetrag fest. Zugleich entscheidet er in einem gesonderten Beschluss über die Entlastung der Bürgermeisterin oder des Bürgermeisters. Verweigert der Gemeinderat die Entlastung oder spricht er sie mit Einschränkungen aus, so hat er die Gründe dafür anzugeben.

(3) Die Beschlüsse über die Feststellung des Jahresabschlusses und über die Entlastung sind öffentlich bekannt zu machen. Im Anschluss an die öffentliche Bekanntmachung ist der Jahresabschluss mit dem Rechenschaftsbericht an sieben Werktagen öffentlich auszulegen; dies gilt auch für den Prüfungsbericht der prüfenden Stelle, soweit nicht schutzwürdige Interessen Einzelner entgegenstehen. In der Bekanntmachung ist auf Ort und Zeit der Auslegung hinzuweisen.

II. Abschnitt
Sondervermögen, Treuhandvermögen

§ 102
Sondervermögen

(1) Sondervermögen der Gemeinden sind
1. das Gemeindegliedervermögen,
2. das Vermögen der rechtlich unselbstständigen örtlichen Stiftungen,
3. die Eigenbetriebe und sonstigen Unternehmen ohne eigene Rechtspersönlichkeit mit Sonderrechnung,
4. rechtlich unselbstständige Versorgungs- und Versicherungseinrichtungen für die Bediensteten der Gemeinde,
5. das Sondervermögen für die Kameradschaftspflege nach § 44a des Gesetzes über den Brandschutz, die Technische Hilfe und den Katastrophenschutz im Saarland.

(2) Sondervermögen nach Absatz 1 Nr. 1 und 2 unterliegen den Vorschriften über die Haushaltswirtschaft. Sie sind im Haushalt der Gemeinde gesondert nachzuweisen.

(3) Auf Sondervermögen nach Absatz 1 Nr. 3 sind die Vorschriften des § 82 Abs. 1 bis 3 Satz 1, 7 und 8 sowie §§ 83 und 90 bis 95 entsprechend anzuwenden; § 92 Abs. 1 ist mit der Maßgabe anzuwenden, dass Kredite auch für die Umwandlung oder Rückzahlung von Eigenkapital an die Gemeinde aufgenommen werden dürfen.

(4) Für Sondervermögen nach Absatz 1 Nr. 4 können besondere Haushaltspläne aufgestellt und Sonderrechnungen geführt werden. In diesem Fall sind die Vorschriften des I. Abschnitts mit der Maßgabe anzuwenden, dass an die Stelle der Haushaltssatzung der Beschluss über den Haushaltsplan tritt und von der öffentlichen Bekanntmachung und Auslegung nach § 86 Abs. 3 und 4 abgesehen werden kann. Anstelle eines Haushaltsplans können ein Wirtschaftsplan aufgestellt und die für die Wirtschaftsführung und das Rechnungswesen der Eigenbetriebe gelten-

den Vorschriften entsprechend angewendet werden; Absatz 3 gilt sinngemäß.

§ 103
Treuhandvermögen

(1) Für rechtlich selbstständige örtliche Stiftungen sowie Vermögen, die die Gemeinde nach besonderem Recht treuhänderisch zu verwalten hat, sind besondere Haushaltspläne aufzustellen und Sonderrechnungen zu führen. § 102 Abs. 4 Satz 2 und 3 gilt entsprechend.
(2) Unbedeutendes Treuhandvermögen kann im Haushalt der Gemeinde gesondert nachgewiesen werden; es unterliegt den Vorschriften über die Haushaltswirtschaft.
(3) Mündelvermögen können auch abweichend von den Absätzen 1 und 2 nur im Jahresabschluss gesondert nachgewiesen werden.
(4) Besondere gesetzliche Vorschriften oder Bestimmungen der Stifterin oder des Stifters bleiben unberührt.

§ 104
Sonderkassen

Für Sondervermögen und Treuhandvermögen, für die Sonderrechnungen geführt werden, sind Sonderkassen einzurichten. Sie sollen mit der Gemeindekasse verbunden werden. § 98 gilt entsprechend. § 44a des Gesetzes über den Brandschutz, die Technische Hilfe und den Katastrophenschutz im Saarland bleibt unberührt.

§ 105
Freistellung von der Finanzplanung

Das Ministerium für Inneres und Sport kann Sondervermögen und Treuhandvermögen von den Verpflichtungen des § 90 freistellen, soweit die Zahlen der Finanzplanung weder für die Haushalts- oder Wirtschaftsführung noch für die Finanzstatistik benötigt werden.

§ 106
Gemeindegliedervermögen

(1) Für die Nutzung des Gemeindevermögens, dessen Ertrag nach bisherigem Recht nicht der Gemeinde, sondern sonstigen Berechtigten zusteht (Gemeindegliedervermögen), verbleibt es bei den bisherigen Vorschriften und Gewohnheiten.
(2) Gemeindegliedervermögen darf nicht in Privatvermögen der Nutzungsberechtigten umgewandelt werden. Es kann in freies Gemeindevermögen umgewandelt werden, wenn die Umwandlung aus Gründen des Gemeinwohls geboten ist. Den Betroffenen ist eine angemessene Entschädigung in Geld zu gewähren.
(3) Gemeindevermögen darf nicht in Gemeindegliedervermögen umgewandelt werden.

§ 107
Örtliche Stiftungen

(1) Die Gemeinde verwaltet die örtlichen Stiftungen nach den Vorschriften dieses Gesetzes, soweit nicht durch Gesetz oder Stifterin oder Stifter etwas anderes bestimmt ist.
(2) Das Stiftungsvermögen ist von dem übrigen Gemeindevermögen getrennt zu halten und so anzulegen, dass es für seinen Verwendungszweck greifbar ist.
(3) Ist die Erfüllung des Stiftungszwecks unmöglich geworden oder gefährdet die Stiftung das Gemeinwohl, so ist nach den Vorschriften des § 87 des Bürgerlichen Gesetzbuchs zu verfahren. Die Umwandlung des Stiftungszwecks und die Aufhebung der Stiftung stehen der Gemeinde zu; sie bedarf der Genehmigung der Kommunalaufsichtsbehörde.
(4) Gemeindevermögen darf nur im Rahmen der Aufgabenerfüllung der Gemeinde und nur dann in Stiftungsvermögen eingebracht werden, wenn der mit der Stiftung verfolgte Zweck auf andere Weise nicht erreicht werden kann.

III. Abschnitt
Wirtschaftliche Betätigung und privatrechtliche Beteiligung

§ 108
Zulässigkeit wirtschaftlicher Betätigung

(1) Die Gemeinde darf sich wirtschaftlich betätigen, wenn

1. der öffentliche Zweck die Betätigung rechtfertigt,
2. die Betätigung nach Art und Umfang in einem angemessenen Verhältnis zu der Leistungsfähigkeit der Gemeinde und zum voraussichtlichen Bedarf steht und
3. der öffentliche Zweck nicht ebenso gut und wirtschaftlich durch einen privaten Dritten erfüllt wird oder erfüllt werden kann.

Erforderlich sind auch hinreichende Kenntnisse und Fertigkeiten in Bezug auf die zu erbringende Leistung und die Verhältnisse des Marktes. Die wirtschaftliche Betätigung umfasst auch die Errichtung, Übernahme und Erweiterung von wirtschaftlichen Unternehmen sowie die Beteiligung und die Erweiterung der Beteiligung daran. Tätigkeiten, mit denen die Gemeinde an dem vom Wettbewerb beherrschten Wirtschaftsleben teilnimmt, um ausschließlich Gewinn zu erzielen, entsprechen keinem öffentlichen Zweck. Sind an einem Unternehmen Private beteiligt, reicht es aus, wenn ein Anteil von Leistungen an der Gesamtleistung des Unternehmens, der der Höhe der kommunalen Beteiligung entspricht, durch den öffentlichen Zweck gerechtfertigt ist.

(2) Als wirtschaftliche Betätigungen im Sinne dieses Abschnitts gelten nicht Tätigkeiten

1. für Zwecke der Bildung und Erziehung, des Gesundheitsschutzes, des Sozialwesens, der Kultur, des Sports, der Erholung und Freizeitgestaltung, der Abfall- und Abwasserbeseitigung und des Umweltschutzes und
2. zur Deckung des Eigenbedarfs kommunaler Körperschaften.

(3) Tätigkeiten, die üblicherweise im Wettbewerb zusammen mit der Haupttätigkeit erbracht werden (verbundene Tätigkeiten), sind zulässig, wenn sie die zulässige Haupttätigkeit fördern und im Vergleich zu ihr eine untergeordnete Bedeutung haben. Sie dürfen nur im Zusammenhang mit der Haupttätigkeit erbracht werden. Mit der Ausführung sollen private Dritte beauftragt werden. Sonstige untergeordnete Tätigkeiten, die infolge einer zulässigen Haupttätigkeit wahrgenommen werden, sind nur zulässig zur vorübergehenden Auslastung vorhandener freier Kapazitäten, solange diese nicht an den Bedarf angepasst werden können, zur Verwertung vorhandener Kenntnisse und Fertigkeiten und zur Vermarktung von Nebenprodukten.

(4) Vor der Entscheidung über die Aufnahme einer wirtschaftlichen Betätigung ist der Gemeinderat auf der Grundlage einer Marktanalyse und unter Darstellung der Befähigungen nach Absatz 1 Satz 2 umfassend über die Chancen und Risiken der beabsichtigten Betätigung und über die Auswirkungen auf das Handwerk und die mittelständische Wirtschaft zu unterrichten. Vor der Befassung im Gemeinderat ist den Kammern der gewerblichen Wirtschaft und der freien Berufe sowie der Arbeitskammer Gelegenheit zur Stellungnahme zur Marktanalyse und zur Betroffenheit der gewerblichen Wirtschaft und der freien Berufe zu geben, soweit ihre Geschäftsbereiche betroffen sind. Die Stellungnahmen sind dem Gemeinderat vor seiner Befassung zur Kenntnis zu geben.

(5) Die Gemeinde darf sich außerhalb des Gemeindegebiets wirtschaftlich betätigen, wenn

1. die Voraussetzungen des Absatzes 1 vorliegen und
2. keine betroffene kommunale Gebietskörperschaft aus berechtigten Interessen widerspricht. Bei gesetzlich liberalisierten Tätigkeiten gelten nur die Interessen als berechtigt, die nach den hierfür maßgeblichen Vorschriften eine Einschränkung des Wettbewerbs zulassen.

(6) Die Gemeinden sollen in regelmäßigen Zeitabständen prüfen, inwieweit ihre wirtschaftliche Betätigung materiell privatisiert werden kann. Hierbei ist privaten Dritten die Möglichkeit zu geben, darzulegen, ob und wie sie die dem öffentlichen Zweck dienende wirtschaftliche Betätigung ebenso gut und wirtschaftlich erfüllen können. Über das Er-

gebnis ist der Kommunalaufsichtsbehörde zu berichten.
(7) Bankunternehmen darf die Gemeinde nicht errichten, übernehmen oder betreiben. Für die öffentlichen Sparkassen gelten die besonderen Vorschriften.

§ 108a
Regelungen für besondere Aufgabenfelder
(1) Die wirtschaftliche Betätigung in der leitungsgebundenen Trinkwasser-, Strom-, Gas- und Wärmeversorgung ist stets durch einen öffentlichen Zweck gerechtfertigt. Sie ist zulässig, wenn sie nach Art und Umfang in einem angemessenen Verhältnis zu der Leistungsfähigkeit der Gemeinde und zum voraussichtlichen Bedarf steht.
(2) Die Errichtung und der Betrieb von Telekommunikationsnetzen und der hierfür erforderlichen Infrastruktur sind stets durch einen öffentlichen Zweck gerechtfertigt. Sie sind zulässig, wenn sie nach Art und Umfang in einem angemessenen Verhältnis zu der Leistungsfähigkeit der Gemeinde und zum voraussichtlichen Bedarf stehen und der öffentliche Zweck nicht ebenso gut und wirtschaftlich durch einen privaten Dritten erfüllt wird.
(3) In den Fällen der Absätze 1 und 2 findet § 108 Absatz 1 Satz 1 keine Anwendung. Im Übrigen bleibt § 108 unberührt.

§ 109
Eigenbetriebe und sonstige Unternehmen ohne eigene Rechtspersönlichkeit mit Sonderrechnung
(1) Die gemeindlichen Unternehmen ohne eigene Rechtspersönlichkeit können als Eigenbetriebe geführt werden, Das Nähere regeln die Eigenbetriebsverordnung und die Betriebssatzung.
(2) Für jeden Eigenbetrieb ist ein Werksausschuss (§ 48) zu bilden; für mehrere Eigenbetriebe kann ein gemeinsamer Werksausschuss gebildet werden.
(3) Wirtschaftsführung, Vermögensverwaltung und Rechnungslegung jedes Eigenbetriebs sind so einzurichten, dass sie eine gesonderte Beurteilung der Betriebsführung und des Ergebnisses ermöglichen.
(4) Unternehmen der Gemeinde ohne eigene Rechtspersönlichkeit können unter vollständiger und mit Zustimmung der Kommunalaufsichtsbehörde unter teilweiser Anwendung der für Eigenbetriebe geltenden Vorschriften über die Wirtschaftsführung und das Rechnungswesen geführt werden.

§ 110
Unternehmen in Privatrechtsform
(1) Die Gemeinde darf ein Unternehmen in einer Rechtsform des privaten Rechts nur errichten, übernehmen, erweitern oder sich daran beteiligen, wenn
1. ein wichtiges Interesse der Gemeinde vorliegt,
2. die Haftung und die Einzahlungsverpflichtung der Gemeinde auf einen ihrer Leistungsfähigkeit angemessenen Betrag begrenzt wird,
3. die Gemeinde einen angemessenen Einfluss, insbesondere im Aufsichtsrat oder entsprechenden Überwachungsorgan, erhält,
4. aufgrund des Gesellschaftsvertrags oder der Satzung gewährleistet ist, dass der Jahresabschluss und der Lagebericht, soweit nicht weitergehende gesetzliche Vorschriften gelten oder andere gesetzliche Vorschriften entgegenstehen, entsprechend den Vorschriften des Dritten Buches des Handelsgesetzbuches für große Kapitalgesellschaften aufgestellt und geprüft werden.

(2) Die Gemeinde kann einzelne Geschäftsanteile an einer eingetragenen Kreditgenossenschaft erwerben, wenn eine Nachschusspflicht ausgeschlossen oder die Haftsumme auf einen bestimmten Betrag beschränkt ist.

§ 111
Mehrheitsbeteiligungen

(1) Unbeschadet des § 110 darf eine Gemeinde ein Unternehmen in einer Rechtsform des privaten Rechts nur errichten, übernehmen, erweitern oder sich daran beteiligen, soweit nicht weitergehende gesetzliche Vorschriften gelten oder andere gesetzliche Vorschriften entgegenstehen, wenn im Gesellschaftsvertrag oder in der Satzung

1. der Gegenstand des Unternehmens konkret bezeichnet und nachhaltig auf den öffentlichen Zweck ausgerichtet ist;
2. geregelt ist, dass die Gesellschafterversammlung oder das entsprechende Organ auch beschließt über
   a) die Aufnahme neuer Geschäftszweige innerhalb des Rahmens des Unternehmensgegenstands und die Aufgabe vorhandener Geschäftszweige,
   b) die Gründung, den Erwerb und die vollständige oder teilweise Veräußerung eines Unternehmens,
   c) den Erwerb, die Veränderung und die vollständige oder teilweise Veräußerung von Beteiligungen an anderen Unternehmen,
   d) den Abschluss, die Änderung und die Kündigung von Unternehmensverträgen,
   e) die Feststellung und die Änderung des Wirtschaftsplans,
   f) die Feststellung des Jahresabschlusses und die Behandlung des Ergebnisses,
   g) die Bestellung und die Abberufung der Geschäftsführerinnen oder Geschäftsführer, soweit dies nicht der Gemeinde vorbehalten ist, sowie die Entlastung derselben,
   h) die Bestellung und die Abberufung von Mitgliedern des Aufsichtsrats oder entsprechenden Überwachungsorgans von Beteiligungsunternehmen;
3. geregelt ist, dass in sinngemäßer Anwendung der für Eigenbetriebe geltenden Vorschriften für jedes Wirtschaftsjahr ein Wirtschaftsplan aufgestellt, der Wirtschaftsführung eine fünfjährige Finanzplanung zugrunde gelegt und der Gemeinde zur Kenntnis gebracht werden;
4. geregelt ist, dass
   a) die Rechte nach § 53 Abs. 1 des Haushaltsgrundsätzegesetzes ausgeübt und
   b) ihr und dem Landesverwaltungsamt (§ 123 Abs. 4) die in § 54 des Haushaltsgrundsätzegesetzes vorgesehenen Befugnisse eingeräumt werden;
5. geregelt ist, dass § 286 Abs. 4 des Handelsgesetzbuches keine Anwendung findet.

(2) Absatz 1 gilt nur, wenn der Gemeinde allein oder zusammen mit anderen Gemeinden, Gemeindeverbänden oder Zweckverbänden die Mehrheit der Anteile an dem Unternehmen gehören. Als Anteile gelten auch Anteile, die Unternehmen in einer Rechtsform des privaten Rechts gehören, an denen Gemeinden, Gemeindeverbände oder Zweckverbände allein oder zusammen mit Mehrheit beteiligt sind.

(3) Ist eine Beteiligung der Gemeinde an einem Unternehmen in einer Rechtsform des privaten Rechts keine Mehrheitsbeteiligung im Sinne des Absatzes 2, so soll die Gemeinde, soweit ihr Interesse dies erfordert, darauf hinwirken, dass in den Gesellschaftsvertrag oder in die Satzung die Regelungen des Absatzes 1 aufgenommen werden.

§ 112
Mittelbare Beteiligungen

(1) Die Gemeinde darf der Beteiligung eines Unternehmens in einer Rechtsform des privaten Rechts, an dem ihr allein oder zusammen mit anderen Gemeinden, Gemeindeverbänden oder Zweckverbänden die Mehrheit der Anteile gehören, an einem anderen Unternehmen in einer Rechtsform des privaten Rechts nur zustimmen, wenn

1. die Voraussetzungen des § 110 Abs. 1 Nr. 2 bis 4 und
2. bei einer Beteiligung mit der Mehrheit der Anteile an dem anderen Unternehmen auch die Voraussetzungen des § 111

vorliegen. § 111 Abs. 2 Satz 2 gilt entsprechend.
(2) Absatz 1 gilt entsprechend für Unterbeteiligungen weiterer Stufen.

§ 113
Veräußerung von Unternehmen und Beteiligungen
Die vollständige oder teilweise Veräußerung eines Unternehmens oder einer unmittelbaren oder mittelbaren Beteiligung an einem Unternehmen in einer Rechtsform des privaten Rechts sowie andere Rechtsgeschäfte und Maßnahmen, durch welche die Gemeinde ihren Einfluss verliert oder vermindert, sind nur zulässig, wenn die Erfüllung der Aufgaben der Gemeinde nicht beeinträchtigt wird.

§ 114
Vertretung der Gemeinde in Unternehmen in Privatrechtsform
(1) Die Bürgermeisterin oder der Bürgermeister vertritt die Gemeinde in der Gesellschafterversammlung oder in dem entsprechenden Organ eines Unternehmens in einer Rechtsform des privaten Rechts, an dem die Gemeinde beteiligt ist. Dies gilt auch dann, wenn der Gemeinde das Recht eingeräumt ist, ein Mitglied des Aufsichtsrats oder entsprechenden Überwachungsorgans zu entsenden oder vorzuschlagen. Die Bürgermeisterin oder der Bürgermeister kann mit Zustimmung des Gemeinderats eine besondere Vertreterin oder einen besonderen Vertreter bestellen, soweit nicht andere gesetzliche Vorschriften entgegenstehen; diese oder dieser ist an die Weisungen der Bürgermeisterin oder des Bürgermeisters gebunden.
(2) Stehen der Gemeinde weitere Vertreterinnen oder Vertreter in einem Organ nach Absatz 1 zu, so werden diese vom Gemeinderat widerruflich bestellt. Ergibt sich hierbei keine Einigung, so werden die weiteren Vertreterinnen oder Vertreter auf Grund von Wahlvorschlägen nach den Grundsätzen der Verhältniswahl unter Bindung an die Wahlvorschläge gewählt. Das Wahlergebnis ist dabei nach dem Höchstzahlverfahren nach d'Hondt festzustellen.
(3) Absatz 2 gilt entsprechend, wenn der Gemeinde das Recht eingeräumt ist, einen oder mehrere Vertreterinnen oder Vertreter für den Vorstand oder ein entsprechendes Organ zu bestellen.
(4) Die Vertreterinnen oder Vertreter der Gemeinde in der Gesellschafterversammlung oder in dem entsprechenden Organ eines Unternehmens in einer Rechtsform des privaten Rechts, an dem die Gemeinde beteiligt ist, sind in den dem Gemeinderat oder seiner Ausschüsse obliegenden Angelegenheiten an die Beschlüsse des Gemeinderats und seiner Ausschüsse und an die Weisungen der Gemeinde gebunden.
(5) Werden Vertreterinnen oder Vertreter der Gemeinde aus einer Tätigkeit nach den Absätzen 1 bis 4 haftbar gemacht, so hat ihnen die Gemeinde den Schaden zu ersetzen, es sei denn, dass sie ihn vorsätzlich oder grob fahrlässig herbeigeführt haben. Auch in diesem Fall ist die Gemeinde schadensersatzpflichtig, wenn die Vertreterinnen oder Vertreter nach Beschlüssen des Gemeinderats oder seiner Ausschüsse oder nach Weisung gehandelt haben.

§ 115
Unterrichtungspflicht und Beteiligungsbericht
(1) Die Vertreterinnen oder Vertreter der Gemeinde in den in § 114 genannten Organen haben die Gemeinde über alle wichtigen Angelegenheiten des Unternehmens zu unterrichten. Auf Beschluss des Gemeinderats oder auf Verlangen von mindestens einem Viertel der gesetzlichen Zahl der Mitglieder des Gemeinderats haben die Vertreterinnen

oder Vertreter dem Gemeinderat oder einem von ihm bestimmten Ausschuss über alle Angelegenheiten Auskunft zu geben. Unterrichtungspflicht und Auskunftsrecht bestehen nur, soweit nicht gesetzliche Vorschriften entgegenstehen.

(2) Die Gemeinde hat jährlich einen Bericht über ihre unmittelbaren und mittelbaren Beteiligungen an Unternehmen in einer Rechtsform des privaten Rechts zu erstellen. Der Beteiligungsbericht soll für jedes Unternehmen mindestens darstellen

a. den Gegenstand des Unternehmens, die Beteiligungsverhältnisse, die Zusammensetzung der Organe, die Beteiligungen des Unternehmens,
b. die Erfüllung des öffentlichen Zwecks,
c. in Grundzügen den Geschäftsverlauf für das jeweils letzte Geschäftsjahr, die Vermögens-, Finanz- und Ertragslage sowie die voraussichtliche Entwicklung des Unternehmens.

Für ein Unternehmen, an dem der Gemeinde nicht mehr als ein Viertel der Anteile gehört, kann von der Darstellung zu Buchstabe c abgesehen werden.

Die Einsicht in den Beteiligungsbericht ist jeder Einwohnerin und jedem Einwohner gestattet. Auf die Möglichkeit zur Einsichtnahme ist in geeigneter Weise öffentlich hinzuweisen.

(3) Der Beteiligungsbericht ist der Kommunalaufsichtsbehörde im Jahr der Aufstellung vorzulegen.

§ 116
Wirtschaftsgrundsätze

Wirtschaftliche Unternehmen sind nach betriebswirtschaftlichen Grundsätzen so zu führen, dass der öffentliche Zweck nachhaltig erfüllt wird. Sie sollen einen Ertrag für den Haushalt der Gemeinde abwerfen, soweit dadurch die Erfüllung des öffentlichen Zwecks nicht beeinträchtigt wird.

§ 117
(aufgehoben)

§ 118
Anzeigepflicht und Befreiung

(1) Entscheidungen der Gemeinde über

1. die vollständige Anwendung der für Eigenbetriebe geltenden Vorschriften über die Wirtschaftsführung und das Rechnungswesen auf Unternehmen ohne eigene Rechtspersönlichkeit,
2. die Aufnahme oder wesentliche Erweiterung einer wirtschaftlichen Betätigung,
3. die Errichtung, Übernahme, wesentliche Erweiterung, Änderung der Rechtsform und vollständige oder teilweise Veräußerung eines Unternehmens,
4. die unmittelbare oder mittelbare Beteiligung, die Änderung und die vollständige oder teilweise Veräußerung einer solchen Beteiligung an einem Unternehmen in einer Rechtsform des privaten Rechts,
5. den Abschluss von Rechtsgeschäften und sonstige Maßnahmen, die ihrer Art nach geeignet sind, den Einfluss der Gemeinde auf das Unternehmen zu mindern oder zu beseitigen oder die Ausübung von Rechten aus der Beteiligung zu beschränken,

sind der Kommunalaufsichtsbehörde unverzüglich, mindestens einen Monat vor Beginn des Vollzugs, schriftlich oder elektronisch anzuzeigen. Aus der Anzeige muss zu ersehen sein, ob die gesetzlichen Voraussetzungen erfüllt sind.

(2) Entscheidungen nach Absatz 1 Satz 1 Nr. 2 bis 4 bei mittelbaren Beteiligungen müssen nicht angezeigt werden, wenn die Beteiligung der einzelnen Gemeinde unter Berücksichtigung des § 111 Absatz 2 Satz 2 weniger als zwei Prozent der Anteile des Unternehmens beträgt. Bei kommunalen Mehrheitsbeteiligungen ist unter den vorgenannten Voraussetzungen die Anzeige durch eine der beteiligten Gemeinden erforderlich. Die Kommunalaufsichtsbehörde kann eine Anzeige durch die einzelne Gemeinde verlan-

gen, wenn sie von einem nach Absatz 1 anzuzeigenden Sachverhalt Kenntnis erhält.
(3) Auf Verlangen der Kommunalaufsichtsbehörde sind die Voraussetzungen für die Zulässigkeit von Tätigkeiten nach § 108 Absatz 3 darzulegen.
(4) Sind nach Feststellung der Kommunalaufsichtsbehörde die Voraussetzungen des § 108 Absatz 1 bis 5 nicht erfüllt, kann das Ministerium für Inneres, Bauen und Sport im Einvernehmen mit dem Ministerium für Wirtschaft, Arbeit, Energie und Verkehr auf Antrag der Gemeinde aus Gründen überwiegenden öffentlichen Interesses hiervon Befreiung erteilen. Der Antrag ist zu begründen und mit einer Stellungnahme der Kommunalaufsichtsbehörde zu versehen. Die Befreiung kann mit Bedingungen und Auflagen verbunden werden.

IV. Abschnitt
Prüfungswesen

§ 119
Rechnungsprüfungsamt

Gemeinden mit mehr als 25.000 Einwohnerinnen und Einwohnern müssen ein Rechnungsprüfungsamt einrichten; dabei können sie auch mit anderen Gemeinden oder Gemeindeverbänden im Rahmen des Gesetzes über die kommunale Gemeinschaftsarbeit zusammenarbeiten. Andere Gemeinden können es einrichten, wenn ein Bedürfnis dafür besteht und die Kosten in einem angemessenen Verhältnis zum Umfang der Verwaltung stehen.

§ 120
Rechtsstellung des Rechnungsprüfungsamts

(1) Das Rechnungsprüfungsamt ist bei der Durchführung von Prüfungsaufgaben unabhängig und an Weisungen nicht gebunden. Es untersteht im Übrigen unmittelbar der Bürgermeisterin oder dem Bürgermeister.
(2) Die Leiterin oder der Leiter des Rechnungsprüfungsamts muss Beamtin oder Beamter auf Lebenszeit sein. Sie oder er darf mit der Bürgermeisterin oder dem Bürgermeister, der Leiterin oder dem Leiter der Finanzverwaltung sowie der Kassenverwalterin oder dem Kassenverwalter und der Stellvertreterin oder dem Stellvertreter weder bis zum dritten Grad verwandt noch bis zum zweiten Grad verschwägert oder durch Ehe oder eingetragene Lebenspartnerschaft verbunden sein.
(3) Die Leiterin oder der Leiter und die Prüferinnen und Prüfer des Rechnungsprüfungsamts dürfen Zahlungen weder anordnen noch ausführen.

§ 121
Aufgaben des Rechnungsprüfungsamtes

(1) Das Rechnungsprüfungsamt hat folgende Aufgaben:
1. die Prüfung des Jahresabschlusses der Gemeinde sowie dessen Anlagen,
2. die Prüfung der Jahresabschlüsse der Eigenbetriebe und sonstigen Unternehmen ohne eigene Rechtspersönlichkeit mit Sonderrechnung, sofern die Prüfung nicht durch andere Abschlussprüferinnen oder Abschlussprüfer durchgeführt wird,
3. die laufende Prüfung der Vorgänge in der Finanzbuchhaltung zur Vorbereitung der Prüfung des Jahresabschlusses,
4. die Prüfung, ob die Haushaltswirtschaft nach den geltenden Vorschriften geführt worden ist,
5. die dauernde Überwachung der Zahlungsabwicklung der Gemeinde und ihrer Sondervermögen sowie die Vornahme der regelmäßigen und unvermuteten Prüfungen,
6. die Kontrolle, ob bei der Durchführung der Finanzbuchhaltung mit Hilfe automatisierter Datenverarbeitung (DV-Buchführung) der Gemeinde und ihrer Sondervermögen die Prüfung der Programme vor ihrer Anwendung stattgefunden hat,
7. die Prüfung von Vergaben.

(2) Die Bürgermeisterin oder der Bürgermeister kann dem Rechnungsprüfungsamt weitere Aufgaben übertragen, insbesondere

1. die laufende Prüfung der Wirtschaftsführung der Unternehmen ohne eigene Rechtspersönlichkeit mit Sonderrechnung, die Prüfung der Betätigung der Gemeinde bei Unternehmen in einer Rechtsform des privaten Rechts und die Buch- und Betriebsprüfungen, die sich die Gemeinde bei einer Beteiligung, bei der Hingabe eines Kredits oder sonst vorbehalten hat,
2. die Prüfung der Verwaltung auf Zweckmäßigkeit und Wirtschaftlichkeit.

(3) Das Rechnungsprüfungsamt kann sich mit Zustimmung des Rechnungsprüfungsausschusses sachverständiger Dritter als Prüfer bedienen.

§ 122
Prüfung des Jahresabschlusses

(1) In Gemeinden, in denen ein Rechnungsprüfungsamt besteht, hat die Bürgermeisterin oder der Bürgermeister diesem den Jahresabschluss zuzuleiten. Das Rechnungsprüfungsamt prüft den Jahresabschluss dahin, ob die gesetzlichen Vorschriften und die sie ergänzenden Satzungen und sonstigen ortsrechtlichen Bestimmungen beachtet worden sind, und den Jahresabschluss außerdem dahin, ob der Haushaltsplan eingehalten ist. Das Rechnungsprüfungsamt hat das Recht, alle Unterlagen zu prüfen.
(2) Das Rechnungsprüfungsamt hat über Art und Umfang der Prüfung sowie über das Ergebnis der Prüfung einen Prüfungsbericht zu erstellen. Es teilt das im Prüfungsbericht zusammengefasste Prüfungsergebnis der Bürgermeisterin oder dem Bürgermeister mit. Diese oder dieser hat die notwendigen Folgerungen aus dem Prüfungsergebnis zu ziehen.

§ 123
Überörtliche Prüfung

(1) Die überörtliche Prüfung erstreckt sich darauf, ob die Gemeinde sowie ihre Sonder- und Treuhandvermögen rechtmäßig und wirtschaftlich verwaltet werden. Die Betätigung der Gemeinde bei Gesellschaften in einer Rechtsform des privaten Rechts, an denen die Gemeinde unmittelbar oder mittelbar beteiligt ist, wird ebenfalls geprüft.
(2) Die Rechtmäßigkeitsprüfung erstreckt sich darauf, ob die Gesetze und die in Auftragsangelegenheiten (§ 6 Abs. 1) ergangenen Weisungen beachtet wurden.
(3) Die Prüfung der Wirtschaftlichkeit und Organisation soll in der Regel auf vergleichender Grundlage erfolgen. Dabei ist insbesondere zu prüfen, ob

1. die Grundsätze der Finanzmittelbeschaffung (§ 83) beachtet werden,
2. die personelle Organisation zweckmäßig und die Bewertung der Stellen angemessen ist,
3. Einrichtungen nach wirtschaftlichen Gesichtspunkten und in Erfüllung ihrer öffentlichen Zweckbestimmung betrieben werden,
4. der Umfang freiwilliger Leistungen der Leistungsfähigkeit entspricht,
5. die allgemeine Finanzkraft und der Stand der Schulden Anlass für Empfehlungen zur Änderung der künftigen Haushaltswirtschaft geben.

(4) Die überörtliche Prüfung obliegt dem Landesverwaltungsamt. Dieses kann mit der Wahrnehmung der Prüfungen geeignete Dritte beauftragen. Haben mehrere Prüfungseinrichtungen Prüfungszuständigkeiten, sollen Doppelprüfungen vermieden werden.
(5) Die überörtliche Prüfung ist bei der Durchführung von Prüfungsaufgaben unabhängig und an Weisungen nicht gebunden.
(6) Die zu prüfende Gemeinde hat dem Landesverwaltungsamt und den beauftragten Prüfern alle erbetenen Auskünfte zu geben, Einsicht in Bücher und Belege, Akten und Schriftstücke zu gewähren, sie auf Verlangen zu übersenden sowie Erhebungen an Ort und Stelle zu unterstützen. Dies gilt entsprechend, wenn die Gemeinde Aufgaben durch Dritte wahrnehmen oder kommunale Mittel von einer sonstigen Stelle verwalten lässt.

(7) Das Landesverwaltungsamt teilt das vorläufige Prüfungsergebnis in Form eines Prüfungsberichts der geprüften Gemeinde mit. Diese hat hierzu innerhalb einer angemessenen Frist Stellung zu nehmen. Das Landesverwaltungsamt kann auch Schlussbesprechungen durchführen. Das abschließende Prüfungsergebnis wird in Form eines Schlussberichts der Gemeinde, der Kommunalaufsichtsbehörde, der Fachaufsichtsbehörde, sofern ihre Zuständigkeit berührt ist, und dem Rechnungshof im Rahmen des § 91 der Landeshaushaltsordnung mitgeteilt. Sind in eine vergleichende Prüfung mehrere Gemeinden einbezogen, so wird der gemeinsame Schlussbericht allen beteiligten Gemeinden zugeleitet. Ergebnisse von Wirtschaftlichkeits- und Organisationsprüfungen können darüber hinaus veröffentlicht werden, wenn die in dem Bericht enthaltenen gemeindebezogenen Angaben allgemein zugänglich sind.

(8) Bei Rechtsverstößen, die sich nach den Prüfungsfeststellungen ergeben, entscheidet die zuständige Aufsichtsbehörde.

(9) Die Bürgermeisterin oder der Bürgermeister unterrichtet den Gemeinderat über den wesentlichen Inhalt des Schlussberichts. Sie oder er legt den kompletten Schlussbericht dem Rechnungsprüfungsausschuss vor; für die Beratung des Schlussberichts durch den Rechnungsprüfungsausschuss gilt § 101 Abs. 1 Satz 4 bis 6 entsprechend.

§ 124
Prüfung der Eigenbetriebe und sonstigen Unternehmen ohne eigene Rechtspersönlichkeit mit Sonderrechnung

(1) Die Eigenbetriebe und sonstigen Unternehmen ohne eigene Rechtspersönlichkeit mit Sonderrechnung sind jährlich durch eine Abschlussprüferin oder einen Abschlussprüfer zu prüfen.

(2) Abschlussprüferin oder Abschlussprüfer können das Rechnungsprüfungsamt, das Rechnungsprüfungsamt einer anderen kommunalen Körperschaft, ein Prüfungszweckverband, vereidigte Buchprüfer oder Buchprüferinnen und Buchprüfungsgesellschaften sowie Wirtschaftsprüfer oder Wirtschaftsprüferinnen und Wirtschaftsprüfungsgesellschaften sein. Die Abschlussprüferin oder der Abschlussprüfer wird vom Gemeinderat bestellt. In Gemeinden, in denen ein Rechnungsprüfungsamt besteht, soll dieses als Abschlussprüfer bestimmt werden. Die Kosten der Prüfung trägt der geprüfte Betrieb oder die geprüfte Einrichtung.

(3) Die Prüfung erstreckt sich auf den Jahresabschluss unter Einbeziehung der Buchführung, den Lagebericht, die wirtschaftlichen Verhältnisse und die Ordnungsmäßigkeit der Geschäftsführung.

(4) Das Ministerium für Inneres und Sport wird ermächtigt, durch Rechtsverordnung[6] das Nähere zu regeln. Hierbei kann es Bestimmungen über das Prüfungsverfahren und über die Bestätigung des Prüfungsergebnisses treffen.

V. Abschnitt
Gemeinsame Vorschriften

§ 125
Unwirksame und nichtige Rechtsgeschäfte

(1) Geschäfte des bürgerlichen Rechtsverkehrs, die ohne die nach den Vorschriften des I. bis III. Abschnitts erforderliche Genehmigung der Kommunalaufsichtsbehörde abgeschlossen werden, sind unwirksam. Sie sind von Anfang an wirksam, wenn die Zustimmung erteilt wird.

(2) Rechtsgeschäfte, die gegen das Verbot der §§ 92 Abs. 6 und 93 Abs. 1 verstoßen, sind nichtig.

§ 126
Befreiung von der Genehmigungspflicht

Das Ministerium für Inneres und Sport wird ermächtigt, durch Rechtsverordnung[7] Rechtsgeschäfte, die nach den Vorschriften des I. bis

6 Vgl. BS- Nr. 2020- 1- 12.
7 Vgl. BS- Nr. 2020- 1- 2.

III. Abschnitts der Genehmigung der Kommunalaufsichtsbehörde bedürfen, von der Genehmigung allgemein freizustellen.

§ 126a
Ausnahmen zur Erprobung
Zur Erprobung neuer Modelle der Steuerung und des Haushalts- und Rechnungswesens kann die oberste Kommunalaufsichtsbehörde auf Antrag im Einzelfall Ausnahmen von organisations- und haushaltsrechtlichen Bestimmungen dieses Gesetzes und der zur Durchführung dieses Gesetzes ergangenen Rechtsverordnungen zulassen. Die Genehmigung ist zu befristen und kann unter Bedingungen und Auflagen erteilt werden.

Vierter Teil
Kommunalaufsicht

§ 127
Grundsatz
(1) Das Land beaufsichtigt die Gemeinden, um sicherzustellen, dass sie im Einklang mit den Gesetzen verwaltet werden (Kommunalaufsicht). Die Aufsicht ist so zu handhaben, dass die Entschluss- und Verantwortungsfreudigkeit der Gemeinde gefördert und nicht beeinträchtigt wird.
(2) Die Aufsicht über die den Gemeinden übertragenen staatlichen Aufgaben richtet sich nach den hierüber erlassenen Gesetzen.

§ 128
Kommunalaufsichtsbehörden
(1) Kommunalaufsichtsbehörde der Gemeinden ist das Landesverwaltungsamt.
(2) Oberste Kommunalaufsichtsbehörde ist das Ministerium für Inneres und Sport. Soweit die Zuständigkeit der oberen Kommunalaufsichtsbehörde gesetzlich bestimmt ist, tritt an ihre Stelle die oberste Kommunalaufsichtsbehörde.

§ 129
Informationsrecht und Informationspflicht
(1) Die Kommunalaufsichtsbehörden können sich jederzeit über alle Angelegenheiten der Gemeinde unterrichten; sie können an Ort und Stelle prüfen und besichtigen, mündliche, schriftliche und elektronische Berichte einfordern sowie Akten und sonstige Unterlagen einsehen.
(2) Die Gemeinden sollen die Kommunalaufsichtsbehörden über besonders wichtige oder besonders schwierige Gemeindeangelegenheiten unterrichten.

§ 130
Beanstandungsrecht
Die Kommunalaufsichtsbehörde kann Beschlüsse des Gemeinderats, seiner Ausschüsse, eines Ortsrats und eines Bezirksrats sowie Anordnungen der Bürgermeisterin oder des Bürgermeisters, die das geltende Recht verletzen, beanstanden und verlangen, dass solche Beschlüsse und Anordnungen sowie Maßnahmen, die auf Grund dieser Beschlüsse und Anordnungen getroffen worden sind, rückgängig gemacht werden. Die Beanstandung hat aufschiebende Wirkung.

§ 131
Aufhebungsrecht
(1) Kommt die Gemeinde Anordnungen der Kommunalaufsichtsbehörde gemäß § 130 innerhalb der gesetzten Frist nicht nach, so kann die Kommunalaufsichtsbehörde die von ihr beanstandeten Beschlüsse und Anordnungen aufheben und verlangen, dass Maßnahmen, die auf Grund solcher Beschlüsse und Anordnungen getroffen worden sind, rückgängig gemacht werden.
(2) Absatz 1 gilt entsprechend im Fall des § 60 Abs. 1 Satz 2; dabei bedarf es nicht der vorherigen Beanstandung nach § 130.

§ 132
Anordnungsrecht
Unterlässt es die Gemeinde, Beschlüsse zu fassen oder Anordnungen zu treffen, die zur Erfüllung einer der Gemeinde gesetzlich obliegenden Verpflichtung erforderlich sind, so kann die Kommunalaufsichtsbehörde anordnen, dass sie innerhalb einer bestimmten Frist das Erforderliche veranlasst.

§ 133
Ersatzvornahme
Kommt die Gemeinde einer Anordnung oder einem Verlangen der Kommunalaufsichtsbehörde nach den §§ 129 bis 132 innerhalb der gesetzten Frist nicht nach, so kann die Kommunalaufsichtsbehörde die erforderlichen Maßnahmen an Stelle und auf Kosten der Gemeinde selbst durchführen oder die Durchführung einem Dritten übertragen.

§ 134
Bestellung einer Beauftragten oder eines Beauftragten
(1) Wenn und solange die Befugnisse der Kommunalaufsichtsbehörde nach den §§ 129 bis 133 nicht ausreichen, um den geordneten Gang der Gemeindeverwaltung zu sichern, kann die Kommunalaufsichtsbehörde eine Beauftragte oder einen Beauftragten bestellen, die oder der alle oder einzelne Aufgaben der Gemeinde auf ihre Kosten wahrnimmt. Die oberste Kommunalaufsichtsbehörde ist vorab zu unterrichten.
(2) Die Beauftragte oder der Beauftragte ersetzt im Rahmen ihres oder seines Auftrags das zuständige Organ der Gemeinde.

§ 135
Form und Inhalt aufsichtsbehördlicher Entscheidungen
Entscheidungen der Kommunalaufsichtsbehörde nach den §§ 130 bis 134 bedürfen der Schriftform. Sie sind zu begründen, mit einer Rechtsmittelbelehrung zu versehen und zuzustellen.

§ 136
Rechtsmittel
Die Gemeinde kann gegen Entscheidungen der Kommunalaufsichtsbehörde innerhalb eines Monats nach Zustellung Widerspruch erheben. Hilft die Kommunalaufsichtsbehörde dem Widerspruch nicht ab, so erlässt die oberste Kommunalaufsichtsbehörde einen Widerspruchsbescheid.

§ 137
Beschränkung der Kommunalaufsicht
(1) Andere Behörden und Stellen als die Kommunalaufsichtsbehörden sind zu Eingriffen in die Gemeindeverwaltung nach den §§ 129 bis 134 nicht befugt.
(2) Bürgerlich-rechtliche Verpflichtungen der Gemeinde, die im ordentlichen Rechtsweg zu verfolgen sind, unterliegen nicht der Kommunalaufsicht nach den §§ 130 bis 133.

§ 138
Zwangsvollstreckung gegen Gemeinden
(1) Zur Einleitung der Zwangsvollstreckung gegen die Gemeinde wegen einer Geldforderung bedarf die Gläubigerin oder der Gläubiger einer Zulassungsverfügung der Kommunalaufsichtsbehörde, es sei denn, dass es sich um die Verfolgung dinglicher Rechte handelt. In der Verfügung hat die Kommunalaufsichtsbehörde die Vermögensgegenstände zu bestimmen, in die die Zwangsvollstreckung zugelassen wird, und über den Zeitpunkt zu befinden, zu dem sie stattfinden soll. Die Durchführung der Zwangsvollstreckung regelt sich nach den Vorschriften der Zivilprozessordnung.
(2) Ein Insolvenzverfahren über das Vermögen der Gemeinde findet nicht statt.

§ 139
Beteiligung des Ministeriums für Inneres und Sport
Das Ministerium für Inneres und Sport ist, soweit nicht das Gesetz eine weitergehende Mitwirkung vorsieht, zu allen Rechtsverord-

nungen und allgemeinen Verwaltungsanordnungen oberster Landesbehörden, die sich auf die Gemeinden auswirken, zu hören.

Teil B
Landkreisordnung

Erster Teil
Grundlagen

I. Abschnitt
Wesen, Rechtsstellung und Aufgaben

§ 140
Wesen der Landkreise
(1) Die Landkreise sind Gemeindeverbände und Gebietskörperschaften. Das Gebiet des Landkreises deckt sich mit dem Bezirk der Landrätin oder des Landrats als unterer staatlicher Verwaltungsbehörde.
(2) Die Landkreise erfüllen die überörtlichen, in ihrer Bedeutung auf das Kreisgebiet beschränkten öffentlichen Aufgaben im Rahmen der Gesetze in eigener Verantwortung.

§ 141
Name und Sitz
(1) Die Landkreise führen ihre bisherigen Namen. Der Name eines neu gebildeten Landkreises wird durch Gesetz bestimmt. Das Ministerium für Inneres und Sport kann auf Antrag eines Landkreises dessen Namen ändern.
(2) Die Landkreise behalten den bisherigen Sitz der Kreisverwaltung. Das Ministerium für Inneres und Sport kann auf Antrag eines Landkreises einen anderen Sitz der Kreisverwaltung bestimmen. Der Sitz der Kreisverwaltung eines neu gebildeten Landkreises wird durch Gesetz bestimmt.
(3) Das Ministerium für Inneres und Sport macht die Bestimmung und die Änderung des Namens eines Landkreises und des Sitzes der Kreisverwaltung öffentlich bekannt.

§ 142
Wappen, Farben und Dienstsiegel
(1) Die Landkreise führen ihre bisherigen Wappen und Farben. Das Ministerium für Inneres und Sport kann Landkreisen auf ihren Antrag das Recht verleihen, Wappen und Farben zu führen; es kann Wappen und Farben auf Antrag der Landkreise ändern. Wappen der Landkreise dürfen von Dritten nur mit Genehmigung der Landkreise verwendet werden.
(2) Die Landkreise führen Dienstsiegel. Landkreise, die zum Führen eines Wappens berechtigt sind, führen dieses Wappen in ihrem Dienstsiegel; die übrigen Landkreise führen als Siegel das Bild des kleinen Landessiegels[8] mit einer den Landkreis bezeichnenden Umschrift.

§ 143
Selbstverwaltungsangelegenheiten
(1) Die Landkreise erfüllen in ihrem Gebiet die ihnen durch Gesetz zur Pflicht gemachten Selbstverwaltungsaufgaben der durch das Kreisgebiet begrenzten überörtlichen Gemeinschaft. Durch Gesetz kann ihnen die Erfüllung weiterer Selbstverwaltungsaufgaben zur Pflicht gemacht werden; dabei sind gleichzeitig Bestimmungen über die Deckung der Kosten zu treffen. Führt die Übertragung neuer Aufgaben durch Gesetz oder die Veränderung bestehender Aufgaben durch Gesetz oder Rechtsverordnung zu einer wesentlichen Belastung der davon betroffenen Landkreise, ist dafür aufgrund einer Kostenfolgeabschätzung ein entsprechender finanzieller Ausgleich zu schaffen. Das Nähere regelt ein Gesetz. Verordnungen über die Durchführung solcher Gesetze sowie Verordnungen nach Satz 3 bedürfen der Zustimmung des Ministeriums für Inneres und Sport.
(2) Die Landkreise erfüllen in ihrem Gebiet die freiwillig übernommenen, überörtlichen Selbstverwaltungsaufgaben im Rahmen der Gesetze in eigener Verantwortung.

8 Vgl. Anl. 8 in BS-Nr. 1130-1.

(3) Ihre Ausgleichs- und Ergänzungsfunktion können die Landkreise nur in Zusammenarbeit mit einzelnen oder mehreren kreisangehörigen Gemeinden wahrnehmen; eine Unterstützung durch andere Personen des öffentlichen Rechts oder des Privatrechts ist zulässig. Dies gilt nicht, soweit Aufgaben in grenzüberschreitender Zusammenarbeit erledigt werden. Zu den Ergänzungsfunktionen gehört die Beteiligung an der kommunalen Energieversorgung. Aufgaben der Volksbildung nach Artikel 32 der Verfassung des Saarlandes können anstelle einer Kooperation nach Satz 1 auch im Einvernehmen mit einem Bildungsbeirat wahrgenommen werden; für den Bildungsbeirat gelten die Vorschriften über den Kooperationsrat entsprechend.

(4) Die Landkreise haben bei der Aufgabenerfüllung die gebotene Rücksicht auf die Leistungsfähigkeit der kreisangehörigen Gemeinden zu nehmen. Bei der Erfüllung der Aufgaben gilt § 5 Abs. 2 entsprechend. In Selbstverwaltungsangelegenheiten sind die Landkreise nur an die Gesetze gebunden.

§ 144

Auftragsangelegenheiten

(1) Die Landkreise erfüllen die ihnen übertragenen staatlichen Aufgaben nach Weisung der zuständigen Behörden (Auftragsangelegenheiten). § 7 bleibt unberührt.

(2) Neue Auftragsangelegenheiten können den Landkreisen nur durch Gesetz übertragen werden; dabei sind gleichzeitig Bestimmungen über die Deckung der Kosten zu treffen. Führt die Übertragung neuer Aufgaben durch Gesetz oder die Veränderung bestehender Aufgaben durch Gesetz oder Rechtsverordnung zu einer wesentlichen Belastung der davon betroffenen Landkreise, ist dafür aufgrund einer Kostenfolgeabschätzung ein entsprechender finanzieller Ausgleich zu schaffen. Das Nähere regelt ein Gesetz.

(3) Die Landkreise sind bei der Erfüllung von Auftragsangelegenheiten zur Geheimhaltung verpflichtet, soweit dies von den zuständigen Behörden angeordnet wird. Sie haben hierbei die für die staatlichen Behörden geltenden Vorschriften zu beachten. Das Ministerium für Inneres und Sport kann hierzu weitere Verwaltungsvorschriften erlassen.

§ 145

Kommunale Gemeinschaftsarbeit

Landkreise können zur gemeinsamen Erfüllung bestimmter Aufgaben Zweckverbände oder Arbeitsgemeinschaften bilden oder öffentlich-rechtliche Vereinbarungen[9] abschließen. Das Nähere wird durch Gesetz[10] bestimmt.

§ 146

Sicherung der Mittel

(1) Die Landkreise regeln ihre Finanzwirtschaft in eigener Verantwortung. Sie haben das Recht, Steuern und sonstige Abgaben sowie Umlagen nach Maßgabe der Gesetze zu erheben.

(2) Soweit die eigenen Einnahmen der Landkreise nicht ausreichen, sichert das Land den Landkreisen die zur Durchführung ihrer eigenen und der übertragenen Aufgaben erforderlichen Mittel im Rahmen des kommunalen Finanzausgleichs.

§ 147

Satzungen

(1) Die Landkreise können ihre Selbstverwaltungsangelegenheiten durch Satzung regeln. Sie können mit gesetzlicher Ermächtigung auch in Auftragsangelegenheiten Satzungen erlassen.

(2) Für den Inhalt von Satzungen, das Verfahren bei ihrem Erlass und die Genehmigungspflicht gelten die Vorschriften der Gemeindeordnung entsprechend.

9 Vgl. öffentlich-rechtliche Vereinbarung über die Vertretung und die Rufbereitschaft der Veterinär- und Gesundheitsämter der Landkreise und des Stadtverbandes vom 11. September 1997 (Amtsbl. 1998 S. 551).
10 Vgl. BS- Nr. 2020- 5.

II. Abschnitt
Kreisgebiet

§ 148
Gebietsbestand
(1) Das Kreisgebiet besteht aus dem Gebiet der nach geltendem Recht zum Landkreis gehörenden Gemeinden. Grenzstreitigkeiten entscheidet die Kommunalaufsichtsbehörde.
(2) Das Gebiet eines Landkreises soll so bemessen sein, dass die örtliche Verbundenheit der Gemeinden des Landkreises gewahrt und die Leistungsfähigkeit des Landkreises zur Erfüllung seiner Aufgaben gesichert ist.

§ 149
Gebietsänderungen
(1) Aus Gründen des öffentlichen Wohles können Grenzen von Landkreisen geändert, Landkreise aufgelöst oder neu gebildet werden. Die beteiligten kommunalen Gebietskörperschaften sind zu hören.
(2) Gebietsänderungen erfolgen durch Gesetz.
(3) Werden durch die Änderung von Gemeindegrenzen die Grenzen von Landkreisen berührt, so bewirkt die Änderung der Gemeindegrenzen ohne weiteres die Änderung der Landkreisgrenzen. Vor der Entscheidung über die Änderung der Gemeindegrenzen sind die betreffenden Landkreise zu hören.

§ 150
Auseinandersetzung
(1) Bei Gebietsänderungen sollen die beteiligten Landkreise die näheren Bedingungen, insbesondere die Auseinandersetzung, die Rechtsnachfolge, das Ortsrecht und die neue Verwaltung, durch Vertrag regeln. Der Vertrag bedarf der Zustimmung des Ministeriums für Inneres und Sport; es macht ihn öffentlich bekannt. Kommt ein Vertrag nicht zustande, so erlässt das Ministerium für Inneres und Sport die notwendigen Bestimmungen. Das Gleiche gilt, soweit der Vertrag eine erschöpfende Regelung nicht enthält. Satz 2 gilt entsprechend.
(2) Die nach Absatz 1 vertraglich oder durch das Ministerium für Inneres und Sport getroffenen Regelungen begründen Rechte und Pflichten der Beteiligten und bewirken den Übergang, die Beschränkung oder Aufhebung von dinglichen Rechten. Die Kommunalaufsichtsbehörde beantragt die Berichtigung des Grundbuchs und anderer öffentlicher Bücher; sie ist befugt, Unschädlichkeitszeugnisse auszustellen.
(3) Rechtshandlungen, die aus Anlass von Änderungen des Kreisgebiets erforderlich werden, sind frei von öffentlichen Abgaben. Das Gleiche gilt für Berichtigungen, Löschungen und sonstige Eintragungen gemäß Absatz 2 Satz 2.

III. Abschnitt
Einwohnerinnen und Einwohner des Landkreises

§ 151
Begriff
Einwohnerin oder Einwohner des Landkreises ist, wer in einer dem Landkreis angehörenden Gemeinde wohnt.

§ 152
Rechte und Pflichten der Einwohnerinnen und Einwohner
Die Einwohnerinnen und Einwohner des Landkreises sind im Rahmen der bestehenden Vorschriften berechtigt, die öffentlichen Einrichtungen des Landkreises zu benutzen und verpflichtet, zu den Lasten des Landkreises beizutragen. Dies gilt auch für Grundbesitzerinnen, Grundbesitzer und Gewerbetreibende im Landkreis, die nicht im Landkreis wohnen, sowie für juristische Personen und nicht rechtsfähige Personenvereinigungen.

§ 153
Rechte und Pflichten der Bürgerinnen und Bürger der kreisangehörigen Gemeinden
Die Bürgerinnen und Bürger der kreisangehörigen Gemeinden sind bei der Wahl zum Kreis-

tag nach Maßgabe des Kommunalwahlgesetzes wahlberechtigt und wählbar. Sie sind zu ehrenamtlicher Tätigkeit für den Landkreis verpflichtet. Die Vorschriften der Gemeindeordnung über ehrenamtliche Tätigkeit gelten entsprechend.

§ 153a
Einwohner-, Bürgerbeteiligung
(1) Die Vorschriften der Gemeindeordnung über die Einwohnerfragestunde, die Einwohnerbefragung und den Einwohnerantrag gelten für die Landkreise entsprechend.
(2) Die Vorschriften der Gemeindeordnung über Bürgerbegehren und Bürgerentscheid gelten mit der Maßgabe, dass ein Bürgerbegehren

in Landkreisen bis 120.000 Einwohnerinnen und Einwohnern von 6.000,

in Landkreisen mit mehr als 120.000 Einwohnerinnen und Einwohnern, aber nicht mehr als 240.000 Einwohnerinnen und Einwohnern von 12.000,

und in Landkreisen mit mehr als 240.000 Einwohnerinnen und Einwohnern von 24.000

Bürgerinnen und Bürgern unterzeichnet sein muss, für die Landkreise entsprechend.

§ 154
Anschluss- und Benutzungszwang
Der Landkreis kann bei öffentlichem Bedürfnis durch Satzung den Anschluss- und Benutzungszwang für öffentliche Einrichtungen des Landkreises anordnen. Die Vorschriften der Gemeindeordnung gelten entsprechend.

Zweiter Teil
Organe und Verwaltung

I. Abschnitt
Allgemeine Vorschriften

§ 155
Organe
Organe des Landkreises sind der Kreistag, der Kreisausschuss und die Landrätin oder der Landrat.

II. Abschnitt
Kreistag

§ 156
Zusammensetzung und Wahl des Kreistages
(1) Der Kreistag besteht aus den von den Bürgerinnen und Bürgern der kreisangehörigen Gemeinden in allgemeiner, gleicher, geheimer, unmittelbarer und freier Wahl gewählten Mitgliedern.
(2) Die Zahl der Mitglieder des Kreistages beträgt in Landkreisen

bis zu 100.000 Einwohnerinnen und Einwohnern 27,

mit mehr als 100.000 Einwohnerinnen und Einwohnern bis zu 200.000 Einwohnerinnen und Einwohnern 33,

mit mehr als 200.000 Einwohnerinnen und Einwohnern bis zu 300.000 Einwohnerinnen und Einwohnern 39,

mit mehr als 300.000 Einwohnerinnen und Einwohnern 45.

(3) Das Nähere über Wahl und Ergänzung des Kreistages bestimmt das Kommunalwahlgesetz.

§ 157
Rechtsstellung der Mitglieder des Kreistages

(1) Die Mitglieder des Kreistages sind ehrenamtlich tätig. Sie handeln nach ihrer freien, nur durch die Rücksicht auf das Gemeinwohl bestimmten Gewissensüberzeugung. Sie sind an Aufträge und Weisungen nicht gebunden.
(2) Die Mitglieder des Kreistages haben die ihnen obliegenden Pflichten gewissenhaft zu erfüllen, insbesondere an den Sitzungen des Kreistages teilzunehmen. Die Vorschriften der Gemeindeordnung über Treuepflicht, Mitwirkungsverbot bei Interessenwiderstreit und Heilung bei Verfahrensmängeln sowie Entschädigung bei ehrenamtlicher Tätigkeit gelten entsprechend.
(3) Die Mitglieder des Kreistages werden vor ihrem Amtsantritt in öffentlicher Sitzung von der Landrätin oder vom Landrat durch Handschlag zur gesetzmäßigen und gewissenhaften Ausübung ihres Amtes und zur Verschwiegenheit verpflichtet.
(4) Mitglieder des Kreistages, die derselben Partei oder politischen Gruppierung mit im Wesentlichen gleicher politischer Zielsetzung angehören, können sich zu einer Fraktion zusammenschließen. Eine Fraktion muss aus mindestens zwei Mitgliedern bestehen. Die näheren Einzelheiten über die Bildung der Fraktionen, ihre Rechte und Pflichten regelt die Geschäftsordnung.

§ 158
Amtszeit

(1) Die Amtszeit des Kreistages beträgt fünf Jahre; sie beginnt am fünfzehnten auf den Wahltag folgenden Tag, jedoch nicht vor Ablauf der Amtszeit des bisherigen Kreistages. Endet die Amtszeit des bisherigen Kreistages vor dem fünfzehnten auf den Tag der Wahl des neues Kreistages folgenden Tag, so verlängert sich die Amtszeit bis zum Beginn der Amtszeit des neu gewählten Kreistages, längstens jedoch um einen Monat.
(2) Mitglieder des Kreistages scheiden mit dem Verlust der Wählbarkeit aus ihrem Amt aus. Die Mitglieder des Kreistages können ihr Amt jederzeit durch schriftliche Erklärung gegenüber der Landrätin oder dem Landrat niederlegen; die Erklärung ist unwiderruflich. Die sonstigen besonderen Vorschriften über die vorzeitige Beendigung der Amtszeit des Kreistages bleiben unberührt.
(3) Die Feststellung über den Verlust der Wählbarkeit und das Ausscheiden aus dem Kreistag trifft der Kreistag.

§ 159
Aufgaben des Kreistages

(1) Der Kreistag beschließt über alle Selbstverwaltungsangelegenheiten des Landkreises, für die seine ausschließliche Zuständigkeit gesetzlich bestimmt ist oder für die er sich die Entscheidung ausdrücklich vorbehalten hat.
(2) Über andere als Selbstverwaltungsangelegenheiten des Landkreises kann der Kreistag nur beschließen, wenn besondere gesetzliche Vorschriften dies zulassen.

§ 160
Vorbehaltene Aufgaben

Der Kreistag kann die Entscheidung über folgende Angelegenheiten nicht übertragen:

1. die Bestimmung und die Änderung des Namens und des Sitzes des Landkreises sowie von Wappen und Farben des Landkreises;
2. die Änderung des Kreisgebiets;
3. den Ausschluss wegen Interessenwiderstreits im Kreistag sowie die Feststellung über den Verlust der Wählbarkeit und das Ausscheiden aus dem Kreistag;
4. die auf Grund der Gesetze vom Kreistag vorzunehmenden Wahlen;
5. die Aufstellung von Grundsätzen für die Ernennung und Entlassung der Beamtinnen und Beamten und die Einstellung, Einstufung und Entlassung der Arbeitnehmerinnen und Arbeitnehmer des

Landkreises, soweit hierüber im geltenden Beamten- und Arbeitsrecht keine Vorschriften enthalten sind;

6. den Abschluss von Tarifverträgen oder den Beitritt zu einem Arbeitgeberverband;
7. die Ernennung und Entlassung von leitenden Beamtinnen und Beamten sowie die Einstellung und Entlassung von leitenden Arbeitnehmerinnen und Arbeitnehmern;
8. die Berufung der Mitglieder des Kreisausschusses sowie die Bildung und Auflösung von Kreistagsausschüssen und die Berufung der Mitglieder dieser Ausschüsse;
9. die Übernahme von Selbstverwaltungsaufgaben kreisangehöriger Gemeinden;
10. den Erlass der Geschäftsordnung;
11. den Erlass, die Änderung und die Aufhebung von Satzungen;
12. die Festsetzung der Kreisumlage sowie die allgemeine Festsetzung öffentlicher Abgaben und allgemeiner privatrechtlicher Entgelte;
13. den Erlass der Haushaltssatzung, die Zustimmung zu erheblichen überplanmäßigen und außerplanmäßigen Aufwendungen und Auszahlungen oder derartigen Verpflichtungsermächtigungen sowie die Festsetzung des Investitionsprogramms;
14. die Feststellung des Jahresabschlusses und die Entlastung der Landrätin oder des Landrats;
15. den Erwerb von Vermögensgegenständen und die Verfügung über Vermögen des Landkreises, soweit der Vermögensgegenstand eine vom Kreistag allgemein festgesetzte Wertgrenze übersteigt;

15a. die Feststellung und die Änderung des Wirtschaftsplans sowie die Feststellung des Jahresabschlusses und die Behandlung des Ergebnisses von Eigenbetrieben und sonstigen Unternehmen ohne eigene Rechtspersönlichkeit mit Sonderrechnung;

15b. die vollständige oder teilweise Anwendung der für Eigenbetriebe geltenden Vorschriften über die Wirtschaftsführung und das Rechnungswesen auf Unternehmen ohne eigene Rechtspersönlichkeit;

16. die Errichtung, Übernahme und Erweiterung, die Änderung der Rechtsform und die vollständige oder teilweise Veräußerung von öffentlichen Einrichtungen und Unternehmen;
17. die unmittelbare und mittelbare Beteiligung, die Änderung und die vollständige oder teilweise Veräußerung einer solchen Beteiligung an einem Unternehmen in einer Rechtsform des privaten Rechts;
18. die Umwandlung des Zwecks und die Aufhebung einer Stiftung einschließlich der Entscheidung über den Verbleib des Stiftungsvermögens;
19. die Übernahme von Bürgschaften, den Abschluss von Gewährverträgen und die Bestellung anderer Sicherheiten für Dritte sowie solche Rechtsgeschäfte, die den vorgenannten wirtschaftlich gleichkommen, soweit sie eine vom Kreistag allgemein festgesetzte Wertgrenze übersteigen;
20. die Bestellung und die Abberufung der Leiterin oder des Leiters des Rechnungsprüfungsamts;
21. die Geltendmachung von Ansprüchen des Landkreises gegen die Landrätin oder den Landrat und Mitglieder des Kreistages sowie die Genehmigung von Verträgen des Landkreises mit der Landrätin oder dem Landrat oder mit Mitgliedern des Kreistages; ausgenommen sind Verträge nach feststehenden Tarifen und Verträge, die sich innerhalb einer vom Kreistag allgemein festgesetzten Wertgrenze halten;
22. den Beitritt zu Zweckverbänden oder anderen Körperschaften des öffentlichen Rechts und den Austritt aus diesen sowie den Abschluss von öffentlich-rechtlichen Vereinbarungen;
23. die Übernahme neuer Aufgaben, für die keine gesetzliche Verpflichtung besteht;

24. die Führung eines Rechtsstreits von erheblicher Bedeutung;
25. den Verzicht auf Ansprüche des Landkreises und den Abschluss von Vergleichen, soweit eine vom Kreistag allgemein festgesetzte Wertgrenze überschritten wird,

Dies gilt nicht für Angelegenheiten der Nummern 7, 12, 15, 19 und 25, wenn diese Angelegenheiten dem Werksausschuss (§ 189 Abs. 2) oder der Werkleitung eines Eigenbetriebs übertragen werden sollen, mit Ausnahme der Bestellung einer Werkleitung und der Festsetzung der Kreisumlage.

§§ 161 bis 170
(aufgehoben)

§ 171
Anzuwendende Vorschriften der Gemeindeordnung

Für den Kreistag gelten sinngemäß die Vorschriften der Gemeindeordnung über

1. Zuständigkeit bei Interessenwiderstreit (§ 36),
2. Auskunftsrecht (§ 37), mit der Maßgabe, dass dies auch für die Beschlüsse des Kreisausschusses gilt,
3. Sitzungszwang (§ 38),
4. Geschäftsordnung (§ 39),
5. Öffentlichkeit der Sitzungen (§ 40),
6. Einberufung und Tagesordnung (§ 41), mit der Maßgabe, dass die Einberufungsfrist mindestens fünf Tage beträgt und das Antragsrecht nach § 41 Abs. 1 Satz 2 auch dem Kreisausschuss zusteht,
7. Vorsitz (§ 42),
8. Aufgaben der oder des Vorsitzenden (§ 43),
9. Beschlussfähigkeit (§ 44),
10. Beschlussfassung (§ 45),
11. Wahlen (§ 46),
12. Niederschrift (§ 47),
13. Hinzuziehung von Sachverständigen und anderen Personen zu den Sitzungen (§ 49),
14. Entschädigung der Gemeinderatsmitglieder (§ 51),
15. § 51a Erhaltung kommunaler Entscheidungsfähigkeit in außerordentlichen Notlagen mit der Maßgabe, dass die Aufgaben des Finanzausschusses nach § 51a Absatz 5 vom Kreisausschuss wahrgenommen werden.

§ 172
Kreistagsausschüsse

(1) Der Kreistag kann zur Vorbereitung seiner Beschlüsse aus seiner Mitte Ausschüsse bilden (Kreistagsausschüsse). Für Rechnungsprüfungsangelegenheiten ist ein solcher Ausschuss zu bilden; für Angelegenheiten des Natur- und Umweltschutzes bildet der Kreistag einen eigenen Ausschuss oder weist sie einem bestimmten Ausschuss zu.
(2) Die Sitzungen der Kreistagsausschüsse sind nicht öffentlich. Die öffentliche Bekanntmachung der Einberufung entfällt.
(3) Im Übrigen gelten die Bestimmungen der Gemeindeordnung über die Ausschüsse (§ 48) sinngemäß, wobei die Einberufungsfrist mindestens fünf Tage beträgt und § 37 keine Anwendung findet.

§ 173
Vorzeitige Beendigung der Amtszeit des Kreistages

(1) Das Ministerium für Inneres und Europaangelegenheiten hat einen Kreistag aufzulösen, wenn die Zahl der Mitglieder des Kreistages auf weniger als die Hälfte der gesetzlichen Zahl der Mitglieder gesunken ist und Ersatzleute nicht zur Verfügung stehen. Die Landesregierung kann auf Antrag des Ministeriums für Inneres und Europaangelegenheiten einen Kreistag auflösen, wenn eine ordnungsgemäße Erledigung der Kreisaufgaben in anderer Weise auf Dauer nicht gesichert ist. Die Entscheidung über die Auflösung des Kreistages ist durch das Ministerium für Inneres und Europaangelegenheiten öffentlich bekannt zu machen. Nach unan-

fechtbar gewordener Auflösung des Kreistages findet eine Neuwahl innerhalb von drei Monaten statt.
(2) Ändert sich bei einer Gebietsänderung die Zahl der Einwohnerinnen und Einwohner, so endet die Amtszeit des Kreistages mit dem In-Kraft-Treten der Gebietsänderung; es findet innerhalb von drei Monaten eine Neuwahl statt. Satz 1 findet keine Anwendung, wenn die Zahl der aufgenommenen Einwohnerinnen und Einwohner im Verhältnis zu der Zahl der Einwohnerinnen und Einwohner des aufnehmenden Landkreises oder die Zahl der abgegebenen Einwohnerinnen und Einwohner im Verhältnis zu der Zahl der Einwohnerinnen und Einwohner des abgebenden Landkreises unbedeutend ist und die Struktur des Landkreises nur unwesentlich verändert wird; die Entscheidung trifft das Ministerium für Inneres und Sport.
(3) Die Amtszeit des nach Absatz 1 Satz 4 oder nach Absatz 2 neu gewählten Kreistages endet mit dem Ablauf der allgemeinen Amtszeit. Findet eine Neuwahl innerhalb von sechs Monaten vor Ablauf der allgemeinen Amtszeit statt, so endet die Amtszeit erst mit dem Ende der nächsten allgemeinen Amtszeit.
(4) Das Nähere bestimmt das Kommunalwahlgesetz.

III. Abschnitt
Kreisausschuss

§ 174
Zusammensetzung, Berufung und Amtszeit

(1) Der Kreisausschuss besteht bei einer gesetzlichen Zahl der Mitglieder des Kreistages
von 27 aus 9 Mitgliedern,
von 33 aus 11 Mitgliedern,
von 39 aus 13 Mitgliedern,
von 45 aus 15 Mitgliedern.
Die Mitglieder des Kreisausschusses werden vom Kreistag aus seiner Mitte berufen. Für die Berufung und Vertretung gelten die Vorschriften des § 48 Abs. 2 und 3 Sätze 1 und 2 entsprechend.
(2) Die Beendigung der Mitgliedschaft zum Kreistag hat das Ausscheiden aus dem Kreisausschuss zur Folge.
(3) Die Mitglieder des Kreisausschusses können ihr Amt jederzeit durch schriftliche Erklärung gegenüber der Landrätin oder dem Landrat niederlegen; die Erklärung ist unwiderruflich.

§ 175
Rechtsstellung, Aufgaben

(1) Für die Rechtsstellung der Mitglieder des Kreisausschusses gelten die Vorschriften über die Rechtsstellung der Mitglieder des Kreistages entsprechend.
(2) Der Kreisausschuss entscheidet über Selbstverwaltungsangelegenheiten des Landkreises, für die der Kreistag nicht ausschließlich zuständig ist oder für die der Kreistag sich die Entscheidung nicht ausdrücklich vorbehalten hat.
(3) Der Kreisausschuss entscheidet in dringenden Fällen, die aus Gründen des Gemeinwohls keinen Aufschub bis zur nächsten Sitzung des Kreistages dulden, an Stelle des Kreistages. Der Kreisausschuss hat den Kreistag unverzüglich zu unterrichten. Der Kreistag kann die Entscheidung des Kreisausschusses aufheben, soweit nicht schon Rechte anderer als Folge der Entscheidung entstanden sind.
(4) Der Kreisausschuss bereitet alle Angelegenheiten, über die der Kreistag zu entscheiden hat, vor. Dies gilt nicht, wenn der Kreistag ohne Vorbereitung entscheiden will oder die Vorbereitung einem seiner Ausschüsse übertragen hat.

§ 176
Verfahren des Kreisausschusses

(1) Der Kreisausschuss verhandelt und beschließt in öffentlichen Sitzungen. Die Sitzungen sind nicht öffentlich, soweit es sich um Angelegenheiten handelt, die der Kreisausschuss nach § 175 Abs. 4 für den Kreistag vorbereitet.
(2) Die Landrätin oder der Landrat führt den Vorsitz im Kreisausschuss. Sie oder er hat

kein Stimmrecht. Die Kreisbeigeordneten vertreten sie oder ihn in der Reihenfolge ihrer Vertretungsbefugnis. Eine Kreisbeigeordnete oder ein Kreisbeigeordneter, die oder der die Landrätin oder den Landrat im Vorsitz vertritt, hat nur dann Stimmrecht, wenn sie oder er Mitglied des Ausschusses ist.
(3) Im Übrigen gelten für den Kreisausschuss die Vorschriften über den Kreistag entsprechend.

IV. Abschnitt
Landrätin, Landrat und Kreisbeigeordnete

§ 177
Landrätin, Landrat
(1) Die Landrätin oder der Landrat wird von den Bürgerinnen und Bürgern der kreisangehörigen Gemeinden in allgemeiner, unmittelbarer, freier, gleicher und geheimer Wahl gleichzeitig mit dem Kreistag gewählt. Sie oder er ist Beamtin oder Beamter auf Zeit.
(2) Die Landrätin oder der Landrat oder eine andere leitende Beamtin oder ein anderer leitender Beamter des Landkreises muss die Befähigung zum höheren Verwaltungsdienst oder zum Richteramt besitzen.
(3) Auf die Landrätin oder den Landrat finden die für die Bürgermeisterin oder den Bürgermeister geltenden Vorschriften der Gemeindeordnung über die Rechtsstellung, die Amtszeit, die Eignung, die Ausschreibung, die Wahl, die Wahlanfechtung, die Abwahl und den Ruhestand auf Antrag aus besonderem Grund entsprechende Anwendung.

§ 178
Aufgaben der Landrätin oder des Landrates
(1) Die Landrätin oder der Landrat ist die gesetzliche Vertreterin oder der gesetzliche Vertreter des Landkreises.
(2) Die Landrätin oder der Landrat leitet die Verwaltung des Landkreises. Sie oder er bereitet die Beschlüsse des Kreisausschusses vor und führt die Beschlüsse des Kreistages und des Kreisausschusses aus. Sie oder er erledigt die Geschäfte der laufenden Verwaltung und die ihr oder ihm übertragenen Selbstverwaltungsangelegenheiten des Landkreises. Die Landrätin oder der Landrat ist allein zuständig, soweit gesetzlich eine Anhörung des Landkreises vorgeschrieben und die Angelegenheit im Interesse der Sicherheit oder anderer wichtiger Belange der Bundesrepublik oder eines ihrer Länder geheim zu halten ist.
(3) Die Landrätin oder der Landrat erledigt die dem Landkreis übertragenen staatlichen Aufgaben (Auftragsangelegenheiten), soweit durch Gesetz nichts anderes bestimmt ist.
(4) Die Landrätin oder der Landrat ist Dienstvorgesetzte oder Dienstvorgesetzter und oberste Dienstbehörde der Kreisbediensteten und der Kreisbeigeordneten. Ihr oder ihm obliegt die Ernennung und Entlassung der Beamtinnen und Beamten sowie die Einstellung, Einstufung und Entlassung der Arbeitnehmerinnen und Arbeitnehmer nach den Beschlüssen des Kreistages und des Kreisausschusses.
(5) Die Befugnisse der oder des Dienstvorgesetzten und der obersten Dienstbehörde nimmt gegenüber der Landrätin oder dem Landrat in den Fällen des § 8 Abs. 1, § 58 Abs. 1 und § 59 Abs. 2 des Saarländischen Beamtengesetzes und des § 83 Abs. 2 des Saarländischen Disziplinargesetzes die Kommunalaufsichtsbehörde, im Fall des § 85 des Saarländischen Beamtengesetzes der Kreistag, im Übrigen die oder der zur Vertretung der Landrätin oder des Landrats berufene Kreisbeigeordnete wahr.

§ 179
Widerspruchs- und Vorlagepflicht bei rechtswidrigen Beschlüssen
(1) Die Landrätin oder der Landrat ist verpflichtet, rechtswidrigen Beschlüssen des Kreistages und des Kreisausschusses unverzüglich zu widersprechen. Halten der Kreistag oder der Kreisausschuss im Fall des Widerspruchs ihren Beschluss aufrecht, so hat die Landrätin oder der Landrat die Entscheidung der Kommunalaufsichtsbehörde einzuholen.

(2) Beschlüsse, über deren Rechtmäßigkeit die Landrätin oder der Landrat im Zweifel sein muss, hat sie oder er der Kommunalaufsichtsbehörde vorzulegen; über die Vorlage von Kreistagsbeschlüssen hat sie oder er die Mitglieder des Kreistages, über die Vorlage von Kreisausschussbeschlüssen hat sie oder er die Mitglieder des Kreisausschusses unverzüglich zu unterrichten.
(3) Widerspruch und Vorlage haben aufschiebende Wirkung.

§ 180
Anordnungsbefugnis der Landrätin oder des Landrats in dringenden Fällen

(1) Die Landrätin oder der Landrat ist berechtigt, dringende Maßnahmen, die aus Gründen des Gemeinwohls keinen Aufschub dulden, auch ohne Beschluss des Kreistages oder des Kreisausschusses anzuordnen. Dabei hat sie oder er

1. in Angelegenheiten, für die der Kreistag ausschließlich zuständig ist oder sich seine Entscheidung ausdrücklich vorbehält, den Kreistag,
2. in allen übrigen Angelegenheiten den Kreisausschuss unverzüglich zu unterrichten.

(2) Im Fall des Absatzes 1 Nr. 1 kann der Kreistag, im Fall des Absatzes 1 Nr. 2 der Kreisausschuss die Anordnung der Landrätin oder des Landrats aufheben, soweit nicht schon Rechte anderer durch die Ausführung der Anordnung entstanden sind.

§ 181
Verpflichtungserklärungen

(1) Erklärungen, durch die der Landkreis verpflichtet werden soll, sowie Erklärungen, durch die der Landkreis auf Rechte verzichtet, müssen schriftlich oder elektronisch erfolgen. Erklärungen in Schriftform sind nur rechtsverbindlich, wenn sie von der Landrätin oder vom Landrat oder der allgemeinen Vertreterin oder dem allgemeinen Vertreter unter Beifügung der Amtsbezeichnung und des Dienstsiegels handschriftlich unterzeichnet sind. Erklärungen in elektronischer Form sind nur rechtsverbindlich, wenn sie mit einer dauerhaft überprüfbaren Signatur und dem elektronischen Dienstsiegel versehen sind.
(2) Wird für ein Geschäft oder einen Kreis von Geschäften eine Bevollmächtigte oder ein Bevollmächtigter bestellt, so bedarf die Vollmacht der Form des Absatzes 1. Die im Rahmen dieser Vollmacht abgegebenen Erklärungen müssen schriftlich oder elektronisch erfolgen.
(3) Die Absätze 1 und 2 gelten nicht für Erklärungen in den Geschäften der laufenden Verwaltung.

§ 182
Vertretung der Landrätin oder des Landrates

(1) Die Landrätin oder der Landrat wird im Fall ihrer oder seiner Verhinderung durch Kreisbeigeordnete in der vom Kreistag festgesetzten Reihenfolge vertreten. Die erste Stellvertreterin oder der erste Stellvertreter der Landrätin oder des Landrats führt die Bezeichnung Erste Kreisbeigeordnete oder Erster Kreisbeigeordneter.
(2) Im Fall gleichzeitiger Verhinderung der Landrätin oder des Landrats und der Kreisbeigeordneten wählt der Kreistag für die Dauer der Verhinderung eine besondere Vertreterin oder einen besonderen Vertreter aus seiner Mitte.

§ 183
Übertragung von Aufgaben der Landrätin oder des Landrats

Die Landrätin oder der Landrat kann mit Zustimmung des Kreistages Kreisbeigeordneten bestimmte Geschäftszweige zur Erledigung übertragen.

§ 184
Kreisbeigeordnete

(1) Jeder Landkreis hat zwei Kreisbeigeordnete.
(2) Die Zahl der Kreisbeigeordneten kann durch Beschluss des Kreistages in Landkreisen

mit mehr als 100.000 bis zu 200.000 Einwohnerinnen und Einwohnern auf 3,

mit mehr als 200.000 Einwohnerinnen und Einwohnern auf 4

erhöht werden.

(3) Die Kreisbeigeordneten sind Ehrenbeamtinnen oder Ehrenbeamte. Die Vorschriften der Gemeindeordnung über die ehrenamtlichen Beigeordneten gelten entsprechend.

V. Abschnitt
Kreisbedienstete

§ 185
Anzuwendende Vorschriften der Gemeindeordnung
Für die Kreisbediensteten gelten sinngemäß die Vorschriften der Gemeindeordnung über die Gemeindebediensteten.

§ 186
Kreisfrauenbeauftragte
Landkreise müssen eine hauptamtliche Kreisfrauenbeauftragte bestellen. Für die Kreisfrauenbeauftragte gilt § 79a entsprechend.

§§ 187 und 188
(aufgehoben)

Dritter Teil
Kreiswirtschaft

§ 189
Anzuwendende Vorschriften der Gemeindeordnung
(1) Soweit gesetzlich nichts anderes bestimmt ist, gelten für die Kreiswirtschaft die Vorschriften der Gemeindeordnung über die Gemeindewirtschaft entsprechend.
(2) Für Werksausschüsse nach § 109 Abs. 2 gelten die Bestimmungen der Gemeindeordnung über Ausschüsse (§ 48) sinngemäß, wobei die Einberufungsfrist mindestens fünf Tage beträgt.

§ 189a
Haushaltsausgleich
(1) Der Haushalt muss in jedem Haushaltsjahr in Planung und Rechnung ausgeglichen sein. Er ist ausgeglichen, wenn der Gesamtbetrag der Erträge die Höhe des Gesamtbetrages der Aufwendungen erreicht. Absätze 2 und 3 bleiben unberührt.
(2) Nach Ermittlung des Jahresergebnisses der Ergebnisrechnung sind
1. ein Unterschiedsbetrag, der sich aus dem Umlagebedarf nach § 4 Abs. 2 Satz 1 und dem Umlagebedarf nach § 4 Abs. 2 Satz 2 des Kommunalfinanzausgleichsgesetzes ergibt, von der allgemeinen Rücklage abzubuchen oder dieser zuzuführen,
2. ein Mehrertrag bei der Umlage infolge der Einrechnung eines Haushaltsfehlbetrags nach § 19 a Abs. 4 des Kommunalfinanzausgleichsgesetzes mit dem dafür gebildeten Ergebnisvortrag zu verrechnen,
3. ein Mehr- oder Minderertrag bei der Umlage infolge eines nach Absatz 3 in einem Vorjahr entstandenen Jahresüberschusses oder Jahresfehlbetrages mit dem dafür gebildeten Ergebnisvortrag zu verrechnen.

(3) Verbleibt nach Vornahme der Verrechnungen nach Absatz 2 ein Jahresüberschuss oder ein Jahresfehlbetrag, so ist dieser auf neue Rechnung vorzutragen und spätestens im zweitfolgenden Haushaltsjahr in den Umlagebedarf nach § 4 Abs. 2 des Kommunalfinanzausgleichsgesetzes einzurechnen.
(4) § 82 Abs. 3 bis 6 und § 82a finden für die Landkreise keine Anwendung.

§ 190
Rechnungsprüfungsamt
(1) Jeder Landkreis hat ein Rechnungsprüfungsamt.
(2) Für die Rechtsstellung und die Aufgaben des Rechnungsprüfungsamts gelten die Vorschriften der Gemeindeordnung über die Rechtsstellung und die Aufgaben des Rechnungsprüfungsamts entsprechend.

§ 191
Überörtliche Prüfung
(1) Die überörtliche Prüfung des Haushalts-, Kassen- und Rechnungswesens der Landkreise obliegt dem Landesverwaltungsamt.
(2) § 123 gilt entsprechend.

Vierter Teil
Kommunalaufsicht

§ 192
Anzuwendende Vorschriften der Gemeindeordnung
Für die Kommunalaufsicht über die Landkreise gelten die Vorschriften der Gemeindeordnung über die Kommunalaufsicht entsprechend, soweit gesetzlich nichts anderes bestimmt ist.

§ 193
Kommunalaufsichtsbehörden
(1) Kommunalaufsichtsbehörde der Landkreise ist das Landesverwaltungsamt.
(2) Oberste Kommunalaufsichtsbehörde ist das Ministerium für Inneres und Sport. Soweit die Zuständigkeit der oberen Kommunalaufsichtsbehörde gesetzlich bestimmt ist, tritt an ihre Stelle die oberste Kommunalaufsichtsbehörde.

Teil C
Regionalverbandsordnung des Regionalverbandes Saarbrücken

Erster Teil
Grundlagen

§ 194
Wesen des Regionalverbandes
(1) Der Regionalverband Saarbrücken ist ein der funktionsgerechten Ordnung, Entwicklung und Kooperation im Stadtumlandbereich dienender Verband der benachbarten Gemeinden des Großraums Saarbrücken.
(2) Der Regionalverband erfüllt die überörtlichen, in ihrer Bedeutung auf das Verbandsgebiet beschränkten öffentlichen Aufgaben im Rahmen der Gesetze durch die von der Bürgerschaft der verbandsangehörigen Gemeinden gewählten Organe oder durch Bürgerentscheid in eigener Verantwortung.
(3) Der Regionalverband ist Gemeindeverband und Gebietskörperschaft. Das Gebiet des Regionalverbandes deckt sich mit dem Bezirk der Regionalverbandsdirektorin oder des Regionalverbandsdirektoren als untere staatliche Verwaltungsbehörde.

§ 195
Name und Sitz
Name und Sitz des Regionalverbandes werden durch Gesetz bestimmt.

§ 196
Wappen, Farben und Dienstsiegel
(1) Das Ministerium für Inneres und Sport kann dem Regionalverband auf seinen Antrag das Recht verleihen, Wappen und Farben zu führen; es kann Wappen und Farben auf Antrag des Regionalverbandes ändern. Wappen des Regionalverbandes dürfen von Dritten nur mit dessen Genehmigung verwendet werden.
(2) Der Regionalverband führt Dienstsiegel. Die Vorschriften der Landkreisordnung über die Führung von Dienstsiegeln gelten entsprechend.

§ 197
Selbstverwaltungsangelegenheiten
(1) Der Regionalverband erfüllt in seinem Gebiet alle pflichtigen Selbstverwaltungsaufgaben, die durch Gesetz den Landkreisen übertragen sind. Ihm kann durch Gesetz die Erfüllung weiterer Selbstverwaltungsaufgaben zur Pflicht gemacht werden; dabei sind gleichzeitig Bestimmungen über die Deckung der Kosten zu treffen. Führt die Übertragung neuer Aufgaben durch Gesetz oder die Veränderung bestehender Aufgaben durch Gesetz oder Rechtsverordnung zu einer wesentlichen Belastung des Regionalverbandes, ist dafür aufgrund einer Kostenfolgeabschätzung ein entsprechender

finanzieller Ausgleich zu schaffen. Das Nähere regelt ein Gesetz. Verordnungen über die Durchführung solcher Gesetze sowie Verordnungen nach Satz 3 bedürfen der Zustimmung des Ministeriums für Inneres und Sport.
(2) Der Regionalverband erfüllt in seinem Gebiet alle freiwillig übernommenen überörtlichen Selbstverwaltungsaufgaben im Rahmen der Gesetze in eigener Verantwortung.
(3) Der Regionalverband fördert und koordiniert die geordnete Entwicklung des Verbandsgebiets. Er hat die Befugnisse eines Planungsverbandes nach § 205 Abs. 6 des Baugesetzbuchs und nimmt die überörtlichen Interessen seines Gebietes gegenüber anderen Planungsträgern wahr.
(4) § 143 Abs. 3 und 4 gilt entsprechend.

§ 198
Auftragsangelegenheiten
(1) Der Regionalverband erfüllt die den Landkreisen übertragenen staatlichen Aufgaben nach Weisung der zuständigen Behörden (Auftragsangelegenheiten). Die §§ 7 und 9 bleiben unberührt.
(2) Der Regionalverband ist bei der Erfüllung von Auftragsangelegenheiten zur Geheimhaltung verpflichtet, soweit dies von den zuständigen Behörden angeordnet wird. Er hat hierbei die für die staatlichen Behörden geltenden Vorschriften zu beachten. Das Ministerium für Inneres und Sport kann hierzu weitere Verwaltungsvorschriften erlassen.
(3) Neue Auftragsangelegenheiten können dem Regionalverband nur durch Gesetz übertragen werden; dabei sind gleichzeitig Bestimmungen über die Deckung der Kosten zu treffen. Führt die Übertragung neuer Aufgaben durch Gesetz oder die Veränderung bestehender Aufgaben durch Gesetz oder Rechtsverordnung zu einer wesentlichen Belastung des Regionalverbandes, ist dafür aufgrund einer Kostenfolgeabschätzung ein entsprechender finanzieller Ausgleich zu schaffen. Das Nähere regelt ein Gesetz.

§ 199
Anzuwendende Vorschriften der Landkreisordnung
Für den Regionalverband gelten sinngemäß die Vorschriften der Landkreisordnung über
1. Kommunale Gemeinschaftsarbeit (§ 145),
2. Sicherung der Mittel (§ 146),
3. Satzungen (§ 147),
4. Kreisgebiet (§§ 148 bis 150),
5. Einwohnerinnen und Einwohner des Landkreises (§§ 151 bis 154).

§§ 200 bis 203
(aufgehoben)

Zweiter Teil
Organe und Verwaltung

I. Abschnitt
Allgemeine Vorschriften

§ 204
Organe
Organe des Regionalverbandes sind die Regionalversammlung, der Regionalverbandsausschuss, der Kooperationsrat und die Regionalverbandsdirektorin oder der Regionalverbandsdirektor.

II. Abschnitt
Regionalversammlung und Regionalverbandsausschuss

§ 205
Zusammensetzung und Wahl der Regionalversammlung
(1) Die Regionalversammlung besteht aus den von den Bürgerinnen und Bürgern der regionalverbandsangehörigen Gemeinden in allgemeiner, gleicher, geheimer, unmittelbarer und freier Wahl gewählten Mitgliedern.
(2) Die Regionalversammlung hat 45 Mitglieder.
(3) Das Nähere über Wahl und Ergänzung der Regionalversammlung bestimmt das Kommunalwahlgesetz.

§ 206
Rechtsstellung der Mitglieder der Regionalversammlung

(1) Die Mitglieder der Regionalversammlung sind ehrenamtlich tätig. Sie handeln nach ihrer freien, nur durch die Rücksicht auf das Gemeinwohl bestimmten Gewissensüberzeugung. Sie sind an Aufträge und Weisungen nicht gebunden.
(2) Die Mitglieder der Regionalversammlung haben die ihnen obliegenden Pflichten gewissenhaft zu erfüllen, insbesondere an den Sitzungen der Regionalversammlung teilzunehmen. Die Vorschriften der Gemeindeordnung über Treuepflicht, Mitwirkungsverbot bei Interessenwiderstreit und Heilung bei Verfahrensmängeln sowie Entschädigung bei ehrenamtlicher Tätigkeit gelten entsprechend.
(3) Die Mitglieder der Regionalversammlung werden vor ihrem Amtsantritt in öffentlicher Sitzung von der Regionalverbandsdirektorin oder vom Regionalverbandsdirektoren durch Handschlag zur gesetzmäßigen und gewissenhaften Ausübung ihres Amtes und zur Verschwiegenheit verpflichtet.
(4) Mitglieder der Regionalversammlung, die derselben Partei oder politischen Gruppierung mit im Wesentlichen gleicher politischer Zielsetzung angehören, können sich zu einer Fraktion zusammenschließen. Eine Fraktion muss aus mindestens zwei Mitgliedern bestehen. Die näheren Einzelheiten über die Bildung der Fraktionen, ihre Rechte und Pflichten regelt die Geschäftsordnung.

§ 207
Amtszeit

(1) Die Amtszeit der Regionalversammlung beträgt fünf Jahre; sie beginnt am fünfzehnten auf den Wahltag folgenden Tag, jedoch nicht vor Ablauf der Amtszeit der bisherigen Regionalversammlung. Endet die Amtszeit der bisherigen Regionalversammlung vor dem fünfzehnten auf den Tag der Wahl der neuen Regionalversammlung folgenden Tag, so verlängert sich die Amtszeit bis zum Beginn der Amtszeit der neu gewählten Regionalversammlung, längstens jedoch um einen Monat.
(2) Mitglieder der Regionalversammlung scheiden mit dem Verlust der Wählbarkeit aus ihrem Amt aus. Die Mitglieder der Regionalversammlung können ihr Amt jederzeit durch schriftliche Erklärung gegenüber der Regionalverbandsdirektorin oder dem Regionalverbandsdirektoren niederlegen; die Erklärung ist unwiderruflich. Die sonstigen besonderen Vorschriften über die vorzeitige Beendigung der Amtszeit der Regionalversammlung bleiben unberührt.
(3) Die Feststellung über den Verlust der Wählbarkeit und das Ausscheiden aus der Regionalversammlung trifft die Regionalversammlung.

§ 208
Aufgaben der Regionalversammlung

(1) Die Regionalversammlung beschließt über alle Selbstverwaltungsangelegenheiten des Regionalverbandes, für die seine ausschließliche Zuständigkeit gesetzlich bestimmt ist oder für die er sich die Entscheidung ausdrücklich vorbehalten hat.
(2) Über andere als Selbstverwaltungsangelegenheiten des Regionalverbandes kann die Regionalversammlung nur beschließen, wenn besondere gesetzliche Vorschriften dies zulassen.
(3) Für die der Regionalversammlung vorbehaltenen Aufgaben gelten die Vorschriften der Landkreisordnung über vorbehaltene Aufgaben entsprechend.

§ 209
Anzuwendende Vorschriften der Landkreisordnung

Für die Regionalversammlung gelten die Vorschriften der §§ 171, 172 und 173 entsprechend. Die Aufgaben des Kreisausschusses nach § 171 Nummer 15 in Verbindung mit § 51a Absatz 5 werden vom Regionalverbandsausschuss wahrgenommen.

§ 210

Regionalverbandsausschuss

(1) Der Regionalverbandsausschuss hat 15 Mitglieder.
(2) Der Regionalverbandsausschuss entscheidet über Selbstverwaltungsangelegenheiten des Regionalverbandes, für die die Regionalversammlung nicht ausschließlich zuständig ist oder für die die Regionalversammlung sich die Entscheidung nicht ausdrücklich vorbehalten hat. Der Regionalverbandsausschuss entscheidet in dringenden Fällen, die aus Gründen des Gemeinwohls keinen Aufschub bis zur nächsten Sitzung der Regionalversammlung dulden, anstelle der Regionalversammlung. Der Regionalverbandsausschuss hat die Regionalversammlung unverzüglich zu unterrichten. Die Regionalversammlung kann die Entscheidung des Regionalverbandsausschusses aufheben, soweit nicht schon Rechte anderer als Folge der Entscheidung entstanden sind. Der Regionalverbandsausschuss bereitet alle Angelegenheiten, über die die Regionalversammlung zu entscheiden hat, vor. Dies gilt nicht, wenn die Regionalversammlung ohne Vorbereitung entscheiden will oder die Vorbereitung einem Regionalversammlungsausschuss übertragen hat. Der Regionalverbandsausschuss soll Angelegenheiten, für deren Entscheidung er zuständig ist, der Regionalversammlung zur Entscheidung vorlegen, wenn er sie für besonders bedeutungsvoll für den Regionalverband hält.
(3) Für die Berufung, Vertretung und Rechtsstellung der Mitglieder des Regionalverbandsausschusses sowie das Verfahren gelten die Vorschriften über den Kreisausschuss entsprechend.

III. Abschnitt
Kooperationsrat

§ 211

Zusammensetzung des Kooperationsrates und Verfahren

(1) Im Kooperationsrat sind die regionalverbandsangehörigen Gemeinden durch ihre Bürgermeisterin oder ihren Bürgermeister vertreten. Jede Gemeinde entsendet eine weitere Vertreterin oder einen weiteren Vertreter aus der Mitte des Gemeinderates; darüber hinaus stehen ihr für je 40.000 Einwohnerinnen und Einwohner zwei weitere Vertreterinnen oder Vertreter zu. Im Übrigen gilt § 114 entsprechend. Jede in der Regionalversammlung vertretene Fraktion kann ein Mitglied mit beratender Funktion in den Kooperationsrat entsenden.
(2) Den Vorsitz im Kooperationsrat hat die Regionalverbandsdirektorin oder der Regionalverbandsdirektor; sie oder er hat kein Stimmrecht.
(3) Auf Antrag einer Gemeinde ist der Kooperationsrat unverzüglich einzuberufen. Die Einberufungsfrist beträgt vier Wochen. In dringenden Fällen kann die Frist auf zwei Wochen verkürzt werden. Im Übrigen gelten für das Verfahren im Kooperationsrat die Vorschriften der Landkreisordnung entsprechend.

§ 211a

Aufgaben des Kooperationsrates

(1) Der Kooperationsrat entscheidet im Rahmen der Zuständigkeiten des Regionalverbandes über folgende Aufgaben:
1. Aufstellung, Änderung, Ergänzung und Aufhebung des Flächennutzungsplans und des Landschaftsplans nach den Vorschriften des Baugesetzbuchs und des Gesetzes zum Schutz der Natur und Heimat im Saarland
2. Wirtschaftsförderung
3. Öffentlicher Personennahverkehr nach dem Gesetz über den Öffentlichen Personennahverkehr im Saarland

4. Koordination von Freizeit-, Sport- und Erholungsmaßnahmen.

Der Kooperationsrat kann die Aufgaben des Bildungsbeirats wahrnehmen. Satz 1 gilt nicht, soweit der Regionalverband Aufgaben in grenzüberschreitender Zusammenarbeit erledigt; entgegenstehendes Bundesrecht bleibt unberührt.

(2) Der Kooperationsrat ist in folgenden Angelegenheiten zu hören:

1. Erlass der Haushaltssatzung gemäß § 216 in Verbindung mit § 84
2. Entscheidung über eine kommunale Zusammenarbeit nach § 197 Abs. 4 in Verbindung mit § 143 Abs. 3
3. regionale freiwillige Jugendarbeit
4. regionale Schulentwicklungsplanung.

(3) Die Zustimmung des Kooperationsrates zur Entscheidung der Regionalversammlung über einen höheren Anteil an der Finanzierung einer kommunalen Zusammenarbeit nach § 19 a Abs. 2 des Kommunalfinanzausgleichsgesetzes muss einstimmig erfolgen.

IV. Abschnitt Regionalverbandsdirektorin, Regionalverbandsdirektor und Regionalverbandsbeigeordnete

§ 212 Regionalverbandsdirektorin, Regionalverbandsdirektor

(1) Die Regionalverbandsdirektorin oder der Regionalverbandsdirektor wird von den Bürgerinnen und Bürgern der regionalverbandsangehörigen Gemeinden in allgemeiner, unmittelbarer, freier, gleicher und geheimer Wahl gleichzeitig mit der Regionalversammlung gewählt. Sie oder er ist Beamtin oder Beamter auf Zeit.

(2) Die Regionalverbandsdirektorin oder der Regionalverbandsdirektor oder eine andere leitende Beamtin oder ein anderer leitender Beamter des Regionalverbandes muss die Befähigung zum höheren Verwaltungsdienst oder zum Richteramt besitzen.

(3) Auf die Regionalverbandsdirektorin oder den Regionalverbandsdirektor finden die für die Bürgermeisterin oder den Bürgermeister geltenden Vorschriften der Gemeindeordnung über die Rechtsstellung, die Amtszeit, die Eignung, die Ausschreibung, die Wahl, die Wahlanfechtung, die Abwahl und den Ruhestand auf Antrag aus besonderem Grund entsprechende Anwendung.

§ 213 Aufgaben der Regionalverbandsdirektorin oder des Regionalverbandsdirektoren

(1) Die Regionalverbandsdirektorin oder der Regionalverbandsdirektor ist die gesetzliche Vertreterin oder der gesetzliche Vertreter des Regionalverbandes.

(2) Die Regionalverbandsdirektorin oder der Regionalverbandsdirektor leitet die Verwaltung des Regionalverbandes. Sie oder er bereitet die Beschlüsse des Regionalverbandsausschusses vor und führt die Beschlüsse der Regionalversammlung und des Regionalverbandsausschusses aus. Sie oder er erledigt die Geschäfte der laufenden Verwaltung und die ihr oder ihm übertragenen Selbstverwaltungsangelegenheiten des Regionalverbandes. Die Regionalverbandsdirektorin oder der Regionalverbandsdirektor ist allein zuständig, soweit gesetzlich eine Anhörung des Regionalverbandes vorgeschrieben und die Angelegenheit im Interesse der Sicherheit oder anderer wichtiger Belange der Bundesrepublik oder eines ihrer Länder geheim zu halten ist.

(3) Die Regionalverbandsdirektorin oder der Regionalverbandsdirektor erledigt die dem Regionalverband übertragenen staatlichen Aufgaben (Auftragsangelegenheiten), soweit durch Gesetz nichts anderes bestimmt ist.

(4) Die Regionalverbandsdirektorin oder der Regionalverbandsdirektor ist Dienstvorgesetzte oder Dienstvorgesetzter und oberste Dienstbehörde der Regionalverbandsbediensteten und der Regionalverbandsbeigeordneten. Ihr oder ihm obliegt die Ernennung und Entlassung der Beamtinnen und

Beamten sowie die Einstellung, Einstufung und Entlassung der Arbeitnehmerinnen und Arbeitnehmer nach den Beschlüssen der Regionalversammlung und des Regionalverbandsausschusses.
(5) Die Befugnisse der oder des Dienstvorgesetzten und der obersten Dienstbehörde nimmt gegenüber der Regionalverbandsdirektorin oder dem Regionalverbandsdirektoren in den Fällen des § 8 Abs. 1, § 58 Abs. 1 und § 59 Abs. 2 des Saarländischen Beamtengesetzes und des § 83 Abs. 2 des Saarländischen Disziplinargesetzes die Kommunalaufsichtsbehörde, im Fall des § 85 des Saarländischen Beamtengesetzes die Regionalversammlung, im Übrigen die oder der zur Vertretung der Regionalverbandsdirektorin oder des Regionalverbandsdirektoren berufene Regionalverbandsbeigeordnete wahr.
(6) Die Vorschriften der Landkreisordnung über Widerspruchs- und Vorlagepflicht bei rechtswidrigen Beschlüssen, Anordnungsbefugnis der Landrätin oder des Landrates in dringenden Fällen und Verpflichtungserklärungen gelten entsprechend.

§ 214
Regionalverbandsbeigeordnete
(1) Die Regionalverbandsdirektorin oder der Regionalverbandsdirektor wird im Fall ihrer oder seiner Verhinderung durch Regionalverbandsbeigeordnete in der von der Regionalversammlung festgesetzten Reihenfolge vertreten. Die erste Stellvertreterin oder der erste Stellvertreter der Regionalverbandsdirektorin oder des Regionalverbandsdirektoren führt die Amtsbezeichnung Erste Regionalverbandsbeigeordnete oder Erster Regionalverbandsbeigeordneter. Im Fall gleichzeitiger Verhinderung der Regionalverbandsdirektorin oder des Regionalverbandsdirektoren und der Regionalverbandsbeigeordneten wählt die Regionalversammlung für die Dauer der Verhinderung eine besondere Vertreterin oder einen besonderen Vertreter aus seiner Mitte; hierbei führt das an Lebensjahren älteste hierzu bereite Mitglied der Regionalversammlung den Vorsitz.
(2) Der Regionalverband hat insgesamt bis zu fünf Regionalverbandsbeigeordnete. Bei der Wahl ist die Reihenfolge der Regionalverbandsbeigeordneten festzusetzen. Die Regionalverbandsbeigeordneten sind Ehrenbeamtinnen oder Ehrenbeamte. Die Vorschriften der Gemeindeordnung über die ehrenamtlichen Beigeordneten gelten entsprechend.
(3) Die Regionalverbandsdirektorin oder der Regionalverbandsdirektor kann mit Zustimmung der Regionalversammlung Regionalverbandsbeigeordneten bestimmte Geschäftszweige zur Erledigung übertragen.

V. Abschnitt
Regionalverbandsbedienstete

§ 215
Anzuwendende Vorschriften der Gemeindeordnung
Für die Regionalverbandsbediensteten gelten sinngemäß die Vorschriften der Gemeindeordnung über die Gemeindebediensteten.

§ 215a
Frauenbeauftragte des Regionalverbandes
Der Regionalverband muss eine hauptamtliche Frauenbeauftragte bestellen. Für die Frauenbeauftragte gilt § 79a entsprechend.

Dritter Teil
Regionalverbandswirtschaft

§ 216
Anzuwendende Vorschriften der Landkreisordnung
Die Vorschriften über die Kreiswirtschaft gelten entsprechend.

Vierter Teil
Kommunalaufsicht

§ 217
Anzuwendende Vorschriften der Gemeindeordnung
Soweit gesetzlich nichts anderes bestimmt ist, gelten für die Kommunalaufsicht über den Regionalverband die Vorschriften der Gemeindeordnung über die Kommunalaufsicht entsprechend.

§ 218
Kommunalaufsichtsbehörden
(1) Kommunalaufsichtsbehörde des Regionalverbandes Saarbrücken ist das Landesverwaltungsamt.
(2) Oberste Kommunalaufsichtsbehörde ist das Ministerium für Inneres und Sport. Soweit die Zuständigkeit der oberen Kommunalaufsichtsbehörde gesetzlich bestimmt ist, tritt an ihre Stelle die oberste Kommunalaufsichtsbehörde.

Teil D
Übergangs- und Schlussvorschriften

§ 219
Einwohnerzahl
Soweit nach diesem Gesetz die Einwohnerzahl von rechtlicher Bedeutung ist, ist das vom Statistischen Amt zuletzt, in den Fällen der §§ 32, 64, 156, 184 und 211 das letzte vor dem sechzigsten Tag vor dem Wahltag fortgeschriebene und veröffentlichte Ergebnis der letzten allgemeinen Zählung der Bevölkerung maßgebend. § 71 Abs. 2 Satz 2 bleibt unberührt.

§ 220
Beitreibung von Geldbußen und Zwangsgeldern
Geldbußen und Zwangsgelder werden im Verwaltungszwangsverfahren beigetrieben.

§ 221
Ruhegehalts- und Zusatzversorgungskasse des Saarlandes
(1) Die Ruhegehalts- und Zusatzversorgungskasse des Saarlandes ist eine Versorgungseinrichtung im Sinne dieses Gesetzes. Sie ist eine Körperschaft des öffentlichen Rechts. Die Gemeinden, Gemeindeverbände und Zweckverbände gehören ihr als Mitglieder an. Die Aufnahme weiterer Mitglieder und die Voraussetzungen hierfür werden durch die nach Absatz 5 zu erlassende Rechtsverordnung geregelt.
(2) Die Ruhegehalts- und Zusatzversorgungskasse des Saarlandes führt als Sonderkassen die Ruhegehaltskasse und die Zusatzversorgungskasse. Die Vermögen der Sonderkassen sind Sondervermögen und haften jeweils nur für deren Verbindlichkeiten. Sie sind getrennt zu verwalten.
(3) Die Ruhegehalts- und Zusatzversorgungskasse des Saarlandes regelt ihre Angelegenheiten durch Satzung. Sie hat die Aufgabe, im Rahmen der Satzung für ihre Mitglieder die beamtenrechtlichen Versorgungslasten auszugleichen und den Arbeitnehmerinnen und Arbeiternehmern ihrer Mitglieder im Wege privatrechtlicher Versicherung eine zusätzliche Alters-, Erwerbsminderungs- und Hinterbliebenenversorgung zu gewährleisten. Auf Antrag eines Mitgliedes kann sie für dieses die Aufgabe der Festsetzung der beamtenrechtlichen Versorgungsleistungen wahrnehmen und hierbei das Mitglied in Widerspruchsverfahren und Rechtsstreitigkeiten vertreten. Sie kann auf Antrag eines Mitgliedes für dieses die Aufgabe der Berechnung und Zahlung der Beihilfen in Krankheits-, Pflege-, Geburts- und Todesfällen, der Besoldung und der Entgelte wahrnehmen; Satz 3 gilt entsprechend. Weitere Aufgaben können der Kasse durch Gesetz oder auf Grund eines Gesetzes übertragen werden.
(4) Organe der Ruhegehalts- und Zusatzversorgungskasse des Saarlandes sind die Verwaltungsbeiräte der Ruhegehaltskasse und der Zusatzversorgungskasse, der Gesamtverwaltungsbeirat und die Direktorin oder der Direktor. Die Direktorin oder der Direktor leitet die Kasse als deren Vertreterin oder

deren Vertreter nach den Beschlüssen der Verwaltungsbeiräte und führt die Geschäfte der laufenden Verwaltung.

(5) Das Ministerium für Inneres und Sport wird ermächtigt, durch Rechtsverordnung Bestimmungen zu treffen über

1. die Aufgaben, den Aufbau und die Verwaltung der Ruhegehalts- und Zusatzversorgungskasse, deren Aufsicht sowie über die Zusammensetzung, die Aufgaben und Bestellung der Mitglieder der Verwaltungsbeiräte,
2. die Wirtschaftsführung und das Rechnungswesen der Ruhegehalts- und Zusatzversorgungskasse des Saarlandes.

§ 221a
Beteiligung der kommunalen Spitzenverbände

Bevor durch Gesetz oder Verordnung allgemeine Fragen geregelt werden, welche die Gemeinden und Gemeindeverbände unmittelbar berühren, sollen die kommunalen Spitzenverbände gehört werden.

§ 222
Durchführung dieses Gesetzes

(1) Unbeschadet der in diesem Gesetz enthaltenen Ermächtigungen wird das Ministerium für Inneres und Sport ermächtigt, für die Gemeinden durch Rechtsverordnung Bestimmungen zu treffen über

1. die öffentliche Bekanntmachung, insbesondere von Satzungen,
2. Form und Inhalt von Niederschriften über die Verhandlungen des Gemeinderats und seiner Ausschüsse,
3. Inhalt und Gestaltung des Haushaltsplans, der mittelfristigen Ergebnis- und Finanzplanung und des Investitionsprogramms sowie die Haushaltsführung und die Haushaltsüberwachung; dabei kann es bestimmen, dass Einzahlungen und Auszahlungen, für die ein Dritter Kostenträger ist oder die von einer zentralen Stelle ausgezahlt werden, nicht im Haushalt der Gemeinde abgewickelt werden,
4. die Veranschlagung von Erträgen, Aufwendungen sowie Einzahlungen und Auszahlungen und Verpflichtungsermächtigungen für einen vom Haushaltsjahr abweichenden Wirtschaftszeitraum,
5. die Bildung von Budgets sowie den Ausweis von Zielen und Kennzahlen,
6. die Bildung von Rückstellungen,
7. die Erfassung, den Nachweis und die Bewertung des Vermögens und der Schulden sowie die Abschreibung der Vermögensgegenstände,
8. die Geldanlagen und ihre Sicherung,
9. die Ausschreibung von Lieferungen und Leitungen sowie die Vergabe von Aufträgen einschließlich des Abschlusses von Verträgen; dabei können die Gemeinden verpflichtet werden, die Grundsätze anzuwenden, die das Ministerium für Inneres und Sport bekannt gibt.
10. die Stundung, die Niederschlagung und den Erlass von Ansprüchen sowie die Behandlung von Kleinbeträgen,
11. Inhalt und Gestaltung des Jahresabschlusses,
12. die Aufgaben und die Organisation der Gemeindekasse, deren Beaufsichtigung und Prüfung sowie die ordnungsgemäße Abwicklung der Buchführung und des Zahlungsverkehrs,
13. die zeitliche Aufbewahrung von Büchern, Belegen und sonstigen Unterlagen,
14. Aufbau und Verwaltung, Wirtschaftsführung und Rechnungswesen der Eigenbetriebe.

(2) Die Vorschriften des Absatzes 1 und die Vorschriften des § 67 Abs. 1 Satz 3 und § 126 gelten für die Durchführung der Landkreisordnung und der Regionalverbandsordnung entsprechend.

(3) Vor dem Erlass von Rechtsverordnungen zur Durchführung dieses Gesetzes sind die von den Gemeinden und Gemeindeverbänden zur Förderung ihrer Interessen gebildeten Vereinigungen zu hören.

(4) Das Ministerium für Inneres und Sport erlässt die erforderlichen Verwaltungsvorschriften[11]. Es kann zur Vergleichbarkeit der Haushalte Muster für verbindlich erklären, insbesondere für

1. die Haushaltssatzung und ihre Bekanntmachung,
2. die Form des Haushaltsplans und seiner Anlagen,
3. die Gliederung des Haushaltsplans in Teilhaushalte, die Gliederung des Ergebnishaushalts nach Ertrags- und Aufwandsarten, des Finanzhaushalts nach Einzahlungs- und Auszahlungsarten,
4. die Gliederung und die Form der Bestandteile des Jahresabschlusses und seiner Anlagen,
5. die Buchführung und die Zahlungsabwicklung,
6. die Nutzungsdauer der Vermögensgegenstände des Anlagevermögens,
7. die Gliederung des Produktplans.

§ 223
(aufgehoben)

11 Vgl. VV Kommunalhaushaltsrecht vom 6. November 2006 (Amtsbl. S. 2105).

Geschäftsordnung eines Gemeinderates am Beispiel des Stadtrates Püttlingen

Geschäftsordnung des Stadtrates der Stadt Püttlingen

Auf Grund des § 39 des Kommunalselbstverwaltungsgesetzes in der Fassung der Bekanntmachung vom 27.6.1997, zuletzt geändert durch Gesetz vom 09. Dezember 2020 (Amtsblatt I S. 1341) hat der Stadtrat Püttlingen in seiner Sitzung vom 27.01.2021, zuletzt geändert durch Beschluss des Stadtrates am 01.06.2022, folgende Geschäftsordnung beschlossen:

Präambel

Grundlagen für die Arbeit des Stadtrates Püttlingen sind die Vorschriften der einschlägigen Gesetze, insbesondere des Kommunalselbstverwaltungsgesetzes, die für die Stadt Püttlingen erlassenen Satzungen und die Geschäftsordnung des Stadtrates Püttlingen.

Die Geschäftsordnung des Stadtrates Püttlingen trifft über die vorhandenen gesetzlichen Bestimmungen hinaus Regelungen für die Tätigkeit des Stadtrates und seiner Ausschüsse. Sofern Regelungen über die gesetzlichen Bestimmungen des Kommunalselbstverwaltungsgesetzes hinausgehen, stellen sie eine freiwillige Selbstbindung des Stadtrates dar.

Abschnitt I
Rechte und Pflichten

§ 1

Verpflichtung der Stadtratsmitglieder (§33)

(1) In der ersten (konstituierenden) Sitzung nach der Neuwahl des Stadtrates werden die Stadtratsmitglieder durch die/den Bürgermeister*in in öffentlicher Sitzung per Handschlag zur gesetzmäßigen und gewissenhaften Ausübung ihres Amtes und zur Verschwiegenheit verpflichtet.

(2) Die gleiche Verpflichtung erfolgt, wenn aufgrund des Ausscheidens eines Mitglieds ein anderes Mitglied in den Stadtrat nachrückt.

(3) Die von der/dem Bürgermeister*in zu verlesende Verpflichtungsformel hat folgenden Wortlaut:

„Ich verpflichte Sie hiermit gemäß § 33 Abs. 2 KSVG zur gesetzmäßigen und gewissenhaften Ausübung Ihres Amtes und zur Verschwiegenheit. Bei der Ausübung Ihres Amtes handeln Sie nach Ihrer freien, nur durch Rücksicht auf das Gemeinwohl bestimmten Gewissensüberzeugung. Gegenüber der Stadt Püttlingen haben Sie eine besondere Treuepflicht, die auch die Pflicht zur Verschwiegenheit über vertrauliche Angelegenheiten umfasst. Das gilt auch über die Zeit hinaus, in der Sie Ihr Mandat ausüben.

Ich weise Sie darauf hin, dass Sie verpflichtet sind, an den Sitzungen des Stadtrates teilzunehmen.

Sie vollziehen diese Verpflichtung jetzt durch Handschlag mit mir.“

(4) Über die Verpflichtung ist eine Niederschrift zu fertigen, die von der/dem Verpflichteten und der/dem Bürgermeister*in bzw. der/dem Beigeordneten, der die Verpflichtung vornimmt, zu unterzeichnen ist.

(5) Gegen Ratsmitglieder, die wiederholt ohne genügende Entschuldigung an den Sitzungen des Stadtrates oder seiner Ausschüsse nicht teilnehmen, kann ein Ordnungsgeld bis zur dreifachen Höhe der monatlichen Aufwandsentschädigung verhängt werden.

§ 2

Treuepflicht (§ 26)

(1) Die Stadtratsmitglieder haben gegenüber der Stadt Püttlingen eine besondere Treuepflicht. Sie umfasst auch das Verbot von Handlungen und Äußerungen gegen das Interesse der Stadt an einer objektiven und unparteiischen Führung der Amtsgeschäfte.

(2) Stadtratsmitglieder dürfen Ansprüche von Dritten gegenüber der Stadt Püttlingen nicht

geltend machen. Dies gilt nicht für den Fall, dass das Stadtratsmitglied gesetzlicher Vertreter des Dritten ist.

(3) Die Stadtratsmitglieder sind zur Verschwiegenheit verpflichtet. Sie dürfen Kenntnisse über Angelegenheiten, deren Geheimhaltung vorgeschrieben oder angeordnet ist, nicht verwerten.

(4) Für alle Angelegenheiten, die in nichtöffentlicher Sitzung beraten und/oder beschlossen werden, gilt die Geheimhaltung als angeordnet. Dies gilt insbesondere für:

- Personalangelegenheiten,
- Angelegenheiten, bei denen persönliche und finanzielle Verhältnisse Dritter erörtert werden,
- Anträge auf Stundung, Ermäßigung, Erlass oder Niederschlagung von Forderungen
- Kredit- und Bürgschaftsangelegenheiten
- Grundstücksangelegenheiten
- Rechtsstreitigkeiten

(5) Die Verpflichtungen nach Absatz 4 gelten auch nach dem Ausscheiden aus dem Stadtrat.

§ 3

Mitwirkungsverbot (§ 27)

(1) Ein Stadtratsmitglied darf bei der Beratung und Beschlussfassung von Angelegenheiten nicht mitwirken, wenn die Angelegenheit

- ihm selbst,
- einem seiner Angehörigen (Angehörige sind die im § 20 Abs. 5 des Saarländischen Verwaltungsverfahrens-gesetzes aufgeführten Personen),
- einer von ihm selbst kraft Gesetz oder Vollmacht vertretenen natürlichen oder juristischen Person einen unmittelbaren Vor- oder Nachteil bringen kann.

(2) Das Mitwirkungsverbot gilt auch, wenn das Stadtratsmitglied

- Angehörige*r einer Person ist, die eine natürliche oder juristische Person, der die Entscheidung einen unmittelbaren Vor- oder Nachteil bringen kann, in der entsprechenden Angelegenheit vertritt. Angehörige sind die im § 20 Abs. 5 des Saarländischen Verwaltungsverfahrensgesetzes aufgeführten Personen.
- bei einer natürlichen oder juristischen Person, der die Entscheidung einen unmittelbaren Vor- oder Nachteil bringen kann, gegen Entgelt beschäftigt ist und nach den tatsächlichen Umständen, insbesondere der Art seiner Beschäftigung, ein Interessenwiderstreit anzunehmen ist.
- Mitglied eines Vorstandes oder Aufsichtsrates oder eines gleichartigen Organs einer juristischen Person ist, der die Entscheidung einen unmittelbaren Vor- oder Nachteil bringen kann, es sei denn, er gehört den Organen als Vertreter*in der Stadt an.
- in einer anderen als öffentlichen Eigenschaft in der Angelegenheit ein Gutachten abgegeben oder sonst tätig geworden ist.

(3) Das Mitwirkungsverbot gilt nicht,

- wenn der Vorteil oder Nachteil nur darauf beruht, dass jemand einer Berufs- oder Bevölkerungsgruppe angehört, deren gemeinsame Interessen durch die Angelegenheit berührt werden.
- bei Wahlen in unbesoldete Stellen, die vom Stadtrat vorgenommen werden.

(4) Ob Interessenwiderstreit vorliegt, entscheidet im Streitfall der Stadtrat. Die/Der von der Entscheidung Betroffene darf an der Beratung und Beschlussfassung nicht teilnehmen.

(5) Ein Beschluss, der entgegen der Regelungen der Absätze 1 und 2 gefasst wird, ist unwirksam. Er gilt jedoch ein Jahr nach der Beschlussfassung oder, wenn eine öffentliche Bekanntmachung erforderlich ist, ein Jahr nach dieser als von Anfang an gültig zustande gekommen, es sei denn, dass vor Ablauf der Frist die/der Bürgermeister*in dem Beschluss widersprochen oder die Kommunalaufsichtsbehörde den Beschluss beanstandet hat. Die Heilung tritt nicht gegenüber demjenigen ein, der vor Ablauf der Jahresfrist einen förmlichen Rechtsbehelf eingelegt hat, wenn in dem Verfahren der Mangel festgestellt wird.

(6) Stadtratsmitglieder, die von der Mitwirkung ausgeschlossen sein können, haben die/den Vorsitzenden vor Beginn der Beratung des Tagesordnungspunktes unaufgefordert darauf hinzuweisen.
(7) Über das Vorliegen des Interessenwiderstreites entscheidet der Stadtrat im Streitfall unter Ausschluss der Öffentlichkeit. Dem betroffenen Stadtratsmitglied ist Gelegenheit zu einer Stellungnahme zu geben. Während der Beratung und Beschlussfassung muss das betroffene Stadtratsmitglied den Sitzungsraum verlassen. Die getroffene Entscheidung ist dem Stadtratsmitglied mitzuteilen.

§ 4
Teilnahme an Sitzungen (§ 33)
(1) Die Stadtratsmitglieder sind zur Teilnahme an den Sitzungen des Stadtrates verpflichtet. Wer zu einer Sitzung nicht oder nicht rechtzeitig erscheinen kann, muss seine Verhinderung der/dem Vorsitzenden frühzeitig, spätestens am Vormittag des Sitzungstages anzeigen.
(2) Stadtratsmitglieder, die eine Sitzung vorzeitig verlassen wollen, haben dies der/dem Vorsitzenden nach Möglichkeit vor der Sitzung anzuzeigen.
(3) Stadtratsmitglieder, die sich wegen Urlaub oder anderer Gründe länger als 7 Tage außerhalb der Stadt aufhalten, sollen dies der/dem Bürgermeister*in vorher mitteilen.

§ 5
Entschädigung der Stadtratsmitglieder (§ 51)
(1) Den Stadtratsmitgliedern wird zur Abgeltung der mit ihrer Tätigkeit verbundenen baren Auslagen ein pauschalierter monatlicher Grundbetrag von 100,00 EUR gezahlt. Die Höhe dieses Grundbetrages ist der allgemeinen Einkommensentwicklung anzupassen. Maßgebend für die jeweilige Anpassung ist die prozentuale Erhöhung der Aufwandsentschädigung der ehrenamtlichen Beigeordneten (sh. Verordnung über die Aufwandsentschädigung der ehrenamtlichen Beigeordneten und Ortsvorsteher vom 15. März 1989, Amtsbl. S. 455). Der sich aus diesen prozentualen Erhöhungen errechnende Betrag ist auf volle 5,00 EUR aufzurunden und dann dem monatlichen Grundbetrag zuzuschlagen.
(2) Daneben wird den Stadtratsmitgliedern für die Teilnahme an den Sitzungen des Stadtrates und den Ausschussmitgliedern für die Teilnahme an den Sitzungen der Ausschüsse ein Sitzungsgeld von 16,00 EUR/Sitzung gewährt.
(3) Den Vorsitzenden der Fraktionen im Stadtrat wird für die Erstattung ihrer monatlichen Kosten eine Pauschale gezahlt. Fraktionen ab 5 Mitglieder erhalten 62,00 EUR/Monat, Fraktionen unter 5 Mitglieder die Hälfte.
(4) Den ehrenamtlichen Beigeordneten wird für die von der Aufwandsentschädigungsverordnung nicht erfassten Fälle der kurzzeitigen Vertretung der Bürgermeisterin/des Bürgermeisters (z. B. Repräsentationsverpflichtungen) eine pauschale Auslagenerstattung von monatlich 100,00 EUR gewährt. Mit dieser Pauschale sind auch die Kosten der Benutzung des eigenen Kraftfahrzeuges innerhalb der Stadt Püttlingen abgedeckt.
(5) Den vom Stadtrat bestellten Beauftragten wird, sofern sie Stadtratsmitglied sind, eine pauschale Auslagenerstattung von monatlich 62,00 EUR für die Aufwendungen im Rahmen ihrer beauftragten Tätigkeit gewährt. Mit dieser Pauschale sind auch die Kosten der Benutzung des eigenen Kraftfahrzeuges innerhalb der Stadt Püttlingen abgedeckt.
(6) Den Stadtratsmitgliedern wird bei Dienstreisen eine Reisekostenerstattung auf der Grundlage des Saarländischen Reiskostengesetzes gewährt.
(7) Sitzungsgeld wird nur an die in die Ausschüsse gewählten oder benannten Vertreter*innen sowie deren offiziell entsandte Vertreter*innen gezahlt. Sonstige Stadtratsmitglieder, die als Gäste an den Ausschusssitzungen teilnehmen, erhalten für die Teilnahme an der Sitzung kein Sitzungsgeld.
(8) Der durch die Teilnahme an Sitzungen des Stadtrates und seiner Ausschüsse entstande-

ne Verdienstausfall ist in der nachgewiesenen Höhe durch die Stadt zu ersetzen.
(9) Ist zur Teilnahme an Sitzungen des Stadtrates und seiner Ausschüsse eine entgeltliche Betreuung von Kindern oder pflegebedürftigen Angehörigen notwendig, werden die nachgewiesenen Kosten auf Antrag erstattet. Der Stadtrat kann die Kostenerstattung durch Festsetzung von Höchstbeträgen begrenzen. Betreuungskosten werden nicht für Zeiträume erstattet, für die eine Entschädigung nach Abs. 8 geleistet wird.
(10) Die gemäß den Absätzen 1-5 zu zahlenden Beträge werden zweimonatlich nachträglich abgerechnet.
(11) Teile von Monaten werden beim Grundbetrag bzw. bei der Pauschale jeweils mit einem Dreißigstel pro Tag abgegolten.
(12) Beim Ausscheiden von Stadtratsmitgliedern erfolgt die Abgeltung im Anschluss an das Ausscheiden. Die Abgeltung wird im Falle eines ungeraden Betrages auf volle Euro aufgerundet.

§ 6
Auskunftsrecht und Akteneinsicht (§ 33)
(1) Der Stadtrat ist berechtigt, sich von der Durchführung der von ihm oder seinen Ausschüssen gefassten Beschlüsse zu überzeugen. Die Stadtratsmitglieder können sich von der/dem Bürgermeister*in über alle Angelegenheiten, die der Beschlussfassung des Stadtrates und seiner Ausschüsse unterliegen, unterrichten lassen. Auf Beschluss des Stadtrates oder auf Verlangen von mindestens einem Viertel der Stadtratsmitglieder hat die/der Bürgermeister*in dem Stadtrat oder einem vom Stadtrat bestimmten Ausschuss oder einzelnen vom Stadtrat beauftragten Stadtratsmitgliedern Akteneinsicht zu gewähren.
(2) Die Akteneinsicht wird in den Diensträumen der Verwaltung gewährt.
(3) Dem Stadtrat dürfen zur Wahrnehmung seiner Rechte nach Absatz 1 personenbezogene Daten nur im jeweils erforderlichen Umfang übermittelt werden.
(4) Stadtratsmitgliedern, die wegen Interessenwiderstreit von der Beratung und Beschlussfassung der Angelegenheit ausgeschlossen sind, darf Akteneinsicht nicht gewährt werden.

§ 7
Ausscheiden und Rücktritt
(1) Stadtratsmitglieder scheiden mit dem Verlust der Wählbarkeit aus ihrem Amt aus. Die Feststellung über den Verlust der Wählbarkeit und das Ausscheiden trifft der Stadtrat gemäß §§ 16 KWG und 35 Nr. 4 KSVG.
(2) Die Stadtratsmitglieder können ihr Mandat jederzeit durch schriftliche Erklärung gegenüber der/dem Bürgermeister*in niederlegen. Die Erklärung ist unwiderruflich.

Abschnitt II
Vorsitzende*r und Fraktionen

§ 8
Vorsitz (§§ 42, 48)
(1) Die/Der Bürgermeister*in führt den Vorsitz in den Sitzungen des Stadtrates und der Ausschüsse. Bei Verhinderung wird sie/er von den Beigeordneten in der Reihenfolge ihrer Vertretungsbefugnis vertreten.
(2) Bei Verhinderung der Bürgermeisterin/des Bürgermeisters und der Beigeordneten bestellt der Stadtrat die/den Vorsitzende*n aus seiner Mitte.
(3) Die/Der Bürgermeister*in hat im Stadtrat und seinen Ausschüssen kein Stimmrecht.

§ 9
Fraktionen (§ 30)
(1) Stadtratsmitglieder, die derselben Partei oder politischen Gruppierung mit im Wesentlichen gleicher politischer Zielsetzung angehören, können sich zu einer Fraktion zusammenschließen. Eine Fraktion muss aus mindestens zwei Mitgliedern bestehen.
(2) Die Bildung der Fraktionen und ihre Bezeichnung, die Namen der/des Vorsitzenden und seiner Stellvertreter*innen sowie Verän-

derungen im Laufe der Amtszeit des Stadtrates sind der/dem Bürgermeister*in durch die/den Fraktionsvorsitzende*n schriftlich mitzuteilen. Gleichzeitig teilt der/die Fraktionsvorsitzende der/dem Bürgermeister*in mit, wer über die/den Fraktionsvorsitzende*n hinaus berechtigt ist, Anträge für die Fraktionen zu stellen und Erklärungen gegenüber der/dem Bürgermeister*in abzugeben.
(3) Stadtratsmitglieder, die sich einer Fraktion nicht anschließen wollen bzw. aus einer Fraktion austreten, müssen dies der/dem Bürgermeister*in schriftlich mitteilen. Sie gehören dem Stadtrat als fraktionslose Mitglieder an.
(4) Ein Stadtratsmitglied kann nur einer Fraktion angehören.
(5) Fraktionslose Stadtratsmitglieder können sich als Gäste einer Fraktion anschließen. Sie gelten dann als Mitglieder dieser Fraktion.
(6) Fraktionen sind keine rechtlich selbständigen Teile des Stadtrates und können daher nicht an Stelle des Stadtrates tätig werden. Sie sind freiwillige Zusammenschlüsse von Stadtratsmitgliedern. Ihre Aufgabe ist es, den Ablauf der Meinungsbildung und Beschlussfassung im Stadtrat und seinen Ausschüssen vorzubereiten und zu erleichtern.
(7) Zur Erfüllung ihrer Aufgaben sind die Fraktionen und Parteien durch die/den Bürgermeister*in regelmäßig über zur Beschlussfassung anstehende Angelegenheiten zu informieren, in dem sie regelmäßig zu einer Besprechung der Fraktionsvorsitzenden einlädt. Fraktionslose Mitglieder haben das Recht, an diesen Besprechungen teilzunehmen.

Abschnitt III
Sitzungsordnung

§ 10

Einberufung des Stadtrates (§ 41)

(1) Die/Der Bürgermeister*in beruft den Stadtrat nach Bedarf ein.
(2) Der Stadtrat ist zu seiner ersten Sitzung innerhalb eines Monats nach Beginn seiner Amtszeit einzuberufen.
(3) Die/Der Bürgermeister*in muss den Stadtrat unverzüglich einberufen, wenn eine Fraktion oder mindestens ein Viertel der gesetzlichen Zahl der Stadtratsmitglieder unter Bezeichnung des Verhandlungsgegenstandes, der zu den Aufgaben des Stadtrates gehören muss, dies schriftlich beantragt. Als unverzüglich wird eine Frist von drei Wochen angesehen. Dies gilt nicht, wenn der Stadtrat den gleichen Gegenstand innerhalb der letzten drei Monate beraten hat sowie während der Ferienzeit (sitzungsfreie Zeit).
(4) Die Einberufung erfolgt vorrangig durch elektronischen, verschlüsselten Versand an die Stadtratsmitglieder, die den elektronischen Zugang für die Zustellung eröffnet haben.
(5) Für Stadtratsmitglieder, die den elektronischen Zugang für die Zustellung nicht eröffnet haben, erfolgt die Einberufung durch Hinterlegung der Einladung im Hausbriefkasten.
(6) Zeit und Tagesordnung der Sitzung sind öffentlich bekannt zu machen.
(7) Die Einberufungsfrist beträgt mindestens 5 Tage. In dringenden Fällen kann die Frist bis auf einen Tag verkürzt werden. Die Dringlichkeit muss durch den Stadtrat vor Eintritt in die Tagesordnung bestätigt werden.
(8) Eine Verletzung von Form und Frist der Einberufung gilt gegenüber einem Stadtratsmitglied als geheilt, wenn dieses zur Sitzung erscheint.
(9) Sitzungstage des Stadtrates und seiner Ausschüsse sind Dienstag, Mittwoch und Donnerstag.
(10) Sitzungsfreie Zeiten sind die Woche vor und nach Ostern, die Pfingstferien, die Sommerferien, die Herbstferien, und die Zeit zwischen Weihnachten und Neujahr.
(11) Sitzungen des Stadtrates sollen in der Regel um 17:00 Uhr und Sitzungen der Ausschüsse in der Regel um 18:00 Uhr beginnen.
(12) Die Sitzungszeit soll drei Stunden nicht überschreiten. Art und Umfang der Tagesordnung sind so zu gestalten, dass dieser Zeitrahmen eingehalten werden kann.

(13) Die/Der Bürgermeister*in erstellt halbjährlich für die Zeiträume Januar bis Juni und Juli bis Dezember einen Sitzungsterminkalender.

§ 11
Beschlussfassung in Sitzungen (§ 38)

(1) Der Stadtrat beschließt in Sitzungen.
(2) Schriftliche Abstimmungen ohne ordnungsgemäße Einberufung einer Sitzung, insbesondere in Form eines Umlaufbeschlusses sind unzulässig.

§ 12
Sitzungen bei außerordentlichen Notlagen (§ 51a)

(1) In außerordentlichen Notlagen, insbesondere bei epidemischen Lagen, einer Naturkatastrophe oder eines besonders schweren Unglücksfalls können Sitzungen als Videokonferenzen durchgeführt werden.
(2) Die Durchführung von Videokonferenzen ist nur dann zulässig, wenn zwei Drittel der gesetzlichen Mitgliederzahl dem zustimmen.
(3) Der Stadtrat kann einen entsprechenden Grundsatzbeschluss für die Dauer seiner Amtszeit fassen.

§ 13
Tagesordnung (§ 41)

(1) Die Tagesordnung wird von der/dem Bürgermeister*in festgelegt. Sie enthält alle für die Beratung und Beschlussfassung in der jeweiligen Sitzung vorgesehene Beratungspunkte. Dabei ist zu unterscheiden, welche Punkte in öffentlicher und welche Punkte in nichtöffentlicher Sitzung zu beraten und beschließen sind. Sämtliche Tagesordnungspunkte sollen vor einer Aufnahme in die Tagesordnung der Stadtratssitzung in den Ausschüssen vorberaten werden.
(2) In die Tagesordnung ist sowohl im öffentlichen als auch im nichtöffentlichen Teil der Tagesordnungspunkt „Anfragen; Mitteilungen" aufzunehmen. Aussprachen bzw. Diskussionen sollen unter diesem Punkt nicht stattfinden. Anträge zur Sache können nicht gestellt werden. Anfragen von Stadtratsmitgliedern und Fraktionen, die in der Sitzung beantwortet werden sollen, sind der/dem Bürgermeister*in spätestens einen Tag vor der jeweiligen Sitzung schriftlich zuzuleiten. Nach Beantwortung einer Anfrage sind zwei Zusatzfragen möglich. Beschlüsse können unter diesem Tagesordnungspunkt nicht gefasst werden.
(3) In die Tagesordnung ist jeweils ein Tagesordnungspunkt „Beschlussfassung über Einwendungen gegen die Niederschrift der letzten Sitzung" aufzunehmen.
(4) Auf schriftlichen Antrag einer Fraktion oder von mindestens einem Viertel der gesetzlichen Zahl der Stadtratsmitglieder hat die/der Bürgermeister*in bestimmte Verhandlungsgegenstände, die zu den Aufgaben des Stadtrates gehören müssen, in die Tagesordnung der nächsten Sitzung aufzunehmen. Solche Anträge müssen spätestens am 7. Tag vor dem Sitzungstermin mit entsprechenden Erläuterungen schriftlich bei der/dem Bürgermeister*in eingegangen sein.
(5) Anträge von Fraktionen sind von der/dem Fraktionsvorsitzenden oder seiner/seinem Stellvertreter*in zu unterzeichnen.
(6) Anträge, die nach der 7-Tage-Frist eingehen, sind in die Tagesordnung der übernächsten Sitzung aufzunehmen.
(7) Mit der Zustimmung von zwei Dritteln der gesetzlichen Mitgliederzahl des Stadtrates kann über unvorhergesehene, keinen Aufschub duldende Angelegenheiten beraten und beschlossen werden, auch wenn diese nicht in die Tagesordnung aufgenommen waren.

§ 14
Erläuterungen zur Tagesordnung

(1) Zu den einzelnen Tagesordnungspunkten sind der Einladung schriftliche Erläuterungen (Verwaltungsvorlagen) beizufügen, die den Stadtratsmitgliedern eine sachliche Vorbereitung auf die Beratung und Beschlussfassung ermöglichen. Diese Erläuterungen umfassen die Darstellung des Sachverhaltes, die Darstellung der haushaltsmäßigen Auswirkungen

der betreffenden Maßnahme sowie einen Beschlussvorschlag der Verwaltung. Letzterer entfällt bei Tagesordnungspunkten, die auf Antrag gemäß § 41 Abs. 1 KSVG in die Tagesordnung aufzunehmen sind.
(2) Darüber hinaus gehende ergänzende Unterlagen, deren Herstellung einen größeren Arbeitsaufwand erfordern (z. B. Planunterlagen, umfangreiche Untersuchungsberichte), sind nur den Vorsitzenden der Fraktionen sowie den Parteien ohne Fraktionsstatus in den Ausschüssen zur Verfügung zu stellen.

§ 15
Öffentlichkeit der Sitzungen (§ 40)
(1) Die Sitzungen des Stadtrates sind grundsätzlich öffentlich.
(2) Unabhängig von der öffentlichen Bekanntmachung der Sitzung nach den Vorschriften der Satzung über die Form der öffentlichen Bekanntmachung in der Stadt Püttlingen soll die vorläufige Tagesordnung einer Stadtratssitzung jeweils im „Öffentlicher Anzeiger“ mitgeteilt werden.
(3) Zu den öffentlichen Sitzungen des Stadtrates hat jedermann Zutritt.
(4) Zuhörer*innen sind nicht berechtigt, in den Sitzungen das Wort zu ergreifen oder sich sonst an den Verhandlungen zu beteiligen.
(5) Die Öffentlichkeit ist auszuschließen, wenn Rücksichten auf das öffentliche Wohl oder berechtigte Interessen Einzelner dies erfordern und eine vertrauliche Beratung dadurch geboten ist. Berechtigte Interessen Einzelner sind insbesondere dann berührt, wenn der Verhandlungsgegenstand die Erörterung der finanziellen oder persönlichen Verhältnisse eines Einzelnen oder Einzelner notwendig macht. In Zweifelsfällen entscheidet der Stadtrat.
(6) Anträge auf Ausschluss der Öffentlichkeit werden in nichtöffentlicher Sitzung begründet, beraten und beschlossen. Die Entscheidung kann in öffentlicher Sitzung getroffen werden, wenn eine besondere Begründung oder Beratung nicht erforderlich ist.

§ 16
Nichtöffentliche Sitzungen (§ 40)
(1) Die Öffentlichkeit ist bei Verhandlungen und Beschlussfassung über
- die Führung eines Rechtsstreites,
- Grundstücksangelegenheiten,
- Planungsangelegenheiten, soweit dies zur Vermeidung von Spekulationsgeschäften geboten ist,
- Angelegenheiten, die dem Steuergeheimnis unterliegen,
- Personalangelegenheiten,
- Übernahme von Bürgschaften,
- Übernahme von Darlehen, Aufnahme von Darlehen,
- Vergaben nach der VOL,
- Vergaben nach der VOB,
- sonstige Auftragsvergaben,
- Niederschlagung, Erlass, Stundung und Ermäßigung von Abgaben,
- Übernahme von Bürgschaften,
- Verrentung von Ratenzahlungen,
- Rechtsstreitigkeiten, welche die Stadt berühren

auszuschließen.
(2) Die in nichtöffentlicher Sitzung geführten Verhandlungen sind vertraulich; über sie ist Verschwiegenheit zu wahren. Das Stadtratsmitglied darf die Kenntnis vertraulicher Angelegenheiten nicht unbefugt verwerten. Ausgenommen hiervon ist das Beschlussergebnis, soweit es für jedermann offenkundige Auswirkungen hat.

§ 17
Sitzordnung
(1) Die Stadtratsmitglieder sitzen nach Fraktionen geordnet. Die Verteilung der Sitzplätze ist Angelegenheit der Fraktionen. Einzelmitgliedern weist die/der Bürgermeister*in einen Sitzplatz zu.
(2) Die Anordnung der Sitzplätze obliegt abhängig von der Örtlichkeit der/dem Bürgermeister*in.

§ 18

Teilnahme von Vertreter*innen der Presse

(1) Pressevertreter*innen sind zur Teilnahme an öffentlichen Sitzungen entsprechende Arbeitsmöglichkeiten zur Verfügung zu stellen.
(2) Sie erhalten im Vorfeld der Sitzung die Verwaltungsvorlagen und Beratungsunterlagen, die den öffentlichen Teil der jeweiligen Sitzung betreffen.
(3) Ton- und Filmaufzeichnungen durch Pressevertreter sind nicht erlaubt.

§ 19

Sitzungsverlauf

(1) Die/Der Vorsitzende leitet die Sitzung, handhabt die Ordnung und übt das Hausrecht aus.
(2) Nach der Eröffnung der Sitzung durch die/den Vorsitzenden sind die Ordnungsgemäßheit der Einladung und deren Bekanntmachung sowie die Beschlussfähigkeit festzustellen.
(3) Sofern erforderlich, ist anschließend über Anträge nach § 41 Abs. 5 KSVG zu entscheiden. Gleiches gilt für die Feststellung der Dringlichkeit gemäß § 41. Absatz 3 Satz 4 KSVG.
(4) Der/Die Vorsitzende schließt die Sitzung, wenn alle Tagesordnungspunkte abgearbeitet sind oder wenn die Sitzung aus einem anderen Grund (Antrag auf Vertragung, Verlust der Beschlussfähigkeit, etc.) nicht weiter fortgesetzt werden kann.

§ 20

Beschlussfähigkeit (§ 44)

(1) Der Stadtrat ist beschlussfähig, wenn alle Mitglieder ordnungsgemäß einberufen sind und mehr als die Hälfte der gesetzlichen Mitgliederzahl anwesend ist. Im Falle des § 10 Abs. 8 der Geschäftsordnung gilt das Stadtratsmitglied als ordnungsgemäß eingeladen.
(2) Ist die zur Beschlussfähigkeit erforderliche Anzahl von Stadtratsmitgliedern nicht anwesend, so ist der zur Beratung derselben Gegenstände mit einer Frist von mindestens drei Tagen eingeladene Stadtrat beschlussfähig, sofern mindestens ein Fünftel der gesetzlichen Mitgliederzahl anwesend ist. Darauf ist in der Einladung ausdrücklich hinzuweisen.
(3) Ist die zur Beschlussfähigkeit erforderliche Anzahl von Stadtratsmitgliedern nicht mehr vorhanden, weil Stadtratsmitglieder wegen Interessenwiderstreit von der Teilnahme an der Beratung und Beschlussfassung ausgeschlossen sind, so ist der Stadtrat beschlussfähig, wenn mindestens drei stimmberechtigte Stadtratsmitglieder anwesend sind.
(4) Um die Überprüfung der Beschlussfähigkeit während einer laufenden Sitzung sicherzustellen, hat jedes Stadtratsmitglied, das den Sitzungsraum verlässt, dies der/dem Vorsitzenden beim Verlassen des Sitzungsraumes anzuzeigen. Gleiches gilt für die Rückkehr in den Sitzungsraum. Die Nicht-Teilnahme an der Beratung und Beschlussfassung ist in der Niederschrift festzuhalten.

§ 21

Teilnahme von Dritten an Sitzungen

(1) Auf Anordnung der Bürgermeisterin/des Bürgermeisters nehmen die Mitarbeiter*innen an den Sitzungen teil, deren Anwesenheit sie für erforderlich hält. Die/Der Vorsitzende kann diesen Mitarbeiter*innen das Wort erteilen.
(2) Auf Anordnung der Bürgermeisterin/des Bürgermeisters sowie auf Beschluss des Stadtrates können Sachverständige zu den Sitzungen des Stadtrates und der Ausschüsse hinzugezogen werden. Sachverständige*r im Sinne dieser Vorschrift kann jede Person sein, die aufgrund besonderer Kenntnisse in der Lage ist, die Arbeit des Stadtrates und seiner Ausschüsse durch Informationen und Vorschläge zu unterstützen. Sachverständige müssen nicht Einwohner*innen der Stadt sein. Sachverständige sind nicht stimmberechtigt. Sie sind bei nichtöffentlichen Sitzungen zur Verschwiegenheit und zur Vertraulichkeit verpflichtet.

(3) Der Stadtrat kann zu bestimmten Beratungsgegenständen Personen und Personengruppen hören.
(4) Die ehrenamtlichen Beauftragten (Seniorenbeauftragte*r, Kinder- und Jugendbeauftragte*r, Behindertenbeauftragte*r, Naturschutzbeauftragte) sowie die Vorsitzenden des Jugendbeirates und des Seniorenbeirates erhalten eine Einladung zu allen Stadtratssitzungen und zu den Sitzungen der Ausschüsse, mit Ausnahme des Rechnungsprüfungsausschusses. Sie nehmen an den Sitzungen mit beratender Stimme teil und haben das Recht, zu den ihren jeweiligen Wirkungskreis betreffenden Tagesordnungspunkten Stellung zu nehmen.
(5) Die in den Absätzen 2–4 genannten Personen dürfen an Beratungen, nicht aber an Beschlussfassungen in nichtöffentlichen Sitzungen teilnehmen. Sie sind diesbezüglich zur Verschwiegenheit verpflichtet.
(6) Die/Der Gleichstellungsbeauftragte, die Schwerbehindertenvertretung und die/der Vorsitzende des Personalrates (oder Vertreter*in) können an den Sitzungen des Stadtrates und seiner Ausschüsse teilnehmen, wenn Personalangelegenheiten zur Beratung und Beschlussfassung anstehen, die dem Mitwirkungs- bzw. Mitbestimmungsrecht der Gleichstellungsbeauftragten bzw. des Personalrates unterliegen. Sie dürfen an Beratungen, nicht aber an Beschlussfassungen teilnehmen und sind zur Verschwiegenheit verpflichtet.

§ 22
Beratungsgegenstände

(1) Der Stadtrat behandelt in der Sitzung die Punkte, die auf der Tagesordnung stehen sowie unvorhergesehene, keinen Aufschub duldende Angelegenheiten.
(2) Die Tagesordnungspunkte werden in der Regel in der sich aus der Einladung zur Sitzung ergebenden Reihenfolge behandelt. Diese kann zu Beginn und während der Sitzung mit Zustimmung des Stadtrates geändert werden.
(3) Die/Der Vorsitzende ruft die einzelnen Punkte der Tagesordnung zur Beratung und Beschlussfassung auf.
(4) Der/Dem Vorsitzenden oder einer von ihr/ihm benannten Person (Mitarbeiter*in oder Sachverständige*r) steht zu den einzelnen Beratungsgegenständen das erste Wort zu.
(5) Bei Anträgen von Fraktionen ist zunächst der antragstellenden Fraktion die Gelegenheit zu geben, den Antrag zu begründen.

§ 23
Redeordnung

(1) Die/Der Vorsitzende und mit dessen Zustimmung die Mitarbeiter*innen oder Sachverständige können jederzeit das Wort ergreifen.
(2) Der/Die Vorsitzende hat das Recht, einen eigenen Antrag jederzeit zur Abstimmung zu stellen.
(3) Jedes Stadtratsmitglied ist berechtigt, zu den einzelnen Tagesordnungspunkten zu sprechen, wenn ihm von der/vom Vorsitzenden das Wort erteilt wird.
(4) Wortmeldungen erfolgen durch Handaufheben. Die/Der Vorsitzende erteilt das Wort in der Reihenfolge der Wortmeldungen. Bei gleichzeitigen Wortmeldungen entscheidet die/der Vorsitzende über die Reihenfolge.
(5) Die/Der Vorsitzende kann Wortmeldungen vorziehen, die eine direkte Erwiderung, die Aufklärung eines Missverständnisses sowie einen Antrag zur Geschäftsordnung ankündigen.

(6) Die/Der Redner*in darf nicht unterbrochen werden, es sei denn, sie/er wird von der/vom Vorsitzenden zur Ordnung gerufen oder aufgefordert, zur Sache zu sprechen.
(7) Ein Stadtratsmitglied kann zur gleichen Sache nicht mehr als dreimal das Wort erhalten. Dies gilt nicht für die Fraktionsvorsitzenden in Sitzungen des Stadtrates sowie die Ausschusssprecher*innen in Ausschusssitzungen.

(8) Mit Ausnahme der Grundsatzerklärungen in der konstituierenden Sitzung sowie zu Haushalts- und Wirtschaftsplanangelegenheiten darf die Redezeit die Dauer von zehn Minuten nicht überschreiten. Bei Ausführungen und Anträgen zur Geschäftsordnung darf die Redezeit die Dauer von fünf Minuten nicht überschreiten.
(9) Der Stadtrat kann zu einzelnen Tagesordnungspunkten eine besondere Redezeit festsetzen. Ein darauf gerichteter Antrag kann nicht während der Ausführungen eines Redners gestellt werden.
(10) Bei bedeutsamen Erklärungen der Fraktionsvorsitzenden kann die/der Vorsitzende eine Überschreitung der Redezeit zulassen.
(11) Spricht ein Stadtratsmitglied über die festgesetzte Redezeit hinaus, so kann ihm von der/vom Vorsitzenden nach einmaliger Mahnung das Wort entzogen werden.
(12) Die/Der Vorsitzende kann jedes Stadtratsmitglied zu einer Stellungnahme auffordern.

§ 24
Anträge zur Geschäftsordnung
(1) Als Anträge zur Geschäftsordnung gelten solche Anträge, die sich auf Verfahrensfragen zur Durchführung der Sitzung beziehen. Sie können von jedem Stadtratsmitglied durch Zuruf „Zur Geschäftsordnung" während der Beratung, nicht jedoch während der Beschlussfassung (Abstimmung oder Wahl) gestellt werden.
(2) Anträge zur Geschäftsordnung sind sofort zu behandeln.

(3) Die zum Antrag vorgetragene Begründung darf sich nur auf Fragen der Geschäftsordnung des zur Beratung und Beschlussfassung anstehenden Tagesordnungspunktes oder auf die weitere Abwicklung der Tagesordnung beziehen. Ausführungen zur Sache selbst sind nicht zulässig.
(4) Ist ein Antrag zur Geschäftsordnung gestellt, ist auf Nachfrage durch die/den Vorsitzende*n ausschließlich noch den Fraktionen das Wort zu erteilen, die noch nicht zur Sache gesprochen haben. Danach ist unverzüglich über den Antrag abzustimmen.
(5) Als Anträge zur Geschäftsordnung gelten:
- Antrag auf Erweiterung der Tagesordnung um zusätzliche Beratungspunkte
- Anträge auf Änderung der Reihenfolge oder auf gemeinsame Beratung von Tagesordnungspunkten
- Anträge auf Absetzung eines Tagesordnungspunktes
- Anträge auf Schluss oder Verschiebung der Beratung
- Anträge auf sofortige Abstimmung zu einem Beratungsgegenstand
- Anträge auf Vertagung der Beratung und Beschlussfassung
- Anträge auf Verweisung eines Tagesordnungspunktes in einen Ausschuss
- Anträge auf Unterbrechung der Sitzung
- Anträge auf Beendigung der Sitzung
- Anträge auf Ausschluss oder Wiederherstellung der Öffentlichkeit
- Anträge auf Verweisung eines Tagesordnungspunktes in den nichtöffentlichen Teil der Sitzung
- Anträge auf Verweisung eines Tagesordnungspunktes in den öffentlichen Teil der Sitzung
- Anträge auf Festsetzung der Redezeit und Beschränkung der Rednerzahl

(6) Anträge auf Schluss der Beratung gehen allen anderen Anträgen zur Geschäftsordnung vor.

§ 25
Abgabe von persönlichen Erklärungen
(1) Zur Abgabe einer persönlichen Erklärung, die nicht im Zusammenhang mit einem Tagesordnungspunkt steht, kann die/der Vorsitzende einem Stadtratsmitglied außerhalb der Tagesordnung das Wort erteilen. Die Erklärung ist auf Verlangen schriftlich vorzulegen.
(2) Eine Aussprache über eine persönliche Erklärung ist nicht zulässig.

§ 26

Anträge zur Sache

(1) Jedem Beschluss muss ein eindeutig formulierter Antrag vorausgehen.
(2) Anträge können von der/dem Bürgermeister*in, den Fraktionen oder einzelnen Stadtratsmitgliedern gestellt werden. Jede*r Antragsteller*in kann seinen Antrag bis zur Abstimmung ändern oder zurücknehmen.
(3) Anträge, deren Bewilligung mit Ausgaben verbunden sind, für die im Haushalts- oder Wirtschaftsplan keine oder nicht ausreichend Mittel vorhanden sind, sollen gleichzeitig einen Deckungsvorschlag enthalten, der nach geltendem Haushaltsrecht zulässig ist.
Gleiches gilt für Anträge, die mit Einnahmeausfällen verbunden sind.

§ 27

Formen der Beschlussfassung (§§ 45, 46)

Der Stadtrat beschließt durch Abstimmung oder durch Wahlen.

§ 28

Allgemeine Abstimmungsgrundsätze

(1) Vor einer Abstimmung ist durch die/den Vorsitzende*n festzustellen, dass die Beratung abgeschlossen ist.
(2) Die Abstimmung erfolgt mit der Aufforderung zur Stimmabgabe.
(3) Die/Der Vorsitzende stellt jeden einzelnen Antrag zur Abstimmung. Mit Zustimmung des Stadtrates kann über mehrere zusammenhängende Punkte oder Anträge gemeinsam abgestimmt werden.
(4) Besteht der Beschlussvorschlag einer Vorlage oder eines Antrages aus mehreren Punkten, die getrennt beraten und nicht einheitlich beurteilt wurden, so ist auf Antrag über jeden Unterpunkt gesondert abzustimmen.

§ 29

Reihenfolge der Abstimmung

(1) Anträge zur Geschäftsordnung gehen Sachanträgen vor.
(2) Sollten mehrere Sachanträge zu einem Tagesordnungspunkt gestellt werden, so wird zunächst über den weitergehenden Antrag abgestimmt. Weitergehend ist der Antrag, der die größere finanzielle Belastung oder die geringeren Vorteile für die Stadt bringt. In Zweifelsfällen entscheidet die/der Vorsitzende über die Reihenfolge.
(3) Im Übrigen wird über mehrere Anträge in der Reihenfolge abgestimmt, in der sie gestellt worden sind.

§ 30

Beschlussfassung durch Abstimmung (§ 45)

(1) Der Stadtrat beschließt mit einfacher Stimmenmehrheit, soweit das Gesetz nichts anderes bestimmt. Bei Stimmengleichheit gilt der Antrag als abgelehnt.
(2) Die Abstimmung erfolgt grundsätzlich offen. Sie erfolgt durch Handheben zu den getrennten Fragen der/des Vorsitzenden, wer „für", „gegen" den Antrag stimmt bzw. sich der Stimme enthält. Die/Der Vorsitzende stellt dabei fest, wer für den Antrag ist, wer gegen ihn ist und wer sich der Stimme enthält.
(3) Bestehen über das Ergebnis der Abstimmung Zweifel, so kann die/der Vorsitzende die Abstimmung wiederholen oder die Stimmabgabe durch Aufstehen vom Sitzplatz vornehmen lassen. Die Stimme eines Stadtratsmitgliedes, das sich auf keine der gestellten Fragen geäußert hat, wird als Enthaltung gewertet.
(4) Wenn mehr als ein Drittel der anwesenden Stadtratsmitglieder es beantragen, wird namentlich abgestimmt. Bei der Feststellung dieser Zahl werden die Stadtratsmitglieder nicht mitgerechnet, die wegen Interessenwiderstreit von der Beratung und Beschlussfassung ausgeschlossen sind. Die namentliche Abstimmung erfolgt durch Namensaufruf der/des Stimmberechtigten in alphabetischer Reihenfolge. In der Sitzungsniederschrift ist zu vermerken, wie jedes einzelne Stadtratsmitglied abgestimmt hat.

(5) Wenn mehr als ein Drittel der anwesenden Stadtratsmitglieder es beantragen, wird geheim abgestimmt. Bei der Feststellung dieser Zahl werden die Stadtratsmitglieder nicht mitgerechnet, die wegen Interessenwiderstreit von der Beratung und Beschlussfassung ausgeschlossen sind.
(6) Der Antrag auf geheime Abstimmung geht dem Antrag auf namentliche Abstimmung vor.
(7) Die geheime Abstimmung erfolgt schriftlich unter Zuhilfenahme von Stimmzetteln. Die Stimmzettel sind von der Verwaltung zur Verfügung zu stellen. Sie müssen in ihrer Beschaffenheit (Größe, Farbe, Druck, ggfs. Aufschrift usw.) identisch sein. Gleiches gilt für die Umschläge, wenn die Stimmabgabe unter Benutzung von Umschlägen erfolgt.
(8) Bei der Durchführung von geheimen Abstimmungen muss gewährleistet sein, dass die Stimmabgabe jedes einzelnen Stadtratsmitgliedes so stattfinden kann, dass der geheime Charakter der Abstimmung gewahrt wird.
(9) Bei einer geheimen Abstimmung sind zur Auszählung der Stimmzettel zwei Stadtratsmitglieder zu bestimmen.
(10) Aus dem abgegebenen Stimmzettel muss der Wille der/des Abstimmenden eindeutig erkennbar sein. Trifft das nicht zu, so ist der Stimmzettel ungültig. Ungültig sind auch Stimmzettel, in denen die/der Abstimmende sich zu erkennen gibt. Unbeschriebene Stimmzettel gelten als ungültige Stimmen.
(11) Ungültige Stimmen und Stimmenthaltungen zählen bei der Berechnung der Mehrheit nicht mit.
(12) In der Niederschrift sind getrennt voneinander die Zahlen der Abstimmungsberechtigten, der ungültigen Stimmen, und Stimmenthaltungen, der gültigen Stimmen sowie die Anzahl der „ja"- und die Anzahl der „nein"-Stimmen zu vermerken.
(13) Jede Abstimmung schließt mit der Bekanntgabe des Ergebnisses durch die/den Vorsitzende*n.
(14) Zweifel an der Richtigkeit des Ergebnisses sind unverzüglich nach der Bekanntgabe geltend zu machen. Sollte eine Nachprüfung die Notwendigkeit ergeben, ist die Abstimmung unverzüglich zu wiederholen.

§ 31
Wahlen

(1) Wahlen werden durch geheime Abstimmungen vorgenommen.
(2) Gewählt ist, wer mehr als die Hälfte der abgegebenen gültigen Stimmen erhalten hat. Wird diese Mehrheit im ersten Wahlgang nicht erreicht, so tritt eine Stichwahl unter den beiden Bewerber*innen ein, die im ersten Wahlgang die höchste Stimmenzahl erreicht haben. Bei Stimmengleichheit entscheidet das Los, wer in die Stichwahl kommt. Das Los zieht ein vom Stadtrat bestimmtes Stadtratsmitglied. Falls keine Einigung zustande kommt, zieht die/der Vorsitzende das Los.
(3) Abs. 2 gilt nicht für Wahlen, bei denen aufgrund von Vorschlagslisten nach dem Höchstzahlverfahren gewählt wird.
(4) Eine Wahl findet nur dann statt, wenn durch ausdrückliche Bestimmung der Abstimmungsvorgang nach den Grundsätzen einer Wahl vorgenommen werden muss.
(5) Stehen bei Wahlen mehrere Bewerber*innen zur Wahl, so sind alle Stimmen ungültig, die sich nicht positiv für eine*n der Bewerber*innen entscheiden. Steht nur ein*e Bewerber*in zur Wahl, besteht die Möglichkeit, eine gültige Stimme gegen die/den Bewerber*in abzugeben. Der Stimmzettel ist so herzurichten, dass diese Möglichkeit gegeben ist.
(6) Zur Durchführung einer Wahl ist ein Wahlausschuss zu bilden. Der Wahlausschuss besteht aus der/dem Vorsitzenden, zwei Beisitzer*innen (Wahlhelfer*innen). Die Beisitzer*innen (Wahlhelfer*innen) müssen Stadtratsmitglieder sein.
(7) Die Stimmzettel sind nach der Feststellung des Wahlergebnisses und dessen Aufnahme in die Niederschrift zu vernichten, sobald über eventuelle Einwendungen gegen die Niederschrift entschieden und kein rechtliches Verfahren anhängig ist.

§ 32
Allgemeine Ordnungsbestimmungen (§ 43)

(1) Die Stadtratsmitglieder sollen sich jederzeit der Würde als Vertreter*innen der Bürger*innen in einer verfassungsmäßigen Einrichtung bewusst sein.
(2) Die/Der Vorsitzende kann Stadtratsmitgliedern, die vom Gegenstand der Beratung wesentlich abweichen oder sich häufig wiederholen „Zur Sache“ rufen. Ist ein Stadtratsmitglied beim gleichen Tagesordnungspunkt dreimal „Zur Sache“ gerufen worden, so kann ihr/ihm die/der Vorsitzende zu diesem Tagesordnungspunkt das Wort entziehen. Nach dem zweiten Ruf „Zur Sache“ muss die/der Vorsitzende das Stadtratsmitglied auf diese Folge hinweisen.
(3) Die/Der Vorsitzende kann bei grober Ungebühr oder Zuwiderhandlung gegen die zur Aufrechterhaltung der Ordnung getroffenen Anordnungen Stadtratsmitglieder zur Ordnung rufen. Nach dreimaligem Ordnungsruf kann sie/er das Stadtratsmitglied von der Teilnahme an der Sitzung ausschließen. In schweren Fällen darf die/der Vorsitzende den Ausschluss auch für zwei weitere Sitzungen aussprechen. Der Ausschluss von zwei weiteren Sitzungen kann zurückgenommen werden.
(4) Der Ausschluss von den Sitzungen des Stadtrates hat den Ausschluss von allen Ausschusssitzungen in diesem Zeitraum zur Folge.
(5) Das gemäß Absatz 3 ausgeschlossene Stadtratsmitglied verliert für die Dauer des Ausschlusses alle finanziellen Ansprüche, die sich aus seiner Mitgliedschaft im Stadtrat ergeben.
(6) Die/Der Vorsitzende kann die Sitzung für eine bestimmte Zeit unterbrechen, wenn sie durch Unruhe gestört wird oder wenn die Anordnungen, die sie/er zur Aufrechterhaltung der Ordnung trifft, nicht befolgt werden. Kann sich die/der Vorsitzende wegen Unruhe oder sonstiger Umstände kein Gehör verschaffen, so verlässt sie/er ihren/seinen Platz. Die Sitzung ist dann für eine Viertelstunde unterbrochen.
(7) Die/Der Vorsitzende kann die Sitzung schließen, wenn sie auf Dauer durch Unruhe gestört wird oder wenn die Anordnungen, die sie/er zur Aufrechterhaltung der Ordnung trifft, nicht befolgt werden und nach sorgfältiger Prüfung der Umstände auch nicht die Aussicht besteht, dass die Ordnung wiederhergestellt werden kann.

§ 33
Ordnungsregeln für Zuhörer*innen (§ 43)

(1) Die/der Vorsitzende kann Zuhörer*innen, die Beifall oder Missfallen äußern oder in anderer Weise die Sitzung stören, zur Ordnung rufen. Sie/Er kann einzelne oder bei allgemeiner Unruhe sämtliche Zuhörer*innen aus dem Sitzungsraum entfernen lassen.
(2) Die/Der Vorsitzende kann Zuhörer*innen, die wiederholt die Sitzung gestört haben, auf eine von ihr/ihm bestimmte Zeit vom Besuch der Sitzung ausschließen.
(3) Die/Der Vorsitzende kann den Sitzungsraum wegen Überfüllung sperren, wenn alle für die Öffentlichkeit bestimmten Sitzplätze besetzt sind.

§ 34
Sitzungsniederschrift (§ 47)

(1) Über die Sitzungen des Stadtrates und seiner Ausschüsse sind Niederschriften zu führen. Die Niederschriften führt ein/eine von der/dem Bürgermeister*in bestimmte*r Mitarbeiter*in der Verwaltung.
(2) Die Niederschrift wird als Beschlussprotokoll geführt und muss enthalten:

- Ort, Tag, Beginn und Ende der Sitzung
- die Feststellung über die Ordnungsmäßigkeit der Sitzungseinladung sowie über die Beschlussfähigkeit des Rates
- den Namen des Vorsitzenden
- die Namen der anwesenden Stadtratsmitglieder mit einem Vermerk über ihre evtl. zeitweilige Abwesenheit (z. B. bei Nichtteilnahme an der Beratung und Beschlussfassung wegen Interessenwiderstreit)

- die Namen der fehlenden Stadtratsmitglieder
- die Namen der mit beratender Stimme teilnehmenden Sachverständigen und sonstigen Personen und Personengruppen sowie der vom Vorsitzenden hinzugezogenen Bediensteten der Stadtverwaltung
- die Tagesordnung
- die zu den einzelnen Tagesordnungspunkten gestellten Anträge
- die jeweiligen Abstimmungs- und Wahlergebnisse
- den Wortlaut der Beschlüsse

(3) Jedes Stadtratsmitglied kann verlangen, dass seine Auffassung und seine Anträge in die Niederschrift aufgenommen werden.

(4) Der Antrag eines Stadtratsmitglieds, seine Auffassung zu einem Beratungsgegentand in die Niederschrift aufzunehmen, ist vor der betreffenden Äußerung zu stellen.

(5) Die Niederschrift ist von der/dem Vorsitzenden, der/dem Schriftführer*in und mindestens zwei durch Beschluss des Stadtrates hierzu bestimmten Stadtratsmitgliedern zu unterzeichnen.

(6) Die Sitzungen des Stadtrates und der Ausschüsse können zum Zwecke der Fertigung der Niederschrift aufgezeichnet werden (nur Ton). Bei Zweifelsfällen über die Richtigkeit der Wiedergabe von Auffassungen und Anträgen in der Niederschrift können die Tonaufzeichnungen durch die Fraktionsvorsitzenden oder deren Stellvertreter*innen abgehört werden. Nach der Feststellung, dass gegen die Niederschrift keine Einwände bestehen, sind die Tonaufzeichnungen zu löschen.

(7) Jede/r Einwohner*in, die/der ein berechtigtes Interesse glaubhaft macht, kann die Niederschrift einsehen und sich auf eigene Kosten Abschriften der Sitzungsniederschriften, mit Ausnahme der Niederschriften über nichtöffentliche Sitzungen, anfertigen lassen.

§ 35
Bekanntgabe der Niederschrift (§ 47)

(1) Auf das Vorlesen der Niederschrift wird verzichtet. Die Bekanntgabe der Niederschrift an die Stadtratsmitglieder erfolgt durch Übersendung eines Abdrucks mit der elektronischen oder schriftlichen Einladung zur jeweils nächsten Sitzung.

(2) Einwendungen gegen die Niederschrift sind jeweils zu Beginn der nächsten Sitzung bei Aufruf des entsprechenden Tagesordnungspunktes zu erheben. Werden Einwendungen nicht erhoben, so gilt die Niederschrift als angenommen.

Abschnitt IV
Ausschüsse

§ 36
Geschäftsgang und Verfahren

Für die Ausschüsse gelten die Regeln für den Stadtrat entsprechend, soweit nicht gesetzliche oder sonstige Bestimmungen dem entgegenstehen.

§ 37
Bildung von Ausschüssen (§ 35, § 48)

(1) Der Stadtrat bildet zur Vorbereitung seiner Beschlüsse und zur Beschlussfassung über Angelegenheiten, die nach dieser Geschäftsordnung übertragen sind, aus seiner Mitte folgende Ausschüsse:

1. Hauptausschuss
2. Kultur- und Sozialausschuss
3. Ausschuss für Stadtplanung, Umwelt und Bauordnung
4. Werksausschuss
5. Rechnungsprüfungsausschuss

(2) Bei Bedarf können auf Beschluss des Stadtrates weitere Ausschüsse gebildet werden.

§ 38
Zuständigkeit der Ausschüsse (§ 34, § 48)

(1) Die Ausschüsse führen die zur Vorbereitung der Beschlüsse des Stadtrates erforder-

lichen Beratungen durch und sprechen Beschlussempfehlungen aus.
(2) In den ihnen zugewiesenen Angelegenheiten können die Ausschüsse auch anstelle des Stadtrates Beschlüsse fassen.

§ 39
Besetzung der Ausschüsse (§ 35, § 48)

(1) Die Ausschüsse bestehen aus 11 Mitgliedern.
(2) Die Mitglieder der Ausschüsse werden vom Stadtrat auf Vorschlag der Fraktionen für die Dauer der Amtszeit des Stadtrates berufen.
(3) Bei der Besetzung der Ausschüsse sind die im Stadtrat vertretenen Parteien und Wählergruppen entsprechend ihrer Stärke zu berücksichtigen. Die Sitze in den Ausschüssen werden auf die Gruppierungen nach Satz 1 entsprechend der Anzahl ihrer Mitglieder im Stadtrat nach dem Höchstzahlverfahren nach d`Hondt verteilt. Bei gleichen Höchstzahlen entscheidet das Los.
Ändert sich das Stärkeverhältnis der im Stadtrat vertretenen Gruppierungen, so sind die Ausschüsse neu zu bilden, wenn sich aufgrund des neuen Stärkeverhältnisses eine andere Besetzung ergeben würde.
(4) Bleibt eine Fraktion bei der Bildung eines Ausschusses unberücksichtigt, so kann sie aus ihrer Mitte ein Mitglied benennen, das mit beratender Stimme und dem Recht, Anträge zu stellen, an den Ausschusssitzungen teilnimmt. Gleiches gilt für fraktionslose Mitglieder.
(5) Scheidet ein Ausschussmitglied aus dem Stadtrat aus, so erlischt damit seine Zugehörigkeit zu den Ausschüssen. Die Fraktion, der das betreffende Ausschussmitglied angehörte, hat das Recht, eine*n Nachfolger*in zu benennen.
(6) Scheidet ein Stadtratsmitglied aus einer Fraktion aus, erlischt damit seine Zugehörigkeit zu den Ausschüssen.

§ 40
Vertretung der Ausschussmitglieder (§ 48)

(1) Jedes Ausschussmitglied kann sich durch ein anderes Mitglied des Stadtrates vertreten lassen. Die Vertretung ist der/dem Ausschussvorsitzenden anzuzeigen und in der Niederschrift zu vermerken.
(2) Mitglieder des Stadtrates, die nicht dem Ausschuss angehören, können an den Ausschusssitzungen ohne Stimmrecht teilnehmen.

§ 41
Vorsitz in den Ausschüssen (§ 48)

(1) Die/Der Bürgermeister*in führt den Vorsitz in den Ausschüssen. Ist die/der Bürgermeister*in verhindert, übernehmen die Beigeordneten in der Reihenfolge ihrer Vertretungsbefugnis.
(2) Bei Verhinderung der Bürgermeisterin/des Bürgermeisters und der Beigeordneten bestellt der Ausschuss die/den Vorsitzende*n aus seiner Mitte. Bei Sitzungen, in denen über die Jahresrechnung beraten wird, bestellt der Ausschuss für diesen Gegenstand der Tagesordnung eine*n besondere*n Vorsitzende*n.
(3) Die/Der Vorsitzende ist nur stimmberechtigt, wenn sie/er gemäß § 41 der Geschäftsordnung in den Ausschuss berufen wurde oder als Vorsitzende*r gleichzeitig gemäß § 42 der Geschäftsordnung ein in den Ausschuss berufenes Stadtratsmitglied vertritt.

§ 42
Nichtöffentlichkeit der Ausschusssitzungen (§48)

(1) Die Sitzungen der Ausschüsse zur Vorbereitung der Beschlüsse des Stadtrates sind nichtöffentlich. Sitzungen über den Ausschüssen zur Beschlussfassung übertragene Aufgaben sind öffentlich.
(2) Bei öffentlichen Ausschusssitzungen sind die Vorschriften des § 15 der Geschäftsordnung entsprechend anzuwenden.

§ 43

Gemeinsame Sitzung mehrerer Ausschüsse

Bei gemeinsamen Sitzungen mehrerer Ausschüsse beschließen die Ausschüsse getrennt.

§ 44

Allgemeine Zuständigkeit der Ausschüsse in zur Entscheidung übertragenen Angelegenheiten (§48)

(1) Den Ausschüssen des Stadtrates wird im Rahmen der Gesetze und dieser Geschäftsordnung die Entscheidung übertragen, im Bereich ihrer Beratungszuständigkeit die nachgenannten Beschlüsse zu fassen, sofern Mittel zur Verfügung stehen bzw. Verpflichtungsermächtigungen bestehen und die Ausgaben nicht mit erheblichen Folgekosten verbunden sind. Erheblich sind Folgekosten, wenn sie in den Folgejahren jeweils 15 % der einmaligen Ausgabe überschreiten.

a. Erwerb von Vermögensgegenständen und Verfügungen über das Vermögen der Stadt mit einem Wert von über 25.000,00 EUR bis 250.000,00 EUR.
b. Vergabe von Aufträgen über Lieferungen und Leistungen mit einem Brutto-Auftragswert von über 25.000,00 EUR bis 150.000,00 EUR.
c. Auftragserweiterungen und -erhöhungen zu b), sofern der jeweilige Betrag 10 % des Auftragswertes nicht übersteigt.

(2) Die Beratungs- und Entscheidungszuständigkeit der Ausschüsse ergibt sich aus dem zur Beratung und Beschlussfassung anstehenden Sachverhalt und orientiert sich an der Organisation der Stadtverwaltung. Im Zweifelsfall wird sie von der/dem Bürgermeister*in festgelegt.

§ 45

Ausschuss I – Hauptausschuss

Dem Hauptausschuss sind folgende Angelegenheiten zur Beschlussfassung übertragen:

1. Die Führung von Rechtsstreitigkeiten ab einem Streitwert von 6.000,00 EUR bis 50.000,00 EUR im Einzelfall.
2. Den Abschluss von gerichtlichen und außergerichtlichen Vergleichen ab einer Wertgrenze von 6.000,00 EUR bis 26.000,00 EUR im Einzelfall.
3. Den Beitritt bzw. Austritt aus Verbänden und Vereinen, sofern der Jahresbeitrag die Grenze von 100,00 EUR überschreitet.
4. Stundungen städtischer Forderungen ab einer Wertgrenze von 8.000,00 EUR bis 50.000,00 EUR im Einzelfall, längstens für 12 Monate.
5. Niederschlagung und Erlass städtischer Forderungen ab einer Wertgrenze von 6.000,00 EUR bis 26.000,00 EUR im Einzelfall.
6. Gewährung von Zuschüssen im Rahmen der vorhandenen Haushaltsmittel, sofern nicht andere Ausschüsse oder die/der Bürgermeister*in zuständig sind.
7. Die Einstellung, Höhergruppierung und Entlassung von Beschäftigten nach dem TVÖD-VKA bis einschließlich der Entgeltgruppe 10 bzw. S9 im TV für den Sozial- und Erziehungsdienst.
8. Die Einstellung und Beförderung sowie die Anstellung und Ernennung auf Lebenszeit von Beamten bis einschließlich Besoldungsgruppe A 10.
9. Die Einstellung von Nachwuchskräften.
10. Entgegennahme der Jahresberichte des Kommunalen Ordnungsdienstes.
11. Entgegennahme der jährlichen Verkehrsunfallstatistik sowie der Kriminalitätsstatistik des Landespolizeipräsidiums.

§ 46

Ausschuss II – Kultur- und Sozialausschuss

Dem Kultur- und Sozialausschuss sind folgende Angelegenheiten zur Beschlussfassung übertragen:

1. Bewilligung von Beihilfen und Zuschüssen an Vereine, Verbände, Wohlfahrtseinrichtungen, Sozialstationen und Kirchen, soweit nicht der/dem Bürgermeister*in übertragen.
2. Bewilligung von Zuschüssen an die örtlichen Büchereien.
3. Gewährung von freiwilligen Sach- und Bar-Zuwendungen aus Haushaltsmitteln an Bedürftige soweit nicht der/dem Bürgermeister*in übertragen.
4. Herstellung des Einvernehmens zum Jahresprogramm der örtlichen Volkshochschule.
5. Angelegenheiten der Städtepartnerschaften bzw. Patenschaften der Stadt, sofern sie nicht von grundsätzlicher Bedeutung sind.
6. Entgegennahme des Jahresberichtes der/des kommunalen Gleichstellungsbeauftragten.
7. Entgegennahme des Jahresberichtes der/des Seniorenbeauftragten.
8. Entgegennahme des Berichtes der/des Kinder- und Jugendbeauftragten.
9. Entgegennahme des Jahresberichtes der/des Behindertenbeauftragten.
10. Entgegennahme des Jahresberichtes des Mehrgenerationenhauses.
11. Entgegennahme des Jahresberichtes des Seniorenbeirates.
12. Entgegennahme des Jahresberichtes des Jugendbeirates.
13. Entgegennahme des jährlichen Asyl- und Zuwanderungsberichtes.

§ 47

Ausschuss III – Ausschuss für Stadtplanung, Umwelt und Bauordnung

Dem Ausschuss für Stadtplanung, Umwelt und Bauordnung sind folgende Angelegenheiten zur Beschussfassung übertragen:

1. Herstellung des Einvernehmens nach § 31 BauGB (Ausnahmen und Befreiungen in Bebauungsplangebieten).
2. Herstellung des Einvernehmens nach § 34 BauGB (Zulässigkeit von Bauvorhaben innerhalb bebauter Ortslagen), soweit von Seiten der Verwaltung Bedenken bestehen oder ein Grundsatzbeschluss erforderlich ist.
3. Herstellung des Einvernehmens nach § 33 BauGB (Zulässigkeit von Vorhaben während der Planaufstellung), wenn der Antrag vor Beschluss der Satzung durch den Stadtrat gestellt wird oder Abweichungen zu einem Satzungsbeschluss bestehen.
4. Herstellung des Einvernehmens nach § 35 BauGB (Zulässigkeit von Vorhaben im Außenbereich), falls es sich nicht um eindeutig privilegierte Vorhaben handelt.
5. Herstellung des Einvernehmens bei Bauvorhaben, zu deren Genehmigung die Aufstellung oder Änderung eines Bebauungsplanes oder einer Satzung nach § 34 Abs. 4 BauGB erforderlich ist.
6. Herstellung des Einvernehmens nach § 36 Abs. 1 BauGB für Bauvorhaben im unbeplanten Innenstadtbereich.
7. Herstellung des Einvernehmens nach § 36 Abs. 1 BauGB für Bauvorhaben von städtebaulicher und landesplanerischer Bedeutung.
8. Herstellung des Einvernehmens bei Bauvorhaben innerhalb förmlich festgelegter Sanierungsgebiete, wenn diese von besonderer städtebaulicher Bedeutung sind oder die Gefahr der Beeinträchtigung der Sanierungsziele besteht.
9. Bauvoranfragen (Anträge auf Erteilung eines Vorbescheides).

10. Entgegennahme der Berichte der Naturschutzbeauftragten.
11. Entgegennahme des Berichtes des Zentrumsmanagements.

§ 48
Ausschuss IV – Werksausschuss
Der Werksausschuss beschließt in allen Angelegenheiten, soweit diese nicht nach dem KSVG oder der EigVO dem Stadtrat zur Beschlussfassung vorbehalten sind und nicht nach der Betriebssatzung des „Eigenbetrieb Technische Dienste Stadt Püttlingen" der/dem Werkleiter*in übertragen sind.

§ 49
Ausschuss V – Rechnungsprüfungsausschuss
Der Rechnungsprüfungsausschuss hat folgende Aufgaben:
a. Beratung der Prüfungsergebnisse und der Schlussberichte zu den Jahresrechnungen
b. Beratung der überörtlichen Prüfungsberichte des Gemeindeprüfungsamtes

Dem Rechnungsprüfungsausschuss sind keine Angelegenheiten zur Beschlussfassung übertragen.

§ 50
Zuständigkeit der Bürgermeisterin/des Bürgermeisters
Die/Der Bürgermeister*in wird in alleiniger Zuständigkeit zur Entscheidung in folgenden Angelegenheiten ermächtigt:
1. Erwerb von Vermögensgegenständen und Verfügungen über das Vermögen der Stadt mit einem Wert von bis zu 25.000,00 EUR.
2. Vergabe von Aufträgen über Lieferungen und Leistungen mit einem Brutto-Auftragswert von bis zu 25.000,00 EUR.
3. Beschaffung des laufenden Verwaltungsbedarfes.
4. Die den Ausschüssen übertragenen Aufgaben, für die eine Wertgrenze festgesetzt ist, bis zur jeweiligen unteren Wertgrenze.
5. Einstellung und Entlassung von Jahrespraktikanten für den Verwaltungsbereich und die Kindertageseinrichtungen.
6. Befristete Einstellungen als Ersatz für Dienstkräfte, die sich in der Elternzeit befinden sowie für Vertretungen in längeren Krankheitsfällen und Entlassungen.
7. Befristete Einstellung und Entlassung von Gruppenpersonal der Kindertageseinrichtungen.
8. Einstellung und Entlassung von Saisonkräften.
9. Vergabe von Zuwendungen für soziale und caritative Zwecke bis zu einer Höhe von 300,00 EUR.
10. Gewährung von einmaligen Zuwendungen an Vereine bis zu einer Höhe von 100,00 EUR.

Über die im Rahmen des Absatz 1 hinaus übertragenen Befugnisse verbleibt die der/dem Bürgermeister*in zuerkannte Anweisungsbefugnis in dringenden Angelegenheiten nach § 61 KSVG.

§ 51
Verfahren bei über- und außerplanmäßigen Ausgaben
Über über- und außerplanmäßige Ausgaben ist der Stadtrat einmal jährlich zu unterrichten.

Abschnitt V
Schlussbestimmungen

§ 52
Ausfertigung der Geschäftsordnung
Jedes Stadtratsmitglied erhält eine Ausfertigung der Geschäftsordnung.

§ 53
Auslegung der Geschäftsordnung
Über Zweifel bei der Auslegung der Geschäftsordnung beschließt der Stadtrat.

§ 54
Änderung der Geschäftsordnung

(1) Die Geschäftsordnung kann nur geändert werden, wenn die Beschlussfassung über die Änderung in die Tagesordnung einer Stadtratssitzung aufgenommen wurde und die Änderungsvorschläge mit der Einladung zur Sitzung allen Stadtratsmitgliedern mitgeteilt wurden.
(2) Änderungen der Geschäftsordnung bedürfen der Zustimmung der Mehrheit der gesetzlichen Mitgliederzahl des Stadtrates.
(3) Mit Zustimmung der Mehrheit der gesetzlichen Zahl der Stadtratsmitglieder kann im Einzelfall von den Vorschriften der Geschäftsordnung abgewichen werden.

§ 55
Inkrafttreten und Gültigkeit

(1) Die Geschäftsordnung tritt mit Beschluss des Stadtrates am 27.01.2021 in Kraft.
(2) Die Gültigkeit der Geschäftsordnung ist nicht auf die Dauer der Amtszeit des Stadtrates beschränkt.

Püttlingen, den 27.01.2021

Denise Klein
Bürgermeisterin

KWG

Kommunalwahlgesetz

in der Fassung der Bekanntmachung vom 22. Januar 2019,
zuletzt geändert durch das Gesetz vom 12. Juli 2023
(Amtsbl. I S. 828). Fundstelle: Amtsblatt 2019, S. 127.

Kommunalwahlgesetz (KWG)

in der Fassung der Bekanntmachung vom 22. Januar 2019, zuletzt geändert durch das Gesetz vom 12. Juli 2023 (Amtsbl. I S. 828).
Fundstelle: Amtsblatt 2019, S. 127.

INHALTSÜBERSICHT

Erster Teil
Wahlen zu den Gemeinderäten

Erster Abschnitt
Allgemeine Bestimmungen

§ 1
Wahlrechtsgrundsätze

Die Mitglieder des Gemeinderates werden in allgemeiner, unmittelbarer, freier, gleicher und geheimer Wahl gewählt.

§ 2
Wahlverfahren

Die Mitglieder des Gemeinderates werden aufgrund von Wahlvorschlägen nach den Grundsätzen der Verhältniswahl gewählt. Ist nur ein oder kein gültiger Wahlvorschlag eingereicht, so findet Mehrheitswahl statt.

§ 3
Wahltag

Der Tag der allgemeinen Gemeinderatswahlen wird durch die Landesregierung, der Tag der einzelnen Nach-, Wiederholungs- und Neuwahlen durch das Ministerium für Inneres, Bauen und Sport bestimmt. Das Ministerium für Inneres, Bauen und Sport gibt den Wahltag im Amtsblatt des Saarlandes bekannt.

§ 4
Einteilung des Wahlgebiets

(1) Wahlgebiet ist das Gebiet der Gemeinde.

(2) Das Wahlgebiet wird vom Gemeinderat für die Aufstellung von Bereichslisten in Wahlbereiche eingeteilt. Die Wahlbereiche sollen einen oder mehrere benachbarte Gemeindeteile (Stadtteile, Ortsteile) umfassen.

(3) Das Wahlgebiet wird von der Gemeindewahlleiterin oder vom Gemeindewahlleiter für die Stimmabgabe in Wahlbezirke eingeteilt. Die Wahlbezirke sind so abzugrenzen, dass sie die Grenzen des Wahlbereichs sowie des Gemeindebezirks oder des Stadtbezirks nicht überschneiden. Die Zahl der Wahlberechtigten eines Wahlbezirks darf nicht so gering sein, dass hierdurch das Wahlgeheimnis gefährdet wird.

Zweiter Abschnitt
Wahlorgane

§ 5
Wahlorgane

(1) Wahlorgane sind

1. die Landeswahlleiterin oder der Landeswahlleiter für das Saarland,
2. die Gemeindewahlleiterin oder der Gemeindewahlleiter für jede Gemeinde,
3. der Gemeindewahlausschuss für jede Gemeinde,
4. der Wahlvorstand für jeden Wahlbezirk,
5. der Wahlbeschwerdeausschuss für jeden Landkreis, für jede kreisfreie Stadt, für die Landeshauptstadt Saarbrücken und für den Regionalverband Saarbrücken.

(2) Soweit Wahlorgane, ihre Mitglieder oder Stellvertreterinnen und Stellvertreter zu bestellen sind, gilt ihre Bestellung bis zur Bekanntmachung des nächsten allgemeinen Wahltags. Sie kann widerrufen werden.

(3) Die Wahlausschüsse und Wahlvorstände verhandeln, beraten und entscheiden in öffentlicher Sitzung. Soweit nicht in diesem Gesetz etwas anderes bestimmt ist, entscheidet bei den Abstimmungen Stimmenmehrheit; bei Stimmengleichheit gibt die Stimme der oder des Vorsitzenden den Ausschlag.

(4) Die Mitglieder der Wahlorgane, ihre Stellvertreterinnen und Stellvertreter und die Schriftführerinnen und Schriftführer sind zur unparteiischen Wahrnehmung ihres Amtes und zur Verschwiegenheit über die ihnen bei ihrer amtlichen Tätigkeit bekannt gewordenen Angelegenheiten verpflichtet. Sie dürfen in Ausübung ihres Amtes ihr Gesicht nicht verhüllen.

(5) Die Gemeindewahlleiterinnen und Gemeindewahlleiter sind befugt, personenbezogene Daten von Wahlberechtigten zum Zweck ihrer Berufung zu Mitgliedern von Wahlvorständen zu erheben und zu verarbeiten. Zu diesem Zweck dürfen personenbe-

zogene Daten von Wahlberechtigten, die zur Tätigkeit in Wahlvorständen geeignet sind, auch für künftige Wahlen verarbeitet werden, sofern die oder der Betroffene der Verarbeitung nicht widersprochen hat. Die oder der Betroffene ist über das Widerspruchsrecht zu unterrichten. Im Einzelnen dürfen folgende Daten erhoben und verarbeitet werden: Name, Vorname, Geburtsdatum, Anschrift, Telefonnummern, Zahl der Berufungen zu einem Mitglied der Wahlvorstände und die dabei ausgeübte Funktion.

(6) Auf Ersuchen der Gemeindewahlleiterinnen und Gemeindewahlleiter sind zur Sicherstellung der Wahldurchführung die Behörden des Landes, die Gemeinden, Gemeindeverbände sowie die sonstigen der Aufsicht des Landes unterstehenden juristischen Personen des öffentlichen Rechts verpflichtet, aus dem Kreis ihrer Bediensteten unter Angabe von Name, Vorname, Geburtsdatum und Anschrift zum Zweck der Berufung als Mitglieder der Wahlvorstände Personen zu benennen, die im Gebiet der ersuchenden Gemeinde wohnen. Die ersuchte Stelle hat die Betroffene oder den Betroffenen über die übermittelten Daten und über die Empfängerin oder den Empfänger zu benachrichtigen.

(7) Daten, die nach § 9 Abs. 5 des Bundeswahlgesetzes erhoben wurden, können zur Sicherstellung der Wahldurchführung auch für die Berufung zu Mitgliedern von Wahlvorständen für Wahlen und Abstimmungen nach diesem Gesetz verwendet werden.

§ 6
Landeswahlleiterin, Landeswahlleiter

(1) Die Landesregierung bestellt die Landeswahlleiterin oder den Landeswahlleiter und die stellvertretende Landeswahlleiterin oder den stellvertretenden Landeswahlleiter auf unbestimmte Zeit. § 3 Satz 2 gilt entsprechend.

(2) Die Landeswahlleiterin oder der Landeswahlleiter hat die Aufgabe, die gesetzmäßige Vorbereitung und Durchführung der Wahl zu überwachen und zu überprüfen.

§ 7
Gemeindewahlleiterin, Gemeindewahlleiter

(1) Gemeindewahlleiterin oder Gemeindewahlleiter ist die Bürgermeisterin oder der Bürgermeister, stellvertretende Gemeindewahlleiterin oder stellvertretender Gemeindewahlleiter ist die gesetzliche Vertreterin oder der gesetzliche Vertreter der Bürgermeisterin oder des Bürgermeisters.

(2) Wer Wahlbewerberin oder Wahlbewerber, Vertrauensperson oder stellvertretende Vertrauensperson für einen Wahlvorschlag ist, kann nicht Gemeindewahlleiterin oder Gemeindewahlleiter oder stellvertretende Gemeindewahlleiterin oder stellvertretender Gemeindewahlleiter sein; an ihre oder seine Stelle tritt jeweils die gesetzliche Vertreterin oder der gesetzliche Vertreter. Im Fall der Verhinderung der Bürgermeisterin oder des Bürgermeisters und seiner Vertreterinnen und Vertreter wählt der Gemeinderat für die Dauer des Wahlverfahrens eine besondere Gemeindewahlleiterin oder einen besonderen Gemeindewahlleiter und eine besondere stellvertretende Gemeindewahlleiterin oder einen besonderen stellvertretenden Gemeindewahlleiter. Kann eine gesetzliche Vertreterin oder ein gesetzlicher Vertreter nicht stellvertretende Gemeindewahlleiterin oder stellvertretender Gemeindewahlleiter sein, so wählt der Gemeinderat für die Dauer des Wahlverfahrens eine besondere stellvertretende Gemeindewahlleiterin oder einen besonderen stellvertretenden Gemeindewahlleiter.

§ 8
Gemeindewahlausschuss

(1) Der Gemeindewahlausschuss besteht aus der Gemeindewahlleiterin als der Vorsitzenden oder dem Gemeindewahlleiter als dem Vorsitzendem und mindestens vier von ihr oder ihm berufenen Wahlberechtigten als Beisitzerinnen und Beisitzer; für jede Beisitzerin oder jeden Beisitzer ist eine Stellvertreterin oder ein Stellvertreter zu bestellen. Mitglied des Gemeindewahlausschusses

kann nicht sein, wer Vertrauensperson oder stellvertretende Vertrauensperson für einen Wahlvorschlag ist. Bei der Bestellung der Beisitzerinnen und Beisitzer und ihrer Stellvertreterinnen und Stellvertreter hat die Gemeindewahlleiterin oder der Gemeindewahlleiter rechtzeitig eingehende Vorschläge der in der Gemeinde vertretenen Parteien und Wählergruppen zu berücksichtigen.
(2) Der Gemeindewahlausschuss entscheidet über die Zulassung der Wahlvorschläge. Er stellt ferner das Gesamtergebnis der Wahl in der Gemeinde fest und nimmt die Verteilung der Sitze vor.
(3) Der Gemeindewahlausschuss ist beschlussfähig, wenn außer der Vorsitzenden oder dem Vorsitzenden wenigstens zwei Beisitzerinnen oder Beisitzer anwesend sind. Der Gemeindewahlausschuss verhandelt und entscheidet in öffentlicher Sitzung. Bei den Abstimmungen entscheidet Stimmenmehrheit; bei Stimmengleichheit gibt die Stimme der oder des Vorsitzenden den Ausschlag. Zu den Verhandlungen ist eine Schriftführerin oder ein Schriftführer zuzuziehen; über die Verhandlungen ist eine Niederschrift zu fertigen.

§ 9
Wahlvorstand

(1) Für jeden Wahlvorstand beruft die Gemeindewahlleiterin oder der Gemeindewahlleiter nach Möglichkeit aus den Wahlberechtigten der Gemeinde eine Wahlvorsteherin als Vorsitzende oder einen Wahlvorsteher als Vorsitzenden und die Stellvertreterin oder den Stellvertreter. Sie oder er beruft mindestens drei Beisitzerinnen und Beisitzer möglichst aus den Wahlberechtigten der Gemeinde unter Berücksichtigung rechtzeitig eingehender Vorschläge der in der Gemeinde vertretenen Parteien und Wählergruppen. Fehlende Beisitzerinnen und Beisitzer kann die Wahlvorsteherin oder der Wahlvorsteher durch anwesende Wahlberechtigte ersetzen.
(2) Die Wahlvorsteherin oder der Wahlvorsteher bestellt aus den Beisitzerinnen und Beisitzern die Schriftführerin oder den Schriftführer und deren Stellvertreterin oder dessen Stellvertreter.
(3) Der Wahlvorstand ist beschlussfähig, wenn die Wahlvorsteherin oder der Wahlvorsteher und die Schriftführerin oder der Schriftführer oder ihre Stellvertreterinnen oder Stellvertreter sowie während der Wahlhandlung mindestens eine Beisitzerin oder ein Beisitzer, bei der Ermittlung und Feststellung des Wahlergebnisses mindestens drei Beisitzerinnen oder Beisitzer anwesend sind.
(4) Der Wahlvorstand tritt auf Einladung der Gemeindewahlleiterin oder des Gemeindewahlleiters am Wahltag zu Beginn der Wahlhandlung im Wahlraum zusammen, leitet und überwacht die Wahlhandlung und stellt das Ergebnis der Wahl für den Wahlbezirk fest. § 8 Abs. 3 Satz 2 bis 4 gilt entsprechend.

§ 10
Wahlbeschwerdeausschuss

(1) Für jeden Landkreis, für den Regionalverband, für die Landeshauptstadt Saarbrücken und für jede kreisfreie Stadt wird ein Wahlbeschwerdeausschuss gebildet. Der Wahlbeschwerdeausschuss besteht aus der oder dem Vorsitzenden und mindestens acht Beisitzerinnen und Beisitzern. Vorsitzende oder Vorsitzender ist in Landkreisen die Landrätin oder der Landrat, in kreisfreien Städten die Oberbürgermeisterin oder der Oberbürgermeister, im Regionalverband Saarbrücken die Regionalverbandsdirektorin oder der Regionalverbandsdirektor und in der Landeshauptstadt Saarbrücken die Oberbürgermeisterin oder der Oberbürgermeister der Landeshauptstadt Saarbrücken. Für jede Beisitzerin oder jeden Beisitzer ist eine Stellvertreterin oder ein Stellvertreter zu bestellen. Stellvertretende Vorsitzende oder stellvertretender Vorsitzender ist die gesetzliche Vertreterin oder der gesetzliche Vertreter. Die Vorsitzende oder der Vorsitzende beruft die Beisitzerinnen und Beisitzer und ihre Stellvertreterinnen und Stellvertreter aus den Wahl-

berechtigten unter Berücksichtigung rechtzeitig eingehender Vorschläge der im Landkreis, in der kreisfreien Stadt, im Regionalverband oder in der Landeshauptstadt Saarbrücken vertretenen Parteien und Wählergruppen.
(2) Mitglieder eines Gemeindewahlausschusses können nicht Mitglieder eines Wahlbeschwerdeausschusses sein. Dies gilt nicht hinsichtlich der oder des Vorsitzenden und der oder des stellvertretenden Vorsitzenden des Gemeindewahlausschusses und des Wahlbeschwerdeausschusses von kreisfreien Städten und der Landeshauptstadt Saarbrücken. Hat die oder der Vorsitzende des Gemeindewahlausschusses einer kreisfreien Stadt oder der Landeshauptstadt Saarbrücken an einer Entscheidung des Gemeindewahlausschusses mitgewirkt, so darf sie oder er, soweit dieselbe Sache Gegenstand einer Entscheidung des Wahlbeschwerdeausschusses sein soll, bei dieser Entscheidung nicht mitwirken; dasselbe gilt für die stellvertretende Vorsitzende oder den stellvertretenden Vorsitzenden.
(3) Wer Wahlbewerberin oder Wahlbewerber, Vertrauensperson oder stellvertretende Vertrauensperson für einen Wahlvorschlag ist, kann nicht Vorsitzende oder Vorsitzender des Wahlbeschwerdeausschusses sein. An ihre oder seine Stelle tritt jeweils die gesetzliche Vertreterin oder der gesetzliche Vertreter. Im Fall der Verhinderung der oder des Vorsitzenden wählt der Kreistag, die Regionalversammlung oder der Gemeinderat für die Dauer des Wahlverfahrens eine besondere Vorsitzende oder einen besonderen Vorsitzenden und eine Stellvertreterin oder einen Stellvertreter. Die Sätze 1 und 3 gelten entsprechend für die stellvertretende Vorsitzende oder den stellvertretenden Vorsitzenden des Wahlbeschwerdeausschusses.
(4) Der Wahlbeschwerdeausschuss ist beschlussfähig, wenn außer der oder dem Vorsitzenden wenigstens vier Beisitzerinnen oder Beisitzer anwesend sind. Im Übrigen findet § 8 Abs. 3 Satz 2 bis 4 entsprechend Anwendung.

§ 11
Ehrenämter

Die Beisitzerinnen und Beisitzer der Wahlausschüsse und die Mitglieder der Wahlvorstände üben ihre Tätigkeit ehrenamtlich aus. Zur Übernahme dieses Ehrenamts ist jede oder jeder Wahlberechtigte verpflichtet. Das Ehrenamt darf nur aus wichtigen Gründen abgelehnt werden.

§ 12
(aufgehoben)

Dritter Abschnitt
Wahlberechtigung und Wählbarkeit

§ 13
Wahlberechtigung

(1) Wahlberechtigt sind alle Deutschen im Sinne des Artikels 116 Abs. 1 des Grundgesetzes für die Bundesrepublik Deutschland, die am Wahltag das 18. Lebensjahr vollendet haben und seit mindestens drei Monaten in der Gemeinde eine Wohnung innehaben. Wahlberechtigt sind auch alle Staatsangehörigen der übrigen Mitgliedstaaten der Europäischen Union (Unionsbürgerinnen und Unionsbürger) unter denselben Voraussetzungen, wie sie für Deutsche gelten.
(2) Wer in mehreren Gemeinden wohnt, ist nur in der Gemeinde wahlberechtigt, in der sie oder er ihre oder seine Hauptwohnung hat.
(3) Bei der Berechnung der Dreimonatsfrist nach Absatz 1 ist der Tag der Wohnungsnahme in die Frist einzubeziehen.

§ 14
Ausschluss der Wahlberechtigung

Nicht wahlberechtigt ist, wer infolge Richterspruchs das Wahlrecht nicht besitzt.

§ 15
Ausübung des Wahlrechts

(1) Wählen kann nur, wer in ein Wählerverzeichnis eingetragen ist oder einen Wahlschein hat.

(2) Wer in ein Wählerverzeichnis eingetragen ist, kann nur in dem Wahlbezirk wählen, in dessen Wählerverzeichnis sie oder er geführt wird.
(3) Wer einen Wahlschein hat, kann an der Wahl durch Stimmabgabe in einem beliebigen Wahlbezirk ihres oder seines Wahlbereichs oder durch Briefwahl teilnehmen.
(4) Jede Wahlberechtigte oder jeder Wahlberechtigte kann ihr oder sein Wahlrecht nur einmal und nur persönlich ausüben. Eine Ausübung des Wahlrechts durch eine Vertreterin oder einen Vertreter anstelle der oder des Wahlberechtigten ist unzulässig.
(5) Eine Wahlberechtigte oder ein Wahlberechtigter, die oder der des Lesens unkundig oder wegen einer Behinderung an der Abgabe ihrer oder seiner Stimme gehindert ist, kann sich hierzu der Hilfe einer anderen Person bedienen. Die Hilfeleistung ist auf technische Hilfe bei der Kundgabe einer von der oder von dem Wahlberechtigten selbst getroffenen und geäußerten Wahlentscheidung beschränkt. Unzulässig ist eine Hilfeleistung, die unter missbräuchlicher Einflussnahme erfolgt, die selbstbestimmte Willensbildung oder Entscheidung der oder des Wahlberechtigten ersetzt oder verändert oder wenn ein Interessenkonflikt der Hilfsperson besteht.

§ 16
Wählbarkeit

(1) Wählbar ist jede oder jeder Wahlberechtigte, die oder der am Wahltag das 18. Lebensjahr vollendet hat und seit mindestens sechs Monaten in der Gemeinde eine Wohnung innehat. § 13 Abs. 2 und 3 gilt für die Wählbarkeit entsprechend.
(2) Nicht wählbar ist
1. eine Deutsche oder ein Deutscher oder eine Unionsbürgerin oder ein Unionsbürger, die oder der
   a) nach § 14 nicht wahlberechtigt ist,
   b) infolge Richterspruchs in der Bundesrepublik Deutschland die Wählbarkeit oder die Fähigkeit zur Bekleidung öffentlicher Ämter nicht besitzt,
2. eine Unionsbürgerin oder ein Unionsbürger, die oder der infolge einer zivil- oder strafrechtlichen Einzelfallentscheidung in dem Mitgliedstaat der Europäischen Union, dessen Staatsangehörigkeit sie oder er besitzt (Herkunfts-Mitgliedstaat), von der Wählbarkeit ausgeschlossen ist.

§ 17
Unvereinbarkeit von Amt und Mandat

(1) Mitglied des Gemeinderats können nicht sein
1. besoldete Beamtinnen und Beamte und Arbeitnehmerinnen und Arbeitnehmer einer Gemeinde in dieser Gemeinde,
2. leitende Beamtinnen und Beamte und leitende Arbeitnehmerinnen und Arbeitnehmer von Körperschaften, Anstalten und Stiftungen des öffentlichen Rechts, an denen die Gemeinde beteiligt ist,
3. Personen, die allein oder mit anderen ständig berechtigt sind, ein privatrechtliches Unternehmen, an dem die Gemeinde mit mehr als 50 vom Hundert beteiligt ist, in seiner Gesamtheit zu vertreten (leitende Arbeitnehmerinnen und Arbeitnehmer) und
4. Beamtinnen, Beamte und Arbeitnehmerinnen und Arbeitnehmer, die befugt sind, Entscheidungen der Rechtsaufsicht über die Gemeinde zu treffen oder vorzubereiten oder im Gemeindeprüfungsamt Prüfungstätigkeit bei der Gemeinde auszuüben.

Satz 1 gilt nicht für Arbeitnehmerinnen und Arbeitnehmer, die überwiegend körperliche Arbeit verrichten.
(2) Werden Personen gewählt, die gemäß Absatz 1 an der gleichzeitigen Zugehörigkeit zum Gemeinderat gehindert sind, können sie die Wahl nur annehmen, wenn sie nachweisen, dass ihr Beamten- oder Arbeitnehmerverhältnis beendet ist. Werden Personen gewählt, deren dienstliche Aufgabe nach Ab-

satz 1 Nr. 4 mit der Ausübung des Mandats nicht vereinbar ist, so können sie die Wahl nur annehmen, wenn sie nachweisen, dass sie von den Aufgaben der Rechtsaufsicht oder der Prüfungstätigkeit entbunden sind. Stellt die Gemeindewahlleiterin oder der Gemeindewahlleiter nachträglich fest, dass eine Bewerberin oder ein Bewerber die Wahl angenommen hat, obwohl Unvereinbarkeit nach Absatz 1 gegeben war, und weist das Mitglied des Gemeinderates nicht innerhalb einer Woche nach Zustellung der nachträglichen Feststellung die Beendigung des Beamten- oder Arbeitnehmerverhältnisses nach, so scheidet es mit Ablauf der Frist aus dem Gemeinderat aus. Den Verlust der Mitgliedschaft stellt die Gemeindewahlleiterin oder der Gemeindewahlleiter fest.
(3) Übernimmt ein Mitglied des Gemeinderates ein Amt oder eine Aufgabe nach Absatz 1, so gilt Absatz 2 Satz 3 und 4 entsprechend.

Vierter Abschnitt
Wählerverzeichnis und Wahlschein

§ 18
Wählerverzeichnis

Die Gemeindewahlleiterin oder der Gemeindewahlleiter führt für jeden Wahlbezirk ein Verzeichnis der Wahlberechtigten. Jede oder jeder Wahlberechtigte hat das Recht, an den Werktagen vom 20. bis zum 16. Tag vor der Wahl während der allgemeinen Öffnungszeiten die Richtigkeit oder Vollständigkeit der zu ihrer oder seiner Person im Wählerverzeichnis eingetragenen Daten zu überprüfen. Zur Überprüfung der Richtigkeit oder Vollständigkeit der Daten von anderen im Wählerverzeichnis eingetragenen Personen haben Wahlberechtigte während des in Satz 2 genannten Zeitraumes nur dann ein Recht auf Einsicht in das Wählerverzeichnis, wenn sie Tatsachen glaubhaft machen, aus denen sich eine Unrichtigkeit oder Unvollständigkeit des Wählerverzeichnisses ergeben kann. Das Recht zur Überprüfung gemäß Satz 3 besteht nicht hinsichtlich der Daten von Wahlberechtigten, für die im Melderegister ein Sperrvermerk gemäß § 51 Abs. 1 des Bundesmeldegesetzes eingetragen ist.

§ 19
(aufgehoben)

§ 20
(aufgehoben)

§ 21
Wahlschein

Eine Wahlberechtigte oder ein Wahlberechtigter, die oder der im Wählerverzeichnis eingetragen ist, oder die oder der aus einem von ihr oder ihm nicht zu vertretenden Grund in das Wählerverzeichnis nicht aufgenommen worden ist, erhält auf Antrag einen Wahlschein.

Fünfter Abschnitt
Wahlvorschläge

§ 22
Wahlvorschlagsrecht

(1) Wahlvorschläge können von Parteien und Wählergruppen aufgestellt werden. Jede Partei und Wählergruppe kann im Wahlgebiet nur einen Wahlvorschlag einreichen. Der Wahlvorschlag kann als einheitliche Gebietsliste für das ganze Wahlgebiet oder gegliedert in eine Gebietsliste und Bereichslisten aufgestellt werden. Der Wahlvorschlag darf für jeden Wahlbereich nur eine Bereichsliste enthalten. Die Aufstellung von Bereichslisten in einem Wahlvorschlag ist nur zulässig, wenn der Wahlvorschlag eine Gebietsliste enthält.
(2) Der Wahlvorschlag einer Partei oder Wählergruppe, der bei der letzten Gemeinderatswahl kein Sitz im Gemeinderat oder bei der letzten Wahl zum Landtag des Saarlandes kein Sitz im Landtag zufiel, bedarf der Unterstützung durch Wahlberechtigte in Höhe von mindestens der dreifachen Anzahl der zu wählenden Gemeinderatsmitglieder. Die Wahlbe-

rechtigten haben sich dazu bis spätestens am 66. Tag vor dem Wahltag, 18.00 Uhr, persönlich in ein bei der Gemeindewahlleiterin oder beim Gemeindewahlleiter für den jeweiligen Wahlvorschlag aufliegendes Verzeichnis einzutragen. Die Wahlberechtigung muss im Zeitpunkt der Eintragung gegeben sein. Eine Wahlberechtigte oder ein Wahlberechtigter darf nur einen Wahlvorschlag unterstützen. Der Unterstützung des Wahlvorschlags einer Partei bedarf es nicht, wenn diese Partei im Deutschen Bundestag seit dessen letzter Wahl aufgrund eigener Wahlvorschläge ununterbrochen vertreten ist.

§ 23
Einreichung der Wahlvorschläge

Wahlvorschläge sind der Gemeindewahlleiterin oder dem Gemeindewahlleiter spätestens am 66. Tag vor der Wahl bis 18.00 Uhr schriftlich einzureichen.

§ 24
Inhalt und Form der Wahlvorschläge

(1) Der Wahlvorschlag muss den Namen der einreichenden Partei oder Wählergruppe und, sofern sie eine Kurzbezeichnung verwenden, auch diese angeben.
(2) Ein Wahlvorschlag darf für die Gebietsliste höchstens doppelt so viel Bewerberinnen und Bewerber enthalten, wie Gemeinderatsmitglieder zu wählen sind. Jede Bereichsliste soll höchstens halb so viel Bewerberinnen und Bewerber enthalten, wie Gemeinderatsmitglieder zu wählen sind.
(3) Eine Bewerberin oder ein Bewerber darf nur in einem Wahlvorschlag aufgestellt werden; sie oder er darf in der Gebietsliste und einer Bereichsliste desselben Wahlvorschlags aufgestellt werden.
(4) Als Bewerberin oder Bewerber kann nur vorgeschlagen werden, wer seine Zustimmung dazu schriftlich erteilt hat; die Zustimmung ist unwiderruflich.
(5) Die Bewerberinnen und Bewerber sind im Wahlvorschlag in erkennbarer Reihenfolge mit Familiennamen, Vornamen, Beruf, Geburtsdatum, Wohnort und Wohnung aufzuführen.
(6) In jedem Wahlvorschlag sollen eine Vertrauensperson und eine stellvertretende Vertrauensperson bezeichnet werden. Fehlt diese Bezeichnung, so gilt die Person, die als erste unterzeichnet hat, als Vertrauensperson und diejenige, die als zweite unterzeichnet hat, als stellvertretende Vertrauensperson. Soweit in diesem Gesetz nichts anderes bestimmt ist, ist nur die Vertrauensperson, bei deren Verhinderung die stellvertretende Vertrauensperson, berechtigt, verbindliche Erklärungen zum Wahlvorschlag abzugeben und entgegenzunehmen. Die Vertrauensperson und die stellvertretende Vertrauensperson können durch schriftliche Erklärung der Mehrheit der Unterzeichnerinnen und Unterzeichner des Wahlvorschlags an die Gemeindewahlleiterin oder an den Gemeindewahlleiter abberufen und durch andere ersetzt werden.
(7) Wahlvorschläge müssen von drei Wahlberechtigten unterzeichnet sein. Eine Wahlberechtigte oder ein Wahlberechtigter darf nur einen Wahlvorschlag unterzeichnen. Wahlvorschläge von Parteien bedürfen der Bestätigung durch die für die Gemeinde zuständige Parteileitung.
(8) Mit dem Wahlvorschlag sind einzureichen:
1. die Zustimmungserklärungen der in den Wahlvorschlag aufgenommenen Bewerberinnen und Bewerber (Absatz 4),
2. für Deutsche die Bescheinigungen der Gemeindewahlleiterin oder des Gemeindewahlleiters, dass die Bewerberinnen und Bewerber zum Gemeinderat wählbar sind,
3. für Unionsbürgerinnen und Unionsbürger
   a) die Bescheinigungen der Gemeindewahlleiterin oder des Gemeindewahlleiters, dass sie nicht gemäß § 16 Abs. 2 Nr. 1 von der Wählbarkeit ausgeschlossen sind,
   b) die Versicherungen an Eides Statt über die Staatsangehörigkeit,
   c) die Versicherungen an Eides statt

oder auf Verlangen die Bescheinigungen der zuständigen Verwaltungsbehörden ihrer Herkunfts-Mitgliedstaaten, dass sie in diesem Mitgliedstaat nicht von der Wählbarkeit ausgeschlossen sind oder dass diesen Behörden ein solcher Ausschluss nicht bekannt ist,

4. eine Ausfertigung der Niederschrift über die Wahl der Bewerberinnen und Bewerber mit Angaben über Ort und Zeit der Versammlung, die Form der Einladung, die Zahl der erschienenen Mitglieder und das Ergebnis der Wahl. Hierbei haben die Leiterin oder der Leiter der Versammlung und zwei von dieser bestimmte Teilnehmerinnen oder Teilnehmer an Eides statt gegenüber der Gemeindewahlleiterin oder dem Gemeindewahlleiter zu versichern, dass die Anforderungen gemäß § 24a Abs. 2 Satz 1 bis 3 beachtet worden sind.

Die Gemeindewahlleiterin oder der Gemeindewahlleiter ist zur Abnahme von Versicherungen an Eides statt zuständig; sie oder er gilt als Behörde im Sinne des § 156 des Strafgesetzbuches.

§ 24a
Aufstellung von Wahlbewerberinnen und Wahlbewerbern

(1) Als Bewerberin oder Bewerber kann in einem Wahlvorschlag nur benannt werden, wer in geheimer Wahl gewählt worden ist. Zur Wahl von Bewerberinnen und Bewerbern einer Partei oder Wählergruppe sind in einer Mitgliederversammlung wahlberechtigt

1. für Bereichslisten die wahlberechtigten Mitglieder des jeweiligen Wahlbereichs,
2. für Gebietslisten die wahlberechtigten Mitglieder des Wahlgebiets

oder die von diesen aus ihrer Mitte in geheimer Wahl unmittelbar gewählten Vertreterinnen und Vertreter (Vertreterversammlung). Mitgliederversammlung zur Wahl der Bewerberinnen und Bewerber ist eine Versammlung der im Zeitpunkt ihres Zusammentritts im jeweiligen Wahlbereich oder Wahlgebiet wahlberechtigten Mitglieder.

(2) Die Bewerberinnen und Bewerber und die Vertreterinnen und Vertreter für die Vertreterversammlungen werden in geheimer Abstimmung gewählt. Jede stimmberechtigte Teilnehmerin und jeder stimmberechtigte Teilnehmer der Versammlung sind hierbei vorschlagsberechtigt. Den Bewerberinnen und Bewerbern ist Gelegenheit zu geben, sich und ihr Programm der Versammlung in angemessener Zeit vorzustellen. Die Wahl der Bewerberinnen und Bewerber darf frühestens 20 Monate, die Wahl der Vertreterinnen und Vertreter für die Vertreterversammlung frühestens 24 Monate vor Ablauf der Amtszeit des Gemeinderates stattfinden; dies gilt nicht, wenn die Amtszeit vorzeitig endet.

(3) Das Nähere über die Wahl der Vertreterinnen und Vertreter für die Vertreterversammlung, über die Einberufung und Beschlussfähigkeit der Mitglieder- oder Vertreterversammlung sowie über das Verfahren für die Wahl der Bewerberinnen und Bewerber regeln die Parteien oder Wählergruppen.

§ 25
Zurücknahme von Wahlvorschlägen

Ein Wahlvorschlag kann durch gemeinsame schriftliche Erklärung der Vertrauensperson und der stellvertretenden Vertrauensperson zurückgenommen werden, solange nicht über seine Zulassung entschieden ist. Wahlvorschläge nach § 22 Abs. 2 können auch von der Mehrheit der Unterzeichnerinnen und Unterzeichner durch eine von ihnen persönlich und handschriftlich vollzogene Erklärung zurückgenommen werden.

§ 26
Änderung von Wahlvorschlägen

Ein Wahlvorschlag kann nach Ablauf der Einreichungsfrist nur durch gemeinsame schriftliche Erklärung der Vertrauensperson und der stellvertretenden Vertrauensperson und nur dann geändert werden, wenn die Bewerberin oder der Bewerber stirbt oder die Wählbarkeit verliert. Das Verfahren nach § 24a muss nicht eingehalten werden, der Unterschriften nach § 22 Abs. 2 bedarf es nicht. Nach der Entscheidung über die Zulassung eines Wahlvorschlags kann dieser nicht mehr geändert werden.

§ 27
Mängelbeseitigung

(1) Die Gemeindewahlleiterin oder der Gemeindewahlleiter hat die Wahlvorschläge unverzüglich nach Eingang zu prüfen. Stellt sie oder er bei einem Wahlvorschlag Mängel fest, so benachrichtigt sie oder er sofort die Vertrauensperson und fordert sie auf, behebbare Mängel rechtzeitig zu beseitigen.
(2) Nach Ablauf der Einreichungsfrist können nur noch Mängel gültiger Wahlvorschläge behoben werden. Ein gültiger Wahlvorschlag liegt nicht vor, wenn

1. die Form oder Frist des § 23 nicht gewahrt ist,
2. der Name der Partei oder Wählergruppe fehlt,
3. die nach § 22 Abs. 2 erforderlichen gültigen Unterschriften fehlen,
4. sämtliche Bewerberinnen und Bewerber des Wahlvorschlags mangelhaft bezeichnet sind, so dass ihre Personen nicht feststehen,
5. die Zustimmungserklärungen aller Bewerberinnen und Bewerber des Wahlvorschlags fehlen,
6. die Niederschrift nach § 24 Abs. 8 Satz 1 Nr. 4 fehlt oder
7. der Wahlvorschlag keine Gebietsliste enthält.

Hat dieselbe Partei oder Wählergruppe mehrere Wahlvorschläge eingereicht, so sind diese Wahlvorschläge ungültig. Einer der eingereichten Wahlvorschläge ist gültig, wenn die Vertrauensperson und die stellvertretende Vertrauensperson innerhalb der Einreichungsfrist durch gemeinsame schriftliche Erklärung diesen zum einzigen Wahlvorschlag bestimmen. Das Recht der Partei oder Wählergruppe, anstelle der bisher eingereichten Wahlvorschläge innerhalb der Einreichungsfrist einen neuen Wahlvorschlag einzureichen, bleibt unberührt. Sätze 3 und 4 gelten für Bereichslisten entsprechend, wenn ein Wahlvorschlag für denselben Wahlbereich mehrere Bereichslisten enthält. Sind einzelne Bewerberinnen und Bewerber mangelhaft bezeichnet, so dass ihre Personen nicht feststehen, oder fehlen die Zustimmungserklärungen einzelner Bewerberinnen und Bewerber oder fehlen die Niederschriften nach § 24 Abs. 8 Satz 1 Nr. 4 für einzelne Bereichslisten, so ist der Wahlvorschlag insoweit nicht gültig.
(3) Nach der Entscheidung über die Zulassung des Wahlvorschlags ist jede Mängelbeseitigung ausgeschlossen.

§ 28
Zulassung der Wahlvorschläge

(1) Der Gemeindewahlausschuss entscheidet spätestens am 58. Tag vor dem Wahltag über die Zulassung der Wahlvorschläge. Er hat die Wahlvorschläge zurückzuweisen, wenn sie

1. verspätet eingereicht sind oder
2. den Anforderungen nicht entsprechen, die durch dieses Gesetz und die Kommunalwahlordnung[1] aufgestellt sind, es sei denn, dass in diesen Vorschriften etwas anderes bestimmt ist.

Sind die Erfordernisse nur hinsichtlich einzelner Bewerberinnen und Bewerber oder einzelner Bereichslisten nicht erfüllt, so werden diese Namen oder Bereichslisten gestrichen. Die Entscheidung ist in der Sitzung des Gemeindewahlausschusses bekannt zu geben.
(2) Weist der Gemeindewahlausschuss einen Wahlvorschlag ganz oder teilweise zurück, so kann binnen drei Tagen nach Bekanntgabe der Entscheidung Beschwerde an den Wahlbeschwerdeausschuss eingelegt werden. Beschwerdeberechtigt sind die Vertrauens-

1 KWO vgl. BS-Nr. 2021-1-1.

person des Wahlvorschlags und die Gemeindewahlleiterin oder der Gemeindewahlleiter. Die Gemeindewahlleiterin oder der Gemeindewahlleiter kann auch gegen eine Entscheidung, durch die ein Wahlvorschlag zugelassen wird, Beschwerde erheben. In der Beschwerdeverhandlung sind die erschienenen Beteiligten zu hören. Die Entscheidung über die Beschwerde muss spätestens am 52. Tag vor dem Wahltag getroffen werden.

§ 29
Verbindung von Wahlvorschlägen
Die Verbindung von Wahlvorschlägen ist zulässig; sie muss der Gemeindewahlleiterin oder dem Gemeindewahlleiter von den Vertrauenspersonen der beteiligten Wahlvorschläge spätestens am 66. Tag vor dem Wahltag schriftlich bis 18.00 Uhr erklärt werden.

§ 30
Reihenfolge und öffentliche Bekanntgabe der Wahlvorschläge
(1) Die Landeswahlleiterin oder der Landeswahlleiter bestimmt landeseinheitlich die Reihenfolge der zugelassenen Wahlvorschläge der Parteien und Wählergruppen, die an der letzten Landtagswahl teilgenommen haben, nach der Stimmenzahl, die sie bei dieser Wahl erreicht haben. Nimmt eine dieser Parteien oder Wählergruppen an einer Kommunalwahl nicht teil, so bleibt die entsprechende Nummer frei.
(2) Die Gemeindewahlleiterin oder der Gemeindewahlleiter bestimmt einheitlich für die Gemeinde die Reihenfolge (Nummer) der übrigen Wahlvorschläge in alphabetischer Reihenfolge, wobei der ungekürzte Name der Partei oder Wählergruppe maßgebend ist.
(3) Nimmt eine unter Absatz 2 fallende Partei oder Wählergruppe innerhalb des Kreisgebietes oder Regionalverbandsgebietes an mehreren Kommunalwahlen oder an einer Kommunalwahl in mehreren Gemeinden teil, so teilt die Kreiswahlleiterin oder der Kreiswahlleiter oder die Regionalverbandswahlleiterin oder der Regionalverbandswahlleiter dem von ihr eingereichten Wahlvorschlag auf Antrag dieselbe kreiseinheitliche oder regionalverbandseinheitliche Nummer zu. Bei Teilnahme an mehreren Kommunalwahlen richtet sich die Reihenfolge nach der Kommunalwahl der höheren Ebene. Die Reihenfolge der weiteren Wahlvorschläge ändert sich entsprechend. Der Antrag ist spätestens am 66. Tag vor der Wahl bis 18.00 Uhr bei der Kreiswahlleiterin oder beim Kreiswahlleiter oder bei der Regionalverbandswahlleiterin oder beim Regionalverbandswahlleiter einzureichen und muss von der Vertrauensperson jedes Wahlvorschlags unterzeichnet sein.
(4) Die Gemeindewahlleiterin oder der Gemeindewahlleiter ordnet die zugelassenen Wahlvorschläge in der sich aus den Absätzen 1 bis 3 ergebenden Reihenfolge. Sie oder er gibt sie und die Verbindung von Wahlvorschlägen spätestens am 48. Tag vor der Wahl öffentlich bekannt.

Sechster Abschnitt
Wahlhandlung

§ 31
Stimmzettel
1) Die Stimmzettel und die zugehörigen Umschläge für die Briefwahl (§ 37 Abs. 1) werden amtlich hergestellt.
(2) Bei Verhältniswahl enthalten die Stimmzettel die zugelassenen Wahlvorschläge in der Reihenfolge ihrer öffentlichen Bekanntgabe unter Angabe des Namens der Partei oder Wählergruppe und, sofern sie eine Kurzbezeichnung verwenden, auch diese, sowie des Familiennamens, des Vornamens und des Berufes der ersten fünf Bewerberinnen und Bewerber jeden Wahlvorschlags. Bei Wahlvorschlägen, die in eine Gebietsliste und Bereichslisten gegliedert sind, sind auf der Gebietsliste und den Bereichslisten je die ersten fünf Bewerberinnen und Bewerber mit Familiennamen, Vornamen und Beruf anzugeben.

(3) Bei Mehrheitswahl enthält der Stimmzettel, wenn ein gültiger Wahlvorschlag eingereicht worden ist, diesen Wahlvorschlag unter Angabe des Namens der Partei oder Wählergruppe und, sofern sie eine Kurzbezeichnung verwenden, auch diese, sowie des Familiennamens, des Vornamens und des Berufes sämtlicher Bewerberinnen und Bewerber des Wahlvorschlags. Der Stimmzettel enthält außerdem eine freie Fläche, die groß genug ist, um die Namen von doppelt so vielen wählbaren Personen aufzunehmen, wie Mitglieder in den Gemeinderat zu wählen sind. Sie trägt die Überschrift „Von der Wählerin oder vom Wähler vorgeschlagene wählbare Personen". Ist kein gültiger Wahlvorschlag eingereicht, so ist der Stimmzettel entsprechend Satz 2 und 3 herzustellen.
(4) Auf den Stimmzetteln können zusätzlich ein eingetragener Doktorgrad (§ 5 Abs. 2 Nr. 3 des Personalausweisgesetzes, § 4 Abs. 1 Satz 2 Nr. 3 des Passgesetzes) und ein eingetragener Ordens- oder Künstlername (§ 5 Abs. 2 Nr. 12 des Personalausweisgesetzes, § 4 Abs. 1 Satz 2 Nr. 4 des Passgesetzes) angegeben werden.

§ 32
(aufgehoben)

§ 33
Öffentlichkeit der Wahl

(1) Die Wahlhandlung und die Feststellung des Wahlergebnisses sind öffentlich.
(2) Der Wahlvorstand kann Personen, die die Ruhe und Ordnung stören, aus dem Wahlraum verweisen. Wahlberechtigten des Wahlbezirks und Inhaberinnen und Inhabern von Wahlscheinen, die die Wahlvorsteherin oder der Wahlvorsteher aus dem Wahlraum verweist, ist vorher Gelegenheit zur Stimmabgabe zu geben.

§ 34
Verbot der Wahlwerbung, Unterschriftensammlung und Veröffentlichung von Wählerbefragungen

(1) Während der Wahlzeit sind in und an dem Gebäude, in dem sich der Wahlraum befindet, sowie unmittelbar vor dem Zugang zu dem Gebäude jede Beeinflussung der Wählerinnen und Wähler durch Wort, Ton, Schrift oder Bild sowie jede Unterschriftensammlung verboten.
(2) Die Veröffentlichung von Ergebnissen von Wählerbefragungen nach der Stimmabgabe über den Inhalt der Wahlentscheidung ist vor Ablauf der Wahlzeit verboten.

§ 35
Wahrung des Wahlgeheimnisses

(1) Es sind Vorkehrungen dafür zu treffen, dass die Wählerin oder der Wähler den Stimmzettel unbeobachtet kennzeichnen und falten kann. Für die Aufnahme der Stimmzettel sind Wahlurnen zu verwenden, die die Wahrung des Wahlgeheimnisses sicherstellen.
(2) Die nach § 15 Abs. 5 zulässige Hilfe bei der Stimmabgabe bleibt unberührt. Die Hilfsperson ist zur Geheimhaltung der Kenntnisse verpflichtet, die sie bei der Hilfeleistung von der Wahl einer anderen Person erlangt hat.
(3) Eine blinde oder sehbehinderte Wählerin oder ein blinder oder sehbehinderter Wähler kann sich zur Kennzeichnung des Stimmzettels auch einer Stimmzettelschablone bedienen.

§ 36
Stimmabgabe

(1) Gewählt wird mit amtlichen Stimmzetteln.
(2) Bei Verhältniswahl bezeichnet die Wählerin oder der Wähler durch ein auf den Stimmzettel gesetztes Kreuz oder auf andere Weise den Wahlvorschlag, dem sie ihre oder er seine Stimme geben will.
(3) Bei Mehrheitswahl erfolgt die Stimmabgabe ohne Bindung an vorgeschlagene Bewer-

berinnen und Bewerber und ohne das Recht der Stimmenhäufung auf eine Bewerberin oder einen Bewerber. Der Stimmzettel kann doppelt so viele Bewerberinnen und Bewerber enthalten, wie Mitglieder in den Gemeinderat zu wählen sind.

(4) Die Wählerin oder der Wähler faltet daraufhin den Stimmzettel in der Weise, dass die Stimmabgabe nicht erkennbar ist, und wirft ihn in die Wahlurne.

(5) Die Landeswahlleiterin oder der Landeswahlleiter kann genehmigen, dass an Stelle von Stimmzetteln und Wahlurnen Wahlgeräte benutzt werden, deren Bauart von dem Bundesministerium des Innern, für Bau und Heimat allgemein für die Verwendung bei Wahlen zum Deutschen Bundestag amtlich zugelassen ist. Die Genehmigung kann für einzelne Wahlen oder allgemein erteilt werden. Das Ministerium für Inneres, Bauen und Sport wird ermächtigt, durch Rechtsverordnung[2] die durch die Verwendung von Wahlgeräten bedingten Besonderheiten im Zusammenhang mit der Wahl zu regeln.

§ 37
Briefwahl

(1) Bei der Briefwahl übergibt oder übersendet die Wählerin oder der Wähler der Gemeindewahlleiterin oder dem Gemeindewahlleiter in einem verschlossenen Wahlbriefumschlag

1. ihren oder seinen Wahlschein,
2. in einem besonderen verschlossenen Stimmzettelumschlag den Stimmzettel

so rechtzeitig, dass der Wahlbrief spätestens am Wahltag bis zum Ende der Wahlzeit eingeht.

(2) Wahlbriefe können von den Absenderinnen und Absendern bei einem vor der Wahl amtlich bekannt gemachten Postunternehmen als Briefsendungen ohne besondere Versendungsform unentgeltlich eingeliefert werden, wenn sie sich in amtlichen Wahlbriefumschlägen befinden. Bei Inanspruchnahme einer besonderen Versendungsform hat die Absenderin oder der Absender den das jeweils für die Briefbeförderung gültige Leistungsentgelt übersteigenden Betrag zu tragen. Die Gemeinde trägt die Kosten für die unentgeltliche Wahlbriefbeförderung.

(3) Auf dem Wahlschein hat die Wählerin oder der Wähler oder die Hilfsperson gegenüber der Gemeindewahlleiterin oder dem Gemeindewahlleiter an Eides statt zu versichern, dass der Stimmzettel persönlich oder gemäß dem erklärten Willen der Wählerin oder des Wählers gekennzeichnet worden ist. Die Gemeindewahlleiterin oder der Gemeindewahlleiter ist zur Abnahme einer solchen Versicherung an Eides statt zuständig; sie oder er gilt als Behörde im Sinne des § 156 des Strafgesetzbuches.

Siebter Abschnitt
Feststellung des Wahlergebnisses

§ 38
Feststellung des Wahlergebnisses im Wahlbezirk

Nach Beendigung der Wahlhandlung ermittelt der Wahlvorstand das Wahlergebnis im Wahlbezirk. Er stellt fest,

1. wie viele gültige und wie viele ungültige Stimmen insgesamt abgegeben worden sind,
2. bei Verhältniswahl: wie viele gültige Stimmen auf jeden Wahlvorschlag entfallen sind,
3. bei Mehrheitswahl: wie viele gültige Stimmen auf jede wählbare Person entfallen sind.

§ 39
Ungültige Stimmen

(1) Ungültig sind Stimmen, wenn der Stimmzettel

1. nicht amtlich hergestellt ist,
2. bei Verhältniswahl keine Kennzeichnung enthält,
3. für einen anderen Wahlbereich gültig ist,

2 Vgl. BS-Nr. 111-1-2.

4. den Willen der Wählerin oder des Wählers nicht zweifelsfrei erkennen lässt,
5. einen Zusatz oder Vorbehalt enthält,
6. in denen bei Verhältniswahl Bewerberinnen und Bewerber gestrichen sind.

Bei der Briefwahl ist außerdem die Stimme ungültig, wenn der Stimmzettel nicht in einem amtlichen Stimmzettelumschlag oder in einem Stimmzettelumschlag abgegeben worden ist, der offensichtlich in einer das Wahlgeheimnis gefährdenden Weise von den übrigen abweicht oder einen deutlich fühlbaren Gegenstand enthält, jedoch eine Zurückweisung gemäß Absatz 4 Nr. 7 oder 8 nicht erfolgt ist.

(2) Mehrere in einem Stimmzettelumschlag enthaltene Stimmzettel gelten als ein Stimmzettel, wenn sie gleich lauten oder nur einer von ihnen gekennzeichnet ist, sonst zählen sie als ungültige Stimme.

(3) Ist der Stimmzettelumschlag leer abgegeben worden, so gilt die Stimme als ungültig.

(4) Bei der Briefwahl sind Wahlbriefe zurückzuweisen, wenn

1. der Wahlbrief nicht rechtzeitig eingegangen ist,
2. dem Wahlbriefumschlag kein oder kein gültiger Wahlschein beiliegt,
3. dem Wahlbriefumschlag kein Stimmzettelumschlag beigefügt ist,
4. weder Wahlbriefumschlag noch der Stimmzettelumschlag verschlossen ist,
5. der Wahlbriefumschlag mehrere Stimmzettelumschläge, aber nicht eine gleiche Anzahl gültiger und mit der vorgeschriebenen Versicherung an Eides statt versehener Wahlscheine enthält,
6. die Wählerin oder der Wähler oder die Hilfsperson die vorgeschriebene Versicherung an Eides statt zur Briefwahl auf dem Wahlschein nicht unterschrieben hat,
7. kein amtlicher Stimmzettelumschlag benutzt worden ist,
8. ein Stimmzettelumschlag benutzt worden ist, der offensichtlich in einer das Wahlgeheimnis gefährdenden Weise von den übrigen abweicht oder einen deutlich fühlbaren Gegenstand enthält.

Die Einsenderinnen und Einsender zurückgewiesener Wahlbriefe werden nicht als Wählerinnen und Wähler gezählt; ihre Stimmen gelten als nicht abgegeben.

(5) Die Stimme einer Wählerin oder eines Wählers, die oder der an der Briefwahl teilgenommen hat, wird nicht dadurch ungültig, dass sie oder er vor dem oder am Wahltag stirbt, ihre oder seine Wohnung im Wahlgebiet aufgibt oder sonst ihr oder sein Wahlrecht verliert.

§ 40
Feststellung des Wahlergebnisses im Wahlgebiet und in den Wahlbereichen

Der Gemeindewahlausschuss prüft aufgrund der Wahlniederschriften der Wahlvorstände den ordnungsgemäßen Vollzug der Wahl und stellt das Wahlergebnis im Wahlgebiet und in den Wahlbereichen fest. Er hat das Recht der Nachprüfung.

§ 41
Verteilung der Gemeinderatssitze bei Verhältniswahl

(1) Die Gemeinderatssitze werden auf die Wahlvorschläge im Verhältnis der Gesamtzahl der gültigen Stimmen, die für die einzelnen Wahlvorschläge abgegeben worden sind, nach dem d'Hondt'schen Höchstzahlverfahren verteilt. Über die Zuteilung des letzten Sitzes oder der letzten Sitze entscheidet bei gleichen Höchstzahlen das von der Gemeindewahlleiterin oder vom Gemeindewahlleiter zu ziehende Los. Miteinander verbundene Wahlvorschläge werden bei der Verteilung der Sitze im Verhältnis zu den übrigen Wahlvorschlägen zunächst wie ein Wahlvorschlag behandelt. Die der Verbindung hiernach zufallenden Sitze werden sodann auf die einzelnen an der Verbindung beteiligten Wahlvorschläge entsprechend Satz 1 und 2 verteilt.

(2) Enthält ein Wahlvorschlag nur eine Gebietsliste, so sind alle nach Absatz 1 dem Wahlvorschlag zugefallenen Sitze der Gebietsliste zuzuteilen.
(3) Enthält ein Wahlvorschlag neben der Gebietsliste auch Bereichslisten, so sind zwei Drittel der nach Absatz 1 dem Wahlvorschlag zugefallenen Sitze auf die Wahlbereiche zu verteilen; dabei gelten Bruchteile eines Sitzes als Sitz für die Wahlbereiche. Die Verteilung der Sitze erfolgt im Verhältnis der Gesamtzahl der gültigen Stimmen, die der Wahlvorschlag in den einzelnen Wahlbereichen erhalten hat. Dabei findet das Höchstzahlverfahren nach d'Hondt Anwendung. Die auf die Wahlbereiche verteilten Sitze sind den Bereichslisten zuzuteilen; enthält ein Wahlvorschlag für einzelne Wahlbereiche keine Bereichslisten, so werden die dem Wahlvorschlag in diesen Wahlbereichen zugefallenen Sitze der Gebietsliste zugeteilt. Die restlichen dem Wahlvorschlag zugefallenen Sitze sind der Gebietsliste zuzuteilen.
(4) Fallen der Gebietsliste eines Wahlvorschlags mehr Sitze zu, als sie Bewerberinnen und Bewerber enthält, so sind diese Sitze durch Fortführung des Höchstzahlverfahrens nach Absatz 3 Satz 1 bis 3 auf die Bereichslisten des Wahlvorschlags zu verteilen. Fallen einer Bereichsliste eines Wahlvorschlags mehr Sitze zu, als sie Bewerberinnen und Bewerber enthält, so sind diese Sitze der Gebietsliste des Wahlvorschlags zuzuteilen. Fallen einem Wahlvorschlag insgesamt mehr Sitze zu, als er Bewerberinnen und Bewerber enthält, so bleiben diese Sitze unbesetzt.
(5) Die einem Wahlvorschlag zugefallenen Gemeinderatssitze werden den in dem Wahlvorschlag benannten Bewerberinnen und Bewerbern entsprechend der Aufteilung der Sitze auf die Gebiets- und Bereichslisten in der Reihenfolge zugeteilt, in der sie in dem Wahlvorschlag aufgeführt sind. Ist eine Bewerberin oder ein Bewerber auf der Gebietsliste und einer Bereichsliste aufgestellt, so scheidet sie oder er aus der Gebietsliste aus, wenn ihr oder ihm ein Sitz auf einer Bereichsliste zuzuteilen ist.

§ 42
Verteilung der Gemeinderatssitze bei Mehrheitswahl

Findet Mehrheitswahl statt, so werden die Gemeinderatssitze den Wahlbewerberinnen und Wahlbewerbern in der Reihenfolge der von ihnen erreichten Stimmenzahl zugeteilt. Bei gleicher Stimmenzahl entscheidet das von der Gemeindewahlleiterin oder vom Gemeindewahlleiter zu ziehende Los. Enthält ein Stimmzettel mehr als doppelt so viel Bewerberinnen und Bewerber, wie Mitglieder in den Gemeinderat zu wählen sind, so werden die überzähligen Bewerberinnen und Bewerber unberücksichtigt gelassen.

§ 43
Benachrichtigung der Gewählten

Die Gemeindewahlleiterin oder der Gemeindewahlleiter benachrichtigt die Gewählten schriftlich und fordert sie auf, binnen einer Woche schriftlich zu erklären, ob sie die Wahl annehmen. Geht innerhalb der Frist keine Erklärung bei der Gemeindewahlleiterin oder beim Gemeindewahlleiter ein, so gilt die Wahl als angenommen. Erfolgt die Annahme der Wahl unter Vorbehalt, so gilt sie als nicht angenommen. Wird die Wahl nicht angenommen, so ist dies unwiderruflich.

§ 44
Ersatzleute

(1) Bei Verhältniswahl sind die Bewerberinnen und Bewerber, auf die kein Sitz entfällt, als Ersatzleute der aus ihrem Wahlvorschlag Gewählten – gegliedert nach Gebiets- und Bereichslisten – in der im Wahlvorschlag aufgeführten Reihenfolge vom Gemeindewahlausschuss festzustellen.
(2) Bei Mehrheitswahl sind die gewählten Personen, auf die kein Sitz entfällt, in der Reihenfolge der von ihnen erreichten Stimmenzahl als Ersatzleute vom Gemeindewahlausschuss

festzustellen. Bei gleicher Stimmenzahl entscheidet das von der Gemeindewahlleiterin oder vom Gemeindewahlleiter zu ziehende Los über die Reihenfolge.

(3) Nimmt eine gewählte Bewerberin oder ein gewählter Bewerber die Wahl nicht an oder stirbt sie oder er oder scheidet ein Mitglied aus dem Gemeinderat aus, so stellt die Gemeindewahlleiterin oder der Gemeindewahlleiter die nachrückende Ersatzperson fest. Dabei ist die Reihenfolge auf dem Wahlvorschlag – gegliedert nach Gebiets- und Bereichslisten – maßgebend. Bei der Nachfolge bleiben diejenigen Bewerberinnen oder Bewerber unberücksichtigt, die seit dem Zeitpunkt der Aufstellung des Wahlvorschlags aus dieser Partei oder Wählergruppe ausgeschieden sind. Unberücksichtigt bleiben ebenso Bewerberinnen und Bewerber, die als gewählte Bewerberinnen oder Bewerber die Annahme der Wahl abgelehnt oder als Mitglieder auf ihre Mitgliedschaft im Gemeinderat verzichtet haben. § 41 Abs. 4 und § 43 finden entsprechende Anwendung.

§ 45
Bekanntgabe des Wahlergebnisses

Die Gemeindewahlleiterin oder der Gemeindewahlleiter gibt das festgestellte Wahlergebnis öffentlich bekannt. Die Bekanntmachung hat zu enthalten:

1. bei Verhältniswahl: die Gesamtzahl der auf sämtliche Wahlvorschläge und die Zahlen der auf die einzelnen Wahlvorschläge entfallenden gültigen Stimmen, die Zahlen der auf jeden einzelnen Wahlvorschlag, auf die Gebietsliste und die Bereichslisten entfallenden Sitze sowie die Namen der gewählten Bewerberinnen und Bewerber in der vom Gemeindewahlausschuss festgestellten Reihenfolge,
2. bei Mehrheitswahl: die Namen und die Reihenfolge der Gewählten sowie die auf jede oder jeden Gewählten entfallende Zahl der gültigen Stimmen.

Achter Abschnitt
Nachwahl, Wahlanfechtung, Wiederholungswahl und Parteiverbot

§ 46
Nachwahl

(1) Eine Nachwahl findet statt, wenn in einem oder mehreren Wahlbezirken die Wahl nicht durchgeführt worden ist.

(2) Die Nachwahl soll spätestens drei Wochen nach dem Tag der Hauptwahl stattfinden.

(3) Die Nachwahl findet nach denselben Vorschriften und auf denselben Grundlagen wie die Hauptwahl statt.

(4) Im Falle einer Nachwahl ist das vorläufige Ergebnis der Hauptwahl unmittelbar im Anschluss an die Wahlhandlung der Hauptwahl auf der Grundlage der erfolgten Stimmabgaben zu ermitteln, festzustellen und bekannt zu geben.

§ 47
Anfechtung der Wahl

(1) Entscheidungen und Maßnahmen, die sich unmittelbar auf das Wahlverfahren beziehen, können nur mit den in diesem Gesetz und in der Kommunalwahlordnung vorgesehenen Rechtsbehelfen angefochten werden.

(2) Die Wahl kann wegen Verstoßes gegen wesentliche Wahlvorschriften angefochten werden, wenn die Möglichkeit besteht, dass durch den Verstoß die Verteilung der Sitze beeinflusst worden ist.

(3) Anfechtungsberechtigt sind die Landeswahlleiterin oder der Landeswahlleiter in amtlicher Eigenschaft und jede oder jeder Wahlberechtigte.

(4) Die Anfechtung ist bei der Kommunalaufsichtsbehörde[3] schriftlich einzulegen und zu begründen.

(5) Die Anfechtung muss innerhalb von zwei Wochen nach der öffentlichen Bekanntmachung des Wahlergebnisses bei der Kommunalaufsichtsbehörde eingegangen sein.

3 Vgl. § 128 Abs. 1 KSVG.

§ 48
Entscheidung über die Anfechtung

(1) Die Kommunalaufsichtsbehörde überprüft die Wahl im Umfang der Anfechtung und ihrer Begründung.
(2) Stellt die Kommunalaufsichtsbehörde den Mangel der Wählbarkeit einer oder eines Gewählten fest, so erklärt sie ihre oder seine Wahl für ungültig.
(3) Stellt die Kommunalaufsichtsbehörde einen Verstoß nach § 47 Abs. 2 fest, so erklärt sie die Wahl für ungültig. Wird ein derartiger Verstoß nur in einem Wahlbereich oder Wahlbezirk festgestellt, so beschränkt sich die Ungültigkeitserklärung auf diesen Wahlbereich oder Wahlbezirk. Die Ungültigkeit kann nur erklärt werden, wenn eine Berichtigung nicht möglich ist. Im Fall der Berichtigung stellt die Kommunalaufsichtsbehörde das Wahlergebnis neu fest.
(4) Die Entscheidung der Kommunalaufsichtsbehörde nach den Absätzen 1 bis 3 ist der Landeswahlleiterin oder dem Landeswahlleiter unverzüglich mitzuteilen.
(5) Gegen die Entscheidungen der Kommunalaufsichtsbehörde ist die Klage im verwaltungsgerichtlichen Verfahren zulässig.
(6) Wird in einer Entscheidung über die Anfechtung festgestellt, dass die Wahl einer oder eines Gewählten ungültig ist oder dass ein Gemeinderatsmitglied die Mitgliedschaft verloren hat, so behält die oder der Gewählte ihre oder seine Rechte und Pflichten als Gemeinderatsmitglied bis zur Rechtskraft der Entscheidung. Beschlüsse des Gemeinderates, die vor Rechtskraft einer Entscheidung über die Ungültigkeit der Wahl des Gemeinderates oder eines Teils davon gefasst werden, bleiben in ihrer Wirksamkeit von der Ungültigkeitserklärung unberührt.

§ 49
Wiederholungswahl

(1) Wird die Wahl eines Wahlgebiets, eines Wahlbereichs oder einzelner Wahlbezirke rechtskräftig für ungültig erklärt, so ist sie entsprechend der ergangenen rechtskräftigen Entscheidung zu wiederholen. Die Wiederholung soll binnen drei Wochen nach der rechtskräftigen Ungültigkeitserklärung erfolgen.
(2) Die Wiederholungswahl findet nach denselben Vorschriften aufgrund desselben Wählerverzeichnisses und nach denselben Wahlvorschlägen statt wie die ursprüngliche Wahl, soweit nicht die Mangelhaftigkeit des Wählerverzeichnisses oder der Wahlvorschläge der Grund für die Wiederholung der Wahl ist. Wahlvorschläge nicht mehr bestehender Parteien und Wählergruppen bleiben unberücksichtigt.
(3) Ist eine Wiederholungswahl durchgeführt, so ist das Wahlergebnis für den Wahlbereich neu festzustellen oder, wenn die Wiederholungswahl nur in einzelnen Wahlbezirken stattgefunden hat, unter Berücksichtigung des Ergebnisses der Wiederholungswahl zu berichtigen. Das endgültige Wahlergebnis ist öffentlich bekannt zu machen.
(4) Wird die Wiederholungswahl nicht binnen sechs Monaten nach dem ursprünglichen Wahltag durchgeführt, so ist sie als Neuwahl nach den Vorschriften für die ursprüngliche Wahl durchzuführen.

§ 50
Folgen eines Parteiverbots

(1) Wird eine Partei oder die Teilorganisation einer Partei durch das Bundesverfassungsgericht gemäß Artikel 21 des Grundgesetzes für verfassungswidrig erklärt, so verlieren die Mitglieder des Gemeinderates, die aufgrund eines Wahlvorschlags dieser Partei oder Teilorganisation gewählt worden sind oder dieser Partei oder Teilorganisation zur Zeit der Antragstellung oder der Verkündung des Urteils angehören, ihren Sitz und die Ersatzleute, auf die eine dieser Voraussetzungen zutrifft, ihre Anwartschaft auf die Nachfolge. Mitglieder des Gemeinderates und Ersatzleute, die aufgrund eines Wahlvorschlags einer durch das Bundesverfassungsgericht verbotenen Er-

satzorganisation gewählt worden sind oder einer solchen im Zeitpunkt des Verbots angehören, verlieren mit der Auflösung der Ersatzorganisation ihren Sitz und die Ersatzleute ihre Anwartschaft auf die Nachfolge.
(2) Den Verlust der Mitgliedschaft und der Anwartschaft nach Absatz 1 stellt die Kommunalaufsichtsbehörde fest.
(3) Die frei gewordenen Sitze bleiben, sofern sie nicht durch Berufung von Ersatzleuten besetzt werden können, unbesetzt; in diesem Fall vermindert sich die gesetzliche Mitgliederzahl des Gemeinderates für den Rest der Wahlperiode entsprechend.

Zweiter Teil
Wahlen zu den Ortsräten und Bezirksräten

§ 51
Allgemeines
Soweit in den Vorschriften des Zweiten Teils nichts anderes bestimmt ist, gelten die Vorschriften des Ersten Teils für die Wahlen zu den Ortsräten und Bezirksräten entsprechend.

§ 52
(aufgehoben)

§ 53
Wahlgebiet
(1) Das Wahlgebiet für die Ortsratswahl und die Bezirksratswahl ist der nach dem Kommunalselbstverwaltungsgesetz[4] gebildete Gemeindebezirk oder Stadtbezirk.
(2) Das Wahlgebiet wird nicht in Wahlbereiche eingeteilt.
(3) Die Wahlbezirke für die Gemeinderatswahl sind zugleich Wahlbezirke für die Ortsratswahl oder die Bezirksratswahl.

§ 54
Wahlorgane
Die Wahlorgane für die Wahlen zu den Gemeinderäten sind zugleich Wahlorgane für die Wahlen zu den Ortsräten und Bezirksräten.

§ 55
Wahlberechtigung und Wählbarkeit
(1) Anstelle der Wohnung in der Gemeinde ist die Wohnung in dem betreffenden Gemeindebezirk oder Stadtbezirk maßgebend.
(2) Der Dreimonatszeitraum des § 13 Abs. 1 und der Sechsmonatszeitraum des §16 Abs. 1 sind für die Wahlen zu den Ortsräten und Bezirksräten auch dann als erfüllt anzusehen, wenn sie sich aus dem zeitlich zusammenhängenden Aufenthalt innerhalb derselben Gemeinde ergeben. Die oder der Wahlberechtigte ist in einem solchen Fall für die Wahl zum Ortsrat oder zum Bezirksrat in das Wählerverzeichnis des Wahlbezirks in dem Gemeindebezirk oder Stadtbezirk aufzunehmen, in dem sie oder er am 42. Tag vor dem Wahltag wohnt.

§ 56
Wahlschein
Die Wahlscheine für die Wahl zum Ortsrat oder Bezirksrat berechtigen zur Stimmabgabe nur in einem Wahlbezirk des Gemeindebezirks oder Stadtbezirks, für den sie ausgestellt sind.

§ 57
Wahlvorschläge
(1) Der Wahlvorschlag wird nicht in Gebietsliste und Bereichslisten gegliedert.
(2) Der Wahlvorschlag darf höchstens doppelt so viel Bewerberinnen und Bewerber enthalten, wie Mitglieder des Ortsrates oder Bezirksrates zu wählen sind.
(3) Der Unterstützung des Wahlvorschlags bedarf es nicht, wenn einer Partei oder Wählergruppe bei den letzten Wahlen Sitze für den jeweiligen Ortsrat oder Bezirksrat oder den Gemeinderat zugefallen sind. In Gemeindebezirken oder Stadtbezirken bis zu 500 Einwohnerinnen und Einwohnern bedarf ein unterstützungsbedürftiger Wahlvorschlag der Unterstützung durch Wahlberechtigte in Höhe von mindestens der eineinhalbfachen Anzahl der zu wählenden Ortsratsmitglieder oder Bezirksratsmitglieder; dabei sind Zahlenbruch-

teile nicht anzurechnen. Im Übrigen gilt § 22 Abs. 2 entsprechend.

Dritter Teil
Wahlen zu den Kreistagen

§ 58
Allgemeines
Soweit in den Vorschriften des Dritten Teils nichts anderes bestimmt ist, gelten die Vorschriften des Ersten Teils dieses Gesetzes für die Wahlen zu den Kreistagen entsprechend.

§ 59
(aufgehoben)

§ 60
Kreiswahlgebiet
(1) Das Wahlgebiet für die Kreistagswahl ist das Gebiet des Landkreises.
(2) Das Wahlgebiet wird vom Kreistag für die Aufstellung von Bereichslisten in Wahlbereiche eingeteilt.
(3) Die Wahlbezirke für die Gemeinderatswahl sind zugleich Wahlbezirke für die Kreistagswahl.

§ 61
Kreiswahlleiterin, Kreiswahlleiter
Kreiswahlleiterin oder Kreiswahlleiter ist die Landrätin oder der Landrat; stellvertretende Kreiswahlleiterin oder stellvertretender Kreiswahlleiter ist die gesetzliche Vertreterin oder der gesetzliche Vertreter der Landrätin oder des Landrats.

§ 62
Kreiswahlausschuss
(1) Die Kreiswahlleiterin oder der Kreiswahlleiter bildet für den Landkreis einen Kreiswahlausschuss.
(2) Der Kreiswahlausschuss prüft aufgrund der Niederschriften der Gemeindewahlausschüsse den ordnungsgemäßen Vollzug der Wahl und stellt das Wahlergebnis im Wahlgebiet und in den Wahlbereichen fest. Er kann Einsicht in die Niederschriften der Wahlvorstände nehmen. Er hat das Recht der Nachprüfung.

§ 63
Wahlberechtigung und Wählbarkeit
(1) Anstelle der Wohnung in der Gemeinde ist die Wohnung in Gemeinden desselben Landkreises maßgebend.
(2) Der Dreimonatszeitraum des § 13 Abs. 1 und der Sechsmonatszeitraum des §16 Abs. 1 sind für die Wahl zu den Kreistagen auch dann als erfüllt anzusehen, wenn sie sich aus dem zeitlich zusammenhängenden Aufenthalt in verschiedenen Gemeinden desselben Landkreises ergeben. Die oder der Wahlberechtigte ist in einem solchen Fall für die Wahl zum Kreistag in das Wählerverzeichnis der Gemeinde aufzunehmen, in der sie oder er am 42. Tag vor dem Wahltag wohnt.

§ 64
Unvereinbarkeit von Amt und Mandat
Mitglied des Kreistages können nicht sein
1. besoldete Beamtinnen und Beamte und Arbeitnehmerinnen und Arbeitnehmer des Landkreises in diesem Landkreis,
2. leitende Beamtinnen und Beamte und leitende Arbeitnehmerinnen und Arbeitnehmer von Körperschaften, Anstalten und Stiftungen des öffentlichen Rechts, an denen der Landkreis beteiligt ist,
3. Personen, die allein oder mit anderen ständig berechtigt sind, ein privatrechtliches Unternehmen, an dem der Landkreis mit mehr als fünfzig vom Hundert beteiligt ist, in seiner Gesamtheit zu vertreten (leitende Arbeitnehmerinnen und Arbeitnehmer),
4. Beamtinnen, Beamte und Arbeitnehmerinnen und Arbeitnehmer, die befugt sind, Entscheidungen der Rechtsaufsicht über den Landkreis zu treffen oder vorzubereiten oder im Gemeindeprüfungsamt Prüfungstätigkeit bei dem Landkreis auszuüben,

5. besoldete Beamtinnen und Beamte und Arbeitnehmerinnen und Arbeitnehmer der kreisangehörigen Gemeinden des Landkreises.

Satz 1 gilt nicht für Arbeitnehmerinnen und Arbeitnehmer, die überwiegend körperliche Arbeit verrichten. § 17 Abs. 2 und 3 gilt entsprechend.

§ 65
Wahlschein

(1) Für die Wahl zum Kreistag können Wahlscheine auf Antrag auch an Wahlberechtigte ausgestellt werden, die nach dem 42. Tag vor dem Wahltag aus der Gemeinde, in der sie in das Wählerverzeichnis eingetragen sind, in eine andere Gemeinde desselben Landkreises verzogen sind.
(2) Die Wahlscheine für die Wahl zum Kreistag berechtigen zur Stimmabgabe nur in einem Wahlbezirk des Wahlbereichs, für den sie ausgestellt sind.

§ 66
Wahlvorschläge

Eine Gebietsliste für die Wahl zum Kreistag soll mehr und darf höchstens doppelt so viel Namen von Wahlbewerberinnen und Wahlbewerbern enthalten, wie Sitze im Kreistag zu vergeben sind. Jede Bereichsliste soll höchstens halb so viel Bewerberinnen und Bewerber enthalten, wie Kreistagsmitglieder zu wählen sind. Jede Wahlbewerberin oder jeder Wahlbewerber darf im Wahlvorschlag nur einmal aufgeführt werden; sie oder er darf in der Gebietsliste und einer Bereichsliste desselben Wahlvorschlags aufgestellt werden.

Vierter Teil
Wahl zur Regionalversammlung Saarbrücken

§ 67
Allgemeines

Soweit in den Vorschriften des Vierten Teils nichts anderes bestimmt ist, gelten die Vorschriften des Dritten Teils des Gesetzes für die Wahl der Regionalversammlung entsprechend.

§ 68
(aufgehoben)

§ 69
Regionalverbandswahlgebiet

(1) Das Wahlgebiet für die Wahl zur Regionalversammlung ist das Gebiet des Regionalverbandes.
(2) Das Wahlgebiet wird von der Regionalversammlung für die Aufstellung von Bereichslisten in Wahlbereiche eingeteilt.
(3) Die Wahlbezirke für die Gemeinderatswahl sind zugleich Wahlbezirke für die Wahl zur Regionalversammlung.

§ 70
Regionalverbandswahlleiterin, Regionalverbandswahlleiter

Regionalverbandswahlleiterin ist die Regionalverbandsdirektorin; Regionalverbandswahlleiter ist der Regionalverbandsdirektor. Stellvertretende Regionalverbandswahlleiterin ist die gesetzliche Vertreterin der Regionalverbandsdirektorin oder des Regionalverbandsdirektors; stellvertretender Regionalverbandswahlleiter ist der gesetzliche Vertreter der Regionalverbandsdirektorin oder des Regionalverbandsdirektors.

§ 71
Regionalverbandswahlausschuss

(1) Die Regionalverbandswahlleiterin oder der Regionalverbandswahlleiter bildet für den Regionalverband einen Regionalverbandswahlausschuss.
(2) Der Regionalverbandswahlausschuss prüft aufgrund der Niederschriften der Gemeindewahlausschüsse den ordnungsgemäßen Vollzug der Wahl und stellt das Wahlergebnis im Wahlgebiet und in den Wahlbereichen fest. Er kann Einsicht in die Niederschriften der Wahlvorstände nehmen. Er hat das Recht der Nachprüfung.

Fünfter Teil
Wahl und Abwahl der Bürgermeisterinnen, Bürgermeister, Landrätinnen, Landräte und der Regionalverbandsdirektorin oder des Regionalverbandsdirektors

§ 72
Grundsatz

(1) Die Vorschriften des Ersten bis Vierten Teils dieses Gesetzes gelten entsprechend für die Wahl der Bürgermeisterinnen und Bürgermeister, Landrätinnen und Landräte und der Regionalverbandsdirektorin oder des Regionalverbandsdirektors, soweit sich nicht aus dem Kommunalselbstverwaltungsgesetz und den folgenden Bestimmungen etwas anderes ergibt.
(2) Die Wahlen der Bürgermeisterinnen und Bürgermeister, Landrätinnen und Landräte und der Regionalverbandsdirektorin oder des Regionalverbandsdirektors sind nach den Grundsätzen der Mehrheitswahl durchzuführen. Gewählt ist, wer mehr als die Hälfte der abgegebenen gültigen Stimmen erhalten hat. Erhält keine Bewerberin oder kein Bewerber diese Mehrheit, so findet eine Stichwahl unter den beiden Bewerberinnen oder Bewerbern, die bei der ersten Wahl die höchsten Stimmenzahlen erhalten haben, statt.

§ 73
Wahlorgane

Für die Wahlen der Bürgermeisterin oder des Bürgermeisters, der Landrätin oder des Landrates oder der Regionalverbandsdirektorin oder des Regionalverbandsdirektors sind die für die Gemeinderats-, Kreistags- und Regionalversammlungswahlen berufenen Wahlorgane zuständig, sofern Wahlorgane nicht neu berufen werden.

§ 74
Wahltag

(1) Die Wahl der Bürgermeisterin oder des Bürgermeisters, der Landrätin oder des Landrats und der Regionalverbandsdirektorin oder des Regionalverbandsdirektors finden vorbehaltlich der Regelung des § 56 Abs. 3 des Kommunalselbstverwaltungsgesetzes gleichzeitig mit den allgemeinen Kommunalwahlen statt.
(2) Unbeschadet des Absatzes 1 wird der Tag für die Wahlen nach diesem Teil des Gesetzes von der obersten Kommunalaufsichtsbehörde im Benehmen mit der betroffenen Gemeinde, dem betroffenen Landkreis oder dem Regionalverband festgesetzt. Gleichzeitig mit der Aufforderung zur Einreichung von Wahlvorschlägen sind der Wahltag und der Tag einer etwa notwendig werdenden Stichwahl bekannt zu machen.
(3) Die Wahl soll frühestens zwölf und spätestens drei Monate vor Ablauf der Amtszeit stattfinden. Von diesem Zeitrahmen kann bis zu drei Monate abgewichen werden, wenn dadurch die gleichzeitige Durchführung der Wahl mit einer anderen Wahl oder Abstimmung ermöglicht wird. Kann die Wahl im Falle des vorzeitigen Ausscheidens nicht innerhalb des Zeitrahmens nach Satz 1 durchgeführt werden, so soll die Wahl innerhalb von sechs Monaten nach dem Tag stattfinden, an dem das Ende der Amtszeit feststeht.
(4) Stichwahlen finden 14 Tage nach der ersten Wahl statt.

§ 75
Wählerverzeichnis und Wahlschein

(1) Für die Stichwahl ist das Wählerverzeichnis der ersten Wahl maßgebend.
(2) Wahlberechtigte, die für die erste Wahl einen Wahlschein erhalten haben, weil sie aus einem von ihnen nicht zu vertretenden Grund nicht in das Wählerverzeichnis eingetragen waren, sowie Personen, die erst für die Stichwahl wahlberechtigt sind, erhalten von Amts wegen einen Wahlschein für die Stichwahl.

§ 76
Wahlvorschläge

(1) Wahlvorschläge für die Wahl der Bürgermeisterin oder des Bürgermeisters können von Parteien und Wählergruppen eingereicht

werden. Jede Partei und Wählergruppe kann im Wahlgebiet nur einen Wahlvorschlag, der nur eine Bewerberin oder einen Bewerber enthalten darf, einreichen. Die Bewerberin oder der Bewerber ist in geheimer Abstimmung in einer Mitglieder- oder Vertreterversammlung der Partei oder Wählergruppe des Wahlgebiets zu wählen. § 22 Abs. 2, die §§ 23, 24, 24a und 25 gelten entsprechend.
(2) Wahlvorschläge können auch von Einzelbewerberinnen und Einzelbewerbern eingereicht werden. Der Wahlvorschlag einer Einzelbewerberin oder eines Einzelbewerbers trägt den Familiennamen. Der Wahlvorschlag einer Einzelbewerberin oder eines Einzelbewerbers kann von drei Wahlberechtigten unterschrieben werden; in dem Wahlvorschlag kann eine Vertrauensperson und eine stellvertretende Vertrauensperson bezeichnet werden. Bewirbt sich die bisherige Bürgermeisterin oder der bisherige Bürgermeister als Einzelbewerberin oder Einzelbewerber, findet § 22 Abs. 2 keine Anwendung.
(3) Die Gemeindewahlleiterin oder der Gemeindewahlleiter bestimmt die Reihenfolge (Nummer) der Wahlvorschläge der im Gemeinderat vertretenen Parteien und Wählergruppen nach der bei der letzten Gemeinderatswahl erreichten Stimmenzahl. Die übrigen Wahlvorschläge folgen in alphabetischer Reihenfolge des Bewerbernamens. Die Gemeindewahlleiterin oder der Gemeindewahlleiter gibt die zugelassenen Wahlvorschläge in der von ihr oder ihm festgelegten Reihenfolge spätestens am 48. Tag vor dem Wahltag öffentlich bekannt.
(4) Ist kein gültiger Wahlvorschlag eingereicht worden, so hat die Gemeindewahlleiterin oder der Gemeindewahlleiter bis spätestens am 46. Tag vor der Wahl bekannt zu machen, dass die Wahl nicht stattfindet. In diesem Fall wird die Bürgermeisterin oder der Bürgermeister nach den Bestimmungen des Kommunalselbstverwaltungsgesetzes gewählt.
(5) Stirbt eine Bewerberin oder ein Bewerber nach der Zulassung des Wahlvorschlags, aber vor der Wahl, oder verliert sie oder er ihre oder seine Wählbarkeit, so findet die Wahl nicht statt. Die Wahl ist innerhalb von drei Monaten nach dem Termin der ausgefallenen Wahl nachzuholen. § 74 Abs. 1 gilt entsprechend.
(6) Absätze 1 bis 5 gelten für die Wahl der Landrätin oder des Landrates und der Regionalverbandsdirektorin oder des Regionalverbandsdirektors entsprechend.

§ 77
Stimmzettel und Stimmabgabe

(1) Die Stimmzettel enthalten die zugelassenen Wahlvorschläge in der Reihenfolge ihrer öffentlichen Bekanntmachung unter Angabe des Namens, Vornamens, Berufs, des Wohnortes (Hauptwohnung) der Bewerberin oder des Bewerbers, des Namens der Partei oder Wählergruppe und, sofern sie eine Kurzbezeichnung verwenden, auch diese, sowie bei einem Wahlvorschlag einer Einzelbewerberin oder eines Einzelbewerbers deren oder dessen Familiennamen. Zusätzlich kann ein eingetragener Ordens- oder Künstlername (§ 5 Abs. 2 Nr. 12 des Personalausweisgesetzes, § 4 Abs. 1 Nr. 4 des Passgesetzes) angegeben werden. Weist eine Bewerberin oder ein Bewerber bis zum Ablauf der Einreichungsfrist gegenüber der Gemeindewahlleiterin oder dem Gemeindewahlleiter nach, dass für sie oder ihn im Melderegister ein Sperrvermerk gemäß § 51 Abs. 1 des Bundesmeldegesetzes eingetragen ist, ist anstelle des Wohnortes (Hauptwohnung) der Ort der Erreichbarkeitsanschrift anzugeben; die Angabe eines Postfachs genügt nicht. Die Gemeindewahlleiterin oder der Gemeindewahlleiter unterrichtet unverzüglich die Landeswahlleiterin oder den Landeswahlleiter. Ist nur ein gültiger Wahlvorschlag eingereicht worden, so enthalten die Stimmzettel die in Satz 1 genannten Angaben und lauten auf „Ja" und „Nein".
(2) Die Wählerin oder der Wähler hat eine Stimme. Sind mehrere Wahlvorschläge zugelassen, kann sie oder er diese Stimme durch Ankreuzen oder eine andere eindeutige Kennzeichnung nur einer Bewerberin oder einem

Bewerber geben, deren oder dessen Name im Stimmzettel aufgeführt ist. Ist nur ein gültiger Wahlvorschlag eingereicht worden, so gibt die Wählerin ihre oder der Wähler seine Stimme ab, indem sie oder er „Ja“ oder „Nein“ ankreuzt oder in anderer eindeutiger Weise kennzeichnet.

§ 78
Wahlergebnis, Wiederholungswahl

(1) Der Gemeindewahlausschuss stellt fest, welche Bewerberin oder welcher Bewerber mehr als die Hälfte der abgegebenen gültigen Stimmen erhalten hat. Die Gemeindewahlleiterin oder der Gemeindewahlleiter macht das Wahlergebnis öffentlich bekannt.
(2) Lehnt die oder der Gewählte die Wahl ab, so ist sie innerhalb von drei Monaten zu wiederholen. Sie ist auch dann zu wiederholen, wenn nur eine Bewerbung zugelassen worden ist und die Bewerberin oder der Bewerber nicht gewählt wird. Die Gemeindewahlleiterin oder der Gemeindewahlleiter macht öffentlich bekannt, dass das Wahlverfahren einschließlich der Wahlvorbereitung wiederholt wird. § 74 Abs. 1 gilt entsprechend. Wird im Fall des Satzes 2 die einzige zugelassene Bewerberin oder der einzige zugelassene Bewerber nicht gewählt, wird die Bürgermeisterin oder der Bürgermeister nach den Bestimmungen des Kommunalselbstverwaltungsgesetzes gewählt.
(3) Absätze 1 und 2 gelten für die Wahl der Landrätin oder des Landrates und der Regionalverbandsdirektorin oder des Regionalverbandsdirektors entsprechend.

§ 79
Stichwahl

(1) Der Gemeindewahlausschuss stellt die beiden Bewerberinnen oder Bewerber für eine Stichwahl fest. Bei gleicher Stimmenzahl entscheidet das von der Gemeindewahlleiterin oder vom Gemeindewahlleiter zu ziehende Los über die Teilnahme an der Stichwahl. Die Gemeindewahlleiterin oder der Gemeindewahlleiter macht unverzüglich den Tag der Stichwahl und die Namen der beiden Bewerberinnen oder Bewerber unter Angabe ihrer Stimmenzahl öffentlich bekannt.
(2) Der Gemeindewahlausschuss stellt fest, welche Bewerberin oder welcher Bewerber mehr als die Hälfte der abgegebenen gültigen Stimmen erhalten hat. Bei gleicher Stimmenzahl entscheidet das von der Gemeindewahlleiterin oder vom Gemeindewahlleiter zu ziehende Los. Die Gemeindewahlleiterin oder der Gemeindewahlleiter macht das Wahlergebnis öffentlich bekannt.
(3) Scheidet eine der Bewerberinnen oder einer der Bewerber vor der Stichwahl durch Tod oder Verlust der Wählbarkeit aus, so ist die Wahl zu wiederholen. § 78 Abs. 2 Satz 1, 3 und 4 gilt entsprechend.
(4) Die Absätze 1 bis 3 gelten für die Wahl der Landrätin oder des Landrats und der Regionalverbandsdirektorin oder des Regionalverbandsdirektors entsprechend.

§ 80
Anfechtung der Wahl

Anfechtungsberechtigt ist auch jede Bewerberin oder jeder Bewerber.

§ 81
Abwahl

Mit Ausnahme der §§ 47 bis 49 gelten die für die Wahl der Bürgermeisterinnen und Bürgermeister, Landrätinnen und Landräte und der Regionalverbandsdirektorin oder des Regionalverbandsdirektors maßgeblichen Bestimmungen für die Durchführung der Abwahl entsprechend, soweit sich nicht aus dem Kommunalselbstverwaltungsgesetz oder den folgenden Bestimmungen etwas anderes ergibt.

§ 82
Tag der Abwahl, Bekanntmachung

(1) Die Abwahl der Bürgermeisterin oder des Bürgermeisters, der Landrätin oder des Landrats oder der Regionalverbandsdirektorin oder

des Regionalverbandsdirektors ist unverzüglich nach der Beschlussfassung des Gemeinderats, Kreistages oder der Regionalversammlung gemäß § 58 Abs. 1 in Verbindung mit § 177 Abs. 3 und § 212 Abs. 3 des Kommunalselbstverwaltungsgesetzes durchzuführen.
(2) Die Gemeinde-, Kreis- oder Regionalverbandswahlleiterin oder der Gemeinde-, Kreis- oder Regionalverbandswahlleiter hat den Tag der Entscheidung über die Abwahl öffentlich bekannt zu machen. Die Bekanntmachung hat den Text der Entscheidung über die Abwahl in Form einer mit „Ja" oder „Nein" zu beantwortenden Frage zu enthalten.

§ 83
Stimmzettel
Die Stimmzettel müssen die zu entscheidende Frage der Abwahl enthalten und auf „Ja" und „Nein" lauten. Zusätze sind unzulässig.

§ 84
Wahlergebnis, Bekanntmachung
Der Gemeinde-, Kreis- oder Regionalverbandswahlausschuss stellt das Ergebnis der Entscheidung über die Abwahl fest. Die jeweilige Wahlleiterin oder der jeweilige Wahlleiter unterrichtet den Gemeinderat, Kreistag und die Regionalversammlung unverzüglich über das festgestellte Ergebnis und macht es öffentlich bekannt.

Sechster Teil
Bürgerbegehren und Bürgerentscheid

§ 85
Unterstützung des Bürgerbegehrens
(1) Die Unterstützung des Bürgerbegehrens ist durch persönliche und handschriftliche Unterschrift stimmberechtigter Bürgerinnen und Bürger, die im Zeitpunkt der Unterzeichnung zum Gemeinderat wahlberechtigt sind, auf Unterstützungsblättern nachzuweisen; die Unterstützung darf frühestens sechs Monate vor Einreichung des Bürgerbegehrens bei der Gemeinde erfolgt sein, es sei denn das Bürgerbegehren richtet sich gegen einen Beschluss des Gemeinderates.
(2) Das Unterstützungsblatt muss die zu entscheidende Frage, ihre Begründung und den Vorschlag für die Deckung der Kosten der begehrten Maßnahme enthalten.

§ 86
Vertreterinnen und Vertreter des Bürgerbegehrens
Die Vertreterinnen und Vertreter des Bürgerbegehrens sind nur gemeinsam berechtigt, verbindliche Erklärungen für dieses abzugeben und entgegenzunehmen.

§ 87
Vorprüfung des Bürgerbegehrens
(1) Die Bürgermeisterin oder der Bürgermeister prüft die Zulässigkeit des Bürgerbegehrens. Enthält es behebbare Mängel, so fordert sie oder er unverzüglich die Vertreterinnen oder Vertreter des Bürgerbegehrens auf, sie innerhalb einer angemessenen Frist zu beheben. Nach Ablauf der Frist können die Mängel nicht mehr behoben werden.
(2) Die Bürgermeisterin oder der Bürgermeister teilt dem Gemeinderat unverzüglich Eingang und Gegenstand des Bürgerbegehrens sowie das Ergebnis seiner Vorprüfung mit.

§ 88
Entscheidung über das Bürgerbegehren
(1) Vor einer Entscheidung über das Bürgerbegehren ist den erschienenen Vertreterinnen und Vertretern des Bürgerbegehrens Gelegenheit zur Äußerung zu geben.
(2) Die Entscheidung über das Bürgerbegehren ist den Vertreterinnen und Vertretern des Bürgerbegehrens zuzustellen und öffentlich bekannt zu machen. Sie ist zu begründen, wenn das Bürgerbegehren als unzulässig abgelehnt wird.

§ 89
Einleitung des Bürgerentscheids

(1) Erklärt der Gemeinderat das Bürgerbegehren für zulässig, entspricht ihm jedoch nicht oder beschließt die Durchführung eines Bürgerentscheids, so hat er unverzüglich den Tag des Bürgerentscheides, der ein Sonntag oder öffentlicher Ruhetag sein muss, festzulegen.
(2) Die Bürgermeisterin oder der Bürgermeister macht
1. den Tag der Stimmabgabe,
2. den Text der zu entscheidenden Frage und ihre Begründung sowie den Vorschlag für die Deckung der Kosten der begehrten Maßnahme,
3. die Namen der Vertreterinnen und Vertreter des Bürgerbegehrens,
4. die von den Gemeindeorganen zum Gegenstand des Bürgerbegehrens vertretenen Auffassungen

öffentlich bekannt.

§ 90
Stimmzettel

(1) Die Stimmzettel müssen die zu entscheidende Frage enthalten und auf „Ja" und „Nein" lauten. Zusätze sind unzulässig.
(2) Stehen mehrere Fragen, die den gleichen Gegenstand betreffen, zur Abstimmung, so sind sie auf einem Stimmzettel anzuführen. Ihre Reihenfolge auf dem Stimmzettel richtet sich nach der Zahl der gültigen Unterstützungsunterschriften.

§ 91
Anzuwendende Vorschriften

(1) Soweit in den Vorschriften der §§ 85 bis 90 nichts anderes bestimmt ist, gelten die Vorschriften des Ersten Teils mit Ausnahme der §§ 1, 22 bis 30, 41 bis 44 und 50 entsprechend.
(2) Für Bürgerbegehren und Bürgerentscheide in den Landkreisen und im Regionalverband Saarbrücken gilt Absatz 1 entsprechend, soweit die §§ 60 bis 63, 65 und 69 bis 71 nichts anderes bestimmen.

Siebter Teil
Schlussbestimmungen

§ 92
Ordnungswidrigkeiten

(1) Ordnungswidrig handelt, wer
1. entgegen § 11 ohne wichtigen Grund ein Ehrenamt ablehnt oder sich ohne genügende Entschuldigung den Pflichten eines solchen Ehrenamtes entzieht oder
2. entgegen § 34 Abs. 2 Ergebnisse von Wählerbefragungen nach der Stimmabgabe über den Inhalt der Wahlentscheidung vor Ablauf der Wahlzeit veröffentlicht.

(2) Die Ordnungswidrigkeit nach Absatz 1 Nr. 1 kann mit einer Geldbuße bis zu 500 Euro, die Ordnungswidrigkeit nach Absatz 1 Nr. 2 mit einer Geldbuße bis zu 50.000 Euro geahndet werden.
(3) Verwaltungsbehörde im Sinne des § 36 Abs. 1 Nr. 1 des Gesetzes über Ordnungswidrigkeiten ist
1. bei Ordnungswidrigkeiten nach Absatz 1 Nr. 1
   a) die Gemeindewahlleiterin oder der Gemeindewahlleiter, wenn eine Wahlberechtigte oder ein Wahlberechtigter das Amt einer Wahlvorsteherin oder eines Wahlvorstehers, ihrer oder seiner Stellvertreterin oder ihres oder seines Stellvertreters, einer Beisitzerin oder eines Beisitzers oder stellvertretenden Beisitzerin oder Beisitzers im Wahlvorstand oder im Gemeindewahlausschuss,
   b) die Kreiswahlleiterin oder der Kreiswahlleiter, wenn eine Wahlberechtigte oder ein Wahlberechtigter das Amt einer Beisitzerin oder eines Beisitzers oder stellvertretenden Beisitzerin oder Beisitzers

im Wahlbeschwerdeausschuss
oder im Kreiswahlausschuss

unberechtigt ablehnt oder sich ohne genügende Entschuldigung den Pflichten eines solchen Amtes entzieht,

2. bei Ordnungswidrigkeiten nach Absatz 1 Nr. 2 die Landeswahlleiterin oder der Landeswahlleiter.

§ 93

Wahlkosten

(1) Die Gemeinden, die Landkreise und der Regionalverband Saarbrücken tragen die Kosten der Wahlen ihrer Organe und beschaffen jeweils auf ihre Kosten die amtlichen Drucksachen für diese Wahlen. Die Kosten der Wahlbeschwerdeausschüsse werden von den Landkreisen und dem Regionalverband Saarbrücken getragen.

(2) Die den Gemeinden durch die Wahl eines Organs des Landkreises oder des Regionalverbandes Saarbrücken veranlassten notwendigen Ausgaben sind in entsprechender Anwendung des § 48 des Landtagswahlgesetzes[5] zu ersetzen; die Landkreise und der Regionalverband Saarbrücken bestimmen den jeweiligen Festbetrag.

(3) Die Kosten, die durch die Verwendung von Wahlgeräten entstehen, werden von den Gemeinden, den Landkreisen oder dem Regionalverband Saarbrücken getragen, die den Einsatz der Wahlgeräte veranlasst haben.

(4) Die Gemeinden, Landkreise und der Regionalverband erstatten den Blindenvereinen, die ihre Bereitschaft zur Herstellung von Stimmzettelschablonen erklärt haben, die durch die Herstellung und die Verteilung der Stimmzettelschablonen veranlassten notwendigen Ausgaben.

(5) Die Absätze 1 bis 4 gelten für die Durchführung eines Bürgerentscheids entsprechend.

5 LWG vgl. BS-Nr. 111-1

§ 94

Durchführungsverordnungen

(1) Das Ministerium für Inneres, Bauen und Sport wird ermächtigt, zur Durchführung dieses Gesetzes eine Rechtsverordnung (Kommunalwahlordnung) zu erlassen, in der insbesondere Bestimmungen zu treffen sind über

1. die Bestellung der Wahlleiterinnen oder Wahlleiter und Wahlvorsteherinnen oder Wahlvorsteher, die Bildung der Wahlausschüsse und Wahlvorstände sowie über die Tätigkeit, Beschlussfähigkeit und das Verfahren der Wahlorgane,
2. die Berufung in ein Wahlehrenamt und über den Ersatz von Auslagen für Inhaberinnen und Inhaber von Wahlehrenämtern und über das Bußgeldverfahren,
a. die Wahlzeit,
3. die Bildung der Wahlbereiche und Wahlbezirke und ihre Bekanntmachung,
4. die einzelnen Voraussetzungen für die Aufnahme in die Wählerverzeichnisse, deren Führung, Berichtigung und Abschluss, über die Einsicht in die Wählerverzeichnisse, über den Einspruch und die Beschwerde gegen das Wählerverzeichnis sowie über die Benachrichtigung der Wahlberechtigten,
5. die einzelnen Voraussetzungen für die Erteilung von Wahlscheinen, deren Ausstellung, über den Einspruch und die Beschwerde gegen die Ablehnung von Wahlscheinen,
a. den Nachweis der Wahlrechtsvoraussetzungen,
6. Einreichung, Inhalt und Form der Wahlvorschläge sowie der dazugehörigen Unterlagen, über ihre Prüfung, die Beseitigung von Mängeln, ihre Zulassung, die Beschwerde gegen Entscheidungen der Wahlausschüsse sowie die Bekanntgabe der Wahlvorschläge,
7. Farbe, Form und Inhalt der Stimmzettel und über den Stimmzettelumschlag,
8. Bereitstellung, Einrichtung und Bekanntmachung der Wahlräume sowie über

Wahlschutzvorrichtungen und Wahlkabinen,
9. die Stimmabgaben, auch soweit besondere Verhältnisse besondere Regelungen erfordern,
10. die Briefwahl,
11. die Abgabe und Aufnahme von Versicherungen an Eides statt,
12. die Wahl in Kranken- und Pflegeanstalten, Klöstern, gesperrten Wohnstätten sowie sozialtherapeutischen Anstalten und Justizvollzugsanstalten,
13. die Feststellung der Wahlergebnisse, ihre Weitermeldung und Bekanntgabe sowie die Benachrichtigung der Gewählten,
14. die Durchführung von Nachwahlen und Wiederholungswahlen sowie die Berufung von Listennachfolgerinnen und Listennachfolgern,
15. die Stichwahl und die Abwahl,
16. den Inhalt und die Form der Unterstützungsblätter des Bürgerbegehrens,
17. Farbe, Form und Inhalt der Stimmzettel des Bürgerentscheides sowie über die Feststellung des Abstimmungsergebnisses,
18. die Aufbewahrung und Vernichtung von Wahlunterlagen.

(2) Das Ministerium für Inneres, Bauen und Sport wird ermächtigt, von diesem Gesetz durch Rechtsverordnung abweichende Regelungen zu treffen, soweit dies zur ordnungsgemäßen Vorbereitung und Durchführung gleichzeitig stattfindender Wahlen und Abstimmungen erforderlich ist.

§ 95
Fristen, Termine und Form

(1) Die in diesem Gesetz und in den aufgrund § 94 erlassenen Rechtsverordnungen vorgesehenen Fristen und Termine verlängern oder ändern sich nicht dadurch, dass der letzte Tag der Frist oder ein Termin auf einen Sonnabend, einen Sonntag, einen gesetzlichen oder staatlich geschützten Feiertag fällt. Eine Wiedereinsetzung in den vorigen Stand ist ausgeschlossen.

(2) Soweit in diesem Gesetz oder in den aufgrund § 94 erlassenen Rechtsverordnungen nichts anderes bestimmt ist, müssen vorgeschriebene Erklärungen persönlich und handschriftlich unterzeichnet sein und bei der zuständigen Stelle im Original vorliegen.

§ 96
(aufgehoben)

§ 97
Übergangsregelung

Ausschlüsse von der Wahlberechtigung und Ausschlüsse von der Wählbarkeit, die nicht auf einem Richterspruch im Sinne von § 14 in der ab dem 28. August 2020 geltenden Fassung oder auf einem Richterspruch im Sinne von § 16 Abs. 2 Nr. 1 Buchstabe b oder Nr. 2 beruhen, sind nicht nach § 3 Abs. 2 Nr. 1 Buchstabe a des Bundesmeldegesetzes im Melderegister zu speichern.

§ 98
Inkrafttreten

Dieses Gesetz tritt am Tag nach der Verkündung in Kraft.

KWO

Kommunalwahl-ordnung

in der Fassung der Bekanntmachung vom 12. Februar 2019,
zuletzt geändert durch Verordnung vom 27. September 2023
(Amtsbl. I S. 878). Fundstelle: Amtsblatt 2019, S. 171.

Kommunalwahlordnung (KWO)
in der Fassung der Bekanntmachung vom 12. Februar 2019, zuletzt geändert durch Verordnung vom 27. September 2023 (Amtsbl. I S. 878).
Fundstelle: Amtsblatt 2019, S. 171.

INHALTSÜBERSICHT

Erster Teil
Wahlen zu den gemeinderäten

Erster Abschnitt
Allgemeine Bestimmungen

Zweiter Abschnitt
Wahlorgane

Dritter Abschnitt
Wählerverzeichnis und Wahlschein

Vierter Abschnitt
Wahlvorschläge

Fünfter Abschnitt
Wahlhandlung

Achter Teil
Schlussbestimmungen

Die Anlagen zur Kommunalwahlordnung sind einsehbar unter:

https://recht.saarland.de/bssl/document/jlr-KomWOSL2019pIVZ

Erster Teil
Wahlen zu den Gemeinderäten

Erster Abschnitt
Allgemeine Bestimmungen

§ 1
Wahlbereiche, Wahlbezirke

(1) Über die Einteilung des Wahlgebiets in Wahlbereiche beschließt der Gemeinderat unmittelbar nach der Bestimmung des Wahltags. Die Gemeindewahlleiterin oder der Gemeindewahlleiter hat diesen Beschluss unverzüglich bekannt zu machen.
(2) Die allgemeinen Wahlbezirke einer Gemeinde sollen nach den örtlichen Verhältnissen so abgegrenzt sein, dass allen Wahlberechtigten die Teilnahme an der Wahl möglichst erleichtert wird.
(3) Sonderwahlbezirke sollen bei entsprechendem Bedürfnis für Krankenhäuser, Altenheime, Altenwohnheime, Pflegeheime, Erholungsheime und gleichartige Einrichtungen mit einer größeren Anzahl von Wahlberechtigten, die keinen Wahlraum außerhalb der Einrichtung aufsuchen können, zur Stimmabgabe für Wahlscheininhaberinnen und Wahlscheininhaber gebildet werden. Mehrere Einrichtungen können zu einem Sonderwahlbezirk zusammengefasst werden. Wird ein Sonderwahlbezirk nicht gebildet, gilt § 4 Abs. 6 entsprechend.
(4) Die Gemeindewahlleiterin oder der Gemeindewahlleiter kann besondere Wahlbezirke für die Briefwahl bilden oder einzelne Wahlbezirke zugleich als Wahlbezirk für die Briefwahl mehrerer Wahlbezirke bestimmen. Dabei ist sicherzustellen, dass das Wahlergebnis der Briefwahl sowohl für den einzelnen Wahlbereich als auch für den einzelnen Gemeinde- oder Stadtbezirk festgestellt werden kann.

§ 2
Wahlbekanntmachung

(1) Die Gemeindewahlleiterin oder der Gemeindewahlleiter macht spätestens am sechsten Tag vor der Wahl nach dem Muster der Anlage 18 Beginn und Ende der Wahlzeit sowie die Wahlbezirke und Wahlräume öffentlich bekannt; anstelle der Aufzählung der Wahlbezirke mit ihrer Abgrenzung und ihren Wahlräumen kann auf die Angaben in der Wahlbenachrichtigung verwiesen werden. Dabei weist die Gemeindewahlleiterin oder der Gemeindewahlleiter darauf hin,

1. dass im Fall der Verhältniswahl jede Wählerin und jeder Wähler eine Stimme hat und im Fall der Mehrheitswahl jede Wählerin und jeder Wähler doppelt so viele Stimmen hat, wie Vertreterinnen und Vertreter zu wählen sind,
2. dass die Stimmzettel amtlich hergestellt und im Wahlraum bereitgehalten werden,
3. welchen Inhalt der Stimmzettel hat und wie er zu kennzeichnen ist,
4. in welcher Weise mit Wahlschein und insbesondere durch Briefwahl gewählt werden kann,
5. dass jede oder jeder Wahlberechtigte ihr oder sein Wahlrecht nur einmal und nur persönlich ausüben kann und eine Ausübung des Wahlrechts durch eine Vertreterin oder einen Vertreter anstelle der oder des Wahlberechtigten unzulässig ist,

5a. dass eine Wahlberechtigte oder ein Wahlberechtigter, die oder der des Lesens unkundig oder wegen einer Behinderung an der Abgabe ihrer oder seiner Stimme gehindert ist, sich zur Stimmabgabe der Hilfe einer anderen Person bedienen kann, die Hilfeleistung auf technische Hilfe bei der Kundgabe einer von der oder dem Wahlberechtigten selbst getroffenen und geäußerten Wahlentscheidung beschränkt und eine Hilfeleistung unzulässig ist, die unter missbräuchlicher Einflussnahme erfolgt, die selbstbestimmte Willensbildung oder Entscheidung der oder des Wahlberechtigten ersetzt oder verändert oder wenn ein Interessenkonflikt der Hilfsperson besteht,

6. dass nach § 107a Abs. 1 des Strafgesetzbuches mit Freiheitsstrafe bis zu fünf Jahren oder mit Geldstrafe bestraft wird, wer unbefugt wählt oder sonst ein unrichtiges Ergebnis einer Wahl herbeiführt oder das Ergebnis verfälscht und unbefugt auch wählt, wer im Rahmen zulässiger Assistenz entgegen der Wahlentscheidung der oder des Wahlberechtigten oder ohne eine geäußerte Wahlentscheidung der oder des Wahlberechtigten eine Stimme abgibt, sowie dass nach § 107a Abs. 3 des Strafgesetzbuches auch der Versuch strafbar ist.

(2) Diese Bekanntmachung oder ein Auszug aus ihr mit den Nummern 1, 3, 4 und 6 der Anlage 18 ist vor Beginn der Wahlhandlung am oder im Eingang des Gebäudes, in dem sich der Wahlraum befindet, anzubringen. Es ist der für den Wahlbereich maßgebende Stimmzettel beizufügen, bei gleichzeitig stattfindenden Wahlen zu verschiedenen kommunalen Vertretungsorganen und Wahlen nach dem fünften Teil des Kommunalwahlgesetzes je ein Stimmzettel für jede Wahl. Diese Stimmzettel müssen deutlich als Muster gekennzeichnet sein.

Zweiter Abschnitt
Wahlorgane

§ 3
Gemeindewahlausschuss, Wahlbeschwerdeausschuss

(1) Die Gemeindewahlleiterin oder der Gemeindewahlleiter bestimmt Ort und Zeit der Sitzungen des Gemeindewahlausschusses. Sie oder er lädt die Beisitzerinnen und Beisitzer zu den Sitzungen ein. Die Beisitzerinnen und Beisitzer sollen Gelegenheit erhalten, die zu beratenden Unterlagen vor der Sitzung zur Kenntnis zu nehmen. Die Einladung soll den Beisitzerinnen und Beisitzern mit einer Frist von mindestens 24 Stunden unter Mitteilung der Tagesordnung zugehen.

(2) Die Gemeindewahlleiterin oder der Gemeindewahlleiter macht Ort, Zeit und Gegenstand der Sitzungen des Gemeindewahlausschusses öffentlich bekannt. Für die öffentliche Bekanntmachung genügt der Aushang am oder im Eingang des Sitzungsgebäudes mit dem Hinweis, dass jedermann Zutritt zu den Sitzungen hat.

(3) Die Gemeindewahlleiterin oder der Gemeindewahlleiter bestellt zu den Sitzungen eine Schriftführerin oder einen Schriftführer; diese oder dieser ist stimmberechtigt, wenn sie oder er zugleich Beisitzerin oder Beisitzer ist. Die Gemeindewahlleiterin oder der Gemeindewahlleiter weist die Beisitzerinnen und Beisitzer, die Schriftführerin oder den Schriftführer und die Hilfskräfte auf ihre Verpflichtung zur unparteiischen Wahrnehmung ihres Amtes und zur Verschwiegenheit über die ihnen bei ihrer amtlichen Tätigkeit bekannt gewordenen Angelegenheiten hin.

(4) Die Gemeindewahlleiterin oder der Gemeindewahlleiter leitet die Tätigkeit des Gemeindewahlausschusses. Sie oder er ist befugt, Personen, die die Ruhe und Ordnung stören, aus dem Sitzungsraum zu verweisen.

(5) Die Gemeindewahlleiterin oder der Gemeindewahlleiter stellt dem Gemeinde-

wahlausschuss bei Bedarf die erforderlichen Hilfskräfte zur Verfügung.
(6) Über jede Sitzung ist von der Schriftführerin oder vom Schriftführer eine Niederschrift zu fertigen; sie ist von der oder dem Vorsitzenden, von den Beisitzerinnen und Beisitzern und von der Schriftführerin oder vom Schriftführer zu unterzeichnen.
(7) Die Vorschriften der Absätze 1 bis 6 gelten für den Wahlbeschwerdeausschuss entsprechend.

§ 4
Wahlvorsteherin, Wahlvorsteher und Wahlvorstand

(1) Die Beisitzerinnen und Beisitzer sollen möglichst in dem Wahlbezirk wohnen, für den der Wahlvorstand gebildet wird. Die Stellvertreterin oder der Stellvertreter der Wahlvorsteherin oder des Wahlvorstehers ist zugleich Beisitzerin oder Beisitzer des Wahlvorstands.
(2) Die Wahlvorsteherin oder der Wahlvorsteher und ihre oder seine Stellvertreterin oder ihr oder sein Stellvertreter werden von der Gemeindewahlleiterin oder vom Gemeindewahlleiter vor Beginn der Wahlhandlung auf ihre Verpflichtung zur unparteiischen Wahrnehmung ihres Amtes und zur Verschwiegenheit über die ihnen bei ihrer amtlichen Tätigkeit bekannt gewordenen Angelegenheiten hingewiesen. Die Mitglieder des Wahlvorstands dürfen während ihrer Tätigkeit kein auf eine politische Überzeugung hinweisendes Zeichen sichtbar tragen.
(3) Die Gemeindewahlleiterin oder der Gemeindewahlleiter hat die Mitglieder des Wahlvorstands vor der Wahl so über ihre Aufgaben zu unterrichten, dass ein ordnungsgemäßer Ablauf der Wahlhandlung sowie der Ermittlung und Feststellung des Wahlergebnisses gesichert ist.
(4) Fehlende Beisitzerinnen und Beisitzer sind von der Wahlvorsteherin oder vom Wahlvorsteher durch Wahlberechtigte zu ersetzen, wenn es mit Rücksicht auf die Beschlussfähigkeit des Wahlvorstands erforderlich ist. Sie sind von der Wahlvorsteherin oder vom Wahlvorsteher nach Absatz 2 auf ihre Verpflichtung hinzuweisen.
(5) Die Gemeindewahlleiterin oder der Gemeindewahlleiter stellt dem Wahlvorstand bei Bedarf die erforderlichen Hilfskräfte zur Verfügung.
(6) Für die Stimmabgabe in kleineren Krankenhäusern, kleineren Alten- oder Pflegeheimen, Klöstern, sozialtherapeutischen Anstalten und Justizvollzugsanstalten sollen bei entsprechendem Bedürfnis und soweit möglich bewegliche Wahlvorstände gebildet werden. Der bewegliche Wahlvorstand besteht aus der Wahlvorsteherin oder dem Wahlvorsteher des zuständigen Wahlbezirks oder ihrer oder seiner Stellvertreterin oder ihrem oder seinem Stellvertreter und zwei Beisitzerinnen und Beisitzern des Wahlvorstands.

§ 4a
Briefwahlvorsteherin, Briefwahlvorsteher und Briefwahlvorstand

(1) Die Gemeindewahlleiterin oder der Gemeindewahlleiter kann eine gesonderte Feststellung des Briefwahlergebnisses durch Briefwahlvorstände anordnen, wenn in der Gemeinde mindestens 50 Wahlberechtigte durch Briefwahl wählen. In Gemeinden, in denen keine Briefwahlvorstände gebildet werden, bestimmt die Gemeindewahlleiterin oder der Gemeindewahlleiter, welche Wahlvorstände der allgemeinen Stimmbezirke die Briefwahl durchführen; ferner legt sie oder er fest, für welche Stimmbezirke sie zuständig sind.
(2) Wird das Briefwahlergebnis gesondert festgestellt, so bestimmt die Gemeindewahlleiterin oder der Gemeindewahlleiter, wie viele Briefwahlvorstände gebildet werden. Sie oder er bestellt für jeden Briefwahlvorstand eine Wahlvorsteherin oder einen Wahlvorsteher und die Stellvertretung und legt fest, für welche Stimmbezirke sie zuständig sind. Für die Bildung und die Tätigkeit der Briefwahlvorstände gelten die Bestimmungen über

Wahlvorstände entsprechend, jedoch mit der Maßgabe, dass die Gemeindewahlleiterin oder der Gemeindewahlleiter Zeit und Ort des Zusammentritts des Briefwahlvorstands entsprechend bekannt macht.
(3) In Gemeinden mit mehreren Wahlbereichen ist die Briefwahl in den einzelnen Wahlbereichen gesondert durchzuführen. Absatz 1 und 2 gilt entsprechend.

§ 5
Auslagenersatz für Inhaberinnen und Inhaber von Wahlämtern
Die Mitglieder des Gemeindewahlausschusses, des Wahlvorstands und des Wahlbeschwerdeausschusses erhalten, wenn sie außerhalb ihres Wahlbezirks tätig werden, Ersatz ihrer notwendigen Fahrkosten in entsprechender Anwendung des Saarländischen Reisekostengesetzes; wenn sie außerhalb ihres Wohnortes tätig werden, erhalten sie außerdem Tage- und Übernachtungsgelder nach dem Saarländischen Reisekostengesetz.

Dritter Abschnitt
Wählerverzeichnis und Wahlschein

§ 6
Führung des Wählerverzeichnisses
(1) Die Gemeindewahlleiterin oder der Gemeindewahlleiter legt vor jeder Wahl für jeden allgemeinen Wahlbezirk ein Verzeichnis der Wahlberechtigten nach Familiennamen und Vornamen, Geburtsdatum und Wohnung an. Das Wählerverzeichnis kann auch im automatisierten Verfahren geführt werden.
(2) Das Wählerverzeichnis wird unter fortlaufender Nummer in der Buchstabenfolge der Familiennamen, bei gleichen Familiennamen der Vornamen angelegt. Es kann auch nach Ortsteilen, Straßen und Hausnummern gegliedert werden. Es enthält mehrere Spalten für Vermerke über die Stimmabgabe und eine Spalte für Bemerkungen.

§ 6a
Eintragung der Wahlberechtigten in das Wählerverzeichnis
(1) Von Amts wegen sind in das Wählerverzeichnis alle Wahlberechtigten einzutragen, die am 42. Tag vor der Wahl (Stichtag) bei der Meldebehörde für eine Wohnung, bei mehreren Wohnungen für die Hauptwohnung gemeldet sind.
(2) Ist eine Wahlberechtigte oder ein Wahlberechtigter zu einer von mehreren gleichzeitig stattfindenden Wahlen nicht wahlberechtigt, so ist in der Spalte für den Stimmabgabevermerk, der für die betreffende Wahl bestimmt ist, ein Sperrvermerk einzutragen.
(3) Verlegt eine Wahlberechtigte oder ein Wahlberechtigter, die oder der nach Absatz 1 in das Wählerverzeichnis eingetragen ist, ihre oder seine Wohnung und meldet sie oder er sich vor Beginn der Einsichtsfrist für das Wählerverzeichnis bei der Meldebehörde des Zuzugsortes an, so wird sie oder er in das Wählerverzeichnis der Gemeinde des Zuzugsortes für die Wahl, zu der sie oder er wahlberechtigt ist, nur auf Antrag eingetragen. Eine nach Absatz 1 in das Wählerverzeichnis eingetragene Wahlberechtigte oder ein nach Absatz 1 in das Wählerverzeichnis eingetragener Wahlberechtigter, die oder der sich innerhalb derselben Gemeinde für eine Wohnung anmeldet, bleibt in dem Wählerverzeichnis des Wahlbezirks eingetragen, für den sie oder er am Stichtag gemeldet war. Die oder der Wahlberechtigte ist bei der Anmeldung über die Regelung in den Sätzen 1 und 2 zu belehren. Absatz 2 gilt entsprechend. Erfolgt die Eintragung auf Antrag, benachrichtigt die Gemeindewahlleiterin oder der Gemeindewahlleiter des Zuzugsortes hiervon unverzüglich die Gemeindewahlleiterin oder den Gemeindewahlleiter des Fortzugsortes, die oder der die Wahlberechtigte oder den Wahlberechtigten in ihrem oder seinem Wählerverzeichnis streicht. Wenn im Falle des Satzes 1 bei der Gemeindewahlleiterin oder beim Gemeindewahlleiter des

Fortzugsortes eine Mitteilung über den Ausschluss vom Wahlrecht vorliegt oder nachträglich eingeht, benachrichtigt sie oder er hiervon unverzüglich die Gemeindewahlleiterin oder den Gemeindewahlleiter des Zuzugsortes, die oder der die Wahlberechtigte oder den Wahlberechtigten in ihrem oder seinem Wählerverzeichnis streicht; die oder der Betroffene ist von der Streichung zu unterrichten.
(4) Bezieht eine Wahlberechtigte oder ein Wahlberechtigter, die oder der nach Absatz 1 in das Wählerverzeichnis eingetragen ist, in einer anderen Gemeinde eine weitere Wohnung, die ihre oder seine Hauptwohnung wird, oder verlegt sie oder er ihre oder seine Hauptwohnung in eine andere Gemeinde, so gilt, wenn sie oder er sich vor Beginn der Einsichtsfrist für das Wählerverzeichnis bei der Meldebehörde anmeldet, Absatz 3 entsprechend.
(5) Welche von mehreren Wohnungen einer oder eines Wahlberechtigten ihre oder seine Hauptwohnung ist, bestimmt sich nach den Vorschriften des Melderechts.
(6) Bevor eine Person in das Wählerverzeichnis eingetragen wird, ist zu prüfen, ob sie die Wahlrechtsvoraussetzungen des § 13 des Kommunalwahlgesetzes erfüllt und ob sie nicht nach § 14 des Kommunalwahlgesetzes vom Wahlrecht ausgeschlossen ist. Erfolgt die Eintragung in das Wählerverzeichnis nur auf Antrag, ist außerdem zu prüfen, ob ein frist- und formgerechter Antrag gestellt ist.
(7) Gibt eine Gemeindewahlleiterin oder ein Gemeindewahlleiter einem Eintragungsantrag nicht statt oder streicht sie oder er eine in das Wählerverzeichnis eingetragene Person, hat sie oder er die oder den Betroffenen unverzüglich zu unterrichten. Gegen die Entscheidung kann die oder der Betroffene Einspruch einlegen; sie oder er ist auf diese Möglichkeit hinzuweisen. § 10 Abs. 2, 4 und 5 gilt entsprechend. Die Frist für die Zustellung der Entscheidung (§ 10 Abs. 4 Satz 1) und für die Beschwerdeentscheidung (§ 10 Abs. 5 Satz 4) gilt nur, wenn der Einspruch vor dem zwölften Tage vor der Wahl eingelegt worden ist.

§ 6b
Zuständigkeiten für die Eintragung in das Wählerverzeichnis

(1) Zuständig für die Eintragung in das Wählerverzeichnis ist die für die Wohnung zuständige Gemeinde, bei mehreren Wohnungen die für die Hauptwohnung zuständige Gemeinde.
(2) Zuständig für die Eintragung in das Wählerverzeichnis ist in den Fällen des
1. § 6a Abs. 3 die Gemeinde des Zuzugsortes,
2. § 6a Abs. 4 die Gemeinde der neuen Hauptwohnung.

§ 6c
Verfahren für die Eintragung in das Wählerverzeichnis auf Antrag

Der Antrag auf Eintragung in das Wählerverzeichnis ist schriftlich bis spätestens zum 21. Tag vor der Wahl bei der zuständigen Gemeindewahlleiterin oder dem zuständigen Gemeindewahlleiter zu stellen. Er muss den Familiennamen, die Vornamen, das Geburtsdatum und die genaue Anschrift der oder des Wahlberechtigten enthalten. Sammelanträge sind zulässig; sie müssen von allen aufgeführten Wahlberechtigten persönlich und handschriftlich unterzeichnet sein. Eine Wahlberechtigte oder ein Wahlberechtigter mit Behinderungen kann sich hierbei der Hilfe einer anderen Person bedienen; § 43 gilt entsprechend.

§ 7
Benachrichtigung der Wahlberechtigten

(1) Spätestens am Tag vor der Bereithaltung des Wählerverzeichnisses zur Einsichtnahme benachrichtigt die Gemeindewahlleiterin oder der Gemeindewahlleiter jede Wahlberechtigte und jeden Wahlberechtigten, die

oder der in das Wählerverzeichnis eingetragen ist, nach dem Muster der Anlage 2.
Die Mitteilung soll enthalten

1. den Familiennamen, die Vornamen und die Wohnung der oder des Wahlberechtigten,
2. die Angabe des Wahlbezirks und des Wahlraumes und ob dieser barrierefrei ist,
3. den Wahltag und die Wahlzeit,
4. die Nummer, unter der die oder der Wahlberechtigte in das Wählerverzeichnis eingetragen ist,
5. die Aufforderung, die Wahlbenachrichtigung zur Wahl mitzubringen und den Personalausweis, Unionsbürgerinnen und Unionsbürger einen gültigen Identitätsausweis, oder einen Reisepass bereitzuhalten,

5a. die Belehrung, dass nach § 15 Abs. 4 des Kommunalwahlgesetzes jede Wahlberechtigte ihr oder jeder Wahlberechtigte sein Wahlrecht nur einmal und nur persönlich ausüben kann,

6. die Belehrung, dass die Wahlbenachrichtigung einen Wahlschein nicht ersetzt und daher nicht zur Wahl in einem anderen als dem angegebenen Wahlraum berechtigt,
7. einen Hinweis, wo Wahlberechtigte Informationen über barrierefreie Wahlräume und Hilfsmittel erhalten können,
8. die Belehrung über die Beantragung eines Wahlscheins und über die Übersendung von Briefwahlunterlagen. Sie muss mindestens Hinweise darüber enthalten,

8a. dass der Wahlscheinantrag nur auszufüllen ist, wenn die oder der Wahlberechtigte in einem anderen Wahlraum ihres oder seines Wahlbereichs oder durch Briefwahl wählen will,

8b. unter welchen Voraussetzungen ein Wahlschein erteilt wird und

8c. dass der Wahlschein von einer oder einem anderen als der oder dem Wahlberechtigten nur beantragt werden kann, wenn die Berechtigung zur Antragstellung durch Vorlage einer schriftlichen Vollmacht nachgewiesen wird.

Erfolgt die Eintragung einer oder eines Wahlberechtigten, die oder der nach § 6a Abs. 3 oder 4 auf Antrag in das Wählerverzeichnis eingetragen wird, nach der Versendung der Benachrichtigung gemäß Satz 1, hat deren oder dessen Benachrichtigung unverzüglich nach der Eintragung zu erfolgen.

(2) Auf der Rückseite der Benachrichtigung nach Absatz 1 ist ein Vordruck für einen Antrag auf Ausstellung eines Wahlscheins mit Briefwahlunterlagen nach dem Muster der Anlage 3 aufzudrucken.

(3) Stellt die Gemeindewahlleiterin oder der Gemeindewahlleiter fest, dass die fristgemäße Benachrichtigung nach Absatz 1 infolge von Naturkatastrophen oder ähnlichen Ereignissen höherer Gewalt gestört ist, bestimmt sie oder er, dass sie in dem betroffenen Gebiet später erfolgen kann. Wenn zu besorgen ist, dass die Benachrichtigung nach Absatz 1 nicht bis zum sechsten Tag vor der Wahl erfolgen kann, bestimmt sie oder er, dass die Wahlberechtigten in anderer geeigneter Weise über die Angaben nach Absatz 1 Satz 2 Nr. 2, 3, 5 bis 7 zu benachrichtigen sind. Die Gemeindewahlleiterin oder der Gemeindewahlleiter kann hierzu im Einzelfall ergänzende Regelungen zur Anpassung an die besonderen Verhältnisse treffen. Sie oder er macht die Gründe für die Störung, das betroffene Gebiet, die von ihr oder ihm für den Einzelfall getroffenen Regelungen und die Art der Benachrichtigung in geeigneter Weise bekannt.

§ 8
Bekanntmachung über das Recht auf Einsicht in das Wählerverzeichnis und die Erteilung von Wahlscheinen

Die Gemeindewahlleiterin oder der Gemeindewahlleiter macht spätestens am 24. Tag vor der Wahl nach dem Muster der Anlage 4 öffentlich bekannt,

1. von wem, zu welchen Zwecken und unter welchen Voraussetzungen, wo, wie lange und zu welchen Tagesstunden das Wählerverzeichnis eingesehen werden kann und ob der Ort der Einsichtnahme barrierefrei ist,
2. dass bei der Gemeindewahlleiterin oder dem Gemeindewahlleiter innerhalb der Einsichtsfrist schriftlich oder durch Erklärung zur Niederschrift Einspruch gegen das Wählerverzeichnis eingelegt werden kann,
3. dass Wahlberechtigten, die in das Wählerverzeichnis eingetragen sind, bis spätestens zum 21. Tag vor der Wahl eine Wahlbenachrichtigung zugeht,
4. wo, in welcher Zeit und unter welchen Voraussetzungen Wahlscheine beantragt werden können,
5. wie durch Briefwahl gewählt wird.

§ 9
Einsicht in das Wählerverzeichnis

(1) Die Gemeindewahlleiterin oder der Gemeindewahlleiter hält das Wählerverzeichnis mindestens am Ort der Gemeindeverwaltung während der allgemeinen Öffnungszeiten zur Einsichtnahme bereit. Wird das Wählerverzeichnis im automatisierten Verfahren geführt, kann die Einsichtnahme durch ein Datensichtgerät ermöglicht werden. Es ist sicherzustellen, dass Bemerkungen (§ 11 Abs. 3) im Klartext gelesen werden können. Das Datensichtgerät darf nur von Bediensteten der Gemeindewahlleiterin oder des Gemeindewahlleiters bedient werden.

(2) Innerhalb der Einsichtsfrist ist das Anfertigen von Auszügen aus dem Wählerverzeichnis durch Wahlberechtigte zulässig, soweit dies im Zusammenhang mit der Prüfung des Wahlrechts einzelner bestimmter Personen steht. Die Auszüge dürfen nur für diesen Zweck verwendet und unbeteiligten Dritten nicht zugänglich gemacht werden.

§ 10
Einspruch gegen das Wählerverzeichnis und Beschwerde

(1) Wer das Wählerverzeichnis für unrichtig oder unvollständig hält, kann innerhalb der Einsichtsfrist Einspruch einlegen.

(2) Der Einspruch ist schriftlich oder zur Niederschrift bei der Gemeindewahlleiterin oder beim Gemeindewahlleiter einzulegen. Eine Einspruchsführerin oder ein Einspruchsführer mit Behinderungen kann sich hierbei der Hilfe einer anderen Person bedienen; § 43 gilt entsprechend. Soweit die behaupteten Tatsachen nicht offenkundig sind, hat die Einspruchsführerin oder der Einspruchsführer die erforderlichen Beweismittel beizubringen.

(3) Will die Gemeindewahlleiterin oder der Gemeindewahlleiter einem Einspruch gegen die Eintragung einer oder eines anderen stattgeben, so hat sie oder er dieser oder diesem vor der Entscheidung Gelegenheit zur Äußerung zu geben.

(4) Die Gemeindewahlleiterin oder der Gemeindewahlleiter hat die Entscheidung der Einspruchsführerin oder dem Einspruchsführer und der oder dem Betroffenen spätestens am zehnten Tag vor der Wahl zuzustellen und auf den zulässigen Rechtsbehelf hinzuweisen. Einem auf Eintragung gerichteten Einspruch gibt die Gemeindewahlleiterin oder der Gemeindewahlleiter in der Weise statt, dass sie oder er der oder dem Wahlberechtigten nach Berichtigung des Wählerverzeichnisses die Wahlbenachrichtigung zugehen lässt.

(5) Gegen die Entscheidung der Gemeindewahlleiterin oder des Gemeindewahlleiters kann binnen zwei Tagen nach Zustellung Beschwerde an den Wahlbeschwerdeausschuss eingelegt werden. Die Beschwerde ist schriftlich oder zur Niederschrift bei der Gemeindewahlleiterin oder beim Gemeindewahlleiter einzulegen; Absatz 2 Satz 2 gilt entsprechend. Die Gemeindewahlleiterin oder der Gemeindewahlleiter legt die Beschwerde mit den Vorgängen unverzüglich dem Wahlbeschwerdeausschuss vor. Der Wahlbeschwerdeaus-

schuss hat über die Beschwerde spätestens am vierten Tag vor der Wahl zu entscheiden; Absatz 3 gilt entsprechend. Die Beschwerdeentscheidung ist den Beteiligten und der Gemeindewahlleiterin oder dem Gemeindewahlleiter bekannt zu geben. Sie ist vorbehaltlich anderer Entscheidung im Anfechtungsverfahren endgültig.

§ 11
Berichtigung des Wählerverzeichnisses

(1) Nach Beginn der Einsichtsfrist ist die Eintragung oder Streichung von Personen sowie die Vornahme sonstiger Änderungen im Wählerverzeichnis nur noch auf rechtzeitigen Einspruch zulässig. § 6a Abs. 3 und 4 sowie § 16a bleiben unberührt.
(2) Ist das Wählerverzeichnis offensichtlich unrichtig oder unvollständig, so kann die Gemeindewahlleiterin oder der Gemeindewahlleiter den Mangel auch von Amts wegen beheben. Dies gilt nicht für Mängel, die Gegenstand eines Einspruchsverfahrens sind. § 10 Abs. 3 bis 5 gilt entsprechend. Die Frist für die Zustellung der Entscheidung (§ 10 Abs. 4 Satz 1) und für die Beschwerdeentscheidung (§ 10 Abs. 5 Satz 4) gilt nur, wenn die von Amts wegen behebbaren Mängel vor dem zwölften Tag vor der Wahl bekannt werden.
(3) Alle vom Beginn der Einsichtsfrist ab vorgenommenen Änderungen sind in der Spalte „Bemerkungen“ zu erläutern und mit Datum und Unterschrift der oder des vollziehenden Bediensteten, im automatisierten Verfahren anstelle der Unterschrift mit einem Hinweis auf die verantwortliche Bedienstete oder den verantwortlichen Bediensteten zu versehen.
(4) Nach Abschluss des Wählerverzeichnisses können Änderungen mit Ausnahme der in Absatz 2 und § 27 vorgesehenen Berichtigungen nicht mehr vorgenommen werden.

§ 12
Abschluss des Wählerverzeichnisses

Das Wählerverzeichnis ist spätestens am Tag vor der Wahl, jedoch nicht früher als am dritten Tag vor der Wahl, durch die Gemeindewahlleiterin oder den Gemeindewahlleiter abzuschließen. Sie oder er stellt dabei die Zahl der Wahlberechtigten des Wahlbezirks fest. Der Abschluss wird nach dem Muster der Anlage 5 beurkundet. Bei automatisierter Führung des Wählerverzeichnisses ist vor der Beurkundung ein Ausdruck herzustellen.

§12a
Voraussetzungen für die Erteilung von Wahlscheinen

(1) Eine Wahlberechtigte oder ein Wahlberechtigter, die oder der in das Wählerverzeichnis eingetragen ist, erhält auf Antrag einen Wahlschein.
(2) Eine Wahlberechtigte oder ein Wahlberechtigter, die oder der nicht in das Wählerverzeichnis eingetragen ist, erhält auf Antrag einen Wahlschein,

1. wenn sie oder er nachweist, dass sie oder er ohne Verschulden die Antragsfrist nach § 6c oder die Einspruchsfrist nach § 10 Abs. 1 versäumt hat,
2. wenn ihr oder sein Recht auf Teilnahme an der Wahl erst nach Ablauf der Frist nach § 6c oder § 10 Abs. 1 entstanden ist,
3. wenn ihr oder sein Wahlrecht im Einspruchsverfahren festgestellt worden und die Feststellung erst nach Abschluss des Wählerverzeichnisses zur Kenntnis der Gemeindewahlleiterin oder des Gemeindewahlleiters gelangt ist.

§ 13
Zuständige Behörde, Form des Wahlscheins

Der Wahlschein wird nach dem Muster der Anlage 6 in gelber Farbe von der Gemeindewahlleiterin oder dem Gemeindewahlleiter erteilt, in deren oder dessen Wählerverzeichnis die oder der Wahlberechtigte eingetragen ist oder hätte eingetragen werden müssen.

§ 14
Wahlscheinanträge

(1) Die Erteilung eines Wahlscheins kann schriftlich oder mündlich bei der Gemeindewahlleiterin oder dem Gemeindewahlleiter beantragt werden. Die Schriftform gilt auch durch Telefax, E-Mail oder durch sonstige dokumentierbare elektronische Übermittlung als gewahrt. Eine telefonische Antragstellung ist unzulässig. Eine Wahlberechtigte oder ein Wahlberechtigter mit Behinderungen kann sich bei der Antragstellung der Hilfe einer anderen Person bedienen; § 43 gilt entsprechend.

(2) Die Antragstellerin oder der Antragsteller muss den Familiennamen, die Vornamen, das Geburtsdatum und ihre oder seine Wohnanschrift (Straße, Hausnummer, Postleitzahl, Ort) angeben.

(3) Wer den Antrag für eine andere oder einen anderen stellt, muss durch Vorlage einer schriftlichen Vollmacht nachweisen, dass er dazu berechtigt ist.

(4) Wahlscheine können bis zum zweiten Tag vor der Wahl, 18.00 Uhr, beantragt werden. In den Fällen des § 12a Abs. 2 können Wahlscheine noch bis zum Wahltag, 15.00 Uhr, beantragt werden. Gleiches gilt, wenn bei nachgewiesener plötzlicher Erkrankung der Wahlraum nicht oder nur unter nicht zumutbaren Schwierigkeiten aufgesucht werden kann; in diesem Fall hat die Gemeindewahlleiterin oder der Gemeindewahlleiter vor Erteilung des Wahlscheins die für den Wahlbezirk der oder des Wahlberechtigten zuständige Wahlvorsteherin oder den für den Wahlbezirk der oder des Wahlberechtigten zuständigen Wahlvorsteher davon zu unterrichten, die oder der entsprechend § 27 zu verfahren hat.

(5) Verspätet eingegangene schriftliche Anträge sind unbearbeitet mit den dazugehörigen Briefumschlägen zu verpacken und vorläufig aufzubewahren.

§ 15
Erteilung von Wahlscheinen, Vermerk im Wählerverzeichnis

(1) Wahlscheine dürfen nicht vor Zulassung der Wahlvorschläge erteilt werden.

(2) Der Wahlschein muss von der oder dem mit der Erteilung beauftragten Bediensteten eigenhändig unterschrieben werden und mit dem Dienstsiegel versehen sein. Das Dienstsiegel kann eingedruckt werden. Wird der Wahlschein mithilfe automatischer Einrichtungen erstellt, kann abweichend von Satz 1 die Unterschrift fehlen; stattdessen kann der Name der oder des beauftragten Bediensteten eingedruckt werden.

(3) Dem Wahlschein sind beizufügen

1. die amtlichen Stimmzettel (nach dem Muster der Anlagen 7 bis 7f) für jede Wahl, für die die oder der Wahlberechtigte wahlberechtigt ist,
2. ein amtlicher Stimmzettelumschlag nach dem Muster der Anlage 8,
3. ein amtlicher Wahlbriefumschlag nach dem Muster der Anlage 9, auf dem die vollständige Anschrift, wohin der Wahlbrief zu übersenden ist, sowie die Bezeichnung der Gemeindewahlleiterin oder des Gemeindewahlleiters, die oder der den Wahlschein ausgestellt hat (Ausgabestelle), und die Wahlscheinnummer oder der Wahlbezirk von der Ausgabestelle voreingetragen sind, und
4. ein Merkblatt zur Briefwahl nach dem Muster der Anlage 10.

Satz 1 gilt nicht in den Fällen des § 16 Abs. 1.

(4) Wahlschein und Briefwahlunterlagen werden der oder dem Wahlberechtigten an ihre oder seine Wohnanschrift übersandt oder amtlich überbracht, soweit sich aus dem Antrag keine andere Anschrift oder die Abholung der Unterlagen ergibt. Wird die Versendung an eine andere Anschrift in einer Form nach § 14 Abs. 1 Satz 2 beantragt, ge-

hört zur Versendung der Briefwahlunterlagen die gleichzeitige Versendung einer Mitteilung an die Wohnanschrift. Postsendungen sind von der Gemeindewahlleiterin oder dem Gemeindewahlleiter freizumachen. Die Gemeindewahlleiterin oder der Gemeindewahlleiter übersendet der oder dem Wahlberechtigten Wahlschein und Briefwahlunterlagen mit Luftpost, wenn sich aus ihrem oder seinem Antrag ergibt, dass sie oder er aus einem außereuropäischen Gebiet wählen will, oder wenn dieses sonst geboten erscheint.

(5) Holt die oder der Wahlberechtigte persönlich den Wahlschein und die Briefwahlunterlagen bei der Gemeindewahlleiterin oder dem Gemeindewahlleiter ab, so soll ihr oder ihm Gelegenheit gegeben werden, die Briefwahl an Ort und Stelle auszuüben. Es ist sicherzustellen, dass Stimmzettel unbeobachtet gekennzeichnet und in den Stimmzettelumschlag gelegt werden können. An eine andere Person als die Wahlberechtigte oder den Wahlberechtigten persönlich dürfen Wahlschein und Briefwahlunterlagen nur ausgehändigt werden, wenn die Berechtigung zur Empfangnahme durch Vorlage einer schriftlichen Vollmacht nachgewiesen wird. § 14 Abs. 1 Satz 4 gilt entsprechend. Von der Vollmacht kann nur Gebrauch gemacht werden, wenn die bevollmächtigte Person nicht mehr als vier Wahlberechtigte vertritt; dies hat sie der Gemeindewahlleiterin oder dem Gemeindewahlleiter vor der Empfangnahme der Unterlagen schriftlich zu versichern. Auf Verlangen hat sich die bevollmächtigte Person auszuweisen.

(6) Über die erteilten Wahlscheine führt die Gemeindewahlleiterin oder der Gemeindewahlleiter ein Wahlscheinverzeichnis, in dem die Fälle des § 12a Abs. 1 und die Fälle des § 12a Abs. 2 getrennt gehalten werden. Das Verzeichnis wird als Liste oder als Sammlung der Durchschriften der Wahlscheine geführt. Auf dem Wahlschein wird die Nummer eingetragen, unter der er im Wahlscheinverzeichnis vermerkt ist, sowie die Nummer, unter der die oder der Wahlberechtigte im Wählerverzeichnis geführt wird, oder der vorgesehene Wahlbezirk. Bei nicht in das Wählerverzeichnis eingetragenen Wahlberechtigten wird auf dem Wahlschein vermerkt, dass dessen Erteilung nach § 12a Abs. 2 erfolgt ist und welchem Wahlbezirk die oder der Wahlberechtigte zugeordnet wird. Werden nach Abschluss des Wählerverzeichnisses noch Wahlscheine erteilt, so ist darüber ein besonderes Verzeichnis nach den Sätzen 1 bis 3 zu führen. Aus dem nach Wahlbereichen und Wahlbezirken gegliederten Wahlscheinverzeichnis muss ersichtlich sein, für welche Wahlen die Wahlscheine gelten.

(7) Wird eine Wahlberechtigte oder ein Wahlberechtigter, die oder der bereits einen Wahlschein erhalten hat, im Wählerverzeichnis gestrichen, so ist der Wahlschein für ungültig zu erklären. Die Gemeindewahlleiterin oder der Gemeindewahlleiter führt darüber ein Verzeichnis, in das der Name der oder des Wahlberechtigten und die Nummer des für ungültig erklärten Wahlscheins aufzunehmen ist; sie oder er hat das Wahlscheinverzeichnis zu berichtigen. Die Gemeindewahlleiterin oder der Gemeindewahlleiter verständigt alle Wahlvorstände des Wahlbereichs über die Ungültigkeit des Wahlscheines. In den Fällen des § 39 Abs. 5 des Kommunalwahlgesetzes ist im Wahlscheinverzeichnis und im Verzeichnis der für ungültig erklärten Wahlscheine in geeigneter Form zu vermerken, dass die Stimme einer Wählerin oder eines Wählers, die oder der bereits an der Briefwahl teilgenommen hat, nicht ungültig ist.

(8) Verlorene Wahlscheine werden nicht ersetzt. Versichert eine Wahlberechtigte oder ein Wahlberechtigter glaubhaft, dass ihr oder ihm der beantragte Wahlschein nicht zugegangen ist, kann ihr oder ihm bis zum Tag vor der Wahl, 12.00 Uhr, ein neuer Wahlschein erteilt werden; Absatz 8 Satz 1 bis 3 gilt entsprechend.

§ 16

Erteilung von Wahlscheinen an bestimmte Personengruppen

(1) Die Gemeindewahlleiterin oder der Gemeindewahlleiter fordert spätestens am achten Tag vor dem Wahltag von den Leitungen

1. der Einrichtungen, für die ein Sonderwahlbezirk gebildet worden ist (§ 1 Abs. 3),
2. der kleineren Krankenhäuser, kleineren Alten- oder Pflegeheime, Klöster, sozialtherapeutischen Anstalten und Justizvollzugsanstalten, für deren Wahlberechtigte die Stimmabgabe vor einem beweglichen Wahlvorstand vorgesehen ist (§ 4 Abs. 6 und §§ 40 bis 42),

ein Verzeichnis der wahlberechtigten Personen aus dem Wahlbereich, die sich in der Einrichtung befinden oder dort beschäftigt sind und die am Wahltag in der Einrichtung wählen wollen. Sie oder er erteilt diesen Wahlberechtigten Wahlscheine ohne Briefwahlunterlagen und übersendet sie unmittelbar an diese.

(2) Die Gemeindewahlleiterin oder der Gemeindewahlleiter veranlasst die Leitungen der Einrichtungen spätestens am 13. Tag vor der Wahl,

1. die anderen wahlberechtigten Personen, die sich in der Einrichtung befinden oder dort beschäftigt sind und die in Wählerverzeichnissen des gleichen Wahlbereichs geführt werden, zu verständigen, dass sie in der Einrichtung nur wählen können, wenn sie sich von der Gemeindewahlleiterin oder dem Gemeindewahlleiter, in deren oder dessen Wählerverzeichnis sie eingetragen sind, einen Wahlschein beschafft haben,
2. die wahlberechtigten Personen, die sich in der Einrichtung befinden oder dort beschäftigt sind und die in Wählerverzeichnissen anderer Wahlbereiche geführt werden, zu verständigen, dass sie ihr Wahlrecht nur durch Briefwahl ausüben können und sich dafür von der Gemeindewahlleiterin oder dem Gemeindewahlleiter, in deren oder dessen Wählerverzeichnis sie eingetragen sind, einen Wahlschein mit Briefwahlunterlagen beschaffen müssen.

(3) Die Gemeindewahlleiterin oder der Gemeindewahlleiter ersucht spätestens am 13. Tag vor der Wahl die Truppenteile, die ihren Standort im Gemeindegebiet haben, die wahlberechtigten Soldatinnen und Soldaten entsprechend Absatz 2 Nr. 2 zu verständigen.

§ 16a

Vermerk im Wählerverzeichnis

Hat eine Wahlberechtigte oder ein Wahlberechtigter einen Wahlschein erhalten, so wird im Wählerverzeichnis in der Spalte für den Vermerk über die Stimmabgabe „Wahlschein“ oder „W“ eingetragen.

§ 16b

Einspruch gegen die Versagung des Wahlscheins und Beschwerde

Wird die Erteilung eines Wahlscheins versagt, so kann dagegen Einspruch eingelegt werden. § 10 Abs. 2, 4 und 5 gilt entsprechend. Die Frist für die Zustellung der Entscheidung (§ 10 Abs. 4 Satz 1) und für die Beschwerdeentscheidung (§ 10 Abs. 5 Satz 4) gilt nur, wenn der Einspruch vor dem zwölften Tag vor der Wahl eingelegt worden ist.

Vierter Abschnitt
Wahlvorschläge

§ 17

Unterstützungsverzeichnis

(1) Die Gemeindewahlleiterin oder der Gemeindewahlleiter legt für jeden Wahlvorschlag, der nach § 22 Abs. 2 des Kommunalwahlgesetzes der Unterstützung bedarf, ein gesondertes Unterstützungsverzeichnis in Form von Unterschriftsblättern an und legt dieses von dem auf den Tag der Einreichung des Wahlvorschlags folgenden Tag ab bis zum 66. Tag vor der Wahl zur Eintragung auf. Die Eintragung muss während der allgemeinen Dienststunden sowie an den vier letzten

Samstagen vor Ablauf der Frist in der Zeit zwischen 9.00 und 12.00 Uhr, am Tag des Ablaufs der Frist bis 18.00 Uhr, ermöglicht werden.

(2) Die Gemeindewahlleiterin oder der Gemeindewahlleiter erstellt das Unterstützungsverzeichnis nach dem Muster der Anlage 12. Sie oder er hat sicherzustellen, dass bei der Unterzeichnung die Namen der Vorunterzeichnerinnen und Vorunterzeichner nicht bekannt werden.

(3) Die Gemeindewahlleiterin oder der Gemeindewahlleiter prüft die Identität und die Wahlberechtigung derjenigen Personen, die ein Unterstützungsverzeichnis unterzeichnen wollen, in unmittelbarem Zusammenhang mit der Unterzeichnung. Die Unterzeichnerinnen und Unterzeichner haben in der Eintragung Vor- und Familienname, Wohnort und Wohnung persönlich und handschriftlich anzugeben. Das Unterstützungsverzeichnis kann auch von Wahlbewerberinnen und Wahlbewerbern unterzeichnet werden.

(4) Eine Wahlberechtigte oder ein Wahlberechtigter darf nur einen Wahlvorschlag unterzeichnen; hat jemand mehrere Wahlvorschläge unterzeichnet, so ist ihre oder seine Unterschrift auf allen weiteren Wahlvorschlägen ungültig.

(5) Die Gemeindewahlleiterin oder der Gemeindewahlleiter schließt das Unterstützungsverzeichnis am 66. Tag vor dem Wahltag nach 18.00 Uhr ab; gleichzeitig bestätigt sie oder er mit ihrer oder seiner eigenhändigen Unterschrift und mit ihrem oder seinem Dienstsiegel auf dem Unterstützungsverzeichnis, wie viele Personen das Unterstützungsverzeichnis unterzeichnet haben.

(6) Eine auf dem Unterstützungsverzeichnis geleistete Unterschrift kann nicht zurückgezogen werden.

(7) Die Gemeindewahlleiterin oder der Gemeindewahlleiter hat Vorsorge zu treffen, dass Unbefugte in das Unterstützungsverzeichnis nicht Einsicht nehmen. Zur Einsichtnahme befugt ist die Vertrauensperson und die stellvertretende Vertrauensperson des unterstützungsbedürftigen Wahlvorschlags.

(8) Bei der Wahl zum Kreistag, zur Regionalversammlung, zur Landrätin oder zum Landrat oder zur Regionalverbandsdirektorin oder zum Regionalverbandsdirektor legen die Kreis- oder Regionalverbandswahlleiterin oder der Kreis- oder Regionalverbandswahlleiter für jeden Wahlvorschlag, der nach § 22 Abs. 2 des Kommunalwahlgesetzes der Unterstützung bedarf, entsprechend Absatz 1 bis 3 ein Unterstützungsverzeichnis auf. Dieses Unterstützungsverzeichnis kann auch bei den Gemeindewahlleiterinnen und Gemeindewahlleitern des jeweiligen Wahlgebiets aufgelegt werden.

§ 18
Aufforderung zur Einreichung von Wahlvorschlägen

(1) Nachdem der Wahltag bestimmt ist, fordern die Gemeindewahlleiterinnen und Gemeindewahlleiter durch öffentliche Bekanntmachung zur möglichst frühzeitigen Einreichung der Wahlvorschläge auf und weisen auf die Voraussetzungen für die Einreichung von Wahlvorschlägen nach § 22 des Kommunalwahlgesetzes hin. In die öffentliche Bekanntmachung sind aufzunehmen

1. die Anzahl der zu wählenden Personen,
2. wo und bis zu welchem Zeitpunkt Wahlvorschläge eingereicht werden können,
3. ein Hinweis darauf, dass die Wahlvorschläge nach Möglichkeit so frühzeitig vor dem Ablauf der Einreichungsfrist einzureichen sind, dass etwaige Mängel, die die Gültigkeit der Wahlvorschläge berühren, rechtzeitig behoben werden können,
4. ein Hinweis auf die Bestimmungen über Inhalt und Form der Wahlvorschläge,
5. ein Hinweis auf die Bestimmungen über die Voraussetzungen zur Einrichtung eines Unterstützungsverzeichnisses sowie über die Eintragung in ein Unterstützungsverzeichnis,
6. ein Hinweis darauf, dass Mehrheitswahl stattfindet, wenn nur ein oder kein gültiger Wahlvorschlag eingereicht wird,

7. wo, in welcher Frist und Form die Verbindung von Wahlvorschlägen erklärt werden kann.

(2) Die Parteien teilen, bevor sie Wahlvorschläge einreichen, den Landkreisen und dem Regionalverband Saarbrücken die nach § 24 Abs. 7 Satz 3 des Kommunalwahlgesetzes für die Gebietskörperschaft zuständige Parteileitung mit. Die Landkreise und der Regionalverband Saarbrücken unterrichten die Gemeindewahlleiterinnen und Gemeindewahlleiter ihrer angehörigen Gemeinden.

§ 19
Einreichung von Wahlvorschlägen

(1) Die Wahlvorschläge sollen nach dem Muster der Anlage 11 eingereicht werden.

(2) Der Wahlvorschlag muss enthalten:

1. den Familiennamen, die Vornamen, den Beruf, das Geburtsdatum, die Anschrift (Hauptwohnung) einer jeden Bewerberin und eines jeden Bewerbers,
2. den Namen der einreichenden Partei oder Wählergruppe und, sofern sie eine Kurzbezeichnung verwenden, auch diese.

Geben die Namen oder Kurzbezeichnungen mehrerer Parteien oder Wählergruppen zu Verwechslungen Anlass oder erweckt der Name oder die Kurzbezeichnung einer Wählergruppe den Eindruck, als handele es sich um den Wahlvorschlag einer Partei, so kann die Vertrauensperson eine Bezeichnung des Wahlvorschlags festsetzen, welche die Verwechslungsgefahr beseitigt.

(3) Die Wahlvorschläge müssen persönlich und handschriftlich unterzeichnet sein; jede Unterzeichnerin oder jeder Unterzeichner muss dabei ihren oder seinen Familien- und Vornamen, ihren oder seinen Wohnort sowie ihre oder seine Wohnung angeben. Die Unterzeichnung durch Wahlbewerberinnen und Wahlbewerber ist zulässig.

(4) Wahlvorschläge sollen ferner Namen, Anschrift, Telefonnummer und E-Mail-Adresse der Vertrauensperson und der stellvertretenden Vertrauensperson enthalten. Die Vertrauensperson und die stellvertretende Vertrauensperson sollen in der Gemeinde wohnen, für deren Gemeinderatswahl der Wahlvorschlag bestimmt ist.

(5) Die Erklärungen und Bescheinigungen nach § 24 Abs. 8 des Kommunalwahlgesetzes sind in nur einer Ausfertigung erforderlich.

(6) Die Zustimmungserklärung der Bewerberin oder des Bewerbers ist nach dem Muster der Anlage 13 abzufassen.

(7) Die Bescheinigung über die Wählbarkeit der Bewerberin oder des Bewerbers ist nach dem Muster der Anlage 14 von der Gemeindewahlleiterin oder vom Gemeindewahlleiter kostenfrei auszustellen. Die Versicherung an Eides statt der Unionsbürgerin über ihre oder des Unionsbürgers über seine Staatsangehörigkeit und über den Nichtausschluss von der Wählbarkeit im Herkunfts-Mitgliedstaat ist nach dem Muster der Anlage 14a abzugeben.

(8) Die Niederschrift nach § 24 Abs. 8 Satz 1 Nr. 4 des Kommunalwahlgesetzes soll nach dem Muster der Anlage 15 gefertigt, die Versicherung an Eides statt nach dem Muster der Anlage 16 abgegeben werden.

(9) Die Gemeindewahlleiterin oder der Gemeindewahlleiter vermerkt auf jedem Wahlvorschlag Datum und Uhrzeit des Eingangs. Sie oder er übersendet der Kreiswahlleiterin oder dem Kreiswahlleiter, in regionalverbandsangehörigen Gemeinden der Regionalverbandswahlleiterin oder dem Regionalverbandswahlleiter unverzüglich zwei Abdrucke der eingegangenen Wahlvorschläge; die Kreiswahlleiterinnen und Kreiswahlleiter, die Regionalverbandswahlleiterin oder der Regionalverbandswahlleiter und die Gemeindewahlleiterinnen und Gemeindewahlleiter kreisfreier Städte leiten einen Abdruck an die Landeswahlleiterin oder den Landeswahlleiter weiter.

§ 20
Zurücknahme von Wahlvorschlägen

(1) Rücknahmeerklärungen durch die Vertrauenspersonen sind in drei Ausfertigungen bei der Gemeindewahlleiterin oder beim Gemeindewahlleiter einzureichen. Sie müssen von der Vertrauensperson und der stellvertretenden Vertrauensperson persönlich und handschriftlich unterzeichnet sein.
(2) Eine Rücknahmeerklärung kann nur berücksichtigt werden, wenn sie vor der Entscheidung über die Zulassung des Wahlvorschlags bei der Gemeindewahlleiterin oder beim Gemeindewahlleiter eingegangen ist. Die Gemeindewahlleiterin oder der Gemeindewahlleiter vermerkt auf der Rücknahmeerklärung Datum und Uhrzeit des Eingangs. § 19 Abs. 9 Satz 2 gilt entsprechend.

§ 21
Änderung von Wahlvorschlägen

(1) Für die Änderung von Wahlvorschlägen gilt § 19 Abs. 1 und 3 entsprechend. Der Tod der Wahlbewerberin oder des Wahlbewerbers oder der Verlust der Wählbarkeit ist der Gemeindewahlleiterin oder dem Gemeindewahlleiter nachzuweisen.
(2) Die Gemeindewahlleiterin oder der Gemeindewahlleiter vermerkt auf der Änderungserklärung Datum und Uhrzeit des Eingangs. § 19 Abs. 9 Satz 2 gilt entsprechend.

§ 22
Mängelbeseitigung

Ist eine Wahlbewerberin oder ein Wahlbewerber in mehreren Wahlvorschlägen zur Gemeinderatswahl benannt, so fordert die Gemeindewahlleiterin oder der Gemeindewahlleiter sie oder ihn unverzüglich auf, sich bis zum 59. Tag vor dem Wahltag für einen der Wahlvorschläge zu entscheiden. Den Vertrauenspersonen der betroffenen Wahlvorschläge ist von der Aufforderung Kenntnis zu geben. Gibt die oder der Aufgeforderte die verlangte Erklärung nicht fristgemäß ab, so wird ihr oder sein Name in allen Wahlvorschlägen gestrichen.

§ 23
Zulassung der Wahlvorschläge

(1) Die Gemeindewahlleiterin oder der Gemeindewahlleiter lädt die Vertrauenspersonen der Wahlvorschläge zu der Sitzung, in der über die Zulassung der Wahlvorschläge entschieden wird.
(2) Der Gemeindewahlausschuss prüft die eingegangenen Wahlvorschläge und beschließt über die Zulassung oder Zurückweisung. Vor einer Entscheidung ist der erschienenen Vertrauensperson des betroffenen Wahlvorschlags Gelegenheit zur Äußerung zu geben.
(3) Der Gemeindewahlausschuss stellt die zugelassenen Wahlvorschläge fest. Geben die Namen oder Kurzbezeichnungen mehrerer Parteien oder Wählergruppen zu Verwechslungen Anlass, so fügt der Gemeindewahlausschuss einem Wahlvorschlag oder mehreren Wahlvorschlägen eine Unterscheidungsbezeichnung bei. Erweckt der Name oder die Kurzbezeichnung einer Wählergruppe den Eindruck, als handele es sich um den Wahlvorschlag einer Partei, so erhält der Wahlvorschlag den Namen der Spitzenbewerberin oder des Spitzenbewerbers auf der Gebietsliste der betreffenden Wählergruppe als Name; die Kurzbezeichnung entfällt.
(4) Der Gemeindewahlausschuss gibt seine Entscheidung in der Sitzung im Anschluss an die Beschlussfassung unter kurzer Angabe der Gründe bekannt und weist auf den zulässigen Rechtsbehelf hin.
(5) Die Niederschrift über die Sitzung ist nach dem Muster der Anlage 17 zu fertigen; der Niederschrift sind die zugelassenen Wahlvorschläge in der vom Gemeindewahlausschuss festgestellten Fassung beizufügen.
(6) Für die Übersendung der zugelassenen Wahlvorschläge und einer Abschrift der Niederschrift gilt § 19 Abs. 9 Satz 2 entsprechend.
(7) Die Beschwerde gegen die Entscheidung des Gemeindewahlausschusses ist schriftlich oder zur Niederschrift beim Wahlbeschwerdeausschuss einzulegen. Die Schriftform gilt auch durch Telefax als gewahrt.

(8) Die oder der Vorsitzende des Wahlbeschwerdeausschusses lädt die Beschwerdeführerinnen, Beschwerdeführer und die Vertrauenspersonen der betroffenen Wahlvorschläge zu der Sitzung, in der über die Beschwerde entschieden wird. Den Beteiligten und der Gemeindewahlleiterin oder dem Gemeindewahlleiter ist Gelegenheit zur Äußerung zu geben.
(9) Der Wahlbeschwerdeausschuss gibt seine Entscheidung in der Sitzung im Anschluss an die Beschlussfassung unter kurzer Angabe der Gründe bekannt.

§ 24
Verbindung von Wahlvorschlägen
(1) Die Verbindung von Wahlvorschlägen wird von den Vertrauenspersonen der beteiligten Wahlvorschläge gemeinsam schriftlich erklärt.
(2) Von der Änderung oder Zurücknahme eines verbundenen Wahlvorschlags gibt die Gemeindewahlleiterin oder der Gemeindewahlleiter den Vertrauenspersonen der an der Verbindung beteiligten anderen Wahlvorschläge unverzüglich schriftlich Kenntnis. Eine Verbindung von Wahlvorschlägen kann nur gemeinsam aufgehoben werden.

§ 25
Bekanntmachung der Wahlvorschläge
Die Gemeindewahlleiterin oder der Gemeindewahlleiter übergibt vor Beginn der Wahlhandlung den Wahlvorsteherinnen und Wahlvorstehern der einzelnen Wahlbezirke
1. das Wählerverzeichnis mit Abschlussbescheinigung nach Anlage 5,
2. das Verzeichnis über die nach Abschluss des Wählerverzeichnisses ausgestellten Wahlscheine (§ 12 und §16 Abs. 2),
3. Stimmzettel in genügender Anzahl,
4. Vordrucke für die Wahlniederschrift,
5. eine genügende Anzahl von Zähllisten bei Mehrheitswahl,
6. das notwendige Schreib-, Pack- und Siegelmaterial,
7. einen Abdruck des Kommunalwahlgesetzes, der Kommunalwahlordnung und, bei Verwendung von Wahlgeräten, einen Abdruck der Wahlgeräteverordnung.

§ 27
Kennzeichnung der Wahlberechtigten mit Wahlscheinen in dem Wählerverzeichnis
Vor Beginn der Stimmabgabe berichtigt die Wahlvorsteherin oder der Wahlvorsteher das Wählerverzeichnis nach dem etwa vorliegenden Verzeichnis der nachträglich ausgestellten Wahlscheine (§ 15 Abs. 6), indem sie oder er bei den in diesem Verzeichnis aufgeführten Wahlberechtigten in der Spalte für den Stimmabgabevermerk „Wahlschein“ oder „W“ einträgt. Sie oder er berichtigt dementsprechend die Abschlussbescheinigung des Wählerverzeichnisses in der vorgesehenen Spalte und bescheinigt das an der vorgesehenen Stelle. Erhält die Wahlvorsteherin oder der Wahlvorsteher später die Mitteilung von der Ausstellung von Wahlscheinen nach § 14 Abs. 4, verfährt sie oder er entsprechend den Sätzen 1 und 2.

§ 28
Auswahl der Wahlräume
(1) Die Gemeindewahlleiterin oder der Gemeindewahlleiter bestimmt für die Wahlbezirke ihrer oder seiner Gemeinde die Räume, in denen die Wahl durchzuführen ist. Die Wahlräume sollen nach den örtlichen Verhältnissen so ausgewählt und eingerichtet werden, dass allen Wahlberechtigten, insbesondere Menschen mit Behinderungen und anderen Menschen mit Mobilitätsbeeinträchtigung, die Teilnahme an der Wahl möglichst erleichtert wird. Die Gemeindewahlleiterin oder der Gemeindewahlleiter teilt frühzeitig und in geeigneter Weise mit, welche Wahlräume barrierefrei sind.
(2) Als Wahlräume sind nach Möglichkeit Räume in gemeindlichen Gebäuden zu benutzen.

§ 28a

Wahlzeit

(1) Die Wahl dauert von 8.00 bis 18.00 Uhr.

(2) Die Landeswahlleiterin oder der Landeswahlleiter kann im Einzelfall, wenn besondere Gründe es erfordern, die Wahlzeit mit einem früheren Beginn festsetzen.

§ 29

Ausstattung der Wahlräume

(1) In jedem Wahlraum ist ein genügend großer Tisch für den Wahlvorstand aufzustellen. Außerdem sind weitere Tische oder Pulte mit Schutzvorrichtungen (Wahlkabinen) aufzustellen, die so beschaffen sein müssen, dass die Wählerinnen und Wähler unbeobachtet ihre Stimmzettel kennzeichnen und falten können. Zu diesem Zweck können auch Nebenräume benutzt werden, die jedoch mit dem Wahlraum verbunden sein müssen und nur durch ihn zugänglich und von ihm aus zu übersehen sind.

(2) In den Wahlkabinen sollen Schreibstifte bereitliegen.

(3) In jedem Wahlraum muss ein Abdruck des Kommunalwahlgesetzes, der Kommunalwahlordnung und bei Verwendung von Wahlgeräten ein Abdruck der Wahlgeräteverordnung zu jedermanns Einsicht ausliegen. Diese Abdrucke brauchen die Anlagen zu diesen Vorschriften nicht zu enthalten.

§ 30

Wahlurnen

(1) Die von Wählerinnen und Wählern abgegebenen Stimmzettel werden in Wahlurnen gesammelt.

(2) Die Gemeindewahlleiterin oder der Gemeindewahlleiter beschafft die erforderlichen Wahlurnen.

(3) Die Wahlurne muss mit einem Deckel versehen sein. Ihre innere Höhe soll in der Regel 90 cm, der Abstand jeder Wand von der gegenüberliegenden mindestens 35 cm betragen. Im Deckel muss die Wahlurne einen Spalt haben, der nicht weiter als 2 cm sein darf. Sie muss verschließbar sein.

(4) Für die Stimmabgabe in Sonderwahlbezirken und vor einem beweglichen Wahlvorstand können kleinere Wahlurnen verwendet werden.

(5) Die Wahlurne wird auf oder an dem Tisch der Wahlvorsteherin oder des Wahlvorstehers aufgestellt. Vor Beginn der Wahlhandlung hat sich der Wahlvorstand davon zu überzeugen, dass die Wahlurne leer ist. Die Wahlurne ist dann zu verschließen und darf erst wieder nach Abschluss der Wahlhandlung im Beisein des beschlussfähigen Wahlvorstands geöffnet werden. Wahlgeräte hat der Wahlvorstand auf ihre Ordnungsmäßigkeit zu überprüfen.

§ 31

Eröffnung der Wahlhandlung, Öffentlichkeit der Wahl und Ordnung im Wahlraum

(1) Die Wahlvorsteherin oder der Wahlvorsteher eröffnet die Wahlhandlung damit, dass sie oder er die anwesenden Beisitzerinnen und Beisitzer auf ihre Verpflichtung zur unparteiischen Wahrnehmung ihres Amtes und zur Verschwiegenheit über die ihnen bei ihrer amtlichen Tätigkeit bekannt gewordenen Angelegenheiten hinweist. Sie oder er stellt sicher, dass der Hinweis allen Beisitzerinnen und Beisitzern vor Aufnahme ihrer Tätigkeit erteilt wird.

(2) Während der Wahlhandlung sowie der Ermittlung und Feststellung des Wahlergebnisses hat jedermann zum Wahlraum Zutritt, soweit das ohne Störung des Wahlgeschäfts möglich ist.

(3) Der Wahlvorstand sorgt für Ruhe und Ordnung im Wahlraum. Er ordnet bei Andrang den Zutritt zum Wahlraum.

§ 32

Stimmzettel, Umschläge für die Briefwahl

(1) Die Gemeindewahlleiterin oder der Gemeindewahlleiter veranlasst die Herstellung der Stimmzettel, der erforderlichen Wahlbriefumschläge und Stimmzettelumschläge für die Briefwahl oder die Bereitstellung zugelassener Wahlgeräte. Die Stimmzettel des

Wahlgebiets müssen von einheitlicher Farbe und Größe sein. Das Papier muss so beschaffen sein, dass nach Kennzeichnung und Faltung durch die Wählerin oder den Wähler andere Personen nicht erkennen können, wie sie oder er gewählt hat.
(2) Die Stimmzettel sind bei Verhältniswahl nach dem Muster der Anlage 7, bei Mehrheitswahl nach dem Muster der Anlagen 7b und 7c, in gelber Farbe herzustellen.
(3) Die Größe des Stimmzettels richtet sich nach dem Umfang des gesetzlich vorgeschriebenen Aufdrucks.
(4) Die Stimmzettel dürfen außer dem gesetzlich vorgeschriebenen Aufdruck und dem Firmenaufdruck der Herstellerin oder des Herstellers keine Kennzeichen haben.
(5) Schriftart, Schriftgröße und Kontrast sollen so gewählt werden, dass die Lesbarkeit erleichtert wird.
(6) Die Stimmzettelumschläge für die Briefwahl sind nach dem Muster der Anlage 8 in gelber Farbe herzustellen. Die Wahlbriefumschläge sind nach dem Muster der Anlage 9 hellrosafarben herzustellen.
(7) Muster der Stimmzettel werden unverzüglich nach ihrer Fertigstellung den Blindenvereinen, die ihre Bereitschaft zur Herstellung von Stimmzettelschablonen erklärt haben, zur Verfügung gestellt.

§ 33
Stimmabgabe bei Verhältniswahl

(1) Nach Betreten des Wahlraums erhält die Wählerin oder der Wähler die Stimmzettel für jede Wahl, zu der sie oder er wahlberechtigt ist. Der Wahlvorstand kann anordnen, dass sie hierzu ihre oder er hierzu seine Wahlbenachrichtigung vorzeigt.
(2) Die Wählerin oder der Wähler begibt sich sodann in die Wahlkabine. Sie oder er kennzeichnet dort die Stimmzettel und faltet sie dort in der Weise, dass die Stimmabgabe nicht erkennbar ist. In der Wahlkabine darf nicht fotografiert oder gefilmt werden. Der Wahlvorstand achtet darauf, dass sich immer nur eine Wählerin oder ein Wähler und diese oder dieser nur so lange wie notwendig in der Wahlkabine aufhält.
(3) Danach tritt die Wählerin oder der Wähler an den Tisch des Wahlvorstands. Auf Verlangen hat sie oder er die Wahlbenachrichtigung abzugeben und, insbesondere wenn sie oder er die Wahlbenachrichtigung nicht vorlegt, sich über die eigene Person auszuweisen.
(4) Sobald die Schriftführerin oder der Schriftführer den Namen der Wählerin oder des Wählers in dem Wählerverzeichnis gefunden hat, die Wahlberechtigung festgestellt ist und kein Anlass zur Zurückweisung nach den Absätzen 5 und 6 besteht, gibt die Wahlvorsteherin oder der Wahlvorsteher die Wahlurne frei. Die Wählerin oder der Wähler wirft die gefalteten Stimmzettel in die Wahlurne. Die Schriftführerin oder der Schriftführer vermerkt die Stimmabgabe im Wählerverzeichnis in der dafür bestimmten Spalte. Die Mitglieder des Wahlvorstands sind dabei, wenn nicht die Feststellung der Wahlberechtigung es erfordert, nicht befugt, Angaben zur Person der Wählerin oder des Wählers so zu verlautbaren, dass sie von sonstigen im Wahlraum Anwesenden zur Kenntnis genommen werden können.
(5) Der Wahlvorstand hat eine Wählerin oder einen Wähler zurückzuweisen, die oder der

1. nicht in das Wählerverzeichnis eingetragen ist und keinen Wahlschein besitzt,
1a. sich auf Verlangen des Wahlvorstandes nicht ausweisen kann oder die zur Feststellung der Identität erforderlichen Mitwirkungshandlungen verweigert,
2. keinen Wahlschein vorlegt, obwohl sich im Wählerverzeichnis ein Wahlscheinvermerk befindet, es sei denn, es wird festgestellt, dass sie oder er nicht im Wahlscheinverzeichnis eingetragen ist,
3. bereits einen Stimmabgabevermerk im Wählerverzeichnis hat, es sei denn, sie oder er weist nach, dass sie oder er noch nicht gewählt hat,

4. den Stimmzettel außerhalb der Wahlkabine gekennzeichnet oder gefaltet hat,
5. Stimmzettel so gefaltet hat, dass die Stimmabgabe erkennbar ist, oder mit einem äußerlich sichtbaren, das Wahlgeheimnis offensichtlich gefährdenden Kennzeichen versehen hat,
5a. für den Wahlvorstand erkennbar in der Wahlkabine fotografiert oder gefilmt hat oder
6. für den Wahlvorstand erkennbar mehrere oder einen nicht amtlich hergestellten Stimmzettel abgeben oder mit einem Stimmzettel einen weiteren Gegenstand in die Wahlurne werfen will.

Eine Wählerin oder ein Wähler, bei der oder dem die Voraussetzungen des Satzes 1 Nr. 1 vorliegen und die oder der im Vertrauen auf die übersandte Benachrichtigung über die Eintragung im Wählerverzeichnis keinen Einspruch eingelegt hat, ist gegebenenfalls bei der Zurückweisung darauf hinzuweisen, dass sie oder er bei der Gemeindewahlleiterin oder dem Gemeindewahlleiter bis 15.00 Uhr einen Wahlschein beantragen kann.

(6) Glaubt die Wahlvorsteherin oder der Wahlvorsteher, das Wahlrecht einer im Wählerverzeichnis eingetragenen Person beanstanden zu müssen oder werden sonst aus der Mitte des Wahlvorstands Bedenken gegen die Zulassung einer Wählerin oder eines Wählers zur Stimmabgabe erhoben, so beschließt der Wahlvorstand über die Zulassung oder Zurückweisung. Der Beschluss ist in der Wahlniederschrift zu vermerken.

(7) Hat die Wählerin oder der Wähler einen Stimmzettel verschrieben oder versehentlich unbrauchbar gemacht oder wird sie oder er nach Absatz 5 Nr. 4 bis 6 zurückgewiesen, so ist ihr oder ihm auf Verlangen ein neuer Stimmzettel auszuhändigen, nachdem sie oder er den alten Stimmzettel im Beisein eines Mitglieds des Wahlvorstands vernichtet hat.

§ 34

Stimmabgabe bei Mehrheitswahl

(1) Ist ein gültiger Wahlvorschlag eingereicht worden, so kann die Wählerin oder der Wähler den Wahlvorschlag unverändert annehmen; einer Kennzeichnung des Stimmzettels bedarf es nicht. Die Wählerin oder der Wähler kann den Wahlvorschlag teilweise annehmen, indem sie oder er eine oder mehrere Bewerberinnen oder einen oder mehrere Bewerber streicht. Die Wählerin oder der Wähler kann auch den Wahlvorschlag im Ganzen ablehnen, indem sie oder er ihn völlig streicht; sie oder er kann anstelle des gestrichenen Wahlvorschlags höchstens doppelt so viele wählbare Personen aufführen, wie Mitglieder in den Gemeinderat zu wählen sind. Die Wählerin oder der Wähler kann auch auf dem zugelassenen Wahlvorschlag einzelne Bewerberinnen und Bewerber streichen und an deren Stelle andere wählbare Personen aufführen.

(2) Ist kein gültiger Wahlvorschlag eingereicht worden, so kann die Wählerin oder der Wähler höchstens doppelt so viele wählbare Personen aufführen, wie Mitglieder in den Gemeinderat zu wählen sind.

(3) Die von der Wählerin oder dem Wähler auf dem Stimmzettel aufgeführten wählbaren Personen sind so zu bezeichnen, dass Zweifel über ihre Person, insbesondere Verwechslungen mit anderen wählbaren Personen, ausgeschlossen sind.

(4) Führt die Wählerin oder der Wähler eine in dem zugelassenen Wahlvorschlag bereits benannte Person auf oder benennt sie oder er eine Person mehrmals, so gilt dies als eine Stimme für die betreffende Person.

(5) Führt die Wählerin oder der Wähler Personen auf, die nicht wählbar sind, so gelten diese Personen als nicht vorgeschlagen.

(6) Für die Stimmabgabe bei Mehrheitswahl gelten im Übrigen die Vorschriften des § 33 entsprechend.

§ 35

(aufgehoben)

§ 36
Stimmabgabe von Inhaberinnen und Inhabern eines Wahlscheins

(1) Die Inhaberin oder der Inhaber eines Wahlscheins nennt ihren oder seinen Namen, weist sich aus und übergibt den Wahlschein der Wahlvorsteherin oder dem Wahlvorsteher. Diese oder dieser prüft den Wahlschein. Entstehen Zweifel über die Gültigkeit des Wahlscheins oder über den rechtmäßigen Besitz, so klärt sie der Wahlvorstand nach Möglichkeit und beschließt über die Zulassung oder Zurückweisung der Inhaberin oder des Inhabers. Der Vorgang ist in der Niederschrift zu vermerken. Die Wahlvorsteherin oder der Wahlvorsteher sammelt die Wahlscheine und behält den Wahlschein auch im Fall der Zurückweisung ein.
(2) Für die Wahl mit Wahlscheinen gelten im Übrigen die Vorschriften des § 33 entsprechend.

§ 37
Briefwahl

(1) Wer durch Briefwahl wählt, kennzeichnet persönlich die Stimmzettel, legt sie in den amtlichen Stimmzettelumschlag und verschließt diesen, unterschreibt die auf dem Wahlschein vorgedruckte Versicherung an Eides statt zur Briefwahl unter Angabe des Tages, steckt den verschlossenen amtlichen Stimmzettelumschlag und den unterschriebenen Wahlschein in den amtlichen Wahlbriefumschlag, verschließt den Wahlbriefumschlag und übersendet ihn durch ein Postunternehmen rechtzeitig an die darauf angegebene Gemeindewahlleiterin oder den darauf angegebenen Gemeindewahlleiter. Bei gleichzeitig stattfindenden Wahlen werden die Stimmzettel für die allgemeinen Kommunalwahlen und die Wahlen nach dem fünften Teil des Kommunalwahlgesetzes in den gemeinsamen Stimmzettelumschlag gelegt. Dieser Umschlag ist von der Wählerin oder vom Wähler zusammen mit dem Wahlschein in einen für diese Wahlen gemeinsamen Wahlbriefumschlag zu legen. Der Wahlbrief kann auch in der Dienststelle der Gemeindewahlleiterin oder des Gemeindewahlleiters abgegeben werden.
(2) Die Stimmzettel sind unbeobachtet zu kennzeichnen und in den Stimmzettelumschlag zu legen; § 33 Abs. 7 gilt entsprechend. Für die Stimmabgabe von Wählerinnen und Wählern mit Behinderungen gilt § 43 entsprechend. Hat die Wählerin oder der Wähler Stimmzettel durch eine Hilfsperson kennzeichnen lassen, so hat diese durch Unterschreiben der Versicherung an Eides statt zur Briefwahl zu bestätigen, dass sie die Stimmzettel gemäß dem erklärten Willen der Wählerin oder des Wählers gekennzeichnet hat; die Hilfsperson muss das 16. Lebensjahr vollendet haben.
(3) Die Gemeindewahlleiterin oder der Gemeindewahlleiter hat die ihr oder ihm vor dem Wahltag zugehenden Wahlbriefe mit Datum, am Wahltag zusätzlich mit der Uhrzeit des Eingangs zu versehen und ungeöffnet unter Verschluss zu halten. Am Wahltag übergibt die Gemeindewahlleiterin oder der Gemeindewahlleiter die Wahlbriefe der Wahlvorsteherin oder dem Wahlvorsteher des für die Briefwahl bestimmten allgemeinen Wahlbezirks oder des nach § 1 Abs. 4 für die Briefwahl bestimmten besonderen Wahlbezirks. Nach Beginn der Wahlzeit öffnet ein von der Wahlvorsteherin oder vom Wahlvorsteher bestimmtes Mitglied des Wahlvorstands im Beisein des beschlussfähigen Wahlvorstands die Wahlbriefe nacheinander und entnimmt ihnen den Wahlschein und den Stimmzettelumschlag. Werden Bedenken gegen die Gültigkeit des Wahlscheins erhoben, so sind die betroffenen Wahlbriefe samt Inhalt unter Kontrolle der Wahlvorsteherin oder des Wahlvorstehers auszusondern und später entsprechend Absatz 4 zu behandeln. Die aus den übrigen Wahlbriefen entnommenen Stimmzettelumschläge werden ungeöffnet in die Wahlurne gelegt; die Wahlscheine werden gesammelt.

(4) Werden gegen einen Wahlbrief Bedenken erhoben, so beschließt der Wahlvorstand über die Zulassung oder Zurückweisung. Der Wahlbrief ist vom Wahlvorstand zurückzuweisen, wenn ein Tatbestand nach § 39 Abs. 4 Satz 1 Nr. 2 bis 8 des Kommunalwahlgesetzes vorliegt. Die Zahl der beanstandeten, der nach besonderer Beschlussfassung zugelassenen und die Zahl der zurückgewiesenen Wahlbriefe sind in der Niederschrift zu vermerken. Die zurückgewiesenen Wahlbriefe sind samt Inhalt auszusondern, mit einem Vermerk über den Zurückweisungsgrund zu versehen, wieder zu verschließen und fortlaufend zu nummerieren. Die Einsenderinnen und Einsender zurückgewiesener Wahlbriefe werden nicht als Wählerinnen und Wähler gezählt; ihre Stimmen gelten als nicht abgegeben.
(5) Wahlbriefe, die nach Ablauf der Wahlzeit eingehen, hat die Gemeindewahlleiterin oder der Gemeindewahlleiter ungeöffnet, gegebenenfalls gesammelt mit anderen, zu versiegeln und aufzubewahren.
(6) In Krankenhäusern, Altenheimen, Altenwohnheimen, Pflegeheimen, Erholungsheimen, sozialtherapeutischen Anstalten und Justizvollzugsanstalten sowie Gemeinschaftsunterkünften ist Vorsorge zu treffen, dass die Stimmzettel unbeobachtet gekennzeichnet und in den Stimmzettelumschlag gelegt werden können. Die Leitung der Einrichtung bestimmt einen geeigneten Raum, veranlasst dessen Ausstattung und gibt den Wahlberechtigten bekannt, in welcher Zeit der Raum für die Ausübung der Briefwahl zur Verfügung steht. § 33 Abs. 7 gilt entsprechend.
(7) Die Gemeindewahlleiterin oder der Gemeindewahlleiter weist die Leitungen der Einrichtungen in der Gemeinde spätestens am 13. Tag vor der Wahl auf die Regelung des Absatzes 6 hin.

§ 38
Schluss der Wahlhandlung

Ist die Wahlzeit abgelaufen, wird dies von der Wahlvorsteherin oder vom Wahlvorsteher bekannt gegeben. Von da ab sind nur noch die Wahlberechtigten zur Stimmabgabe zuzulassen, die vor Ablauf der Wahlzeit erschienen sind und sich im Wahlraum oder aus Platzgründen davor befinden. Nach Ablauf der Wahlzeit eintreffenden Wahlberechtigten ist der Zutritt zur Stimmabgabe zu sperren. Nachdem die vor Ablauf der Wahlzeit erschienenen Wählerinnen und Wähler ihre Stimmen abgegeben haben, erklärt die Wahlvorsteherin oder der Wahlvorsteher die Wahlhandlung für geschlossen.

§ 39
Wahl in Sonderwahlbezirken

(1) Zur Stimmabgabe in Sonderwahlbezirken nach § 1 Abs. 3 wird jede oder jeder in der Einrichtung anwesende Wahlberechtigte zugelassen, die oder der einen für den Wahlbereich gültigen Wahlschein hat.
(2) Für die verschiedenen Teile eines Sonderwahlbezirks können verschiedene Personen als Beisitzerinnen und Beisitzer des Wahlvorstands bestellt werden.
(3) Die Gemeindewahlleiterin oder der Gemeindewahlleiter bestimmt im Einvernehmen mit der Leitung der Einrichtung einen geeigneten Wahlraum. Für die verschiedenen Teile eines Sonderwahlbezirks können verschiedene Wahlräume bestimmt werden. Die Gemeindewahlleiterin oder der Gemeindewahlleiter richtet den Wahlraum her.
(4) Die Gemeindewahlleiterin oder der Gemeindewahlleiter bestimmt die Wahlzeit für den Sonderwahlbezirk im Einvernehmen mit der Leitung der Einrichtung im Rahmen der allgemeinen Wahlzeit nach dem tatsächlichen Bedürfnis. Die Wahlzeit ist so zu bemessen, dass sämtliche für den Wahlraum in Betracht kommenden wahlberechtigten Insassen der Einrichtung wählen können.

(5) Die Leitung der Einrichtung gibt den Wahlberechtigten den Wahlraum und die Wahlzeit am Tag vor der Wahl bekannt und weist auf die Möglichkeit der Stimmabgabe nach Absatz 6 hin.
(6) Die Wahlvorsteherin oder der Wahlvorsteher oder ihre oder seine Stellvertreterin oder ihr oder sein Stellvertreter und zwei Beisitzerinnen und Beisitzer können sich unter Mitnahme einer verschlossenen Wahlurne und der erforderlichen Stimmzettel auch in die Krankenzimmer und an die Krankenbetten begeben. Dort nehmen sie die Wahlscheine entgegen und verfahren nach § 36 Abs. 1 und § 33 Abs. 4 bis 7. Dabei muss auch bettlägerigen Wählerinnen und Wählern Gelegenheit gegeben werden, ihre Stimmzettel unbeobachtet zu kennzeichnen und zu falten. Die Wahlvorsteherin oder der Wahlvorsteher oder ihre oder seine Stellvertreterin oder ihr oder sein Stellvertreter weist Wählerinnen und Wähler, die sich bei der Stimmabgabe der Hilfe einer anderen Person bedienen wollen, darauf hin, dass sie auch ein von ihnen bestimmtes Mitglied des Wahlvorstands als Hilfsperson in Anspruch nehmen können. Nach Schluss der Stimmabgabe sind die verschlossene Wahlurne und die Wahlscheine unverzüglich in den Wahlraum des Sonderwahlbezirks zu bringen. Dort ist die Wahlurne bis zum Schluss der allgemeinen Stimmabgabe unter Aufsicht des Wahlvorstands verschlossen zu verwahren. Danach wird ihr Inhalt mit dem Inhalt der allgemeinen Wahlurne vermengt und zusammen mit den übrigen Stimmen des Sonderwahlbezirks ausgezählt. Der Vorgang ist in der Wahlniederschrift zu vermerken.
(7) Die Öffentlichkeit der Wahlhandlung sowie der Ermittlung und Feststellung des Wahlergebnisses soll nach Möglichkeit durch die Anwesenheit anderer Wahlberechtigter gewährleistet werden.
(8) Die Leitung der Einrichtung hat bei Kranken mit ansteckenden Krankheiten insbesondere § 30 Abs. 1 des Infektionsschutzgesetzes zu beachten.
(9) Das Wahlergebnis des Sonderwahlbezirks darf nicht vor Schluss der allgemeinen Wahlzeit ermittelt werden.
(10) Im Übrigen gelten die allgemeinen Bestimmungen.

§ 40
Stimmabgabe in kleineren Krankenhäusern und kleineren Alten- und Pflegeheimen

(1) Die Gemeindewahlleiterin oder der Gemeindewahlleiter soll bei entsprechendem Bedürfnis und soweit möglich im Benehmen mit der Leitung eines kleineren Krankenhauses oder eines kleineren Alten- oder Pflegeheimes zulassen, dass dort anwesende Wahlberechtigte, die einen für den Wahlbereich gültigen Wahlschein besitzen, vor einem beweglichen Wahlvorstand (§ 4 Abs. 6) wählen.
(2) Die Gemeindewahlleiterin oder der Gemeindewahlleiter vereinbart mit der Leitung der Einrichtung die Zeit der Stimmabgabe innerhalb der allgemeinen Wahlzeit. Die Leitung der Einrichtung stellt, soweit erforderlich, einen geeigneten Wahlraum bereit. Die Gemeindewahlleiterin oder der Gemeindewahlleiter richtet ihn her. Die Leitung der Einrichtung gibt den Wahlberechtigten Ort und Zeit der Stimmabgabe bekannt.
(3) Der bewegliche Wahlvorstand begibt sich mit einer verschlossenen Wahlurne und den erforderlichen Stimmzetteln in das Krankenhaus oder in das Alten- oder Pflegeheim, nimmt die Wahlscheine entgegen und verfährt nach § 36 Abs. 1 und § 33 Abs. 4 bis 7. Die Wahlvorsteherin oder der Wahlvorsteher oder ihre oder seine Stellvertreterin oder ihr oder sein Stellvertreter weist Wählerinnen und Wähler, die sich bei der Stimmabgabe der Hilfe einer anderen Person bedienen wollen, darauf hin, dass sie auch ein von ihnen bestimmtes Mitglied des Wahlvorstands als Hilfsperson in Anspruch nehmen können. Nach Schluss der Stimmabgabe sind die verschlossene Wahlurne und die Wahlscheine unverzüglich in den Wahlraum des Wahlbezirks zu bringen. Dort ist die Wahlurne bis

zum Schluss der allgemeinen Stimmabgabe unter Aufsicht des Wahlvorstands verschlossen zu verwahren. Danach wird ihr Inhalt mit dem Inhalt der allgemeinen Wahlurne vermengt und zusammen mit den Stimmen des Wahlbezirks ausgezählt. Der Vorgang ist in der Wahlniederschrift zu vermerken.
(4) § 39 Abs. 6 bis 8 gilt entsprechend. Im Übrigen gelten die allgemeinen Bestimmungen.

§ 41
Stimmabgabe in Klöstern
Die Gemeindewahlleiterin oder der Gemeindewahlleiter soll bei entsprechendem Bedürfnis und soweit möglich die Stimmabgabe in Klöstern im Benehmen mit deren Leitung entsprechend § 40 regeln.

§ 42
Stimmabgabe in sozialtherapeutischen Anstalten und Justizvollzugsanstalten
(1) In sozialtherapeutischen Anstalten und Justizvollzugsanstalten soll die Gemeindewahlleiterin oder der Gemeindewahlleiter bei entsprechendem Bedürfnis und soweit möglich den in der Anstalt anwesenden Wahlberechtigten, die einen für den Wahlbereich gültigen Wahlschein besitzen, Gelegenheit geben, in der Anstalt vor einem beweglichen Wahlvorstand (§ 4 Abs. 6) zu wählen.
(2) Die Gemeindewahlleiterin oder der Gemeindewahlleiter vereinbart mit der Leitung der Anstalt die Zeit der Stimmabgabe innerhalb der allgemeinen Wahlzeit. Die Anstaltsleitung stellt einen Wahlraum bereit. Die Gemeindewahlleiterin oder der Gemeindewahlleiter richtet ihn her. Die Anstaltsleitung gibt den Wahlberechtigten Ort und Zeit der Stimmabgabe bekannt und sorgt dafür, dass sie zur Stimmabgabe den Wahlraum aufsuchen können.
(3) § 40 Abs. 3 und § 39 Abs. 6 bis 8 gelten entsprechend. Im Übrigen gelten die allgemeinen Bestimmungen.

§ 43
Stimmabgabe von Wählerinnen und Wählern mit Behinderungen
(1) Eine Wählerin oder ein Wähler, die oder der des Lesens unkundig ist oder wegen einer Behinderung gehindert ist, den Stimmzettel zu kennzeichnen, zu falten oder selbst in die Wahlurne zu werfen, bestimmt eine andere Person, deren Hilfe sie oder er sich bei der Stimmabgabe bedienen will, und gibt dies dem Wahlvorstand bekannt. Hilfsperson kann auch ein von der Wählerin oder vom Wähler bestimmtes Mitglied des Wahlvorstands sein.
(2) Die Hilfeleistung ist auf technische Hilfe bei der Kundgabe einer von der oder dem Wahlberechtigten selbst getroffenen und geäußerten Wahlentscheidung beschränkt. Unzulässig ist eine Hilfeleistung, die unter missbräuchlicher Einflussnahme erfolgt, die selbstbestimmte Willensbildung oder Entscheidung der oder des Wahlberechtigten ersetzt oder verändert oder wenn ein Interessenkonflikt der Hilfsperson besteht.
(3) Die Hilfsperson darf gemeinsam mit der Wählerin oder dem Wähler die Wahlkabine aufsuchen, soweit das zur Hilfeleistung erforderlich ist. Die Hilfsperson ist zur Geheimhaltung der Kenntnisse verpflichtet, die sie bei der Hilfeleistung von der Wahl einer anderen Person erlangt hat.
(4) Blinde oder sehbehinderte Wählerinnen und Wähler können sich zur Kennzeichnung des Stimmzettels auch einer Stimmzettelschablone bedienen.

Sechster Abschnitt
Feststellung des Wahlergebnisses

§ 44
Ermittlung des vorläufigen Wahlergebnisses im Wahlbezirk
(1) Der Wahlvorstand ermittelt unverzüglich nach Abschluss der Wahlhandlung in öffentlicher Sitzung das vorläufige Wahlergebnis im Wahlbezirk.

(2) Erweist sich aus besonderen Gründen eine Unterbrechung als notwendig, so hat die Wahlvorsteherin oder der Wahlvorsteher alle Unterlagen in Gegenwart des beschlussfähigen Wahlvorstands unter Verschluss zu nehmen und so lange sicher aufzubewahren, bis das Prüfungs- und Zählverfahren fortgesetzt wird. Bevor die Prüfung oder Zählung fortgesetzt wird, ist der Verschluss in Anwesenheit des beschlussfähigen Wahlvorstands zu entfernen. In der Wahlniederschrift sind die Gründe für eine Unterbrechung an der für Besonderheiten während der Ermittlung des Ergebnisses vorgesehenen Stelle anzugeben.

§ 45
Zählung der Wählerinnen und Wähler

Vor dem Öffnen der Wahlurne werden alle nicht benutzten Stimmzettel vom Wahltisch entfernt. Sodann werden die Stimmzettel der Wahlurne entnommen, entfaltet, bei gleichzeitig stattfindenden Wahlen sortiert und gezählt. Zugleich werden die Zahl der Stimmabgabevermerke im Wählerverzeichnis und die Zahl der eingenommenen Wahlscheine festgestellt. Ergibt sich dabei auch nach wiederholter Zählung keine Übereinstimmung, so ist dies in der Wahlniederschrift anzugeben und, soweit möglich, zu erläutern. Die Stimmzettel der gleichzeitig stattfindenden Wahlen, die erst später ausgezählt werden, werden zunächst beiseitegelegt.

§ 46
Zählung der Stimmen bei Verhältniswahl

(1) Nachdem die Stimmzettel, die Stimmabgabevermerke und die Wahlscheine gezählt worden sind, bilden mehrere Beisitzerinnen und Beisitzer unter Aufsicht der Wahlvorsteherin oder des Wahlvorstehers für jede Wahl folgende Stimmzettelstapel, die sie unter Aufsicht behalten:

1. Nach Wahlvorschlägen getrennte Stapel mit den Stimmzetteln, auf denen die Stimme zweifelsfrei gültig abgegeben worden ist,
2. einen Stapel mit den ungekennzeichneten Stimmzetteln.

Stimmzettel, die Anlass zu Bedenken geben, werden ausgesondert und von einer Beisitzerin oder einem Beisitzer, die oder der von der Wahlvorsteherin oder vom Wahlvorsteher hierzu bestimmt worden ist, in Verwahrung genommen.

(2) Die Beisitzerinnen und Beisitzer, welche die nach Wahlvorschlägen geordneten Stimmzettel (Absatz 1 Satz 1 Nr. 1) unter ihrer Aufsicht haben, übergeben die einzelnen Stapel nacheinander zu einem Teil der Wahlvorsteherin oder dem Wahlvorsteher, zum anderen Teil ihrer oder seiner Stellvertreterin oder ihrem oder seinem Stellvertreter. Diese prüfen, ob die Kennzeichnung der Stimmzettel eines jeden Stapels gleich lautet, und sagen zu jedem Stapel laut an, für welchen Wahlvorschlag die Stimme abgegeben worden ist. Gibt ein Stimmzettel der Wahlvorsteherin oder dem Wahlvorsteher oder ihrer oder seiner Stellvertreterin oder ihrem oder seinem Stellvertreter Anlass zu Bedenken, so fügen sie diesen den nach Absatz 1 Satz 2 ausgesonderten Stimmzetteln bei.

(3) Hierauf prüft die Wahlvorsteherin oder der Wahlvorsteher die ungekennzeichneten Stimmzettel (Absatz 1 Satz 1 Nr. 2), die ihr oder ihm hierzu von der Beisitzerin oder dem Beisitzer, die oder der sie in Verwahrung hat, übergeben werden. Die Wahlvorsteherin oder der Wahlvorsteher sagt jeweils an, dass die Stimme ungültig ist.

(4) Danach zählen je zwei von der Wahlvorsteherin oder vom Wahlvorsteher bestimmte Beisitzerinnen und Beisitzer nacheinander die nach den Absätzen 2 und 3 geprüften Stimmzettelstapel unter gegenseitiger Kontrolle durch und ermitteln die Zahl der für die einzelnen Wahlvorschläge abgegebenen gültigen Stimmen sowie die Zahl der ungültigen Stimmen. Die Zahlen werden als Zwischensummen in die Wahlniederschrift übertragen.

(5) Zum Schluss entscheidet der Wahlvorstand über die Gültigkeit der Stimmen, die

auf den ausgesonderten Stimmzetteln abgegeben worden sind. Die Wahlvorsteherin oder der Wahlvorsteher gibt die Entscheidung mündlich bekannt und sagt bei den gültigen Stimmen an, für welchen Wahlvorschlag die Stimme abgegeben worden ist. Sie oder er vermerkt auf der Rückseite jedes Stimmzettels, ob und für welchen Wahlvorschlag die Stimme für gültig oder ob sie für ungültig erklärt worden ist, und versieht die Stimmzettel mit fortlaufenden Nummern. Die jeweiligen Stimmenzahlen werden als Zwischensummen in die Wahlniederschrift übertragen.

(6) Die nach den Absätzen 4 und 5 ermittelten Zahlen der ungültigen und für die einzelnen Wahlvorschläge abgegebenen Stimmen werden von der Schriftführerin oder vom Schriftführer zusammengezählt und das Ergebnis von zweien von der Wahlvorsteherin oder vom Wahlvorsteher bestimmten Beisitzerinnen und Beisitzern überprüft. Beantragt ein Mitglied des Wahlvorstands vor der Unterzeichnung der Wahlniederschrift eine erneute Zählung der Stimmen, so ist diese nach den Absätzen 1 bis 5 zu wiederholen. Die Gründe für die erneute Zählung sind in der Wahlniederschrift zu vermerken.

(7) Die von der Wahlvorsteherin oder vom Wahlvorsteher bestimmten Beisitzerinnen und Beisitzer sammeln für jede Wahl

1. die Stimmzettel getrennt nach den Wahlvorschlägen, denen die Stimme zugefallen ist,
2. die ungekennzeichneten Stimmzettel,
3. die Stimmzettel, die Anlass zu Bedenken gegeben haben,

je für sich und behalten sie unter Aufsicht.

§ 47
Ermittlung des Wahlergebnisses bei gleichzeitig stattfindenden Wahlen

(1) Bei gleichzeitig stattfindenden Wahlen ist für eine gesicherte Aufbewahrung der Stimmzettel, die noch nicht gezählt werden, zu sorgen.

(2) Die Zahl der leer abgegebenen Stimmzettelumschläge und die Zahl der Stimmen, die wegen der Beschaffenheit des Stimmzettelumschlages für ungültig erklärt sind, sind für alle Wahlen maßgebend. Sind die Stimmzettel wegen der Beschaffenheit des Stimmzettelumschlages ungültig, so ist der Stimmzettelumschlag dem Stimmzettel für die Gemeinderatswahl beizufügen und auf die anderen Stimmzettel ein entsprechender Vermerk zu setzen.

§ 48
Zählung der Stimmen bei Mehrheitswahl

(1) Bei der Mehrheitswahl werden die folgenden Stapel gebildet

1. Stapel mit den Stimmzetteln mit zweifelsfrei gültiger Stimme,
2. wenn kein gültiger Wahlvorschlag eingereicht worden ist, ein Stapel mit den ungekennzeichneten Stimmzetteln.

Stimmzettel, die Anlass zu Bedenken geben, werden ausgesondert und von einer Beisitzerin oder einem Beisitzer, die oder der von der Wahlvorsteherin oder vom Wahlvorsteher hierzu bestimmt worden ist, in Verwahrung genommen.

(2) Die Beisitzerinnen und Beisitzer, welche die Stimmzettel mit zweifelsfrei gültigen Stimmen (Absatz 1 Satz 1 Nr. 1) unter ihrer Aufsicht haben, übergeben die einzelnen Stapel nacheinander zu einem Teil der Wahlvorsteherin oder dem Wahlvorsteher, zum anderen Teil ihrer oder seiner Vertreterin oder ihrem oder seinem Vertreter. Diese prüfen die Stimmzettel und sagen zu jedem Stimmzettel laut an, für welche Bewerberin oder welchen Bewerber Stimmen abgegeben worden sind. Gibt ein Stimmzettel der Wahlvorsteherin oder dem Wahlvorsteher oder ihrer oder seiner Stellvertreterin oder ihrem oder seinem Stellvertreter Anlass zu Bedenken, so fügen sie diesen den nach Absatz 1 Satz 2 ausgesonderten Stimmzetteln bei.

(3) Hierauf prüft die Wahlvorsteherin oder der Wahlvorsteher, wenn kein gültiger Wahl-

vorschlag eingereicht worden ist, die ungekennzeichneten Stimmzettel (Absatz 1 Satz 1 Nr. 2). Diese Unterlagen werden ihr oder ihm hierzu von der Beisitzerin oder dem Beisitzer, die oder der sie in Verwahrung hat, übergeben. Die Wahlvorsteherin oder der Wahlvorsteher sagt jeweils an, dass die Stimme ungültig ist.

(4) Danach zählen je zwei von der Wahlvorsteherin oder vom Wahlvorsteher bestimmte Beisitzerinnen und Beisitzer nacheinander die nach den Absätzen 2 und 3 geprüften Stimmzettelstapel unter gegenseitiger Kontrolle durch und ermitteln die Zahl der für die einzelnen Bewerberinnen und Bewerber abgegebenen gültigen Stimmen sowie die Zahl der ungültigen Stimmen. Die den einzelnen Bewerberinnen und Bewerbern zugefallenen Stimmen werden in einer Zählliste verzeichnet.

(5) Die Form der Zählliste wird von der Gemeindewahlleiterin oder vom Gemeindewahlleiter bestimmt.

(6) Zum Schluss entscheidet der Wahlvorstand über die Gültigkeit der Stimmen, die auf den ausgesonderten Stimmzetteln abgegeben worden sind. Die Wahlvorsteherin oder der Wahlvorsteher gibt die Entscheidung mündlich bekannt und sagt bei den gültigen Stimmen an, für welche Bewerberinnen und Bewerber gültige Stimmen abgegeben worden sind. Sie oder er vermerkt auf der Rückseite jedes Stimmzettels, ob und für welche Bewerberin oder welchen Bewerber die Stimme für gültig oder ob sie für ungültig erklärt worden ist, und versieht die Stimmzettel mit fortlaufenden Nummern.

(7) Die Zähllisten sind von der Wahlvorsteherin oder dem Wahlvorsteher und den beiden Beisitzerinnen und Beisitzern, die sie geführt haben, zu unterzeichnen und der Wahlniederschrift beizufügen.

(8) Für die Zählung der Stimmen gelten im Übrigen die Vorschriften der §§ 46 und 47 entsprechend.

§ 49

Feststellung des vorläufigen Wahlergebnisses in den Wahlbezirken

(1) Als vorläufiges Ergebnis in den Wahlbezirken ist festzustellen

1. die Zahl der nach dem Wählerverzeichnis Wahlberechtigten (ohne die Personen, die mit dem Sperrvermerk „W“ <Wahlschein> gekennzeichnet sind),
2. die Zahl der im Wählerverzeichnis mit Sperrvermerk „W“ <Wahlschein> eingetragenen Personen,
3. die Zahl der im Wählerverzeichnis insgesamt eingetragenen Personen (Summe aus Nummer 1 und 2),
4. die Zahl der Stimmvermerke in den Wählerverzeichnissen,
5. die Zahl der eingenommenen Wahlscheine,
6. die Zahl der insgesamt abgegebenen Stimmen (Summe aus Nummer 4 und 5),
7. die Zahl der gültigen Stimmen,
8. die Zahl der ungültigen Stimmen,
9. bei Verhältniswahl die Zahl der auf die einzelnen Wahlvorschläge entfallenden gültigen Stimmen, bei Mehrheitswahl die Zahl der auf die einzelnen Bewerberinnen und Bewerber entfallenden gültigen Stimmen.

(2) Im Anschluss an die Feststellung nach Absatz 1 gibt die Wahlvorsteherin oder der Wahlvorsteher das Wahlergebnis im Wahlbezirk mit den in dieser Vorschrift bezeichneten Angaben mündlich bekannt. Es darf vor Unterzeichnung der Wahlniederschrift (§ 50 Abs. 1 Satz 2) anderen als den in § 51 genannten Stellen durch die Mitglieder des Wahlvorstands nicht mitgeteilt werden.

(3) Die Wahlvorsteherin oder der Wahlvorsteher meldet das Wahlergebnis auf schnellstem Weg (z. B. telefonisch oder auf sonstigem elektronischen Weg) mittels der Schnellmeldung nach dem Muster der Anlage 19 der Gemeindewahlleiterin oder dem Gemeindewahlleiter.

§ 50
Wahlniederschrift

(1) Über die Wahlhandlung sowie die Ermittlung und Feststellung des Wahlergebnisses (§ 49) ist von der Schriftführerin oder vom Schriftführer eine Niederschrift nach dem Muster der Anlage 20 zu fertigen. Die Niederschrift ist von den Mitgliedern des Wahlvorstands zu genehmigen und zu unterzeichnen. Verweigert ein Mitglied des Wahlvorstands die Unterschrift, so ist der Grund hierfür in der Niederschrift zu vermerken. Mit ihrer Unterschrift genehmigen die Mitglieder des Wahlvorstands die Niederschrift. Beschlüsse nach § 33 Abs. 6, § 36 Abs. 1 Satz 2 und § 46 Abs. 5 sowie Beschlüsse über Anstände bei der Wahlhandlung oder bei der Ermittlung und Feststellung des Wahlergebnisses sind in der Niederschrift zu vermerken. Der Wahlniederschrift sind beizufügen die Stimmzettel, über die der Wahlvorstand nach § 46 Abs. 5 oder § 48 Abs. 6 besonders beschlossen hat sowie die Wahlscheine, über die der Wahlvorstand nach § 36 Abs. 1 Satz 2 besonders beschlossen hat.

(2) Die Wahlvorsteherin oder der Wahlvorsteher hat die Wahlniederschrift mit den Anlagen unverzüglich der Gemeindewahlleiterin oder dem Gemeindewahlleiter zu übergeben.

(3) Wahlvorsteherin oder Wahlvorsteher und Gemeindewahlleiterin oder Gemeindewahlleiter haben sicherzustellen, dass die Wahlniederschriften mit den Anlagen Unbefugten nicht zugänglich sind.

(4) Nach Durchgabe des vorläufigen Ergebnisses und Fertigstellung der Wahlniederschrift bleibt der Wahlvorstand zusammen, bis die Gemeindewahlleiterin oder der Gemeindewahlleiter die Schließung der Sitzung zulässt.

§ 50a
Einbeziehung der Briefwahl in das Wahlergebnis des Wahlbezirks

(1) Bevor die Wahlurne geöffnet wird, öffnet ein Mitglied des Wahlvorstands die Wahlbriefe nacheinander und entnimmt ihnen den Wahlschein und den Stimmzettelumschlag. Ist der Wahlschein in einem Verzeichnis für ungültig erklärter Wahlscheine aufgeführt oder werden Bedenken gegen die Gültigkeit des Wahlscheins erhoben, so sind die betroffenen Wahlbriefe samt Inhalt unter Kontrolle der Wahlvorsteherin oder des Wahlvorstehers auszusondern und später entsprechend Absatz 2 zu behandeln. Die aus den übrigen Wahlbriefen entnommenen Stimmzettelumschläge öffnet ein Mitglied des Wahlvorstands und entnimmt die Stimmzettel den Stimmzettelumschlägen und legt sie ungesehen in gefaltetem Zustand in die Wahlurne. Die Schriftführerin oder der Schriftführer vermerkt die Stimmabgabe zu jeder Wahl im Wahlscheinverzeichnis. Die Wahlscheine werden gesammelt.

(2) Werden gegen einen Wahlbrief Bedenken erhoben, so beschließt der Wahlvorstand über die Zulassung oder Zurückweisung. Der Wahlbrief ist vom Wahlvorstand zurückzuweisen, wenn ein Tatbestand nach § 39 Abs. 4 Nr. 2 bis 8 des Kommunalwahlgesetzes vorliegt. Die Zahl der beanstandeten, der nach besonderer Beschlussfassung zugelassenen und die Zahl der zurückgewiesenen Wahlbriefe sind in der Wahlniederschrift zu vermerken. Die zurückgewiesenen Wahlbriefe sind samt Inhalt auszusondern, mit einem Vermerk über den Zurückweisungsgrund zu versehen, wieder zu verschließen und fortlaufend zu nummerieren. Die Einsenderinnen und Einsender zurückgewiesener Wahlbriefe werden nicht als Wählerinnen und Wähler gezählt; ihre Stimmen gelten als nicht abgegeben (§ 39 Abs. 4 Satz 2 des Kommunalwahlgesetzes).

(3) Der Wahlvorstand hat bei der Behandlung der Wahlbriefe besonders darauf zu achten, dass das Wahlgeheimnis stets gewahrt bleibt.

§ 50b

Gesonderte Ermittlung und Feststellung des Briefwahlergebnisses

(1) Ein Mitglied des Briefwahlvorstands öffnet die Wahlbriefe nacheinander und entnimmt ihnen den Wahlschein und den Stimmzettelumschlag. Ist der Wahlschein in einem Verzeichnis für ungültig erklärter Wahlscheine aufgeführt oder werden Bedenken gegen die Gültigkeit des Wahlscheins erhoben, so sind die betroffenen Wahlbriefe samt Inhalt unter Kontrolle der Briefwahlvorsteherin oder des Briefwahlvorstehers auszusondern und später entsprechend Absatz 3 zu behandeln. Die aus den übrigen Wahlbriefen entnommenen Stimmzettelumschläge werden ungeöffnet in die Wahlurne geworfen; die Wahlscheine werden gesammelt.

(2) Werden gegen einen Wahlbrief Bedenken erhoben, so beschließt der Briefwahlvorstand über die Zulassung oder Zurückweisung. § 50a Abs. 2 Satz 2 bis 5 gilt entsprechend.

(3) Nachdem die Stimmzettelumschläge den Wahlbriefen entnommen und in die Wahlurne geworfen worden sind, jedoch nicht vor Schluss der allgemeinen Wahlzeit, ermittelt und stellt der Briefwahlvorstand das Wahlergebnis fest. Die §§ 45 bis 48 gelten entsprechend mit der Maßgabe, dass die Stimmzettelumschläge zunächst ungeöffnet zu zählen sind und leere Stimmzettelumschläge entsprechend § 46 Abs. 1 Satz 1 Nr. 2, Abs. 3 und 7 Nr. 2 sowie Stimmzettelumschläge, die mehrere Stimmzettel enthalten oder Anlass zu Bedenken geben, entsprechend § 46 Abs. 1 Satz 2, Abs. 5 und 7 Nr. 3 zu behandeln sind.

(4) Sobald das Briefwahlergebnis festgestellt ist, gibt die Briefwahlvorsteherin oder der Briefwahlvorsteher das Wahlergebnis entsprechend § 58 bekannt und meldet es auf schnellstem Weg der Gemeindewahlleiterin oder dem Gemeindewahlleiter.

(5) Über die Zulassung der Wahlbriefe sowie die Ermittlung und Feststellung des Briefwahlergebnisses ist von der Schriftführerin oder vom Schriftführer eine Niederschrift nach dem Muster der Anlage 21 zu fertigen. Dieser sind beizufügen

1. die Stimmzettel und Stimmzettelumschläge, über die der Briefwahlvorstand entsprechend § 46 Abs. 5 besonders beschlossen hat,
2. die Wahlbriefe, die der Briefwahlvorstand zurückgewiesen hat,
3. die Wahlscheine, über die der Briefwahlvorstand beschlossen hat, ohne dass die Wahlbriefe zurückgewiesen wurden.

(6) Die Briefwahlvorsteherin oder der Briefwahlvorsteher übergibt die Wahlniederschrift mit den Anlagen unverzüglich der Gemeindewahlleiterin oder dem Gemeindewahlleiter. Die Briefwahlvorsteherin oder der Briefwahlvorsteher verpackt die Wahlunterlagen entsprechend § 52 Abs. 1 und übergibt sie der Gemeindewahlleiterin oder dem Gemeindewahlleiter, die oder der sie verwahrt, bis ihre Vernichtung zugelassen ist (§ 60). Im Übrigen gelten für die Tätigkeit des Briefwahlvorstands die für den Wahlvorstand geltenden Bestimmungen entsprechend.

§ 51

Feststellung des vorläufigen Wahlergebnisses im Wahlgebiet

(1) Die Gemeindewahlleiterin oder der Gemeindewahlleiter nimmt die ihr oder ihm aus den Wahlbezirken gemeldeten Ergebnisse auf, stellt sie zu einem vorläufigen Ergebnis im Wahlgebiet zusammen und ermittelt die voraussichtliche Verteilung der Sitze.

(2) Das vorläufige Ergebnis im Wahlgebiet ist nach dem Muster der Anlage 22 zusammenzustellen. Aus der Zusammenstellung müssen die Angaben nach § 49 Abs. 1 ersichtlich sein.

(3) In kreis- und regionalverbandsangehörigen Gemeinden melden die Gemeindewahlleiterinnen und Gemeindewahlleiter das ermittelte vorläufige Wahlergebnis und die voraussichtliche Sitzverteilung auf schnellstem Weg der Kreiswahlleiterin oder dem Kreiswahlleiter oder der Regionalverbands-

wahlleiterin oder dem Regionalverbandswahlleiter. Die Gemeindewahlleiterinnen und Gemeindewahlleiter von kreisfreien Städten melden das ermittelte vorläufige Wahlergebnis und die voraussichtliche Sitzverteilung auf schnellstem Weg der Landeswahlleiterin oder dem Landeswahlleiter.

(4) Die Kreiswahlleiterinnen und Kreiswahlleiter oder die Regionalverbandswahlleiterin oder der Regionalverbandswahlleiter melden das vorläufige Ergebnis und die voraussichtliche Sitzverteilung der Gemeinden ihres Landkreises oder des Regionalverbandes auf schnellstem Weg der Landeswahlleiterin oder dem Landeswahlleiter.

§ 52
Feststellung des endgültigen Wahlergebnisses im Wahlgebiet, Verwahrung der Wahlunterlagen

(1) Hat der Wahlvorstand seine Aufgaben erledigt, so verpackt die Wahlvorsteherin oder der Wahlvorsteher für jede Wahl je für sich

1. die Stimmzettel, geordnet und gebündelt nach den Stimmen für die einzelnen Wahlvorschläge und nach ungekennzeichneten Stimmzetteln,
2. die eingenommenen Wahlscheine, soweit sie nicht der Wahlniederschrift beigefügt sind, versiegelt die einzelnen Pakete, versieht sie mit Inhaltsangabe und übergibt sie der Gemeindewahlleiterin oder dem Gemeindewahlleiter.

Bis zur Übergabe an die Gemeindewahlleiterin oder den Gemeindewahlleiter hat die Wahlvorsteherin oder der Wahlvorsteher sicherzustellen, dass die unter Nummer 1 und 2 aufgeführten Unterlagen Unbefugten nicht zugänglich sind.

(2) Die Gemeindewahlleiterin oder der Gemeindewahlleiter hat die Pakete zu verwahren, bis die Vernichtung der Wahlunterlagen zugelassen ist (§ 60). Sie oder er hat sicherzustellen, dass die Pakete Unbefugten nicht zugänglich sind.

(3) Die Wahlvorsteherin oder der Wahlvorsteher übergibt der Gemeindewahlleiterin oder dem Gemeindewahlleiter die ihr oder ihm nach § 26 zur Verfügung gestellten Unterlagen und Ausstattungsgegenstände sowie die eingegangenen Wahlbenachrichtigungen.

(4) Der Gemeindewahlausschuss tritt spätestens am zweiten Tag nach dem Wahltag zu öffentlicher Sitzung zusammen und prüft den ordnungsgemäßen Vollzug der Wahlen (§ 40 des Kommunalwahlgesetzes). Er ist berechtigt, Feststellungen des Wahlvorstandes zu berichtigen und dabei auch über die Gültigkeit abgegebener Stimmen abweichend zu beschließen. Ungeklärte Bedenken vermerkt er in der Niederschrift. Er ermittelt das endgültige Ergebnis für die Gemeinde und stellt dieses nach dem Muster der Anlage 22 fest.

(5) Über die Sitzung des Gemeindewahlausschusses ist eine Niederschrift nach dem Muster der Anlage 23 aufzunehmen, die von der Gemeindewahlleiterin oder dem Gemeindewahlleiter oder ihrer oder seiner Stellvertreterin oder ihrem oder seinem Stellvertreter sowie von sämtlichen anwesenden Beisitzerinnen und Beisitzern und der Schriftführerin oder dem Schriftführer zu unterschreiben ist.

(6) Für die Meldung des endgültigen Ergebnisses in der Gemeinde oder, falls das endgültig festgestellte Ergebnis von dem vorläufig festgestellten und schon gemeldeten Ergebnis nicht abweicht, für die Übermittlung der entsprechenden Bestätigung gelten § 51 Abs. 3 und 4 mit der Maßgabe, dass das Ergebnis schriftlich zu melden oder zu bestätigen ist.

(7) Stellt die Landeswahlleiterin oder der Landeswahlleiter fest, dass im Wahlgebiet die regelmäßige Beförderung von Wahlbriefen infolge von Naturkatastrophen oder ähnlichen Ereignissen höherer Gewalt gestört war, gelten die dadurch betroffenen Wahlbriefe, die nach Behebung des Ereignisses, spätestens aber am 22. Tag nach der Wahl bei der Gemeindewahlleiterin oder beim Gemeindewahlleiter eingehen, als rechtzeitig

eingegangen, wenn sie ohne die Störung spätestens am Wahltag bis 18.00 Uhr eingegangen wären. Dabei gelten im Wahlgebiet abgesandte Wahlbriefe mit einem Poststempel spätestens vom zweiten Tag vor der Wahl als rechtzeitig eingegangen. Die als rechtzeitig eingegangen geltenden Wahlbriefe sind auf schnellstem Weg dem zuständigen Urnen- oder Briefwahlvorstand zur nachträglichen Feststellung des Briefwahlergebnisses zu überweisen, sofern die Gemeindewahlleiterin oder der Gemeindewahlleiter feststellt, dass die nach § 4a Abs. 1 erforderliche Zahl von Wahlbriefen erreicht ist. Im Übrigen, insbesondere wenn die nach § 4a Abs. 1 erforderliche Zahl von Wahlbriefen nicht erreicht worden ist, hat die Landeswahlleiterin oder der Landeswahlleiter Regelungen zur Anpassung an die besonderen Verhältnisse im Einzelfall zu treffen.

§ 53
Verteilung der Gemeinderatssitze

Nach der Feststellung des endgültigen Ergebnisses in der Gemeinde verteilt der Gemeindewahlausschuss die Gemeinderatssitze nach den Vorschriften der §§ 41 und 42 des Kommunalwahlgesetzes und der §§ 54 und 55.

§ 54
Verteilung der Gemeinderatssitze bei Verhältniswahl

(1) Der Gemeindewahlausschuss erstellt die für die Sitzverteilung nach § 41 des Kommunalwahlgesetzes erforderlichen Berechnungen nach folgenden Maßgaben:

1. Bei der Berechnung nach § 41 Abs. 1 Satz 1 des Kommunalwahlgesetzes werden die Gesamtzahlen der gültigen Stimmen, die für die Wahlvorschläge und, soweit Wahlvorschläge miteinander verbunden sind, für die Wahlvorschlagsverbindungen festgestellt worden sind, nacheinander durch 1, 2, 3, 4 usw. so lange geteilt, bis so viele Höchstteilungszahlen ermittelt sind, wie Sitze zu vergeben sind. Jedem Wahlvorschlag und jeder Wahlvorschlagsverbindung wird dabei der Reihe nach so oft ein Sitz zugeteilt, wie sie die jeweils höchste Teilungszahl aufweisen. Über die Zuteilung des letzten Sitzes oder der letzten Sitze entscheidet bei gleichen Höchstzahlen, d. h., wenn auch die Berechnung von Bruchzahlen nicht zu einem unterschiedlichen Ergebnis führt, das Los.
2. Bei der Berechnung nach § 41 Abs. 1 Satz 4 des Kommunalwahlgesetzes werden die einer Wahlvorschlagsverbindung zugewiesenen Sitze auf die einzelnen an der Verbindung beteiligten Wahlvorschläge nach den Vorschriften der Nummer 1 verteilt.
3. Bei der Berechnung nach § 41 Abs. 3 Satz 2 des Kommunalwahlgesetzes sind die Stimmergebnisse, die der einzelne Wahlvorschlag in den einzelnen Wahlbereichen erzielt hat, einander gegenüberzustellen und so lange durch 1, 2, 3, 4 usw. zu teilen, bis so viele Höchstzahlen ermittelt sind, als dem Wahlvorschlag gemäß § 41 Abs. 3 des Kommunalwahlgesetzes Sitze zur Verteilung auf die Wahlbereiche zuzuteilen sind. Nummer 1 findet entsprechende Anwendung. Die dem Wahlvorschlag im Wahlbereich zugeteilten Sitze sind der Bereichsliste des Wahlbereichs zuzuteilen.

(2) Die nach § 41 Abs. 5 des Kommunalwahlgesetzes gewählten Bewerberinnen und Bewerber, die sich auf mehr als einer Liste desselben Wahlvorschlags beworben haben, sind auf der Liste zu streichen, über die ihnen ein Gemeinderatssitz nicht zuzuteilen ist.

(3) Bewerberinnen und Bewerber, denen kein Sitz zugeteilt wurde, gelten in der Reihenfolge auf dem Wahlvorschlag als Ersatzleute.

(4) Über die Sitzung des Gemeindewahlausschusses ist nach dem Muster der Anlage 24 eine Niederschrift aufzunehmen, die von der Gemeindewahlleiterin oder dem Gemeindewahlleiter oder ihrer oder seiner Stellvertreterin oder ihrem oder seinem Stellvertreter so-

wie von allen anwesenden Beisitzerinnen und Beisitzern und der Schriftführerin oder dem Schriftführer zu unterschreiben ist.

(5) Ist bei der Verteilung der Gemeinderatssitze ein Losentscheid nach § 41 des Kommunalwahlgesetzes erforderlich, so ist das Los von der Gemeindewahlleiterin oder dem Gemeindewahlleiter in öffentlicher Sitzung des Gemeindewahlausschusses zu ziehen. Die Auslosung ist als Bestandteil des Wahlverfahrens in der Niederschrift nach Absatz 4 zu vermerken.

(6) In kreis- und regionalverbandsangehörigen Gemeinden legt die Gemeindewahlleiterin oder der Gemeindewahlleiter zwei beglaubigte Abschriften der Niederschrift nach Absatz 4 unverzüglich der Kreiswahlleiterin oder dem Kreiswahlleiter oder der Regionalverbandswahlleiterin oder dem Regionalverbandswahlleiter vor, die oder der eine der Abschriften an die Landeswahlleiterin oder den Landeswahlleiter weiterleitet. In kreisfreien Städten legt die Gemeindewahlleiterin oder der Gemeindewahlleiter eine beglaubigte Abschrift der Niederschrift nach Absatz 4 unverzüglich der Landeswahlleiterin oder dem Landeswahlleiter vor.

§ 55
Verteilung der Gemeinderatssitze bei Mehrheitswahl

(1) Bei Mehrheitswahl werden die Gemeinderatssitze auf die vorgeschlagenen Bewerberinnen und Bewerber in der Reihenfolge der auf sie entfallenden höchsten Stimmenzahl verteilt. Bei gleicher Stimmenzahl entscheidet das von der Gemeindewahlleiterin oder vom Gemeindewahlleiter zu ziehende Los. § 54 Abs. 5 gilt entsprechend.

(2) Bewerberinnen und Bewerber, denen bei der Verteilung nach § 42 des Kommunalwahlgesetzes kein Sitz zugeteilt wurde, gelten in der Reihenfolge der auf sie entfallenden höchsten Stimmenzahlen als Ersatzleute. Bei gleicher Stimmenzahl entscheidet über die Reihenfolge das von der Gemeindewahlleiterin oder dem Gemeindewahlleiter zu ziehende Los. § 54 Abs. 5 gilt entsprechend.

(3) Über die Sitzung des Gemeindewahlausschusses ist nach dem Muster der Anlage 24 eine Niederschrift aufzunehmen, die von der Gemeindewahlleiterin oder dem Gemeindewahlleiter oder ihrer oder seiner Stellvertreterin oder ihrem oder seinem Stellvertreter sowie von allen anwesenden Beisitzerinnen und Beisitzern und der Schriftführerin oder dem Schriftführer zu unterschreiben ist. § 54 Abs. 6 gilt entsprechend.

§ 56
Benachrichtigung der Gewählten

(1) Die Benachrichtigung nach § 43 Satz 1 des Kommunalwahlgesetzes enthält

1. die Mitteilung, dass die Bewerberin oder der Bewerber gewählt ist,
2. die Aufforderung, sich binnen einer Woche über die Annahme der Wahl schriftlich zu erklären,
3. den Hinweis, dass die Wahl als angenommen gilt, wenn innerhalb dieser Frist keine Erklärung erfolgt, dass eine Erklärung unter Vorbehalt als Ablehnung gilt und dass der schriftlich erklärte Verzicht auf die Annahme der Wahl unwiderruflich ist.

(2) Lehnt eine Bewerberin oder ein Bewerber die Annahme der Wahl ab, so hat die Gemeindewahlleiterin oder der Gemeindewahlleiter alsbald die Ersatzperson festzustellen.

(3) Einer gewählten Bewerberin oder einem gewählten Bewerber, auf die oder den die Voraussetzungen des § 17 Abs. 1 Nr. 1 bis 3 des Kommunalwahlgesetzes zutreffen, ist in der Benachrichtigung nach Absatz 1 der Wortlaut des § 17 Abs. 2 Satz 1 des Kommunalwahlgesetzes, einer gewählten Bewerberin oder einem gewählten Bewerber, auf die oder den die Voraussetzungen des § 17 Abs. 1 Nr. 4 des Kommunalwahlgesetzes zutreffen, der Wortlaut des § 17 Abs. 2 Satz 2 des Kommunalwahlgesetzes mitzuteilen. Dabei hat die Gemeindewahlleiterin oder der Gemeindewahlleiter in ihrer oder seiner Benachrichti-

gung darauf hinzuweisen, dass die gewählten Bewerberinnen und Bewerber, bei denen die Voraussetzungen des § 17 Abs. 1 Nr. 1 bis 3 oder Nr. 4 des Kommunalwahlgesetzes vorliegen, die Wahl nur annehmen können, wenn sie die Beendigung ihres Beamten- oder Arbeitnehmerverhältnisses oder die Entbindung von den Aufgaben der Rechtsaufsicht oder der Prüfungstätigkeit nachweisen, und dass die Wahl als abgelehnt gilt, wenn dieser Nachweis nicht bis zum Ablauf dieser Frist erbracht wird. Die gewählten Bewerberinnen und Bewerber sind verpflichtet, der Gemeindewahlleiterin oder dem Gemeindewahlleiter zur Prüfung der Frage, ob bei ihnen die Voraussetzungen des § 17 Abs. 1 des Kommunalwahlgesetzes vorliegen, auf Verlangen eine Bescheinigung über ihr Beamten- oder Arbeitnehmerverhältnis oder ihre Aufgaben der Rechtsaufsicht oder der Prüfungstätigkeit vorzulegen.

(4) Stellt die Gemeindewahlleiterin oder der Gemeindewahlleiter nachträglich fest, dass eine Bewerberin oder ein Bewerber die Wahl angenommen hat, obwohl Unvereinbarkeit nach § 17 Abs. 1 des Kommunalwahlgesetzes gegeben war, und weist das Mitglied des Gemeinderates nicht innerhalb einer Woche nach Zustellung der nachträglichen Feststellung die Beendigung des Beamten- oder Arbeitnehmerverhältnisses oder die Entbindung von den Aufgaben der Rechtsaufsicht oder der Prüfungstätigkeit nach, so scheidet es mit Ablauf der Frist aus dem Gemeinderat aus. Den Verlust der Mitgliedschaft stellt die Gemeindewahlleiterin oder der Gemeindewahlleiter fest.

§ 57
Ersatzleute

(1) Ist bei Verhältniswahl der Wahlvorschlag in Gebietsliste und Bereichslisten gegliedert, so sind Ersatzpersonen eines über die Gebietsliste gewählten Gemeinderatsmitgliedes die Mandatsanwärterinnen und Mandatsanwärter auf der Gebietsliste und Ersatzpersonen eines über die Bereichsliste gewählten Gemeinderatsmitgliedes die Mandatsanwärterinnen und Mandatsanwärter auf der betreffenden Bereichsliste. Fallen der Gebietsliste oder einer Bereichsliste eines Wahlvorschlags mehr Sitze zu, als sie Bewerberinnen und Bewerber enthält, findet § 44 Abs. 3 Satz 3 des Kommunalwahlgesetzes entsprechend Anwendung.

(2) Hat Mehrheitswahl stattgefunden, so werden die Ersatzleute nach den Vorschriften des § 44 Abs. 2 und Abs. 3 Satz 1 und 4 des Kommunalwahlgesetzes und des § 55 Abs. 2 festgestellt.

(3) Bei Feststellung der Ersatzleute ist zu prüfen, ob die Wählbarkeitsvoraussetzungen noch vorliegen.

(4) § 56 gilt für Ersatzleute entsprechend.

§ 58
Bekanntgabe des Wahlergebnisses

Sobald die Erklärungen der gewählten Bewerberinnen und Bewerber und der etwa berufenen Ersatzleute über die Annahme der Wahl vorliegen oder die Wahl beim Fehlen einer solchen Erklärung nach § 43 Satz 2 des Kommunalwahlgesetzes als angenommen gilt, gibt die Gemeindewahlleiterin oder der Gemeindewahlleiter das amtlich festgestellte Wahlergebnis unverzüglich öffentlich bekannt. § 45 des Kommunalwahlgesetzes und § 54 Abs. 6 gelten entsprechend.

Siebter Abschnitt
Wahlanfechtung, Wiederholungswahl

§ 59
Wahlanfechtung

Verstöße im Sinne des § 47 Abs. 2 des Kommunalwahlgesetzes liegen insbesondere dann vor, wenn wesentliche Vorschriften über die Wahlvorbereitung, die Wahlhandlung, die Ermittlung oder Feststellung des Wahlergebnisses unzutreffend angewandt wurden oder unbeachtet geblieben sind.

§ 60

Wiederholungswahl

(1) Ist die Wiederholung der Wahl durch das Ministerium für Inneres, Bauen und Sport angeordnet, so sind die Wahlvorbereitungen insoweit neu zu treffen, als dies nach den Entscheidungen im Wahlanfechtungsverfahren erforderlich ist.

(2) Bei Wiederholung der Wahl wird aufgrund desselben Wählerverzeichnisses und nach denselben Wahlvorschlägen wie bei der für ungültig erklärten Wahl gewählt. Ist jedoch die Wiederholung der Wahl wegen Mängel des Wählerverzeichnisses oder der Wahlvorschläge angeordnet, so ist für die Wiederholungswahl im ersteren Fall ein neues Wählerverzeichnis aufzustellen. Im letzteren Fall sind neue Wahlvorschläge einzureichen. Statt der Neuaufstellung des Wählerverzeichnisses kann in geeigneten Fällen das bestehende Wählerverzeichnis nach dem Stand der Wahlberechtigten zur Zeit der Wiederholung der Wahl berichtigt werden.

(3) Die Wahlbezirke dürfen nicht geändert werden.

(4) Wahlberechtigte, die für die erste Wahl einen Wahlschein erhalten haben, werden zur Stimmabgabe bei der Wiederholungswahl nur dann zugelassen, wenn nachgewiesen wird, dass sie den Wahlschein in einem Wahlbezirk abgegeben haben, auf den sich die Wiederholungswahl erstreckt.

(5) Eine Wahlberechtigte oder ein Wahlberechtigter, bei der oder dem die Voraussetzungen für die Ausstellung eines Wahlscheins vorliegen, erhält auf Antrag einen Wahlschein, wenn die Wiederholungswahl sich auf mehrere Wahlbezirke erstreckt. Entsprechendes gilt für die Briefwahl.

(6) Im Übrigen finden die Bestimmungen des Kommunalwahlgesetzes und dieser Verordnung auch auf die Wiederholungswahl Anwendung.

Achter Abschnitt
Sonstige Vorschriften

§ 61a

Datenschutzrechtliche Spezialregelungen

(1) Das Recht auf Auskunft über die im Wählerverzeichnis enthaltenen personenbezogenen Daten nach Artikel 15 Abs. 1 und das Recht auf Erhalt einer Kopie nach Artikel 15 Abs. 3 der Verordnung (EU) 2016/679 des Europäischen Parlaments und des Rates vom 27. April 2016 zum Schutz natürlicher Personen bei der Verarbeitung personenbezogener Daten, zum freien Datenverkehr und zur Aufhebung der Richtlinie 95/46/EG (Datenschutz-Grundverordnung) (ABl. L 119 vom 4.5.2016, S. 1; L 314 vom 22.11.2016, S. 72) werden dadurch gewährleistet, dass die betroffene Person unter den Voraussetzungen des § 18 des Kommunalwahlgesetzes und des § 9 Einsicht in das Wählerverzeichnis nehmen sowie unter den Voraussetzungen des § 9 Abs. 2 Auszüge aus dem Wählerverzeichnis anfertigen kann.

(2) Hinsichtlich der im Wählerverzeichnis enthaltenen personenbezogenen Daten werden das Recht auf Berichtigung nach Artikel 16 und das Recht auf Einschränkung der Verarbeitung nach Artikel 18 der Verordnung (EU) 2016/679 nach Maßgabe des § 10 ausgeübt. Hinsichtlich der in Wahlvorschlägen enthaltenen personenbezogenen Daten werden das Recht auf Berichtigung nach Artikel 16 und das Recht auf Einschränkung der Verarbeitung nach Artikel 18 der Verordnung (EU) 2016/679 im Zeitraum vom Ablauf der Frist für die Einreichung der Wahlvorschläge bis zum Ablauf des Wahltages nach Maßgabe des § 27 des Kommunalwahlgesetzes ausgeübt.

(3) Die Information der betroffenen Person im Sinne von Artikel 13 der Verordnung (EU) 2016/679 über die für die Führung des Wählerverzeichnisses und für die Erteilung eines Wahlscheins verarbeiteten personenbezogenen Daten erfolgt durch die Bekanntmachung nach § 8.

§ 61b

Versicherungen an Eides statt

Für die Annahme der nach § 19 Abs. 7 Satz 2 und Abs. 8, § 69 Abs. 2 und § 104 Abs. 3 abzugebenden Versicherungen an Eides statt ist die jeweilige Gemeindewahlleiterin oder der jeweilige Gemeindewahlleiter zuständig.

§ 62a

Sicherung von Wahlunterlagen

(1) Die Wählerverzeichnisse, die Wahlscheinverzeichnisse, die Verzeichnisse nach § 15 Abs. 7 Satz 2 und § 16 Abs. 1, die Unterstützungsverzeichnisse für Wahlvorschläge sowie die eingenommenen Wahlbenachrichtigungen sind so zu verwahren, dass sie gegen Einsichtnahme durch Unbefugte geschützt sind.

(2) Auskünfte aus Wählerverzeichnissen, Wahlscheinverzeichnissen und Verzeichnissen nach § 15 Abs. 7 Satz 2 und § 16 Abs. 1 dürfen nur Behörden, Gerichten und sonstigen amtlichen Stellen und nur dann erteilt werden, wenn sie für die Empfängerin oder den Empfänger im Zusammenhang mit der Wahl erforderlich sind. Ein solcher Anlass liegt insbesondere bei Verdacht von Wahlstraftaten und bei Wahlanfechtungsangelegenheiten vor.

(3) Mitglieder von Wahlorganen, Amtsträgerinnen und Amtsträger und für den öffentlichen Dienst besonders Verpflichtete dürfen Auskünfte über Unterstützungsunterschriften für Wahlvorschläge nur Behörden, Gerichten und sonstigen amtlichen Stellen und nur dann erteilen, wenn die Auskunft zur Durchführung der Wahl oder eines Wahlanfechtungsverfahrens oder zur Aufklärung des Verdachts einer Wahlstraftat erforderlich ist.

§ 62b

Aufbewahrung und Vernichtung von Wahlunterlagen

(1) Die Niederschriften über Sitzungen der Wahlorgane mit den Anlagen sind bis zum Ablauf der Amtszeit des Gemeinderates aufzubewahren.

(2) Wählerverzeichnisse, Wahlscheinverzeichnisse, Verzeichnisse nach § 15 Abs. 7 Satz 2 und § 16 Abs. 1 sowie Unterstützungsverzeichnisse für Wahlvorschläge sind nach Ablauf von sechs Monaten seit der Wahl zu vernichten, wenn nicht die Gemeindewahlleiterin oder der Gemeindewahlleiter mit Rücksicht auf ein schwebendes Wahlanfechtungsverfahren etwas anderes anordnet oder sie für die Strafverfolgungsbehörde zur Ermittlung einer Wahlstraftat von Bedeutung sein können.

(3) Die in den Absätzen 1 und 2 nicht genannten Wahlunterlagen können 60 Tage vor der Wahl der neuen kommunalen Vertretungen vernichtet werden. Die eingenommenen Wahlbenachrichtigungen sind unverzüglich zu vernichten.

(4) Die Gemeindewahlleiterin oder der Gemeindewahlleiter kann zulassen, dass die Unterlagen nach Absatz 3 Satz 1 schon früher vernichtet werden, soweit sie nicht für ein schwebendes Wahlanfechtungsverfahren oder für die Strafverfolgungsbehörde zur Ermittlung einer Wahlstraftat von Bedeutung sein können.

Zweiter Teil
Wahlen zu den Ortsräten und Bezirksräten

§ 63

Allgemeines

Soweit in den §§ 64 bis 77 nichts anderes bestimmt ist, gelten die Vorschriften des Ersten Teils über die Wahlen zu den Gemeinderäten für die Wahlen zu den Ortsräten oder Bezirksräten entsprechend.

§ 64

Wahlberechtigung und Wählbarkeit

Wer in mehreren Gemeindebezirken oder Stadtbezirken wohnt, ist nur in dem Gemeindebezirk oder Stadtbezirk wahlberechtigt und wählbar, in dem sie oder er mit Hauptwohnung gemeldet ist.

§ 65
Wahlbezirk, Wahlraum, Wahlvorstand
Werden Ortsräte und Bezirksräte zusammen mit dem Gemeinderat gewählt, so müssen die Wahlbezirke, Wahlräume und Wahlvorstände für die Gemeinderatswahl und die Ortsratswahlen oder Bezirksratswahlen dieselben sein.

§ 66
Wahlbekanntmachung
Die Gemeindewahlleiterin oder der Gemeindewahlleiter weist in ihrer oder seiner Bekanntmachung nach § 2 darauf hin, dass am Tag der Gemeinderatswahl auch die Wahlen zu den Ortsräten oder Bezirksräten in den Gemeindebezirken oder Stadtbezirken der Gemeinde stattfinden.

§ 67
Wählerverzeichnis
(1) In den für die Wahl zum Gemeinderat gültigen Wählerverzeichnissen sind auch die für die Wahl zum Ortsrat oder Bezirksrat Wahlberechtigten aufzuführen. Darauf weist die Gemeindewahlleiterin oder der Gemeindewahlleiter in ihrer oder seiner Bekanntmachung nach § 8 hin.
(2) Die Bescheinigung über den Abschluss des Wählerverzeichnisses nach § 12 ist für die Ortsratswahlen oder Bezirksratswahlen gesondert auszustellen.

§ 68
Wahlschein
Die gemeinsamen Wahlscheine für die Ortsratswahlen oder Bezirksratswahlen und gleichzeitig stattfindenden Wahlen sind zu registrieren; dabei muss aus dem Verzeichnis ersichtlich sein, für welche Wahlen die Wahlscheine gelten.

§ 69
Einreichung und Zulassung von Wahlvorschlägen
(1) Die Wahlvorschläge sollen nach dem Muster der Anlage 11 eingereicht werden.
(2) Die Niederschrift über die Beschlussfassung der Mitglieder- oder Vertreterversammlung, in der die Bewerberinnen und Bewerber aufgestellt worden sind und ihre Reihenfolge auf dem Wahlvorschlag festgelegt worden ist, mit den nach § 24 Abs. 8 Satz 1 Nr. 4 des Kommunalwahlgesetzes vorgeschriebenen Versicherungen an Eides statt, wobei sich die Versicherung an Eides statt auch darauf zu erstrecken hat, dass die Festlegung der Reihenfolge der Bewerberinnen und Bewerber im Wahlvorschlag in geheimer Abstimmung erfolgt ist, soll nach dem Muster der Anlage 15 gefertigt, die Versicherung an Eides statt nach dem Muster der Anlage 16 abgegeben werden.
(3) Über die Sitzung des Gemeindewahlausschusses, in der über die Zulassung der Wahlvorschläge für die Ortsratswahlen oder Bezirksratswahlen entschieden wird, ist für jeden Gemeindebezirk oder Stadtbezirk gesondert eine Niederschrift nach dem Muster der Anlage 17 aufzunehmen.

§ 70
Stimmzettel und Wahlurnen
(1) Finden die Wahlen zu den Ortsräten oder Bezirksräten am selben Tag statt wie die Gemeinderatswahl, so müssen die Stimmzettel zu den Ortsratswahlen oder Bezirksratswahlen sich farblich von den Stimmzetteln zur Gemeinderatswahl deutlich unterscheiden; in diesem Fall haben die Stimmzettel für die Ortsratswahlen oder Bezirksratswahlen die Farbe orange.
(2) Im Fall des Absatzes 1 wird für die Stimmabgabe dieselbe Wahlurne benutzt.
(3) Die Stimmzettel sind bei Verhältniswahl nach dem Muster der Anlage 7a herzustellen.

§ 71
Stimmabgabe
(1) Die Wahlvorsteherinnen und Wahlvorsteher haben dafür Sorge zu tragen, dass Stimmzettel für die Ortsratswahl oder Bezirksratswahl nur an solche Personen ausgehändigt werden, die für diese Wahl wahlberechtigt sind.
(2) Innerhalb desselben Wahlbezirks ist die Stimmabgabe für die Ortsratswahl oder Bezirksratswahl einheitlich in der dafür bestimmten Spalte des Wählerverzeichnisses zu vermerken.

§ 72
Zählung der Wählerinnen und Wähler
Die abgegebenen Stimmzettel, die Stimmabgabevermerke und die Wahlscheine sind für die Ortsratswahl oder Bezirksratswahl gesondert von den für die Gemeinderatswahl abgegebenen Stimmzetteln, Stimmabgabevermerken und Wahlscheinen zu zählen.

§ 73
Zählung der Stimmen
Bei der Mehrheitswahl sind für die Ortsratswahl oder Bezirksratswahl besondere, von den für die Gemeinderatswahl bestimmten Zähllisten getrennte Zähllisten zu führen. Die Schriftführerinnen und Schriftführer haben darauf zu achten, dass die Listen im Kopf entsprechend gekennzeichnet sind.

§ 74
Feststellung des vorläufigen Ergebnisses in den Wahlbezirken, Wahlniederschrift
(1) Für die Ortsratswahl oder Bezirksratswahl ist die Feststellung des vorläufigen Ergebnisses in den Wahlbezirken nach § 49 von der entsprechenden Feststellung für die Gemeinderatswahl zu trennen.
(2) Für die Ortsratswahl oder Bezirksratswahl ist eine besondere, von der Wahlniederschrift für die Gemeinderatswahl getrennte Wahlniederschrift aufzunehmen.

§ 75
Feststellung des vorläufigen Ergebnisses in den Gemeindebezirken oder Stadtbezirken
(1) Das vorläufige Wahlergebnis für die Ortsratswahlen oder Bezirksratswahlen ist getrennt von der entsprechenden Zusammenstellung für die Gemeinderatswahl festzustellen.
(2) Die Gemeindewahlleiterin oder der Gemeindewahlleiter stellt aufgrund der Meldungen der Wahlvorsteherinnen und Wahlvorsteher nach § 49 Abs. 2 das vorläufige Ergebnis der Ortsratswahlen oder Bezirksratswahlen in den Gemeindebezirken oder Stadtbezirken entsprechend § 51 Abs. 1 und 2 fest und ermittelt die voraussichtliche Verteilung der Sitze.

§ 76
Feststellung des endgültigen Wahlergebnisses, Verteilung der Sitze, Ersatzleute
(1) Das endgültige Wahlergebnis für die Ortsratswahlen oder Bezirksratswahlen ist getrennt von dem der Gemeinderatswahl festzustellen. Über die Sitzung des Gemeindewahlausschusses, in der er das endgültige Ergebnis der Ortsratswahl oder Bezirksratswahl, die Verteilung der Ortsratssitze oder Bezirksratssitze und die Ersatzleute feststellt, sind für jeden Gemeindebezirk oder Stadtbezirk Niederschriften nach dem Muster der Anlagen 23 und 24 aufzunehmen, die von der Gemeindewahlleiterin oder vom Gemeindewahlleiter oder ihrer oder seiner Stellvertreterin oder ihrem oder seinem Stellvertreter sowie von allen anwesenden Beisitzerinnen und Beisitzern und der Schriftführerin oder dem Schriftführer zu unterzeichnen sind.
(2) Im Übrigen gilt § 52 entsprechend.

§ 77
Bekanntgabe des Wahlergebnisses
Das Wahlergebnis für die Gemeindebezirke oder Stadtbezirke wird von der Gemeindewahlleiterin oder vom Gemeindewahlleiter

öffentlich bekannt gemacht. § 58 gilt entsprechend.

Dritter Teil
Wahlen zu den Kreistagen

§ 78
Allgemeines
Soweit in den §§ 79 bis 97 nichts anderes bestimmt ist, gelten die Vorschriften des Ersten Teils über die Wahlen zu den Gemeinderäten für die Wahlen zu den Kreistagen entsprechend.

§ 79
Wahlberechtigung und Wählbarkeit
(1) Die nach § 63 Abs. 2 Satz 2 des Kommunalwahlgesetzes für die Aufnahme der Wahlberechtigten in das Wählerverzeichnis zuständige Gemeindewahlleiterin oder der nach § 63 Abs. 2 Satz 2 des Kommunalwahlgesetzes für die Aufnahme der Wahlberechtigten in das Wählerverzeichnis zuständige Gemeindewahlleiter prüft hinsichtlich der Personen, die bis zum Wahltag noch nicht drei Monate in ihrer oder seiner Gemeinde wohnen, im Benehmen mit der Gemeindewahlleiterin oder dem Gemeindewahlleiter oder den Gemeindewahlleiterinnen und Gemeindewahlleitern der früheren, im selben Landkreis gelegenen Wohngemeinde oder Wohngemeinden dieser Personen, ob sie zur Kreistagswahl wahlberechtigt sind. Entsprechendes gilt, wenn solche Personen ihre Wohnung in eine andere Gemeinde desselben Landkreises verlegen.
(2) Wer nach § 13 Abs. 2 des Kommunalwahlgesetzes in Gemeinden verschiedener Landkreise wohnt, ist zur Wahl zum Kreistag nur in dem Landkreis wahlberechtigt und wählbar, dem die Gemeinde angehört, in der er seine Hauptwohnung hat.

§ 80
Benachrichtigung der Gewählten
(1) In der Benachrichtigung nach § 56 Abs. 1 ist einer gewählten Bewerberin oder einem gewählten Bewerber, auf die oder den die Voraussetzungen des § 64 Satz 1 Nr. 1 bis 3 und 5 des Kommunalwahlgesetzes zutreffen, der Wortlaut des § 17 Abs. 2 Satz 1 des Kommunalwahlgesetzes und einer gewählten Bewerberin oder einem gewählten Bewerber, auf die oder den die Voraussetzungen des § 64 Satz 1 Nr. 4 des Kommunalwahlgesetzes zutreffen, der Wortlaut des § 17 Abs. 2 Satz 2 des Kommunalwahlgesetzes mitzuteilen.
(2) Für Beamtinnen, Beamte, Arbeitnehmerinnen und Arbeitnehmer des öffentlichen Dienstes, deren Wählbarkeit gemäß § 64 Satz 1 des Kommunalwahlgesetzes beschränkt ist, findet § 17 Abs. 2 Satz 1 und 2 des Kommunalwahlgesetzes Anwendung; dabei hat die Kreiswahlleiterin oder der Kreiswahlleiter nach § 56 Abs. 3 Satz 2 zu verfahren. Bei nachträglicher Feststellung der Unvereinbarkeit findet § 17 Abs. 2 Satz 3 des Kommunalwahlgesetzes entsprechend Anwendung; dabei hat die Kreiswahlleiterin oder der Kreiswahlleiter nach § 56 Abs. 4 zu verfahren

§ 81
Wahlbezirk, Wahlraum, Wahlvorstand
Wird der Kreistag zusammen mit dem Gemeinderat gewählt, so müssen die Wahlbezirke, Wahlräume und Wahlvorstände für die Gemeinderatswahl und die Kreistagswahl dieselben sein.

§ 82
Wahlbekanntmachung
Die Gemeindewahlleiterin oder der Gemeindewahlleiter weist in ihrer oder seiner Bekanntmachung nach § 2 darauf hin, dass am Tag der Gemeinderatswahl auch die Kreistagswahl stattfindet.

§ 83
Wählerverzeichnis
(1) In den für die Wahl zum Gemeinderat gültigen Wählerverzeichnissen sind auch die für die Wahl zum Kreistag Wahlberechtigten aufzuführen. Hierauf weist die Gemeindewahl-

leiterin oder der Gemeindewahlleiter in der Bekanntmachung nach § 8 hin.
(2) Einsprüche und Beschwerden gegen das Wählerverzeichnis sind auch dann, wenn es sich um die Wahlberechtigung zur Kreistagswahl handelt, bei der Gemeindewahlleiterin oder dem Gemeindewahlleiter der Gemeinde einzulegen, in deren Wählerverzeichnis die Einspruchs- oder Beschwerdeführerin oder der Einspruchs- oder Beschwerdeführer eingetragen ist oder bestimmungsgemäß einzutragen wäre.
(3) Die Bescheinigung über die Feststellung des Wählerverzeichnisses nach § 12 ist für die Kreistagswahl getrennt von der für die Gemeinderatswahl auszustellen.

§ 84
Wahlschein
(1) In den Sonderfällen des § 63 Abs. 2 des Kommunalwahlgesetzes ist für die Ausstellung eines Wahlscheins zur Kreistagswahl die Gemeindewahlleiterin oder der Gemeindewahlleiter der Gemeinde zuständig, in deren Wählerverzeichnis die oder der zur Kreistagswahl Wahlberechtigte nach § 63 Abs. 2 des Kommunalwahlgesetzes eingetragen ist oder einzutragen wäre.
(2) Die gemeinsamen Wahlscheine für die Kreistagswahl und gleichzeitig stattfindenden Wahlen sind zu registrieren; dabei muss aus dem Verzeichnis ersichtlich sein, für welche Wahlen die Wahlscheine gelten.

§ 85
Wahlvorschläge
Die Wählbarkeitsbescheinigung nach § 24 Abs. 8 Nr. 2 des Kommunalwahlgesetzes für die Kreistagswahl stellt auch im Fall des § 63 Abs. 2 des Kommunalwahlgesetzes die Gemeindewahlleiterin oder der Gemeindewahlleiter der Gemeinde aus, in der die Wahlbewerberin oder der Wahlbewerber zur Zeit der Einreichung des Wahlvorschlags wohnt. Die Gemeindewahlleiterin oder der Gemeindewahlleiter darf jedoch die Wählbarkeitsbescheinigung erst dann ausstellen, wenn ihr oder ihm entsprechende Bescheinigungen der Gemeindewahlleiterinnen oder der Gemeindewahlleiter der Gemeinden desselben Landkreises vorliegen, in denen die oder der Betreffende in der Zeit gewohnt hat, die an dem Halbjahreszeitraum in der derzeitigen Wohngemeinde fehlt.

§ 86
Stimmzettel und Wahlurnen
(1) Findet die Wahl zum Kreistag am selben Tag statt wie die Gemeinderatswahl, so müssen sich die Stimmzettel für die Kreistagswahl farblich von den Stimmzetteln für die Gemeinderatswahl deutlich unterscheiden; in diesem Fall haben die Stimmzettel für die Kreistagswahl die Farbe grün.
(2) Im Fall des Absatzes 1 wird für die Stimmabgabe dieselbe Wahlurne benutzt.

§ 87
Stimmabgabe
(1) Die Wahlvorsteherinnen und Wahlvorsteher haben dafür Sorge zu tragen, dass Stimmzettel für die Kreistagswahl nur an solche Personen ausgehändigt werden, die für diese Wahl wahlberechtigt sind.
(2) Innerhalb desselben Wahlbezirks ist die Stimmabgabe für die Kreistagswahl einheitlich in der dafür bestimmten Spalte des Wählerverzeichnisses zu vermerken.

§ 88
Zählung der Wählerinnen und Wähler
Die abgegebenen Stimmzettel, die Stimmabgabevermerke und die Wahlscheine sind für die Kreistagswahl gesondert von den für die Gemeinderatswahl abgegebenen Stimmzetteln, Stimmabgabevermerken und Wahlscheinen zu zählen.

§ 89
Zählung der Stimmen
Bei der Mehrheitswahl sind für die Kreistagswahl besondere, von den für die Gemeinde-

ratswahl bestimmten Zähllisten getrennte Zähllisten zu führen. Die Schriftführerinnen und Schriftführer haben darauf zu achten, dass die Listen im Kopf entsprechend gekennzeichnet sind.

§ 90
Feststellung des vorläufigen Ergebnisses in den Wahlbezirken, Wahlniederschrift

(1) Für die Kreistagswahl ist die Feststellung des vorläufigen Ergebnisses in den Wahlbezirken nach § 49 von der entsprechenden Feststellung für die Gemeinderatswahl zu trennen.
(2) Für die Kreistagswahl ist eine besondere, von der Wahlniederschrift für die Gemeinderatswahl getrennte Wahlniederschrift aufzunehmen.

§ 91
Feststellung des vorläufigen Ergebnisses in den Gemeinden

Das vorläufige Wahlergebnis für die Kreistagswahl ist getrennt von der entsprechenden Zusammenstellung für die Gemeinderatswahl festzustellen.

§ 92
Feststellung des vorläufigen Ergebnisses für den Landkreis

Die Kreiswahlleiterin oder der Kreiswahlleiter stellt aufgrund der Meldungen der Gemeindewahlleiterinnen und Gemeindewahlleiter nach § 51 Abs. 3 das vorläufige Ergebnis der Kreistagswahl fest und ermittelt die voraussichtliche Verteilung der Sitze.

§ 93
Feststellung des endgültigen Ergebnisses in den Gemeinden

Das endgültige Wahlergebnis für die Kreistagswahl ist getrennt von der entsprechenden Zusammenstellung für die Gemeinderatswahl festzustellen. Das Gleiche gilt für die Niederschrift nach § 52 Abs. 5.

§ 94
Feststellung des endgültigen Wahlergebnisses, Verteilung der Sitze, Ersatzleute

(1) Der Kreiswahlausschuss fordert die bei den Gemeinden entstandenen Wahlakten der Kreistagswahl in dem ihm notwendig erscheinenden Umfang an und überprüft die Feststellung des endgültigen Ergebnisses in den Gemeinden. Er ist berechtigt, Feststellungen des Wahlvorstandes zu berichtigen und dabei auch über die Gültigkeit abgegebener Stimmen abweichend zu beschließen. Ungeklärte Bedenken vermerkt er in der Niederschrift. Anschließend stellt er das endgültige Ergebnis der Kreistagswahl fest und ermittelt die Verteilung der Sitze.
(2) Über die Feststellung des endgültigen Ergebnisses der Kreistagswahl, die Verteilung der Kreistagssitze und die Feststellung der Ersatzleute durch den Kreiswahlausschuss sind Niederschriften nach dem Muster der Anlagen 23 und 24 aufzunehmen, die von der Kreiswahlleiterin oder dem Kreiswahlleiter oder ihrer oder seiner Stellvertreterin oder ihrem oder seinem Stellvertreter sowie von allen anwesenden Beisitzerinnen und Beisitzern und der Schriftführerin oder dem Schriftführer zu unterschreiben ist.

§ 95
Bekanntgabe des Wahlergebnisses

Das Wahlergebnis wird von der Kreiswahlleiterin oder vom Kreiswahlleiter entsprechend § 58 öffentlich bekannt gemacht.

§ 96
Aufbewahrung von Wahlakten

Die Kreiswahlleiterin oder der Kreiswahlleiter bestimmt, inwieweit Wahlunterlagen der Kreistagswahl bei der Kreisbehörde oder bei Gemeindebehörden sowie wo und durch wen sie verantwortlich aufzubewahren sind.

§ 97
(aufgehoben)

Vierter Teil
Wahl zur Regionalversammlung

§ 98
Allgemeines
Auf die Wahl zur Regionalversammlung finden die Vorschriften des Dritten Teils über die Wahlen zu den Kreistagen entsprechende Anwendung.

§ 99
(aufgehoben)

Fünfter Teil
Wahl und Abwahl der Bürgermeisterinnen, Bürgermeister, Landrätinnen, Landräte und der Regionalverbandsdirektorin oder des Regionalverbandsdirektors

Erster Abschnitt
Allgemeine Bestimmungen

§ 100
Allgemeines
Die Bestimmungen des Ersten bis Vierten Teils gelten entsprechend für die Wahl der Bürgermeisterinnen und Bürgermeister, Landrätinnen und Landräte und der Regionalverbandsdirektorin oder des Regionalverbandsdirektors, soweit sich nicht aus dem Kommunalselbstverwaltungsgesetz, dem Kommunalwahlgesetz und den folgenden Bestimmungen etwas anderes ergibt.

§ 101
Wahlleiterin, Wahlleiter
Die Wahl der Bürgermeisterin oder des Bürgermeisters der Gemeinde wird von der Gemeindewahlleiterin oder dem Gemeindewahlleiter, die Wahl der Landrätin oder des Landrats von der Kreiswahlleiterin oder vom Kreiswahlleiter und die Wahl der Regionalverbandsdirektorin oder des Regionalverbandsdirektors von der Regionalverbandswahlleiterin oder dem Regionalverbandswahlleiter geleitet.

Zweiter Abschnitt
Vorbereitung der Wahl, Wahlhandlung, Feststellung des Wahlergebnisses

§ 102
Wählerverzeichnis, Wahlbenachrichtigung, Bekanntmachung
(1) Die Wahlberechtigten sind von der Eintragung in das Wählerverzeichnis für die Wahl der Bürgermeisterin oder des Bürgermeisters, der Landrätin oder des Landrats oder der Regionalverbandsdirektorin oder des Regionalverbandsdirektors, bei gleichzeitig stattfindenden Wahlen für jede Wahl, zu der sie wahlberechtigt sind, zu benachrichtigen. In der Benachrichtigung muss auch der Tag einer etwa notwendig werdenden Stichwahl angegeben sein. Die Benachrichtigung erfolgt entsprechend dem Muster der Anlage 2.
(2) Das Recht auf Einsicht in das Wählerverzeichnis ist entsprechend § 8 bekannt zu machen. Bei gleichzeitig stattfindenden Wahlen erfolgt eine gemeinsame Bekanntmachung.

§ 103
Wahlschein, Briefwahl
Eine Wahlberechtigte oder ein Wahlberechtigter kann einen Wahlschein für die Wahl der Bürgermeisterin oder des Bürgermeisters, der Landrätin oder des Landrats oder der Regionalverbandsdirektorin oder des Regionalverbandsdirektors und zugleich den Wahlschein für eine etwa notwendig werdende Stichwahl beantragen. Der Wahlschein wird entsprechend dem Muster der Anlage 6 erteilt. Bei gleichzeitig stattfindenden Wahlen wird ein gemeinsamer Wahlschein erteilt, aus dem hervorgeht, für welche Wahlen die Wahlberechtigung besteht.

§ 104
Wahlvorschläge
(1) In der Bekanntmachung zur Einreichung von Wahlvorschlägen nach § 18 Abs. 1 ist anstelle des Hinweises nach Nummer 6 der Hinweis aufzunehmen, dass, wenn keine gültige

Bewerbung eingereicht wird, die Wahl nicht stattfindet und in diesem Fall die Bürgermeisterin oder der Bürgermeister, die Landrätin oder der Landrat oder die Regionalverbandsdirektorin oder der Regionalverbandsdirektor vom jeweiligen kommunalen Vertretungsorgan gewählt wird. Der Hinweis nach § 18 Abs. 1 Nr. 7 entfällt. Bei gleichzeitig stattfindenden Wahlen kann eine gemeinsame Bekanntmachung zur Einreichung von Wahlvorschlägen erfolgen.

(2) Der Wahlvorschlag einer Partei oder Wählergruppe ist nach dem Muster der Anlage 11a einzureichen. Er darf nur einen Bewerbernamen enthalten. Der Wahlvorschlag einer Einzelbewerberin oder eines Einzelbewerbers ist nach dem Muster der Anlage 11b einzureichen und von der Bewerberin oder vom Bewerber persönlich und handschriftlich zu unterschreiben.

(3) Die Bewerberin oder der Bewerber muss ihrer oder seiner Benennung im Wahlvorschlag schriftlich zustimmen und dabei die Versicherung abgeben, dass sie oder er als Bürgermeisterin oder Bürgermeister, Landrätin oder Landrat oder Regionalverbandsdirektorin oder Regionalverbandsdirektor jederzeit für die freiheitliche demokratische Grundordnung im Sinne des Grundgesetzes eintritt. Zustimmung und Versicherung sind nach dem Muster der Anlage 13, soweit sie nicht bereits im Wahlvorschlag der Einzelbewerberin oder des Einzelbewerbers enthalten sind, zu erklären. Mit den Anlagen zum Wahlvorschlag ist eine Bescheinigung der zuständigen Gemeindeverwaltung, dass die Bewerberin oder der Bewerber am Tag der Wahl die Voraussetzungen der Wählbarkeit zum Deutschen Bundestag oder zum Europäischen Parlament erfüllt, nach dem Muster der Anlage 14, bei Unionsbürgern zusätzlich die Versicherungen an Eides statt nach dem Muster der Anlage 14a, einzureichen. Dem Wahlvorschlag einer Partei oder Wählergruppe ist eine Niederschrift über die Benennung der Bewerberin oder des Bewerbers nach dem Muster der Anlage 15 und die Versicherung an Eides statt nach dem Muster der Anlage 16 beizufügen.

§ 105
Stimmzettel

Die Stimmzettel sind nach dem Muster der Anlage 7d oder, wenn nur eine Bewerberin oder ein Bewerber zugelassen ist, nach dem Muster der Anlage 7e für die Wahl der Bürgermeisterin oder des Bürgermeisters in beiger Farbe und für die Wahl der Landrätin oder des Landrats und der Regionalverbandsdirektorin oder des Regionalverbandsdirektors in hellblauer Farbe herzustellen. Im Übrigen gilt § 32 Abs. 3 bis 5 und 7 entsprechend.

§ 106
Stimmabgabe

Die Wahlbenachrichtigung ist der Wählerin oder dem Wähler für eine etwa notwendig werdende Stichwahl zurückzugeben. Dies gilt nicht, wenn jeweils nur eine Bewerberin oder ein Bewerber zur Wahl zugelassen ist.

§ 107
Ermittlung und Feststellung des Wahlergebnisses, öffentliche Bekanntmachung

(1) Für die Zählung der Stimmen gilt § 48 mit der Maßgabe, dass die Stimmzettel nach den gekennzeichneten Wahlvorschlägen, im Fall nur eines Wahlvorschlags nach den „Ja"- und „Nein"-Stimmen zu ordnen und die gültigen Stimmzettel dementsprechend geordnet und gebündelt zu verpacken sind.

(2) Der jeweils zuständige Wahlausschuss stellt fest

1. die Zahl der Wahlberechtigten,
2. die Zahl der Wählerinnen und Wähler,
3. die Zahlen der gültigen und ungültigen Stimmen,
4. die Zahlen der auf die einzelnen Wahlvorschläge entfallenden Stimmen, bei nur einem Wahlvorschlag die Zahlen der „Ja"- und „Nein"-Stimmen,
5. den Namen der Bewerberin oder des Bewerbers, die oder der mehr als die Hälfte

der gültigen Stimmen erhalten hat, andernfalls dass eine Stichwahl stattfindet oder die Wahl wiederholt wird,
6. wenn eine Stichwahl notwendig wird, die Namen der beiden Bewerberinnen oder Bewerber.

(3) Die Wahlleiterin oder der Wahlleiter macht das Wahlergebnis mit dem Namen der gewählten Bewerberin oder des gewählten Bewerbers öffentlich bekannt. Ist keine Bewerberin oder kein Bewerber gewählt, so macht sie oder er bekannt, dass eine Stichwahl stattfindet oder die Wahl wiederholt wird.

Dritter Abschnitt
Stichwahl

§ 108
Wahlberechtigung, Wählerverzeichnis, Wahlschein

(1) Wahlberechtigt zur Stichwahl ist, wer in das Wählerverzeichnis nach dem Stand der ersten Wahl eingetragen ist oder einen Wahlschein hat. Personen, die erst zur Stichwahl wahlberechtigt sind, erhalten von Amts wegen einen Wahlschein. Dies gilt auch für Wahlberechtigte, die, ohne im Wählerverzeichnis eingetragen zu sein, für die erste Wahl einen Wahlschein erhalten hatten.

(2) Personen, die verstorben sind oder das Wahlrecht verloren haben, erhalten im Wählerverzeichnis einen Sperrvermerk. Wahlberechtigten, die aufgrund der Wahlbenachrichtigung einen Wahlschein für eine etwa notwendig werdende Stichwahl beantragt hatten, sind Wahlschein und Briefwahlunterlagen für die Stichwahl zuzusenden.

(3) Wahlscheine werden entsprechend dem Muster der Anlage 6 erteilt. Die Briefwahlunterlagen sind beizufügen.

§ 109
Stimmzettel

(1) Im Stimmzettel sind die beiden Bewerberinnen und Bewerber in der Reihenfolge der bei der ersten Wahl erreichten Stimmenzahlen, bei gleicher Stimmenzahl in der Reihenfolge der ersten Wahl aufzuführen.

(2) § 105 gilt entsprechend.

§ 110
Ergebnis der Stichwahl

(1) Für die Zählung der Stimmen gilt § 107 Abs. 2 entsprechend.

(2) Der jeweils zuständige Wahlausschuss stellt fest
1. die Zahl der Wahlberechtigten,
2. die Zahl der Wählerinnen und Wähler,
3. die Zahlen der gültigen und ungültigen Stimmen,
4. die Zahlen der auf die einzelnen Wahlvorschläge entfallenden Stimmen,
5. die mit der Mehrheit der gültigen Stimmen gewählte Bewerberin oder den mit der Mehrheit der gültigen Stimmen gewählten Bewerber,
6. bei gleicher Stimmenzahl die durch Losentscheid der Wahlleiterin oder des Wahlleiters bestimmte Bewerberin oder den durch Losentscheid der Wahlleiterin oder des Wahlleiters bestimmten Bewerber.

(3) Die Wahlleiterin oder der Wahlleiter macht das Ergebnis der Stichwahl öffentlich bekannt.

Vierter Abschnitt
Nachwahl, Wiederholungswahl

§ 111
Nachwahl

(1) Ist eine Bewerberin oder ein Bewerber nach der Zulassung des Wahlvorschlags und vor der Wahl verstorben oder hat sie oder er ihre oder seine Wählbarkeit verloren, sagt die Wahlleiterin oder der Wahlleiter die Wahl ab und gibt bekannt, dass eine Nachwahl stattfindet. Sie oder er unterrichtet unverzüglich die oberste Kommunalaufsichtsbehörde, die den Wahltag festsetzt.

(2) Bereits eingegangene Wahlbriefe hat die Wahlleiterin oder der Wahlleiter in Gegenwart von zwei Zeuginnen und Zeugen zu ver-

nichten. Über die Vernichtung ist eine Niederschrift zu fertigen.
(3) Die Nachwahl wird als Neuwahl durchgeführt.

§ 112
Wiederholungswahl
(1) Lehnt eine Gewählte oder ein Gewählter die Wahl ab oder scheidet eine Bewerberin oder ein Bewerber für eine Stichwahl durch Tod oder Verlust der Wählbarkeit aus oder wird nur eine Bewerberin oder ein Bewerber zur Wahl zugelassen und die Bewerberin oder der Bewerber nicht gewählt, wird die Wahl wiederholt. Die Wahlleiterin oder der Wahlleiter unterrichtet unverzüglich die oberste Kommunalaufsichtsbehörde, die den Tag der Wiederholungswahl festsetzt.
(2) Die Wiederholungswahl wird als Neuwahl durchgeführt

Fünfter Abschnitt
Abwahl

§ 113
Abwahlorgane
Die für die Wahl der Bürgermeisterinnen und Bürgermeister, der Landrätinnen und Landräte oder der Regionalverbandsdirektorin oder des Regionalverbandsdirektors gebildeten Wahlorgane sind auch zuständig für die Durchführung einer Abwahl.

§ 114
Vorbereitung der Abwahl
(1) Für die Vorbereitung der Abwahl gelten die Bestimmungen für die Wahl der Bürgermeisterinnen und Bürgermeister, der Landrätinnen und Landräte oder der Regionalverbandsdirektorin oder des Regionalverbandsdirektors entsprechend.
(2) Die Anlagen gelten mit der Maßgabe, dass jeweils das Wort „Wahl" durch das Wort „Abwahl" ersetzt wird.
(3) Die Bekanntmachung des Tages der Entscheidung über die Abwahl nach § 82 Abs. 2 des Kommunalwahlgesetzes erfolgt spätestens am 24. Tag vor der Abwahl.
(4) Die Bekanntmachung des Textes der Entscheidung über die Abwahl erfolgt spätestens am sechsten Tag vor der Abwahl.

§ 115
Stimmzettel
(1) Der Stimmzettel enthält den Text der Entscheidung über die Abwahl in Form einer Frage und für die Beantwortung der Frage mit einem „Ja" oder „Nein" jeweils einen Kreis zur Kennzeichnung durch die Wählerin oder den Wähler entsprechend dem Muster der Anlage 7e.
(2) Stimmzettel sind in weißer Farbe herzustellen.

§ 116
Feststellung des Abwahlergebnisses
(1) Für die Zählung der Stimmen gilt § 107 Abs. 2 mit der Maßgabe, dass die Stimmzettel nach „Ja"- und „Nein"-Stimmen zu ordnen und die gültigen Stimmzettel dementsprechend geordnet und gebündelt zu verpacken sind.
(2) Der jeweils zuständige Wahlausschuss stellt fest
1. die Zahl der Stimmberechtigten,
2. die Zahl derjenigen Personen, die abgestimmt haben,
3. die Zahlen der gültigen und ungültigen Stimmen,
4. die Zahlen der „Ja"- und „Nein"-Stimmen an der Gesamtzahl der gültigen Stimmen,
5. den Vomhundertsatz des Stimmenanteils der „Ja"- und „Nein"-Stimmen an der Gesamtzahl der gültigen Stimmen,
6. den Vomhundertsatz der „Ja"- und „Nein"-Stimmen an der Gesamtzahl der Stimmberechtigten,
7. in welchem Sinne die zur Abwahl gestell te Frage entschieden worden ist.

(3) Die Wahlleiterin oder der Wahlleiter macht das nach Absatz 2 festgestellte Ergebnis der Abwahl öffentlich bekannt.

Sechster Teil
Bürgerbegehren und Bürgerentscheid

§ 117
Unterstützungsblätter

Die Antragstellerinnen und Antragsteller haben die erforderliche Zahl von Unterstützungsunterschriften auf Formblättern nach dem Muster der Anlage 12a zu erbringen. Die Gemeinden sind verpflichtet, die Unterstützungsblätter entgegenzunehmen. Sofern die Unterstützungsblätter nicht den Erfordernissen des § 85 des Kommunalwahlgesetzes und der Anlage 12a zu dieser Verordnung entsprechen, hat die Gemeinde die Antragstellerinnen und Antragsteller auf die festgestellten Mängel hinzuweisen und hierüber eine Niederschrift zu fertigen.

§ 118
Stimmzettel

(1) Die Stimmzettel werden nach dem Muster der Anlage 7f amtlich hergestellt.

(2) Die Stimmzettel dürfen außer dem gesetzlich vorgeschriebenen Aufdruck und dem Firmenaufdruck der Herstellerin oder des Herstellers keine Kennzeichen haben.

(3) Der Stimmzettel enthält einen Hinweis auf den Inhalt der Frage und die Möglichkeit, die vorgelegte Frage mit „Ja" oder „Nein" durch Kennzeichnung eines Kreises zu beantworten. Stehen mehrere Fragen zur Abstimmung, werden diese in der durch § 90 des Kommunalwahlgesetzes bestimmten Reihenfolge unter Angabe der Antragstellerinnen und Antragsteller nacheinander aufgeführt.

(4) Hinsichtlich der Ungültigkeit von Stimmzetteln ist § 39 des Kommunalwahlgesetzes entsprechend anzuwenden. Ein Stimmzettel ist auch ungültig, wenn die vorgelegten Fragen bei mehreren den gleichen Gegenstand betreffenden Fragen mehrmals mit „Ja" beantwortet werden.

§ 119
Ermittlung und Feststellung des Ergebnisses des Bürgerentscheides

(1) Der Gemeindewahlausschuss stellt das Ergebnis des Bürgerentscheides fest. Für die Ermittlung und Feststellung des Ergebnisses des Bürgerentscheides gilt § 91 des Kommunalwahlgesetzes entsprechend mit der Maßgabe, dass der Gemeindewahlausschuss feststellt:

1. die Zahl der Stimmberechtigten,
2. die Zahl der Abstimmenden,
3. die Zahlen der gültigen und ungültigen Stimmen,
4. die Zahlen der gültigen „Ja"- und „Nein"-Stimmen,
5. das Ergebnis des Bürgerentscheides im Sinne von § 21a Abs. 6 des Kommunalselbstverwaltungsgesetzes.

(2) Die Bürgermeisterin oder der Bürgermeister unterrichtet den Gemeinderat unverzüglich über das vom Gemeindewahlausschuss festgestellte Ergebnis und macht es öffentlich bekannt.

(3) Die Nachwahl wird als Neuwahl durchgeführt.

Siebter Teil
Gleichzeitige Durchführung von Wahlen und Abstimmungen

§ 120
Grundsatz

Die Wahlen nach dem Kommunalwahlgesetz können gleichzeitig miteinander und gleichzeitig mit Europa-, Bundestags- und Landtagswahlen durchgeführt werden. Dies gilt entsprechend für Abstimmungen nach dem Kommunalwahlgesetz und Volksentscheide. Soweit in diesem Teil nichts anderes bestimmt ist, gelten die übrigen kommunalwahlrechtlichen Vorschriften.

§ 121
Wahlbezirke, Wahlorgane
(1) Die Wahlbezirke der gleichzeitig stattfindenden Wahlen müssen übereinstimmen.
(2) Die Mitglieder der Wahlorgane der gleichzeitig stattfindenden Wahlen können zu Mitgliedern der Wahlorgane für die Kommunalwahlen berufen werden, sofern sie die kommunalwahlrechtlichen Voraussetzungen hierfür erfüllen.

§ 122
Wählerverzeichnis, Wahlbenachrichtigung, Wahlscheinantrag
(1) Die Wählerverzeichnisse der gleichzeitig stattfindenden Wahlen können mit dem Wählerverzeichnis für die Kommunalwahlen verbunden werden. Für jede Wahl ist eine eigene Spalte für den Vermerk der Stimmabgabe vorzusehen, in die für den Fall, dass Wahlberechtigte für eine Wahl nicht wahlberechtigt sind, ein Sperrvermerk einzutragen ist.
(2) Die Wahlbenachrichtigungen der gleichzeitig stattfindenden Wahlen können mit der Wahlbenachrichtigung für die Kommunalwahlen verbunden werden. Der Antrag auf Erteilung eines Wahlscheins soll für alle gleichzeitig stattfindenden Wahlen gelten.
(3) Der Abschluss des Wählerverzeichnisses ist für jede Wahl gesondert zu beurkunden.

§ 123
Wahlraum, Wahlurne
(1) Gleichzeitig stattfindende Wahlen finden im selben Wahlraum statt.
(2) Für die Wahlen nach dem Kommunalwahlgesetz ist eine eigene Wahlurne zu verwenden.

§ 124
Bekanntmachungen
(1) Die Bekanntmachungen über das Recht auf Einsicht in das Wählerverzeichnis und die Erteilung von Wahlscheinen der gleichzeitig stattfindenden Wahlen können mit der Bekanntmachung über das Recht auf Einsicht in das Wählerverzeichnis und die Erteilung von Wahlscheinen für die Kommunalwahlen verbunden werden. In der Bekanntmachung ist darauf hinzuweisen, welche Wahlen gleichzeitig stattfinden und, im Falle der Teilnahme mittels Briefwahl, wie viele Wahlbriefe abzusenden sind.
(2) Die Wahlbekanntmachungen der gleichzeitig stattfindenden Wahlen können mit der Wahlbekanntmachung für die Kommunalwahlen verbunden werden. In der Wahlbekanntmachung ist darauf hinzuweisen, wie sich die Stimmzettel der gleichzeitig stattfindenden Wahlen nach Farbe und Aufdruck unterscheiden.

§ 125
Ermittlung und Feststellung der Wahlergebnisse im Wahlbezirk
Ist der Wahlvorstand für die Kommunalwahlen mit dem Wahlvorstand für die gleichzeitig durchgeführten Wahlen identisch, hat die Ermittlung und Feststellung der Wahlergebnisse der Wahl der höheren Ebene Vorrang. Die Ergebnisse der Wahlen nach dem fünften Teil des Kommunalwahlgesetzes sind vor den Ergebnissen der allgemeinen Kommunalwahlen zu ermitteln.

Achter Teil
Schlussbestimmungen

§ 126
Öffentliche Bekanntmachungen
(1) Die nach dem Kommunalwahlgesetz und dieser Verordnung vorgeschriebenen öffentlichen Bekanntmachungen erfolgen durch das Ministerium für Inneres, Bauen und Sport und die Landeswahlleiterin oder den Landeswahlleiter im Amtsblatt des Saarlandes, durch die Wahlleiterinnen und Wahlleiter der Gemeinden und Gemeindeverbände in der Art und Weise, die allgemein für Bekanntmachungen der Gemeinden und Gemeindeverbände bestimmt sind.
(2) Der Inhalt der nach dem Kommunalwahlgesetz und dieser Verordnung vorgeschrie-

benen öffentlichen Bekanntmachungen kann zusätzlich im Internet veröffentlicht werden. Dabei sind die Unversehrtheit, Vollständigkeit und Ursprungszuordnung der Veröffent lichung nach aktuellem Stand der Technik zu gewährleisten. Statt einer Anschrift ist nur der Wohnort anzugeben. Personenbezogene Daten in Internetveröffentlichungen von öffentlichen Bekanntmachungen nach § 25 sind spätestens sechs Monate nach Bekanntgabe des endgültigen Wahlergebnisses, von öffentlichen Bekanntmachungen nach § 58 spätestens sechs Monate nach dem Ende der Amtszeit zu löschen.

§ 127
Inkrafttreten
Diese Verordnung tritt am Tag nach der Verkündung in Kraft.

Auf eine Abbildung der Anlagen (Musterstimmzettel etc.) wird verzichtet.

KGG

Gesetz über die kommunale Gemeinschaftsarbeit

in der Fassung der Bekanntmachung vom 27. Juni 1997,
zuletzt geändert durch Artikel 63 des Gesetzes vom 8. Dezember 2021 (Amtsbl. S. 2629). Fundstelle: Amtsblatt 1997, S. 723.

Gesetz über die kommunale Gemeinschaftsarbeit (KGG)
vom 26. Februar 1975.

In der Fassung der Bekanntmachung vom 27. Juni 1997, zuletzt geändert durch Artikel 63 des Gesetzes vom 8. Dezember 2021 (Amtsbl. S. 2629).
Fundstelle: Amtsblatt 1997, S. 723.

1. Abschnitt
Grundlagen

§ 1
Formen der kommunalen Gemeinschaftsarbeit
(1) Gemeinden und Gemeindeverbände können zur Erfüllung bestimmter Aufgaben, zu deren Durchführung sie berechtigt oder verpflichtet sind, nach Maßgabe dieses Gesetzes Zweckverbände bilden, öffentlich-rechtliche Vereinbarungen abschließen und Arbeitsgemeinschaften bilden. Dies gilt nicht, wenn durch Gesetz eine besondere Rechtsform für die Gemeinschaftsarbeit vorgeschrieben oder die gemeinsame Erfüllung ausgeschlossen ist.
(2) Das Recht der Gemeinden und Gemeindeverbände, ihre Angelegenheiten in privatrechtlichen Rechtsformen zu erledigen, bleibt unberührt.

2. Abschnitt
Der Zweckverband

§ 2
Arten und Mitglieder
(1) Gemeinden und Gemeindeverbände können sich zu einem Zweckverband zusammenschließen, um bestimmte Aufgaben, zu deren Durchführung sie berechtigt oder verpflichtet sind, für alle oder einzelne gemeinsam zu erfüllen (Freiverband) oder, soweit sie zur Erfüllung bestimmter Aufgaben gesetzlich verpflichtet sind (Pflichtaufgaben, staatliche Auftragsangelegenheiten), zu einem solchen zusammengeschlossen werden (Pflichtverband).
(2) Neben Gemeinden oder Gemeindeverbänden können auch Bund und Länder sowie andere Körperschaften, Anstalten und Stiftungen des öffentlichen Rechts Mitglieder eines Zweckverbands sein, soweit nicht die für sie geltenden besonderen Vorschriften die Mitgliedschaft ausschließen oder beschränken.
(3) Natürliche Personen und juristische Personen des privaten Rechts können neben einer Gemeinde oder einem Gemeindeverband Mitglieder des Zweckverbands sein, wenn die Erfüllung der Verbandsaufgabe dadurch gefördert wird und Gründe des öffentlichen Wohls nicht entgegenstehen.

§ 3
Rechtsstellung
(1) Der Zweckverband ist eine Körperschaft des öffentlichen Rechts. Er regelt seine Angelegenheiten im Rahmen der Gesetze in eigener Verantwortung. In staatlichen Auftragsangelegenheiten unterliegt der Zweckverband den Weisungen der Fachaufsichtsbehörden.
(2) Soweit nicht dieses Gesetz und im Rahmen dieses Gesetzes die Verbandssatzung besondere Vorschriften treffen, finden auf den Zweckverband die für die Gemeinden geltenden Vorschriften entsprechende Anwendung.
(3) Der Zweckverband kann in Erfüllung seiner Aufgaben Satzungen erlassen, soweit Gemeinden und Gemeindeverbände, die Mitglieder des Zweckverbands sind, in Erledigung der dem Zweckverband übertragenen Aufgaben zum Erlass von Satzungen berechtigt waren, insbesondere über die Festsetzung von Anschluss- und Benutzungszwang sowie über die Erhebung von Gebühren und Beiträgen. Das Recht zur Erhebung von Steuern steht den Zweckverbänden nicht zu.

§ 4
Übergang der Aufgaben
(1) Das Recht und die Pflicht zur Erfüllung der Aufgaben der am Zweckverband beteiligten Gemeinden und Gemeindeverbände gehen

nach Maßgabe der Verbandssatzung auf den Zweckverband über.
(2) Bestehende Beteiligungen der Gemeinden und Gemeindeverbände an Unternehmen und Verbänden, die der gleichen oder einer ähnlichen Aufgabe dienen wie der Zweckverband, bleiben unberührt. Hat der Zweckverband nach der Verbandssatzung anzustreben, solche Beteiligungen an Stelle seiner Mitglieder zu übernehmen, so sind die einzelnen Mitglieder zu den hierfür erforderlichen Rechtshandlungen verpflichtet.

§ 5
Verbandssatzung
Die Rechtsverhältnisse des Zweckverbands werden im Rahmen dieses Gesetzes durch eine Verbandssatzung geregelt.

§ 6
Vereinbarung und Inhalt der Verbandssatzung
(1) Zur Bildung des Zweckverbands vereinbaren die Beteiligten die Verbandssatzung.
(2) Die Verbandssatzung muss bestimmen:
1. die Verbandsmitglieder,
2. die Aufgaben,
3. den Namen und den Sitz,
4. die Verfassung (Organe, Verwaltung und Vertretung),
5. den Maßstab, nach dem die Mitglieder zur Deckung des Finanzbedarfs beizutragen haben,
6. die Form der öffentlichen Bekanntmachung,
7. die Auseinandersetzung bei Auflösung des Zweckverbands oder bei Ausscheiden eines Mitglieds,
8. die Angelegenheiten, deren Regelung durch die Verbandssatzung dieses Gesetz ausdrücklich vorschreibt.

(3) Die Verbandssatzung kann die sonstigen Rechtsverhältnisse des Zweckverbands regeln, soweit dieses Gesetz keine Vorschriften enthält oder die Regelung in der Verbandssatzung ausdrücklich zulässt.

§ 7
Genehmigung der Verbandssatzung
(1) Die Verbandssatzung bedarf der Genehmigung der Aufsichtsbehörde. Hat der Verband nach der Verbandssatzung staatliche Auftragsangelegenheiten zu erfüllen, so bedarf die Genehmigung der vorherigen Zustimmung des Fachministeriums. Ist das Land beteiligt, so bedarf die Genehmigung der vorherigen Zustimmung des Ministeriums der Finanzen.
(2) Bedarf die Erfüllung der Aufgabe, die der Zweckverband nach der Verbandssatzung übernehmen soll, einer besonderen Genehmigung, so kann die Verbandssatzung nur genehmigt werden, wenn zu erwarten ist, dass die besondere Genehmigung erteilt wird.

§ 8
Bildung des Zweckverbands
(1) Die Aufsichtsbehörde macht die Verbandssatzung zusammen mit der Genehmigung öffentlich bekannt.
(2) Der Zweckverband ist gebildet am Tag nach der öffentlichen Bekanntmachung, falls hierfür nicht in der Verbandssatzung ein späterer Zeitpunkt bestimmt ist.

§ 9
Ausgleich von Vorteilen und Nachteilen
(1) Neben der Verbandssatzung können die Beteiligten schriftliche Vereinbarungen über den Ausgleich von Vorteilen und Nachteilen, die sich aus der Bildung des Zweckverbands ergeben, abschließen; § 3a des Saarländischen Verwaltungsverfahrensgesetzes findet keine Anwendung.
(2) Auf Antrag sämtlicher Beteiligten des Zweckverbands kann die Aufsichtsbehörde den Ausgleich regeln.

§ 10
Wichtige Änderungen der Verbandssatzung
(1) Die Änderung der Verbandsaufgaben, der Beitritt, das Ausscheiden und der Ausschluss von Verbandsmitgliedern sowie die Auflösung des Zweckverbands bedürfen, soweit

in der Verbandssatzung nichts anderes bestimmt ist, einer Mehrheit von zwei Dritteln der satzungsmäßigen Stimmenzahl der Verbandsversammlung. Die Verbandssatzung kann bestimmen, dass außerdem die Zustimmung einzelner oder aller Verbandsmitglieder erforderlich ist. Der Ausschluss von Verbandsmitgliedern ist nur bei Vorliegen eines wichtigen Grundes zulässig.
(2) Soll der Zweckverband eine weitere Aufgabe nur für einzelne Verbandsmitglieder erfüllen, bedarf es des Antrags dieser Mitglieder; für das Verfahren zur Änderung der Verbandssatzung gilt Absatz 1.
(3) Im Übrigen finden auf die Änderungen der Verbandssatzung nach Absatz 1 und die Auflösung des Zweckverbandes die Vorschriften der §§ 7 und 8 entsprechend Anwendung; dies gilt auch bei Änderung des Maßstabes, nach dem die Mitglieder zur Deckung des Finanzbedarfs beizutragen haben. Sonstige Änderungen der Verbandssatzung sind der Aufsichtsbehörde anzuzeigen, die sie öffentlich bekannt macht.

§ 11
Wegfall von Mitgliedern

(1) Werden Gemeinden oder Gemeindeverbände aufgelöst und in eine andere oder mehrere andere kommunale Gebietskörperschaften eingegliedert, so treten diese Gebietskörperschaften in die Rechtsstellung des eingegliederten Mitglieds des Zweckverbands.
(2) Der Zweckverband kann innerhalb von sechs Monaten nach Wirksamwerden der Änderung die neu eintretende Gebietskörperschaft ausschließen, wenn nicht Gründe des öffentlichen Wohls entgegenstehen. In gleicher Weise kann die Gebietskörperschaft ihr Ausscheiden aus dem Verband verlangen.
(3) Die Absätze 1 und 2 gelten entsprechend für andere Mitglieder des Zweckverbands.

§ 12
Pflichtverband

(1) Ist die Bildung eines Zweckverbands zur Erfüllung von einzelnen Pflichtaufgaben oder von einzelnen staatlichen Auftragsangelegenheiten aus Gründen des öffentlichen Wohls dringend geboten, so kann die Aufsichtsbehörde den beteiligten Gemeinden und Gemeindeverbänden unter Darlegung der Gründe eine angemessene Frist zur Vereinbarung einer Verbandssatzung setzen.
(2) Kommt innerhalb der gesetzten Frist die Vereinbarung über die Verbandssatzung nicht zustande, so kann die Aufsichtsbehörde die Verbandssatzung festsetzen und den Zweckverband bilden. Die Vorschriften der §§ 7 und 8 finden entsprechende Anwendung.
(3) Hält die Aufsichtsbehörde einen Ausgleich für erforderlich, so kann sie diesen selbst regeln, sofern alle Beteiligten dies beantragen oder sich nicht innerhalb einer von der Aufsichtsbehörde gesetzten angemessenen Frist über den Ausgleich einigen.
(4) Entfallen die für die Bildung des Pflichtverbands maßgebenden Gründe, ist er aufzulösen, wenn nicht alle Mitglieder innerhalb einer von der Aufsichtsbehörde gesetzten angemessenen Frist schriftlich erklären, dass der Verband als Freiverband weiterbestehen soll. Entfallen die für die Bildung des Pflichtverbands maßgebenden Gründe für einzelne Mitglieder, so können diese auf ihren Antrag mit Genehmigung der Aufsichtsbehörde aus dem Pflichtverband ausscheiden. Die Aufsichtsbehörde macht die Auflösung des Zweckverbands und das Ausscheiden von Mitgliedern öffentlich bekannt.

§ 13
Organe

(1) Organe des Zweckverbands sind, soweit die Verbandssatzung nicht ein weiteres Organ vorsieht, die Verbandsversammlung und die Verbandsvorsteherin oder der Verbandsvorsteher.

(2) Die Verbandsversammlung besteht aus den Vertreterinnen und Vertretern der Mitglieder. Jedes Mitglied entsendet wenigstens eine Vertreterin oder einen Vertreter in die Verbandsversammlung. Die Verbandssatzung kann vorsehen, dass für jedes Mitglied des Verbands eine Vertreterin oder ein Vertreter bestellt wird. Sind natürliche Personen oder juristische Personen des Privatrechts Mitglieder des Zweckverbands, so dürfen ihre Stimmen insgesamt die Hälfte der in der Verbandssatzung festgelegten Stimmenzahl nicht erreichen; dies gilt nicht für juristische Personen des Privatrechts, die sich ganz oder überwiegend in öffentlicher Hand befinden.
(3) Auf die Vertretung der Gemeinden und Gemeindeverbände in den Organen des Zweckverbands finden die Vorschriften des Gemeinderechts über die Vertretung der Gemeinden in Organen wirtschaftlicher Unternehmen entsprechende Anwendung.
(4) Die Organe und ihre Mitglieder sind ehrenamtlich tätig. Auf sie finden die Vorschriften des Gemeinderechts für ehrenamtliche Tätigkeit entsprechende Anwendung.
(5) Gesetzliche Vertreterin oder gesetzlicher Vertreter des Zweckverbands ist die Verbandsvorsteherin oder der Verbandsvorsteher. Erklärungen, durch die der Zweckverband verpflichtet werden soll oder durch die der Zweckverband auf Rechte verzichtet, müssen schriftlich oder elektronisch erfolgen. Erklärungen in Schriftform sind nur rechtsverbindlich, wenn sie von der Verbandsvorsteherin oder vom Verbandsvorsteher oder der allgemeinen Vertreterin oder dem allgemeinen Vertreter unter Beifügung der Amtsbezeichnung und des Dienstsiegels handschriftlich unterzeichnet sind. Erklärungen in elektronischer Form sind nur rechtsverbindlich, wenn sie mit einer dauerhaft überprüfbaren Signatur und dem elektronischen Dienstsiegel versehen sind. Im Übrigen gilt § 62 Abs. 2 und 3 des Kommunalselbstverwaltungsgesetzes entsprechend.
(6) Bei Zweckverbänden, die nicht überwiegend hoheitliche Aufgaben erfüllen, kann die Verbandssatzung anstelle der Verbandsvorsteherin oder des Verbandsvorstehers einen Verbandsvorstand, der aus mehreren Personen besteht, vorsehen. Die Verbandssatzung trifft die näheren Bestimmungen über die Führung der Verwaltungsgeschäfte und die gesetzliche Vertretung.

§ 13a
Abstimmungen und Wahlen in der Verbandsversammlung

(1) Die Stimmen der Verbandsmitglieder in der Verbandsversammlung werden einheitlich durch die gesetzliche Vertreterin oder den gesetzlichen Vertreter abgegeben, soweit eine Weisung vorliegt; dies gilt auch, wenn ein Verbandsmitglied mehrere Vertreterinnen oder Vertreter in die Verbandsversammlung entsandt hat. Weisungen hat das jeweilige Verbandsmitglied dem Zweckverband vor den Sitzungen anzuzeigen.
(2) Beschlüsse und Wahlen erfolgen in offener Abstimmung, soweit eine Weisung vorliegt.
(3) Werden die Stimmen eines Verbandsmitgliedes entgegen der erteilten Weisung abgegeben, ist der Beschluss unwirksam, die Wahl ungültig; etwas anderes gilt nur, wenn das Verbandsmitglied, dessen Vertreterin oder Vertreter weisungswidrig gehandelt hat, innerhalb einer Frist von einem Monat nach der Abstimmung die Stimmabgabe genehmigt.
(4) Ordnungswidrig handelt, wer als bestellte oder gewählte Vertreterin oder bestellter oder gewählter Vertreter vorsätzlich oder fahrlässig einer nach § 13 Abs. 3 dieses Gesetzes in Verbindung mit § 114 Abs. 4 des Kommunalselbstverwaltungsgesetzes erteilten Weisung zuwiderhandelt. Die Ordnungswidrigkeit kann mit einer Geldbuße geahndet werden. Verwaltungsbehörde im Sinne des § 36 Abs. 1 Nr. 1 des Gesetzes über Ordnungswidrigkeiten ist bei Mitgliedern des Gemeinderats die Bürgermeisterin oder der Bürgermeister, bei Mitgliedern des Kreista-

ges die Landrätin oder der Landrat und bei Mitgliedern der Regionalversammlung die Regionalverbandsdirektorin oder der Regionalverbandsdirektor. § 26 Abs. 4 Satz 4 des Kommunalselbstverwaltungsgesetzes findet entsprechende Anwendung.
(5) Erfüllt der Zweckverband eine Aufgabe nur für einzelne Verbandsmitglieder, kann die Verbandsversammlung bestimmen, dass diese Verbandsmitglieder insoweit gegen Beschlüsse der Verbandsversammlung, die für sie von besonderer Wichtigkeit oder erheblicher wirtschaftlicher Bedeutung sind, binnen zwei Wochen nach der Beschlussfassung Einspruch einlegen können. Der Einspruch hat aufschiebende Wirkung. Auf den Einspruch hat die Verbandsversammlung erneut zu beschließen. Der Einspruch ist zurückgewiesen, wenn der neue Beschluss mit einer Mehrheit von mindestens zwei Dritteln der Stimmen der vertretenen Verbandsmitglieder, mindestens jedoch mit der Mehrheit der satzungsmäßigen Stimmenzahl gefasst wurde.

§ 14
Verwaltung

Der Zweckverband hat das Recht, Beamtinnen und Beamte zu ernennen (Dienstherrenfähigkeit). Er darf Beamtinnen, Beamte sowie Arbeitnehmerinnen und Arbeitnehmer nur einstellen, wenn dies die Verbandssatzung vorsieht.

§ 15
Wirtschaftsführung

(1) Auf die Wirtschaftsführung der Zweckverbände finden die für die Gemeinden geltenden Vorschriften über die Gemeindewirtschaft sowie § 189a Absatz 2 bis 4 des Kommunalselbstverwaltungsgesetzes sinngemäß Anwendung.
(2) Die Verbandssatzung kann bestimmen, dass der Zweckverband unter vollständiger oder teilweiser Anwendung der für Eigenbetriebe geltenden Vorschriften über die Wirtschaftsführung und das Rechnungswesen geführt wird. Die Verbandssatzung kann ferner bestimmen, dass die Aufgaben des Werksausschusses von der Verbandsversammlung oder einem anderen Organ des Zweckverbandes wahrgenommen werden.

§ 16
Deckung des Finanzbedarfs

(1) Der Zweckverband erhebt, soweit seine sonstigen Erträge nicht ausreichen, zur Deckung des Finanzbedarfs von seinen Mitgliedern eine Umlage. In den Haushaltsjahren 2016 bis 2024 sind beim Aufwandsbedarf anstelle von Aufwendungen für Abschreibungen des Anlagevermögens Auszahlungen für die Tilgung von Krediten für Investitionen anzusetzen.
(2) Die Umlage soll grundsätzlich nach dem Verhältnis des Nutzens bemessen werden, den die einzelnen Mitglieder aus der Erfüllung der Verbandsaufgabe haben. Die Verbandssatzung kann einen anderen Maßstab festlegen; sie kann ferner, soweit gesetzlich nichts anderes bestimmt ist, die Umlagepflicht einzelner Mitglieder beschränken oder ganz ausschließen.

3. Abschnitt
Die öffentlich-rechtliche Vereinbarung

§ 17
Inhalt der Vereinbarung

(1) Gemeinden, Gemeindeverbände und Zweckverbände können vereinbaren, dass einer der Beteiligten Einzelaufgaben der anderen Beteiligten in seine Zuständigkeit übernimmt oder sich verpflichtet, solche Aufgaben für die anderen Beteiligten durchzuführen[1].
(2) In der Vereinbarung soll eine angemessene Entschädigung für die durch die Übernahme oder die Durchführung der Aufgabe entstehenden Kosten vorgesehen werden.

1 Vgl. z. B. Vereinbarung des Stadtverbandes und der Landkreise über die Vertretung und die Rufbereitschaft der Veterinär- und Gesundheitsämter vom 11. September 1997 (Amtsbl. 1998 S. 551).

(3) Ist die Geltungsdauer der Vereinbarung nicht befristet oder beträgt die Frist mehr als zehn Jahre, so muss die Vereinbarung den Beteiligten Kündigungsrechte einräumen.

§ 18
Wirksamwerden der Vereinbarung
(1) Die Vereinbarung ist schriftlich, aber nicht in elektronischer Form, abzuschließen. Sie bedarf der Genehmigung der Aufsichtsbehörde, wenn einer der Beteiligten Einzelaufgaben der anderen Beteiligten in seine Zuständigkeit übernimmt. Eine Vereinbarung, die einen der Beteiligten verpflichtet, solche Aufgaben für die anderen Beteiligten durchzuführen, ist der Aufsichtsbehörde anzuzeigen. § 7 Absatz 1 Satz 2 und 3 und Absatz 2 gelten für die öffentlich-rechtliche Vereinbarung entsprechend. Die Aufsichtsbehörde macht die öffentlich-rechtliche Vereinbarung bekannt; soweit die Vereinbarung genehmigungsbedürftig ist, gilt das auch für die Genehmigung der Aufsichtsbehörde.
(2) Die Vereinbarung wird, sofern in ihr nicht ein späterer Zeitpunkt festgesetzt ist, am Tag nach der Bekanntmachung wirksam.
(3) Die Absätze 1 und 2 gelten für Änderungen und für die Beendigung der Vereinbarung entsprechend.

§ 19
Übergang von Rechten und Pflichten
In der Vereinbarung kann die zur Erfüllung der gemeinsamen Aufgaben verpflichtete Körperschaft ermächtigt werden, die Benutzung einer Einrichtung durch eine für das Gebiet der Beteiligten geltende Satzung zu regeln. Im Geltungsbereich der Satzung kann die Körperschaft alle zur Erfüllung der Aufgaben erforderlichen Maßnahmen treffen. Das Recht zur Erhebung von Steuern ist hiervon ausgenommen.

§ 20
Pflichtvereinbarung
(1) Ist der Abschluss einer Vereinbarung zur Erfüllung einzelner Pflichtaufgaben oder einzelner staatlicher Auftragsangelegenheiten aus Gründen des öffentlichen Wohls dringend geboten, so kann die Aufsichtsbehörde den beteiligten Gemeinden und Gemeindeverbänden eine angemessene Frist zum Abschluss einer Vereinbarung setzen. Kommt innerhalb der gesetzten Frist die Vereinbarung nicht zustande, so kann die Aufsichtsbehörde die erforderliche Vereinbarung festsetzen. Die Aufsichtsbehörde macht die Pflichtvereinbarung öffentlich bekannt.
(2) Entfallen die für die Pflichtvereinbarung maßgebenden Gründe für alle oder einzelne Beteiligte, so gilt § 12 Abs. 4 entsprechend.
(3) Im Übrigen finden auf die Pflichtvereinbarung die Vorschriften der §§ 17 bis 19 entsprechende Anwendung.

4. Abschnitt
Die kommunale Arbeitsgemeinschaft

§ 21
Wesen und Aufgabe
(1) Gemeinden und Gemeindeverbände können sich zu kommunalen Arbeitsgemeinschaften zusammenschließen. Sonstige Körperschaften, Anstalten und Stiftungen des öffentlichen Rechts sowie natürliche Personen und juristische Personen des Privatrechts können sich beteiligen.
(2) Nach Maßgabe der getroffenen Vereinbarung beraten die Beteiligten der Arbeitsgemeinschaft die Angelegenheiten, die sie gemeinsam betreffen, um die Tätigkeiten der Beteiligten im Interesse einer möglichst wirtschaftlichen und zweckmäßigen Erfüllung der einzelnen Aufgaben aufeinander abzustimmen.
(3) Der Übergang von Aufgaben und Zuständigkeiten der Gemeinden und Gemeindeverbände auf die Arbeitsgemeinschaft ist ausgeschlossen.

5. Abschnitt
Aufsicht und Übergangsvorschriften

§ 22
Aufsicht
(1) Für die Aufsicht über die Zweckverbände gelten die Vorschriften des Kommunalselbstverwaltungsgesetzes über die Kommunalaufsicht entsprechend.
(2) Aufsichtsbehörde der Zweckverbände ist, soweit gesetzlich nichts anderes bestimmt ist, das Landesverwaltungsamt.
(3) Oberste Aufsichtsbehörde ist das Ministerium für Inneres, Familie, Frauen und Sport.
(4) Die Aufsicht über die den Zweckverbänden übertragenen staatlichen Auftragsangelegenheiten richtet sich nach den hierfür ergangenen Gesetzen.
(5) Zuständig für die Genehmigung des Abschlusses, der Änderung und der Beendigung der öffentlich-rechtlichen Vereinbarung sowie für die Festsetzung, Änderung und Aufhebung der Pflichtregelung und deren Kündigung durch einen Beteiligten ist die in Absatz 2 bestimmte Behörde.

§ 23
Bestehende Zweckverbände
Bestehende Zweckverbände haben ihre Verbandssatzung innerhalb von zwei Jahren den Vorschriften dieses Gesetzes anzupassen. Bis zu dieser Satzungsänderung ist das bisherige Recht anzuwenden; die Satzungsänderung erfolgt nach den Vorschriften dieses Gesetzes.

§ 24
In-Kraft-Treten
(1) Dieses Gesetz tritt am Tag nach der Verkündung in Kraft.
(2) Zum gleichen Zeitpunkt tritt das Zweckverbandsgesetz vom 7. Juni 1939 (Reichsgesetzbl. I S. 979), zuletzt geändert durch das Gesetz vom 12. Mai 1965 (Amtsbl. S. 441), außer Kraft.
(3) Soweit in Rechtsvorschriften auf das Zweckverbandsgesetz Bezug genommen wird, treten die entsprechenden Vorschriften dieses Gesetzes an ihre Stelle.

KAG

Kommunal-
abgabengesetz

in der Fassung der Bekanntmachung vom 29. Mai 1998,
zuletzt geändert durch das Gesetz vom 12. Dezember 2023
(Amtsbl. I S. 1119). Fundstelle: Amtsblatt 1998, S. 691.

Kommunalabgabengesetz (KAG) vom 26. April 1978.

In der Fassung der Bekanntmachung vom 29. Mai 1998, zuletzt geändert durch das Gesetz vom 12. Dezember 2023 (Amtsbl. I S. 1119).
Fundstelle: Amtsblatt 1998, S. 691.

INHALTSVERZEICHNIS

Erster Abschnitt
Allgemeine Vorschriften

§ 1
Kommunale Abgaben

(1) Die Gemeinden und Gemeindeverbände sind berechtigt, nach diesem Gesetz kommunale Abgaben (Steuern, Gebühren, Beiträge und sonstige Abgaben) zu erheben, soweit nicht Bundes- oder Landesgesetze etwas anderes bestimmen.
(2) Dieses Gesetz gilt auch für Abgaben, die von den Gemeinden und Gemeindeverbänden auf Grund anderer Gesetze erhoben werden, soweit diese Gesetze keine Bestimmung treffen.

§ 2
Abgabensatzungen

(1) Kommunale Abgaben dürfen, soweit gesetzlich nichts anderes bestimmt ist, nur auf Grund einer Satzung erhoben werden. Die Satzung muss den Kreis der Abgabenpflichtigen, den die Abgabe begründenden Tatbestand, den Maßstab und den Satz der Abgabe sowie den Zeitpunkt der Entstehung der Abgabenpflicht und der Fälligkeit bestimmen. Durch Satzung kann die Einführung elektronischer Verfahren für die Erhebung kommunaler Abgaben geregelt werden; in dieser Satzung sind für die elektronische Übermittlung der zur Ermittlung und Festsetzung erforderlichen Daten Bestimmungen über diese Daten und zum Übermittlungsverfahren, insbesondere Vorgaben zur Gewährleistung von Vertraulichkeit und Verfügbarkeit des Übertragungsweges, zu treffen.

(2) Im Rahmen einer Kooperation nach dem Gesetz über die kommunale Gemeinschaftsarbeit kann vereinbart werden, dass die Festsetzung und Erhebung von Abgaben von einer anderen kommunalen Körperschaft vorgenommen werden. Die beteiligten kommunalen Körperschaften sind berechtigt, die ihnen vorliegenden Daten in einem elektronischen Verfahren zu übermitteln. Hierbei ist ein sicheres Verfahren anzuwenden, das den Datenübermittler authentifiziert und die Vertraulichkeit und Integrität des Datensatzes gewährleistet. Daten, die dem Steuergeheimnis unterliegen, sind mit einem geeigneten Verfahren zu verschlüsseln. Die zum Einsatz kommenden Verfahren haben dem Stand der Technik zu entsprechen.

(3) In der Abgabensatzung kann bestimmt werden, dass die Ermittlung von Berechnungsgrundlagen, die Berechnung von Abgaben, die Ausfertigung und Versendung von Abgabenbescheiden sowie die Entgegennahme der zu entrichtenden Abgaben von einer damit beauftragten Stelle außerhalb der Verwaltung wahrgenommen werden. Diese Stelle darf nur beauftragt werden, wenn die ordnungsgemäße Erledigung und Prüfung nach den für die Gemeinden und Gemeindeverbände geltenden Vorschriften gewährleistet ist und diese Stelle in engen rechtlichen oder wirtschaftlichen Beziehungen zum Gegenstand der Abgabenerhebung oder zu einem Sachverhalt steht, an den der Abgabengegenstand oder die Abgabenpflicht anknüpft.

(4) Soweit durch dieses Gesetz nichts anderes bestimmt ist, gelten für Abgabensatzungen die Vorschriften des Kommunalselbstverwaltungsgesetzes[1] über Satzungen entsprechend.

1 Vgl. § 12 KSVG – BS- Nr. 2020- 1.

Zweiter Abschnitt
Die einzelnen Abgaben

§ 3
Steuern

(1) Die Gemeinden und Gemeindeverbände können Steuern erheben. Die Besteuerung des gleichen Steuergegenstands durch kreis- oder regionalverbandsangehörige Gemeinden und den Gemeindeverband ist ausgeschlossen.

(2) Die Inanspruchnahme von Steuern durch den Bund oder das Saarland schließt die Erhebung gleichartiger Steuern durch Gemeinden und Gemeindeverbände aus.

(3) Die Gemeinden sind verpflichtet, eine Hundesteuer zu erheben.

(4) Jagdsteuer und Schankerlaubnissteuer können nur von Gemeindeverbänden und kreisfreien Städten erhoben werden. Bei der Gestaltung der Jagdsteuersatzung können die Gemeindeverbände und kreisfreien Städte die Übernahme der Beseitigung von Fallwild und ähnlicher Aufgaben durch die Steuerpflichtige oder den Steuerpflichtigen berücksichtigen. Die Schankerlaubnissteuer kann auch für die Errichtung, Erweiterung und Fortführung eines nach den gewerberechtlichen Bestimmungen nicht erlaubnispflichtigen Betriebs erhoben werden.

(5) Steuern sollen nur erhoben werden, wenn die sonstigen Einnahmen, bei Gemeindeverbänden mit Ausnahme der Kreis- oder Regionalverbandsumlage, zur Deckung der Ausgaben nicht ausreichen. Dies gilt nicht für die Steuern nach Absatz 3.

(6) Die Steuersatzung kann vorsehen, dass die Steuer, insbesondere bei schwierig zu ermittelndem Sachverhalt oder Fällen von geringer steuerlicher Bedeutung, im Einzelfall zur Vereinfachung geschätzt werden kann. Das steuerliche Ergebnis darf sich hierdurch nicht wesentlich ändern.

(7) Für die Festsetzung und die Erhebung der Realsteuern (Gewerbesteuer, Grundsteuer) sind die hebeberechtigten Gemeinden zuständig. Durch Rechtsverordnung des

Ministeriums für Finanzen und Europa kann im Einvernehmen mit dem Ministerium für Inneres, Bauen und Sport bestimmt werden, dass den Gemeinden oder einer im Rahmen der kommunalen Zusammenarbeit zuständigen kommunalen Körperschaft die Daten der Steuermessbescheide nach § 184 Absatz 3 der Abgabenordnung als elektronische Dokumente in einem elektronischen Verfahren übermittelt oder zur Abholung bereitgestellt sowie in diesem Zusammenhang erforderliche Daten ausgetauscht werden. Wird die Durchführung der Aufgabe im Rahmen der kommunalen Zusammenarbeit auf eine andere kommunale Körperschaft übertragen, ist § 2 Absatz 2 entsprechend anzuwenden.

§ 4
Gebühren

(1) Die Gemeinden und Gemeindeverbände können Gebühren erheben.

(2) Gebühren sind Geldleistungen, die als Gegenleistung für die Inanspruchnahme einer besonderen Leistung – Amtshandlung oder sonstige Tätigkeit – der Verwaltung in Selbstverwaltungsangelegenheiten (Verwaltungsgebühren) oder für die Benutzung öffentlicher Einrichtungen (Benutzungsgebühren) erhoben werden.

(3) In der Gebührensatzung kann für bestimmte Verwaltungsleistungen oder für die Benutzung bestimmter öffentlicher Einrichtungen aus Gründen der Billigkeit oder des öffentlichen Interesses eine Gebühren- oder Auslagenermäßigung oder eine Gebühren- oder Auslagenbefreiung vorgesehen werden.

(4) In der Gebührensatzung kann vorgesehen werden, dass, soweit Leistungen, für die Gebühren erhoben werden, der Umsatzsteuer unterliegen, diese den Gebührenpflichtigen auferlegt wird.

§ 5
Verwaltungsgebühren

(1) Verwaltungsgebühren dürfen nur erhoben werden für Leistungen der Verwaltung, die dem Interesse einzelner Beteiligter dienen und zu denen die Beteiligten Anlass gegeben haben.

(2) Gebührenfrei sind mündliche und einfache schriftliche oder elektronische Auskünfte sowie Amtshandlungen, die sich aus einem bestehenden oder früheren Dienst- oder Arbeitsverhältnis von Bediensteten oder aus einer bestehenden oder früheren ehrenamtlichen Tätigkeit ergeben.

(3) Die Verwaltungsgebühren sind durch feste Sätze, Rahmensätze oder nach dem Wert des Gegenstands zu bestimmen.

(4) Soweit dieses Gesetz nichts anderes bestimmt, sind auf die Erhebung von Verwaltungsgebühren die folgenden Vorschriften des Gesetzes über die Erhebung von Verwaltungs- und Benutzungsgebühren im Saarland, soweit sie sich auf Verwaltungsgebühren beziehen, in der jeweils geltenden Fassung entsprechend anzuwenden:

1. über die Auslagen (§ 2),
2. über die persönliche Gebührenfreiheit (§ 3) mit der Maßgabe, dass für die Gemeinden und Gemeindeverbände Gegenseitigkeit besteht; eine Gebührenfreiheit tritt jedoch nicht ein bei einer Amtshandlung der technischen Dienststellen der Gemeinden und Gemeindeverbände,
3. über die Maßstäbe für die Gebührensätze (§ 6 Abs. 3),
4. über die Gebührenberechnung bei Rahmengebühren (§ 7),
5. über die Gebührenberechnung bei Wertgebühren (§ 8),
6. über die Festsetzung der Gebühren in besonderen Fällen (§ 9),
7. über den Gebührenschuldner (§ 12),
8. über die Entstehung und Fälligkeit des Gebührenanspruchs und des Anspruchs auf Auslagenerstattung (§ 13),
9. die Gebührenerstattung (§ 14),
10. die Sicherung des Gebühreneingangs (§ 16).

§ 6
Benutzungsgebühren

(1) Benutzungsgebühren können erhoben werden. Sie sind zu erheben, wenn eine öffentliche Einrichtung nur von einzelnen Personen oder Personengruppen benutzt werden kann und nicht ein privatrechtliches Entgelt gefordert wird. Das veranschlagte Gebührenaufkommen soll die voraussichtlichen Kosten der öffentlichen Einrichtung in der Regel decken, jedoch nicht übersteigen; § 116 des Kommunalselbstverwaltungsgesetzes bleibt unberührt.
(2) Die Kosten der öffentlichen Einrichtungen sind nach betriebswirtschaftlichen Grundsätzen zu ermitteln. Der Gebührenberechnung kann ein Kalkulationszeitraum zugrunde gelegt werden, der drei Jahre nicht übersteigen soll. Kostenüberdeckungen, die sich am Ende des Kalkulationszeitraums ergeben, sind innerhalb der folgenden fünf Jahre auszugleichen; Kostenunterdeckungen sollen in diesem Zeitraum ausgeglichen werden. Zu den Kosten gehören auch Entgelte für die in Anspruch genommenen Fremdleistungen, angemessene Abschreibungen, die nach der mutmaßlichen Nutzungsdauer oder Leistungsmenge zu bemessen sind, sowie eine angemessene Verzinsung des Anlagekapitals; bei der Verzinsung bleibt der aus Beiträgen und Zuwendungen Dritter aufgebrachte Kapitalanteil außer Betracht.
(3) Die Gebühr ist nach Art und Umfang der Benutzung zu bemessen (Wirklichkeitsmaßstab). Wenn das schwierig oder wirtschaftlich nicht vertretbar ist, kann ein Wahrscheinlichkeitsmaßstab gewählt werden, der nicht in einem offensichtlichen Missverhältnis zu der Benutzung stehen darf. Bei Einrichtungen, die auch dem Schutz der natürlichen Lebensgrundlagen des Menschen dienen oder bei deren Inanspruchnahme die natürlichen Lebensgrundlagen gefährdet werden können, kann die Benutzungsgebühr so bemessen werden, dass sie Anreize zu einem umweltschonenden Verhalten bietet. Die Erhebung einer Grundgebühr neben der Gebühr nach Satz 1 oder 2 sowie die Erhebung einer Mindestgebühr sind zulässig.
(4) Die Benutzung einer öffentlichen Einrichtung kann von der Entrichtung einer Vorauszahlung bis zur Höhe der vermutlich entstehenden Gebühr abhängig gemacht werden.

§ 7
Gebühren für Umlagen, Beiträge und Abgaben

(1) Die Gemeinden und Gemeindeverbände können die Umlagen, Beiträge und Abgaben, die sie an einen öffentlich-rechtlichen Verband oder an eine sonstige juristische Person des öffentlichen Rechts zu entrichten haben, durch Gebühren im Sinne des § 6 denjenigen auferlegen, die Einrichtungen des Verbandes oder der sonstigen juristischen Person des öffentlichen Rechts benutzen. Dies gilt nicht für diejenigen, die von dem Verband oder der sonstigen juristischen Person des öffentlichen Rechts selbst zu Umlagen, Beiträgen oder Abgaben herangezogen werden.
(2) Bilden Einrichtungen nach Absatz 1 mit Einrichtungen einer Gemeinde oder eines Gemeindeverbandes in der Weise eine Einheit, dass ihr Zweck nur gemeinsam erfüllt wird, so können die Gebühren nach Absatz 1 denjenigen auferlegt werden, die die Einrichtung der Gemeinde oder des Gemeindeverbandes benutzen.

§ 8
Beiträge

(1) Die Gemeinden und Gemeindeverbände können Beiträge erheben.
(2) Beiträge sind Geldleistungen, die zum Ersatz des Aufwands für die Herstellung, Anschaffung, Erweiterung, Verbesserung oder Erneuerung der öffentlichen Einrichtungen von den Grundstückseigentümern erhoben werden, denen die öffentliche Einrichtung wirtschaftliche Vorteile bietet. Ist das Grundstück mit einem Erbbaurecht belastet, so tritt

an die Stelle der Eigentümerin oder des Eigentümers die oder der Erbbauberechtigte.
(3) Beiträge können auch für den Grunderwerb, die Freilegung und für Teile der öffentlichen Einrichtung selbstständig erhoben werden (Kostenspaltung).
(4) Der Aufwand kann nach den tatsächlichen Kosten oder nach Einheitssätzen ermittelt werden. Den Einheitssätzen sind die der Gemeinde oder dem Gemeindeverband für gleichartige Einrichtungen üblicherweise durchschnittlich entstehenden Kosten zugrunde zu legen. Der Aufwand umfasst auch den Wert der von der Gemeinde oder dem Gemeindeverband aus kommunalen Vermögen bereitgestellten Sachen und Rechte im Zeitpunkt der Bereitstellung. Bei leitungsgebundenen Einrichtungen, die der Versorgung oder der Abwasserbeseitigung dienen, kann der durchschnittliche Aufwand für die gesamte Einrichtung veranschlagt und zugrunde gelegt werden. Die Kosten, die erforderlich sind, um das Grundstück einer Anschlussnehmerin oder eines Anschlussnehmers an derartige Einrichtungen anzuschließen, können in den Aufwand einbezogen werden. Es ist aber auch zulässig, einen besonderen Beitrag zu erheben. Steht im Zeitpunkt des Erlasses der Beitragssatzung der Aufwand nach Absatz 2 noch nicht fest, so braucht der Beitragssatz in der Satzung nicht angegeben zu werden.
(5) Der Aufwand kann auch für Abschnitte einer Einrichtung, wenn diese selbstständig in Anspruch genommen werden können, ermittelt werden (Abschnittsbildung).
(6) Die Beiträge sind nach den Vorteilen zu bemessen. Kommt die öffentliche Einrichtung neben den Beitragspflichtigen nicht nur unbedeutend auch der Allgemeinheit zugute, so trägt die Gemeinde oder der Gemeindeverband einen dem besonderen Vorteil der Allgemeinheit entsprechenden in der Satzung zu bestimmenden Teil des beitragsfähigen Aufwands; Zuwendungen Dritter sind, soweit der Zuwendungsgeber nichts anderes bestimmt hat, zunächst zur Deckung dieses Teils des Aufwands zu verwenden. Bei nicht leitungsgebundenen Einrichtungen innerhalb der im Zusammenhang bebauten Ortsteile oder im Geltungsbereich eines Bebauungsplans unterliegen der Beitragspflicht alle baulich, gewerblich oder in ähnlicher Weise nutzbaren Grundstücke, von denen die ausgebaute Einrichtung in Anspruch genommen werden kann. Baulich, gewerblich oder in ähnlicher Weise genutzte Außenbereichsgrundstücke unterliegen der Beitragspflicht, wenn die ausgebaute Verkehrsanlage von ihnen ebenso wie von den Grundstücken nach Satz 3 in Anspruch genommen werden kann und ihnen dadurch ein wirtschaftlicher Vorteil geboten wird.
(7) Die Beitragspflicht entsteht mit der endgültigen Herstellung der öffentlichen Einrichtung, im Fall der Kostenspaltung mit der Beendigung der Teilmaßnahme und im Fall der Abschnittsbildung mit der endgültigen Herstellung des Abschnitts. Bei leitungsgebundenen Einrichtungen nach Absatz 4 Satz 4 entsteht die Beitragspflicht, sobald das Grundstück an die Einrichtung angeschlossen werden kann, frühestens jedoch mit dem Inkraft-Treten der Satzung; die Satzung kann einen späteren Zeitpunkt bestimmen.
(8) Beitragspflichtig ist, wer im Zeitpunkt der Bekanntgabe des Beitragsbescheides Eigentümerin oder Eigentümer des Grundstücks oder Erbbauberechtigte oder Erbbauberechtigter ist. Mehrere Beitragspflichtige haften als Gesamtschuldner. Bei Wohnungs- und Teileigentum sind die einzelnen Wohnungs- und Teileigentümerinnen oder Wohnungs- und Teileigentümer nur entsprechend ihrem Miteigentumsanteil Beitragsschuldnerinnen oder Beitragsschuldner.
(9) Auf die künftige Beitragsschuld können angemessene Vorauszahlungen verlangt werden, sobald mit der Durchführung einer beitragspflichtigen Maßnahme begonnen worden ist. Die Vorauszahlung ist mit der endgültigen Beitragsschuld zu verrechnen, auch wenn die oder der Vorauszahlende nicht beitragspflichtig ist.

In der Satzung kann bestimmt werden, dass im Vorauszahlungsbescheid Teilbeträge nach Maßgabe einer besonderen Fälligkeitsregelung in der Satzung fällig gestellt werden können. Die Satzung kann Bestimmungen über die Ablösung des Beitrags im Ganzen vor Entstehung der Beitragspflicht treffen.

(10) In der Satzung kann bestimmt werden, dass der Beitrag auf Antrag der Beitragsschuldnerin oder des Beitragsschuldners, in dem ein berechtigtes Interesse geltend zu machen ist, durch Bescheid in eine Schuld umgewandelt werden kann, die in höchstens zehn Jahresleistungen zu entrichten ist. Der Antrag ist vor Fälligkeit des Beitrags zu stellen. In dem Bescheid sind Höhe und Zeitpunkt der Fälligkeit der Jahresleistungen zu bestimmen. Der jeweilige Restbetrag ist mit einem zu Beginn des Jahres geltenden Zinssatz von jährlich 2 Prozentpunkten über dem jeweiligen Basiszinssatz nach § 247 des Bürgerlichen Gesetzbuchs zu verzinsen; im Übrigen ist § 238 Abs. 1 Satz 2 der Abgabenordnung in der jeweiligen Fassung entsprechend anzuwenden. Die Jahresraten stehen wiederkehrenden Leistungen im Sinne des § 10 Abs. 1 Nr. 3 des Gesetzes über die Zwangsversteigerung und Zwangsverwaltung gleich. Bei Veräußerung des Grundstücks oder des Erbbaurechts wird der Beitrag in voller Höhe des Restbetrags fällig.

(11) In der Satzung kann bestimmt werden, dass der Beitrag für landwirtschaftlich oder als Wald genutzte Grundstücke auf Antrag der oder des Beitragspflichtigen vor Fälligkeit des Beitrags so lange gestundet werden soll, wie das Grundstück zur Erhaltung der Wirtschaftlichkeit des landwirtschaftlichen Betriebs genutzt werden muss. Satz 1 gilt auch für Fälle der Nutzungsüberlassung und Betriebsübergabe an Familienangehörige im Sinne des § 15 der Abgabenordnung. Auf die Erhebung von Stundungszinsen soll verzichtet werden.

(12) Der Beitrag ruht als öffentliche Last auf dem Grundstück oder auf dem Erbbaurecht.

§ 8a

Wiederkehrender Beitrag für Verkehrsanlagen

(1) Die Gemeinden können durch Satzung bestimmen, dass anstelle der Erhebung einmaliger Beiträge die jährlichen Investitionsaufwendungen für die öffentlichen Straßen, unselbstständigen Gehwege, Wege und Plätze (Verkehrsanlagen) ihres gesamten Gebiets oder einzelner Abrechnungsgebiete (Gebietsteile) als wiederkehrender Beitrag auf alle in dem Gebiet oder in dem Abrechnungsgebiet gelegenen Grundstücke verteilt werden, denen durch die Möglichkeit der Inanspruchnahme einer der dort gelegenen Verkehrsanlagen ein besonderer Vorteil geboten wird. Die Erhebung einmaliger Beiträge nach § 8 für den Ausbau von Verkehrsanlagen außerhalb eines Abrechnungsgebiets nach Absatz 2 bleibt unberührt.

(2) Die zu einem Abrechnungsgebiet zusammengefassten Verkehrsanlagen gelten als einheitliche kommunale Einrichtung. Die Bildung eines Abrechnungsgebiets setzt voraus, dass die Straßen in einem räumlichen Zusammenhang stehen. Ein derartiger Zusammenhang kann insbesondere deshalb gegeben sein, weil die Verkehrsanlagen

1. innerhalb der im Zusammenhang bebauten Ortsteile der Gemeinde oder
2. innerhalb selbstständiger städtebaulicher Einheiten oder
3. innerhalb einzelner Baugebiete (§ 1 Abs. 2 der Baunutzungsverordnung)

liegen. Die Abrechnungsgebiete sind in der Satzung unter Beachtung der örtlichen Gegebenheiten zu bestimmen.

(3) Der Beitragssatz wird ermittelt, indem die jährlichen Investitionsaufwendungen für alle Verkehrsanlagen des Abrechnungsgebiets nach Abzug des Gemeindeanteils (Absatz 4) auf die Grundstücke verteilt werden, die der Beitragspflicht nach Absatz 1 unterliegen. Bei der Ermittlung des Beitragssatzes kann anstelle der jährlichen Investitionsaufwendungen vom Durchschnitt der im Zeitraum

von bis zu fünf Jahren zu erwartenden Investitionsaufwendungen ausgegangen werden. Weichen nach Ablauf dieses Zeitraums die tatsächlichen von den im Durchschnitt erwarteten Investitionsaufwendungen ab, so ist das Beitragsaufkommen der folgenden Jahre entsprechend auszugleichen. Die Beitragspflichtigen sind nach Ablauf eines mehrjährigen Abrechnungszeitraums über die Verwendung des Beitragsaufkommens und über den geplanten Investitionsbedarf des nächsten Abrechnungszeitraums zu unterrichten.

(4) Bei der Ermittlung der Beiträge bleibt ein dem Vorteil der Allgemeinheit entsprechender Teil (Gemeindeanteil) außer Ansatz, der dem nicht den Beitragsschuldnern zuzurechnenden Verkehrsaufkommen in dem Abrechnungsgebiet entspricht. Der Gemeindeanteil ist in der Satzung festzulegen. Zuwendungen Dritter sind, soweit der Zuwendungsgeber nichts anderes bestimmt hat, zunächst zur Deckung des Gemeindeanteils zu verwenden.

(5) Die Beitragsschuld entsteht jeweils mit Ablauf des 31. Dezember für das abgelaufene Kalenderjahr. Auf die Beitragsschuld können ab Beginn des Kalenderjahres angemessene Vorauszahlungen verlangt werden.

(6) Im Übrigen gilt § 8 Abs. 6 Satz 1, Satz 3, Abs. 8 und 9 Satz 2 sowie Abs. 11 und 12 entsprechend.

(7) Um eine Doppelbelastung von Grundstückseigentümerinnen oder Grundstückseigentümern oder Erbbauberechtigten zu vermeiden, können die Gemeinden durch Satzung Überleitungsregelungen für die Fälle treffen, in denen vor oder nach der Einführung des wiederkehrenden Beitrags Erschließungsbeiträge oder Ausgleichsbeträge nach dem Baugesetzbuch oder Kosten der erstmaligen Herstellung auf Grund öffentlich-rechtlicher Verträge, insbesondere Erschließungsverträge, sonstiger städtebaulicher Verträge oder auf Grund eines Vorhaben- und Erschließungsplans nach dem Baugesetzbuch geleistet worden sind oder zu leisten sind. Entsprechendes gilt, wenn von einmaligen Beiträgen nach § 8 auf wiederkehrende Beiträge oder wenn von wiederkehrenden Beiträgen auf einmalige Beiträge umgestellt wird. Für Fälle nach Satz 1 und Satz 2, erste Alternative ist ein Zeitraum zu bestimmen, innerhalb dessen die Grundstücke bei der Ermittlung des wiederkehrenden Beitrags nicht berücksichtigt und nicht beitragspflichtig werden. Bei der Bestimmung des Zeitraums sollen die übliche Nutzungsdauer der Verkehrsanlagen und der Umfang der einmaligen Belastung berücksichtigt werden. Bei der Umstellung von wiederkehrenden Beiträgen auf einmalige Beiträge ist in der Satzung der Umfang der Anrechnung von geleisteten wiederkehrenden Beiträgen auf den nächsten einmaligen Beitrag zu bestimmen. Dabei können wiederkehrende Beiträge, die nach der letzten mit wiederkehrenden Beiträgen finanzierten Investitionsmaßnahme an der Verkehrsanlage gezahlt worden sind, auf den einmaligen Beitrag angerechnet werden. Wiederkehrende Beiträge, deren Zahlung, gerechnet ab dem Zeitpunkt der Entstehung der Beitragspflicht nach § 8 Abs. 7, länger als der Zeitraum der üblichen Nutzungsdauer zurückliegt, können auf den einmaligen Beitrag nicht angerechnet werden.

§ 9
Besondere Wegebeiträge

Müssen Straßen und Wege, die nicht dem öffentlichen Verkehr gewidmet sind, deshalb kostspieliger hergestellt oder ausgebaut werden, weil sie im Zusammenhang mit der Nutzung oder Ausbeutung von Grundstücken oder im Zusammenhang mit einem gewerblichen Betrieb außergewöhnlich beansprucht werden, so kann die Gemeinde oder der Gemeindeverband zum Ersatz der Mehraufwendungen von den Eigentümerinnen oder Eigentümern dieser Grundstücke oder von den Unternehmerinnen oder Unternehmern der gewerblichen Betriebe besondere Wegebeiträge erheben. Die Beiträge sind nach den Mehraufwendungen zu bemessen, die die oder der Beitragspflichtige verursacht. Die

Vorschriften des § 8 Abs. 4 Satz 3, Abs. 7 Satz 1 und Abs. 9 sind entsprechend anzuwenden.

§ 10
Erstattung der Kosten für Grundstücksanschlüsse

(1) Die Gemeinden und Gemeindeverbände können bestimmen, dass ihnen der Aufwand für die Herstellung, Erneuerung, Veränderung und Beseitigung sowie die Kosten für die Unterhaltung eines Haus- oder Grundstücksanschlusses an Versorgungs- und Entsorgungsanlagen in der tatsächlich entstandenen Höhe oder nach Einheitssätzen erstattet werden. Die Satzung kann bestimmen, dass dabei Versorgungs- und Entsorgungsanlagen, die nicht in der Mitte der Straße verlaufen, als in der Straßenmitte verlaufend gelten. Für den Erstattungsanspruch gelten die Vorschriften dieses Gesetzes entsprechend.
(2) Die Gemeinden und Gemeindeverbände können bestimmen, dass die Grundstücksanschlüsse an Versorgungs- und Entsorgungsanlagen zu den öffentlichen Einrichtungen im Sinne des § 4 Abs. 2 und des § 8 Abs. 2 gehören.

§ 11
Kurabgaben und Kurbeiträge

(1) Gemeinden, deren Gebiet ganz oder teilweise als Kurort staatlich anerkannt ist, können zur Deckung ihres Aufwands für die Herstellung, Anschaffung, Erweiterung, Verbesserung, Erneuerung und Unterhaltung ihrer Einrichtungen, die Kurzwecken dienen, sowie für die zu diesen Zwecken durchgeführten Veranstaltungen und für die Werbung Kurabgaben oder Kurbeiträge erheben. Die Erhebung von Kurabgaben und Kurbeiträgen kann miteinander verbunden werden. § 6 bleibt unberührt.
(2) Bei der Kurabgabe sind alle Personen abgabenpflichtig, die sich in dem nach Absatz 1 Satz 1 anerkannten Gebiet aufhalten, ohne in ihm einen Wohnsitz im Sinne der §§ 7 bis 11 des Bürgerlichen Gesetzbuchs zu haben, und denen die Möglichkeit geboten wird, die Einrichtungen zu benutzen und an den Veranstaltungen teilzunehmen. Abgabenpflichtig ist nicht, wer sich in diesem Gebiet nur zur Berufsausübung aufhält. Wer Personen in dem nach Absatz 1 Satz 1 anerkannten Gebiet gegen Entgelt beherbergt, kann durch die Satzung verpflichtet werden, die beherbergten Personen der Gemeinde zu melden sowie die Kurabgabe einzuziehen und an die Gemeinde abzuliefern; er haftet insoweit für die Einziehung und Ablieferung der Kurabgabe. Das gilt für die Inhaberinnen oder Inhaber von Sanatorien, Kuranstalten und ähnlichen Einrichtungen auch, soweit die Kurabgabe von Personen erhoben wird, die diese Einrichtungen benutzen, ohne in dem nach Absatz 1 Satz 1 anerkannten Gebiet beherbergt zu werden.
(3) Bei dem Kurbeitrag sind alle selbstständig tätigen Personen und Unternehmen beitragspflichtig, denen die Kureinrichtungen und sonstigen Maßnahmen nach Absatz 1 besondere wirtschaftliche Vorteile bieten. Die Beitragspflicht erstreckt sich auch auf solche Personen und Unternehmen im Sinne des Satzes 1, die, ohne in der Gemeinde ihren Wohnsitz oder Betriebssitz zu haben, vorübergehend in der Gemeinde erwerbstätig sind. Abhängig Beschäftigte sind von der Abgabenpflicht ausgenommen.

§ 11a
Tourismusabgaben und Tourismusbeiträge

(1) Die Gemeinden können für die Herstellung, Anschaffung, Erweiterung, Verbesserung, Erneuerung und Unterhaltung ihrer Einrichtungen, die ganz oder teilweise touristischen Zwecken dienen, sowie für die zu diesen Zwecken durchgeführten Veranstaltungen und für die Werbung Tourismusabgaben und Tourismusbeiträge erheben. Die Erhebung von Tourismusabgaben und Tourismusbeiträgen kann miteinander verbunden werden. § 6 bleibt unberührt.
(2) Bei der Tourismusabgabe sind alle Personen abgabenpflichtig, die in der Gemeinde

gegen Entgelt übernachten, ohne in ihr einen Wohnsitz im Sinne der §§ 7 bis 11 des Bürgerlichen Gesetzbuchs zu haben, und denen die Möglichkeit geboten wird, die Einrichtungen zu benutzen und an den Veranstaltungen teilzunehmen. Abgabenpflichtig ist nicht, wer sich in diesem Gebiet nur zur Berufsausübung aufhält. Wer Personen in dem Gemeindegebiet gegen Entgelt beherbergt, kann durch die Satzung verpflichtet werden, die beherbergten Personen der Gemeinde zu melden sowie die Tourismusabgabe einzuziehen und an die Gemeinde abzuführen; sie oder er haftet insoweit für die Einziehung und Ablieferung der Tourismusabgabe.

(3) Bei dem Tourismusbeitrag sind alle selbstständig tätigen Personen und Unternehmen beitragspflichtig, denen die touristischen Einrichtungen und sonstigen Maßnahmen nach Absatz 1 besondere wirtschaftliche Vorteile bieten. Die Beitragspflicht erstreckt sich auch auf solche Personen und Unternehmen im Sinne des Satzes 1, die, ohne in der Gemeinde ihren Wohnsitz oder Betriebssitz zu haben, vorübergehend in der Gemeinde erwerbstätig sind. Abhängig Beschäftigte sind von der Abgabenpflicht ausgenommen.

(4) Beschließt der Gemeinderat, eine Tourismusbeitragssatzung zu erlassen, so haben die in der Gemeinde selbstständig tätigen Personen und Unternehmen der Gemeinde auf Verlangen die zur Beurteilung ihrer Beitragspflicht und zur Schaffung der Bemessungsgrundlagen für den Beitrag erforderlichen Auskünfte schon vor Erlass der Satzung zu erteilen.

Dritter Abschnitt
Verfahren

§ 12
Anwendung von Bundesrecht

(1) Auf kommunale Abgaben sind die folgenden Bestimmungen der Abgabenordnung in der jeweiligen Fassung entsprechend anzuwenden, soweit nicht dieses Gesetz oder andere Gesetze besondere Vorschriften enthalten:

1. aus dem Ersten Teil – Einleitende Vorschriften
   a) über den Anwendungsbereich §§ 2 und 2a,
   b) über die steuerlichen Begriffsbestimmungen § 3 Abs. 1, 4 und 5, §§ 4, 5, 6 Absatz 1 bis 1e, 7 bis 15,
   c) über die Verarbeitung geschützter Daten und das Steuergeheimnis §§ 29b, 29c, 30 mit folgenden Maßgaben:
      aa) die Vorschrift gilt nur für kommunale Steuern,
      bb) in § 30 Absatz 4 Nummer 2 tritt an die Stelle des Wortes „Bundesgesetz“ das Wort „Gesetz“,
      cc) bei der Hundesteuer darf in Schadensfällen Auskunft über Namen und Anschrift der Hundehalterin oder des Hundehalters an Behörden und Schadensbeteiligte gegeben werden, wenn die Auskunft zur Geltendmachung, Ausübung oder Verteidigung rechtlicher Ansprüche erforderlich ist,
      dd) die Entscheidung nach Absatz 4 Nr. 5 Buchstabe c trifft die Vertretung der Körperschaft, der die Abgabe zusteht,
   d) über die Haftungsbeschränkung für Amtsträger § 32,
   e) über die Rechte der betroffenen Person §§ 32a bis 32f,
   f) über die Datenschutzaufsicht, gerichtlichen Rechtsschutz in datenschutzrechtlichen Angelegenheiten § 32g, § 32h mit der Maßgabe, dass in Absatz 1 Satz 1 an die Stelle der Wörter „Bundesbeauftragte für den Datenschutz und die Informationsfreiheit nach § 8 Bundesdatenschutzgesetzes“ die Wörter „Landesbeauftragte für Datenschutz nach § 16 des Saar-

ländischen Datenschutzgesetzes“ treten, in Absatz 1 Satz 2 an die Stelle der Angabe „§§ 13 bis 16 des Bundesdatenschutzgesetzes“ die Angabe „§§ 18 bis 20 des Saarländischen Datenschutzgesetzes“ treten und § 32i Absatz 1 bis 3 und Absatz 6 Nummer 1 bis 3, Absatz 7 Nummer 1 bis 3, Absatz 8 Nummer 1 bis 3, Absatz 9 und 10 mit der Maßgabe, dass an die Stelle des Wortes „Finanzrechtsweg“ jeweils das Wort „Verwaltungsrechtsweg“ und an die Stelle der Wörter „§ 60 der Finanzgerichtsordnung“ jeweils die Wörter „§ 65 der Verwaltungsgerichtsordnung“ treten, § 32j,

2. aus dem Zweiten Teil – Steuerschuldrecht
   a) über die Steuerpflichtige oder den Steuerpflichtigen §§ 33 bis 36,
   b) über das Steuerschuldverhältnis §§ 37 bis 50,
   c) über steuerbegünstigte Zwecke §§ 51 bis 68,
   d) über die Haftung §§ 69 bis 71, 73 bis 75, 77,
3. aus dem Dritten Teil – Allgemeine Verfahrensvorschriften
   a) über die Verfahrensgrundsätze §§ 78 bis 80, 81, § 82 Abs. 1 und 2, § 83 Abs. 1 mit der Maßgabe, dass in den Fällen des Satzes 2 die Vertretung der Körperschaft, der die Abgabe zusteht, die Anordnung trifft, §§ 85 bis 87, 87a mit der Maßgabe, dass bei der Datenübermittlung nach Absatz 6 und Absatz 8 das sichere Verfahren durch eine Übermittlung in schriftformersetzender Form nach Absatz 3 ersetzt werden kann,
   § 88 Abs. 1 und 2, § 89 Abs. 1, §§ 90 bis 93, § 96 Abs. 1 bis Abs. 7 Satz 1 und 2, §§ 97 bis 99, § 101 Abs. 1, §§ 102 bis 108, 109 Abs. 1 ohne die Wörter „vorbehaltlich des Absatzes 2“ und Abs. 3, § 110, § 111 Abs. 1 bis 3 und Abs. 5, §§ 112 bis 115, § 117 Abs. 1, 2 und 4,
   b) über die Verwaltungsakte §§ 118 bis 133 mit der Maßgabe, dass in § 122 Abs. 1 Satz 4 an die Stelle der Wörter „nach amtlich vorgeschriebenem Datensatz elektronisch übermittelte Empfangsvollmacht“ die Wörter „Empfangsvollmacht in schriftformersetzender elektronischer Form treten“ und in § 126 Abs. 2 und § 132 an die Stelle des Wortes „finanzgerichtlichen“ das Wort „verwaltungsgerichtlichen“ tritt,
4. aus dem Vierten Teil – Durchführung der Besteuerung
   a) über die Mitwirkungspflichten §§ 140, 145 bis 148, 149 Abs. 1 und 2 Satz 1, § 150 Abs. 1 bis 5, Abs. 8 mit der Maßgabe, dass an die Stelle des Wortes „Steuergesetze“ das Wort „Abgabensatzungen“ tritt, an die Stelle der Wörter „nach amtlich vorgeschriebenem Datensatz“ und der Wörter „des amtlich vorgeschriebenen Datensatzes“ jeweils die Wörter „in elektronischer Form“ treten,
   § 151, § 152 Abs. 1, 4 bis 6 und 9 bis 12 mit der Maßgabe, dass die Höhe des Verspätungszuschlags abweichend von Abs. 5 im Ermessen des Abgabenberechtigten steht, 10 Prozent der festgesetzten Steuer oder des festgesetzten Messbetrages nicht übersteigen und höchstens 25.000 Euro betragen darf und dass bei der Bemessung des Verspätungszuschlags neben seinem Zweck, den Steuerpflichtigen zur rechtzeitigen Abgabe der Steuererklärung anzuhalten, die Dauer

der Fristüberschreitung, die Höhe des sich aus der Steuerfestsetzung ergebenden Zahlungsanspruchs, die aus der verspäteten Abgabe der Steuererklärung gezogenen Vorteile sowie das Verschulden und die wirtschaftliche Leistungsfähigkeit des Steuerpflichtigen zu berücksichtigen sind, § 153,

b) über das Festsetzungs- und Feststellungsverfahren § 155 Abs. 1 bis 3 und 5, § 156 Abs. 2 Satz 1, §§ 157 bis 160, 162, § 163 Abs. 1 Satz 1, Abs. 2 bis 4, § 164, § 165 Abs. 1 und 2, §§ 166 bis 168, § 169 mit der Maßgabe, dass die Festsetzungsfrist nach Absatz 2 Satz 1 einheitlich vier Jahre beträgt, § 170 Abs. 1 bis 3, § 171 Abs. 1 und 2 sowie Abs. 3a mit der Maßgabe, dass an die Stelle der Worte „§ 100 Abs. 1 Satz 1, Abs. 2 Satz 2, Abs. 3 Satz 1, § 101 der Finanzgerichtsordnung" die Worte „§ 113 Abs. 1 Satz 1, Abs. 2 Satz 2, Abs. 3 Satz 1 und Abs. 5 der Verwaltungsgerichtsordnung" treten, ferner Absatz 7 bis 13, § 173a, § 179 mit der Maßgabe, dass die Grundlagen für die Abgabenfestsetzung durch besonderen Bescheid festgestellt werden können, soweit die Satzung dies vorsieht, §§ 191, 192,

5. aus dem Fünften Teil – Erhebungsverfahren
   a) über die Verwirklichung, die Fälligkeit und das Erlöschen von Ansprüchen aus dem Steuerschuldverhältnis §§ 218, 219, 221, 222, § 224 Abs. 1 und 2, §§ 225 bis 227, §§ 228 bis 232,
   b) über die Verzinsung und die Säumniszuschläge § 233, § 234 Abs. 1 und 2, § 235, § 236 mit der Maßgabe, dass in Absatz 3 an die Stelle der Wörter „§ 137 Satz 1 der Finanzgerichtsordnung" die Wörter „§ 155 Abs. 4 der Verwaltungsgerichtsordnung" treten, § 237 Abs. 1, 2 und 4 mit der Maßgabe, dass in Absatz 1 Satz 1 an die Stelle der Wörter „Einspruch" und „Einspruchsentscheidung" die Wörter „Widerspruch" und „Widerspruchsbescheid" treten, in Absatz 1 Satz 2 an die Stelle der Wörter „förmlichen außergerichtlichen" und in Absatz 2 Satz 1 an die Stelle der Wörter „außergerichtlichen Rechtsbehelfs" jeweils das Wort „Widerspruchs" tritt sowie in Absatz 4 an die Stelle der Wörter „und 3 gelten" das Wort „gilt" tritt, § 238 mit der Maßgabe, dass in Absatz 1 Satz 1 anstelle der Wörter „für jeden Monat einhalb Prozent" die Wörter „jährlich 2 Prozentpunkte über dem jeweiligen Basiszinssatz nach § 247 des Bürgerlichen Gesetzbuchs" treten, § 239 mit Ausnahme von Abs. 3 Nr. 1, § 240,
   c) über die Sicherheitsleistung §§ 241 bis 248,
6. aus dem Sechsten Teil – Vollstreckung -
   a) über die Allgemeinen Vorschriften § 251 Abs. 2 und 3, § 254 Abs. 2,
   b) über die Niederschlagung § 261,
7. aus dem Achten Teil – Straf- und Bußgeldvorschriften, Straf- und Bußgeldverfahren – über Verstöße nach Artikel 83 Absatz 4 bis 6 der Verordnung (EU) 2016/679 § 384a mit der Maßgabe, dass nach Absatz 2 für Verstöße nach Artikel 84 Absatz 4 bis 6 der Verordnung (EU) 2016/679 sowie § 27 des Saarländischen Datenschutzgesetzes vom 16. Mai 2018 (Amtsbl. I S. 254) in der jeweils geltenden Fassung Anwendung findet.

(2) Auf kommunale Abgaben ist ferner Artikel 97 §§ 1 Abs. 1 bis 10, Abs. 12, 2, 8 Abs. 1 bis 3, § 10 Abs. 1, §§ 11 Abs. 1 und 2, 14,

§ 15 Abs. 1 und 3 sowie § 16 Abs. 1 des Einführungsgesetzes zur Abgabenordnung in der jeweiligen Fassung entsprechend anzuwenden, soweit nicht dieses Gesetz oder andere Gesetze besondere Vorschriften enthalten.

(3) Die Vorschriften der Absätze 1 und 2 gelten entsprechend für Verspätungszuschläge, Zinsen und Säumniszuschläge (abgabenrechtliche Nebenleistungen) sowie für die Erstattungsansprüche nach § 5 Abs. 4 Nr. 1 und § 10 Abs. 1 dieses Gesetzes.

(4) Bei der Anwendung der in den Absätzen 1 und 2 genannten Vorschriften tritt jeweils an die Stelle

1. der Finanzbehörde, der Finanzverwaltung oder des Finanzamts die Körperschaft, der die Abgabe zusteht,
2. des Wortes „Steuer(n)“ – allein oder in Wortzusammensetzungen – das Wort „Abgabe (n)“,
3. des Wortes „Besteuerung“ die Worte „Heranziehung zu Abgaben“.

(5) Die Gemeinden können zur ordnungsgemäßen Erfüllung der ihnen nach § 3 Absatz 3 obliegenden Pflicht zur Erhebung der Hundesteuer in den Steuersatzungen nähere Bestimmungen über Hundebestandsermittlungen im Gemeindegebiet, insbesondere zur freiwilligen Teilnahme der Steuerpflichtigen und anderer Personen an Befragungen, treffen.

§ 12a
Abgabenbescheide

(1) Mehrere von demselben Abgabenschuldner geschuldete Abgaben können auch durch zusammengefassten Bescheid festgesetzt und erhoben werden.

(2) In Bescheiden über Abgaben, die für einen bestimmten Zeitabschnitt erhoben werden, kann bestimmt werden, dass diese Bescheide auch für die folgenden Zeitabschnitte gelten. Dabei ist anzugeben, an welchen Tagen und mit welchen Beträgen die Abgaben jeweils fällig werden. Ändern sich die Berechnungsgrundlagen oder der Betrag der Abgaben, sind neue Bescheide zu erlassen.

§12b
Zeitliche Obergrenze für die Abgeltung von Vorteilen

(1) Die Festsetzung von Abgabenansprüchen zur Abgeltung von Vorteilen ist ungeachtet ihrer Entstehung oder Verjährung spätestens 20 Jahre nach Ablauf des Kalenderjahres, in dem die Vorteilslage eingetreten ist, ausgeschlossen. Bei leitungsgebundenen Anlagen tritt die Vorteilslage nach Satz 1 ein, wenn das Grundstück an die Einrichtung angeschlossen werden kann. Die §§ 169 Absatz 1 Satz 3 und 171 der Abgabenordnung finden entsprechende Anwendung gemäß § 12 Absatz 1 Nummer 4 Buchstabe b.

(2) Die Frist für Abgabenansprüche, die gemäß Absatz 1 nach Ablauf der Jahre 2021 bis 2025 nicht mehr festgesetzt werden könnten, verlängert sich bis zum Ablauf des Jahres 2026.

Vierter Abschnitt
Straf- und Bußgeldvorschriften

§ 13
Abgabenhinterziehung

(1) Mit Freiheitsstrafe bis zu zwei Jahren oder mit Geldstrafe wird bestraft, wer

1. der Körperschaft, der die Abgabe zusteht, oder einer anderen Behörde über Tatsachen, die für die Erhebung oder Bemessung von Abgaben erheblich sind, unrichtige oder unvollständige Angaben macht,
2. die Körperschaft, der die Abgabe zusteht, pflichtwidrig über abgabenrechtlich erhebliche Tatsachen in Unkenntnis lässt

und dadurch Abgaben verkürzt oder nicht gerechtfertigte Abgabenvorteile für sich oder einen anderen erlangt. 2§ 370 Abs. 4, §§ 371 und 376 der Abgabenordnung in der jeweiligen Fassung gelten entsprechend.

(2) Der Versuch ist strafbar.

(3) Für das Strafverfahren gelten die §§ 385,

391, 393, 395 bis 398 und 407 der Abgabenordnung in der jeweiligen Fassung entsprechend.

§ 14
Bußgeldvorschriften

(1) Ordnungswidrig handelt, wer als Abgabenpflichtige oder Abgabenpflichtiger oder bei Wahrnehmung der Angelegenheiten einer oder eines Abgabenpflichtigen eine der in § 13 Abs. 1 Satz 1 bezeichneten Taten leichtfertig begeht (leichtfertige Abgabenverkürzung). § 370 Abs. 4 und § 378 Abs. 3 der Abgabenordnung in der jeweiligen Fassung gelten entsprechend.
(2) Ordnungswidrig handelt auch, wer vorsätzlich oder leichtfertig
1. Belege ausstellt, die in tatsächlicher Hinsicht unrichtig sind oder
2. den Vorschriften einer Abgabensatzung zur Sicherung oder Erleichterung der Abgabenerhebung, insbesondere zur Anmeldung und Anzeige von Tatsachen, zur Führung von Aufzeichnungen oder Nachweisen, zur Kennzeichnung oder Vorlegung von Gegenständen oder zur Erhebung und Abführung von Abgaben zuwiderhandelt

und es dadurch ermöglicht, Abgaben zu verkürzen oder nicht gerechtfertigte Abgabenvorteile zu erlangen (Abgabengefährdung).
(3) Die Ordnungswidrigkeit kann mit einer Geldbuße bis zu zehntausend Euro geahndet werden.
(4) Für das Bußgeldverfahren gelten die §§ 378 Abs. 3, 393, 396, 397, 407 und 411 der Abgabenordnung in der jeweiligen Fassung entsprechend.
(5) Verwaltungsbehörde im Sinne des § 36 Abs. 1 Nr. 1 des Gesetzes über Ordnungswidrigkeiten ist die Körperschaft, der die Abgabe zusteht.

Fünfter Abschnitt
Schlussvorschriften

§ 15
Einschränkung von Grundrechten

Die Grundrechte auf körperliche Unversehrtheit und Freiheit der Person (Artikel 2 Abs. 2 des Grundgesetzes) und der Unverletzlichkeit der Wohnung (Artikel 13 des Grundgesetzes) werden nach Maßgabe dieses Gesetzes eingeschränkt.

§ 16
Kommunale Zweckverbände

Für kommunale Zweckverbände, die zur Erhebung von Gebühren, Beiträgen und sonstigen Abgaben berechtigt sind, gelten die Vorschriften dieses Gesetzes entsprechend.

§ 17
In-Kraft-Treten

(1) Dieses Gesetz tritt am Tag nach der Verkündung in Kraft.
(2) [Aufhebungsanweisungen]
(3) Soweit in Rechts- und Verwaltungsvorschriften auf die in Absatz 2 aufgehobenen Vorschriften verwiesen ist, treten die entsprechenden Vorschriften dieses Gesetzes oder die auf Grund dieses Gesetzes erlassenen Vorschriften an deren Stelle.

KFAG

Kommunal-finanzaus-gleichsgesetz

in der Fassung der Bekanntmachung vom 12. Juli 1983, zuletzt geändert durch das Gesetz vom 18. Dezember 2023 (Amtsbl. I S. 1192). Fundstelle: Amtsblatt 1983, S. 462.

Kommunalfinanzausgleichsgesetz (KFAG)

in der Fassung der Bekanntmachung vom 12. Juli 1983, zuletzt geändert durch das Gesetz vom 18. Dezember 2023 (Amtsbl. I S. 1192).
Fundstelle: Amtsblatt 1983, S. 462.

INHALTSÜBERSICHT

Erster Abschnitt
Grundlagen

§ 1
Grundsätze für Ausgaben und Einnahmen der kommunalen Gebietskörperschaften

(1) Die Gemeinden und die Gemeindeverbände (Landkreise und Regionalverband Saarbrücken) tragen alle Ausgaben, die sich aus der Wahrnehmung ihrer eigenen Aufgaben und der ihnen übertragenen staatlichen Aufgaben ergeben, soweit auf Grund eines Gesetzes nichts anderes bestimmt ist.
(2) Zur Deckung ihrer Ausgaben stehen den Gemeinden und Gemeindeverbänden die ihnen durch Bundes- und Landesgesetze zugeteilten Steuern und sonstigen öffentlichen Abgaben sowie die Einnahmen zu, die bei der Wahrnehmung ihrer eigenen und der ihnen übertragenen staatlichen Aufgaben entstehen, soweit auf Grund eines Gesetzes nichts anderes bestimmt ist. Diese Einnahmen werden ergänzt durch die Leistungen des Landes nach diesem Gesetz.
(3) Die mit dem In-Kraft-Treten dieses Gesetzes bestehende Lastenverteilung zwischen dem Land einerseits und den Gemeinden und Gemeindeverbänden andererseits kann nur durch Gesetz geändert werden.

§ 2
Vollzug des Finanzausgleichs

(1) Die den Gemeinden und Gemeindeverbänden nach diesem Gesetz aus der Finanzausgleichsmasse zufließenden Mittel – ausgenommen die Mittel des Investitionsstocks (§ 15) – gelten nicht als Zuwendungen im Sinne des § 23 Landeshaushaltsordnung. Sie werden den Gemeinden und Gemeindeverbänden nach Maßgabe dieses Gesetzes durch das Ministerium für Inneres, Familie, Frauen und Sport zugewiesen. Die Sätze 1 und 2 gelten entsprechend für Zweckverbände, soweit sie Zuweisungen nach diesem Gesetz erhalten.
(2) Die Leistungen des Landes im Sinne des Absatzes 1 werden im Landeshaushaltsplan veranschlagt und den bei der Landeshauptkasse einzurichtenden Verwahrkonten gemäß der Aufteilung nach § 7 Nrn. 2, 3 und 6 zugeführt. Für die Bewirtschaftung der Verwahrkonten gelten die Vorschriften der §§ 34 und 43 sowie des Teiles IV – Zahlungen, Buchführung und Rechnungslegung – Landeshaushaltsordnung entsprechend.

§ 3
Zuwendungen des Landes außerhalb des Finanzausgleichs

(1) Neben den Leistungen des Landes nach diesem Gesetz gewährt das Land den Gemeinden, Gemeindeverbänden und Zweckverbänden zweckgebundene Zuwendungen im Rahmen des Landeshaushaltsplans, nach Maßgabe der Landeshaushaltsordnung und sonstiger gesetzlicher Regelungen.
(2) Zuwendungen für Investitionen dürfen neben den sonst geforderten Voraussetzungen nur gewährt werden, sofern

1. die kommunale Körperschaft in der Lage ist, den Eigenanteil an den Investitionskosten sowie die Folgekosten der Investition ohne Gefahr für ihre dauernde Leistungsfähigkeit, bei Zweckverbänden auch ohne Gefahr für die dauernde Leistungsfähigkeit der verbandsangehörigen Körperschaften aufzubringen; hiervon kann ausnahmsweise abgesehen werden, wenn die öffentliche Sicherheit die Investition dringend erfordert oder wenn das zuständige Ministerium im Einvernehmen mit dem Ministerium für Inneres, Familie, Frauen und Sport aus dringenden Gründen des Gemeinwohls die Investition für notwendig erklärt hat;
2. die Ziele der Raumordnung beachtet und die Grundsätze und sonstigen Erfordernisse der Raumordnung berücksichtigt sind.

(3) Der Erlass von Verwaltungsvorschriften über Zuwendungen erfolgt im Benehmen mit dem Ministerium für Inneres, Familie, Frauen und Sport.

§ 4
Umlagen

(1) Das Land erhebt von den Gemeinden eine Finanzausgleichsumlage (§ 17) zur Finanzierung des kommunalen Anteils an den Ausgaben für das Krankenhauswesen.

(2) Die Gemeindeverbände erheben von den verbandsangehörigen Gemeinden eine Umlage (§ 18), soweit die sonstigen Erträge zur Deckung des für eine angemessene Aufgabenerfüllung erforderlichen Aufwandsbedarfs nicht ausreichen. In den Haushaltsjahren 2007 bis 20241 sind beim Aufwandsbedarf anstelle von Aufwendungen für Abschreibungen des Anlagevermögens und für Zuführungen zu Pensionsrückstellungen für Beamte Auszahlungen für die Tilgung von Krediten für Investitionen und für Beiträge zu Versorgungskassen für Beamte anzusetzen.

§ 5
Entschädigungspflicht der Körperschaften des öffentlichen Rechts

Entstehen Gemeinden oder Gemeindeverbänden durch Aufgaben, die sie aufgrund gesetzlicher Vorschriften für Körperschaften des öffentlichen Rechts wahrnehmen, persönliche oder sächliche Verwaltungskosten, so sind ihnen die entstandenen Aufwendungen durch die begünstigten Körperschaften zu erstatten. Die Vereinbarung angemessener Pauschbeträge ist zulässig.

Zweiter Abschnitt
Finanzausgleich im Rahmen des Steuerverbundes

Erster Unterabschnitt
Finanzausgleichsmasse

§ 6
Ermittlung der Finanzausgleichsmasse

(1) Die Finanzausgleichsmasse ergibt sich durch Anwendung des Verbundsatzes auf die Verbundmasse.

(2) Die Verbundmasse besteht aus

1. dem Aufkommen aus sämtlichen dem Land zustehenden Steuern (Gruppierungsnummern 011 bis 069 des Haushaltsplans des Saarlandes) mit Ausnahme der Mittel zum Ausgleich für Belastungen der Länder aus dem Gesetz zur Weiterentwicklung der Qualität in der Kindertagesbetreuung, der auf das Saarland entfallenden Mittel nach dem Aktionsprogramm „Aufholen nach Corona für Kinder und Jugendliche für die Jahre 2021 und 2022“ gemäß § 1 Absatz 6 Finanzausgleichsgesetz sowie der auf das Saarland entfallenden Mittel aus der Umsetzung des „Pakts für den Öffentlichen Gesundheitsdienst“, die jeweils an das Fachressort weitergereicht werden, der Feuerschutzsteuer und des Landesanteils an der Gewerbesteuerumlage, vermindert um veranschlagte Globale Mindereinnahmen oder erhöht um veranschlagte Globale Mehreinnahmen, dem Aufkommen aus sämtlichen dem Land zustehenden Steuern (Gruppierungsnummer 011 bis 069 des Haushaltsplans des Saarlandes) mit Ausnahme der Mittel zum Ausgleich für Belastungen der Länder aus dem Gesetz zur Weiterentwicklung der Qualität in der Kindertagesbetreuung, der auf das Saarland entfallenden Mittel aus der Umsetzung des „Pakts für den Rechtsstaat“, der auf das Saarland entfallenden Mittel nach dem Aktionsprogramm „Aufholen nach Corona für Kinder und Jugendliche für die Jahre 2021 und 2022“ gemäß § 1 Absatz 6 Finanzausgleichsgesetz sowie der auf das Saarland entfallenden Mittel aus der Umsetzung des „Pakts für den Öffentlichen Gesundheitsdienst“, die jeweils an das Fachressort weitergereicht werden, der Feuerschutzsteuer und des Landesanteils an der Gewerbesteuerumlage, vermindert um veranschlagte Globale

Mindereinnahmen oder erhöht um veranschlagte Globale Mehreinnahmen,

2. den Ausgleichszuweisungen, die das Land im Finanzausgleich unter den Ländern erhält,
3. den Ausgleichsbetrag, den das Land nach Artikel 3 Ziffer 3 Buchstabe b) des Gesetzes zur Änderung kraftfahrzeugsteuerlicher und autobahnmautrechtlicher Vorschriften vom 17. August 2007 (BGBl. I S. 1958) als Ersatz für die Absenkung der Kraftfahrzeugsteuer für Nutzfahrzeuge und schwere Anhänger erhält,
4. dem Kompensationsbetrag, den das Land nach dem Gesetz zur Regelung der finanziellen Kompensation zugunsten der Länder infolge der Übertragung der Ertragshoheit der Kraftfahrzeugsteuer auf den Bund erhält.

(3) Der Verbundsatz beträgt 20,573 vom Hundert.

(4) Die Finanzausgleichsmasse für ein Haushaltsjahr wird nach den Ansätzen im Regierungsentwurf des Haushaltsplans vorläufig und nach Ablauf des Haushaltsjahres gemäß der Haushaltsrechnung endgültig festgestellt. Der Unterschiedsbetrag zwischen der vorläufigen und endgültigen Finanzausgleichsmasse ist mit der Finanzausgleichsmasse des zweitfolgenden Jahres zu verrechnen.

(5) Die nach den Absätzen 1 bis 4 ermittelte Finanzausgleichsmasse wird zur anteiligen Finanzierung von Kulturausgaben und der Ausgaben des Landes für die Eingliederungshilfe des Landes in den Jahren 2023 und 2024 um je 11.070.000 Euro und ab dem Jahr 2025 um jährlich 8.070.000 Euro gekürzt. Abweichend von § 7 wird bei der Berechnung des Anteils des Investitionsstocks die Kürzung nach Satz 1 nicht berücksichtigt. Um den sich dadurch ergebenden Mehrbetrag werden die übrigen in § 7 genannten Verwendungszwecke im Verhältnis der dort ausgewiesenen Vom-Hundert-Sätze vermindert.

(6) Das Land stellt den Kommunen zusätzlich zu der nach den Absätzen 1 bis 5 ermittelten Finanzausgleichsmasse für das Jahr 2022 einen Betrag in Höhe von 11 563 900 Euro zur Verfügung, der der Sondermasse Flüchtlingskosten nach § 6a zugeführt wird. Abweichend von Absatz 4 Satz 2 werden 4 736 500 Euro aus der Abrechnung der endgültig nach den Absätzen 1 bis 5 ermittelten Finanzausgleichsmasse des Jahres 2022 der Sondermasse Flüchtlingskosten nach § 6a des Jahres 2022 zugeführt.

(7) Soweit die nach Abzug des Investitionsstocks und der Zuführung zur Sondermasse Flüchtlingskosten nach § 6a nach den Absätzen 1 bis 5 ermittelte Finanzausgleichsmasse in den Jahren 2021 und 2022 den Betrag von 700.744.300 Euro unterschreitet, ist sie auf diesen Betrag zu erhöhen. Diese Erhöhung beinhaltet eine pandemie- und eine konjunkturbedingte Komponente.

(8) Das Ministerium für Finanzen und Europa regelt durch Rechtsverordnung im Einvernehmen mit dem Ministerium für Inneres, Bauen und Sport die Ermittlung und die Rückführung des konjunkturbedingten Anteils der Erhöhung nach Absatz 6 ab dem Jahr 2027.

§ 6a
Sondermasse Flüchtlingskosten

Gemeinden oder Gemeindeverbände oder beide kommunale Ebenen erhalten Zuweisungen zum Ausgleich der Mehrbelastungen durch die Unterbringung von Flüchtlingen und Asylsuchenden. Die näheren Vorschriften über die Voraussetzungen und die Höhe der Zuweisungen sowie das Verfahren erlässt das Ministerium für Inneres, Bauen und Sport durch Rechtsverordnung nach Anhörung der von den Gemeinden und Gemeindeverbänden zur Förderung ihrer Interessen gebildeten Vereinigungen.

§ 7
Aufteilung der verbleibenden Finanzausgleichsmasse
Von der verbleibenden Finanzausgleichsmasse werden verwendet für
1. Sonderschlüsselzuweisungen an die Gemeinden (Sonderschlüsselmasse Gemeinden)
   § 7a 7,83 vom Hundert,
2. Schlüsselzuweisungen an die Gemeinden (Schlüsselmasse Gemeinden)
   §§ 8 bis 13 59,88 vom Hundert,
3. Schlüsselzuweisungen an die Gemeindeverbände (Schlüsselmasse Gemeindeverbände)
   § 14 18,61 vom Hundert,
4. Kommunalisierungszuweisungen an die Gemeindeverbände
   § 16 Abs. 4 5,00 vom Hundert,
5. Investitionsstock
   § 15 2,56 vom Hundert,
6. Ausgleichsstock
   § 16 6,12 vom Hundert.

Zweiter Unterabschnitt
Schlüsselzuweisungen an die Gemeinden

§ 7a
Sonderschlüsselzuweisungen
Die Sonderschlüsselmasse (§ 7 Nr. 1) wird nach dem jeweils geltenden Verteilungsschlüssel für den Gemeindeanteil an der Einkommensteuer auf die Gemeinden als Sonderschlüsselzuweisungen verteilt.

§ 8
Schlüsselzuweisungen A
(1) Gemeinden erhalten aus der Schlüsselmasse der Gemeinden (§ 7 Nr. 2) vorweg Schlüsselzuweisungen nach Absatz 2 (Schlüsselzuweisung A).
(2) Beträgt die nach § 11 je Einwohner errechnete Steuerkraftmesszahl für die Gemeinde weniger als 70 vom Hundert der errechneten auf volle Euro gerundeten landesdurchschnittlichen Steuerkraftmesszahl, so erhält die Gemeinde den Unterschiedsbetrag, vervielfacht mit ihrer Einwohnerzahl, als Schlüsselzuweisung A.

§ 9
Schlüsselzuweisungen B
(1) 85 vom Hundert der Schlüsselmasse der Gemeinden (§ 7 Nr. 2) fließen den Gemeinden als Schlüsselzuweisungen nach Maßgabe ihres Finanzbedarfs und ihrer Finanzkraft (Schlüsselzuweisung B) zu. Zu diesem Zweck wird die Finanzkraft der Gemeinde, die durch die Finanzkraftmesszahl (§ 10) bestimmt wird, ihrem Finanzbedarf, der durch die Bedarfsmesszahl (§ 12) ausgedrückt wird, gegenübergestellt.
(2) Übersteigt die Bedarfsmesszahl die Finanzkraftmesszahl, so erhält die Gemeinde eine Schlüsselzuweisung in Höhe von 90 vom Hundert des Unterschiedsbetrages.

§ 10
Finanzkraftmesszahl
Die Finanzkraftmesszahl einer Gemeinde setzt sich zusammen aus der Steuerkraftmesszahl (§ 11) und der Schlüsselzuweisung A.

§ 11
Steuerkraftmesszahl
(1) Die Steuerkraftmesszahl ist die Summe der Steuerkraftzahlen.
(2) Als Steuerkraftzahlen werden angesetzt
1. bei der Grundsteuer A und der Grundsteuer B 85 vom Hundert der jeweiligen Grundbeträge, vervielfacht mit dem gewogenen Landesdurchschnitt der jeweiligen Hebesätze im zweitvorangegangenen Jahr,
2. bei der Gewerbesteuer 85 vom Hundert der Grundbeträge, vervielfacht mit dem gewogenen und um den Prozentsatz der Gewerbesteuerumlage verminderten Landesdurchschnitt der Hebesätze im zweitvorangegangenen Jahr,
3. 85 vom Hundert des Ist-Aufkommens aus dem Gemeindeanteil an der Einkommensteuer,

4. 85 vom Hundert des Ist-Aufkommens aus dem Gemeindeanteil an der Umsatzsteuer,
5. 85 vom Hundert des Ist-Aufkommens aus den Sonderschlüsselzuweisungen,
6. bei den Ersatzleistungen für Gewerbesteuerausfälle 85 vom Hundert der Grundbeträge, vervielfacht mit dem gewogenen Landesdurchschnitt der Gewerbesteuerhebesätze im Jahr 2019,
7. 85 vom Hundert der Einnahmen aus den Ersatzleistungen für Ausfälle beim Gemeindeanteil an der Einkommensteuer.

(3) Die Grundbeträge der Einnahmen nach Absatz 2 Nummern 1, 2 und 6 werden wie folgt ermittelt:
1. Das Ist-Aufkommen der Grundsteuer A und B im zweitvorangegangenen Jahr wird durch den maßgeblichen Hebesatz geteilt und das Ergebnis mit 100 vervielfacht.
2. Das Ist-Aufkommen der Gewerbesteuer in dem Jahreszeitraum, der am 30. Juni des Vorjahres endet, wird durch den Hebesatz der Gewerbesteuer geteilt und das Ergebnis mit 100 vervielfacht.
3. Die Einnahmen aus den Ersatzleistungen nach Absatz 2 Nummer 6 in dem Jahreszeitraum, der am 30. Juni des Vorjahres endet, werden durch den Hebesatz der Gewerbesteuer des Jahres 2019 geteilt und das Ergebnis mit 100 vervielfacht. Der Jahresbetrag der Ersatzleistungen ist hierbei jeweils zur Hälfte dem ersten und dem zweiten Halbjahr zuzurechnen.

(4) Der gewogene Landesdurchschnitt der Hebesätze für die in Absatz 2 Nummern 1, 2 und 6 bezeichneten Steuern wird ermittelt, indem jeweils die Summe der Ist-Aufkommen aller Gemeinden durch die Summe der Grundbeträge aller Gemeinden geteilt und das Ergebnis mit 100 vervielfacht wird. Das Ergebnis ist auf einen vollen Hebesatzpunkt abzurunden.

(5) Maßgeblich für die Einnahmen aus dem Gemeindeanteil an der Einkommensteuer, aus dem Gemeindeanteil an der Umsatzsteuer, aus den Sonderschlüsselzuweisungen und aus den Ersatzleistungen nach Absatz 2 Nummer 7 ist der Jahreszeitraum, der am 30. Juni des Vorjahres endet. Der Jahresbetrag der Ersatzleistungen nach Absatz 2 Nummer 7 ist jeweils zur Hälfte dem ersten und dem zweiten Halbjahr zuzurechnen.

(6) Zum Ist-Aufkommen gehören alle während des maßgeblichen Zeitraums in den Kassenbüchern vereinnahmten Beträge ohne Rücksicht darauf, für welchen Zeitraum sie gezahlt worden sind. Sofern eine Gemeinde verpflichtet ist, wegen einer Änderung des Gemeindegebiets an eine andere Gemeinde Teile ihres Steueraufkommens oder der Ersatzleistungen abzuführen, werden die abgeführten Beträge bei der abgebenden Gemeinde abgesetzt und bei der empfangenden Gemeinde hinzugerechnet. Sonstige Ersatzleistungen für Steuerausfälle sowie Ausfälle durch Billigkeitserlasse sind in voller Höhe dem Ist-Aufkommen hinzuzurechnen.

§ 12
Bedarfsmesszahl

(1) Die Bedarfsmesszahl wird ermittelt, indem der Gesamtansatz (Satz 2) mit einem einheitlichen Kopfbetrag (Absatz 2) vervielfacht wird. Der Gesamtansatz ist die Summe des Hauptansatzes (Absatz 3) und der Ergänzungsansätze (Absatz 4).

(2) Das Ministerium für Inneres, Familie, Frauen und Sport setzt den Kopfbetrag so fest, dass der Betrag, der für Schlüsselzuweisungen B an die Gemeinden zur Verfügung steht, abzüglich eines voraussichtlich benötigten Betrages für Berichtigungen (§ 22), aufgebraucht wird.

(3) Der Hauptansatz beträgt für eine Gemeinde

bis 5.000 Einwohner 104 vom Hundert,

mit 10.000 Einwohnern 100 vom Hundert,

mit 20.000 Einwohnern 102 vom Hundert,

mit 30.000 Einwohnern 104 vom Hundert,

mit 40.000 Einwohnern 107 vom Hundert,

mit 50.000 Einwohnern 112 vom Hundert,

mit 100.000 Einwohnern 123 vom Hundert,

mit 200.000 Einwohnern 133 vom Hundert

der Einwohnerzahl.

Für Gemeinden mit dazwischenliegenden Einwohnerzahlen gelten die entsprechenden dazwischenliegenden Hundertsätze; sie werden auf volle 0,1 vom Hundert gerundet.

(4) Zum Ausgleich besonderer Mehrbelastungen wird der Hauptansatz durch folgende Ansätze (Ergänzungsansätze) ergänzt:

1. Ein Ansatz für nicht kasernierte Angehörige der ausländischen Stationierungsstreitkräfte. Gemeinden mit Sitz von ausländischen Stationierungsstreitkräften werden dem Hauptansatz hinzugerechnet die nach dem Stand vom 30. Juni des Vorjahres ermittelte Zahl der nicht kasernierten Angehörigen der ausländischen Stationierungsstreitkräfte und deren Familienangehörigen, soweit diese nicht den deutschen Meldevorschriften unterliegen.
2. Ein Ansatz für Kinder. Gemeinden erhalten einen Ansatz für Kinder, wenn die jährliche Geburtenrate (die Zahl der Lebendgeborenen auf je 1.000 Einwohner) im Mittel des mit dem zweitvorangegangenen Jahr endenden Zeitraums von acht Jahren die landesdurchschnittliche jährliche Geburtenrate im Mittel des gleichen Zeitraums um mehr als 0,5 vom Tausend (Anspruchsgrenze) übersteigt. Die Geburtenrate ist auf volle 0,1 vom Tausend zu runden. Es gelten die vom Landesamt für zentrale Dienste – Statistisches Amt – jährlich festgestellten Zahlen der Lebendgeborenen. Der Ansatz beträgt für jede 0,1 vom Tausend, um die die Geburtenrate die Anspruchsgrenze übersteigt, eins vom Tausend der Einwohnerzahl, in der Summe gerundet auf volle Einwohner.Bei Grenzänderungen oder bei Auflösung einer Gemeinde bleiben für die beteiligten oder die aufnehmenden Gemeinden die für sie bis zum Zeitpunkt der Grenzänderung oder Auflösung festgestellten jährlichen Geburtenraten unverändert. Bei Neubildung einer Gemeinde setzt das Ministerium für Inneres, Familie, Frauen und Sport die jährliche Geburtenrate auf der Grundlage der Geburtenraten der beteiligten Gemeinden fest, bis für die neu gebildete Gemeinde die Geburtenrate in dem Zeitraum nach Satz 1 zur Verfügung steht.
3. Ein Ansatz für Straßen. Der Ansatz beträgt
   a) bei Innerortsstraßen – Gemeindestraßen innerhalb der geschlossenen Ortslagen für die ersten 10 vollen und angefangenen 100 m je 1,5 Einwohner, für die weiteren vollen und angefangenen 100 m je 2,5 Einwohner;
   b) bei Außerortsstraßen – Gemeindestraßen außerhalb der geschlossenen Ortslagen, die der Verbindung zu klassifizierten Straßen, zwischen Gemeinden oder zwischen Gemeindebezirken dienen –
   für die ersten 10 vollen und angefangenen 100 m je 2 Einwohner, für die weiteren vollen und angefangenen 100 m je 3 Einwohner;
   c) bei sonstigen Außerortsstraßen – Gemeindestraßen, die nicht unter Buchstabe b erfasst werden und dem öffentlichen Verkehr dienen – für die ersten 10 vollen und angefangenen 100 m je 1 Einwohner, für die weiteren vollen und angefangenen 100 m je 1,5 Einwohner;
   soweit bei den einzelnen Straßenarten die Länge des Straßennet-

zes über den auf einen Einwohner gerechneten Landesdurchschnitt hinausgeht;

d) bei Ortsdurchfahrten im Zuge von Landstraßen I. und II. Ordnung und von Bundesstraßen in Gemeinden, denen die Unterhaltslast obliegt, für volle und angefangene 100 m 5 Einwohner.

Der Ansatz nach Buchstabe a bis c ist auf Grund der letzten Erhebung des Landesamtes für Zentrale Dienste – Statistisches Amt – als überörtliche Erhebungsstelle im Sinne von § 5 des Saarländischen Landesstatistikgesetzes über die Länge der Gemeindestraßen zu berechnen. Erhebungsmerkmale sind die Länge der Innerorts , Außerorts und sonstigen Außerortsstraßen im Sinne von Satz 2 nach dem Stand vom 1. Januar des Erhebungsjahres. Die Gemeinden haben dem Landesamt für Zentrale Dienste – Statistisches Amt – die für die Erhebung erforderlichen Daten bis zum 30. Juni des Erhebungsjahres zu übermitteln. Die Erhebung ist 1993 und danach alle fünf Jahre durchzuführen. Der Ansatz nach Buchstabe d ist auf Grund des von der Straßenbaubehörde geführten Straßenverzeichnisses zum 1. Januar des Vorjahres zu berechnen. Sind in der letzten Erhebung Änderungen des Gemeindegebiets noch nicht berücksichtigt, werden die auf die einzelnen Gemeinden entfallenden Straßenlängen durch das Landesamt für Zentrale Dienste – Statistisches Amt – ermittelt und festgesetzt.

4. Ein Ansatz für Grubengemeinden. Gemeinden mit Bergschäden erhalten zum Ausgleich besonderer Belastungen und wirtschaftlicher Nachteile, die sich aus dem Bergbau ergeben und die nicht durch Entschädigung der Bergbauberechtigten abgegolten werden, einen Ansatz gemäß nachfolgender Regelung. Sechzig vom Hundert der Summe der von den Bergbauberechtigten geleisteten Zahlungen zur Beseitigung von Bergschäden an kommunalen Einrichtungen und Anlagen in dem mit dem zweitvorangegangenen Jahr endenden Zeitraum von fünf Jahren wird durch die Einwohnerzahl der Gemeinde geteilt. Von dem so ermittelten und auf Euro gerundeten Betrag werden

0,5 vom Hundert des Betrages bis zu 10 Euro,

0,2 vom Hundert des Betrages von 10 bis 20 Euro,

0,1 vom Hundert des Betrages von 20 bis 50 Euro,

0,04 vom Hundert des Betrages von 50 Euro und mehr,

jeweils gerundet auf drei Stellen hinter dem Komma, mit dem Hauptansatz vervielfacht.

Für die Zuordnung der Zahlungen im Sinne des Satzes 2 auf die einzelnen Gemeinden ist die Gebietszugehörigkeit der Einrichtungen und Anlagen maßgebend.

5. Ein Ansatz für Kurorte. Gemeinden mit staatlich anerkannten Kurorten, die in den letzten drei dem Ausgleichsjahr vorangegangenen Jahren mindestens einmal Schlüsselzuweisungen A erhalten haben, erhalten einen Ansatz für Kurorte, wenn die Zahl der Übernachtungen im Verhältnis zu der Einwohnerzahl der Gemeinde den Landesdurchschnitt der Gemeinden mit staatlich anerkannten Kurorten übersteigt. Der Ansatz beträgt 1 Einwohner für je 300 Übernachtungen und ist auf 1 Einwohner zu runden. Die Zahl der Übernachtungen richtet sich nach den Ergebnissen der amtlichen Beherbergungsstatistik des vorvorangegangenen Jahres.

6. Ein Ansatz für zentrale Orte.
   Der Ansatz beträgt bei Mittelzentren 6 vom Hundert, bei Oberzentren 2 vom Hundert der Einwohnerzahl ihres jeweiligen Verflechtungsbereichs ausschließlich der eigenen Einwohnerzahl. Die Bestimmung der zentralen Orte und ihrer Verflechtungsbereiche ergibt sich aus dem hierfür maßgeblichen Landesentwicklungsplan in der am 30. Juni des Vorjahres geltenden Fassung. Solange dieser Landesentwicklungsplan nicht rechtswirksam erlassen ist, bestimmt das Ministerium für Umwelt im Einvernehmen mit dem Ministerium für Inneres, Familie, Frauen und Sport und nach Anhörung des Rates für Nachhaltigkeit durch Rechtsverordnung die Ober- und Mittelzentren sowie ihre Verflechtungsbereiche.

§ 13
Schlüsselzuweisungen C

Die Gemeinden erhalten aus der für die Schlüsselzuweisungen A und die Schlüsselzuweisungen B nicht verbrauchten Schlüsselmasse der Gemeinden (§ 7 Nr. 2) Zuweisungen nach dem Schlüssel ihrer Einwohnerzahl.

Dritter Unterabschnitt Schlüsselzuweisungen an die Gemeindeverbände

§ 14
Schlüsselzuweisungen an die Gemeindeverbände

(1) Die Gemeindeverbände (Landkreise und der Regionalverband Saarbrücken) erhalten aus der Schlüsselmasse der Gemeindeverbände (§ 7 Nr. 3) Schlüsselzuweisungen nach Maßgabe ihres Finanzbedarfs und ihrer Umlagekraft. Zu diesem Zweck wird die Umlagekraft des Gemeindeverbandes, die durch die Umlagekraftmesszahl (Absatz 3) bestimmt wird, seinem Finanzbedarf, der durch die Bedarfsmesszahl (Absatz 4) ausgedrückt wird, gegenübergestellt.

(2) Übersteigt die Bedarfsmesszahl die Umlagekraftmesszahl, so erhält der Gemeindeverband eine Schlüsselzuweisung in Höhe von 80 vom Hundert des Unterschiedsbetrages.

(3) Die Umlagekraftmesszahl wird ermittelt durch Vervielfachung der Umlagegrundlagen mit einem einheitlichen Hundertsatz, der jährlich durch das Ministerium für Inneres, Familie, Frauen und Sport so festzusetzen ist, dass er dem gewogenen Landesdurchschnitt der Umlagesätze der Kreis- und Regionalverbandsumlage im Vorjahr entspricht. Umlagegrundlagen eines Gemeindeverbandes sind die Summe der Finanzkraftmesszahlen (§ 10) seiner Gemeinden und die Summe aus 85 vom Hundert der Schlüsselzuweisungen B und C an seine Gemeinden im Ausgleichsjahr, gekürzt um den Anteil an der Finanzausgleichsumlage (§ 17).

(4) Die Bedarfsmesszahl wird ermittelt, indem die Einwohnerzahl des Gemeindeverbandes zuzüglich des Ansatzes für Soziallasten gemäß Absatz 5 mit einem einheitlichen Kopfbetrag vervielfacht wird. Der Kopfbetrag ist durch das Ministerium für Inneres, Familie, Frauen und Sport so festzusetzen, dass die Schlüsselmasse der Gemeindeverbände (§ 7 Nr. 3), abzüglich eines voraussichtlich benötigten Betrages für Berichtigungen (§ 22), aufgebraucht wird.

(5) Gemeindeverbände erhalten einen Ansatz für Soziallasten, wenn die Belastung durch Soziallasten anhand der Daten der Finanzrechnung für das zweitvorangegangene Jahr im Verhältnis zur Einwohnerzahl den Durchschnitt der Landkreise übersteigt. Soziallasten sind die Salden, die den folgenden Produkten bzw. Produktgruppen des Produktplans nach Anlage 16 der Verwaltungsvorschriften zu haushaltsrechtlichen Bestimmungen des Kommunalselbstverwaltungsgesetzes und der Kommunalhaushaltsverordnung entsprechen:

311 Grundversorgung Hilfen nach SGB XII, Produkte 311001 bis 311006,
312 Hilfen für Asylbewerber,

318 Grundsicherung für Arbeitssuchende nach dem SGB II, Produkte 318001 bis 318004,
351 sonstige sozialen Hilfen und Leistungen, Produkt 351006,
361 Förderung von Kindern in Tageseinrichtungen und in Tagespflege,
362 Jugendarbeit,
363 sonstige Leistungen der Kinder-, Jugend-und Familienhilfe.

Nicht zu den Soziallasten gehören die Zahlungen, die durch die Verwaltung der sozialen Angelegenheiten entstehen. Zahlungen, die nur zum Teil einer Leistung nach Satz 2 zugeordnet werden können, sind aufzuteilen. Der Ansatz beträgt bis zu 20 Prozentpunkte über dem Durchschnitt je Prozentpunkt 7 vom Tausend der Einwohnerzahl, für jeden weiteren Prozentpunkt 5 vom Tausend der Einwohnerzahl. Nicht volle Hundertsätze sind auf eine Stelle hinter dem Komma zu runden. Der ermittelte Ansatz ist auf einen Einwohner zu runden.

Vierter Unterabschnitt
Ausgleich von Sonderlasten und zweckgebundene Zuweisungen

§ 15
Investitionsstock

(1) Der Investitionsstock wird gebildet aus dem gemäß § 7 Nr. 5 der Finanzausgleichsmasse zu entnehmenden Anteil sowie einem gleich hohen Betrag, den das Land zusätzlich bereitstellt.

(2) Aus dem Investitionsstock werden die Mittel bereitgestellt zur Deckung der vom Land aufzubringenden und im Landeshaushalt ausgewiesenen Ausgaben für die Förderung kommunaler Maßnahmen im Sinne der Gemeinschaftsaufgaben „Verbesserung der regionalen Wirtschaftsstruktur" und „Verbesserung der Agrarstruktur und des Küstenschutzes" sowie für die Förderung investiver Maßnahmen der Gemeinden und Gemeindeverbände in den Bereichen Kindertageseinrichtungen, Schulen, Städtebauförderung sowie im Sinne des Gemeindeverkehrsfinanzierungsgesetzes und im Rahmen von EG-Programmen. Zuwendungen nach Maßgabe des Satzes 1 können auch Zweckverbände, der Entsorgungsverband Saar der Talsperrenverband Nonnweiler und die Hafenbetriebe Saarland GmbH sowie die Stadtbahn Saar GmbH und sonstige Träger des öffentlichen Personennahverkehrs erhalten.

(3) Aus dem Investitionsstock werden 5.624.211 Euro jährlich bereitgestellt zur Finanzierung der förderungsfähigen Investitionskosten von Krankenhäusern in kommunaler und sonstiger Trägerschaft gemäß § 9 Abs. 1 Nr. 1 des Krankenhausfinanzierungsgesetzes in der Fassung der Bekanntmachung vom 10. April 1991 (BGBl. I S. 886) in der jeweils geltenden Fassung.
Der von den Gemeinden gemäß § 42 des Saarländischen Krankenhausgesetzes vom 13. Juli 2005 (Amtsbl. S. 1290) in der jeweils geltenden Fassung in Verbindung mit § 17 zu erbringende Anteil an der Krankenhausfinanzierung bleibt unberührt.

(4) Die nicht nach den Absätzen 2 und 3 in Anspruch genommenen Mittel verbleiben dem Investitionsstock und sind zu verwenden für Zuwendungen zu sonstigen strukturverbessernden Maßnahmen der Gemeinden oder Gemeindeverbände.

(5) Die nach den Absätzen 2 und 3 im Haushaltsplan des Landes bereitgestellten Mittel verwalten die zuständigen Ministerien, die Mittel nach Absatz 4 verwaltet das Ministerium für Inneres, Familie, Frauen und Sport. § 3 Abs. 2 und 3 gelten sinngemäß.

§ 16
Ausgleichsstock

(1) Der Ausgleichsstock wird gebildet aus den gemäß § 7 Nr. 4 und 6 der Finanzausgleichsmasse zu entnehmenden Anteilen.

(2) Aus dem Ausgleichsstock sind die erforderlichen Mittel für Zahlungen auf Grund von Berichtigungen bei den Schlüsselzuweisun-

gen (§ 22) bereitzustellen, soweit die hierfür bei der Schlüsselmasse vorgehaltenen Beträge nicht ausreichen.

(2a) Der Ausgleichsstock erhöht oder ermäßigt sich um die Beträge nach § 48 Absatz 3 des Gesetzes über den Brandschutz, die Technische Hilfe und den Katastrophenschutz im Saarland vom 29. November 2006 (Amtsbl. S. 2207), zuletzt geändert durch Artikel 1 des Gesetzes vom 16. November 2011 (Amtsbl. I S. 431), in der jeweils geltenden Fassung.

(3) Gemeinden und Gemeindeverbänden können Bedarfszuweisungen gewährt werden, soweit sich für sie Härten in Auswirkung des Finanzausgleichs ergeben.

(4) Von dem Anteil gemäß § 7 Nr. 4 erhalten der

Regionalverband Saarbrücken
31,94 vom Hundert,

Landkreis Merzig-Wadern
11,00 vom Hundert,

Landkreis Neunkirchen
15,27 vom Hundert,

Landkreis Saarlouis
13,64 vom Hundert,

Saarpfalz-Kreis
14,31 vom Hundert,

Landkreis St. Wendel
13,84 vom Hundert.

1. (5) Zur Abgeltung der Aufwendungen aus der Erfüllung von Aufgaben, die bis zum Jahre 1996 einschließlich vom Landrat als untere staatliche Verwaltungsbehörde wahrgenommen wurden, erhalten jährlich
1. die Landeshauptstadt Saarbrücken 23,87 Euro je Einwohner,die Mittelstädte 6,35 Euro je Einwohner.
2. Die Kreisstädte Homburg, Neunkirchen und Saarlouis erhalten 4,33 Euro je Einwohner zur Abgeltung der Aufwendungen, die durch die Wahrnehmung der Aufgaben der unteren Bauaufsichtsbehörde entstehen.
3. Die Beträge je Einwohner verändern sich ab dem Jahre 2017 jährlich um den Vomhundertsatz, um den sich im vorangegangenen Kalenderjahr die Summe der Grundgehälter der Besoldungsgruppe A 10, Erfahrungsstufe 2, nach dem Saarländischen Besoldungsgesetz vom 13. Oktober 2021 (Amtsbl. I S. 2547) in der jeweils geltenden Fassung erhöht oder ermäßigt hat; der Vomhundertsatz wird auf zwei Stellen hinter dem Komma gerundet.

(6) Zur Förderung und Koordinierung des öffentlichen Personennahverkehrs können einem mit Gemeindeverbänden gebildeten Zweckverband jährlich 2.300.000 Euro gewährt werden. Der Betrag nach Satz 1 verändert sich ab dem Jahr 2019 jährlich entsprechend der Entwicklung des vom Landesamt für Zentrale Dienste - Statistisches Amt - ermittelten Verbraucherpreisindex nach dem Stand vom Juli des Haushaltsjahres, das dem Haushaltsjahr, für das die Zuweisung gewährt wird, vorausgeht. Werden die Mittel nach Satz 1 nicht vollständig bis zum 30.06. 4des dem Bewilligungsjahr folgenden Jahres abgerufen, so fließen die noch nicht abgerufenen Mittel den Mitteln nach Absatz 10 zu.

(7) Gemeindeverbände und Gemeinden als Schulträger erhalten Zuweisungen zum Ausgleich der laufenden sächlichen Schullasten (Schulsachkostenausgleich) bei den Berufsschulen, Fachoberschulen, Berufsfachschulen, Fachschulen und Förderschulen für die Schüler, deren Beschäftigungsort oder, sofern sie in keinem Ausbildungs- oder Dienstverhältnis stehen, deren Wohnsitz oder gewöhnlicher Aufenthalt außerhalb des Gebiets des Schulträgers gelegen ist; bei Minderjährigen ist der Wohnsitz oder gewöhnliche Aufenthalt der Erziehungsberechtigten maßgebend.

Gastschulbeiträge für diese Schüler dürfen nicht erhoben werden. Die näheren Vorschriften über die Voraussetzungen und die Höhe der Zuweisungen sowie das Verfahren erlässt das Ministerium für Inneres, Familie, Frauen und Sport im Einvernehmen mit dem Ministerium für Bildung, Kultur und Wissenschaft durch Rechtsverordnung nach Anhörung der von den Gemeinden und Gemeindeverbänden zur Förderung ihrer Interessen gebildeten Vereinigungen.

(8) Dem Landeshaushalt sind jährlich die Beträge zuzuführen, die das Land zur Abgeltung des Gemeindeanteils an der Bibliotheksabgabe gemäß § 27 des Urheberrechtsgesetzes in der jeweiligen Fassung sowie auf Grund des Gesamtvertrages der Länder mit der Verwertungsgesellschaft „WORT" über die Abgeltung urheberrechtlicher Ansprüche für die Vervielfältigung von Unterrichtsmaterialien zugunsten der Schulen in kommunaler Trägerschaft zu entrichten hat.

(9) Aus Mitteln des Ausgleichsstocks können im Einvernehmen mit den kommunalen Spitzenverbänden Maßnahmen finanziert werden, die für die Weiterentwicklung der Kommunen von grundlegender Bedeutung sind und einen innovativen Charakter aufweisen.

(10) Aus den nach den Vorschriften der Absätze 1 bis 9 nicht verbrauchten Mitteln können Gemeinden, Gemeindeverbänden und bei ausschließlich kommunaler Beteiligung sowohl Zweckverbänden als auch juristischen Personen des privaten Rechts Bedarfszuweisungen zu Maßnahmen gewährt werden, sofern

1. die Maßnahmen für die öffentliche Sicherheit oder aus dringenden Gründen des Allgemeinwohls notwendig sind,
2. die erforderlichen eigenen Mittel nicht ohne Gefährdung der dauernden Leistungsfähigkeit aufgebracht werden können und
3. die Ziele der Raumordnung beachtet und die Grundsätze und sonstigen Erfordernisse der Raumordnung berücksichtigt sind.

(11) Die Mittel, die für Leistungen nach den Absätzen 1 bis 10 nicht benötigt werden, werden als pauschale Zuweisungen zu Investitionen auf die Gemeinden verteilt. Die Verteilung erfolgt nach der Einwohnerzahl unter Berücksichtigung der Umlagekraft. Die Umlagekraft wird dadurch berücksichtigt, dass die Einwohnerzahl bei Gemeinden mit Umlagegrundlagen (§ 18 Abs. 2) je Einwohner in vom Hundert des Landesdurchschnitts

1. bis unter 70 vom Hundert mit 130 vom Hundert,
2. von 70 vom Hundert bis unter 82,50 vom Hundert mit 120 vom Hundert,
3. von 82,50 vom Hundert bis unter 95 vom Hundert mit 110 vom Hundert,
4. von 95 vom Hundert bis unter 105 vom Hundert mit 100 vom Hundert,
5. von 105 vom Hundert bis unter 117,50 vom Hundert mit 90 vom Hundert,
6. von 117,50 vom Hundert bis unter 130 vom Hundert mit 80 vom Hundert,
7. von 130 vom Hundert und mehr mit 70 vom Hundert

angesetzt wird.

(12) Für Berichtigungen bei den Zuweisungen nach den Absätzen 4, 5 und 7 gelten die Vorschriften des § 22 Abs. 2 und 3 sinngemäß.

Dritter Abschnitt
Umlagen und Lastenausgleich zwischen kommunalen Körperschaften

§ 17
Finanzausgleichsumlage

(1) Die Finanzausgleichsumlage wird erhoben zur Deckung des von den Gemeinden zu erbringenden Anteils der Fördermittel für Krankenhäuser gemäß § 42 des Saarländischen Krankenhausgesetzes vom 13. Juli 2005 (Amtsbl. S. 1290) in der jeweils geltenden Fassung.

(2) Der Umlagebedarf wird nach den Ansätzen im Regierungsentwurf des Haushaltsplans vorläufig und nach Ablauf des Haushaltsjahres gemäß der Haushaltsrechnung endgültig

festgestellt. Der Unterschied zwischen dem vorläufigen und dem endgültigen Umlagebedarf ist mit dem Umlagebedarf des zweitfolgenden Jahres zu verrechnen. Der Umlagebedarf ist auf volle 500 Euro aufzurunden.

(3) Die auf die einzelnen Gemeinden entfallenden Umlagebeträge werden durch Anwendung eines einheitlichen Umlagesatzes auf die Umlagegrundlagen errechnet. Umlagegrundlagen sind die Einwohnerzahlen der Gemeinden.

(4) Die nach Absatz 3 auf eine Gemeinde entfallende Umlage ist von der ihr für das gleiche Jahr zustehenden Schlüsselzuweisung einzubehalten und dem Landeshaushalt zuzuführen. Soweit bei einer Gemeinde der Umlagebetrag den Betrag der Schlüsselzuweisung übersteigt, ist die Umlage an das Land zu entrichten.

(5) Das Ministerium für Inneres, Familie, Frauen und Sport setzt die auf die einzelnen Gemeinden entfallenden Umlagebeträge fest. Umlagebedarf, Umlagesatz und Umlagegrundlagen sind den Gemeinden mit der Bekanntgabe über die Festsetzung der Schlüsselzuweisungen bekannt zu geben.

§ 18
Kreisumlage, Regionalverbandsumlage

(1) Die Kreisumlage oder Regionalverbandsumlage wird im Rahmen der Haushaltssatzung für das jeweilige Haushaltsjahr ermittelt. Sie ist in einem einheitlichen Hundertsatz (Umlagesatz) der auf die kreisangehörigen oder regionalverbandsangehörigen Gemeinden entfallenden Umlagegrundlagen (Absatz 2) zu bemessen.

(2) Umlagegrundlagen sind die Finanzkraftmesszahlen (§ 10) und 85 vom Hundert der Schlüsselzuweisungen B und C im Ausgleichsjahr, gekürzt um den Anteil an der Finanzausgleichsumlage.

(3) Der Umlagesatz ist in der Haushaltssatzung festzusetzen. Er kann im Lauf des Haushaltsjahres im Rahmen einer Nachtragshaushaltssatzung geändert werden. Die Änderung gilt rückwirkend mit Beginn des Haushaltsjahres. Eine Erhöhung des Umlagesatzes kann nur bis zum 30. Juni beschlossen werden; sie muss den Gemeinden unverzüglich bekannt gegeben werden.

§ 19
Genehmigungspflicht

(1) Der Umlagesatz für die Kreisumlage oder Regionalverbandsumlage bedarf der Genehmigung der Kommunalaufsichtsbehörde, wenn er den Umlagesatz des Vorjahres um mehr als einen halben Prozentpunkt oder 30 vom Hundert der Umlagegrundlagen überschreitet.

(2) Die Genehmigung ist zu erteilen, wenn

1. die im Haushalt des umlageerhebenden Gemeindeverbandes veranschlagten Ausgaben unabweisbar sind und
2. die dauernde Leistungsfähigkeit der umlagepflichtigen Gemeinden nicht beeinträchtigt wird.

(3) Die Genehmigung kann versagt oder es kann ein niedrigerer als der beschlossene Umlagesatz genehmigt werden, wenn

1. die dauernde Leistungsfähigkeit der umlagepflichtigen Gemeinden gefährdet wird oder
2. ein Ausgleich zwischen dem zur angemessenen Aufgabenerfüllung notwendigen Ausgabebedarf des Gemeindeverbandes und seiner Gemeinden dies erfordert.

§ 19 a
Finanzierung abweisbarer Aufgaben

(1) Ist die dauernde Leistungsfähigkeit mindestens einer verbandsangehörigen Gemeinde gefährdet oder bereits beeinträchtigt, dürfen die Gemeindeverbände neben den nicht abweisbaren nur noch die Aufgaben des öffentlichen Personennahverkehrs nach dem Gesetz über den Öffentlichen Personennahverkehr im Saarland vom 29. November 1995 (Amtsbl. 1996, S. 74) in der jeweils geltenden Fassung und der Tourismusförderung erfüllen sowie eine Ehrenamtsbörse einrichten und unterhalten. Für die Erfüllung abweisbarer Aufgaben, die in grenzüberschreitender Zu-

sammenarbeit erledigt werden, gilt Satz 1 entsprechend. Sonstige abweisbare Aufgaben dürfen die Gemeindeverbände im Rahmen ihrer Verbandskompetenz nur erfüllen, wenn der Gesamtbetrag der durch Erträge nicht gedeckten Aufwendungen 0,5 % der Umlagegrundlagen gemäß § 18 Abs. 2 nicht überschreitet. Im Übrigen dürfen sie nur in kommunaler Zusammenarbeit erfüllt werden. Dies gilt nicht für Aufgaben, die im Einvernehmen mit dem Bildungsbeirat erfüllt werden.

(2) Über die Finanzierung der Aufgabenwahrnehmung nach Absatz 1 Satz 4 ist eine Regelung zu treffen. Der Anteil des Gemeindeverbandes an der Finanzierung darf nicht mehr als 20 vom Hundert der durch Erträge nicht gedeckten Aufwendungen betragen. Die übrigen Beteiligten finanzieren die restlichen durch Erträge nicht gedeckten Aufwendungen. Zu den Erträgen gehören nicht Beteiligungserträge und sonstige, mit der eigentlichen Aufgabenerfüllung nicht unmittelbar zusammenhängende Erträge. Beteiligen sich alle verbandsangehörigen Gemeinden an einer Zusammenarbeit, darf der Anteil des Gemeindeverbandes an der Finanzierung nicht mehr als 40 vom Hundert betragen. Dies gilt auch für die Aufgabenerfüllung in anderer öffentlich-rechtlicher oder privatrechtlicher Organisationsform. Bei Vorliegen besonderer Umstände dürfen die Landkreise mit Zustimmung aller kreisangehörigen Gemeinden einen höheren Anteil an der Finanzierung nach Satz 5 übernehmen; im Regionalverband Saarbrücken ist die einstimmige Zustimmung des Kooperationsrates erforderlich.

(3) Aufgaben, deren Erfüllung nach Absatz 1 unzulässig ist, sind bis zum 31. Dezember 2010 in eine kommunale Zusammenarbeit zu überführen oder abzubauen; bestehende Verträge sind anzupassen oder zu kündigen. Eine Finanzierung über die Kreis- oder Regionalverbandsumlage ist hierbei zulässig.

(4) Die durch die Anwendung des Gesetzes zur Aussetzung und Erweiterung kommunalrechtlicher Vorschriften vom 12. Dezember 2002, zuletzt geändert durch Artikel 2 des Haushaltsbegleitgesetzes 2007 vom 13. Dezember 2006 (Amtsbl. 2007, S. 14), entstandenen Haushaltsfehlbeträge dürfen in die Umlage nach § 4 Abs. 2 eingestellt werden.

§ 20
(aufgehoben)

Vierter Abschnitt
Gemeinsame Bestimmungen

§ 21
Einwohnerzahl

(1) Als Einwohnerzahl im Sinne dieses Gesetzes gilt die vom Landesamt für Zentrale Dienste – Statistisches Amt – nach dem Ergebnis der letzten allgemeinen Zählung der Bevölkerung auf den 31. Dezember des vorvergangenen Jahres fortgeschriebene und veröffentlichte Personenzahl. Maßgeblich ist der Gebietsstand vom 1. Januar des laufenden Haushaltsjahres.

(2) Eine durch Gebietsänderung bewirkte Veränderung der Einwohnerzahl wird berücksichtigt. Bei Eingliederung einer Gemeinde in eine andere Gemeinde wird die Einwohnerzahl der aufgelösten Gemeinde der Einwohnerzahl der aufnehmenden Gemeinde zugerechnet. Bei Neubildung einer Gemeinde oder bei Grenzänderungen wird die Einwohnerzahl durch das Landesamt für Zentrale Dienste – Statistisches Amt – festgestellt.

§ 22
Festsetzung und Berichtigung der Schlüsselzuweisungen

(1) Die Schlüsselzuweisungen an die Gemeinden, die Landkreise und den Regionalverband Saarbrücken (§§ 7a bis 14) werden durch das Ministerium für Inneres, Familie, Frauen und Sport festgesetzt. Die Berechnung und Festsetzung der Schlüsselzuweisungen ist den Zuweisungsempfängern bekannt zu geben.

(2) Einwendungen gegen die Festsetzung der Zuweisungen müssen innerhalb eines Monats nach Zugang des Festsetzungsbe-

scheids bei der Aufsichtsbehörde eingegangen sein. Soweit nicht das Ministerium für Inneres, Familie, Frauen und Sport Aufsichtsbehörde ist, hat die Aufsichtsbehörde die Einwendung mit ihrer Stellungnahme unverzüglich dem Ministerium für Inneres, Familie, Frauen und Sport vorzulegen.

(3) Stellen sich nach der Festsetzung der in Absatz 1 bezeichneten Zuweisungen Unrichtigkeiten heraus, so sind sie zu berichtigen, wenn die Berichtigung im Einzelfall zu einer Änderung der Zuweisung um mehr als 600 Euro führt. Zu berichtigen sind nur die Zuweisungen der von der Unrichtigkeit unmittelbar betroffenen Zuweisungsempfänger. Bewirkt die Berichtigung eine höhere Zuweisung, ist der Unterschiedsbetrag aus den für Berichtigungen zurückbehaltenen Mitteln der jeweiligen Schlüsselmasse oder, soweit diese nicht ausreichen, aus den Mitteln des Ausgleichsstocks zuzuweisen. Bewirkt die Berichtigung eine geringere Zuweisung, ist die Zuweisung für das zum Zeitpunkt der Berichtigung maßgebliche Haushaltsjahr um den Unterschiedsbetrag zu kürzen. Über die Berichtigung ergeht ein besonderer Festsetzungsbescheid des Ministeriums für Inneres und Europaangelegenheiten.

§ 23
Nicht verbrauchte Mittel der Schlüsselmassen

Die zum Ende eines Haushaltsjahres nicht verbrauchten Mittel der Schlüsselmassen nach § 7 Nrn. 1 bis 3 sind spätestens der jeweiligen Schlüsselmasse des zweitfolgenden Jahres zuzuführen.

§ 24
Berichtigung der Umlagen

(1) Einwendungen gegen die Festsetzung der Finanzausgleichsumlage müssen innerhalb eines Monats nach Zugang des Festsetzungsbescheids bei der Aufsichtsbehörde eingegangen sein. Soweit nicht das Ministerium für Inneres, Familie, Frauen und Sport Aufsichtsbehörde ist, hat die Aufsichtsbehörde die Einwendung mit ihrer Stellungnahme unverzüglich dem Ministerium für Inneres, Familie, Frauen und Sport vorzulegen.

(2) Einwendungen gegen die Festsetzung der Kreisumlage oder der Regionalverbandsumlage müssen innerhalb eines Monats nach Zugang des Festsetzungsbescheides bei dem umlageberechtigten Gemeindeverband eingegangen sein.

(3) Stellen sich nach Festsetzung der in den Absätzen 1 und 2 bezeichneten Umlagen Unrichtigkeiten heraus, so sind sie zu berichtigen, wenn die Berichtigung im Einzelfall zu einer Änderung der Umlage um mehr als 600 Euro führt. Zu berichtigen sind nur die Umlagen der von der Unrichtigkeit unmittelbar betroffenen Gemeinden. Die sich aus der Berichtigung gegenüber der ursprünglichen Festsetzung ergebenden Unterschiedsbeträge sind auf die Umlage für das zum Zeitpunkt der Berichtigung maßgebliche Haushaltsjahr anzurechnen.

(4) Durch Berichtigungen der Finanzausgleichsumlage bewirkte Mehr- oder Mindereinnahmen sind mit dem Umlagebedarf des zweitfolgenden Haushaltsjahres zu verrechnen.

§ 25
Abrundung, Zahlungen und Aufrechnungen

(1) Die Schlüsselzuweisungen und Zuweisungen nach § 16 Abs. 4 und 5 sowie die Umlagen sind auf einen vollen und durch 12 teilbaren Betrag in Euro abzurunden.

(2) Die Schlüsselzuweisungen und Zuweisungen nach § 16 Abs. 4 und 5 sind in gleichen monatlichen Teilbeträgen jeweils bis zum 5. des folgenden Monats an die zuständige Kasse zu zahlen. Die Umlagen sind in gleichen monatlichen Teilbeträgen jeweils bis zum 20. eines jeden Monats an die zuständige Kasse zu zahlen. Abweichend hiervon kann für die Kreisumlage und die Regionalverbandsumlage durch den umlageberechtigten Gemeindeverband die Zahlung in vierteljährlichen Teilbeträgen zum 20. Februar, 20. Mai, 20. August und 20. November festgesetzt werden.

(3) Bis zur Festsetzung der Schlüsselzuweisungen, Umlagen und Zuweisungen nach § 16 Abs. 4 und 5 richtet sich die Höhe der zu zahlenden Teilbeträge nach der Höhe der für das Vorjahr jeweils festgesetzten Beträge. Abweichend davon können die Leistungen nach diesem Gesetz auch vorläufig festgesetzt werden, wenn für die Festsetzung maßgebliche Daten nicht rechtzeitig in verbindlicher Form vorliegen.
(4) Eine Aufrechnung mit Zuweisungen und Umlagen nach diesem Gesetz ist nicht zulässig.

§ 26
Auskunftspflicht

(1) Die Gemeinden, Gemeindeverbände und Zweckverbände sind verpflichtet, alle Auskünfte zu erteilen, die für den Vollzug dieses Gesetzes notwendig sind. Werden die notwendigen Auskünfte nicht oder nicht rechtzeitig erteilt, kann das Ministerium für Inneres, Familie, Frauen und Sport bestimmen, dass geschätzte Zahlen angewandt werden.
(2) Die Bergbauberechtigten sind verpflichtet, dem Ministerium für Inneres, Familie, Frauen und Sport die Auskünfte zu erteilen, die für die Berechnung des Ansatzes für Grubengemeinden nach § 12 Abs. 4 Nr. 4 notwendig sind.

§ 27
Verjährung

(1) Ansprüche nach diesem Gesetz einschließlich der Ansprüche aus Berichtigungen nach § 22 Abs. 3 und § 24 Abs. 3 verjähren in drei Jahren. Die Verjährung beginnt mit Ablauf des Haushaltsjahres, in dem der Anspruch entstanden oder der Tatbestand für eine Berichtigung eingetreten ist.
(2) Der Anspruch entsteht oder der Tatbestand für eine Berichtigung tritt ein in dem Haushaltsjahr, für das die Leistungen nach diesem Gesetz zu erbringen sind.
(3) Die §§ 230 bis 232 der Abgabenordnung gelten sinngemäß.

Fünfter Abschnitt
Ergänzungs- und Übergangsbestimmungen

§ 28
(aufgehoben)

§ 29
Beirat für den kommunalen Finanzausgleich

(1) Es wird ein Beirat für den kommunalen Finanzausgleich gebildet.
(2) Dem Beirat gehören an ein Vertreter des Ministeriums für Inneres und Europaangelegenheiten, ein Vertreter des Ministeriums der Finanzen, zwei Vertreter der Landkreise, ein Vertreter des Regionalverbandes, vier Vertreter der Gemeinden.
Es werden benannt die Vertreter der Landkreise durch den Landkreistag Saarland, der Vertreter des Regionalverbandes durch den Regionalverband Saarbrücken und die Vertreter der Gemeinden durch den Saarländischen Städte- und Gemeindetag. Der Vertreter des Ministeriums für Inneres und Europaangelegenheiten führt im Beirat den Vorsitz.
(3) Der Beirat wird von dem Ministerium für Inneres und Europaangelegenheiten im Bedarfsfall einberufen. Das Ministerium für Inneres und Europaangelegenheiten hat dem Antrag der Vertreter der Landkreise, des Regionalverbandes und der Gemeinden auf Einberufung des Beirats zu entsprechen.
(4) Dem Beirat obliegt
1. die Beobachtung der Auswirkungen dieses Gesetzes,
2. die Erarbeitung von Vorschlägen für notwendige Änderungen dieses Gesetzes.

(5) Dem Beirat sind die erforderlichen Unterlagen zur Verfügung zu stellen.

§§ 30 – 33
(aufgehoben)

Sechster Abschnitt
Schlussbestimmungen

§ 34
Verwaltungsvorschriften
Das Ministerium für Inneres und Europaangelegenheiten erlässt die zur Durchführung dieses Gesetzes erforderlichen Verwaltungsvorschriften. Soweit Interessen der Landesfinanzen berührt werden, ist das Einvernehmen mit dem Ministerium der Finanzen herzustellen.

§ 35
In-Kraft-Treten
Dieses Gesetz tritt rückwirkend zum 1. Januar 1983 in Kraft.

KommHVO

Kommunal-haushaltsverordnung

in der Fassung vom 10. Oktober 2006, zuletzt geändert durch Artikel 1 der Verordnung vom 14. November 2023 (Amtsbl. I S. 1097). Fundstelle: Amtsblatt 2006, S. 1842.

Kommunalhaushaltsverordnung (KommHVO)

in der Fassung vom 10. Oktober 2006, durch Artikel 1 der Verordnung vom 14. November 2023 (Amtsbl. I S. 1097).
Fundstelle: Amtsblatt 2006, S. 1842.

Auf Grund des § 222 Abs. 1 des Kommunalselbstverwaltungsgesetzes in der Fassung der Bekanntmachung vom 27. Juni 1997 (Amtsbl. S. 682), zuletzt geändert durch Gesetz vom 12. Juli 2006 (Amtsbl. S. 1614), verordnet das Ministerium für Inneres, Familie, Frauen und Sport:

INHALTSÜBERSICHT

Erster Abschnitt
Haushaltsplan

§ 1
Bestandteile des Haushaltsplans, Anlagen

(1) Der Haushaltsplan besteht aus
1. dem Ergebnishaushalt,
2. dem Finanzhaushalt,
3. den Teilhaushalten,
4. dem Stellenplan,
5. dem Haushaltssanierungsplan, wenn ein solcher erstellt werden muss.

(2) Dem Haushaltsplan sind beizufügen
1. der Vorbericht,
2. die Vermögensrechnung des dem Haushaltsjahr zweitvorangegangenen Jahres,
3. der Gesamtabschluss des dem Haushaltsjahr zweitvorangegangenen Jahres,
4. eine Übersicht über die Verpflichtungsermächtigungen,
5. eine Übersicht über den voraussichtlichen Stand der Verbindlichkeiten zum Ende des Haushaltsjahres,
6. eine Übersicht über die voraussichtliche Entwicklung des Eigenkapitals,
7. eine Übersicht über die Zuwendungen an die Fraktionen,
8. das der mittelfristigen Ergebnis- und Finanzplanung zugrunde liegende Investitionsprogramm,
9. die Wirtschaftspläne der Sondervermögen, für die Sonderrechnungen geführt werden,
10. die Übersicht über die Finanzierung der übertragenen Ermächtigungen für Auszahlungen aus Investitionstätigkeit, die dem Anhang zum Jahresabschluss nach § 43 Nr. 11 beizufügen ist, für das dem Haushaltsjahr zweitvorangegangene Jahr,
11. eine Übersicht gemäß § 4 Abs. 7,
12. Nachweis über die voraussichtliche Rückführung struktureller Liquiditätskredite nach § 4 des Gesetzes über den Saarlandpakt,

13. Nachweis über das voraussichtliche zahlungsbezogene Ergebnis nach § 6 des Gesetzes über den Saarlandpakt,
14. Nachweis über das voraussichtliche strukturelle zahlungsbezogene Ergebnis nach § 7 des Gesetzes über den Saarlandpakt.

Das Ministerium für Inneres, Bauen und Sport kann zusätzlich oder anstelle der schriftlichen Unterlagen nach Satz 1 elektronische Dokumente vorschreiben.

§ 2
Ergebnishaushalt

(1) Im Ergebnishaushalt sind mindestens als einzelne Positionen auszuweisen
1. Steuern und ähnliche Abgaben,
2. Zuwendungen und allgemeine Umlagen,
3. sonstige Transfererträge,
4. öffentlich-rechtliche Leistungsentgelte,
5. privatrechtliche Leistungsentgelte,
6. Kostenerstattungen und Kostenumlagen,
7. sonstige ordentliche Erträge,
8. aktivierte Eigenleistungen,
9. Bestandsveränderungen,
10. Summe der Erträge aus laufender Verwaltungstätigkeit (Summe der Nummern 1 bis 9),
11. Personalaufwendungen,
12. Versorgungsaufwendungen,
13. Aufwendungen für Sach- und Dienstleistungen,
14. bilanzielle Abschreibungen
15. Zuwendungen, Umlagen und sonstige Transferaufwendungen,
16. Soziale Sicherung,
17. sonstige ordentliche Aufwendungen,
18. Summe der Aufwendungen aus laufender Verwaltungstätigkeit (Summe der Nummern 11 bis 17),
19. Ergebnis der laufenden Verwaltungstätigkeit (Saldo aus Nummern 10 und 18),
20. Finanzerträge,
21. Zinsen und sonstige Finanzaufwendungen
22. Finanzergebnis (Saldo aus Nummern 20 und 21),
23. Jahresergebnis (Summe der Nummern 19 und 22).

(2) Die Zuordnung von Erträgen und Aufwendungen zu den Positionen des Ergebnishaushalts ist auf der Grundlage des vom Ministerium für Inneres und Sport bekannt gegebenen Kontenplans vorzunehmen.

§ 3
Finanzhaushalt

(1) Im Finanzhaushalt sind mindestens als einzelne Positionen auszuweisen
1. Steuern und ähnliche Abgaben,
2. Zuwendungen und allgemeine Umlagen,
3. sonstige Transfereinzahlungen,
4. öffentlich-rechtliche Leistungsentgelte,
5. privatrechtliche Leistungsentgelte,
6. Kostenerstattungen und Kostenumlagen,
7. sonstige Einzahlungen,
8. Zinsen und sonstige Finanzeinzahlungen,
9. Summe der Einzahlungen aus laufender Verwaltungstätigkeit (Summe der Nummern 1 bis 8),
10. Personalauszahlungen,
11. Versorgungsauszahlungen,
12. Auszahlungen für Sach- und Dienstleistungen,
13. Zinsen und sonstige Finanzauszahlungen,
14. Zuwendungen, Umlagen und sonstige Transferauszahlungen,
15. Soziale Sicherung,
16. sonstige Auszahlungen,
17. Summe der Auszahlungen aus laufender Verwaltungstätigkeit (Summe der Nummern 10 bis 16),
18. Saldo aus Ein- und Auszahlungen aus laufender Verwaltungstätigkeit (Saldo aus Nummern 9 und 17),
19. Einzahlungen aus Zuwendungen für Investitionsmaßnahmen,
20. Einzahlungen aus der Veräußerung von Sachanlagen,

21. Einzahlungen aus der Veräußerung von Finanzanlagen,
22. Einzahlungen aus Beiträgen und ähnlichen Entgelten,
23. sonstige Investitionseinzahlungen,
24. Summe der Einzahlungen aus Investitionstätigkeit (Summe der Nummern 19 bis 23),
25. Auszahlungen für den Erwerb von Grundstücken und Gebäuden,
26. Auszahlungen für Baumaßnahmen,
27. Auszahlungen für den Erwerb von beweglichem Anlagevermögen,
28. Auszahlungen für den Erwerb von Finanzanlagen,
29. Auszahlungen von aktivierbaren Zuwendungen,
30. sonstige Investitionsauszahlungen,
31. Summe der Auszahlungen aus Investitionstätigkeit (Summe der Nummern 25 bis 30),
32. Saldo der Ein- und Auszahlungen aus Investitionstätigkeit (Saldo aus Nummern 24 und 31),
33. Finanzmittelüberschuss/-fehlbetrag (Summe der Nummern 18 und 32),
34. Einzahlungen aus der Aufnahme von Krediten für Investitionen,

34a. Einzahlungen aus Tilgungserstattungen von Eigenbetrieben, Eigengesellschaften oder Zweckverbänden,

35. Auszahlungen für die Tilgung von Krediten für Investitionen,
36. Saldo aus Ein- und Auszahlungen aus Krediten für Investitionen (Saldo aus Nummern 34 und 35),

36a. Einzahlungen aus Zuweisungen zur Tilgung von strukturellen Krediten zur Liquiditätssicherung (§ 13 Abs. 2 SaarlandpaktG),

37. Saldo aus Ein- und Auszahlungen aus Krediten zur Liquiditätssicherung,

37a. Saldo aus Ein- und Auszahlungen aus gewährten Darlehen (ohne Ausleihungen),

38. Saldo aus Ein- und Auszahlungen aus Finanzierungstätigkeit (Summe der Nummern 36 und 37)
39. Veränderung der Finanzmittel (Summe der Nummern 33 und 38),
40. Bestand an Finanzmitteln am Anfang des Haushaltsjahres,
41. Bestand an Finanzmitteln am Ende des Haushaltsjahres (Summe der Nummern 39 und 40).

(2) Die Zuordnung von Einzahlungen und Auszahlungen zu den Positionen des Finanzhaushalts ist auf der Grundlage des vom Ministerium für Inneres und Sport bekannt gegebenen Kontenplans vorzunehmen.

§ 4

Teilhaushalte

(1) Der Gesamthaushalt ist in Teilhaushalte zu gliedern. Die Teilhaushalte können nach den vom Ministerium für Inneres und Sport vorgegebenen Produktbereichen oder nach der örtlichen Organisation produktorientiert gegliedert werden. Mehrere Produktbereiche können zu einem Teilhaushalt zusammengefasst oder Produktbereiche nach Produktgruppen auf mehrere Teilhaushalte aufgeteilt werden.

(2) Der Produktbereich 61 „Allgemeine Finanzwirtschaft“ des vom Ministerium für Inneres und Sport bekannt gegebenen Produktplans ist als Teilhaushalt auch dann auszuweisen, wenn von der Gliederung nach den vorgegebenen Produktbereichen abgewichen wird. Die im Hauptproduktbereich 6 „Zentrale Finanzdienstleistungen“ nachzuweisenden Erträge und Aufwendungen sowie Einzahlungen und Auszahlungen werden durch den vom Ministerium für Inneres und Sport bekannt gegebenen Produktplan bestimmt.

(3) Die Teilhaushalte sind in einen Ergebnishaushalt und einen Finanzhaushalt zu gliedern. Teilhaushalte bilden eine Bewirtschaftungseinheit; sie sind einem Verantwortungsbereich zuzuordnen. Den Teilhaushalten ist eine Übersicht über die Produktgruppen, die Schlüsselprodukte, die

Ziele und die Kennzahlen zur Messung der Zielerreichung beizufügen.

(4) Die Teilergebnishaushalte sind entsprechend § 2 aufzustellen. Erträge und Aufwendungen aus internen Leistungsbeziehungen für die Haushaltsbewirtschaftung sind abzubilden, soweit es für die produktorientierte Steuerung oder für die Kalkulation von Entgelten von Bedeutung ist.

(5) Im Teilfinanzhaushalt sind die Einzahlungen

1. aus Zuwendungen für Investitionsmaßnahmen,
2. aus der Veräußerung von Sachanlagen,
3. aus der Veräußerung von Finanzanlagen,
4. aus Beiträgen und ähnlichen Entgelten sowie
5. die sonstigen Investitionseinzahlungen,
und die Auszahlungen
6. für den Erwerb von Grundstücken und Gebäuden,
7. für Baumaßnahmen,
8. für den Erwerb von beweglichem Anlagevermögen,
9. für den Erwerb von Finanzanlagen,
10. von aktivierbaren Zuwendungen sowie
11. die sonstigen Investitionsauszahlungen

einzeln sowie die Summe der Einzahlungen, die Summe der Auszahlungen und der Saldo daraus auszuweisen. Zusätzlich sind Investitionen, die sich über mehrere Jahre erstrecken, und Investitionen oberhalb der vom Gemeinderat festgelegten Wertgrenze einzeln darzustellen und dazu die Verpflichtungsermächtigungen und ihre Aufteilung auf die Folgejahre, die bisher bereitgestellten Haushaltsmittel und die Investitionssumme anzugeben.

(6) Verpflichtungsermächtigungen sind in den Teilhaushalten maßnahmenbezogen zu veranschlagen. Es ist anzugeben, wie sich die Belastungen voraussichtlich auf die künftigen Haushaltsjahre verteilen werden. Die Notwendigkeit und die Höhe der Verpflichtungsermächtigungen sind zu erläutern.

(7) Wird von der Gliederung nach Produktbereichen abgewichen, ist dem Haushaltsplan eine Übersicht nach dem vom Ministerium für Inneres und Sport bekannt gegebenen Produktplan voranzustellen, in der die Erträge und Aufwendungen sowie Einzahlungen und Auszahlungen für Investitionen, getrennt als Summen für jeden Produktbereich, auszuweisen sind (produktorientierter Haushaltsquerschnitt).

§ 5
Stellenplan

(1) Der Stellenplan hat die im Haushaltsjahr erforderlichen Stellen der Beamtinnen und Beamten sowie die Stellen der nicht nur vorübergehend beschäftigten Arbeitnehmerinnen und Arbeitnehmer, gegliedert nach Teilhaushalten, auszuweisen. Die Stellen von Beamtinnen und Beamten in Einrichtungen von Sondervermögen, für die Sonderrechnungen geführt werden, sind nachrichtlich aufzuführen.

(2) Im Stellenplan sind ferner die Stellen für das Vorjahr sowie die am 30. Juni des Vorjahres besetzten Stellen anzugeben. Wesentliche Abweichungen vom Stellenplan des Vorjahres sind zu erläutern.

(3) Dem Stellenplan ist

1. eine Übersicht über die vorgesehene Aufteilung der Stellen auf die Teilhaushalte, soweit diese nicht in den Teilhaushalten ausgewiesen sind,
2. eine Übersicht über die vorgesehene Zahl der Beamtinnen und Beamten zur Anstellung, der Nachwuchskräfte und der informatorisch beschäftigten Dienstkräfte

beizufügen.

(4) Stellen, die von einem bestimmten Zeitpunkt an nicht mehr benötigt werden, sind als künftig wegfallend zu bezeichnen; dabei ist der Zeitpunkt anzugeben. Stellen, die zu einem späteren Zeitpunkt anders bewertet werden sollen, sind als künftig umzuwandeln zu bezeichnen.

(5) Die im Stellenplan ausgewiesenen Stellen dürfen, soweit das dienstliche Bedürfnis es

erfordert, auch mit Beamtinnen und Beamten einer niedrigeren Besoldungsgruppe derselben Laufbahn oder einer gleichwertigen Laufbahn oder mit Arbeitnehmerinnen und Arbeitnehmern einer niedrigeren Entgeltgruppe besetzt werden. Planstellen der Eingangsämter können zur laufbahnrechtlich vorgeschriebenen Ableistung der Bewährungszeit für Beamtinnen und Beamte der niedrigeren Laufbahn in Anspruch genommen werden.

(6) Stellen für Beamtinnen und Beamte, die vorübergehend unbesetzt sind, dürfen längstens bis zum Ablauf des zweiten Haushaltsjahres, das auf das Jahr des Ausscheidens der früheren Stelleninhaberin oder des früheren Stelleninhabers folgt, im Stellenplan ausgewiesen und während dieser Zeit mit Arbeitnehmerinnen und Arbeitnehmern einer vergleichbaren oder niedrigeren Entgeltgruppe besetzt werden. Darüber hinaus dürfen Planstellen für Beamtinnen und Beamte nur dann mit Arbeitnehmerinnen und Arbeitnehmern besetzt werden, wenn und soweit diese vor Übernahme in das Beamtenverhältnis die laufbahnrechtlich vorgeschriebene Tätigkeit ableisten.

§ 6
Vorbericht

(1) Der Vorbericht soll einen Überblick über die Entwicklung der Haushaltswirtschaft im Haushaltsjahr unter Einbeziehung der beiden Vorjahre geben. Die durch den Haushaltsplan gesetzten Rahmenbedingungen sind zu erläutern.

(2) Der Vorbericht enthält einen Ausblick insbesondere auf wesentliche Veränderungen der Rahmenbedingungen der Planung und die Entwicklung wichtiger Planungskomponenten innerhalb des Zeitraums der mittelfristigen Ergebnis- und Finanzplanung.

§ 7
Haushaltsplan für zwei Jahre

(1) Werden in der Haushaltssatzung Festsetzungen für zwei Haushaltsjahre getroffen, sind im Haushaltsplan die Ansätze für Erträge und Aufwendungen, Einzahlungen und Auszahlungen sowie Verpflichtungsermächtigungen für jedes der beiden Haushaltsjahre getrennt zu veranschlagen.

(2) Die Fortschreibung der mittelfristigen Ergebnis- und Finanzplanung im ersten Haushaltsjahr ist dem Gemeinderat vor Beginn des zweiten Haushaltsjahres vorzulegen. Dabei sind die Anlagen nach § 1 Abs. 2 Nr. 2 und 3 für das dem zweiten Haushaltsjahr zweitvorangegangene Jahr beizufügen.

(3) Anlagen nach § 1 Abs. 2 Nr. 9 und 10, die nach der Beschlussfassung über einen Haushaltsplan nach Absatz 1 erstellt worden sind, müssen der Fortschreibung nach Absatz 2 beigefügt werden.

§ 8
Nachtragshaushaltsplan

(1) Der Nachtragshaushaltsplan muss alle erheblichen Änderungen der Ansätze von Erträgen, Aufwendungen, Einzahlungen und Auszahlungen, die im Zeitpunkt seiner Aufstellung übersehbar sind, sowie die damit in Zusammenhang stehenden Änderungen der Ziele und Kennzahlen enthalten. Bereits geleistete oder angeordnete über- und außerplanmäßige Aufwendungen und Auszahlungen brauchen nicht veranschlagt zu werden.

(2) Werden im Nachtragshaushaltsplan Mehrerträge und Mehreinzahlungen veranschlagt oder Kürzungen von Aufwendungen und Auszahlungen vorgenommen, die der Deckung von über- und außerplanmäßigen Aufwendungen und Auszahlungen dienen, sind diese Aufwendungen oder Auszahlungen abweichend von Absatz 1 Satz 2 in den Nachtragshaushaltsplan aufzunehmen; sie können in einer Summe zusammengefasst werden, unerhebliche Beträge können unberücksichtigt bleiben.

(3) Enthält der Nachtragshaushaltsplan neue Verpflichtungsermächtigungen, sind deren Auswirkungen auf die mittelfristige Finanzplanung anzugeben; die Übersicht nach § 1 Abs. 2 Nr. 4 ist zu ergänzen.

§ 9
Mittelfristige Ergebnis- und Finanzplanung, Investitionsprogramm

(1) Die mittelfristige Ergebnis- und Finanzplanung sowie das Investitionsprogramm sind in den Haushaltsplan einzubeziehen. Die im Haushaltsplan zu veranschlagenden Erträge und Aufwendungen und die Einzahlungen und Auszahlungen sind um die Ansätze des laufenden Haushaltsjahres und um die Planungsansätze der dem Haushaltsjahr folgenden drei Jahre zu ergänzen. Den Angaben nach Satz 2 sind die Ergebnisse der Rechnung des abgelaufenen Jahres voranzustellen.

(2) Der Ergebnis- und Finanzplanung ist das Investitionsprogramm zugrunde zu legen. Darin sind die im Planungszeitraum vorgesehenen Investitionen und Investitionsförderungsmaßnahmen nach Jahresabschnitten aufzunehmen. Jeder Jahresabschnitt soll die fortzuführenden und neuen Investitionen und Investitionsförderungsmaßnahmen mit den auf das betreffende Jahr entfallenden Teilbeträgen wiedergeben. Kleinere Investitionen und Investitionsförderungsmaßnahmen können zusammengefasst werden.

(3) Bei der Aufstellung und Fortschreibung der Ergebnis- und Finanzplanung sollen die vom Ministerium für Inneres und Sport bekannt gegebenen Orientierungsdaten berücksichtigt werden.

(4) Die mittelfristige Ergebnis- und Finanzplanung soll für die einzelnen Jahre in Erträgen und Aufwendungen sowie Einzahlungen und Auszahlungen ausgeglichen sein.

Zweiter Abschnitt
Planungsgrundsätze

§ 10
Allgemeine Planungsgrundsätze

(1) Die Erträge und Aufwendungen, Einzahlungen und Auszahlungen sind in voller Höhe und getrennt voneinander zu veranschlagen, soweit in dieser Verordnung nichts anderes bestimmt ist.

(2) Die Erträge und Aufwendungen sind in ihrer voraussichtlichen Höhe in dem Haushaltsjahr zu veranschlagen, dem sie wirtschaftlich zuzurechnen sind. Die Einzahlungen und Auszahlungen sind nur in Höhe der im Haushaltsjahr voraussichtlich eingehenden oder zu leistenden Beträge zu veranschlagen. Die Erträge und Aufwendungen sowie Einzahlungen und Auszahlungen sind sorgfältig zu schätzen, soweit sie nicht errechenbar sind.

§ 11
Ziele, Kennzahlen zur Zielerreichung

Für die gemeindliche Aufgabenerfüllung sind produktorientierte Ziele unter Berücksichtigung des einsetzbaren Ressourcenaufkommens und des voraussichtlichen Ressourcenverbrauchs festzulegen sowie Kennzahlen zur Zielerreichung zu bestimmen. Diese Ziele und Kennzahlen sind zur Grundlage der Gestaltung der Planung, Steuerung und Erfolgskontrolle des jährlichen Haushalts zu machen.

§ 12
Investitionen

(1) Bevor Investitionen oberhalb der vom Gemeinderat festgelegten Wertgrenzen beschlossen und im Haushaltsplan ausgewiesen werden, soll unter mehreren in Betracht kommenden Möglichkeiten durch einen Wirtschaftlichkeitsvergleich, mindestens durch einen Vergleich der Anschaffungs- oder Herstellungskosten und der Folgekosten, die für die Gemeinde wirtschaftlichste Lösung ermittelt werden.

(2) Auszahlungen und Verpflichtungsermächtigungen für Baumaßnahmen dürfen erst veranschlagt werden, wenn Pläne, Kostenberechnungen und Erläuterungen vorliegen, aus denen die Art der Ausführung, die Kosten der Maßnahme, des Grunderwerbs und der Einrichtung sowie die voraussichtlichen Jahresraten unter Angabe der Kostenbeteiligung Dritter und ein Bauzeitplan im

Einzelnen ersichtlich sind. Den Unterlagen ist eine Schätzung der nach Fertigstellung der Maßnahme entstehenden jährlichen Haushaltsbelastungen beizufügen.
(3) Vor Beginn einer Investition unterhalb der festgelegten Wertgrenzen muss mindestens eine Kostenberechnung vorliegen.

§ 12a
Fremde Finanzmittel
Im Haushaltsplan werden nicht veranschlagt:
1. durchlaufende Finanzmittel,
2. Beträge, die die Gemeinde aufgrund rechtlicher Verpflichtung unmittelbar in den Haushalt eines anderen öffentlichen Aufgabenträgers zu buchen hat, einschließlich der ihr zur Selbstbewirtschaftung zugewiesenen Finanzmittel,

Beträge, die die Kasse des endgültigen Kostenträgers oder eine andere Kasse, die unmittelbar mit dem endgültigen Kostenträger abrechnet, anstelle der Gemeindekasse vereinnahmt oder ausgibt.

§ 13
Kosten- und Leistungsrechnung
Zur Unterstützung der Verwaltungssteuerung und für die Beurteilung der Wirtschaftlichkeit und Leistungsfähigkeit bei der Aufgabenerfüllung soll eine Kosten- und Leistungsrechnung geführt werden. Die Ausgestaltung bestimmt die Gemeinde nach ihren örtlichen Bedürfnissen.

§ 14
Weitere Vorschriften für Erträge und Aufwendungen sowie Einzahlungen und Auszahlungen
(1) Abgaben, abgabeähnliche Erträge und allgemeine Zuweisungen, die die Gemeinde zurückzuzahlen hat, sind bei den Erträgen abzusetzen, auch wenn sie sich auf Erträge der Vorjahre beziehen. Satz 1 gilt entsprechend für geleistete Umlagen, die an die Gemeinde zurückfließen.
(2) Absatz 1 gilt entsprechend für die mit diesen Aufwendungen und Erträgen im Zusammenhang stehenden Auszahlungen und Einzahlungen.
(3) Die Veranschlagung von Personalaufwendungen richtet sich nach den im Haushaltsjahr voraussichtlich besetzten Stellen.
(4) Die Versorgungs- und die Beihilfeaufwendungen einschließlich der damit zusammenhängenden Erträge sind auf die Teilergebnishaushalte nach der Höhe der dort veranschlagten Personalaufwendungen aufzuteilen. Die Versorgungsaufwendungen und die Beihilfeaufwendungen für Versorgungsempfänger können auch zentral veranschlagt werden.
(5) Interne Leistungen zwischen den Teilergebnishaushalten sind angemessen zu verrechnen. Aktivierungsfähige Eigenleistungen sind im jeweiligen Teilergebnishaushalt auszuweisen.

§ 15
Erläuterungen
(1) Es sind zu erläutern
1. die größeren Ansätze von Erträgen und Aufwendungen sowie Einzahlungen und Auszahlungen, soweit sie von den Ansätzen des Vorjahres erheblich abweichen,
2. neue Investitionsmaßnahmen; erstrecken sie sich über mehrere Jahre, ist in jedem folgenden Haushaltsplan die bisherige Abwicklung darzulegen,
3. Notwendigkeit und Höhe der Verpflichtungsermächtigungen,
4. Ansätze für Aufwendungen und Auszahlungen zur Erfüllung von Verträgen, die die Gemeinde über ein Jahr hinaus zu erheblichen Zahlungen verpflichten,
5. die von den Bediensteten aus Nebentätigkeiten abzuführenden Beträge,
6. Abschreibungen, soweit sie von den planmäßigen Abschreibungen oder den im Vorjahr angewendeten Abschreibungsmethoden abweichen,

7. besondere Bestimmungen im Haushaltsplan, zum Beispiel Sperrvermerke, Zweckbindung von Erträgen und Einzahlungen.

(2) Im Übrigen sind die Ansätze soweit erforderlich zu erläutern.

Dritter Abschnitt
Deckungsgrundsätze

§ 16
Grundsatz der Gesamtdeckung

(1) Soweit in dieser Verordnung nichts anderes bestimmt ist, dienen

1. die Erträge des Ergebnishaushalts insgesamt zur Deckung der Aufwendungen des Ergebnishaushalts,
2. die Einzahlungen des Finanzhaushalts insgesamt zur Deckung der Auszahlungen des Finanzhaushalts.

(2) Übersteigen die Einzahlungen aus laufender Verwaltungstätigkeit die Auszahlungen aus laufender Verwaltungstätigkeit, ist der hierdurch sich ergebende Überschuss nach Abzug der für die Tilgung von Investitionskrediten erforderlichen Auszahlungen zur Verminderung von Verbindlichkeiten aus Kreditaufnahmen zur Liquiditätssicherung zu verwenden.

§ 17
Zweckbindung

(1) Erträge sind auf die Verwendung für bestimmte Aufwendungen zu beschränken, soweit sich dies aus rechtlicher Verpflichtung ergibt. Sie können auf die Verwendung für bestimmte Aufwendungen beschränkt werden,

1. wenn die Beschränkung sich aus der Herkunft oder Natur der Erträge ergibt oder
2. wenn ein sachlicher Zusammenhang dies erfordert und durch die Zweckbindung die Bewirtschaftung der Mittel erleichtert wird.

Zweckgebundene Mehrerträge dürfen für entsprechende Mehraufwendungen verwendet werden.

(2) Es kann bestimmt werden, dass in einem Teilhaushalt bestimmte Mehrerträge bestimmte Ansätze für Aufwendungen erhöhen oder bestimmte Mindererträge bestimmte Ansätze für Aufwendungen vermindern. Die Inanspruchnahme darf im Teilhaushalt nicht dazu führen, dass der Saldo aus zahlungswirksamen Erträgen und Aufwendungen vermindert wird.

(3) Mehraufwendungen nach den Absätzen 1 und 2 gelten nicht als überplanmäßige Aufwendungen.

(4) Die Absätze 1 bis 3 gelten für Einzahlungen und Auszahlungen entsprechend.

§ 18
Deckungsfähigkeit

(1) Aufwendungen, die zu einem Teilhaushalt gehören, sind gegenseitig deckungsfähig, wenn im Haushaltsplan nichts anderes bestimmt wird. Die Inanspruchnahme darf im Teilhaushalt nicht dazu führen, dass die Summe der zahlungswirksamen Aufwendungen erhöht wird.

(2) Aufwendungen, die nicht nach Absatz 1 deckungsfähig sind, können für gegenseitig oder einseitig deckungsfähig erklärt werden, wenn sie sachlich zusammenhängen. Absatz 1 Satz 2 gilt entsprechend.

(3) Die Absätze 1 und 2 gelten für Auszahlungen aus Investitionstätigkeit und Verpflichtungsermächtigungen entsprechend.

(4) Zahlungswirksame Aufwendungen eines Teilhaushalts können für einseitig deckungsfähig zu Gunsten von Investitionsauszahlungen des Teilhaushalts nach § 3 Abs. 1 Nr. 25 bis 30 erklärt werden.

(5) Bei Deckungsfähigkeit können die deckungsberechtigten Ansätze zu Lasten der deckungspflichtigen Ansätze erhöht werden.

§ 19
Übertragbarkeit

(1) Ermächtigungen für Auszahlungen aus Investitionstätigkeit bleiben bis zur Fälligkeit der letzten Zahlung für ihren Zweck verfügbar, bei Baumaßnahmen und Beschaffungen

längstens jedoch zwei Jahre nach Schluss des Haushaltsjahres, in dem der Bau oder der Gegenstand in seinen wesentlichen Teilen benutzt werden kann. Werden Investitionsmaßnahmen im Haushaltsjahr nicht begonnen, bleiben die Ermächtigungen bis zum Ende des zweiten dem Haushaltsjahr folgenden Jahres verfügbar.
(2) Ermächtigungen für Aufwendungen eines Budgets können ganz oder teilweise für übertragbar erklärt werden.

Vierter Abschnitt
Zahlungsabwicklung

§ 20
Gemeindekasse, Zahlungsabwicklung

(1) Aufgaben der Gemeindekasse sind
1. Zahlungsabwicklung (Annahme von Einzahlungen, Leistung von Auszahlungen und die Verwaltung der Finanzmittel),
2. Liquiditätsplanung,
3. Disposition von Geldanlagen,
4. Verwahrung von Wertgegenständen,
5. Beitreibung von Geldforderungen nach den Vorschriften des Saarländischen Verwaltungsvollstreckungsgesetzes vom 27. März 1974 (Amtsbl. S. 430), zuletzt geändert durch das Gesetz vom 15. Februar 2006 (Amtsbl. S. 474, 530), in der jeweils geltenden Fassung sowie
6. Festsetzung, Stundung, Niederschlagung und der Erlass von Mahngebühren, der Vollstreckungskosten (Gebühren und Auslagen) und Nebenforderungen (Zinsen und Säumniszuschläge), soweit in anderen Vorschriften nichts anderes bestimmt ist oder die Vollstreckungsbefugnisse nicht auf eine andere Behörde übertragen worden sind.

Die Bürgermeisterin oder der Bürgermeister kann der Gemeindekasse weitere Aufgaben übertragen.
(2) Zur Erledigung von Kassengeschäften können Zahlstellen als Teile der Gemeindekasse eingerichtet werden. Die Bürgermeisterin oder der Bürgermeister regelt die Aufgaben der einzelnen Zahlstellen durch Dienstanweisung.
(3) Bedienstete, denen die Abwicklung von Zahlungen obliegt, können mit der Stundung, Niederschlagung und Erlass von gemeindlichen Ansprüchen beauftragt werden, wenn dies der Verwaltungsvereinfachung dient und eine ordnungsgemäße Erledigung gewährleistet ist.
(4) Jeder Zahlungsanspruch und jede Zahlungsverpflichtung sind auf ihren Grund und ihre Höhe zu prüfen und festzustellen (sachliche und rechnerische Feststellung). Die Bürgermeisterin oder der Bürgermeister regelt die Befugnis für die sachliche und rechnerische Feststellung in einer Dienstanweisung.
(5) Die Befugnis, Zahlungsanweisungen zu erteilen, ist in einer von den an der Zahlungsabwicklung beteiligten Stellen nachprüfbaren Form zu regeln und im Einzelnen zu dokumentieren. Wer nach Absatz 4 die sachliche und rechnerische Richtigkeit feststellt, kann nicht auch die Zahlungsanweisung erteilen.
(6) Zahlungsanweisung, Zahlungsabwicklung und Buchführung dürfen nicht von demselben Bediensteten wahrgenommen werden. Beschäftigte, denen die Buchführung oder die Abwicklung von Zahlungen obliegen, darf die Befugnis zur sachlichen und rechnerischen Feststellung nur übertragen werden, wenn und soweit der Sachverhalt nur von ihnen beurteilt werden kann. Zahlungsaufträge sind von zwei Beschäftigten freizugeben.
(7) Die Finanzmittelkonten sind am Schluss des Buchungstages oder vor Beginn des folgenden Buchungstages mit den Bankkonten abzugleichen und festzustellen. Am Ende des Haushaltsjahres sind sie für die Aufstellung des Jahresabschlusses abzuschließen und der Bestand der Finanzmittel ist festzustellen.

§ 21
Örtliche Prüfung der Zahlungsabwicklung

(1) Die Zahlungsabwicklung ist mindestens einmal jährlich unvermutet zu prüfen. Überwacht das Rechnungsprüfungsamt laufend

die Zahlungsabwicklung, kann von der unvermuteten Prüfung abgesehen werden.
(2) Über die Prüfung ist ein Prüfbericht zu fertigen, aus dem Art und Umfang sowie das Prüfungsergebnis hervorgeht. Art und Umfang der Prüfung sowie den Inhalt des Prüfungsberichts regelt die Bürgermeisterin oder der Bürgermeister in einer Dienstanweisung.

§ 21a
Sonderkassen

Die Bestimmungen des Vierten Abschnitts gelten sinngemäß für Sonderkassen, soweit nichts anderes bestimmt ist.

Fünfter Abschnitt
Weitere Vorschriften für die Haushaltswirtschaft

§ 22
Bewirtschaftung und Überwachung, Kleinbeträge

(1) Die im Haushaltsplan enthaltenen Ermächtigungen dürfen erst dann in Anspruch genommen werden, wenn die Aufgabenerfüllung dies erfordert; die Inanspruchnahme ist zu überwachen. Das Gleiche gilt für Verpflichtungsermächtigungen sowie für die Inanspruchnahme der nach § 19 Abs. 2 übertragenen Mittel. Bei Ermächtigungen für Investitionen muss die rechtzeitige Bereitstellung der Finanzmittel gesichert sein. Dabei darf die Finanzierung anderer, bereits begonnener Maßnahmen nicht beeinträchtigt werden.
(2) Die für die Bewirtschaftung festgelegten Sperrvermerke oder andere besondere Bestimmungen sind, soweit sie bereits bei der Aufstellung des Haushaltsplans feststehen, im Haushaltsplan oder in der Haushaltssatzung auszuweisen.
(3) Durch geeignete Maßnahmen ist sicherzustellen, dass Ansprüche der Gemeinde vollständig erfasst, rechtzeitig geltend gemacht und eingezogen und Verpflichtungen der Gemeinde erst bei Fälligkeit erfüllt werden.
(4) Die Gemeinde kann davon absehen, Ansprüche von weniger als 20 Euro geltend zu machen, es sei denn, dass die Einziehung aus grundsätzlichen Erwägungen geboten ist; letzteres gilt insbesondere für Verwaltungsgebühren, Bußgelder oder Zahlungsverpflichtungen aufgrund besonderer Rechtsvorschriften, allgemeiner Tarife oder allgemein festgesetzter Entgelte. Mit juristischen Personen des öffentlichen Rechts kann im Falle der Gegenseitigkeit etwas anderes vereinbart werden.

§ 23
Berichtspflicht und haushaltswirtschaftliche Sperre

(1) Nach den örtlichen Bedürfnissen der Gemeinde ist der Gemeinderat während des Haushaltsjahres über den Stand des Haushaltsvollzugs (Erreichung der Finanz- und Leistungsziele) zu unterrichten.
(2) Wenn die Entwicklung der Erträge oder Aufwendungen oder die Einhaltung der Liquidität es erfordert, kann die Bürgermeisterin oder der Bürgermeister die Inanspruchnahme der im Haushaltsplan enthaltenen Ermächtigungen oder Verpflichtungsermächtigungen sperren.
(3) Der Gemeinderat ist unverzüglich zu unterrichten, wenn nach Absatz 2 eine haushaltswirtschaftliche Sperre ausgesprochen worden ist oder wenn sich abzeichnet, dass der Haushaltsausgleich gefährdet ist oder dass sich die Investitionszahlungen einer Einzelmaßnahme nach § 4 Abs. 5 nicht nur geringfügig erhöhen.

§ 24
Vergabe von Aufträgen

(1) Der Vergabe von Aufträgen muss eine öffentliche Ausschreibung oder eine beschränkte Ausschreibung mit Teilnahmewettbewerb vorausgehen, sofern nicht die Natur des Geschäfts oder besondere Umstände eine beschränkte Ausschreibung ohne Teilnahmewettbewerb oder eine frei-

händige Vergabe rechtfertigen. Teilnahmewettbewerb ist ein Verfahren, bei dem der öffentliche Auftraggeber nach vorheriger öffentlicher Aufforderung zur Teilnahme eine beschränkte Anzahl von geeigneten Unternehmen nach objektiven, transparenten und nichtdiskriminierenden Kriterien auswählt und zur Abgabe von Angeboten auffordert.
(2) Bei der Vergabe von Aufträgen und dem Abschluss von Verträgen sind die Vergabegrundsätze anzuwenden, die das Ministerium für Inneres und Sport bekannt gibt.

§ 25
Stundung, Niederschlagung und Erlass

(1) Ansprüche können ganz oder teilweise gestundet werden, wenn ihre Einziehung bei Fälligkeit eine erhebliche Härte für den Schuldner bedeuten würde und der Anspruch durch die Stundung nicht gefährdet wird. Gestundete Beträge sind mit einem Zinssatz von zwei vom Hundert pro Jahr über dem jeweiligen Basiszinssatz gemäß § 247 des Bürgerlichen Gesetzbuchs zu verzinsen. Soweit es die Umstände des Einzelfalls erfordern, soll eine geeignete Sicherheit verlangt werden.
(2) Ansprüche dürfen niedergeschlagen werden, wenn feststeht, dass die Einziehung keinen Erfolg haben wird, oder wenn die Kosten der Einziehung außer Verhältnis zur Höhe des Anspruchs stehen.
(3) Ansprüche dürfen ganz oder zum Teil erlassen werden, wenn ihre Einziehung nach Lage des einzelnen Falles für den Schuldner eine besondere Härte bedeuten würde. Das gleiche gilt für die Rückzahlung oder Anrechnung von geleisteten Beträgen.

Sechster Abschnitt
Buchführung und Inventar

§ 26
Zweck der Buchführung, Buchführungspflicht

(1) Die Buchführung hat:
1. die Aufstellung des Jahresabschlusses und die Durchführung des Planvergleichs zu ermöglichen,
2. die Überprüfung des Umgangs mit öffentlichen Mitteln im Hinblick auf Rechtmäßigkeit, Wirtschaftlichkeit und Sparsamkeit zu ermöglichen und
3. Informationen für den Haushaltsvollzug und für die künftige Haushaltsplanung bereitzustellen.

(2) Die Gemeinde ist zur Erfüllung der in Absatz 1 genannten Zwecke verpflichtet, Bücher nach den Regeln der doppelten Buchführung für Gemeinden zu führen, in denen:
1. alle Vorgänge, die zu einer Änderung der Höhe oder der Zusammensetzung des Vermögens und der Schulden führen,
2. alle Aufwendungen und Erträge,
3. alle Finanzierungsvorgänge,
4. die sonstigen, nicht das Vermögen der Gemeinde berührenden wirtschaftlichen Vorgänge, insbesondere durchlaufende Finanzmittel,

nach den Grundsätzen ordnungsgemäßer Buchführung für Gemeinden und Gemeindeverbände aufgezeichnet werden.
(3) Rechtsvorschriften über weitergehende Buchführungspflichten bleiben unberührt.

§ 27
Buchführung, Aufbewahrung der Unterlagen

(1) Die Buchführung muss so beschaffen sein, dass sie einem sachverständigen Dritten innerhalb einer angemessenen Zeit einen Überblick über die Geschäftsvorfälle und die Lage der Gemeinde vermitteln kann. Die einzelnen Geschäftsvorfälle müssen sich in ihrer Entstehung und Abwicklung verfolgen lassen. Die Bücher müssen Auswertungen nach dem vom Ministerium für Inneres und Sport bekannt gegebenen Produktplan und dem Kontenplan sowie in zeitlicher Ordnung zulassen.
(2) Der Buchführung ist der vom Ministerium für Inneres und Sport bekannt gegebene Kontenplan zu Grunde zu legen. Der Kontenplan kann, soweit er nicht verbindlich vorgegeben ist, bei Bedarf ergänzt werden. Die

von der Gemeinde eingerichteten Konten sind in einem Verzeichnis aufzuführen. Die Finanzbuchhaltung kann durch Nebenbuchhaltungen ergänzt werden. Die Ergebnisse der Nebenbuchhaltungen sind mindestens vierteljährlich auf die Sachkonten der Finanzbuchhaltung zu übernehmen. Die Bürgermeisterin oder der Bürgermeister bestimmt, welche Nebenbuchhaltungen geführt werden.

(3) Die Buchung auf dem Sachkonto umfasst mindestens

1. eine eindeutige Belegnummer,
2. den Buchungstag,
3. einen Hinweis, der die Verbindung mit dem Gegenkonto herstellt,
4. den Betrag.

(4) Die Eintragungen in die Bücher müssen vollständig, richtig, zeitgerecht und geordnet vorgenommen werden. Die Bedeutung von verwendeten Abkürzungen, Ziffern, Buchstaben oder Symbolen muss im Einzelfall eindeutig festgelegt sein. Eine Eintragung oder eine Aufzeichnung in den Büchern darf nicht in einer Weise verändert werden, dass der ursprüngliche Inhalt nicht mehr feststellbar ist. Auch solche Veränderungen dürfen nicht vorgenommen werden, deren Beschaffenheit es ungewiss lässt, ob sie ursprünglich oder erst später gemacht worden sind.

(5) Den Buchungen sind Belege, durch die der Nachweis der richtigen und vollständigen Ermittlung der Ansprüche und Verpflichtungen zu erbringen ist, zu Grunde zu legen (begründende Unterlagen). Die Buchungsbelege müssen Hinweise enthalten, die eine Verbindung zu den Eintragungen in den Büchern herstellen.

(6) Vermögens-, Ergebnis- und Finanzrechnung werden in einem geschlossenen System geführt. Aus den Buchungen der zahlungswirksamen Geschäftsvorfälle sind die Zahlungen für den Ausweis in der Finanzrechnung durch eine von der Gemeinde bestimmte Buchungsmethode zu ermitteln. Die Ermittlung darf nicht durch eine indirekte Rückrechnung aus dem in der Ergebnisrechnung ausgewiesenen Jahresergebnis erfolgen.

(7) Bei der Buchführung mit Hilfe automatisierter Datenverarbeitung (DV-Buchführung) muss unter Beachtung der Grundsätze ordnungsmäßiger DV-gestützter Buchführungssysteme sichergestellt werden, dass:

1. geeignete, fachlich geprüfte Programme eingesetzt werden; sie müssen dokumentiert und zur Anwendung freigegeben sein,
2. die Daten vollständig und richtig erfasst, eingegeben, verarbeitet und ausgegeben werden,
3. nachvollziehbar dokumentiert ist, wer, wann, welche Daten eingegeben oder verändert hat,
4. in das automatisierte Verfahren nicht unbefugt eingegriffen werden kann,
5. die gespeicherten Daten nicht verloren gehen und nicht unbefugt verändert werden können,
6. die gespeicherten Daten bis zum Ablauf der Aufbewahrungsfristen der Bücher jederzeit in angemessener Frist lesbar und maschinell auswertbar sind,
7. Berichtigungen der Bücher protokolliert und die Protokolle wie Belege aufbewahrt werden,
8. elektronische Signaturen mindestens während der Dauer der Aufbewahrungsfristen nachprüfbar sind,
9. die Unterlagen, die für den Nachweis der richtigen und vollständigen Ermittlung der Ansprüche oder Zahlungsverpflichtungen sowie für die ordnungsgemäße Abwicklung der Buchführung und des Zahlungsverkehrs erforderlich sind, einschließlich eines Verzeichnisses über den Aufbau der Datensätze und die Dokumentation der eingesetzten Programme und Verfahren bis zum Ablauf der Aufbewahrungsfrist verfügbar bleiben,
10. die Verwaltung von Informationssystemen und -automatisierten Verfahren von der fachlichen Sachbearbeitung und der Erledigung von Aufgaben der Finanzbuchhaltung verantwortlich abgegrenzt wird.

(8) Die Bücher sind durch geeignete Maßnahmen gegen Verlust, Wegnahme und Veränderungen zu schützen. In einer Richtlinie regelt die Bürgermeisterin oder der Bürgermeister das Nähere über die Sicherung des Buchungsverfahrens.

(9) Die Gemeinde ist verpflichtet, die Bücher, die Unterlagen über die Inventur, die Jahresabschlüsse, die dazu ergangenen Anweisungen und Organisationsregelungen, die Buchungsbelege, die Unterlagen über den Zahlungsverkehr sowie die sonstigen erforderlichen Aufzeichnungen geordnet und sicher aufzubewahren. Soweit begründende Unterlagen nicht den Kassenanordnungen beigefügt sind, obliegt ihre Aufbewahrung den anordnenden Stellen.

(10) Die Eröffnungsbilanz und die Jahresabschlüsse sind dauernd aufzubewahren. Bücher, Inventare, Rechenschaftsberichte, die Anlagen zur Eröffnungsbilanz und zum Jahresabschluss sowie die zu ihrem Verständnis erforderlichen Arbeitsanweisungen und Organisationsunterlagen sind zehn Jahre, die sonstigen Belege sechs Jahre aufzubewahren. Ergeben sich Zahlungsgrund und Zahlungspflichtige oder Empfangsberechtigte nicht aus den Büchern, sind die Belege so lange wie die Bücher aufzubewahren. Die Fristen beginnen am 1. Januar des der Feststellung des Jahresabschlusses folgenden Haushaltsjahres.

(11) Mit Ausnahme der Eröffnungsbilanz und der Jahresabschlüsse können die in Absatz 10 aufgeführten Unterlagen auch als Wiedergabe auf einem Bildträger oder auf anderen Datenträgern aufbewahrt werden, wenn dies den Grundsätzen ordnungsmäßiger Buchführung entspricht und sichergestellt ist, dass die Wiedergabe oder die Daten

1. mit den Belegen bildlich und mit den anderen -Daten inhaltlich übereinstimmen, wenn sie lesbar gemacht werden,
2. während der Dauer der Aufbewahrungsfrist jederzeit verfügbar sind, unverzüglich lesbar gemacht und maschinell ausgewertet werden können.

Die Bildträger bzw. Datenträger sind anstelle der Originale aufzubewahren. Andere Rechtsvorschriften über die Aufbewahrung von Büchern und Unterlagen bleiben unberührt.

§ 28
Sicherheitsstandards

(1) Um die ordnungsgemäße Erledigung der Aufgaben der Finanzbuchhaltung unter besonderer Berücksichtigung des Umgangs mit Zahlungsmitteln sowie die Verwahrung und Verwaltung von Wertgegenständen sicherzustellen, ist von der Bürgermeisterin oder dem Bürgermeister eine Dienstanweisung unter Berücksichtigung der örtlichen Gegebenheiten zu erlassen.

(2) Die Dienstanweisung nach Absatz 1 muss hinreichend bestimmt sein und mindestens Bestimmungen enthalten über:

1. Aufbau- und Ablauforganisation mit Festlegungen über:
   - 1.1. sachbezogene Verantwortlichkeiten,
   - 1.2. schriftliche Unterschriftsbefugnisse oder elektronische Signaturen mit Angabe von Form und Umfang,
   - 1.3. zentrale oder dezentrale Erledigung der Zahlungsabwicklung mit Festlegung eines Verantwortlichen für die Sicherstellung der Zahlungsfähigkeit,
   - 1.4. Buchungsverfahren mit und ohne Zahlungsabwicklung sowie die Identifikation von Buchungen,
   - 1.5. die Jahresabstimmung der Konten für den Jahresabschluss,
   - 1.6. die Behandlung von Kleinbeträgen,
   - 1.7. Stundung, Niederschlagung und Erlass von Ansprüchen der Gemeinde,
   - 1.8. Mahn- und Vollstreckungsverfahren,
   - 1.9. Belegdurchlauf,
2. den Einsatz von automatisierter Datenverarbeitung in der Finanzbuchhaltung mit Festlegungen über:
   - 2.1. die Freigabe von Verfahren,
   - 2.2. Berechtigungen im Verfahren,

   2.3. Dokumentation der eingegebenen Daten und ihrer Veränderungen,
   2.4. Identifikationen innerhalb der sachlichen und zeitlichen Buchung,
   2.5. Nachprüfbarkeit von elektronischen Signaturen,
   2.6. Sicherung und Kontrolle der Verfahren,
   2.7. die Abgrenzung der Verwaltung von Informationssystemen und automatisierten Verfahren von der fachlichen Sachbearbeitung und der Erledigung der Aufgaben der Finanzbuchhaltung,
3. die Verwaltung der Zahlungsmittel mit Festlegungen über:
   3.1. Einrichtung von Bankkonten,
   3.2. Unterschriften von zwei Beschäftigten im Bankverkehr,
   3.3. Aufbewahrung, Beförderung und Entgegennahme von Zahlungsmitteln durch Beschäftigte und Automaten,
   3.4. Einsatz von Geldkarte, Debitkarte oder Kreditkarte sowie Schecks,
   3.5. Anlage nicht benötigter Zahlungsmittel,
   3.6. Aufnahme und Rückzahlung von Krediten zur Liquiditätssicherung,
   3.7. die durchlaufende Zahlungsabwicklung,
4. die Sicherheit und Überwachung der Buchhaltung mit Festlegungen über:
   4.1. ein Verbot bestimmter Tätigkeiten in Personalunion,
   4.2. die Sicherheitseinrichtungen,
   4.3. die Aufsicht und Kontrolle über Buchführung und Zahlungsabwicklung,
   4.4. regelmäßige und unvermutete Prüfungen,
   4.5. die Beteiligung der Rechnungsprüfung und der Kassenaufsicht,
5. die sichere Verwahrung und die Verwaltung von Wertgegenständen sowie von sonstigen Unterlagen.

§ 29
Inventur, Inventar

(1) Die Gemeinde hat für den Schluss eines jeden Haushaltsjahres ihre Grundstücke, ihre Forderungen und Schulden, den Betrag ihres baren Geldes sowie ihre sonstigen Vermögensgegenstände genau zu verzeichnen und dabei den Wert der einzelnen Vermögensgegenstände und Schulden anzugeben (Inventar). Körperliche Vermögensgegenstände sind durch eine körperliche Bestandsaufnahme zu erfassen, soweit in dieser Verordnung nichts anderes bestimmt ist. Das Inventar ist innerhalb der einem ordnungsmäßigen Geschäftsgang entsprechenden Zeit aufzustellen.
(2) Vermögensgegenstände des Sachanlagevermögens sowie Roh-, Hilfs- und Betriebsstoffe können, wenn sie regelmäßig ersetzt werden und ihr Gesamtwert für die Gemeinde von nachrangiger Bedeutung ist, mit einer gleichbleibenden Menge und einem gleichbleibenden Wert angesetzt werden, sofern ihr Bestand in seiner Größe, seinem Wert und seiner Zusammensetzung nur geringen Veränderungen unterliegt. Jedoch ist in der Regel alle fünf Jahre eine körperliche Bestandsaufnahme durchzuführen.
(3) Gleichartige Vermögensgegenstände des Vorratsvermögens sowie andere gleichartige oder annähernd gleichwertige bewegliche Vermögensgegenstände und Schulden können jeweils zu einer Gruppe zusammengefasst und mit dem gewogenen Durchschnittswert angesetzt werden. Satz 1 gilt sinngemäß für gleichartige oder annähernd gleichwertige Zusammensetzungen von beweglichen Vermögensgegenständen.

§ 30
Inventurvereinfachungsverfahren

(1) Bei der Aufstellung des Inventars darf der Bestand der Vermögensgegenstände nach Art, Menge und Wert auch mit Hilfe anerkannter mathematisch-statistischer Methoden auf Grund von Stichproben ermittelt werden. Das Verfahren muss den Grundsätzen ordnungs-

mäßiger Buchführung entsprechen. Der Aussagewert des auf diese Weise aufgestellten Inventars muss dem Aussagewert eines auf Grund einer körperlichen Bestandsaufnahme aufgestellten Inventars gleichkommen.
(2) Bei der Aufstellung des Inventars für den Schluss eines Haushaltsjahrs bedarf es einer körperlichen Bestandsaufnahme der Vermögensgegenstände für diesen Zeitpunkt nicht, soweit durch Anwendung eines den Grundsätzen ordnungsmäßiger Buchführung entsprechenden anderen Verfahrens gesichert ist, dass der Bestand der Vermögensgegenstände nach Art, Menge und Wert auch ohne die körperliche Bestandsaufnahme für diesen Zeitpunkt festgestellt werden kann.
(3) In dem Inventar für den Schluss eines Haushaltsjahrs brauchen Vermögensgegenstände nicht verzeichnet zu werden, wenn

1. die Gemeinde ihren Bestand auf Grund einer körperlichen Bestandsaufnahme oder auf Grund eines nach Absatz 2 zulässigen anderen Verfahrens nach Art, Menge und Wert in einem besonderen Inventar verzeichnet hat, das für einen Tag innerhalb der letzten drei Monate vor oder der ersten beiden Monate nach dem Schluss des Haushaltsjahrs aufgestellt ist, und
2. auf Grund des besonderen Inventars durch Anwendung eines den Grundsätzen ordnungsmäßiger Buchführung entsprechenden Fortschreibungs- oder Rückrechnungsverfahrens gesichert ist, dass der am Schluss des Haushaltsjahrs vorhandene Bestand der Vermögensgegenstände für diesen Zeitpunkt ordnungsgemäß bewertet werden kann.

(4) Auf eine Erfassung der Vermögensgegenstände des Anlagevermögens, deren Anschaffungs- und Herstellungskosten 1.000 Euro ohne Umsatzsteuer nicht überschreiten und die einer Abnutzung unterliegen, kann verzichtet werden.
(5) Sofern Vorratsbestände von Roh-, Hilfs- und Betriebsstoffen, Waren sowie unfertige und fertige Erzeugnisse bereits aus Lagern abgegeben worden sind, gelten sie als verbraucht.

§ 31
Vollständigkeit der Ansätze, Verrechnungs- und Bilanzierungsverbote

(1) In der Vermögensrechnung sind das Anlage- und Umlaufvermögen, das Eigenkapital, die Schulden sowie die Rechnungsabgrenzungsposten vollständig auszuweisen. Ein Vermögensgegenstand ist in die Vermögensrechnung aufzunehmen, wenn die Gemeinde das wirtschaftliche Eigentum daran inne hat und dieser selbstständig verwertbar ist.
(2) Anlagevermögen sind die Gegenstände, die bestimmt sind, dauernd der Tätigkeit der Gemeinde zu dienen.
(3) Posten der Aktivseite dürfen nicht mit Posten der Passivseite, Aufwendungen nicht mit Erträgen, Einzahlungen nicht mit Auszahlungen, Grundstücksrechte nicht mit Grundstückslasten verrechnet werden.
(4) Für immaterielle Vermögensgegenstände des Anlagevermögens, die nicht entgeltlich erworben wurden, darf ein Aktivposten nicht angesetzt werden.

§ 32
Rückstellungen

(1) Rückstellungen sind zu bilden für folgende ungewisse Verbindlichkeiten und Aufwendungen:

1. Entgeltzahlung für Zeiten der Freistellung von der Arbeit im Rahmen von Altersteilzeitarbeit und ähnlichen Maßnahmen,
2. unterlassene Instandhaltung, sofern die Nachholung der Instandhaltung im nächsten Jahr beabsichtigt ist sowie die vorgesehenen Maßnahmen am Abschlussstichtag einzeln bestimmt und wertmäßig beziffert sind,
3. Rekultivierung und Nachsorge von Abfalldeponien,
4. Sanierung von Altlasten,

5. im Rahmen von Steuerschuldverhältnissen,
6. drohende Verpflichtungen aus anhängigen Gerichtsverfahren.

Für sonstige Verpflichtungen, die vor dem Bilanzstichtag wirtschaftlich begründet wurden und die dem Grunde oder der Höhe nach noch nicht genau bekannt sind, sollen Rückstellungen gebildet werden.

(1a) Abweichend von Absatz 1 brauchen Rückstellungen nicht gebildet zu werden, wenn die ungewisse Verbindlichkeit oder Aufwendung einen Betrag von 0,1 Promille des Gesamtbetrags der Aufwendungen im Ergebnishaushalt oder 10.000 Euro nicht übersteigt.

(2) Für andere Zwecke als nach Absatz 1 dürfen keine Rückstellungen gebildet werden. Dies gilt auch für Pensionsverpflichtungen aufgrund von beamtenrechtlichen oder vertraglichen Ansprüchen, für Beihilfeverpflichtungen gegenüber Versorgungs- und Rentenempfängerinnen und -empfängern, für ungewisse Verbindlichkeiten aus steuerkraftabhängigen Umlagen im Rahmen des Finanzausgleichs, für ausstehenden Urlaub und für Überstunden.

(3) Rückstellungen sind nur in der Höhe des Betrags anzusetzen, in der die Gemeinde mit einer Inanspruchnahme rechnet.

(4) Rückstellungen sind aufzulösen, soweit der Grund hierfür entfallen ist.

§ 33
Investitionsförderungsmaßnahmen, Sonderposten

(1) Von der Gemeinde mit einer mehrjährigen Zweckbindung oder mit einer vereinbarten Gegenleistungsverpflichtung geleistete Zuwendungen für die Anschaffung oder Herstellung von Vermögensgegenständen (Investitionsförderungsmaßnahmen) sind als immaterielle Vermögensgegenstände auf der Aktivseite der Vermögensrechnung auszuweisen. Die aktivierte Zuwendung ist aufwandswirksam über den Zeitraum der Zweckbindung oder Gegenleistungsverpflichtung linear aufzulösen.

(2) Erhaltene Zuwendungen sowie Beiträge und ähnliche Entgelte für die Anschaffung oder Herstellung von Vermögensgegenständen sind als Sonderposten auf der Passivseite der Vermögensrechnung auszuweisen. Die Sonderposten sind ertragswirksam entsprechend der Abschreibung der damit finanzierten Vermögensgegenstände aufzulösen. Ist die Zuordnung des Sonderpostens zu einem bestimmten Vermögensgegenstand nicht möglich, ist der ertragswirksamen Auflösung ein sachgerecht ermittelter gemeindebezogener Vom-Hundert-Satz oder ein pauschaler Satz von fünf vom Hundert pro Jahr zugrunde zu legen.

(3) Kostenüberdeckungen bei gebührenpflichtigen Einrichtungen am Ende eines Kalkulationszeitraums, die nach § 6 Abs. 2 des Kommunalabgabengesetzes in der Fassung der Bekanntmachung vom 29. Mai 1998 (Amtsbl. S. 691), zuletzt geändert durch das Gesetz vom 15. Februar 2006 (Amtsbl. S. 474, 530), in der jeweils geltenden Fassung in den folgenden drei Jahren auszugleichen sind, sind als Sonderposten für den Gebührenausgleich auf der Passivseite der Vermögensrechnung auszuweisen. Die Sonderposten sind entsprechend dem Ausgleich der Kostenüberdeckungen in der Gebührenkalkulation ertragswirksam aufzulösen.

§ 34
Allgemeine Bewertungsgrundsätze

Bei der Bewertung der Vermögensgegenstände und Schulden gilt Folgendes:

1. Die Wertansätze in der Eröffnungsbilanz des Haushaltsjahrs müssen mit denen der Schlussbilanz des Vorjahres übereinstimmen.
2. Die Vermögensgegenstände und Schulden sind zum Abschlussstichtag einzeln zu bewerten.
3. Es ist vorsichtig zu bewerten. Vorhersehbare Risiken und Verluste, die bis zum Abschlussstichtag entstanden sind, sind zu berücksichtigen, selbst wenn diese

erst zwischen dem Abschlussstichtag und dem Tag der Aufstellung des Jahresabschlusses bekannt geworden sind. Gewinne sind nur zu berücksichtigen, wenn sie am Abschlussstichtag realisiert sind.
4. Aufwendungen und Erträge des Haushaltsjahrs sind unabhängig von den Zeitpunkten der entsprechenden Zahlungen im Jahresabschluss zu berücksichtigen.
5. Die auf den vorhergehenden Jahresabschluss angewandten Bewertungsmethoden sollen beibehalten werden.

§ 35
Wertansätze der Vermögensgegenstände und Schulden

(1) Vermögensgegenstände sind höchstens mit den Anschaffungs- oder Herstellungskosten, vermindert um Abschreibungen nach § 36, anzusetzen.
(2) Anschaffungskosten sind die Aufwendungen, die geleistet werden, um einen Vermögensgegenstand zu erwerben und ihn in einen betriebsbereiten Zustand zu versetzen, soweit sie dem Vermögensgegenstand einzeln zugeordnet werden können. Zu den Anschaffungskosten gehören auch die Nebenkosten sowie die nachträglichen Anschaffungskosten. Minderungen des Anschaffungspreises sind abzusetzen.
(3) Herstellungskosten sind die Aufwendungen, die durch den Verbrauch von Gütern und die Inanspruchnahme von Diensten für die Herstellung eines Vermögensgegenstands, seine Erweiterung oder für eine über seinen ursprünglichen Zustand hinausgehende wesentliche Verbesserung entstehen. Dazu gehören die Materialkosten, die Fertigungskosten und die Sonderkosten der Fertigung. Bei der Berechnung der Herstellungskosten dürfen auch angemessene Teile der notwendigen Materialgemeinkosten, der notwendigen Fertigungsgemeinkosten und des Wertverzehrs des Anlagevermögens, soweit er durch die Fertigung veranlasst ist, eingerechnet werden. Als Herstellungswerte gelten auch Aufwendungen für Maßnahmen der Sanierung, Modernisierung oder Erneuerung am Vermögen, zu deren Finanzierung die Gemeinde eine Zuwendung oder einen zinsvergünstigten Kredit von der Europäischen Union, dem Bund, dem Land oder einer Förderbank als Investitionshilfe erhält.
(3a) Als Herstellungskosten können auch Maßnahmen der Sanierung, Modernisierung oder Erneuerung am Vermögen mit spürbaren energetischen Wirkungen gelten. Die Herstellungskosten sind in diesem Fall jeweils als eigener Vermögensgegenstand zu aktivieren und abzuschreiben. Das Nähere regelt das Ministerium für Inneres, Bauen und Sport durch Verwaltungsvorschrift.
(4) Forderungen sind grundsätzlich mit dem Nennbetrag anzusetzen.
(5) Verbindlichkeiten sind grundsätzlich mit ihrem Rückzahlungsbetrag anzusetzen.

§ 36
Abschreibungen

(1) Bei Vermögensgegenständen des Anlagevermögens, deren Nutzung zeitlich begrenzt ist, sind die Anschaffungs- oder Herstellungskosten um planmäßige Abschreibungen zu vermindern. Die planmäßige Abschreibung erfolgt in gleichen Jahresraten über die Dauer, in der der Vermögensgegenstand voraussichtlich genutzt werden kann (lineare Abschreibung). Maßgeblich ist die betriebsgewöhnliche Nutzungsdauer, die auf der Grundlage von Erfahrungswerten und unter Berücksichtigung von Beschaffenheit und Nutzung des Vermögensgegenstands zu bestimmen ist. Wird durch die Instandsetzung des Vermögensgegenstands eine Verlängerung der Nutzungsdauer erreicht, ist die Restnutzungsdauer neu zu bestimmen; entsprechend ist zu verfahren, wenn in Folge einer voraussichtlich dauernden Wertminderung eine Verkürzung eintritt.
(2) Für die Bestimmung der wirtschaftlichen Nutzungsdauer von abnutzbaren Vermögensgegenständen ist die vom Ministerium

für Inneres und Sport bekannt gegebene Abschreibungstabelle für Kommunen zu Grunde zu legen. Innerhalb des dort vorgegebenen Rahmens ist unter Berücksichtigung der tatsächlichen örtlichen Verhältnisse die Bestimmung der jeweiligen Nutzungsdauer so vorzunehmen, dass eine Stetigkeit für zukünftige Festlegungen von Abschreibungen gewährleistet wird.
(2a) In den Fällen des § 35 Absatz 3a sind die durchschnittlichen wirtschaftlichen Nutzungsdauern im Einzelfall aufgrund von Erfahrungswerten zu bestimmen.
(3) Im Jahr der Anschaffung oder Herstellung sind abnutzbare Vermögensgegenstände des Anlagevermögens entsprechend dem Zeitpunkt ihrer Anschaffung oder Herstellung auf volle Monate unter Einschluss des Monats des Zugangs zeitanteilig abzuschreiben.
(3a) Abnutzbare bewegliche Vermögensgegenstände des Anlagevermögens, deren Anschaffungs- und Herstellungskosten im Einzelnen wertmäßig den Betrag von 1.000 Euro ohne Umsatzsteuer nicht überschreiten, werden als geringwertige Vermögensgegenstände unmittelbar als Aufwand berücksichtigt.
(4) Ohne Rücksicht darauf, ob ihre Nutzung zeitlich begrenzt ist, sind bei Vermögensgegenständen des Anlagevermögens im Falle einer voraussichtlich dauernden Wertminderung außerplanmäßige Abschreibungen vorzunehmen, um die Vermögensgegenstände mit dem niedrigeren Wert anzusetzen, der ihnen am Abschlussstichtag beizulegen ist. Stellt sich in einem späteren Jahr heraus, dass die Gründe für die Abschreibung nicht mehr bestehen, ist der Betrag dieser Abschreibung im Umfang der Werterhöhung unter Berücksichtigung der Abschreibungen, die inzwischen vorzunehmen gewesen wären, zuzuschreiben.
(5) Bei Vermögensgegenständen des Umlaufvermögens sind Abschreibungen vorzunehmen, um diese mit einem niedrigeren Wert anzusetzen, der sich aus einem Börsen- oder Marktpreis am Abschlussstichtag ergibt. Ist ein Börsen- oder Marktpreis nicht festzustellen und übersteigen die Anschaffungs- oder Herstellungskosten den Wert, der den Vermögensgegenständen beizulegen ist, so ist auf diesen Wert abzuschreiben.

Siebter Abschnitt
Jahresabschluss

§ 37
Allgemeine Grundsätze für die Gliederung

(1) Die Form der Darstellung, insbesondere die Gliederung der aufeinanderfolgenden Ergebnisrechnungen, Finanzrechnungen und Vermögensrechnungen (Bilanzen), ist beizubehalten, soweit nicht in Ausnahmefällen wegen besonderer Umstände Abweichungen erforderlich sind.
(2) Fällt ein Vermögensgegenstand oder eine Schuld unter mehrere Posten der Vermögensrechnung, so ist die Mitzugehörigkeit zu anderen Posten bei dem Posten, unter dem der Ausweis erfolgt ist, zu vermerken, wenn dies zur Aufstellung eines klaren und übersichtlichen Jahresabschlusses erforderlich ist.
(3) Eine weitere Untergliederung der Posten ist zulässig; dabei ist jedoch die vorgeschriebene Gliederung zu beachten. Neue Posten dürfen hinzugefügt werden, wenn ihr Inhalt nicht von einem vorgeschriebenen Posten gedeckt wird.
(4) Ein Posten der Ergebnisrechnung, Finanzrechnung oder der Vermögensrechnung, für den kein Betrag auszuweisen ist, braucht nicht aufgeführt zu werden, es sei denn, dass im Jahresabschluss des Vorjahres unter diesem Posten ein Betrag ausgewiesen wurde.

§ 38
Rechnungsabgrenzungsposten

(1) Als Rechnungsabgrenzungsposten sind auf der Aktivseite der Vermögensrechnung Ausgaben vor dem Abschlussstichtag auszuweisen, soweit sie Aufwand für eine bestimmte Zeit nach diesem Tag darstellen.

Ferner darf die als Aufwand berücksichtigte Umsatzsteuer auf am Abschlussstichtag auszuweisende oder von den Vorräten offen abgesetzte Anzahlungen ausgewiesen werden.
(2) Auf der Passivseite sind als Rechnungsabgrenzungsposten Einnahmen vor dem Abschlussstichtag auszuweisen, soweit sie Ertrag für eine bestimmte Zeit nach diesem Tag darstellen.
(3) Ist der Rückzahlungsbetrag einer Verbindlichkeit höher als der Ausgabebetrag, so darf der Unterschiedsbetrag auf der Aktivseite als Rechnungsabgrenzungsposten aufgenommen werden. Der Unterschiedsbetrag ist durch planmäßige jährliche Abschreibungen zu tilgen, die auf die gesamte Laufzeit der Verbindlichkeit verteilt werden können.
(4) Abweichend von den Absätzen 1 bis 3 brauchen Einnahmen, Ausgaben oder Rückzahlungsbeträge als Rechnungsabgrenzungsposten nicht ausgewiesen zu werden, wenn sie im Einzelfall einen Betrag von 10.000 Euro nicht übersteigen.

§ 39
Ergebnisrechnung, Planvergleich
(1) In der Ergebnisrechnung sind die dem Haushaltsjahr zuzurechnenden Erträge und Aufwendungen gegenüberzustellen. Erträge und Aufwendungen dürfen nicht miteinander verrechnet werden.
(2) Die Ergebnisrechnung ist in Staffelform aufzustellen. Für die Gliederung gilt § 2 entsprechend.
(3) Zur Ermittlung des Jahresergebnisses der Ergebnisrechnung sind die Gesamterträge und Gesamtaufwendungen gegenüberzustellen.
(4) Den in der Ergebnisrechnung nachzuweisenden Ist-Ergebnissen sind die Ergebnisse der Rechnung des Vorjahres und die fortgeschriebenen Planansätze des Haushaltsjahres voranzustellen und ein Plan-/Ist-Vergleich anzufügen.

§ 40
Finanzrechnung, Planvergleich
(1) In der Finanzrechnung sind die im Haushaltsjahr eingegangenen Einzahlungen und geleisteten Auszahlungen auszuweisen. Einzahlungen und Auszahlungen dürfen nicht miteinander verrechnet werden.
(2) Die Finanzrechnung ist in Staffelform aufzustellen. Für die Gliederung gilt § 3 entsprechend. § 39 Abs. 4 findet entsprechend Anwendung.

§ 41
Teilrechnungen, Planvergleich
(1) Entsprechend den gemäß § 4 aufgestellten Teilhaushalten sind Teilrechnungen, gegliedert in Teilergebnisrechnung und Teilfinanzrechnung, aufzustellen. § 39 Abs. 4 findet entsprechend Anwendung.
(2) Die Teilrechnungen sind jeweils um Ist-Zahlen zu den in den Teilhaushalten ausgewiesenen Ist-Leistungsmengen und Kennzahlen auf Ist-Basis zu ergänzen.

§ 42
Vermögensrechnung (Bilanz)
(1) Die Vermögensrechnung hat sämtliche Vermögensgegenstände als Anlage- oder Umlaufvermögen, das Eigenkapital und die Schulden sowie die Rechnungsabgrenzungsposten zu enthalten und ist entsprechend den Absätzen 3 und 4 zu gliedern, soweit im Kommunalselbstverwaltungsgesetz oder in dieser Verordnung nichts anderes bestimmt ist.
(2) In der Vermögensrechnung ist zu jedem Posten der entsprechende Betrag des vorhergehenden Haushaltsjahres anzugeben.
(3) Die Aktivseite der Vermögensrechnung ist mindestens in die Posten

1. Anlagevermögen
    - 1.1. Immaterielle Vermögensgegenstände
    - 1.2. Sachanlagen
        - 1.2.1. Unbebaute Grundstücke und grundstücksgleiche Rechte

1.2.1.1. Grünflächen
1.2.1.2. Ackerland
1.2.1.3. Wald, Forsten
1.2.1.4. Schutzflächen
1.2.1.5. Kiesgruben, Steinbrüche, sonstige Abbauflächen
1.2.1.6. Gewässer
1.2.1.7. Sonstige unbebaute Grundstücke
1.2.2. Bebaute Grundstücke und grundstücksgleiche Rechte
1.2.2.1. Wohnbauten
1.2.2.2. soziale Einrichtungen
1.2.2.3. Schulen
1.2.2.4. Kulturanlagen
1.2.2.5. Sportanlagen, Spielplätze und ähnliches
1.2.2.6. Gartenanlagen
1.2.2.7. Friedhöfe
1.2.2.8. Verwaltungsgebäude
1.2.2.9. sonstige Gebäude
1.2.3. Infrastrukturvermögen
1.2.3.1. Brücken, Tunnel und ingenieurtechnische Anlagen
1.2.3.2. Gleisanlagen mit Streckenausrüstung und Sicherheitsanlagen
1.2.3.3. Stromversorgungsanlagen
1.2.3.4. Gasversorgungsanlagen
1.2.3.5. Wasserversorgungsanlagen
1.2.3.6. Abfallentsorgungsanlagen
1.2.3.7. Entwässerungs- und Abwasserbeseitigungsanlagen
1.2.3.8. Straßen, Wege, Plätze und Verkehrslenkungsanlagen
1.2.3.9. Sonstige Infrastrukturen
1.2.4. Bauten auf fremden Grund und Boden
1.2.5. Kunstgegenstände, Kulturdenkmäler
1.2.6. Maschinen, technische Anlagen und Fahrzeuge
1.2.7. Betriebs- und Geschäftsausstatung
1.2.8. Geleistete Anzahlungen, Anlagen im Bau
1.3. Finanzanlagen
1.3.1. Anteile an verbundenen Unternehmen
1.3.2. Beteiligungen (privatrechtlich)
1.3.3. Sondervermögen
1.3.4. Anteile an Zweckverbänden und ähnliches
1.3.5. Ausleihungen
1.3.6. (sonstige) Wertpapiere des Anlagevermögens
2. Umlaufvermögen
3.1. Vorräte
2.1.1. Roh-, Hilfs- und Betriebsstoffe
2.1.2. Unfertige Erzeugnisse, unfertige Leistungen
2.1.3. Fertige Erzeugnisse und Waren
2.1.4. Geleistete Anzahlungen und Vorräte
2.2. Forderungen und sonstige Vermögensgegenstände
2.2.1. Öffentlich-rechtliche Forderungen und Forderungen aus Transferleistungen
2.2.1.1. Gebührenforderung
2.2.1.2. Beitragsforderungen
2.2.1.3. Steuerforderungen
2.2.1.4. Forderungen aus Transferleistungen

2.2.1.5. Sonstige öffentlich-rechtliche Forderungen
2.2.2. Privatrechtliche Forderungen, sonstige Vermögensgegenstände
2.2.2.1. gegen verbundene Unternehmen
2.2.2.2. gegen Unternehmen, mit denen ein Beteiligungsverhältnis besteht
2.2.2.3. gegen Sondervermögen
2.2.2.4. gegen den öffentlichen Bereich
2.2.2.5. gegen den privaten Bereich
2.2.2.6. Sonstige Vermögensgegenstände
2.3. Wertpapiere des Umlaufvermögens
2.4. Liquide Mittel
3. Aktive Rechnungsabgrenzung
4. Nicht durch Eigenkapital gedeckter Fehlbetrag

zu gliedern.

(4) Die Passivseite der Vermögensrechnung ist mindestens in die Posten

1. Eigenkapital
1.1. Allgemeine Rücklage
1.2. Ausgleichsrücklage
1.3. Jahresüberschuss / Jahresfehlbetrag
2. Sonderposten
2.1. aus Zuwendungen
2.2. aus Beiträgen und ähnlichen Entgelten
2.3. für den Gebührenausgleich
2.4. Sonstige Sonderposten
3. Rückstellungen
3.1. Rückstellungen für die Rekultivierung und Nachsorge von Deponien
3.2. Instandhaltungsrückstellung
3.3. Sonstige Rückstellungen
4. Verbindlichkeiten
4.1. Anleihen
4.2. Erhaltene Anzahlungen
4.3. Verbindlichkeiten
4.3.1. von verbundenen Unternehmen
4.3.2. von Unternehmen, mit denen eine Beteiligungsverhältnis besteht
4.3.3. von Sondervermögen
4.3.4. vom öffentlichen Bereich
4.3.5. vom privaten Kreditmarkt
4.4. Verbindlichkeiten aus Kreditaufnahmen zur Liquiditätssicherung
4.5. Verbindlichkeiten aus Vorgängen, die Kreditaufnahmen wirtschaftlich gleichkommen
4.6. Verbindlichkeiten aus Lieferungen und Leistungen
4.7. Verbindlichkeiten aus Transferleistungen
4.8. Sonstige Verbindlichkeiten
5. Passive Verbindlichkeiten zu gliedern.

§ 43
Anhang

Im Anhang sind anzugeben:

1. die auf die Posten der Ergebnis-, Finanz- und Vermögensrechnung angewandten Bilanzierungs- und Bewertungsmethoden;
2. Abweichungen von bisher angewandten Bilanzierungs- und Bewertungsmethoden mit einer Begründung; die sich daraus ergebenden Auswirkungen auf die Vermögens, Finanz- und Ertragslage sind gesondert darzustellen;
3. Trägerschaften bei Sparkassen;
4. Vermögensgegenstände des Anlagevermögens, für die Rückstellungen für unterlassene Instandhaltung gebildet worden sind, unter Angabe des Rückstellungsbetrages;
5. die Buchgewinne und Buchverluste aus der Veräußerung von Vermögensgegenständen des Anlagevermögens;
6. drohende finanzielle Belastungen (zum Beispiel für Großreparaturen, Rekultivie-

rungs- und Entsorgungsaufwendungen, unterlassene Instandhaltung, sofern keine Wertminderung der betroffenen Vermögensgegenstände möglich ist);
7. Verpflichtungen aus Leasingverträgen und sonstigen kreditähnlichen Rechtsgeschäften soweit nicht von der Genehmigungspflicht befreit;
8. Haftungsverhältnisse aus der Bestellung von Sicherheiten, gegliedert nach Arten und unter Angabe des jeweiligen Gesamtbetrags;
9. sonstige Haftungsverhältnisse, die nicht in der Vermögensrechnung auszuweisen sind; Verpflichtungen gegenüber Tochterorganisationen, die in den Gesamtabschluss einzubeziehen sind, sind gesondert anzugeben;
10. sonstige Sachverhalte, aus denen sich finanzielle Verpflichtungen ergeben können; Verpflichtungen gegenüber Organisationen, die in den Gesamtabschluss einzubeziehen sind, sind gesondert anzugeben;
11. Ermächtigungen, die gemäß § 19 übertragen werden, sowie für diese Ermächtigungen zweckgebundene Erträge oder Einzahlungen, die im Haushaltsplan veranschlagt waren und mit deren Eingang zu rechnen ist; hierbei ist eine Übersicht über die Finanzierung der übertragenen Ermächtigungen für Auszahlungen aus Investitionstätigkeit beizufügen;
12. Rückstellungen, die in der Vermögensrechnung unter dem Posten „Sonstige Rückstellungen" nicht gesondert ausgewiesen werden, wenn sie einen nicht unerheblichen Umfang haben;
13. für jede Art derivativer Finanzinstrumente:
    a) Art und Umfang der Finanzinstrumente,
    b) Der beizulegende Wert der betreffenden Finanzinstrumente soweit sich dieser verlässlich ermitteln lässt, unter Angabe der angewandten Bewertungsmethode, sowie eines gegebenenfalls vorhandenen Buchwerts und des Bilanzpostens, in welchem der Buchwert erfasst ist;
14. Höhe und Betrag der außerplanmäßigen Abschreibungen nach § 36 Abs. 4 und 5;
15. mit dem Familiennamen und mindestens einem ausgeschriebenen Vornamen die Mitglieder des Gemeinderates, auch wenn sie im Haushaltsjahr dem Gemeindeorgan nur zeitweise angehört haben;
16. Abweichungen von den vom Ministerium für Inneres und Sport bekannt gegebenen Abschreibungstabellen mit Begründung;
17. Abweichungen von Form und Darstellung, insbesondere der Gliederung der aufeinanderfolgenden Ergebnis-, Finanz- und Vermögensrechnungen mit Begründung;
18. die Mitzugehörigkeit eines Vermögensgegenstands oder einer Schuld zu anderen Posten, als sie in der Vermögensrechnung ausgewiesen sind, wenn dies zur Aufstellung eines klaren und übersichtlichen Jahresabschlusses erforderlich ist und dies nicht bereits in der Vermögensrechnung vermerkt ist;
19. neu eingefügte Posten oder weitere Untergliederungen der Ergebnis-, Finanz- und Vermögensrechnung mit Begründung;
20. Vermögensgegenstände und Verbindlichkeiten größerem Umfangs, die rechtlich erst nach dem Abschlussstichtag entstehen;
21. die Bildung von Sonderposten;
22. Betrag und Art von Erträgen und Aufwendungen von außergewöhnlicher Größenordnung oder außergewöhnlicher Bedeutung;
23. Nachweis über die Rückführung struktureller Liquiditätskredite nach § 4 des Gesetzes über den Saarlandpakt;
24. Nachweis über das zahlungsbezogene Ergebnis nach § 6 des Gesetzes über den Saarlandpakt;
25. Nachweis über das strukturelle zah-

lungsbezogene Ergebnis nach § 7 des Gesetzes über den Saarlandpakt.

Das Ministerium für Inneres, Bauen und Sport kann zusätzlich oder anstelle der schriftlichen Unterlagen nach Satz 1 elektronische Dokumente vorschreiben.

§ 44

Rechenschaftsbericht

(1) Im Rechenschaftsbericht sind der Verlauf der Haushaltswirtschaft und die Lage der Gemeinde so darzustellen, dass ein den tatsächlichen Verhältnissen entsprechendes Bild vermittelt wird. Dazu ist ein Überblick über die wichtigen Ergebnisse des Jahresabschlusses und Rechenschaft über die Haushaltswirtschaft im abgelaufenen Jahr zu geben. Dabei sind erhebliche Abweichungen der Jahresergebnisse von den Haushaltsansätzen sowie vom Vorjahr zu erläutern. Entsprechendes gilt für die Positionen der Vermögensrechnung, bei denen erhebliche Abweichungen gegenüber den Vorjahrespositionen zu erläutern sind.

(2) Außerdem hat der Rechenschaftsbericht eine ausgewogene und umfassende, dem Umfang der gemeindlichen Aufgabenerfüllung entsprechende Analyse der Haushaltswirtschaft und der Vermögens-, Finanz- und Ertragslage der Gemeinde zu enthalten.

(3) Im Rechenschaftsbericht soll auch auf Vorgänge von besonderer Bedeutung, die nach dem Schluss des Haushaltsjahres eingetreten sind, eingegangen werden.

§ 45

Anlagenübersicht, Forderungsübersicht, Verbindlichkeitenübersicht

(1) In der Anlagenübersicht sind der Stand des Anlagevermögens zu Beginn und zum Ende des Haushaltsjahres, die Zu- und Abgänge sowie die Zuschreibungen und Abschreibungen darzustellen. Die Anlagenübersicht ist entsprechend § 42 Abs. 3 Nr. 1 zu gliedern.

(2) In der Forderungsübersicht sind die Forderungen der Gemeinde nachzuweisen. Anzugeben sind der Gesamtbetrag zu Beginn und Ende des Haushaltsjahres, die Restlaufzeit unterteilt in Laufzeiten bis zu einem Jahr, von einem bis fünf Jahren und von mehr als fünf Jahren. Die Forderungsübersicht ist entsprechend § 42 Abs. 3 Nr. 2.2 zu gliedern.

(3) In der Verbindlichkeitenübersicht sind die Verbindlichkeiten der Gemeinde nachzuweisen. Anzugeben sind der Gesamtbetrag zu Beginn und Ende des Haushaltsjahres, die Restlaufzeit unterteilt in Laufzeiten bis zu einem Jahr, von einem bis fünf Jahren und von mehr als fünf Jahren. Die Verbindlichkeitenübersicht ist entsprechend § 42 Abs. 4 Nr. 4 zu gliedern.

Achter Abschnitt
Gesamtabschluss

§ 46

Gesamtabschluss

Der Gesamtabschluss besteht aus der Gesamtergebnisrechnung und der Gesamtvermögensrechnung (Gesamtbilanz). Er ist um einen Konsolidierungsbericht zu ergänzen.

§ 47

Aufstellung des Gesamtabschlusses

Der Gesamtabschluss ist nach der vom Ministerium für Inneres und Sport bekannt gegebenen Richtlinie für den kommunalen Gesamtabschluss aufzustellen.

§ 48

Konsolidierungsbericht

(1) Der Konsolidierungsbericht ist nach der vom Ministerium für Inneres und Sport bekannt gegebenen Richtlinie für den kommunalen Gesamtabschluss zu erstellen.

(2) Dem Konsolidierungsbericht ist der zugehörige Beteiligungsbericht nach § 115 Kommunalselbstverwaltungsgesetz beizufügen.

(3) Der Konsolidierungsbericht kann um eine Gesamtkapitalflussrechnung ergänzt werden.

Neunter Abschnitt
Ortsratsbudgets

§ 49
Ortsratsbudgets

(1) Die nach § 73 Abs. 3 Satz 2 des Kommunalselbstverwaltungsgesetzes gemeindebezirksbezogen auszuweisenden Aufwendungen für die in der Entscheidung der Ortsräte liegenden Angelegenheiten können abweichend von der produktorientierten Gliederung nach § 4 Abs. 1 in einem Teilhaushalt jeweils in einem Betrag je Ortsrat zusammengefasst veranschlagt werden; das Gleiche gilt für die nach § 4 Abs. 5 auszuweisenden Auszahlungen.

(2) Wird nach Absatz 1 verfahren, sind im Haushaltsplan

a) die Positionen nach § 2 Abs. 1 wie folgt zu erweitern:

17a.
Aufwendungen der Ortsratsbudgets

b) die Positionen nach § 3 Abs. 1 wie folgt zu erweitern:

16a.
Auszahlungen der Ortsratsbudgets

30a.
Investitionsauszahlungen der Ortsratsbudgets.

(3) Wird nach Absatz 1 verfahren, sind in den Teilrechnungen die Aufwendungen und Auszahlungen entsprechend der produktorientierten Gliederung nach § 4 Abs. 1 nachzuweisen.

(4) Wird nicht nach Absatz 1 verfahren, sind die nach § 73 Abs. 3 Satz 2 des Kommunalselbstverwaltungsgesetzes gemeindebezirksbezogen auszuweisenden Aufwendungen für die in der Entscheidung der Ortsräte liegenden Angelegenheiten gegenseitig deckungsfähig. Das Gleiche gilt für die nach § 4 Abs. 5 in den Teilfinanzhaushalten auszuweisenden Auszahlungen.

Zehnter Abschnitt
Begriffsbestimmungen, Schlussvorschriften

§ 50
Anwendungsbereich

Die Vorschriften dieser Verordnung gelten für die Landkreise und den Regionalverband Saarbrücken entsprechend.

§ 51
Sondervermögen, Treuhandvermögen, Bewertung bei der Auflösung von Eigenbetrieben

(1) Soweit auf Sondervermögen und Treuhandvermögen der Gemeinde gesetzliche Vorschriften über die Haushaltswirtschaft Anwendung finden, gilt diese Verordnung sinngemäß.

(2) Bei der Auflösung eines Eigenbetriebes ist die Bewertung der im Jahresabschluss ausgewiesenen Vermögensgegenstände und Schulden unverändert in die Vermögensrechnung der Gemeinde zu übernehmen. Für die Ermittlung der planmäßigen Abschreibungen für die bei der Auflösung vorhandenen Vermögensgegenstände des Anlagevermögens können einheitlich die zum Zeitpunkt der Anschaffung oder Herstellung bestehenden Bestimmungen weiterhin zugrunde gelegt werden. Bilanzpositionen dürfen nur übernommen werden, sofern die Bilanzierung nach den Bestimmungen dieser Verordnung zulässig ist; anderenfalls sind sie erfolgsneutral aufzulösen.

§ 52
Begriffsbestimmungen

Bei der Anwendung dieser Verordnung sind die nachfolgenden Begriffe zugrunde zu legen:

1. Abschreibungen
   Aufwand, der durch die Wertminderung bei langfristig genutzten Vermögensgegenständen verursacht wird
2. Aktiva
   Summe der Vermögensgegenstände in der Vermögensrechnung, die die Mittelverwendung abbilden
3. aktivierte Eigenleistungen
   monetärer Wert der von der Gemeinde

selbst hergestellten Vermögensgegenstände für die eigene Aufgabenerledigung

4. Aufwendungen
in Geld bewerteter Werteverzehr durch Verbrauch oder Abnutzung von Gütern und Dienstleistungen in einem Haushaltsjahr
5. außerplanmäßige Aufwendungen oder Auszahlungen
Aufwendungen und Auszahlungen, für deren Zweck im Haushaltsplan keine Ermächtigungen veranschlagt und keine aus Vorjahren übertragenen Ermächtigungen verfügbar sind
6. Auszahlungen
Abfluss von Bar- und Buchgeld sowie aufgerechnete Verbindlichkeiten
7. Baumaßnahmen
Neu-, Erweiterungs- und Umbauten sowie die Instandsetzung an Bauten, soweit sie nicht der Unterhaltung baulicher Anlagen dient
8. Bestandsveränderungen
Berücksichtigung des Wertes von Mehr- oder Mindererträgen in der Ergebnisrechnung, wenn Herstellungs- und Absatzmenge bei Eigenerzeugnissen am Jahresabschluss nicht übereinstimmen
9. Budget
vorgegebener Finanzrahmen, der einer Organisationseinheit zur selbstständigen und eigenverantwortlichen Bewirtschaftung im Rahmen vorgegebener Sachziele zugewiesen wird
10. durchlaufende Finanzmittel
Beträge, die für einen Dritten lediglich zahlungsmäßig vereinnahmt und verausgabt werden
11. Eigenkapital
Differenz zwischen Aktiva (Vermögen) und den Sonderposten, Rückstellungen, Verbindlichkeiten und Rechnungsabgrenzungsposten auf der Passivseite der Vermögensrechnung
12. Einzahlungen
Zufluss von Bar- und Buchgeld sowie aufgerechnete Forderungen
13. Erlass
Verzicht auf einen Anspruch
14. Erträge
in Geld bewertete Wertzuwächse für Güter und Dienstleistungen in einem Haushaltsjahr
16. Haftungsverhältnisse
Verpflichtungen aus Bürgschaften und Gewährleistungsverträgen und aus der Bestellung von Sicherheiten für fremde Verbindlichkeiten
17. Investitionstätigkeit
Auszahlungen und Einzahlungen zur Veränderung des Anlagevermögens
Zur Investitionstätigkeit gehören Auszahlungen und Einzahlungen für den Erwerb und die Veräußerung von Grundstücken, die wegen einer beabsichtigten kurzfristigen Veräußerung in der Vermögensrechnung im Umlaufvermögen anzusetzen sind.
18. Jahresüberschuss/Jahresfehlbetrag
Unterschiedsbetrag, um den die ordentlichen und außerordentlichen Erträge in der Ergebnisrechnung die ordentlichen und außerordentlichen Aufwendungen übersteigen (Überschuss) oder umgekehrt (Fehlbetrag)
19. liquide Mittel
flüssige Mittel, bestehend aus dem Bargeld, den Guthaben auf laufenden Konten bei Kreditinstituten sowie Schecks und Geldanlagen aus dem Kassenbestand
20. Liquidität
Fähigkeit der Gemeinde, ihren Zahlungsverpflichtungen termingerecht und vollständig nachzukommen
21. Niederschlagung
die befristete oder unbefristete Zurückstellung der Weiterverfolgung eines fälligen Anspruchs der Gemeinde ohne Verzicht auf den Anspruch selbst

22. Passiva
    Summe der Finanzmittel in der Vermögensrechnung, die die Mittelherkunft abbilden
23. Produkt
    Leistung oder Gruppe von Leistungen, die für Stellen außerhalb einer Verwaltungseinheit erbracht werden
24. Produktbereich
    Zusammenfassung von Produktgruppen nach sachlichen Gesichtspunkten
25. Produktgruppe
    Zusammenfassung von Produkten nach sachlichen Gesichtspunkten
26. Schulden
    Verbindlichkeiten und Rückstellungen für ungewisse Verbindlichkeiten
27. Transfererträge und -aufwendungen
    Erträge und Aufwendungen ohne unmittelbar damit zusammenhängende Gegenleistung
28. überplanmäßige Aufwendungen oder Auszahlungen
    Aufwendungen oder Auszahlungen, die die Ermächtigungen im Haushaltsplan und die aus Vorjahren übertragenen Ermächtigungen übersteigen
29. Umschuldung
    die Ablösung von Krediten durch andere Kredite
30. Verbindlichkeiten
    Verpflichtungen gegenüber Dritten, die dem Grunde und der Höhe nach feststehen

§ 53
Eröffnungsbilanz

(1) Bei der Erstellung der Eröffnungsbilanz gelten die Bestimmungen des Sechsten und Siebten Abschnitts sinngemäß, soweit das Gesetz zur Einführung des Neuen Kommunalen Rechnungswesens im Saarland oder diese Verordnung keine besonderen Vorschriften enthalten.

(2) In der Eröffnungsbilanz sind die zum Stichtag der Aufstellung vorhandenen Vermögensgegenstände mit den Anschaffungs- und Herstellungskosten, vermindert um Abschreibungen nach § 36, anzusetzen. Bei beweglichen Vermögensgegenständen kann eine pauschale Abschreibung von 50 vom Hundert vorgenommen werden; der Restwert ist in diesem Fall innerhalb von fünf Jahren abzuschreiben.

(3) Für Vermögensgegenstände, die vor dem Stichtag für die Aufstellung der Eröffnungsbilanz angeschafft oder hergestellt worden sind, darf von Absatz 2 abgewichen werden, wenn die tatsächlichen Anschaffungs- oder Herstellungskosten nicht oder nur mit unverhältnismäßigem Aufwand ermittelt werden können. In diesem Fall sind den Preisverhältnissen des Jahres 1990 entsprechende Erfahrungswerte anzusetzen, die für die Folgeabschlüsse als fiktive Anschaffungs- und Herstellungskosten gelten. Sofern in dem Zeitraum seit 1990 bereits fachgerecht Bewertungen durchgeführt wurden, können die so ermittelten Werte in die Eröffnungsbilanz eingestellt werden (Bestandsschutz).

(4) Beteiligungen sind – sofern kein Börsen- oder Marktwert vorliegt – in der Eröffnungsbilanz grundsätzlich mit dem anteiligen Eigenkapital anzusetzen. Ausnahmsweise kann eine überschlägige Zeitwertermittlung vorgenommen werden, wenn der Wert der Beteiligung wesentlich vom in der Bilanz des Unternehmens ausgewiesenen anteiligen Eigenkapital abweicht.

(5) Zusammengehörende Vermögensgegenstände der Betriebs- oder Geschäftsausstattung können mit einem Durchschnittswert angesetzt werden, wenn sie in vergleichbarer Zusammensetzung in erheblicher Anzahl vorhanden sind und ihr Gesamtwert für die Gemeinde von nachrangiger Bedeutung ist.

(6) Näheres zur Ermittlung der Posten der Eröffnungsbilanz regeln die vom Ministerium für Inneres und Sport erlassenen Sonderrichtlinien zur Bewertung in der Eröffnungsbilanz.

§ 54

Berichtigung nach Aufstellung der Eröffnungsbilanz oder des Jahresabschlusses

Ergibt sich bei der Aufstellung späterer Jahresabschlüsse, dass bei der erstmaligen Bewertung in der Eröffnungsbilanz oder in einem Jahresabschluss

1. Vermögensgegenstände oder Sonderposten nicht oder mit einem zu niedrigen Wert oder Schulden oder Sonderposten zu Unrecht oder mit einem zu hohen Wert angesetzt worden sind,
2. Vermögensgegenstände oder Sonderposten zu Unrecht oder mit einem zu hohen Wert oder Schulden oder Sonderposten nicht oder mit einem zu geringen Wert angesetzt worden sind,

so ist in der späteren Bilanz der unterlassene Ansatz nachzuholen oder der Wertansatz zu berichtigen, wenn es sich um einen wesentlichen Betrag handelt; dies gilt auch, wenn die Vermögensgegenstände oder Schulden am Bilanzstichtag nicht mehr vorhanden sind, jedoch nur für den auf die Vermögensänderung folgenden Jahresabschluss. Die Berichtigung nach Satz 1 ist durch erfolgsneutrale Korrektur der allgemeinen Rücklage (außerhalb der Ergebnisrechnung) vorzunehmen. Vorherige Jahresabschlüsse sind nicht zu berichtigen.

§ 54a

Evaluierung der Vorschriften zur haushaltsmäßigen Behandlung energetischer Maßnahmen in der Energiekrise

Die Vorschriften zur haushaltsmäßigen Behandlung energetischer Maßnahmen in der Energiekrise in § 35 Absatz 3a und § 36 Absatz 2a sind im Jahr 2028 hinsichtlich ihrer Wirkung zu evaluieren.

§ 55

Inkrafttreten, Außerkrafttreten

(1) Diese Verordnung tritt am 1. Januar 2007 in Kraft.

(2) Gleichzeitig treten die Gemeindehaushaltsverordnung vom 8. November 1973 (Amtsbl. S. 777), zuletzt geändert durch Verordnung vom 24. Januar 2006 (Amtsbl. S. 174), und die Verordnung über die Kassenführung der Gemeinden und Gemeindeverbände – Gemeindekassenverordnung – vom 20. September 1976 (Amtsbl. S. 989), zuletzt geändert durch Verordnung vom 24. Januar 2006 (Amtsbl. S. 174), außer Kraft.

EigVO

Eigenbetriebs-verordnung

in der Fassung vom 29. November 2010, zuletzt geändert durch
Artikel 1 der Verordnung vom 14. November 2023 (Amtsbl. I S. 1097).
Fundstelle: Amtsblatt 2010, S. 1426.

Eigenbetriebsverordnung (EigVO)

in der Fassung vom 29. November 2010, durch Artikel 1 der Verordnung vom 14. November 2023 (Amtsbl. I S. 1097). Fundstelle: Amtsblatt 2010, S. 1426.

Aufgrund des § 109 Absatz 1 und des § 222 Absatz 1 Nummer 14 des Kommunalselbstverwaltungsgesetzes – KSVG – in der Fassung der Bekanntmachung vom 27. Juni 1997 (Amtsbl. S. 682), zuletzt geändert durch Gesetz vom 11. Februar 2009 (Amtsbl. S. 1215), verordnet das Ministerium für Inneres und Europaangelegenheiten:

I. Teil
Verfassung und Verwaltung

§ 1
Rechtsgrundlage und Bezeichnung des Eigenbetriebes

(1) Die gemeindlichen Unternehmen ohne eigene Rechtspersönlichkeit können als Eigenbetriebe nach den Vorschriften des Kommunalselbstverwaltungsgesetzes und dieser Verordnung sowie nach den Bestimmungen der Betriebssatzung des Eigenbetriebes geführt werden.
(2) Die Eigenbetriebe müssen eine Bezeichnung führen, die ihre Rechtsträgerin oder ihren Rechtsträger und ihre Rechtsform erkennen lässt; weitere Zusätze können verwendet werden. Die Bezeichnung ist in der Betriebssatzung festzulegen.

§ 2
Zusammenfassung von Eigenbetrieben

Mehrere gemeindliche Unternehmen ohne eigene Rechtspersönlichkeit können zu einem Eigenbetrieb zusammengefasst werden.

§ 3
Vertretung des Eigenbetriebes

(1) Die Bürgermeisterin oder der Bürgermeister ist die gesetzliche Vertreterin oder der gesetzliche Vertreter der Gemeinde in Angelegenheiten des Eigenbetriebes, die der Beschlussfassung des Gemeinderates unterliegen. Im Übrigen ist gesetzliche Vertreterin die Werkleitung.
(2) Erklärungen, durch die der Eigenbetrieb verpflichtet werden soll, sowie Erklärungen, durch die der Eigenbetrieb auf Rechte verzichtet, müssen schriftlich oder elektronisch erfolgen. Erklärungen in Schriftform sind nur rechtsverbindlich, wenn sie von der gesetzlichen Vertreterin oder dem gesetzlichen Vertreter oder im Fall ihrer oder seiner Verhinderung von der allgemeinen Vertreterin oder dem allgemeinen Vertreter unter Beifügung ihrer oder seiner Amts- oder Funktionsbezeichnung und des Dienstsiegels handschriftlich unterzeichnet sind. Erklärungen in elektronischer Form sind nur rechtsverbindlich, wenn sie mit einer dauerhaft überprüfbaren Signatur und dem elektronischen Dienstsiegel versehen sind. Die Sätze 1 bis 3 gelten nicht für Geschäfte der laufenden Betriebsführung.

§ 4
Aufgaben des Gemeinderates

(1) Der Gemeinderat beschließt über alle Angelegenheiten des Eigenbetriebes, soweit sie nicht der Bürgermeisterin oder dem Bürgermeister, dem Werksausschuss oder der Werkleitung übertragen sind.
(2) Der Gemeinderat kann Entscheidungen über die ihm nach § 35 des Kommunalselbstverwaltungsgesetzes vorbehaltenen sowie die folgenden Angelegenheiten nicht übertragen:

1. die Bestellung der Prüferin oder des Prüfers für den Jahresabschluss im Rahmen der für die Prüfung der Eigenbetriebe geltenden besonderen Vorschriften,
2. die Bestellung der Werkleitung,
3. die Rückzahlung von Eigenkapital an die Gemeinde.

§ 5

Werksausschuss

(1) Für jeden Eigenbetrieb ist ein Werksausschuss zu bilden. Für mehrere Eigenbetriebe kann ein gemeinsamer Werksausschuss gebildet werden.

(2) Der Werksausschuss bereitet die Beschlüsse des Gemeinderates in Angelegenheiten des Eigenbetriebes vor; er entscheidet über die ihm übertragenen Angelegenheiten.

(3) Die Werkleitung nimmt an den Sitzungen des Werksausschusses teil. Sie ist berechtigt und auf Verlangen verpflichtet, ihre Ansicht zu den Beratungsgegenständen darzulegen.

§ 6

Werkleitung

(1) Der Eigenbetrieb wird von der Werkleitung selbständig geleitet, soweit nicht durch das Kommunalselbstverwaltungsgesetz, diese Verordnung oder die Betriebssatzung etwas anderes bestimmt ist. Der Werkleitung obliegt insbesondere die laufende Betriebsführung; sie ist der Bürgermeisterin, soweit diese nicht selbst Werkleiterin ist, oder dem Bürgermeister, soweit dieser nicht selbst Werkleiter ist, für die wirtschaftliche Führung des Eigenbetriebes im Rahmen ihrer Zuständigkeit verantwortlich. Sie hat die Bürgermeisterin oder den Bürgermeister und den Werksausschuss über alle wichtigen Angelegenheiten zu unterrichten.

(2) Die Werkleitung ist, soweit sie nicht der Bürgermeisterin oder dem Bürgermeister oder einer oder einem Beigeordneten übertragen wird, von dem Gemeinderat zu wählen. Sie besteht aus einem Mitglied oder mehreren Mitgliedern. Der Gemeinderat kann eine Werkleiterin zur Ersten Werkleiterin oder einen Werkleiter zum Ersten Werkleiter bestellen. Die Betriebssatzung regelt die Vertretung der Werkleitung sowie das Verfahren bei Meinungsverschiedenheiten innerhalb der Werkleitung. Die Bürgermeisterin oder der Bürgermeister regelt die Geschäftsverteilung innerhalb der Werkleitung durch Dienstanweisung.

(3) Besteht die Werkleitung aus mehreren Mitgliedern, wird der Eigenbetrieb von zwei Mitgliedern gemeinschaftlich vertreten.

(4) Der Kreis der Vertretungsberechtigten sowie der Umfang ihrer Vertretungsbefugnis wird durch die Bürgermeisterin oder den Bürgermeister öffentlich bekannt gemacht.

(5) Die Werkleitung kann nach näherer Bestimmung der Betriebssatzung selbständig handeln

1. in Angelegenheiten, die regelmäßig wiederkehren und die bereits im Wirtschaftsplan in ihren Auswirkungen niedergelegt sind,
2. in Angelegenheiten, die keinen Aufschub dulden. In diesem Falle hat die Werkleitung die Bürgermeisterin oder den Bürgermeister unverzüglich zu unterrichten. Die Bürgermeisterin oder der Bürgermeister hat hiervon dem Gemeinderat oder dem Werksausschuss, wenn diesem die Angelegenheit übertragen ist, in der nächsten Sitzung Kenntnis zu geben.

II. Teil
Wirtschaftsführung und Rechnungswesen

§ 7

Vermögen des Eigenbetriebes

(1) Der Eigenbetrieb ist finanzwirtschaftlich als Sondervermögen der Gemeinde zu verwalten und nachzuweisen. Auf die Erhaltung des Sondervermögens ist Bedacht zu nehmen.

(2) Der Eigenbetrieb ist mit einem angemessenen Stammkapital auszustatten. Die Höhe des Stammkapitals ist in der Betriebssatzung festzusetzen; hiervon kann bei Eigenbetrieben, die nach § 108 Absatz 2 des Kommunalselbstverwaltungsgesetzes als nichtwirtschaftliche Unternehmen gelten, abgesehen werden.

§ 8
Maßnahmen zur Erhaltung des Vermögens und der Leistungsfähigkeit

(1) Für die dauernde technische und wirtschaftliche Leistungsfähigkeit des Eigenbetriebes ist zu sorgen. Insbesondere sind alle notwendigen Instandhaltungsarbeiten rechtzeitig durchzuführen.

(2) Sämtliche Lieferungen, Leistungen und Kredite auch im Verhältnis zwischen dem Eigenbetrieb und der Gemeinde, einem anderen Sondervermögen der Gemeinde oder einem Unternehmen in einer Rechtsform des privaten Rechts, an dem die Gemeinde beteiligt ist, sind angemessen zu vergüten. Der Eigenbetrieb kann jedoch abweichend von Satz 1

1. Wasser für den Brandschutz, für die Reinigung von Straßen und Abwasseranlagen sowie für öffentliche Zier- und Straßenbrunnen unentgeltlich oder verbilligt liefern,
2. Anlagen für die Löschwasserversorgung unentgeltlich oder verbilligt zur Verfügung stellen,
3. auf die Tarifpreise für Leistungen von Elektrizität, Gas, Wasser und Wärme einen Preisnachlass gewähren, soweit dieser steuerrechtlich anerkannt ist.

(3) Für die technische und wirtschaftliche Fortentwicklung des Eigenbetriebes und, soweit die Abschreibungen nicht ausreichen, für Erneuerungen sollen aus dem Jahresgewinn Rücklagen gebildet werden. Bei umfangreichen Investitionen kann neben die Eigenfinanzierung die Finanzierung aus Krediten treten. Eigenkapital und Fremdkapital sollen in einem angemessenen Verhältnis zueinander stehen.

(4) Die Gemeinde darf das Eigenkapital zum Zweck der Rückzahlung nur ausnahmsweise und nur dann vermindern, wenn dadurch die Erfüllung der Aufgaben und die zukünftige Entwicklung des Eigenbetriebes nicht beeinträchtigt werden. Hierüber entscheidet der Gemeinderat. Vor der Beschlussfassung ist die Werkleitung zu hören; sie hat schriftlich oder elektronisch Stellung zu nehmen.

(5) Der Jahresgewinn des Eigenbetriebes soll so hoch sein, dass neben angemessenen Rücklagen nach Absatz 3 mindestens eine marktübliche Verzinsung des Eigenkapitals erwirtschaftet wird.

(6) Ein etwaiger Jahresverlust ist, soweit er nicht aus Haushaltsmitteln der Gemeinde ausgeglichen wird, auf neue Rechnung vorzutragen. Die Gewinne der folgenden fünf Jahre sind zunächst zur Verlusttilgung zu verwenden. Ein nach Ablauf von fünf Jahren nicht getilgter Verlustvortrag kann durch Abbuchung von den Rücklagen ausgeglichen werden, wenn dies die Eigenkapitalausstattung zulässt. Ist dies nicht der Fall, ist der Verlust aus Haushaltsmitteln der Gemeinde auszugleichen.

(7) Der Jahresgewinn ist, soweit er nicht zur Verrechnung mit Verlustvorträgen oder mit aufgrund mehrjähriger Gebührenkalkulation zu erwartenden Verlusten benötigt wird, vorrangig zur Bildung der vorgeschriebenen Rücklagen zu verwenden.

(8) Absatz 3 Satz 1 und Absatz 5 gelten nicht für Eigenbetriebe, die aufgabenbedingt dauernd einen Jahresverlust erwirtschaften. Der zahlungswirksame Teil des Jahresverlustes eines solchen Eigenbetriebes ist spätestens in dem dem Wirtschaftsjahr folgenden Jahr aus Haushaltsmitteln auszugleichen. Der restliche Teil des Jahresverlustes kann im gleichen Jahr durch Abbuchung aus dem Eigenkapital ausgeglichen werden.

§ 9
Kassenführung

(1) Für jeden Eigenbetrieb ist eine Sonderkasse einzurichten.

(2) Vorübergehend nicht benötigte Geldmittel der Sonderkasse des Eigenbetriebes sollen in Abstimmung mit der Kassenlage der Gemeinde angelegt werden. Wenn die Gemeinde die Mittel vorübergehend bewirtschaftet, ist sicherzustellen, dass die Mittel

dem Eigenbetrieb bei Bedarf wieder zur Verfügung stehen.
(3) Für Kredite für Investitionen und Kredite zur Liquiditätssicherung, die die Gemeinde dem Eigenbetrieb oder dieser der Gemeinde zur Verfügung stellt, sind die marktüblichen Zinsen zu entrichten.

§ 10
Wirtschaftsjahr
Wirtschaftsjahr des Eigenbetriebes ist das Kalenderjahr. Wenn die Art des Betriebes es erfordert, kann die Betriebssatzung ein hiervon abweichendes Wirtschaftsjahr bestimmen.

§ 11
Aufbau und Leitung des Rechnungswesens
(1) Zum Rechnungswesen des Eigenbetriebes gehören:
1. der Wirtschaftsplan und der Finanzplan,
2. die Buchführung,
3. der Jahresabschluss,
4. der Lagebericht,
5. die Kostenrechnung.

(2) Alle Zweige des Rechnungswesens sind einheitlich zu leiten. Hat der Eigenbetrieb eine Werkleiterin oder einen Werkleiter für die kaufmännischen Angelegenheiten, ist diese oder dieser für das Rechnungswesen verantwortlich.

§ 12
Wirtschaftsplan
(1) Der Eigenbetrieb hat vor Beginn eines jeden Wirtschaftsjahres einen Wirtschaftsplan aufzustellen. Dieser besteht aus dem Erfolgsplan, dem Vermögensplan, der Stellenübersicht und einer Aufstellung der Kredite für Investitionen, der Verpflichtungsermächtigungen und des Höchstbetrages der Kredite zur Liquiditätssicherung; auf die Kredite für Investitionen, die Verpflichtungsermächtigungen und die Kredite zur Liquiditätssicherung sind die Vorschriften des Kommunalselbstverwaltungsgesetzes über die Haushaltswirtschaft entsprechend anzuwenden. Ferner sind in der Aufstellung der Gesamtbetrag der Einnahmen und Ausgaben des Vermögensplanes sowie die Summe der Aufwendungen und Erträge des Erfolgsplanes anzugeben. Für die Aufstellung gilt Formblatt 6 (Anlage 6). Der Wirtschaftsplan kann Festsetzungen für zwei Wirtschaftsjahre, nach Jahren getrennt, enthalten.
(2) Der Wirtschaftsplan ist unverzüglich zu ändern, wenn
1. das Jahresergebnis sich gegenüber dem Erfolgsplan erheblich verschlechtern wird und diese Verschlechterung die Haushaltslage der Gemeinde beeinträchtigt oder eine Änderung des Vermögensplanes bedingt oder
2. zum Ausgleich des Vermögensplanes erheblich höhere Zuführungen der Gemeinde oder höhere Kredite für Investitionen erforderlich werden oder
3. im Vermögensplan weitere Verpflichtungsermächtigungen vorgesehen werden sollen oder
4. eine erhebliche Vermehrung oder Hebung der in der Stellenübersicht vorgesehenen Stellen erforderlich wird, es sei denn, dass es sich um eine vorübergehende Einstellung von Aushilfskräften handelt.

(3) Ist der Wirtschaftsplan zu Beginn des Wirtschaftsjahres noch nicht vom Gemeinderat beschlossen, gilt die Vorschrift des Kommunalselbstverwaltungsgesetzes über die vorläufige Haushaltsführung entsprechend.
(4) Der vom Gemeinderat beschlossene Wirtschaftsplan ist der Kommunalaufsichtsbehörde vorzulegen. Er soll bis zum Beginn des Wirtschaftsjahres vorgelegt werden.

§ 13
Erfolgsplan
(1) Der Erfolgsplan muss alle voraussehbaren Erträge und Aufwendungen des Wirtschaftsjahres enthalten. Er ist mindestens wie die Gewinn- und Verlustrechnung (§ 21 Absatz 1) zu gliedern. Sofern der Eigenbetrieb mehrere Betriebszweige umfasst, ist

dem Erfolgsplan eine Planerfolgsübersicht nach dem Formblatt 5 (Anlage 5) beizufügen.
(2) Die veranschlagten Erträge und Aufwendungen sind ausreichend zu begründen, insbesondere soweit sie von den Vorjahreszahlen erheblich abweichen. Zum Vergleich sind die Zahlen des Erfolgsplanes des laufenden Jahres und die abgerundeten Zahlen der Gewinn- und Verlustrechnung des Vorjahres daneben zu stellen.
(3) Sind bei der Ausführung des Erfolgsplanes erfolggefährdende Mindererträge zu erwarten, hat die Werkleitung die Bürgermeisterin oder den Bürgermeister unverzüglich zu unterrichten. Erfolggefährdende Mehraufwendungen bedürfen der Zustimmung des Gemeinderates, es sei denn, dass sie unabweisbar sind. Sind sie unabweisbar, sind die Bürgermeisterin oder der Bürgermeister und der Gemeinderat unverzüglich zu unterrichten. Bei Eilbedürftigkeit tritt an die Stelle der Zustimmung des Gemeinderates die der Bürgermeisterin oder des Bürgermeisters; der Gemeinderat ist unverzüglich zu unterrichten.

§ 14
Vermögensplan

(1) Der Vermögensplan ist, wenn der Gegenstand des Betriebes keine abweichende Gliederung bedingt, die gleichwertig sein muss, unbeschadet einer weiteren Gliederung nach Formblatt 7 (Anlage 7) aufzustellen. Er muss mindestens enthalten:

1. alle voraussehbaren Einnahmen und Ausgaben des Wirtschaftsjahres, die sich aus Anlagenänderungen (Erneuerung, Erweiterung, Neubau, Veräußerung) und aus der Kreditwirtschaft des Eigenbetriebes ergeben,
2. die notwendigen Verpflichtungsermächtigungen.

(2) Auf der Einnahmenseite des Vermögensplanes sind die vorhandenen oder zu beschaffenden Deckungsmittel nachzuweisen und zu erläutern. Deckungsmittel, die aus dem Haushalt der Gemeinde stammen, müssen mit den Ansätzen im Haushaltsplan der Gemeinde übereinstimmen.
(3) Die Ausgaben und die Verpflichtungsermächtigungen für Anlagenänderungen sind nach Vorhaben getrennt zu veranschlagen und zu erläutern. Die Vorhaben sind nach dem Anlagennachweis (Formblatt 3, Anlage 3) und die Ansätze, soweit möglich, nach Anlagenteilen zu gliedern. § 12 der Kommunalhaushaltsverordnung ist anzuwenden.
(4) Für die Inanspruchnahme der Ausgabenansätze gilt § 22 Absatz 1 der Kommunalhaushaltsverordnung sinngemäß. Die Ausgabenansätze sind übertragbar.
(5) Ausgaben für verschiedene Vorhaben, die sachlich zusammenhängen, können für gegenseitig deckungsfähig erklärt werden. Mehrausgaben für das Einzelvorhaben, die einen in der Betriebssatzung festzusetzenden Betrag überschreiten, bedürfen der Zustimmung des Gemeinderates. Bei Eilbedürftigkeit tritt an die Stelle der Zustimmung des Gemeinderates die Zustimmung der Bürgermeisterin oder des Bürgermeisters. Der Gemeinderat ist unverzüglich zu unterrichten.

§ 15
Stellenübersicht

Die Stellenübersicht hat die im Wirtschaftsjahr erforderlichen Stellen für Arbeitnehmerinnen und Arbeitnehmer sowie Beamtinnen und Beamte zu enthalten. Die Stellenübersicht ist nach dem für die Gemeinden geltenden Muster zu erstellen.

§ 16
Finanzplan

Der fünfjährige Finanzplan besteht aus

1. einer Übersicht über die Entwicklung der Ausgaben und der Deckungsmittel des Vermögensplanes entsprechend der für diesen vorgeschriebenen Ordnung, nach Jahren gegliedert, sowie
2. einer Übersicht über die Entwicklung der Einnahmen und Ausgaben des Eigenbe-

triebes, die sich auf die Finanzplanung für den Haushalt der Gemeinde auswirken.

Für die Aufstellung gilt Formblatt 8 (Anlage 8).

§ 17
Buchführung und Kostenrechnung

(1) Der Eigenbetrieb führt seine Rechnung nach den Regeln der kaufmännischen doppelten Buchführung. Die Art der Buchungen muss die zwangsläufige Fortschreibung der Vermögens- und Schuldenteile ermöglichen. Die Buchführung muss zusammen mit der Bestandsaufnahme die Aufstellung von Jahresabschlüssen gestatten, die den Anforderungen nach § 19 entsprechen. Eine Anlagenbuchführung muss vorhanden sein.
(2) Die Vorschriften des Dritten Buches des Handelsgesetzbuches über Buchführung, Inventar und Aufbewahrung finden Anwendung, soweit sie nicht bereits unmittelbar gelten.
(3) Der Eigenbetrieb hat die für Kostenrechnungen erforderlichen Unterlagen zu führen und nach Bedarf Kostenrechnungen zu erstellen.

§ 18
Zwischenberichte

Die Werkleitung hat die Bürgermeisterin oder den Bürgermeister und den Werksausschuss mindestens halbjährlich über die Entwicklung der Erträge und Aufwendungen sowie über die Abwicklung des Vermögensplanes schriftlich oder elektronisch zu unterrichten.

§ 19
Jahresabschluss

Für den Schluss eines jeden Wirtschaftsjahres ist ein Jahresabschluss aufzustellen, der aus der Bilanz, der Gewinn- und Verlustrechnung und dem Anhang besteht. Die Allgemeinen Vorschriften, die Ansatzvorschriften, die Vorschriften über die Bilanz und die Gewinn- und Verlustrechnung, die Bewertungsvorschriften und die Vorschriften über den Anhang für den Jahresabschluss der großen Kapitalgesellschaften im Dritten Buch des Handelsgesetzbuches finden sinngemäß Anwendung, soweit sich aus dieser Verordnung nichts anderes ergibt. Abweichend von § 249 Absatz 1 Satz 1 HGB dürfen Rückstellungen für Pensionsverpflichtungen und für Beihilfeverpflichtungen gegenüber Versorgungs- und Rentenempfängerinnen und -empfängern nicht gebildet werden.

§ 19a
Besondere Bestimmungen

(1) Bei der Gründung eines Eigenbetriebes ist die Bewertung der im Jahresabschluss der Gemeinde ausgewiesenen Vermögensgegenstände und Schulden unverändert zu übernehmen. Für die Ermittlung der planmäßigen Abschreibungen für die bei der Umstellung vorhandenen Vermögensgegenstände des Anlagevermögens können einheitlich die zum Zeitpunkt der Anschaffung oder Herstellung bestehenden Bestimmungen weiterhin zugrunde gelegt werden. Bilanzpositionen dürfen nur übernommen werden, sofern die Bilanzierung nach den Bestimmungen dieser Verordnung zulässig ist; anderenfalls sind sie erfolgsneutral aufzulösen.
(2) Als Herstellungskosten gelten auch Aufwendungen für Maßnahmen der Sanierung, Modernisierung oder Erneuerung am Vermögen, zu deren Finanzierung die Gemeinde eine Zuwendung von der Europäischen Union oder dem Bund oder einen zinsvergünstigten Kredit von der Europäischen Union, dem Bund, dem Land oder einer Förderbank als Investitionshilfe erhält.
(3) Als Herstellungskosten können auch Maßnahmen der Sanierung, Modernisierung oder Erneuerung am Vermögen mit spürbaren energetischen Wirkungen gelten. Die Herstellungskosten sind in diesem Fall jeweils als eigener Vermögensgegenstand zu aktivieren und abzuschreiben. Das Nähere regelt das Ministerium für Inneres, Bauen und Sport durch Verwaltungsvorschrift. Die Sätze 1 bis 3 sind im Jahr 2028 hinsichtlich ihrer Wirkung zu evaluieren.

§ 20
Bilanz

(1) Die Bilanz ist, wenn der Gegenstand des Betriebes keine abweichende Gliederung bedingt, die gleichwertig sein muss, unbeschadet einer weiteren Gliederung nach Formblatt 1 (Anlage 1) aufzustellen. § 268 Absatz 1 und 2, § 270 Absatz 1 und 2 sowie § 272 des Handelsgesetzbuches finden keine Anwendung.
(2) Das Stammkapital ist mit seinem in der Betriebssatzung festgelegten Betrag anzusetzen.
(3) Zuschüsse Nutzungsberechtigter können als Ertragszuschüsse auf der Passivseite der Bilanz (Formblatt 1 Posten C) ausgewiesen oder als Kapitalzuschüsse von den Anschaffungs- oder Herstellungskosten der bezuschussten Anlagen abgesetzt werden. Werden solche Zuschüsse als Ertragszuschüsse passiviert, sind jährlich diejenigen Teilbeträge als Umsatzerlöse in die Gewinn- und Verlustrechnung zu übernehmen, die an der Wirtschaftlichkeit der bezuschussten Betriebsleistungen jeweils fehlen. Werden Baukostenzuschüsse, die der Eigenbetrieb aufgrund allgemeiner Lieferbedingungen oder als Beiträge aufgrund von Satzungen erhebt, passiviert, ist der Passivposten jährlich mit einem Zwanzigstel aufzulösen. Kapitalzuschüsse der öffentlichen Hand, die die Gemeinde für den Eigenbetrieb erhalten hat, sind dem Eigenkapital zuzuführen, soweit die den Zuschuss bewilligende Stelle nichts Gegenteiliges bestimmt. Im Übrigen finden auf die Bilanzierung der Zuschüsse die allgemeinen Grundsätze ordnungsgemäßer Buchführung Anwendung.

§ 21
Gewinn- und Verlustrechnung, Erfolgsübersicht

(1) Die Gewinn- und Verlustrechnung ist, wenn der Gegenstand des Betriebes keine abweichende Gliederung bedingt, die gleichwertig sein muss, unbeschadet einer weiteren Gliederung nach Formblatt 4 (Anlage 4) aufzustellen.
(2) Bei Versorgungsbetrieben muss der Ertrag aus Energielieferungen (Strom, Gas, Wärme) und Wasserlieferungen in jedem Wirtschaftsjahr 365, in Schaltjahren 366 Tage umfassen und auf den Bilanzstichtag abgegrenzt sein.
(3) Eigenbetriebe mit mehr als einem Betriebszweig haben zum Ende eines jeden Wirtschaftsjahres eine Erfolgsübersicht aufzustellen, die mindestens nach Formblatt 5 (Anlage 5) zu gliedern ist. Dabei sind gemeinsame Aufwendungen und Erträge sachgerecht auf die Betriebszweige aufzuteilen, soweit Lieferungen und Leistungen nicht gesondert verrechnet werden (Formblatt 5 Zeilen 1 b und 14 b).

§ 22
Anhang, Anlagennachweis

(1) Für die Darstellung im Anhang gilt § 285 Nummer 9 und 10 des Handelsgesetzbuches mit der Maßgabe, dass die Angaben

1. nach Nummer 9 über die vom Eigenbetrieb gewährten Leistungen für die Mitglieder der Werkleitung und des Werksausschusses sowie für sonstige für den Eigenbetrieb in leitender Funktion tätige Personen und
2. nach Nummer 10 für die Mitglieder der Werkleitung und des Werksausschusses

zu machen sind. 2§ 285 Nummer 8 und § 286 Abs. 2 bis 4 des Handelsgesetzbuches finden keine Anwendung.
(2) In einem Anlagennachweis als Bestandteil des Anhanges ist die Entwicklung der einzelnen Posten des Anlagevermögens einschließlich der Finanzanlagen nach den Formblättern 2 und 3 (Anlagen 2 und 3) darzustellen.

§ 23
Lagebericht

(1) Gleichzeitig mit dem Jahresabschluss ist ein Lagebericht aufzustellen. Darin sind zumindest der Geschäftsverlauf und die Lage des Eigenbetriebes so darzustellen, dass ein den tatsächlichen Verhältnissen entsprechendes Bild vermittelt wird.

(2) Im Lagebericht ist auch einzugehen auf
1. Vorgänge von besonderer Bedeutung, die nach dem Ende des Wirtschaftsjahres eingetreten sind,
2. die voraussichtliche Entwicklung des Eigenbetriebes,
3. den Bereich Forschung und Entwicklung,
4. die Änderungen im Bestand der zum Eigenbetrieb gehörenden Grundstücke und grundstücksgleichen Rechte,
5. die Änderungen im Bestand, in der Leistungsfähigkeit und im Ausnutzungsgrad der wichtigsten Anlagen,
6. den Stand der Anlagen im Bau und die geplanten Bauvorhaben,
7. die Entwicklung des Eigenkapitals und der Rückstellungen jeweils unter Angabe von Anfangsstand, Zugängen und Entnahmen,
8. die Umsatzerlöse mittels einer Mengen- und Tarifstatistik des Berichtsjahres im Vergleich mit dem Vorjahr,
9. den Personalaufwand mittels einer Statistik über die zahlenmäßige Entwicklung der Belegschaft unter Angabe der Gesamtsummen der Entgelte, Gehälter, sozialen Abgaben, Aufwendungen für Altersversorgung und Unterstützung einschließlich der Beihilfen und der sonstigen sozialen Aufwendungen für das Wirtschaftsjahr.

§ 24
Aufstellung, Behandlung und Offenlegung des Jahresabschlusses, der Erfolgsübersicht und des Lageberichtes

(1) Die Werkleitung hat den Jahresabschluss, die Erfolgsübersicht und den Lagebericht nach Ende des Wirtschaftsjahres aufzustellen und über die Bürgermeisterin oder den Bürgermeister dem Werksausschuss vorzulegen. Der Jahresabschluss, die Erfolgsübersicht und der Lagebericht sind von der Werkleiterin oder dem Werkleiter, bei einer Werkleitung mit mehreren Werkleiterinnen oder Werkleitern von sämtlichen Werkleiterinnen oder Werkleitern unter Angabe des Datums zu unterzeichnen. Die Unterzeichnung kann auch in elektronischer Form erfolgen. Die Frist für die Vorlage soll drei Monate nicht überschreiten; sie darf nicht mehr als sechs Monate betragen.
(2) Der Jahresabschluss ist nach den hierfür geltenden gesetzlichen Vorschriften zu prüfen. Dabei ist der Lagebericht darauf zu prüfen, ob § 23 Absatz 1 Satz 2 und Absatz 2 beachtet ist. Bei der Beurteilung der wirtschaftlichen Verhältnisse ist die Erfolgsübersicht zu berücksichtigen.
(3) Der Jahresabschluss, die Erfolgsübersicht und der Lagebericht sind mit der Stellungnahme des Werksausschusses dem Gemeinderat vorzulegen. Die Prüfung im Sinne von Absatz 2 hat dieser Vorlage vorauszugehen. Der Jahresabschluss soll innerhalb eines Jahres nach Ablauf des Wirtschaftsjahres festgestellt werden. Im Beschluss über die Feststellung des Jahresabschlusses sind die Bilanzsumme, die Summe der Erträge und der Aufwendungen und der Jahresgewinn oder der Jahresverlust aufzuführen. Gleichzeitig ist über die Verwendung des Jahresgewinnes oder die Behandlung des Jahresverlustes zu beschließen.
(4) Der Beschluss über die Feststellung des Jahresabschlusses ist öffentlich bekannt zu machen. In der öffentlichen Bekanntmachung sind der Bestätigungsvermerk der Prüferin oder des Prüfers oder der Vermerk über dessen Versagung und die beschlossene Verwendung des Jahresgewinnes oder Behandlung des Jahresverlustes anzugeben. Im Anschluss an die öffentliche Bekanntmachung sind der Jahresabschluss und der Lagebericht an sieben Tagen öffentlich auszulegen; in der Bekanntmachung ist auf die Auslegung hinzuweisen.

§ 25
Anwendung von Bestimmungen der Kommunalhaushaltsverordnung

Die Vorschriften der Kommunalhaushaltsverordnung über die Vergabe von Aufträgen sowie über Stundung, Niederschlagung und Erlass finden auf die Eigenbetriebe Anwendung.

§ 25a
Führung des Eigenbetriebes nach der Kommunalhaushaltsverordnung

(1) Für die Wirtschaftsführung und das Rechnungswesen der Eigenbetriebe ist die vollständige Anwendung der Kommunalhaushaltsverordnung und der Verwaltungsvorschriften zu haushaltsrechtlichen Bestimmungen des Kommunalselbstverwaltungsgesetzes (KSVG) und der Kommunalhaushaltsverordnung (KommHVO) zulässig. In diesem Fall finden die §§ 11 bis 23 und § 24 Absatz 2 Satz 2 und 3 keine Anwendung. Ergänzend gelten die §§ 25b bis 25f.

(2) Die Umstellung des Rechnungswesens ist bei bestehenden Eigenbetrieben nur zum Ende eines Geschäftsjahres zulässig.

§ 25b
Leitung des Rechnungswesens

Alle Zweige des Rechnungswesens sind einheitlich zu leiten. Hat der Eigenbetrieb eine Werkleiterin oder einen Werkleiter für die kaufmännischen Angelegenheiten, ist diese oder dieser für das Rechnungswesen verantwortlich.

§ 25c
Haushaltsplan

(1) Der Eigenbetrieb hat vor Beginn eines jeden Haushaltsjahres einen Haushaltsplan aufzustellen. Für die Aufstellung gelten die Formblätter 9 und 10 (Anlagen 9 und 10). Der Haushaltsplan kann Festsetzungen für zwei Haushaltsjahre, nach Jahren getrennt, enthalten.

(2) Sofern der Eigenbetrieb mehrere Betriebszweige umfasst, sind der Ergebnishaushalt und der Finanzhaushalt mindestens in folgende Teilhaushalte zu gliedern:

1. Verwaltung und Vertrieb
2. Stromversorgung
3. Gasversorgung
4. Wasserversorgung
5. Andere Versorgungszweige
6. Verkehrsbetriebe
7. Andere Betriebszweige einschließlich Nebenbetriebe
8. Hilfsbetriebe
9. Aktivierte Eigenleistungen.

(3) Deckungsmittel, die aus dem Haushalt der Gemeinde stammen, müssen mit den Ansätzen im Haushaltsplan der Gemeinde übereinstimmen.

(4) Die Stellenübersicht hat die im Haushaltsjahr erforderlichen Stellen für Arbeitnehmerinnen und Arbeitnehmer zu enthalten. Beamtinnen und Beamte, die bei dem Eigenbetrieb beschäftigt werden, sind im Stellenplan der Gemeinde zu führen und in der Stellenübersicht des Eigenbetriebes nachrichtlich anzugeben.

(5) Der Finanzhaushalt ist um eine Übersicht nach Formblatt 8 (Anlage 8), 2. Teil, über die Entwicklung der Einnahmen und Ausgaben des Eigenbetriebes, die sich auf die Finanzplanung für den Haushalt der Gemeinde auswirken, zu ergänzen.

(6) Der Haushaltsplan ist unverzüglich zu ändern, wenn

1. das Jahresergebnis sich gegenüber dem Ergebnishaushalt erheblich verschlechtern wird und diese Verschlechterung die Haushaltslage der Gemeinde beeinträchtigt oder eine Änderung des Finanzhaushaltes bedingt oder
2. zum Ausgleich des Finanzhaushaltes erheblich höhere Zuführungen der Gemeinde oder höhere Kredite für Investitionen erforderlich werden oder
3. weitere Verpflichtungsermächtigungen vorgesehen werden sollen oder
4. eine erhebliche Vermehrung oder Hebung der in der Stellenübersicht vorgesehenen Stellen erforderlich wird, es sei denn, dass es sich um eine vorübergehende Einstellung von Aushilfskräften handelt.

(7) Der vom Gemeinderat beschlossene Haushaltsplan ist der Kommunalaufsichtsbehörde vorzulegen. Er soll bis zum Beginn des Haushaltsjahres vorgelegt werden.

(8) Ist der Haushaltsplan zu Beginn des Haushaltsjahres noch nicht vom Gemeinde-

rat beschlossen, gilt die Vorschrift des Kommunalselbstverwaltungsgesetzes über die vorläufige Haushaltsführung entsprechend.

§ 25d
Ausführung des Haushaltsplans

(1) Sind bei der Ausführung des Ergebnishaushalts den Erfolg gefährdende Mindererträge zu erwarten, hat die Werkleitung die Bürgermeisterin oder den Bürgermeister unverzüglich zu unterrichten. Den Erfolg gefährdende Mehraufwendungen bedürfen der Zustimmung des Gemeinderates, es sei denn, dass sie unabweisbar sind. Sind sie unabweisbar, sind die Bürgermeisterin oder der Bürgermeister und der Gemeinderat unverzüglich zu unterrichten. Bei Eilbedürftigkeit tritt an die Stelle der Zustimmung des Gemeinderates die Zustimmung der Bürgermeisterin oder des Bürgermeisters; der Gemeinderat ist unverzüglich zu unterrichten.
(2) Investive Mehrausgaben für das Einzelvorhaben, die einen in der Betriebssatzung festzusetzenden Betrag überschreiten, bedürfen der Zustimmung des Gemeinderates. Bei Eilbedürftigkeit tritt an die Stelle der Zustimmung des Gemeinderates die Zustimmung der Bürgermeisterin oder des Bürgermeisters. Der Gemeinderat ist unverzüglich zu unterrichten.

§ 25e
Jahresabschluss

(1) Für den Jahresabschluss gilt § 99 Absatz 1 bis 3 des Kommunalselbstverwaltungsgesetzes entsprechend. An die Stelle des Jahresabschlusses, der Erfolgsübersicht und des Lageberichts nach § 24 Absatz 1 Satz 1 und Absatz 3 Satz 1 tritt der Jahresabschluss gemäß § 99 Absatz 2 und 3 des Kommunalselbstverwaltungsgesetzes.
(2) Das Eigenkapital ist wie folgt zu gliedern:
1. Stammkapital,
2. Allgemeine Rücklage,
3. Jahresüberschuss/Jahresfehlbetrag.

Das Stammkapital ist mit dem in der Betriebssatzung festgesetzten Betrag anzusetzen.
(3) Bei Versorgungsbetrieben muss der Ertrag aus Energielieferungen (Strom, Gas, Wärme) und Wasserlieferungen in jedem Wirtschaftsjahr 365, in Schaltjahren 366 Tage umfassen und auf den Bilanzstichtag abgegrenzt sein.

§ 25f
Bewertung bei der Umstellung des Rechnungswesens

§ 19a Absatz 1 sowie § 51 Absatz 2 Kommunalhaushaltsverordnung gelten bei der Umstellung der Wirtschaftsführung und des Rechnungswesens eines bestehenden Eigenbetriebes entsprechend.

III. Teil
Übergangs- und Schlussvorschriften

§ 26
Befreiung

Das Ministerium für Inneres und Europaangelegenheiten kann Eigenbetriebe allgemein oder auf Antrag von Vorschriften dieser Verordnung befreien.

§ 27
Eigenbetriebe der Gemeindeverbände

Die Vorschriften dieser Verordnung finden sinngemäß auf die Eigenbetriebe der Gemeindeverbände Anwendung.

§ 28
Übergangsbestimmungen

In Verbindung mit den nach § 19 Satz 2 anzuwendenden Vorschriften des Handelsgesetzbuches finden auch die Übergangsvorschriften des Artikels 24 Absatz 1 bis 5 und des Artikels 28 des Einführungsgesetzes zum Handelsgesetzbuch für Eigenbetriebe Anwendung mit folgenden Maßgaben:
1. Bei Artikel 24 Absatz 1 bis 4 tritt jeweils an die Stelle des Stichtages 31. Dezember 1986 der Stichtag 31. Dezember 1987.

2. Bei Artikel 28 Absatz 1 braucht eine Rückstellung nicht gebildet zu werden, wenn die Pensionsberechtigte ihren oder der Pensionsberechtigte seinen Rechtsanspruch vor dem 1. Januar 1988 erworben hat oder sich ein vor diesem Zeitpunkt erworbener Rechtsanspruch nach dem 31. Dezember 1987 erhöht.

Die Anwendung des Artikels 28 entfällt, wenn der Eigenbetrieb die Versorgungsverpflichtung schon bisher zurückgestellt hat.

§ 29
Inkrafttreten, Außerkrafttreten

(1) Diese Verordnung tritt am 1. Januar 2011 in Kraft.

(2) Gleichzeitig mit dem Inkrafttreten tritt die Eigenbetriebsverordnung in der Fassung der Bekanntmachung vom 22. Dezember 1999 (Amtsbl. 2000 S. 138), zuletzt geändert durch die Verordnung vom 25. September 2008 (Amtsbl. S. 1618), außer Kraft.

Auf eine Abbildung der Anlagen wird verzichtet

SBG

Saarländisches Beamtengesetz

(Artikel 1 des Gesetzes Nr. 1675) in der Fassung vom 11. März 2009, zuletzt geändert durch das Gesetz vom 24. April 2024 (Amtsbl. I S. 354). Fundstelle: Amtsblatt 2010, S. 1426.

Auszug

Saarländisches Beamtengesetz (SBG)

in der Fassung vom 11. März 2009,
zuletzt geändert durch das Gesetz
vom 24. April 2024 (Amtsbl. I S. 354).
Fundstelle: Amtsblatt 2009, S. 514.

Abschnitt IX
Besondere Beamtengruppen

1. Beamtinnen und Beamte auf Zeit

§ 119
Allgemeines

(1) Für Beamtinnen und Beamte auf Zeit gelten die Vorschriften für Beamtinnen und Beamte auf Lebenszeit entsprechend, soweit nicht gesetzlich etwas anderes bestimmt ist. Die Vorschriften über die Laufbahnen und die Probezeit finden keine Anwendung.

(2) Die Fälle und die Voraussetzungen der Ernennung von Beamtinnen und Beamten auf Zeit werden durch Gesetz bestimmt.

(3) Soweit gesetzlich nicht etwas anderes bestimmt ist, sind Beamtinnen und Beamte auf Zeit nach Ablauf der Amtszeit verpflichtet, das Amt weiterzuführen, wenn sie unter mindestens gleich günstigen Bedingungen für wenigstens die gleiche Zeit wiederernannt werden sollen.

(4) Werden Beamtinnen und Beamte auf Lebenszeit in ein Beamtenverhältnis auf Zeit berufen, so ruhen vom Tag der Begründung dieses Beamtenverhältnisses an die Rechte und Pflichten aus dem bisherigen Dienstverhältnis mit Ausnahme der Pflicht zur Amtsverschwiegenheit und des Verbotes der Annahme von Belohnungen, Geschenken und sonstigen Vorteilen. Nach Beendigung ihres Beamtenverhältnisses auf Zeit kehren die Beamtinnen und Beamten unter Übertragung ihres letzten oder eines gleichzubewertenden Amtes in ihr früheres Dienstverhältnis zurück, sofern sie zu diesem Zeitpunkt noch nicht die für sie geltende Altersgrenze erreicht haben. Die Beendigung des Beamtenverhältnisses auf Zeit ist gegenüber dem früheren Dienstherrn rechtzeitig anzuzeigen. Lehnt die Beamtin oder der Beamte die Rückkehr in das frühere Dienstverhältnis ab, ist sie oder er zu entlassen. Die Entlassung wird von der Stelle schriftlich verfügt, die für die Ernennung zuständig wäre. Die Entlassung tritt mit Ablauf des Monats ein, der auf den Monat folgt, in dem die Entlassungsverfügung zugestellt wird.

(5) Beamtinnen und Beamte auf Zeit sind zu entlassen, wenn sie ihrer Verpflichtung nach Absatz 3 nicht nachkommen.

§ 120
Hauptamtliche kommunale Wahlbeamtinnen und Wahlbeamte auf Zeit

Für hauptamtliche kommunale Wahlbeamtinnen und Wahlbeamte auf Zeit gelten die Vorschriften für Beamtinnen und Beamte auf Zeit mit folgenden Maßgaben:

1. Zur hauptamtlichen kommunalen Wahlbeamtin auf Zeit oder zum hauptamtlichen kommunalen Wahlbeamten auf Zeit darf ernannt werden, wer das 25. Lebensjahr vollendet hat.
2. Bei hauptamtlichen kommunalen Wahlbeamtinnen und Wahlbeamten auf Zeit, die nicht von den Bürgern gewählt sind, kann das kommunale Vertretungsorgan mit Zustimmung der Beamtinnen und Beamten den Eintritt in den Ruhestand bis zum Ablauf der Amtszeit, jedoch nicht über das Ende des Monats der Vollendung des 68. Lebensjahres, hinausschieben. Für hauptamtliche kommunale Wahlbeamtinnen und Wahlbeamte auf Zeit, die von den Bürgern gewählt sind, bildet das vollendete 68. Lebensjahr die Altersgrenze; nach Vollendung des 65. Lebensjahres sind die Beamtinnen und Beamten auf ihren Antrag in den Ruhestand zu versetzen. § 23 Absatz 1 Satz 1 Nummer 2 des Beamtenstatusgesetzes bleibt unberührt.
3. Für hauptamtliche kommunale Wahlbeamtinnen und Wahlbeamte auf Zeit, die

von den Bürgern zu wählen sind, entfällt die Verpflichtung nach § 119 Absatz 3 mit der Vollendung des 63. Lebensjahres. Nach Ablauf von zwei Amtszeiten entfällt sie mit der Vollendung des 60. Lebensjahres.

4. Hauptamtliche kommunale Wahlbeamtinnen und Wahlbeamte auf Zeit, die nach § 30 kraft Gesetzes in den Dienst einer anderen Körperschaft übergetreten sind, haben in Fällen, in denen die Auflösung und die Neubildung von Gemeinden mit Zustimmung der beteiligten Gemeinden erfolgt ist, für den Rest ihrer Amtszeit Anspruch auf Verwendung als hauptamtliche Beigeordnete in der aufnehmenden oder neu gebildeten Gemeinde. § 32 Satz 4 gilt entsprechend.

2. Ehrenbeamtinnen und Ehrenbeamte

§ 121
Ehrenbeamtinnen und Ehrenbeamte

(1) Für Ehrenbeamtinnen und Ehrenbeamte (§ 5 Absatz 1 des Beamtenstatusgesetzes) gelten die Vorschriften des Beamtenstatusgesetzes und die Vorschriften dieses Gesetzes mit folgenden Maßgaben:

1. Ehrenbeamtinnen und Ehrenbeamte können nach Erreichen der in § 43 Absatz 1 und 2 für sie geltenden Altersgrenze verabschiedet werden. Sie sind zu verabschieden, wenn die sonstigen Voraussetzungen für die Versetzung einer Beamtin oder eines Beamten in den Ruhestand gegeben sind. Diese Regelung gilt nicht für die Ehrenbeamtinnen und Ehrenbeamten der Gemeinden und Gemeindeverbände.
2. Keine Anwendung finden insbesondere § 6 Absatz 6 (Erlöschen des privatrechtlichen Arbeitsverhältnisses), §§ 9 bis 25 (laufbahnrechtliche Vorschriften), §§ 28 und 29 (Abordnung und Versetzung), § 62 Absatz 1 (Wohnung), §§ 71 und 72 (Besoldung, Versorgung und sonstige Leistungen), § 78 (Arbeitszeit) und §§ 86 bis 89 und 92 (Nebentätigkeit) dieses Gesetzes sowie § 22 Absatz 1 Nummer 2 (Entlassung nach Erreichen der Altersgrenze) und § 23 Absatz 1 Satz 1 Nummer 5 (Entlassung nach Berufung in das Beamtenverhältnis nach Erreichen der Altersgrenze) des Beamtenstatusgesetzes.

(2) Die Unfallfürsorge richtet sich nach § 82 des Saarländischen Beamtenversorgungsgesetzes.

(3) Im Übrigen regeln sich die Rechtsverhältnisse der Ehrenbeamtinnen und Ehrenbeamten nach den besonderen, für die einzelnen Gruppen der Ehrenbeamtinnen und Ehrenbeamten geltenden Vorschriften.

BekVO

Bekanntmachungs-verordnung

vom 15. Oktober 1981, zuletzt geändert durch
das Gesetz vom 15. November 2017 (Amtsbl. I S. 1007).
Fundstelle: Amtsblatt 1981, S. 828.

Verordnung über die öffentlichen Bekanntmachungen der Gemeinden und Gemeindeverbände (Bekanntmachungsverordnung – BekVO)

vom 15. Oktober 1981.

Zuletzt geändert durch das Gesetz vom 15. November 2017 (Amtsbl. I S. 1007).
Fundstelle: Amtsblatt 1981, S. 828.

Auf Grund des § 221 Abs. 1 und 2[1] des Kommunalselbstverwaltungsgesetzes in der Fassung der Bekanntmachung vom 1. September 1978 (Amtsbl. S. 801) verordnet der Minister für Inneres und Sport:

§ 1
Allgemeine Formen der Bekanntmachung in den Gemeinden

(1) Öffentliche Bekanntmachungen der Gemeinden, die durch Rechtsvorschrift vorgeschrieben sind, können, soweit gesetzlich nichts anderes bestimmt ist, erfolgen:

1. im amtlichen Bekanntmachungsblatt der Gemeinde,
2. in einer oder mehreren örtlich verbreiteten, mindestens einmal wöchentlich erscheinenden Zeitungen oder
3. durch Veröffentlichung im Internet.

(2) Die Gemeinden haben eine der in Absatz 1 bezeichneten Formen der öffentlichen Bekanntmachung durch Satzung festzulegen. Amtliche Bekanntmachungsblätter und Zeitungen sind namentlich zu bezeichnen.

(3) Soweit in Rechtsvorschriften ortsübliche Bekanntmachung vorgeschrieben ist, gilt die nach dieser Vorschrift durch Satzung festgelegte Bekanntmachungsform.

§ 2
Bekanntmachung durch Aushang

(1) In Gemeinden mit nicht mehr als 25 000 Einwohnern kann die Satzung bestimmen, dass die öffentliche Bekanntmachung von Zeit, Ort und Tagesordnung der Sitzungen des Gemeinderats, seiner Ausschüsse oder der Ortsräte durch Aushang an einer oder mehreren Bekanntmachungstafeln erfolgt. Die Bekanntmachungstafeln sind so einzurichten, dass sie der Öffentlichkeit jederzeit zugänglich sind. Den genauen Standort der Bekanntmachungstafeln bestimmt die Satzung.

(2) Der Aushang hat spätestens am vierten, bei Dringlichkeitssitzungen spätestens am zweiten Tag vor der Sitzung zu erfolgen. Auf den Bekanntmachungen sind Ort und Zeitpunkt des Aushangs und der Zeitpunkt der Abnahme durch Unterschrift zu bescheinigen.

§ 3
Bekanntmachung durch Offenlegung

(1) Sind Karten, Pläne oder Zeichnungen Bestandteile einer Satzung, kann die öffentliche Bekanntmachung dieser Teile dadurch ersetzt werden, dass sie an einer oder mehreren bestimmten Stellen der Gemeindeverwaltung zu jedermanns Einsicht während der Dienststunden ausgelegt werden. Der wesentliche Inhalt dieser Teile ist in der Satzung grob zu umschreiben.

(2) Ort und Zeit der Offenlegung sind zusammen mit der Satzung in den Formen des § 1 öffentlich bekannt zu machen. Die Offenlegung hat spätestens mit dem Vollzug dieser Bekanntmachung zu erfolgen.

(3) Wenn durch Rechtsvorschrift eine öffentliche Auslegung mit Hinweisbekanntmachung vorgeschrieben ist und diese Rechtsvorschrift keine besonderen Bestimmungen enthält, gilt Absatz 2 entsprechend.

§ 4
Notbekanntmachung

Sind öffentliche Bekanntmachungen in der durch die Satzung festgelegten Form wegen eines Naturereignisses oder anderer unabwendbarer Umstände nicht möglich, so genügt jede andere geeignete Form der Bekanntmachung, um die Öffentlichkeit zu unterrichten, insbesondere durch Anschlag, Flugblätter

1 Jetzt § 222 Abs. 1 und 2 KSVG; jetzige Fassung des KSVG vgl. BS- Nr. 2020- 1.

oder öffentlichen Ausruf. In diesen Fällen ist die Bekanntmachung, sofern sie nicht durch Zeitablauf gegenstandslos geworden ist, nachrichtlich in der durch die Satzung vorgeschriebenen Form unverzüglich nachzuholen.

§ 5
Amtliches Bekanntmachungsblatt

(1) Herausgeber des amtlichen Bekanntmachungsblatts ist der Bürgermeister. Das amtliche Bekanntmachungsblatt muss

1. in der Überschrift oder im Untertitel die Bezeichnung „Amtliches Bekanntmachungsblatt" führen und den Geltungsbereich bezeichnen,
2. den Ausgabetag angeben und jahrgangsweise fortlaufend nummeriert sein,
3. die Erscheinungsfolge angeben,
4. die Bezugsmöglichkeiten und Bezugsbedingungen angeben,
5. einzeln zu beziehen sein.

(2) Enthält das amtliche Bekanntmachungsblatt neben dem amtlichen Teil mit öffentlichen Bekanntmachungen und sonstigen amtlichen Mitteilungen auch einen nicht amtlichen Teil, so ist dieser vom amtlichen Teil deutlich abzusetzen.

§ 5a
Internetbekanntmachung

(1) Die öffentliche Bekanntmachung in der Form des § 1 Absatz 1 Nummer 3 erfolgt durch Bereitstellung des digitalisierten Dokuments auf einer öffentlich zugänglichen, ausschließlich in Verantwortung der Gemeinde betriebenen Internetseite unter Angabe des Bereitstellungstages. Die Gemeinde kann sich zur Einrichtung und Pflege der Internetseite eines Dritten bedienen. Die Bereitstellung im Internet und die Internetadresse sind in der Satzung nach § 1 Absatz 2 anzugeben. § 5 Absatz 1 findet entsprechend Anwendung. Im Übrigen ist § 2 Abs. 3 des Gesetzes zur Förderung der elektronischen Verwaltung im Saarland in der jeweils geltenden Fassung zu beachten.

(2) § 14 des Gesetzes zur Förderung der elektronischen Verwaltung im Saarland in der jeweils geltenden Fassung bleibt unberührt.

§ 6
Vollzug der Bekanntmachung

(1) Die öffentliche Bekanntmachung nach § 1 ist mit Ablauf des Erscheinungstags des amtlichen Bekanntmachungsblatts oder der Zeitung vollzogen. Sind mehrere Zeitungen bestimmt, ist die öffentliche Bekanntmachung mit Ablauf des Tages vollzogen, an dem die letzte Zeitung mit der Bekanntmachung erscheint. Erfolgt die öffentliche Bekanntmachung im Internet, ist die öffentliche Bekanntmachung mit Ablauf des Tages vollzogen, an dem das digitalisierte Dokument im Internet gemäß § 5a Absatz 1 Satz 1 verfügbar ist.

(2) Bei der Bekanntmachungsform durch Aushang nach § 2 ist die öffentliche Bekanntmachung mit Ablauf des ersten Tages des Aushangs an den dafür bestimmten Bekanntmachungstafeln vollzogen. Die Bekanntmachung darf jedoch frühestens am Tag nach der Sitzung abgenommen werden.

(3) Bei den Bekanntmachungsformen durch Offenlegung nach § 3 ist die öffentliche Bekanntmachung mit der Bekanntmachung der Satzung oder der Hinweisbekanntmachung vollzogen. Die ausgelegten Schriftstücke sind so aufzubewahren, dass sie nicht verändert oder unbrauchbar werden können.

(4) Die Notbekanntmachung nach § 4 ist mit Ablauf des Tages vollzogen, an dem die Öffentlichkeit davon Kenntnis nehmen konnte.

§ 7
Geltung für Gemeindeverbände

Die Vorschriften der §§ 1 und 3 bis 6 dieser Verordnung gelten für die Gemeindeverbände entsprechend.

§ 8
In-Kraft-Treten

Diese Verordnung tritt am Tag nach der Verkündung in Kraft.

KomBesV

Saarländische Kommunalbesoldungs-verordnung

in der Fassung vom 15. November 1978, zuletzt geändert durch die Verordnung vom 12. November 2015 (Amtsbl. I S. 888).
Fundstelle: Amtsblatt 1978, S. 965.

Dienste – Statistisches Amt – nach dem Ergebnis der letzten allgemeinen Zählung der Bevölkerung auf den 30. Juni des Vorjahres fortgeschriebene und veröffentlichte Personenzahl.

§ 6
Rechtsstand
Verringert sich die jeweils maßgebende Einwohnerzahl und kommt die Körperschaft dadurch in eine niedrigere Größenklasse, behalten die im Amt befindlichen Beamtinnen und Beamten für ihre Person und für die Dauer ihrer Amtszeit die Bezüge der bisherigen Besoldungsgruppe. Dies gilt auch für unmittelbar folgende Amtszeiten, wenn die Beamtin oder der Beamte wiedergewählt wird.

§ 7
Überleitung
Hauptamtliche kommunale Wahlbeamte auf Zeit, die sich am Tag vor In-Kraft-Treten und am Tag des In-Kraft-Tretens dieser Verordnung im Amt befanden und geringer als die Mindesteinstufung nach dieser Verordnung eingestuft waren, werden in diese Mindesteinstufung übergeleitet. Die übrigen hauptamtlichen kommunalen Wahlbeamten auf Zeit behalten die Bezüge aus ihrer bisherigen Besoldungsgruppe.

§ 8
Inkrafttreten
Diese Verordnung tritt am 1. Dezember 1978 in Kraft.

Der Minister des Innern

EhrEntschV SL

Verordnung über die Aufwandsenschädigung der ehrenamtlichen Beigeordneten, Ortsvor steherinnen und Ortsvorsteher

in der Fassung vom 15. März 1989, durch Artikel 1 der Verordnung vom 21. März 2022 (Amtsbl. I S. 575). Fundstelle: Amtsblatt 1989, S. 455.

Verordnung über die Aufwandsentschädigung der ehrenamtlichen Beigeordneten, Ortsvorsteherinnen und Ortsvorsteher

vom 15. März 1989.

Zuletzt geändert durch Artikel 1 der Verordnung vom 21. März 2022 (Amtsbl. I S. 575).
Fundstelle: Amtsblatt 1989, S. 455.

Auf Grund des § 67 des Kommunalselbstverwaltungsgesetzes in der Fassung der Bekanntmachung vom 1. September 1978 (Amtsbl. S. 801), zuletzt geändert durch Gesetz vom 18. Januar 1989 (Amtsbl. S. 321), verordnetder Minister für Inneres und Sport:

§ 1
Aufwandsentschädigung

(1) Aufwandsentschädigung ist die pauschalierte Entschädigung zur Abgeltung solcher persönlicher Aufwendungen, die sich aus den mit dem Ehrenamt verbundenen unvermeidbaren besonderen Verpflichtungen ergeben. § 5 Abs. 3 und § 8 bleiben unberührt.
(2) Die Höhe der Aufwandsentschädigung wird durch das zuständige Beschlussorgan nach der voraussichtlichen Höhe des Aufwands im Rahmen dieser Verordnung festgesetzt.

§ 2
Zahlung der Aufwandsentschädigung

(1) Die Aufwandsentschädigung wird monatlich im Voraus gezahlt. Wird Aufwandsentschädigung für eine Vertretungszeit gewährt, so ist sie am jeweiligen Monatsende zu zahlen.
(2) Besteht ein Anspruch auf Aufwandsentschädigung nicht für einen vollen Kalendermonat, so wird nur der Teil der Aufwandsentschädigung gezahlt, der auf den Anspruchszeitraum entfällt; hierbei sind für die Berechnung dreißig Kalendertage in Ansatz zu bringen.
(3) Scheidet die Ehrenbeamtin oder der Ehrenbeamte im Lauf eines Monats aus dem Amt aus, ist die Aufwandsentschädigung für diesen Monat zu belassen.

§ 3
Ruhen der Aufwandsentschädigung

(1) Bei Verhinderung der Ehrenbeamtin oder des Ehrenbeamten wird die Aufwandsentschädigung bis zu zwei Monaten weitergewährt. Zur Ermittlung dieses Zeitraums sind alle Verhinderungszeiten innerhalb eines Kalenderjahres zusammenzurechnen; Urlaub bleibt hiervon unberührt.
(2) Die Aufwandsentschädigung ruht, solange die Ehrenbeamtin oder der Ehrenbeamte vorläufig des Dienstes enthoben oder ihr oder ihm die Führung ihrer oder seiner Dienstgeschäfte verboten ist.

§ 4
Aufwandsentschädigung für ehrenamtliche Beigeordnete der Gemeinden

(1) Ehrenamtliche Beigeordnete erhalten eine monatliche Aufwandsentschädigung. Sie beträgt

in Gemeinden			höchstens
bis	10.000	Einwohnerinnen und Einwohner	90 Euro
bis	15.000	Einwohnerinnen und Einwohner	120 Euro
bis	20.000	Einwohnerinnen und Einwohner	140 Euro
bis	30.000	Einwohnerinnen und Einwohner	155 Euro
bis	40.000	Einwohnerinnen und Einwohner	175 Euro
bis	50.000	Einwohnerinnen und Einwohner	190 Euro
bis	60.000	Einwohnerinnen und Einwohner	220 Euro

bis	100.000	Einwohnerinnen und Einwohner	295 Euro
über	100.000	Einwohnerinnen und Einwohner	390 Euro

monatlich beträgt.

(2) Ehrenamtliche Beigeordnete, die den Bürgermeister ununterbrochen für einen längeren Zeitraum als drei Tage vertreten, erhalten für die Zeit der Vertretung eine Aufwandsentschädigung, die

in Gemeinden			höchstens
bis	10.000	Einwohnerinnen und Einwohner	1.300 Euro
bis	15.000	Einwohnerinnen und Einwohner	1.620 Euro
bis	20.000	Einwohnerinnen und Einwohner	1.900 Euro
bis	30.000	Einwohnerinnen und Einwohner	1.970 Euro
bis	40.000	Einwohnerinnen und Einwohner	2.060 Euro
bis	50.000	Einwohnerinnen und Einwohner	2.100 Euro
bis	60.000	Einwohnerinnen und Einwohner	2.160 Euro
bis	100.000	Einwohnerinnen und Einwohner	2.640 Euro
über	100.000	Einwohnerinnen und Einwohner	3.120 Euro

monatlich beträgt.

(3) Ehrenamtliche Beigeordnete, denen bestimmte Geschäftszweige gemäß § 63 Abs. 3 KSVG übertragen sind, können auf Beschluss des Gemeinderats eine Aufwandsentschädigung erhalten, die folgende Höchstsätze nicht übersteigen darf:

in Gemeinden	
bis 10.000 Einwohnerinnen und Einwohner	ein Viertel
bis 30.000 Einwohnerinnen und Einwohner	ein Drittel
über 30.000 Einwohnerinnen und Einwohner	die Hälfte

der nach Absatz 2 festgesetzten Aufwandsentschädigung.

(4) Die Aufwandsentschädigung nach Absatz 1 wird nicht gezahlt für die Zeit, während der eine ehrenamtliche Beigeordnete oder ein ehrenamtlicher Beigeordneter eine Aufwandsentschädigung nach Absatz 2 oder Absatz 3 erhält. Die Aufwandsentschädigung nach Absatz 3 wird nicht gezahlt für die Zeit, während der eine ehrenamtliche Beigeordnete oder ein ehrenamtlicher Beigeordneter für die Vertretung der Bürgermeisterin oder des Bürgermeisters eine Aufwandsentschädigung nach Absatz 2 erhält.

§ 5
Aufwandsentschädigung für Ortsvorsteherinnen und Ortsvorsteher

(1) Ortsvorsteherinnen und Ortsvorsteher erhalten eine Aufwandsentschädigung, die in

Gemeindebezirken			höchstens
bis	1.000	Einwohnerinnen und Einwohner	350 Euro
bis	3.000	Einwohnerinnen und Einwohner	450 Euro
bis	5.000	Einwohnerinnen und Einwohner	560 Euro

bis	7.000	Einwohnerinnen und Einwohner	640 Euro
bis	10.000	Einwohnerinnen und Einwohner	760 Euro
bis	15.000	Einwohnerinnen und Einwohner	880 Euro
bis	20.000	Einwohnerinnen und Einwohner	1.090 Euro
bis	30.000	Einwohnerinnen und Einwohner	1.150 Euro
bis	40.000	Einwohnerinnen und Einwohner	1.170 Euro
bis	50.000	Einwohnerinnen und Einwohner	1.200 Euro
bis	60.000	Einwohnerinnen und Einwohner	1.230 Euro
bis	100.000	Einwohnerinnen und Einwohner	1.460 Euro
über	100.000	Einwohnerinnen und Einwohner	1.780 Euro

monatlich beträgt.

(2) Ortsvorsteherinnen und Ortsvorsteher, die gemäß § 75 Abs. 4 KSVG im Auftrag der Bürgermeisterin oder des Bürgermeisters weitere Verwaltungsangelegenheiten wahrnehmen, können auf Beschluss des Gemeinderats eine bis 25 vom Hundert erhöhte Aufwandsentschädigung erhalten.

(3) Ortsvorsteherinnen und Ortsvorstehern kann neben der Aufwandsentschädigung bei ständiger Inanspruchnahme eines Wohnraums für dienstliche Zwecke eine angemessene Entschädigung für Benutzung, Heizung, Beleuchtung und Reinigung gewährt werden.

(4) Stellvertreterinnen und Stellvertreter der Ortsvorsteherin oder des Ortsvorstehers, die die Ortsvorsteherin oder den Ortsvorsteher ununterbrochen für einen längeren Zeitraum als drei Tage vertreten, erhalten für die Zeit der Vertretung eine Aufwandsentschädigung nach Absatz 1 und 2.

§ 6
Aufwandsentschädigung für Beigeordnete der Gemeindeverbände

(1) Beigeordnete erhalten eine monatliche Aufwandsentschädigung. Sie beträgt

in Gemeindeverbänden			höchstens
bis	100.000	Einwohnerinnen und Einwohner	180 Euro
bis	200.000	Einwohnerinnen und Einwohner	220 Euro
bis	300.000	Einwohnerinnen und Einwohner	285 Euro
über	300.000	Einwohnerinnen und Einwohner	485 Euro

(2) Beigeordnete, die die Landrätin, den Landrat, die Regionalverbandsdirektorin oder den Regionalverbandsdirektor ununterbrochen für einen längeren Zeitraum als drei Tage vertreten, erhalten für die Zeit der Vertretung eine Aufwandsentschädigung, die

in Gemeindeverbänden			höchstens
bis	100.000	Einwohnerinnen und Einwohner	2.680 Euro
bis	200.000	Einwohnerinnen und Einwohner	2.730 Euro
bis	300.000	Einwohnerinnen und Einwohner	2.830 Euro

über 300.000	Einwohnerinnen und Einwohner	3.630 Euro

(3) Beigeordneten, denen bestimmte Geschäftszweige gemäß § 183 oder § 214 Absatz 3 KSVG übertragen sind, kann eine Aufwandsentschädigung gewährt werden, die 40 vom Hundert der nach Absatz 2 festgesetzten Aufwandsentschädigung nicht übersteigen darf.
(4) Für die Zahlung von Aufwandsentschädigungen nach den Absätzen 1 bis 3 gilt § 4 Absatz 4 entsprechend.

§ 7
Fahrkosten
Mit der Aufwandsentschädigung sind mit Ausnahme der Fahrkosten die Auslagen, die aus Anlass von Dienstgängen und von Dienstreisen bis zu fünf Stunden entstehen, abgegolten.

§ 8
Einwohnerzahl
(1) Als Einwohnerzahl im Sinne dieser Verordnung gilt die vom Landesamt für Zentrale Dienste - Statistisches Amt -nach dem Ergebnis der letzten allgemeinen Zählung der Bevölkerung auf den 31. Dezember des vorvergangenen Jahres fortgeschriebene und veröffentlichte Personenzahl.
(2) Für die Festsetzung der Aufwandsentschädigung der Ortsvorsteherinnen und Ortsvorsteher ist die von der Gemeinde für den Gemeindebezirk nach den melderechtlichen Vorschriften ermittelte Personenzahl am 31. Dezember des vorvergangenen Jahres maßgebend.

§ 9
Inkrafttreten, Außerkrafttreten
(1) Diese Verordnung tritt mit dem Beginn der auf die Verkündung folgenden allgemeinen Amtszeit der kommunalen Vertretungen in Kraft.

(2) Gleichzeitig tritt die Verordnung über die Aufwandsentschädigung der ehrenamtlichen Beigeordneten, Ortsvorsteher und Bezirksbürgermeister vom 26. Februar 1974 (Amtsbl. S. 270) außer Kraft.

NachbG

Saarländisches Nachbarrechtsgesetz

in der Fassung vom 28. Februar 1973, zuletzt geändert durch das Gesetz vom 15. Juli 2015 (Amtsbl. I S. 632). Fundstelle: Amtsblatt 1973, S. 210.

Saarländisches Nachbarrechtsgesetz
vom 28. Februar 1973.
Zuletzt geändert durch das Gesetz vom 15. Juli 2015 (Amtsbl. I S. 632).
Fundstelle: Amtsblatt 1973, S. 210.

INHALTSÜBERSICHT

Erster Abschnitt
Allgemeine Vorschriften

§ 1
Anwendungsbereich

Die §§ 3 bis 56 dieses Gesetzes gelten nur, soweit öffentlich-rechtliche Vorschriften nicht entgegenstehen oder die Beteiligten nichts anderes vereinbaren.

§ 2
Nachbar und Nutzungsberechtigter

(1) Nachbar im Sinne dieses Gesetzes ist der Eigentümer eines Grundstücks, im Fall der Belastung des Grundstücks mit einem Erbbaurecht der Erbbauberechtigte.

(2) Rechte und Pflichten eines Nutzungsberechtigten nach diesem Gesetz entstehen nur für denjenigen Nutzungsberechtigten, dessen Besitzstand berührt wird.

Zweiter Abschnitt
Nachbarwand

§ 3
Grundsatz

(1) Nachbarwand ist die auf der Grenze zweier Grundstücke errichtete Wand, die den auf diesen Grundstücken errichteten oder zu errichtenden Gebäuden als Abschlusswand oder zur Unterstützung oder Aussteifung dient oder dienen soll.

(2) Eine Nachbarwand darf nur errichtet werden, wenn der Nachbar einwilligt.

(3) Für die mit Einwilligung oder Genehmigung des Nachbarn errichtete Nachbarwand gelten die Vorschriften der §§ 4 bis 14.

§ 4
Beschaffenheit und Standort der Nachbarwand

(1) Die Nachbarwand ist in derjenigen Bauart und Bemessung, insbesondere in der Dicke und mit der Gründungstiefe auszuführen, dass sie den Zwecken beider Nachbarn genügt. Der zuerst Bauende braucht die Wand

nur für einen Anbau herzurichten, der an die Bauart und Bemessung der Wand keine höheren Anforderungen stellt als sein eigenes Gebäude.

(2) Erfordert keines der beiden Gebäude eine größere Dicke der Wand als das andere, so darf die Nachbarwand höchstens mit der Hälfte ihrer notwendigen Dicke auf dem Nachbargrundstück errichtet werden. Erfordert das auf einem der Grundstücke geplante Gebäude eine dickere Wand, so ist die Wand mit einem entsprechend größeren Teil ihrer Dicke auf diesem Grundstück zu errichten.

(3) Soweit die Nachbarwand den Vorschriften des Absatzes 2 entspricht, hat der Nachbar keinen Anspruch auf Zahlung einer Vergütung (§ 912 BGB) oder auf Abkauf von Boden (§ 915 BGB). Wird die Nachbarwand beseitigt, bevor angebaut ist, so kann der Nachbar für die Zeit ihres Bestehens eine Vergütung nach § 912 BGB beanspruchen.

§ 5
Tiefere Gründung

(1) Soll eine Nachbarwand errichtet werden, so kann der Nachbar von ihrem Erbauer bis zur Einreichung des Bauantrags verlangen, dass dieser die Gründung so tief legt, wie es erforderlich ist, um bei Errichtung eines baurechtlich zulässigen Gebäudes auf dem Nachbargrundstück die Nachbarwand zu benutzen. Er hat ihm in diesem Fall die entstandenen Mehrkosten zu erstatten. Auf Verlangen ist binnen zwei Wochen Vorschuss in Höhe der voraussichtlichen Mehrkosten zu leisten. Der Anspruch auf tiefere Gründung erlischt, wenn der Vorschuss nicht fristgerecht geleistet wird.

(2) Soweit die tiefere Gründung zum Vorteil des zunächst zur Bebauung vorgesehenen Grundstücks ausgenutzt wird, beschränkt sich die Erstattungspflicht des Nachbarn auf die Hälfte der entstandenen Mehrkosten. Darüber hinaus bereits erbrachte Leistungen können zurückgefordert werden.

§ 6
Anbau an die Nachbarwand

(1) Der Nachbar ist berechtigt, an die Nachbarwand anzubauen. Anbau ist die Mitbenutzung der Wand als Abschlusswand oder zur Unterstützung oder Aussteifung eines auf dem Nachbargrundstück errichteten Gebäudes.

(2) Ein Unterfangen der Nachbarwand ist nur entsprechend der Vorschrift des § 18 zulässig.

§ 7
Anzeige des Anbaues

(1) Die Einzelheiten des beabsichtigten Anbaues sind mindestens drei Monate vor Beginn der Bauarbeiten dem Eigentümer und dem Nutzungsberechtigten des zuerst bebauten Grundstücks anzuzeigen. Mit den Arbeiten darf erst nach Fristablauf begonnen werden.

(2) Etwaige Einwendungen gegen den Anbau sind unverzüglich zu erheben.

(3) Ist jemand, dem Anzeige nach Absatz 1 zu machen ist, unbekannten Aufenthalts oder bei einem Aufenthalt im Ausland nicht alsbald erreichbar und hat er keinen Vertreter bestellt, so genügt statt der Anzeige an diesen Betroffenen die Anzeige an den unmittelbaren Besitzer.

§ 8
Vergütung

(1) Der anbauende Nachbar hat dem Eigentümer des zuerst bebauten Grundstücks den halben Wert der Nachbarwand zu vergüten, soweit ihre Fläche zum Anbau genutzt wird.

(2) Die Vergütung ermäßigt sich, wenn die besondere Bauart oder Bemessung der Wand nicht oder nur für das zuerst errichtete Gebäude erforderlich ist. Sie erhöht sich, wenn die besondere Bauart oder Bemessung der Wand nur für das später errichtete Gebäude erforderlich ist.

(3) Nimmt die Nachbarwand auf dem Grundstück des anbauenden Nachbarn eine größere Bodenfläche in Anspruch, als in § 4 Abs. 2 vorgesehen, so kann dieser die Vergü-

tung um den Wert des zusätzlich überbauten Bodens kürzen, wenn er nicht die in § 912 Abs. 2 oder in § 915 BGB bestimmten Rechte ausübt. Nimmt die Nachbarwand auf dem Grundstück des anbauenden Nachbarn eine geringere Bodenfläche in Anspruch, als in § 4 Abs. 2 vorgesehen, so erhöht sich die Vergütung um den Wert des Bodens, den die Wand andernfalls auf dem Nachbargrundstück zusätzlich benötigen würde.
(4) Die Vergütung wird zwei Wochen nach der Erstattung der Anzeige der Fertigstellung des Rohbaus nach § 79 der Landesbauordnung (LBO) vom 18. Februar 2004 (Amtsbl. S. 822) in der jeweils geltenden Fassung fällig; sie steht demjenigen zu, der zu dieser Zeit Eigentümer ist. Bei der Wertberechnung ist von den zu diesem Zeitpunkt üblichen Baukosten auszugehen und das Alter sowie der bauliche Zustand der Nachbarwand zu berücksichtigen. Auf Verlangen ist Sicherheit in Höhe der voraussichtlich zu gewährenden Vergütung zu leisten; in einem solchen Fall darf der Anbau erst nach Leistung der Sicherheit begonnen oder fortgesetzt werden. Die Sicherheit kann in einer Bankbürgschaft bestehen.

§ 9
Unterhaltung der Nachbarwand

(1) Bis zum Anbau fallen die Unterhaltungskosten der Nachbarwand dem Eigentümer des zuerst bebauten Grundstücks allein zur Last.
(2) Nach dem Anbau sind die Unterhaltungskosten für den gemeinsam genutzten Teil der Nachbarwand von beiden Nachbarn entsprechend dem Verhältnis ihrer Beteiligung gemäß § 8 Abs. 1 und 2 zu tragen.
(3) Wird eines der beiden Gebäude abgebrochen und nicht neu errichtet, hat der Eigentümer des Grundstücks, auf dem das abgebrochene Gebäude stand, die durch den Abbruch entstandenen Schäden zu beseitigen und die Außenfläche des bisher gemeinsam genutzten Teils der Wand auf seine Kosten in einen für eine Außenwand geeigneten Zustand zu versetzen. Die Kosten der künftigen Unterhaltung fallen dem anderen Grundstückseigentümer allein zur Last.

§ 10
Nichtbenutzung der Nachbarwand für ein später errichtetes Gebäude

(1) Wird das später errichtete Gebäude nicht an die Nachbarwand angebaut, obwohl das möglich wäre, so hat der anbauberechtigte Nachbar für die durch die Errichtung der Nachbarwand entstandenen Mehraufwendungen gegenüber den Kosten einer Grenzwand Ersatz zu leisten. Dabei ist in angemessener Weise zu berücksichtigen, dass das Nachbargrundstück durch die Nachbarwand teilweise weiter genutzt wird.
(2) Hat die Nachbarwand von dem Grundstück des zuerst Bauenden weniger Bodenfläche benötigt als eine Grenzwand (§ 15), so ermäßigt sich der Ersatz um den Wert der eingesparten Bodenfläche.
(3) Höchstens ist der Betrag zu erstatten, der im Fall des Anbaues zu zahlen wäre.
(4) Im Übrigen ist § 8 Abs. 4 Satz 1 entsprechend anzuwenden.
(5) Der anbauberechtigte Nachbar ist verpflichtet, die Dachfläche seines Gebäudes auf seine Kosten dicht an die Nachbarwand anzuschließen.

§ 11
Beseitigung der Nachbarwand vor dem Anbau

(1) Der Eigentümer des zuerst bebauten Grundstücks darf die Nachbarwand nur mit Einwilligung des Nachbarn beseitigen. Die Absicht, die Nachbarwand zu beseitigen, muss dem Nachbarn schriftlich erklärt werden. Die Einwilligung gilt als erteilt, wenn der Nachbar dieser Erklärung nicht innerhalb von zwei Monaten schriftlich widerspricht. Für die Erklärung gilt § 7 Abs. 3 entsprechend.
(2) Die Einwilligung gilt trotz Widerspruchs als erteilt, wenn

a). der Nachbar nicht innerhalb von sechs Monaten nach Empfang der Erklärung einen Antrag auf Genehmigung eines Anbaues bei der Bauaufsichtsbehörde einreicht oder
b). wenn die Ablehnung einer beantragten Baugenehmigung nicht mehr angefochten werden kann oder
c). wenn von einer Baugenehmigung nicht innerhalb eines Jahres nach Erteilung Gebrauch gemacht wird.

(3) Beseitigt der Erbauer der Nachbarwand diese ganz oder teilweise, ohne hierzu nach den Absätzen 1 und 2 berechtigt zu sein, so kann der anbauberechtigte Nachbar ohne Rücksicht auf Verschulden Ersatz für den ihm durch die völlige oder teilweise Beseitigung der Anbaumöglichkeit zugefügten Schaden verlangen. Der Anspruch wird zwei Wochen nach der Erstattung der Anzeige der abschließenden Fertigstellung nach § 79 der Landesbauordnung (LBO) vom 18. Februar 2004 (Amtsbl. S. 822) in der jeweils geltenden Fassung fällig.

§ 12
Erhöhen der Nachbarwand

(1) Jeder Nachbar darf die Nachbarwand auf seine Kosten nach den allgemein anerkannten Regeln der Baukunst erhöhen, wenn dadurch keine erhebliche Beeinträchtigung für den anderen Nachbarn zu erwarten ist. Für den erhöhten Teil der Nachbarwand gelten die §§ 4 bis 11 entsprechend.
(2) Der höher Bauende darf, soweit erforderlich, auf das Nachbardach einschließlich des Dachtragwerks einwirken; er hat auf seine Kosten das Nachbardach mit der erhöhten Nachbarwand ordnungsgemäß zu verbinden.

§ 13
Verstärken der Nachbarwand

Jeder Grundstückseigentümer darf die Nachbarwand auf seinem Grundstück auf seine Kosten verstärken, soweit es nach den allgemein anerkannten Regeln der Baukunst zulässig ist. Die Absicht der Verstärkung ist mindestens zwei Monate vor Beginn der Bauarbeiten anzuzeigen Im Übrigen gilt § 7 entsprechend.

§ 14
Schadensersatz

(1) Schaden, der bei Ausübung eines Rechts gemäß den §§ 12 und 13 dem Eigentümer oder dem Nutzungsberechtigten entsteht, ist ohne Rücksicht auf Verschulden zu ersetzen.
(2) Auf Verlangen ist in Höhe des voraussichtlichen Schadensbetrages Sicherheit zu leisten, die auch in einer Bankbürgschaft bestehen kann; in einem solchen Fall darf das Recht erst nach Leistung der Sicherheit ausgeübt werden.

Dritter Abschnitt
Grenzwand

§ 15
Errichten der Grenzwand

(1) Grenzwand ist die unmittelbar an der Grenze zum Nachbargrundstück, jedoch ausschließlich auf dem Grundstück des Erbauers errichtete Wand.
(2) Wer eine Grenzwand errichten will, hat dem Nachbarn die Bauart, Bemessung und Gründung der beabsichtigten Wand anzuzeigen. 2§ 7 Abs. 2 und 3 gilt entsprechend.
(3) Der Nachbar kann innerhalb eines Monats nach Zugang der Anzeige eine solche Gründung der Grenzwand verlangen, dass zusätzliche Baumaßnahmen vermieden werden, wenn er später neben der Grenzwand ein Gebäude errichtet oder erweitert. Mit den Arbeiten zur Errichtung der Grenzwand darf erst nach Ablauf der Frist begonnen werden.
(4) Die nach Absatz 3 entstehenden Mehrkosten sind zu erstatten. In Höhe der voraussichtlich erwachsenden Mehrkosten ist auf Verlangen binnen zwei Wochen Vorschuss zu leisten. Der Anspruch auf besondere Gründung erlischt, wenn der Vorschuss nicht fristgerecht geleistet wird.

(5) Soweit die besondere Gründung auch zum Vorteil des zuerst errichteten Gebäudes ausgenutzt wird, beschränkt sich die Erstattungspflicht des Nachbarn auf den angemessenen Kostenanteil. Darüber hinaus bereits erbrachte Leistungen können zurückgefordert werden.
(6) Die Absätze 2 bis 5 gelten nicht, wenn Garagen oder andere eingeschossige Nebengebäude ohne Aufenthaltsräume an der Grenze errichtet werden sollen.

§ 16
Anbau an eine Grenzwand

(1) Der Nachbar darf eine Grenzwand durch Anbau (§ 6 Abs. 1 Satz 2) nutzen, wenn der Eigentümer einwilligt.
(2) Der anbauende Nachbar hat eine Vergütung zu zahlen, soweit er sich nicht schon nach § 15 Abs. 4 an den Baukosten beteiligt hat. Auf diese Vergütung ist § 8 Abs. 1, 2 und 4 entsprechend anzuwenden. Die Vergütung erhöht sich um den Wert des Bodens, den der Anbauende gemäß § 4 Abs. 2 bei Errichtung einer Nachbarwand hätte zur Verfügung stellen müssen.
(3) Für die Unterhaltungskosten der Grenzwand gilt § 9 entsprechend.

§ 17
Anschluss bei zwei Grenzwänden

(1) Wer eine Grenzwand neben einer schon vorhandenen Grenzwand errichtet, ohne anzubauen, hat sie auf seine Kosten an das zuerst errichtete Gebäude dicht anzuschließen. Er ist berechtigt, durch übergreifende Bauteile einen den öffentlich-rechtlichen Vorschriften entsprechenden Anschluss an das bestehende Bauwerk herzustellen. Er hat den Anschluss auf seine Kosten zu unterhalten.
(2) Die Einzelheiten des beabsichtigten Anschlusses sind in der nach § 15 Abs. 2 vorgeschriebenen Anzeige dem Nachbarn mitzuteilen.
(3) Werden die Grenzwände gleichzeitig errichtet, tragen die Nachbarn die Kosten des Anschlusses und seiner Unterhaltung zu gleichen Teilen.

§ 18
Unterfangen einer Grenzwand

(1) Muss der Nachbar zur Errichtung seines Gebäudes seine Grenzwand tiefer als die zuerst errichtete Grenzwand gründen, so darf er diese unterfangen, wenn keine erhebliche Schädigung des zuerst errichteten Gebäudes zu besorgen ist und das Unterfangen nur mit unzumutbar hohen Kosten vermieden werden könnte.
(2) Für die Verpflichtung zur Anzeige und zum Schadensersatz gelten die §§ 7 und 14 entsprechend.

§ 19
Einseitige Grenzwand

Darf nur auf einer Seite unmittelbar an eine gemeinsame Grenze gebaut werden, so hat der Nachbar kleinere, nicht zum Betreten bestimmte Bauteile, die in den Luftraum seines Grundstücks übergreifen, zu dulden, wenn sie die Benutzung seines Grundstücks nicht oder nur geringfügig beeinträchtigen.

§ 19a
Wärmedämmung

(1) Der Eigentümer und die Nutzungsberechtigten eines Grundstücks haben Bauteile, die auf ihr Grundstück übergreifen, zu dulden, wenn

1. es sich bei den übergreifenden Bauteilen um eine Wärmedämmung handelt, die über die Bauteilanforderungen der Energieeinsparverordnung vom 24. Juli 2007 (BGBl. I S. 1519), zuletzt geändert durch Artikel 1 der Verordnung vom 18. November 2013 (BGBl. I S. 3951), in der jeweils geltenden Fassung für bestehende Gebäude nicht hinausgeht,
2. eine vergleichbare Wärmedämmung auf andere Weise mit vertretbarem Aufwand nicht vorgenommen werden kann und
3. die übergreifenden Bauteile
   a) an einer zulässigerweise errichteten einseitigen Grenzwand auf dem Nachbargrundstück angebracht werden,

b) öffentlich-rechtlichen Vorschriften nicht widersprechen und

die Benutzung des betroffenen Grundstücks nicht oder nur geringfügig beeinträchtigen. Eine nur geringfügige Beeinträchtigung im Sinne von Satz 1 Nummer 3 Buchstabe c liegt insbesondere dann nicht vor, wenn die Überbauung die Grenze zum Nachbargrundstück in der Tiefe um mehr als 0,25 m überschreitet. Die Duldungspflicht nach Satz 1 erstreckt sich auch auf die mit der Wärmedämmung zusammenhängenden notwendigen Änderungen von Bauteilen.

(2) Der Duldungsverpflichtete ist berechtigt, die Beseitigung der Wärmedämmung zu verlangen, wenn und soweit er selbst zulässigerweise an die Grenzwand anbauen will.

(3) Der Begünstigte muss die übergreifenden Bauteile in einem ordnungsgemäßen Zustand erhalten.

(4) Für die Verpflichtung zur Anzeige und zum Schadensersatz gilt § 25 entsprechend mit der Maßgabe, dass die Frist zur Anzeige einen Monat beträgt und die Anzeige Art und Umfang der Baumaßnahme umfassen muss.

(5) Den Eigentümern und dinglichen Nutzungsberechtigten des überbauten Grundstücks ist ein angemessener Ausgleich in Geld zu leisten. Sofern nichts anderes vereinbart wird, gelten § 912 Abs. 2 und die §§ 913 und 914 des Bürgerlichen Gesetzbuchs entsprechend.

(6) Die Absätze 1 bis 5 gelten entsprechend für eine über die Grenze hinausreichende Wand, die keine Nachbarwand im Sinne von § 3 Abs. 1 ist und zu deren Duldung der Eigentümer und die Nutzungsberechtigten des Nachbargrundstücks verpflichtet sind.

§ 20
Über die Grenze gebaute Wand

Die Bestimmungen über die Grenzwand gelten auch für eine über die Grenze hinausreichende Wand, wenn die Vorschriften über die Nachbarwand nicht anwendbar sind. Stimmt der Erbauer einer solchen Wand auf Wunsch des Nachbarn einem Anbau zu, so gelten die Vorschriften über die Nachbarwand.

Vierter Abschnitt
Hochführen von Schornsteinen, Lüftungsschächten und Antennenanlagen

§ 21
Inhalt und Umfang

(1) Der Eigentümer und der Nutzungsberechtigte eines Grundstücks müssen dulden, dass der Nachbar an dem Gebäude Schornsteine, Lüftungsschächte und Antennenanlagen seines angrenzenden niedrigeren Gebäudes befestigt, wenn

1. die Höherführung der Schornsteine und Lüftungsschächte zur Betriebsfähigkeit oder die Erhöhung der Antennenanlagen für einen einwandfreien Empfang von Sendungen erforderlich ist und
2. die Befestigung der höhergeführten Schornsteine, Lüftungsschächte und Antennenanlagen ohne Inanspruchnahme des Nachbargebäudes nur mit erheblichen technischen Nachteilen oder unverhältnismäßig hohen Kosten möglich wäre und
3. das betroffene Grundstück nicht erheblich beeinträchtigt wird.

(2) Der Eigentümer und der Nutzungsberechtigte des betroffenen Grundstücks müssen ferner dulden:

1. dass die höhergeführten Schornsteine, Lüftungsschächte und Antennenanlagen des Nachbargrundstücks von ihrem Grundstück aus unterhalten und gereinigt werden und
2. dass die hierfür notwendigen Einrichtungen auf ihrem Grundstück angebracht werden,

wenn diese Maßnahmen anders nicht zweckmäßig und nur mit unverhältnismäßig hohen Kosten getroffen werden können. Sie können den Berechtigten darauf verweisen, an ihrem Gebäude außen eine Steigleiter anzubringen und zu benutzen, wenn dies den notwendigen Zugang für die nach Satz 1 vorzunehmenden Arbeiten ermöglicht.

(3) Absätze 1 und 2 gelten für Antennenanlagen nicht, wenn dem Eigentümer und dem Nutzungsberechtigten des niedrigeren Gebäudes die Mitbenutzung einer dazu geeigneten Antennenanlage des höheren Gebäudes gestattet wird.

§ 22
Anzeigepflicht und Schadensersatz

(1) Für die Verpflichtung zur vorherigen Anzeige der Rechtsausübung gilt § 7 entsprechend. Keiner vorherigen Anzeige bedürfen jedoch die vorgeschriebenen Tätigkeiten des Schornsteinfegers, notwendige Besichtigungen der Anlage durch den Berechtigten sowie kleinere Arbeiten, die den Verpflichteten nicht beeinträchtigen.

(2) Für die Verpflichtung zum Schadensersatz gilt § 14 entsprechend.

§ 23
Nutzungsentschädigung

(1) Für die Duldung der Rechtsausübung nach § 21 ist der Nachbar durch eine Geldrente zu entschädigen. Die Rente ist jährlich im Voraus zu entrichten.

(2) Die Höhe der Rente ist nach Billigkeit zu bemessen. Dabei sind die dem Berechtigten durch die Ausübung des Rechts zugute kommenden Einsparungen und der Umfang der Beeinträchtigung des Nachbarn angemessen zu berücksichtigen.

Fünfter Abschnitt
Hammerschlags- und Leiterrecht

§ 24
Inhalt und Umfang

(1) Der Eigentümer und der Nutzungsberechtigte eines Grundstücks müssen dulden, dass ihr Grundstück einschließlich der Bauwerke von dem Eigentümer oder dem Nutzungsberechtigten des Nachbargrundstücks zur Vorbereitung und Durchführung von Bau-, Instandsetzungs- und Unterhaltungsarbeiten auf dem Nachbargrundstück vorübergehend betreten und benutzt wird, wenn und soweit

1. die Arbeiten anders nicht zweckmäßig oder nur mit unverhältnismäßig hohen Kosten durchgeführt werden können,
2. die mit der Duldung verbundenen Nachteile oder Belästigungen nicht außer Verhältnis zu dem von dem Berechtigten erstrebten Vorteil stehen,
3. das Vorhaben öffentlich-rechtlichen Vorschriften nicht widerspricht.

(2) Das Recht zur Benutzung umfasst die Befugnis, auf oder über dem Grundstück Gerüste aufzustellen sowie die zu den Arbeiten erforderlichen Geräte und Baustoffe über das Grundstück zu bringen und dort niederzulegen.

(3) Das Recht ist so schonend wie möglich auszuüben. Es darf nicht zur Unzeit geltend gemacht werden.

(4) Absatz 1 findet auf den Eigentümer öffentlicher Verkehrsflächen keine Anwendung.

§ 25
Anzeigepflicht und Schadensersatz

(1) Die Absicht, das Nachbargrundstück zu benutzen, ist mindestens zwei Wochen vor Beginn der Benutzung dem Eigentümer und dem Nutzungsberechtigten dieses Grundstücks anzuzeigen. § 7 Abs. 3 findet entsprechende Anwendung.

(2) Für die Verpflichtung zum Schadensersatz gilt § 14 entsprechend.

(3) Ist die Ausübung des Rechtes nach § 24 zur Abwendung einer gegenwärtigen erheblichen Gefahr erforderlich, so entfällt die Verpflichtung zur Anzeige gemäß Absatz 1 und zur Sicherheitsleistung nach § 14 Abs. 2.

§ 26
Nutzungsentschädigung

(1) Wer ein Grundstück länger als zwei Wochen gemäß § 24 benutzt, hat für die ganze Zeit der Benutzung eine Nutzungsentschädigung zu zahlen. Diese ist so hoch wie die ortsübliche Miete für einen dem benutzten Grundstücksteil vergleichbaren gewerblichen

Lagerplatz. Die Entschädigung ist nach dem Ablauf von je zwei Wochen fällig.

(2) Nutzungsentschädigung kann nicht verlangt werden, soweit nach § 25 Abs. 2 Ersatz für entgangene anderweitige Nutzung gefordert wird.

Sechster Abschnitt
Duldung von Leitungen

§ 27
Duldungspflicht

(1) Der Eigentümer und der Nutzungsberechtigte müssen dulden, dass durch ihr Grundstück Wasserversorgungs- oder Abwasserleitungen zu einem Nachbargrundstück hindurchgeführt werden, wenn

1. der Anschluss an das Wasserversorgungs- oder Entwässerungsnetz anders nicht zweckmäßig oder nur mit erheblichen Mehrkosten durchgeführt werden kann und
2. der zu erwartende Nutzen den Schaden des Betroffenen erheblich übersteigt.

(2) Ist das betroffene Grundstück an das Wasserversorgungs- und Entwässerungsnetz bereits angeschlossen und reichen die vorhandenen Leitungen zur Versorgung oder Entwässerung beider Grundstücke aus, so beschränkt sich die Verpflichtung nach Absatz 1 auf das Dulden des Anschlusses. Im Fall des Anschlusses ist zu den Herstellungskosten des Teils der Leitungen, der nach dem Anschluss mitbenutzt werden soll, ein angemessener Beitrag und auf Verlangen Sicherheit in Höhe des voraussichtlichen Beitrags zu leisten. In diesem Fall dürfen die Arbeiten erst nach Leistung der Sicherheit vorgenommen werden. Die Sicherheit kann in einer Bankbürgschaft bestehen.

(3) Bestehen technisch mehrere Möglichkeiten der Durchführung, so ist die für das betroffene Grundstück schonendste zu wählen.

§ 28
Unterhaltung von Leitungen

Der Berechtigte hat die nach § 27 verlegten Leitungen oder Anschlussleitungen auf seine Kosten zu unterhalten. Zu den Unterhaltungskosten der Teile der Leitungen, die von ihm mitbenutzt werden, hat er einen angemessenen Beitrag zu leisten.

§ 29
Anzeigepflicht und Schadensersatz

(1) Für die Verpflichtungen des Berechtigten zur Anzeige und zum Schadensersatz gilt § 25 Abs. 1 und 2 entsprechend.

(2) Der Duldungspflichtige hat dem Berechtigten anzuzeigen, wenn er auf seinem Grundstück Veränderungen vornehmen will, die wesentliche Auswirkungen auf die Benutzung oder Unterhaltung der verlegten Leitungen haben könnten.

§ 30
Anschlussrecht des Duldungspflichtigen

(1) Der Eigentümer und der Nutzungsberechtigte eines Grundstücks, das nach § 27 in Anspruch genommen wird, sind berechtigt, ihrerseits an die verlegten Leitungen anzuschließen, wenn diese ausreichen, um die Wasserversorgung oder die Entwässerung beider Grundstücke sicherzustellen. § 27 Abs. 2 Satz 2 bis 4 und §§ 28 und 29 gelten entsprechend.

(2) Soll ein auf dem in Anspruch genommenen Grundstück errichtetes oder noch zu erstellendes Gebäude an die Leitungen angeschlossen werden, die der Eigentümer oder der Nutzungsberechtigte eines anderen Grundstücks nach § 27 durch das Grundstück hindurchführen will, so können der Eigentümer und der Nutzungsberechtigte des betroffenen Grundstücks verlangen, dass die Leitungen so verlegt werden, dass ihr Grundstück ebenfalls angeschlossen werden kann. Die entstehenden Mehrkosten sind zu erstatten. In Höhe der voraussichtlich erwachsenden Mehrkosten ist auf Verlangen binnen zwei Wochen

Vorschuss zu leisten; der Anspruch nach Satz 1 erlischt, wenn der Vorschuss nicht fristgerecht geleistet wird.

§ 31
Betretungsrecht

(1) Der Eigentümer und der Nutzungsberechtigte müssen dulden, dass ihr Grundstück zwecks Verlegung, Änderung, Unterhaltung oder Beseitigung einer Wasserversorgungs- oder Abwasserleitung auf einem anderen Grundstück betreten wird, dass über das Grundstück die zu den Arbeiten erforderlichen Gegenstände gebracht werden und dass Erdaushub vorübergehend dort gelagert wird, wenn

1. das Vorhaben anders nicht zweckmäßig oder nur mit erheblichen Mehrkosten durchgeführt werden kann und
2. die mit der Duldung verbundenen Nachteile und Belästigungen nicht den von dem Berechtigten erstrebten Vorteil erheblich übersteigen.

(2) Die §§ 25 und 26 gelten entsprechend.

§ 32
Nachträgliche erhebliche Beeinträchtigungen

(1) Führen die nach § 27 Abs. 1 verlegten Leitungen oder die nach § 27 Abs. 2 hergestellten Anschlussleitungen nachträglich zu einer erheblichen Beeinträchtigung, so können der Eigentümer und der Nutzungsberechtigte des betroffenen Grundstücks von dem Berechtigten verlangen, dass er seine Leitungen beseitigt und die Beseitigung der Teile der Leitungen, die gemeinschaftlich genutzt werden, duldet. Dieses Recht entfällt, wenn der Berechtigte die Beeinträchtigung so herabmindert, dass sie nicht mehr erheblich ist.
(2) Schaden, der durch Maßnahmen nach Absatz 1 auf dem betroffenen Grundstück entsteht, ist ohne Rücksicht auf Verschulden zu ersetzen.

§ 33
Nutzungsentschädigung

(1) Für die Duldung der Rechtsausübung nach § 27 ist der Nachbar durch eine Geldrente zu entschädigen. Die Rente ist jährlich im Voraus zu entrichten.
(2) Die Höhe der Rente ist nach Billigkeit zu bemessen. Dabei sind die dem Berechtigten durch die Ausübung des Rechts zugute kommenden Einsparungen und der Umfang der Beeinträchtigung des Nachbarn angemessen zu berücksichtigen.

§ 34
Anschluss an Fernheizungen

Die Vorschriften dieses Abschnitts gelten entsprechend für den Anschluss eines Grundstücks an eine Fernheizung, sofern derjenige, der sein Grundstück anschließen will, einem Anschlusszwang unterliegt.

Siebenter Abschnitt
Fenster- und Lichtrecht

§ 35
Inhalt und Umfang

(1) In oder an der Außenwand eines Gebäudes, die parallel oder in einem Winkel bis zu 75° zur Grenze des Nachbargrundstücks verläuft, dürfen Fenster, Türen oder zum Betreten bestimmte Bauteile wie Balkone und Terrassen nur mit schriftlicher Zustimmung des Eigentümers des Nachbargrundstücks angebracht werden, wenn ein geringerer Abstand als 2,0 m von dem grenznächsten Punkt der Einrichtung bis zur Grenze eingehalten werden soll.
(2) Die Zustimmung muss erteilt werden, wenn keine oder nur geringfügige Beeinträchtigungen zu erwarten sind.
(3) Von einem Fenster oder einem zum Betreten bestimmten Bauteil, dem der Eigentümer des Nachbargrundstücks schriftlich zugestimmt hat, müssen er und seine Rechtsnachfolger mit einem später errichteten Bauwerk mindestens 2,0 m Abstand einhalten, Dies gilt nicht, wenn das später errichtete Bauwerk

den Lichteinfall nicht oder nur geringfügig beeinträchtigt.

§ 36
Ausnahmen
Eine Zustimmung nach § 35 ist nicht erforderlich
1. soweit die Anbringung der Fenster, Türen oder Bauteile (§ 35 Abs. 1) baurechtlich geboten ist,
2. für Lichtöffnungen, die nicht geöffnet werden können und entweder mit ihrer Unterkante mindestens 1,80 m über dem Fußboden des zu erhellenden Raumes liegen oder undurchsichtig sind,
3. für Lichtschächte und Öffnungen, die unterhalb der angrenzenden Erdoberfläche liegen,
4. für Außenwände gegenüber Grenzen zu öffentlichen Verkehrsflächen, Grünflächen und Gewässern, wenn die Flächen oder Gewässer mindestens 3 m breit sind.

§ 37
Ausschluss des Beseitigungsanspruchs
Der Anspruch auf Beseitigung einer Einrichtung im Sinne des § 35, die einen geringeren als den dort vorgeschriebenen Abstand einhält, ist ausgeschlossen, wenn der Nachbar nicht innerhalb von zwei Jahren nach dem Anbringen Klage auf Beseitigung erhoben hat.

Achter Abschnitt
Wasserrechtliches Nachbarrecht

§ 38
Wild abfließendes Wasser
(1) Wild abfließendes Wasser ist oberirdisch außerhalb eines Bettes abfließendes Quell- oder Niederschlagswasser.
(2) Der Eigentümer eines Grundstücks und die Nutzungsberechtigten dürfen nicht
1. den Abfluss wild abfließenden Wassers auf andere Grundstücke verstärken,
2. den Zufluss wild abfließenden Wassers von anderen Grundstücken auf ihr Grundstück verhindern,

wenn dadurch die anderen Grundstücke erheblich beeinträchtigt werden.
(3) Der Eigentümer und die Nutzungsberechtigten dürfen den Abfluss wild abfließenden Wassers von ihrem Grundstück auf andere Grundstücke mindern oder unterbinden.

§ 39
Wiederherstellung des früheren Zustandes
(1) Haben Naturereignisse Veränderungen der in § 38 Abs. 2 genannten Art bewirkt, so dürfen der Eigentümer des beeinträchtigten Grundstücks und die Nutzungsberechtigten den früheren Zustand des Grundstücks, auf dem die Veränderung eingetreten ist, auf ihre Kosten wiederherstellen und zu diesem Zweck das Grundstück betreten.
(2) Das Recht nach Absatz 1 kann nur bis zum Ende des auf den Eintritt der Veränderung folgenden Kalenderjahres ausgeübt werden. Während der Dauer eines Rechtsstreits über die Pflicht zur Duldung der Wiederherstellung ist der Lauf der Frist für die Prozessbeteiligten gehemmt.

§ 40
Anzeigepflicht und Schadensersatz
Für die Verpflichtungen des Berechtigten zur Anzeige und zum Schadensersatz gilt § 25 entsprechend.

Neunter Abschnitt
Dachtraufe

§ 41
Ableitung des Niederschlagswassers
(1) Der Eigentümer und der Nutzungsberechtigte eines Grundstücks müssen ihre baulichen Anlagen so einrichten, dass Niederschlagswasser nicht auf das Nachbargrundstück tropft, auf dieses abgeleitet wird oder übertritt.

(2) Absatz 1 findet keine Anwendung auf freistehende Mauern entlang öffentlicher Straßen, Grünflächen und Gewässer, es sei denn, dass die Zuführung des Wassers zu wesentlichen Beeinträchtigungen führt oder dadurch Dritte gefährdet werden.

§ 42
Anbringen von Sammel- und Abflusseinrichtungen

(1) Wer aus besonderem Rechtsgrund verpflichtet ist, Niederschlagswasser aufzunehmen, das von den baulichen Anlagen eines Nachbargrundstücks tropft oder in anderer Weise auf sein Grundstück gelangt, darf auf seine Kosten besondere Sammel- und Abflusseinrichtungen auf dem Nachbargrundstück anbringen, wenn damit keine erhebliche Beeinträchtigung verbunden ist. Er hat diese Einrichtungen zu unterhalten.
(2) Für die Verpflichtung zur vorherigen Anzeige und zum Schadensersatz gelten die §§ 7 und 14 entsprechend.

Zehnter Abschnitt
Einfriedungen

§ 43
Einfriedungspflicht

(1) Innerhalb eines im Zusammenhang bebauten Ortsteils ist der Eigentümer eines Grundstücks auf Verlangen des Nachbarn verpflichtet, sein Grundstück einzufrieden, wenn dies zum Schutz des Nachbargrundstücks vor wesentlichen Beeinträchtigungen erforderlich ist, die von dem einzufriedenden Grundstück ausgehen.
(2) Soweit baurechtlich nichts anderes vorgeschrieben ist oder gefordert wird, richtet sich die Art der Einfriedung nach der Ortsübung. Lässt sich eine ortsübliche Einfriedung nicht feststellen, so gilt ein 1,2 m hoher Zaun aus festem Maschendraht als ortsüblich. Reicht die nach Satz 1 oder 2 vorgeschriebene Art der Einfriedung nicht aus, um dem Nachbargrundstück angemessenen Schutz vor Beeinträchtigungen zu bieten, so hat der zur Einfriedung Verpflichtete die Einfriedung in dem erforderlichen Maß zu verstärken oder zu erhöhen.

§ 44
Kosten der Einfriedung

(1) Wer zur Einfriedung seines Grundstücks verpflichtet ist, hat die hierzu erforderlichen Einrichtungen auf seinem eigenen Grundstück anzubringen und zu unterhalten.
(2) Sind zwei Nachbarn an einem Grenzabschnitt nach § 43 gegenseitig zur Einfriedung verpflichtet, so kann jeder von ihnen verlangen, dass eine gemeinsame Einfriedung auf die Grenze gesetzt wird. Die Nachbarn haben die Kosten der Errichtung und der Unterhaltung der Einfriedung je zur Hälfte zu tragen. Als Kosten sind die tatsächlichen Aufwendungen einschließlich der Eigenleistungen zu berechnen, in der Regel jedoch nicht mehr als die Kosten einer ortsüblichen Einfriedung (§ 43 Abs. 2 Satz 1). Höhere Kosten sind nur zu berücksichtigen, wenn eine aufwendigere Art der Einfriedung erforderlich oder vorgeschrieben war; war die besondere Einfriedungsart nur für eines der Grundstücke erforderlich oder vorgeschrieben, so hat der Eigentümer dieses Grundstücks die Mehrkosten allein zu tragen.
(3) Entsteht nachträglich auch für den Eigentümer des nicht eingefriedeten Grundstücks die Einfriedungspflicht gemäß § 43 Abs. 1, so ist er verpflichtet, an den Eigentümer des eingefriedeten Grundstücks die Hälfte der Kosten der Errichtung der Einfriedung unter angemessener Berücksichtigung der bisherigen Abnutzung sowie der künftigen Unterhaltung zu zahlen. Absatz 2 Satz 3 und 4 gilt entsprechend.

§ 45
Anzeigepflicht

(1) Die Absicht, eine Einfriedung zu errichten, zu beseitigen, durch eine andere zu ersetzen oder wesentlich zu verändern, ist dem Nach-

barn mindestens zwei Wochen vor Beginn der Arbeiten anzuzeigen.
(2) Die Anzeigepflicht besteht auch dann, wenn der Nachbar weder die Einfriedung verlangen kann noch zu den Kosten beizutragen hat.
(3) Im Übrigen ist § 7 entsprechend anzuwenden.

§ 46
Grenzabstand von Einfriedungen

(1) Einfriedungen müssen von der Grenze eines landwirtschaftlich genutzten Grundstücks, das außerhalb eines im Zusammenhang bebauten Ortsteils liegt und nicht in einem Bebauungsplan als Bauland ausgewiesen ist, auf Verlangen des Nachbarn 0,5 m zurückbleiben. Dies gilt nicht gegenüber Grundstücken, für die nach Lage, Beschaffenheit oder Größe eine Bearbeitung mit Gespann oder Schlepper nicht in Betracht kommt oder die in gleicher Weise wie das einzufriedende Grundstück bewirtschaftet werden. Von der Grenze eines Wirtschaftsweges müssen Einfriedungen 0,5 m zurückbleiben.
(2) Der Anspruch auf Beseitigung einer Einfriedung, die einen geringeren Abstand als 0,5 m einhält, ist ausgeschlossen, wenn der Nachbar nicht innerhalb von zwei Jahren nach dem Anbringen Klage auf Beseitigung erhoben hat. Dies gilt nicht im Fall des Absatzes 1 Satz 3.
(3) Wird eine Einfriedung, die einen geringeren Abstand als 0,5 m einhält, durch eine andere ersetzt, so ist Absatz 1 anzuwenden. Dies gilt auch, wenn die Einfriedung in einer der Erneuerung gleichkommenden Weise ausgebessert wird.

Elfter Abschnitt
Bodenerhöhungen

§ 47
Bodenerhöhungen

Wer den Boden seines Grundstücks über die Oberfläche des Nachbargrundstücks erhöht, muss einen solchen Abstand von der Grenze einhalten oder solche Vorkehrungen treffen und unterhalten, dass eine Schädigung des Nachbargrundstücks insbesondere durch Absturz oder Pressung des Bodens ausgeschlossen ist. Die Verpflichtung geht auf den Rechtsnachfolger über.

Zwölfter Abschnitt
Grenzabstände für Pflanzen

§ 48
Grenzabstände für Bäume, Sträucher und einzelne Rebstöcke

Eigentümer und Nutzungsberechtigte eines Grundstücks haben mit Bäumen, Sträuchern und einzelnen Rebstöcken von den Nachbargrundstücken – vorbehaltlich des § 50 – folgende Abstände einzuhalten:
1. mit Bäumen (ausgenommen Obstbäume), und zwar
   a) sehr stark wachsenden Bäumen mit artgemäß ähnlicher Ausdehnung wie Bergahorn (Acer Pseudoplatanus), Sommerlinde (Tilia platyphyllos), Pappelarten (Populus), Platane (Platanus acerifolia), Rosskastanie (Aesculus hippocastanum), Stieleiche (Quercus robur), ferner Douglasfichte (Pseudotsuga taxifolia), Fichte (Picea abies), österreichische Schwarzkiefer (Pinus nigra austriaca), Atlaszeder (Cedrus atlantica) 4 m
   b) stark wachsenden Bäumen mit artgemäß ähnlicher Ausdehnung wie Hainbuche (Carpinus betulus), Vogelbeere (Sorbus aucuparia), Weißbirke (Betula pendula), Zierkirsche (Prunus serrulata), Kiefer (Pinus sylvestris), Lebensbaum (Thuja occidentalis) 2 m
   c) allen übrigen Bäumen 1,5 m
2. mit Obstbäumen, und zwar
   a) Walnusssämlingen 4 m
   b) Kernobstbäumen, auf stark wach-

senden Unterlagen veredelt, sowie Süßkirschenbäumen und veredelten Walnussbäumen 2 m
   c) Kernobstbäumen, auf schwach wachsenden Unterlagen veredelt, sowie Steinobstbäumen ausgenommen Süßkirschenbäume 1,5 m
3. mit Sträuchern (ausgenommen Beerenobststräuchern), und zwar
   a) stark wachsenden Sträuchern mit artgemäß ähnlicher Ausdehnung wie Alpenrose (Rhododendron-Hybriden), Haselnuss (Coryplus avellana), Felsenmispel (Cotoneaster bullata), Flieder (Syringa vulgaris), Goldglöckchen (Forsythia intermedia), Wacholder (Juniperus communis) 1 m
   b) allen übrigen Sträuchern 0,5 m
4. mit Beerenobststräuchern, und zwar
   a) Brombeersträuchern 1 m
   b) allen übrigen Beerenobststräuchern 0,5 m
5. mit einzelnen Rebstöcken 0,5 m
6. mit Baumschulbeständen 1 m
   wobei die Gehölze mit Ausnahme der Baumschulbestände von Sträuchern und Beerenobststräuchern die Höhe von 2 m nicht überschreiten dürfen, es sei denn, dass die Abstände nach Nummern 1 oder 2 eingehalten werden;
7. mit Weihnachtsbaumpflanzungen 1 m
   wobei die Gehölze die Höhe von 2 m nicht überschreiten dürfen, es sei denn, dass die Abstände nach Nummer 1 eingehalten werden.

§ 49
Grenzabstände für Hecken

(1) Der Eigentümer und der Nutzungsberechtigte eines Grundstücks haben mit Hecken gegenüber den Nachbargrundstücken – vorbehaltlich des § 50 – folgende Abstände einzuhalten:

1. mit Hecken über 1,5 m Höhe 0,75 m
2. mit Hecken bis zu 1,5 m Höhe 0,50 m
3. mit Hecken bis zu 1,0 m Höhe 0,25 m.

(2) Hecken im Sinne des Absatzes 1 sind Schnitt- und Formhecken, und zwar auch dann, wenn sie im Einzelfall nicht geschnitten werden.

§ 50
Ausnahmen

(1) Die doppelten Abstände nach den §§ 48 und 49, in den Fällen des § 48 Nr. 1a und Nr. 2a jedoch die eineinhalbfachen Abstände mit Ausnahme der Abstände für die Pappelarten (Populus), sind einzuhalten gegenüber Grundstücken, die

1. dem Weinbau dienen,
2. landwirtschaftlich, erwerbsgärtnerisch oder kleingärtnerisch genutzt werden, sofern nicht durch Bebauungsplan eine andere Nutzung festgelegt ist oder durch Bebauungsplan dieser Nutzung vorbehalten sind.

(2) Die §§ 48 und 49 gelten nicht für

1. Anpflanzungen, die hinter einer undurchsichtigen Einfriedung vorgenommen werden und diese nicht überragen,
2. Anpflanzungen an den Grenzen zu öffentlichen Verkehrsflächen, zu öffentlichen Grünflächen und zu Gewässern,
3. Anpflanzungen zum Schutz von erosions- oder rutschgefährdeten Böschungen oder steilen Hängen,

Anpflanzungen gegenüber Grundstücken, die außerhalb eines im Zusammenhang bebauten Ortsteils liegen und nicht in einem Bebauungsplan als Bauland ausgewiesen sind, die geringwertiges Weideland (Hutung) oder Heide sind oder die landwirtschaftlich oder gartenbaulich nicht genutzt werden, nicht bebaut sind und auch nicht als Hofraum dienen.

§ 51
Berechnung des Abstandes

Der Abstand wird von der Mitte des Baumstammes, des Strauches, der Hecke oder des Rebstockes bis zur Grenzlinie gemessen, und zwar an der Stelle, an der die Pflanze aus dem Boden austritt.

§ 52
Grenzabstände im Weinbau

(1) Der Eigentümer und der Nutzungsberechtigte eines dem Weinbau dienenden Grundstücks haben bei der Anpflanzung von Rebstöcken folgende Abstände von der Grundstücksgrenze einzuhalten:
1. gegenüber den parallel zu den Rebzeilen verlaufenden Grenzen die Hälfte des geringsten Zeilenabstands, gemessen zwischen den Mittellinien der Rebzeilen, mindestens aber 0,75 m bei Zeilenbreiten bis zu 2 m und 1,40 m bei Zeilenbreiten von über 2 m,
2. gegenüber den sonstigen Grenzen, gerechnet vom äußersten Rebstock oder der äußersten Verankerung der Erziehungsvorrichtung an, mindestens 1 m.

(2) Absatz 1 gilt nicht für die Anpflanzung von Rebstöcken an Grundstücksgrenzen, die durch Stützmauern gebildet werden, sowie in den in § 50 Abs. 2 genannten Fällen.

§ 53
Grenzabstände für Wald

(1) Wird ein Wald neu begründet oder verjüngt, so sind gegenüber Nachbargrundstücken folgende Abstände einzuhalten:

1.	gegenüber dem Weinbau dienenden Grundstücken	10 m
2.	gegenüber öffentlichen Verkehrsflächen und Wirtschaftswegen	3 m
3.	gegenüber sonstigen Grundstücken, die nicht mit Wald bepflanzt sind, bei Neubegründung	6 m
	und bei Verjüngung	4 m
4.	gegenüber Grundstücken, die mit Wald bepflanzt sind	2 m

(2) Absatz 1 gilt nicht gegenüber Grundstücken im Sinne von § 50 Abs. 2 Nr. 3 und 4.

(3) Der nach Absatz 1 freizuhaltende Streifen kann mit Laubgehölzen bepflanzt werden, deren natürlicher Wuchs bei einem Grenzabstand bis zu 3 m die Höhe von 6 m und bei einem Grenzabstand bis zu 1 m die Höhe von 2 m nicht überschreitet.

§ 54
Abstände von Spaliervorrichtungen und Pergolen

(1) Mit Spaliervorrichtungen und Pergolen, die eine flächenmäßige Ausdehnung der Pflanzen bezwecken, und die nicht höher als 2 m sind, ist ein Abstand von 0,50 m, und, wenn sie höher als 2 m sind, ein um das Maß der Mehrhöhe größerer Abstand von der Grenze einzuhalten.

(2) Absatz 1 gilt nicht in den in § 50 Abs. 2 genannten Fällen.

§ 55
Ausschluss des Beseitigungsanspruchs

(1) Der Anspruch auf Beseitigung von Anpflanzungen, Spaliervorrichtungen und Pergolen, die geringere als die in den §§ 48 bis 54 vorgeschriebenen Abstände einhalten, ist ausgeschlossen, wenn der Nachbar nicht innerhalb von fünf Jahren nach dem Anpflanzen oder der Herstellung Klage auf Beseitigung erhoben hat. Dies gilt nicht für Anpflanzungen an der Grenze eines Wirtschaftsweges.

(2) Werden für die in Absatz 1 genannten Anpflanzungen Ersatzpflanzungen vorgenommen, so gelten die §§ 48 bis 54.

§ 56
Nachträgliche Grenzänderungen

Die Rechtmäßigkeit des Abstands einer Anpflanzung wird durch nachträgliche Grenzänderungen nicht berührt; § 55 Abs. 2 ist entsprechend anzuwenden.

Dreizehnter Abschnitt
Verjährung

§ 57
Verjährung

(1) Ansprüche auf Schadensersatz nach diesem Gesetz verjähren in drei Jahren von dem Zeitpunkt an, in welchem der Verletzte von dem Schaden und der Person des Ersatzpflichtigen Kenntnis erlangt, ohne Rücksicht

auf diese Kenntnis in dreißig Jahren von der Vornahme der Handlung an.
(2) Andere, auf Zahlung von Geld gerichtete Ansprüche nach diesem Gesetz verjähren in vier Jahren. Die §§ 198 bis 225 des Bürgerlichen Gesetzbuchs[2] sind anzuwenden. Die Verjährung beginnt mit dem Schluss des Jahres, in welchem der Anspruch entsteht.
(3) Im Übrigen unterliegen die Ansprüche nach diesem Gesetz nicht der Verjährung.

Vierzehnter Abschnitt
Schlussbestimmungen

§ 58
Übergangsvorschriften
(1) Vor In-Kraft-Treten dieses Gesetzes errichtete Wände sind Nachbarwände im Sinne dieses Gesetzes, wenn die Wände

1. den Voraussetzungen des § 3 Abs. 1 entsprechen und der Nachbar ihrer Errichtung zugestimmt hat oder
2. gemäß Artikel 653 bis 662 Code civil oder gemäß den §§ 29 und 30 des Baugesetzes vom 19. Juli 1955 (Amtsbl. S. 1159) errichtet worden sind.

(2) Der Anspruch auf Beseitigung von Einrichtungen im Sinne des § 35, von Einfriedungen und Pflanzen, die bei In-Kraft-Treten dieses Gesetzes vorhanden sind und deren Grenzabstände den Vorschriften dieses Gesetzes nicht entsprechen, ist ausgeschlossen, wenn sie dem bisherigen Recht entsprechen oder wenn der Nachbar nicht innerhalb von zwei Jahren nach In-Kraft-Treten dieses Gesetzes Klage auf Beseitigung erhoben hat.
(3) Der Umfang von Rechten, die bei In-Kraft-Treten dieses Gesetzes auf Grund des bisherigen Rechts bestehen, richtet sich nach den Vorschriften dieses Gesetzes.
(4) Ansprüche auf Zahlung von Geld auf Grund der Vorschriften dieses Gesetzes bestehen nur, wenn das den Anspruch begründende Ereignis nach In-Kraft-Treten dieses Gesetzes eingetreten ist; andernfalls behält es bei dem bisherigen Recht sein Bewenden.

§§ 59 und 60
(aufgehoben)

§ 61
In-Kraft-Treten
Dieses Gesetz tritt am 1. Januar 1974 in Kraft.

2 Vgl. jetzt §§ 199 bis 218 BGB in der Fassung der Bekanntmachung vom 2. Januar 2002 (BGBl. I S. 42, ber. S. 2909).

BauGB

Baugesetzbuch

in der Fassung der Bekanntmachung vom 3. November 2017,
zuletzt geändert durch das Gesetz vom 20. Dezember 2023
(BGBl. 2023 I Nr. 394).

Auszug

Baugesetzbuch (BauGB)
in der Fassung der Bekanntmachung vom 3. November 2017, zuletzt geändert durch das Gesetz vom 20. Dezember 2023 (BGBl. 2023 I Nr. 394).

INHALTSÜBERSICHT

Erstes Kapitel
Allgemeines Städtebaurecht

Erster Teil Bauleitplanung

Erster Abschnitt
Allgemeine Vorschriften

§ 1
Aufgabe, Begriff und Grundsätze der Bauleitplanung

Aufgabe der Bauleitplanung ist es, die bauliche und sonstige Nutzung der Grundstücke in der Gemeinde nach Maßgabe dieses Gesetzbuchs vorzubereiten und zu leiten.

(2) Bauleitpläne sind der Flächennutzungsplan (vorbereitender Bauleitplan) und der Bebauungsplan (verbindlicher Bauleitplan).

(3) Die Gemeinden haben die Bauleitpläne aufzustellen, sobald und soweit es für die städtebauliche Entwicklung und Ordnung erforderlich ist; die Aufstellung kann insbesondere bei der Ausweisung von Flächen für den Wohnungsbau in Betracht kommen. Auf die Aufstellung von Bauleitplänen und städtebaulichen Satzungen besteht kein Anspruch; ein Anspruch kann auch nicht durch Vertrag begründet werden.

(4) Die Bauleitpläne sind den Zielen der Raumordnung anzupassen.

(5) Die Bauleitpläne sollen eine nachhaltige städtebauliche Entwicklung, die die sozialen, wirtschaftlichen und umweltschützenden Anforderungen auch in Verantwortung gegenüber künftigen Generationen miteinander in Einklang bringt, und eine dem Wohl der Allgemeinheit dienende sozialgerechte Bodennutzung unter Berücksichtigung der Wohnbedürfnisse der Bevölkerung gewährleisten. Sie sollen dazu beitragen, eine menschenwürdige Umwelt zu sichern, die natürlichen Lebensgrundlagen zu schützen und zu entwickeln sowie den Klimaschutz und die Klimaanpassung, insbesondere auch in der Stadtentwicklung, zu fördern und zur Erfüllung der Klimaschutzziele des Bundes-Klimaschutzgesetzes die Wärme- und Energieversorgung von Gebäuden treibhausgasneutral zu gestalten sowie die städtebauliche Gestalt und das Orts- und Landschaftsbild baukulturell zu erhalten und zu entwickeln. Hierzu soll die städtebauliche Entwicklung vorrangig durch Maßnahmen der Innenentwicklung erfolgen.

(6) Bei der Aufstellung der Bauleitpläne sind insbesondere zu berücksichtigen:
1. die allgemeinen Anforderungen an gesunde Wohn- und Arbeitsverhältnisse und die Sicherheit der Wohn- und Arbeitsbevölkerung,

2. die Wohnbedürfnisse der Bevölkerung, insbesondere auch von Familien mit mehreren Kindern, die Schaffung und Erhaltung sozial stabiler Bewohnerstrukturen, die Eigentumsbildung weiter Kreise der Bevölkerung und die Anforderungen kostensparenden Bauens sowie die Bevölkerungsentwicklung,
3. die sozialen und kulturellen Bedürfnisse der Bevölkerung, insbesondere die Bedürfnisse der Familien, der jungen, alten und behinderten Menschen, unterschiedliche Auswirkungen auf Frauen und Männer sowie die Belange des Bildungswesens und von Sport, Freizeit und Erholung,
4. die Erhaltung, Erneuerung, Fortentwicklung, Anpassung und der Umbau vorhandener Ortsteile sowie die Erhaltung und Entwicklung zentraler Versorgungsbereiche,
5. die Belange der Baukultur, des Denkmalschutzes und der Denkmalpflege, die erhaltenswerten Ortsteile, Straßen und Plätze von geschichtlicher, künstlerischer oder städtebaulicher Bedeutung und die Gestaltung des Orts- und Landschaftsbildes,
6. die von den Kirchen und Religionsgesellschaften des öffentlichen Rechts festgestellten Erfordernisse für Gottesdienst und Seelsorge,
7. die Belange des Umweltschutzes, einschließlich des Naturschutzes und der Landschaftspflege, insbesondere
   a) die Auswirkungen auf Tiere, Pflanzen, Fläche, Boden, Wasser, Luft, Klima und das Wirkungsgefüge zwischen ihnen sowie die Landschaft und die biologische Vielfalt,
   b) die Erhaltungsziele und der Schutzzweck der Natura 2000-Gebiete im Sinne des Bundesnaturschutzgesetzes,
   c) umweltbezogene Auswirkungen auf den Menschen und seine Gesundheit sowie die Bevölkerung insgesamt,
   d) umweltbezogene Auswirkungen auf Kulturgüter und sonstige Sachgüter,
   e) die Vermeidung von Emissionen sowie der sachgerechte Umgang mit Abfällen und Abwässern,
   f) die Nutzung erneuerbarer Energien, insbesondere auch im Zusammenhang mit der Wärmeversorgung von Gebäuden, sowie die sparsame und effiziente Nutzung von Energie,
   g) die Darstellungen von Landschaftsplänen und sonstigen Plänen, insbesondere des Wasser-, des Abfall- und des Immissionsschutzrechts, sowie die Darstellungen in Wärmeplänen und die Entscheidungen über die Ausweisung als Gebiet zum Neu- oder Ausbau von Wärmenetzen oder als Wasserstoffnetzausbaugebiet gemäß § 26 des Wärmeplanungsgesetzes vom 20. Dezember 2023 (BGBl. 2023 I Nr. 394),
   h) die Erhaltung der bestmöglichen Luftqualität in Gebieten, in denen die durch Rechtsverordnung zur Erfüllung von Rechtsakten der Europäischen Union festgelegten Immissionsgrenzwerte nicht überschritten werden,
   i) die Wechselwirkungen zwischen den einzelnen Belangen des Umweltschutzes nach den Buchstaben a bis d,
   j) unbeschadet des § 50 Satz 1 des Bundes-Immissionsschutzgesetzes, die Auswirkungen, die aufgrund der Anfälligkeit der nach dem Bebauungsplan zulässigen Vorhaben für schwere Unfälle oder Katastrophen zu erwarten sind, auf die Belange nach den Buchstaben a bis d und i,

8. die Belange
   a) der Wirtschaft, auch ihrer mittelständischen Struktur im Interesse einer verbrauchernahen Versorgung der Bevölkerung,
   b) der Land- und Forstwirtschaft,
   c) der Erhaltung, Sicherung und Schaffung von Arbeitsplätzen,
   d) des Post- und Telekommunikationswesens, insbesondere des Mobilfunkausbaus,
   e) der Versorgung, insbesondere mit Energie und Wasser, einschließlich der Versorgungssicherheit,
   f) der Sicherung von Rohstoffvorkommen,
9. die Belange des Personen- und Güterverkehrs und der Mobilität der Bevölkerung, auch im Hinblick auf die Entwicklungen beim Betrieb von Kraftfahrzeugen, etwa der Elektromobilität, einschließlich des öffentlichen Personennahverkehrs und des nicht motorisierten Verkehrs, unter besonderer Berücksichtigung einer auf Vermeidung und Verringerung von Verkehr ausgerichteten städtebaulichen Entwicklung,
10. die Belange der Verteidigung und des Zivilschutzes sowie der zivilen Anschlussnutzung von Militärliegenschaften,
11. die Ergebnisse eines von der Gemeinde beschlossenen städtebaulichen Entwicklungskonzeptes oder einer von ihr beschlossenen sonstigen städtebaulichen Planung,
12. die Belange des Küsten- oder Hochwasserschutzes und der Hochwasservorsorge, insbesondere die Vermeidung und Verringerung von Hochwasserschäden,
13. die Belange von Flüchtlingen oder Asylbegehrenden und ihrer Unterbringung,
14. die ausreichende Versorgung mit Grün- und Freiflächen.

(7) Bei der Aufstellung der Bauleitpläne sind die öffentlichen und privaten Belange gegeneinander und untereinander gerecht abzuwägen.

(8) Die Vorschriften dieses Gesetzbuchs über die Aufstellung von Bauleitplänen gelten auch für ihre Änderung, Ergänzung und Aufhebung.

§ 1a
Ergänzende Vorschriften zum Umweltschutz

(1) Bei der Aufstellung der Bauleitpläne sind die nachfolgenden Vorschriften zum Umweltschutz anzuwenden.

(2) Mit Grund und Boden soll sparsam und schonend umgegangen werden; dabei sind zur Verringerung der zusätzlichen Inanspruchnahme von Flächen für bauliche Nutzungen die Möglichkeiten der Entwicklung der Gemeinde insbesondere durch Wiedernutzbarmachung von Flächen, Nachverdichtung und andere Maßnahmen zur Innenentwicklung zu nutzen sowie Bodenversiegelungen auf das notwendige Maß zu begrenzen. Landwirtschaftlich, als Wald oder für Wohnzwecke genutzte Flächen sollen nur im notwendigen Umfang umgenutzt werden. Die Grundsätze nach den Sätzen 1 und 2 sind in der Abwägung nach § 1 Absatz 7 zu berücksichtigen. Die Notwendigkeit der Umwandlung landwirtschaftlich oder als Wald genutzter Flächen soll begründet werden; dabei sollen Ermittlungen zu den Möglichkeiten der Innenentwicklung zugrunde gelegt werden, zu denen insbesondere Brachflächen, Gebäudeleerstand, Baulücken und andere Nachverdichtungsmöglichkeiten zählen können.

(3) Die Vermeidung und der Ausgleich voraussichtlich erheblicher Beeinträchtigungen des Landschaftsbildes sowie der Leistungs- und Funktionsfähigkeit des Naturhaushalts in seinen in § 1 Absatz 6 Nummer 7 Buchstabe a bezeichneten Bestandteilen (Eingriffsregelung nach dem Bundesnaturschutzgesetz) sind in der Abwägung nach § 1 Absatz 7 zu berücksichtigen. Der Ausgleich erfolgt durch geeignete Darstellungen und Festsetzungen nach den §§ 5 und 9 als Flächen oder Maßnahmen zum Ausgleich. Soweit dies mit einer nachhaltigen städtebaulichen Entwicklung und den Zielen der Raumordnung sowie

des Naturschutzes und der Landschaftspflege vereinbar ist, können die Darstellungen und Festsetzungen auch an anderer Stelle als am Ort des Eingriffs erfolgen. Anstelle von Darstellungen und Festsetzungen können auch vertragliche Vereinbarungen nach § 11 oder sonstige geeignete Maßnahmen zum Ausgleich auf von der Gemeinde bereitgestellten Flächen getroffen werden. § 15 Absatz 3 des Bundesnaturschutzgesetzes gilt entsprechend. Ein Ausgleich ist nicht erforderlich, soweit die Eingriffe bereits vor der planerischen Entscheidung erfolgt sind oder zulässig waren.

(4) Soweit ein Gebiet im Sinne des § 1 Absatz 6 Nummer 7 Buchstabe b in seinen für die Erhaltungsziele oder den Schutzzweck maßgeblichen Bestandteilen erheblich beeinträchtigt werden kann, sind die Vorschriften des Bundesnaturschutzgesetzes über die Zulässigkeit und Durchführung von derartigen Eingriffen einschließlich der Einholung der Stellungnahme der Europäischen Kommission anzuwenden.

(5) Den Erfordernissen des Klimaschutzes soll sowohl durch Maßnahmen, die dem Klimawandel entgegenwirken, als auch durch solche, die der Anpassung an den Klimawandel dienen, Rechnung getragen werden. Der Grundsatz nach Satz 1 ist in der Abwägung nach § 1 Absatz 7 zu berücksichtigen.

§ 2

Aufstellung der Bauleitpläne

(1) Die Bauleitpläne sind von der Gemeinde in eigener Verantwortung aufzustellen. Der Beschluss, einen Bauleitplan aufzustellen, ist ortsüblich bekannt zu machen.

(2) Die Bauleitpläne benachbarter Gemeinden sind aufeinander abzustimmen. Dabei können sich Gemeinden auch auf die ihnen durch Ziele der Raumordnung zugewiesenen Funktionen sowie auf Auswirkungen auf ihre zentralen Versorgungsbereiche berufen.

(3) Bei der Aufstellung der Bauleitpläne sind die Belange, die für die Abwägung von Bedeutung sind (Abwägungsmaterial), zu ermitteln und zu bewerten.

(4) Für die Belange des Umweltschutzes nach § 1 Absatz 6 Nummer 7 und § 1a wird eine Umweltprüfung durchgeführt, in der die voraussichtlichen erheblichen Umweltauswirkungen ermittelt werden und in einem Umweltbericht beschrieben und bewertet werden; die Anlage 1 zu diesem Gesetzbuch ist anzuwenden. Die Gemeinde legt dazu für jeden Bauleitplan fest, in welchem Umfang und Detaillierungsgrad die Ermittlung der Belange für die Abwägung erforderlich ist. Die Umweltprüfung bezieht sich auf das, was nach gegenwärtigem Wissensstand und allgemein anerkannten Prüfmethoden sowie nach Inhalt und Detaillierungsgrad des Bauleitplans angemessenerweise verlangt werden kann. Das Ergebnis der Umweltprüfung ist in der Abwägung zu berücksichtigen. Wird eine Umweltprüfung für das Plangebiet oder für Teile davon in einem Raumordnungs-, Flächennutzungs- oder Bebauungsplanverfahren durchgeführt, soll die Umweltprüfung in einem zeitlich nachfolgend oder gleichzeitig durchgeführten Bauleitplanverfahren auf zusätzliche oder andere erhebliche Umweltauswirkungen beschränkt werden. Liegen Landschaftspläne oder sonstige Pläne nach § 1 Absatz 6 Nummer 7 Buchstabe g vor, sind deren Bestandsaufnahmen und Bewertungen in der Umweltprüfung heranzuziehen.

§ 2a

Begründung zum Bauleitplanentwurf, Umweltbericht

Die Gemeinde hat im Aufstellungsverfahren dem Entwurf des Bauleitplans eine Begründung beizufügen. In ihr sind entsprechend dem Stand des Verfahrens

1. die Ziele, Zwecke und wesentlichen Auswirkungen des Bauleitplans und
2. in dem Umweltbericht nach der Anlage 1 zu diesem Gesetzbuch die auf Grund der Umweltprüfung nach § 2 Absatz 4 ermittelten und bewerteten Belange des Umweltschutzes

darzulegen. Der Umweltbericht bildet einen gesonderten Teil der Begründung.

§ 3
Beteiligung der Öffentlichkeit

(1) Die Öffentlichkeit ist möglichst frühzeitig über die allgemeinen Ziele und Zwecke der Planung, sich wesentlich unterscheidende Lösungen, die für die Neugestaltung oder Entwicklung eines Gebiets in Betracht kommen, und die voraussichtlichen Auswirkungen der Planung öffentlich zu unterrichten; ihr ist Gelegenheit zur Äußerung und Erörterung zu geben. Auch Kinder und Jugendliche sind Teil der Öffentlichkeit im Sinne des Satzes 1. Von der Unterrichtung und Erörterung kann abgesehen werden, wenn

1. ein Bebauungsplan aufgestellt oder aufgehoben wird und sich dies auf das Plangebiet und die Nachbargebiete nicht oder nur unwesentlich auswirkt oder
2. die Unterrichtung und Erörterung bereits zuvor auf anderer Grundlage erfolgt sind.

An die Unterrichtung und Erörterung schließt sich das Verfahren nach Absatz 2 auch an, wenn die Erörterung zu einer Änderung der Planung führt.

(2) Die Entwürfe der Bauleitpläne sind mit der Begründung und den nach Einschätzung der Gemeinde wesentlichen, bereits vorliegenden umweltbezogenen Stellungnahmen für die Dauer eines Monats, mindestens jedoch für die Dauer von 30 Tagen, oder bei Vorliegen eines wichtigen Grundes für die Dauer einer angemessenen längeren Frist im Internet zu veröffentlichen. Zusätzlich zur Veröffentlichung im Internet nach Satz 1 sind eine oder mehrere andere leicht zu erreichende Zugangsmöglichkeiten, etwa durch öffentlich zugängliche Lesegeräte oder durch eine öffentliche Auslegung der in Satz 1 genannten Unterlagen, zur Verfügung zu stellen. Die nach § 4 Absatz 2 Beteiligten sollen von der Veröffentlichung im Internet auf elektronischem Weg benachrichtigt werden. Die Internetseite oder Internetadresse, unter der die in Satz 1 genannten Unterlagen eingesehen werden können, die Dauer der Veröffentlichungsfrist sowie Angaben dazu, welche Arten umweltbezogener Informationen verfügbar sind, sind vor Beginn der Veröffentlichungsfrist ortsüblich bekannt zu machen; in der Bekanntmachung ist darauf hinzuweisen,

1. dass Stellungnahmen während der Dauer der Veröffentlichungsfrist abgegeben werden können,
2. dass Stellungnahmen elektronisch übermittelt werden sollen, bei Bedarf aber auch auf anderem Weg abgegeben werden können,
3. dass nicht fristgerecht abgegebene Stellungnahmen bei der Beschlussfassung über den Bauleitplan unberücksichtigt bleiben können und
4. welche anderen leicht zu erreichenden Zugangsmöglichkeiten nach Satz 2 bestehen.

Der Inhalt der Bekanntmachung ist zusätzlich in das Internet einzustellen; die nach Satz 1 zu veröffentlichenden Unterlagen und der Inhalt der Bekanntmachung sind über ein zentrales Internetportal des Landes zugänglich zu machen. Die fristgemäß abgegebenen Stellungnahmen sind zu prüfen; das Ergebnis ist mitzuteilen. Haben mehr als 50 Personen Stellungnahmen mit im Wesentlichen gleichem Inhalt abgegeben, kann die Mitteilung dadurch ersetzt werden, dass diesen Personen die Einsicht in das Ergebnis ermöglicht wird; die Stelle, bei der das Ergebnis der Prüfung während der Dienststunden eingesehen werden kann, ist ortsüblich und über das Internet bekannt zu machen. Bei der Vorlage der Bauleitpläne nach § 6 oder § 10 Absatz 2 sind die nicht berücksichtigten Stellungnahmen mit einer Stellungnahme der Gemeinde beizufügen.

(3) Bei Flächennutzungsplänen ist ergänzend zu dem Hinweis nach Absatz 2 Satz 2 Halbsatz 2 darauf hinzuweisen, dass eine Vereinigung im Sinne des § 4 Absatz 3 Satz 1 Nummer 2

des Umwelt- Rechtsbehelfsgesetzes in einem Rechtsbehelfsverfahren nach § 7 Absatz 2 des Umwelt-Rechtsbehelfsgesetzes gemäß § 7 Absatz 3 Satz 1 des Umwelt-Rechtsbehelfsgesetzes mit allen Einwendungen ausgeschlossen ist, die sie im Rahmen der Auslegungsfrist nicht oder nicht rechtzeitig geltend gemacht hat, aber hätte geltend machen können.

§ 4
Beteiligung der Behörden

(1) Die Behörden und sonstigen Träger öffentlicher Belange, deren Aufgabenbereich durch die Planung berührt werden kann, sind entsprechend § 3 Absatz 1 Satz 1 Halbsatz 1 zu unterrichten und zur Äußerung auch im Hinblick auf den erforderlichen Umfang und Detaillierungsgrad der Umweltprüfung nach § 2 Absatz 4 aufzufordern. Hieran schließt sich das Verfahren nach Absatz 2 auch an, wenn die Äußerung zu einer Änderung der Planung führt.
(2) Die Gemeinde holt die Stellungnahmen der Behörden und sonstigen Träger öffentlicher Belange, deren Aufgabenbereich durch die Planung berührt werden kann, zum Planentwurf und zur Begründung ein. Die Bereitstellung der Unterlagen sowie die Mitteilung hierüber sollen elektronisch erfolgen. Die Behörden und sonstigen Träger öffentlicher Belange haben ihre Stellungnahmen innerhalb eines Monats abzugeben, wobei jedoch die Frist zur Abgabe von Stellungnahmen 30 Tage nicht unterschreiten darf; die Gemeinde soll diese Frist bei Vorliegen eines wichtigen Grundes angemessen verlängern. Die Stellungnahmen sollen elektronisch übermittelt werden. In den Stellungnahmen sollen sich die Behörden und sonstigen Träger öffentlicher Belange auf ihren Aufgabenbereich beschränken; sie haben auch Aufschluss über von ihnen beabsichtigte oder bereits eingeleitete Planungen und sonstige Maßnahmen sowie deren zeitliche Abwicklung zu geben, die für die städtebauliche Entwicklung und Ordnung des Gebiets bedeutsam sein können. Verfügen sie über Informationen, die für die Ermittlung und Bewertung des Abwägungsmaterials zweckdienlich sind, haben sie diese Informationen der Gemeinde zur Verfügung zu stellen.
(3) Nach Abschluss des Verfahrens zur Aufstellung des Bauleitplans unterrichten die Behörden die Gemeinde, sofern nach den ihnen vorliegenden Erkenntnissen die Durchführung des Bauleitplans erhebliche, insbesondere unvorhergesehene nachteilige Auswirkungen auf die Umwelt hat.

§ 4a
Gemeinsame Vorschriften zur Beteiligung

(1) Die Vorschriften über die Öffentlichkeits- und Behördenbeteiligung dienen insbesondere der vollständigen Ermittlung und zutreffenden Bewertung der von der Planung berührten Belange und der Information der Öffentlichkeit.
(2) Die Unterrichtung nach § 3 Absatz 1 kann gleichzeitig mit der Unterrichtung nach § 4 Absatz 1, die Veröffentlichung im Internet nach § 3 Absatz 2 kann gleichzeitig mit der Einholung der Stellungnahmen nach § 4 Absatz 2 durchgeführt werden.
(3) Wird der Entwurf des Bauleitplans nach dem Verfahren nach § 3 Absatz 2 oder § 4 Absatz 2 geändert oder ergänzt, ist er erneut nach § 3 Absatz 2 im Internet zu veröffentlichen und sind die Stellungnahmen erneut einzuholen, es sei denn, die Änderung oder Ergänzung führt offensichtlich nicht zu einer erstmaligen oder stärkeren Berührung von Belangen. Ist der Entwurf des Bauleitplans erneut zu veröffentlichen, ist in Bezug auf die Änderung oder Ergänzung und ihre möglichen Auswirkungen Gelegenheit zur Stellungnahme zu geben; hierauf ist in der erneuten Bekanntmachung nach § 3 Absatz 2 Satz 4 hinzuweisen. Die Dauer der Veröffentlichungsfrist im Internet und der Frist zur Stellungnahme soll angemessen verkürzt werden. Werden durch die Änderung oder Ergänzung des Entwurfs des Bauleitplans die Grundzüge

der Planung nicht berührt, soll die Einholung der Stellungnahmen auf die von der Änderung oder Ergänzung betroffene Öffentlichkeit sowie die berührten Behörden und sonstigen Träger öffentlicher Belange beschränkt werden, es sei denn, diese Beschränkung führt nach Einschätzung der Gemeinde zu einer längeren Verfahrensdauer.
(4) Bei Bauleitplänen, die erhebliche Auswirkungen auf Nachbarstaaten haben können, sind die Gemeinden und Behörden des Nachbarstaates nach den Grundsätzen der Gegenseitigkeit und Gleichwertigkeit zu unterrichten. Abweichend von Satz 1 ist bei Bauleitplänen, die erhebliche Umweltauswirkungen auf einen anderen Staat haben können, dieser nach den Vorschriften des Gesetzes über die Umweltverträglichkeitsprüfung zu beteiligen; für die Stellungnahmen der Öffentlichkeit und Behörden des anderen Staates, einschließlich der Rechtsfolgen nicht rechtzeitig abgegebener Stellungnahmen, sind abweichend von den Vorschriften des Gesetzes über die Umweltverträglichkeitsprüfung die Vorschriften dieses Gesetzbuchs entsprechend anzuwenden. Ist bei Bauleitplänen eine grenzüberschreitende Beteiligung nach Satz 2 erforderlich, ist hierauf bei der Bekanntmachung nach § 3 Absatz 2 Satz 4 hinzuweisen.
(5) Stellungnahmen, die im Verfahren der Öffentlichkeits- und Behördenbeteiligung nicht rechtzeitig abgegeben worden sind, können bei der Beschlussfassung über den Bauleitplan unberücksichtigt bleiben, sofern die Gemeinde deren Inhalt nicht kannte und nicht hätte kennen müssen und deren Inhalt für die Rechtmäßigkeit des Bauleitplans nicht von Bedeutung ist. Satz 1 gilt für in der Öffentlichkeitsbeteiligung abgegebene Stellungnahmen nur, wenn darauf in der Bekanntmachung nach § 3 Absatz 2 Satz 4 zur Öffentlichkeitsbeteiligung hingewiesen worden ist.
(6) Die Digitalisierung des Bauleitplanverfahrens richtet sich im Übrigen nach den Beschlüssen des IT-Planungsrats zur Festsetzung von IT-Interoperabilitäts- und IT-Sicherheitsstandards sowie den Vorgaben des Online-Zugangsgesetzes, soweit die Beschlüsse und die Vorgaben für die Gemeinden verbindlich sind.

§ 4b
Einschaltung eines Dritten

Die Gemeinde kann insbesondere zur Beschleunigung des Bauleitplanverfahrens die Vorbereitung und Durchführung von Verfahrensschritten nach den §§ 2a bis 4a einem Dritten übertragen. Sie kann einem Dritten auch die Durchführung einer Mediation oder eines anderen Verfahrens der außergerichtlichen Konfliktbeilegung übertragen.

§ 4c
Überwachung

Die Gemeinden überwachen die erheblichen Umweltauswirkungen, die auf Grund der Durchführung der Bauleitpläne eintreten, um insbesondere unvorhergesehene nachteilige Auswirkungen frühzeitig zu ermitteln und in der Lage zu sein, geeignete Maßnahmen zur Abhilfe zu ergreifen; Gegenstand der Überwachung ist auch die Durchführung von Darstellungen oder Festsetzungen nach § 1a Absatz 3 Satz 2 und von Maßnahmen nach § 1a Absatz 3 Satz 4. Sie nutzen dabei die im Umweltbericht nach Nummer 3 Buchstabe b der Anlage 1 zu diesem Gesetzbuch angegebenen Überwachungsmaßnahmen und die Informationen der Behörden nach § 4 Absatz 3.

Zweiter Abschnitt
Vorbereitender Bauleitplan (Flächennutzungsplan)

§ 5
Inhalt des Flächennutzungsplans

(1) Im Flächennutzungsplan ist für das ganze Gemeindegebiet die sich aus der beabsichtigten städtebaulichen Entwicklung ergebende Art der Bodennutzung nach den voraussehbaren Bedürfnissen der Gemeinde in den

Grundzügen darzustellen. Aus dem Flächennutzungsplan können Flächen und sonstige Darstellungen ausgenommen werden, wenn dadurch die nach Satz 1 darzustellenden Grundzüge nicht berührt werden und die Gemeinde beabsichtigt, die Darstellung zu einem späteren Zeitpunkt vorzunehmen; in der Begründung sind die Gründe hierfür darzulegen.

(2) Im Flächennutzungsplan können insbesondere dargestellt werden:

1. die für die Bebauung vorgesehenen Flächen nach der allgemeinen Art ihrer baulichen Nutzung (Bauflächen), nach der besonderen Art ihrer baulichen Nutzung (Baugebiete) sowie nach dem allgemeinen Maß der baulichen Nutzung; Bauflächen, für die eine zentrale Abwasserbeseitigung nicht vorgesehen ist, sind zu kennzeichnen;
2. die Ausstattung des Gemeindegebiets
   a) mit Anlagen und Einrichtungen zur Versorgung mit Gütern und Dienstleistungen des öffentlichen und privaten Bereichs, insbesondere mit der Allgemeinheit dienenden baulichen Anlagen und Einrichtungen des Gemeinbedarfs, wie mit Schulen und Kirchen sowie mit sonstigen kirchlichen, sozialen, gesundheitlichen und kulturellen Zwecken dienenden Gebäuden und Einrichtungen, sowie mit Flächen für Sport- und Spielanlagen,
   b) mit Anlagen, Einrichtungen und sonstigen Maßnahmen, die dem Klimawandel entgegenwirken, insbesondere zur dezentralen und zentralen Erzeugung, Verteilung, Nutzung oder Speicherung von Strom, Wärme oder Kälte aus erneuerbaren Energien oder Kraft-Wärme-Kopplung,
   c) mit Anlagen, Einrichtungen und sonstigen Maßnahmen, die der Anpassung an den Klimawandel dienen,
   d) mit zentralen Versorgungsbereichen;
3. die Flächen für den überörtlichen Verkehr und für die örtlichen Hauptverkehrszüge;
4. die Flächen für Versorgungsanlagen, für die Abfallentsorgung und Abwasserbeseitigung, für Ablagerungen sowie für Hauptversorgungs- und Hauptabwasserleitungen;
5. die Grünflächen, wie Parkanlagen, Naturerfahrungsräume, Dauerkleingärten, Sport-, Spiel-, Zelt- und Badeplätze, Friedhöfe;

5a. die Flächen zur Gewährleistung eines natürlichen Klimaschutzes;

6. die Flächen für Nutzungsbeschränkungen oder für Vorkehrungen zum Schutz gegen schädliche Umwelteinwirkungen im Sinne des Bundes-Immissionsschutzgesetzes;
7. die Wasserflächen, Häfen und die für die Wasserwirtschaft vorgesehenen Flächen sowie die Flächen, die im Interesse des Hochwasserschutzes und der Regelung des Wasserabflusses freizuhalten sind;
8. die Flächen für Aufschüttungen, Abgrabungen oder für die Gewinnung von Steinen, Erden und anderen Bodenschätzen;
9. a) die Flächen für die Landwirtschaft und
   b) Wald;
10. die Flächen für Maßnahmen zum Schutz, zur Pflege und zur Entwicklung von Boden, Natur und Landschaft.(2a) Flächen zum Ausgleich im Sinne des § 1a Abs. 3 im Geltungsbereich des Flächennutzungsplans können den Flächen, auf denen Eingriffe in Natur und Landschaft zu erwarten sind, ganz oder teilweise zugeordnet werden.

(2a) Flächen zum Ausgleich im Sinne des § 1a Abs. 3 im Geltungsbereich des Flächennutzungsplans können den Flächen, auf denen Eingriffe in Natur und Landschaft zu erwarten sind, ganz oder teilweise zugeordnet werden.

(2b) Für die Zwecke des § 35 Absatz 3 Satz 3 oder des § 249 Absatz 2 können sachliche Teilflächennutzungspläne aufgestellt werden; sie können auch für Teile des Gemeindegebiets aufgestellt werden.

(3) Im Flächennutzungsplan sollen gekennzeichnet werden:

1. Flächen, bei deren Bebauung besondere bauliche Vorkehrungen gegen äußere Einwirkungen oder bei denen besondere bauliche Sicherungsmaßnahmen gegen Naturgewalten erforderlich sind;
2. Flächen, unter denen der Bergbau umgeht oder die für den Abbau von Mineralien bestimmt sind;
3. für bauliche Nutzungen vorgesehene Flächen, deren Böden erheblich mit umweltgefährdenden Stoffen belastet sind.

(4) Planungen und sonstige Nutzungsregelungen, die nach anderen gesetzlichen Vorschriften festgesetzt sind, sowie nach Landesrecht denkmalgeschützte Mehrheiten von baulichen Anlagen sollen nachrichtlich übernommen werden. Sind derartige Festsetzungen in Aussicht genommen, sollen sie im Flächennutzungsplan vermerkt werden.

(4a) Festgesetzte Überschwemmungsgebiete im Sinne des § 76 Absatz 2 des Wasserhaushaltsgesetzes, Risikogebiete außerhalb von Überschwemmungsgebieten im Sinne des § 78b Absatz 1 des Wasserhaushaltsgesetzes sowie Hochwasserentstehungsgebiete im Sinne des § 78d Absatz 1 des Wasserhaushaltsgesetzes sollen nachrichtlich übernommen werden. Noch nicht festgesetzte Überschwemmungsgebiete im Sinne des § 76 Absatz 3 des Wasserhaushaltsgesetzes sowie als Risikogebiete im Sinne des § 73 Absatz 1 Satz 1 des Wasserhaushaltsgesetzes bestimmte Gebiete sollen im Flächennutzungsplan vermerkt werden.

(5) Dem Flächennutzungsplan ist eine Begründung mit den Angaben nach § 2a beizufügen.

§ 6
Genehmigung des Flächennutzungsplans

(1) Der Flächennutzungsplan bedarf der Genehmigung der höheren Verwaltungsbehörde.

(2) Die Genehmigung darf nur versagt werden, wenn der Flächennutzungsplan nicht ordnungsgemäß zustande gekommen ist oder diesem Gesetzbuch, den auf Grund dieses Gesetzbuchs erlassenen oder sonstigen Rechtsvorschriften widerspricht.

(3) Können Versagungsgründe nicht ausgeräumt werden, kann die höhere Verwaltungsbehörde räumliche oder sachliche Teile des Flächennutzungsplans von der Genehmigung ausnehmen.

(4) Über die Genehmigung ist binnen eines Monats zu entscheiden; die höhere Verwaltungsbehörde kann räumliche und sachliche Teile des Flächennutzungsplans vorweg genehmigen. Aus wichtigen Gründen kann die Frist auf Antrag der Genehmigungsbehörde von der zuständigen übergeordneten Behörde verlängert werden, in der Regel jedoch nur bis zu drei Monaten. Die Gemeinde ist von der Fristverlängerung in Kenntnis zu setzen. Die Genehmigung gilt als erteilt, wenn sie nicht innerhalb der Frist unter Angabe von Gründen abgelehnt wird.

(5) Die Erteilung der Genehmigung ist ortsüblich bekannt zu machen. Mit der Bekanntmachung wird der Flächennutzungsplan wirksam. Jedermann kann den Flächennutzungsplan, die Begründung und die zusammenfassende Erklärung nach § 6a Absatz 1 einsehen und über deren Inhalt Auskunft verlangen.

(6) Mit dem Beschluss über eine Änderung oder Ergänzung des Flächennutzungsplans kann die Gemeinde auch bestimmen, dass der Flächennutzungsplan in der Fassung, die er durch die Änderung oder Ergänzung erfahren hat, neu bekannt zu machen ist.

§ 6a

Zusammenfassende Erklärung zum Flächennutzungsplan; Einstellen in das Internet

(1) Dem wirksamen Flächennutzungsplan ist eine zusammenfassende Erklärung beizufügen über die Art und Weise, wie die Umweltbelange und die Ergebnisse der Öffentlichkeits- und Behördenbeteiligung in dem Flächennutzungsplan berücksichtigt wurden, und über die Gründe, aus denen der Plan nach Abwägung mit den geprüften, in Betracht kommenden anderweitigen Planungsmöglichkeiten gewählt wurde.
(2) Der wirksame Flächennutzungsplan mit der Begründung und der zusammenfassenden Erklärung soll ergänzend auch in das Internet eingestellt und über ein zentrales Internetportal des Landes zugänglich gemacht werden.

§ 7

Anpassung an den Flächennutzungsplan

Öffentliche Planungsträger, die nach § 4 oder § 13 beteiligt worden sind, haben ihre Planungen dem Flächennutzungsplan insoweit anzupassen, als sie diesem Plan nicht widersprochen haben. Der Widerspruch ist bis zum Beschluss der Gemeinde einzulegen. Macht eine Veränderung der Sachlage eine abweichende Planung erforderlich, haben sie sich unverzüglich mit der Gemeinde ins Benehmen zu setzen. Kann ein Einvernehmen zwischen der Gemeinde und dem öffentlichen Planungsträger nicht erreicht werden, kann der öffentliche Planungsträger nachträglich widersprechen. Der Widerspruch ist nur zulässig, wenn die für die abweichende Planung geltend gemachten Belange die sich aus dem Flächennutzungsplan ergebenden städtebaulichen Belange nicht nur unwesentlich überwiegen. Im Falle einer abweichenden Planung ist § 37 Absatz 3 auf die durch die Änderung oder Ergänzung des Flächennutzungsplans oder eines Bebauungsplans, der aus dem Flächennutzungsplan entwickelt worden ist und geändert, ergänzt oder aufgehoben werden musste, entstehenden Aufwendungen und Kosten entsprechend anzuwenden; § 38 Satz 3 bleibt unberührt.

Dritter Abschnitt
Verbindlicher Bauleitplan (Bebauungsplan)

§ 8

Zweck des Bebauungsplans

(1) Der Bebauungsplan enthält die rechtsverbindlichen Festsetzungen für die städtebauliche Ordnung. Er bildet die Grundlage für weitere, zum Vollzug dieses Gesetzbuchs erforderliche Maßnahmen.
(2) Bebauungspläne sind aus dem Flächennutzungsplan zu entwickeln. Ein Flächennutzungsplan ist nicht erforderlich, wenn der Bebauungsplan ausreicht, um die städtebauliche Entwicklung zu ordnen.
(3) Mit der Aufstellung, Änderung, Ergänzung oder Aufhebung eines Bebauungsplans kann gleichzeitig auch der Flächennutzungsplan aufgestellt, geändert oder ergänzt werden (Parallelverfahren). Der Bebauungsplan kann vor dem Flächennutzungsplan bekannt gemacht werden, wenn nach dem Stand der Planungsarbeiten anzunehmen ist, dass der Bebauungsplan aus den künftigen Darstellungen des Flächennutzungsplans entwickelt sein wird.
(4) Ein Bebauungsplan kann aufgestellt, geändert, ergänzt oder aufgehoben werden, bevor der Flächennutzungsplan aufgestellt ist, wenn dringende Gründe es erfordern und wenn der Bebauungsplan der beabsichtigten städtebaulichen Entwicklung des Gemeindegebiets nicht entgegenstehen wird (vorzeitiger Bebauungsplan). Gilt bei Gebiets- oder Bestandsänderungen von Gemeinden oder anderen Veränderungen der Zuständigkeit für die Aufstellung von Flächennutzungsplänen ein Flächennutzungsplan fort, kann ein vorzeitiger Bebauungsplan auch aufgestellt werden, bevor der Flächennutzungsplan ergänzt oder geändert ist.

§ 9

Inhalt des Bebauungsplans

(1) Im Bebauungsplan können aus städtebaulichen Gründen festgesetzt werden:

1. die Art und das Maß der baulichen Nutzung;
2. die Bauweise, die überbaubaren und die nicht überbaubaren Grundstücksflächen sowie die Stellung der baulichen Anlagen;

2a. vom Bauordnungsrecht abweichende Maße der Tiefe der Abstandsflächen;

3. für die Größe, Breite und Tiefe der Baugrundstücke Mindestmaße und aus Gründen des sparsamen und schonenden Umgangs mit Grund und Boden für Wohnbaugrundstücke auch Höchstmaße;
4. die Flächen für Nebenanlagen, die auf Grund anderer Vorschriften für die Nutzung von Grundstücken erforderlich sind, wie Spiel-, Freizeit- und Erholungsflächen sowie die Flächen für Stellplätze und Garagen mit ihren Einfahrten;
5. die Flächen für den Gemeinbedarf sowie für Sport- und Spielanlagen;
6. die höchstzulässige Zahl der Wohnungen in Wohngebäuden;
7. die Flächen, auf denen ganz oder teilweise nur Wohngebäude, die mit Mitteln der sozialen Wohnraumförderung gefördert werden könnten, errichtet werden dürfen;
8. einzelne Flächen, auf denen ganz oder teilweise nur Wohngebäude errichtet werden dürfen, die für Personengruppen mit besonderem Wohnbedarf bestimmt sind;
9. der besondere Nutzungszweck von Flächen;
10. die Flächen, die von der Bebauung freizuhalten sind, und ihre Nutzung;
11. die Verkehrsflächen sowie Verkehrsflächen besonderer Zweckbestimmung, wie Fußgängerbereiche, Flächen für das Parken von Fahrzeugen, Flächen für Ladeinfrastruktur elektrisch betriebener Fahrzeuge, Flächen für das Abstellen von Fahrrädern sowie den Anschluss anderer Flächen an die Verkehrsflächen; die Flächen können auch als öffentliche oder private Flächen festgesetzt werden;
12. die Versorgungsflächen, einschließlich der Flächen für Anlagen und Einrichtungen zur dezentralen und zentralen Erzeugung, Verteilung, Nutzung oder Speicherung von Strom, Wärme oder Kälte aus erneuerbaren Energien oder Kraft-Wärme-Kopplung;
13. die Führung von oberirdischen oder unterirdischen Versorgungsanlagen und -leitungen;
14. die Flächen für die Abfall- und Abwasserbeseitigung, einschließlich der Rückhaltung und Versickerung von Niederschlagswasser, sowie für Ablagerungen;
15. die öffentlichen und privaten Grünflächen, wie Parkanlagen, Naturerfahrungsräume, Dauerkleingärten, Sport-, Spiel-, Zelt- und Badeplätze, Friedhöfe;

15a. die Flächen zur Gewährleistung eines natürlichen Klimaschutzes;

16. a) die Wasserflächen und die Flächen für die Wasserwirtschaft,
    b) die Flächen für Hochwasserschutzanlagen, für die Regelung des Wasserabflusses, einschließlich des Niederschlagswassers aus Starkregenereignissen,
    c) Gebiete, in denen bei der Errichtung baulicher Anlagen bestimmte bauliche oder technische Maßnahmen getroffen werden müssen, die der Vermeidung oder Verringerung von Hochwasserschäden einschließlich Schäden durch Starkregen dienen, sowie die Art dieser Maßnahmen,
    d) die Flächen, die auf einem Baugrundstück für die natürliche Versickerung von Wasser aus Niederschlägen freigehalten werden müssen, um insbesondere

Hochwasserschäden, einschließlich Schäden durch Starkregen, vorzubeugen;

17. die Flächen für Aufschüttungen, Abgrabungen oder für die Gewinnung von Steinen, Erden und anderen Bodenschätzen;
18. a) die Flächen für die Landwirtschaft und
    b) Wald;
19. die Flächen für die Errichtung von Anlagen für die Kleintierhaltung wie Ausstellungs- und Zuchtanlagen, Zwinger, Koppeln und dergleichen;
20. die Flächen oder Maßnahmen zum Schutz, zur Pflege und zur Entwicklung von Boden, Natur und Landschaft;
21. die mit Geh-, Fahr- und Leitungsrechten zugunsten der Allgemeinheit, eines Erschließungsträgers oder eines beschränkten Personenkreises zu belastenden Flächen;
22. die Flächen für Gemeinschaftsanlagen für bestimmte räumliche Bereiche wie Kinderspielplätze, Freizeiteinrichtungen, Stellplätze und Garagen;
23. Gebiete, in denen
    a) zum Schutz vor schädlichen Umwelteinwirkungen im Sinne des Bundes-Immissionsschutzgesetzes bestimmte Luft verunreinigende Stoffe nicht oder nur beschränkt verwendet werden dürfen,
    b) bei der Errichtung von Gebäuden oder bestimmten sonstigen baulichen Anlagen bestimmte bauliche und sonstige technische Maßnahmen für die Erzeugung, Nutzung oder Speicherung von Strom, Wärme oder Kälte aus erneuerbaren Energien oder Kraft-Wärme-Kopplung getroffen werden müssen,
    c) bei der Errichtung, Änderung oder Nutzungsänderung von nach Art, Maß oder Nutzungsintensität zu bestimmenden Gebäuden oder sonstigen baulichen Anlagen in der Nachbarschaft von Betriebsbereichen nach § 3 Absatz 5a des Bundes-Immissionsschutzgesetzes bestimmte bauliche und sonstige technische Maßnahmen, die der Vermeidung oder Minderung der Folgen von Störfällen dienen, getroffen werden müssen;
24. die von der Bebauung freizuhaltenden Schutzflächen und ihre Nutzung, die Flächen für besondere Anlagen und Vorkehrungen zum Schutz vor schädlichen Umwelteinwirkungen und sonstigen Gefahren im Sinne des Bundes-Immissionsschutzgesetzes sowie die zum Schutz vor solchen Einwirkungen oder zur Vermeidung oder Minderung solcher Einwirkungen zu treffenden baulichen und sonstigen technischen Vorkehrungen, einschließlich von Maßnahmen zum Schutz vor schädlichen Umwelteinwirkungen durch Geräusche, wobei die Vorgaben des Immissionsschutzrechts unberührt bleiben;
25. für einzelne Flächen oder für ein Bebauungsplangebiet oder Teile davon sowie für Teile baulicher Anlagen mit Ausnahme der für landwirtschaftliche Nutzungen oder Wald festgesetzten Flächen
    a) das Anpflanzen von Bäumen, Sträuchern und sonstigen Bepflanzungen,
    b) Bindungen für Bepflanzungen und für die Erhaltung von Bäumen, Sträuchern und sonstigen Bepflanzungen sowie von Gewässern;
26. die Flächen für Aufschüttungen, Abgrabungen und Stützmauern, soweit sie zur Herstellung des Straßenkörpers erforderlich sind.

(1a) Flächen oder Maßnahmen zum Ausgleich im Sinne des § 1a Absatz 3 können auf den Grundstücken, auf denen Eingriffe in Natur und Landschaft zu erwarten sind, oder an anderer Stelle sowohl im sonstigen

Geltungsbereich des Bebauungsplans als auch in einem anderen Bebauungsplan festgesetzt werden. Die Flächen oder Maßnahmen zum Ausgleich an anderer Stelle können den Grundstücken, auf denen Eingriffe zu erwarten sind, ganz oder teilweise zugeordnet werden; dies gilt auch für Maßnahmen auf von der Gemeinde bereitgestellten Flächen.

(2) Im Bebauungsplan kann in besonderen Fällen festgesetzt werden, dass bestimmte der in ihm festgesetzten baulichen und sonstigen Nutzungen und Anlagen nur

1. für einen bestimmten Zeitraum zulässig oder
2. bis zum Eintritt bestimmter Umstände zulässig oder unzulässig

sind. Die Folgenutzung soll festgesetzt werden.

(2a) Für im Zusammenhang bebaute Ortsteile (§ 34) kann zur Erhaltung oder Entwicklung zentraler Versorgungsbereiche, auch im Interesse einer verbrauchernahen Versorgung der Bevölkerung und der Innenentwicklung der Gemeinden, in einem Bebauungsplan festgesetzt werden, dass nur bestimmte Arten der nach § 34 Abs. 1 und 2 zulässigen baulichen Nutzungen zulässig oder nicht zulässig sind oder nur ausnahmsweise zugelassen werden können; die Festsetzungen können für Teile des räumlichen Geltungsbereichs des Bebauungsplans unterschiedlich getroffen werden. Dabei ist insbesondere ein hierauf bezogenes städtebauliches Entwicklungskonzept im Sinne des § 1 Abs. 6 Nr. 11 zu berücksichtigen, das Aussagen über die zu erhaltenden oder zu entwickelnden zentralen Versorgungsbereiche der Gemeinde oder eines Gemeindeteils enthält. In den zu erhaltenden oder zu entwickelnden zentralen Versorgungsbereichen sollen die planungsrechtlichen Voraussetzungen für Vorhaben, die diesen Versorgungsbereichen dienen, nach § 30 oder § 34 vorhanden oder durch einen Bebauungsplan, dessen Aufstellung förmlich eingeleitet ist, vorgesehen sein.

(2b) Für im Zusammenhang bebaute Ortsteile (§ 34) kann in einem Bebauungsplan, auch für Teile des räumlichen Geltungsbereichs des Bebauungsplans, festgesetzt werden, dass Vergnügungsstätten oder bestimmte Arten von Vergnügungsstätten zulässig oder nicht zulässig sind oder nur ausnahmsweise zugelassen werden können, um

1. eine Beeinträchtigung von Wohnnutzungen oder anderen schutzbedürftigen Anlagen wie Kirchen, Schulen und Kindertagesstätten oder
2. eine Beeinträchtigung der sich aus der vorhandenen Nutzung ergebenden städtebaulichen Funktion des Gebiets, insbesondere durch eine städtebaulich nachteilige Häufung von Vergnügungsstätten,

zu verhindern.

(2c) Für im Zusammenhang bebaute Ortsteile nach § 34 und für Gebiete nach § 30 in der Nachbarschaft von Betriebsbereichen nach § 3 Absatz 5a des Bundes-Immissionsschutzgesetzes kann zur Vermeidung oder Verringerung der Folgen von Störfällen für bestimmte Nutzungen, Arten von Nutzungen oder für nach Art, Maß oder Nutzungsintensität zu bestimmende Gebäude oder sonstige bauliche Anlagen in einem Bebauungsplan festgesetzt werden, dass diese zulässig, nicht zulässig oder nur ausnahmsweise zulässig sind; die Festsetzungen können für Teile des räumlichen Geltungsbereichs des Bebauungsplans unterschiedlich getroffen werden.

(2d) Für im Zusammenhang bebaute Ortsteile (§ 34) können in einem Bebauungsplan zur Wohnraumversorgung eine oder mehrere der folgenden Festsetzungen getroffen werden:

1. Flächen, auf denen Wohngebäude errichtet werden dürfen;
2. Flächen, auf denen nur Gebäude errichtet werden dürfen, bei denen einzelne oder alle Wohnungen die baulichen Voraussetzungen für eine Förderung mit Mitteln der sozialen Wohnraumförderung erfüllen, oder

3. Flächen, auf denen nur Gebäude errichtet werden dürfen, bei denen sich ein Vorhabenträger hinsichtlich einzelner oder aller Wohnungen dazu verpflichtet, die zum Zeitpunkt der Verpflichtung geltenden Förderbedingungen der sozialen Wohnraumförderung, insbesondere die Miet- und Belegungsbindung, einzuhalten und die Einhaltung dieser Verpflichtung in geeigneter Weise sichergestellt wird.

Ergänzend können eine oder mehrere der folgenden Festsetzungen getroffen werden:

1. das Maß der baulichen Nutzung;
2. die Bauweise, die überbaubaren und die nicht überbaubaren Grundstücksflächen sowie die Stellung der baulichen Anlagen;
3. vom Bauordnungsrecht abweichende Maße der Tiefe der Abstandsflächen;
4. Mindestmaße für die Größe, Breite und Tiefe der Baugrundstücke;
5. Höchstmaße für die Größe, Breite und Tiefe der Wohnbaugrundstücke, aus Gründen des sparsamen und schonenden Umgangs mit Grund und Boden.

Die Festsetzungen nach den Sätzen 1 und 2 können für Teile des räumlichen Geltungsbereichs des Bebauungsplans getroffen werden. Die Festsetzungen nach den Sätzen 1 bis 3 können für Teile des räumlichen Geltungsbereichs des Bebauungsplans oder für Geschosse, Ebenen oder sonstige Teile baulicher Anlagen unterschiedlich getroffen werden. Das Verfahren zur Aufstellung eines Bebauungsplans nach diesem Absatz kann nur bis zum Ablauf des 31. Dezember 2024 förmlich eingeleitet werden. Der Satzungsbeschluss nach § 10 Absatz 1 ist bis zum Ablauf des 31. Dezember 2026 zu fassen.

(3) Bei Festsetzungen nach Absatz 1 kann auch die Höhenlage festgesetzt werden. Festsetzungen nach Absatz 1 für übereinanderliegende Geschosse und Ebenen und sonstige Teile baulicher Anlagen können gesondert getroffen werden; dies gilt auch, soweit Geschosse, Ebenen und sonstige Teile baulicher Anlagen unterhalb der Geländeoberfläche vorgesehen sind.

(4) Die Länder können durch Rechtsvorschriften bestimmen, dass auf Landesrecht beruhende Regelungen in den Bebauungsplan als Festsetzungen aufgenommen werden können und inwieweit auf diese Festsetzungen die Vorschriften dieses Gesetzbuchs Anwendung finden.

(5) Im Bebauungsplan sollen gekennzeichnet werden:

1. Flächen, bei deren Bebauung besondere bauliche Vorkehrungen gegen äußere Einwirkungen oder bei denen besondere bauliche Sicherungsmaßnahmen gegen Naturgewalten erforderlich sind;
2. Flächen, unter denen der Bergbau umgeht oder die für den Abbau von Mineralien bestimmt sind;
3. Flächen, deren Böden erheblich mit umweltgefährdenden Stoffen belastet sind.

(6) Nach anderen gesetzlichen Vorschriften getroffene Festsetzungen, gemeindliche Regelungen zum Anschluss- und Benutzungszwang sowie Denkmäler nach Landesrecht sollen in den Bebauungsplan nachrichtlich übernommen werden, soweit sie zu seinem Verständnis oder für die städtebauliche Beurteilung von Baugesuchen notwendig oder zweckmäßig sind.

(6a) Festgesetzte Überschwemmungsgebiete im Sinne des § 76 Absatz 2 des Wasserhaushaltsgesetzes, Risikogebiete außerhalb von Überschwemmungsgebieten im Sinne des § 78b Absatz 1 des Wasserhaushaltsgesetzes sowie Hochwasserentstehungsgebiete im Sinne des § 78d Absatz 1 des Wasserhaushaltsgesetzes sollen nachrichtlich übernommen werden. Noch nicht festgesetzte Überschwemmungsgebiete im Sinne des § 76 Absatz 3 des Wasserhaushaltsgesetzes sowie als Risikogebiete im Sinne des § 73 Absatz 1 Satz 1 des Wasserhaushaltsgesetzes bestimmte Gebiete sollen im Bebauungsplan vermerkt werden.

(7) Der Bebauungsplan setzt die Grenzen seines räumlichen Geltungsbereichs fest.
(8) Dem Bebauungsplan ist eine Begründung mit den Angaben nach § 2a beizufügen.

§ 9a
Verordnungsermächtigung

Das Bundesministerium für Wohnen, Stadtentwicklung und Bauwesen wird ermächtigt, mit Zustimmung des Bundesrates durch Rechtsverordnung Vorschriften zu erlassen über

1. Darstellungen und Festsetzungen in den Bauleitplänen über
   a) die Art der baulichen Nutzung,
   b) das Maß der baulichen Nutzung und seine Berechnung,
   c) die Bauweise sowie die überbaubaren und die nicht überbaubaren Grundstücksflächen;
2. die in den Baugebieten zulässigen baulichen und sonstigen Anlagen;
3. die Zulässigkeit der Festsetzung nach Maßgabe des § 9 Absatz 3 über verschiedenartige Baugebiete oder verschiedenartige in den Baugebieten zulässige bauliche und sonstige Anlagen;
4. die Ausarbeitung der Bauleitpläne einschließlich der dazugehörigen Unterlagen sowie über die Darstellung des Planinhalts, insbesondere über die dabei zu verwendenden Planzeichen und ihre Bedeutung.

(2) Das Bundesministerium für Wohnen, Stadtentwicklung und Bauwesen wird ermächtigt, im Einvernehmen mit dem Bundesministerium für Umwelt, Naturschutz, nukleare Sicherheit und Verbraucherschutz mit Zustimmung des Bundesrates durch Rechtsverordnung Vorgaben zu erlassen zur Berücksichtigung von artenschutzrechtlichen Belangen im Rahmen der Umweltprüfung bei der Aufstellung von Bauleitplänen. Sofern dabei auch Fragen der Windenergie an Land berührt sind, sind die Vorgaben auch im Einvernehmen mit dem Bundesministerium für Wirtschaft und Klimaschutz zu erlassen.

§ 10
Beschluss, Genehmigung und Inkrafttreten des Bebauungsplans

(1) Die Gemeinde beschließt den Bebauungsplan als Satzung.
(2) Bebauungspläne nach § 8 Absatz 2 Satz 2, Absatz 3 Satz 2 und Absatz 4 bedürfen der Genehmigung der höheren Verwaltungsbehörde. § 6 Absatz 2 und 4 ist entsprechend anzuwenden.
(3) Die Erteilung der Genehmigung oder, soweit eine Genehmigung nicht erforderlich ist, der Beschluss des Bebauungsplans durch die Gemeinde ist ortsüblich bekannt zu machen. Der Bebauungsplan ist mit der Begründung und der zusammenfassenden Erklärung nach § 10a Absatz 1 zu jedermanns Einsicht bereitzuhalten; über den Inhalt ist auf Verlangen Auskunft zu geben. In der Bekanntmachung ist darauf hinzuweisen, wo der Bebauungsplan eingesehen werden kann. Mit der Bekanntmachung tritt der Bebauungsplan in Kraft. Die Bekanntmachung tritt an die Stelle der sonst für Satzungen vorgeschriebenen Veröffentlichung.

§ 10a
Zusammenfassende Erklärung zum Bebauungsplan; Einstellen in das Internet

(1) Dem in Kraft getretenen Bebauungsplan ist eine zusammenfassende Erklärung beizufügen über die Art und Weise, wie die Umweltbelange und die Ergebnisse der Öffentlichkeits- und Behördenbeteiligung in dem Bebauungsplan berücksichtigt wurden, und über die Gründe, aus denen der Plan nach Abwägung mit den geprüften, in Betracht kommenden anderweitigen Planungsmöglichkeiten gewählt wurde.
(2) Der in Kraft getretene Bebauungsplan mit der Begründung und der zusammenfassenden Erklärung soll ergänzend auch in das Internet eingestellt und über ein zentrales

Internetportal des Landes zugänglich gemacht werden.

§ 11
Städtebaulicher Vertrag

(1) Die Gemeinde kann städtebauliche Verträge schließen. Gegenstände eines städtebaulichen Vertrags können insbesondere sein:
1. die Vorbereitung oder Durchführung städtebaulicher Maßnahmen durch den Vertragspartner auf eigene Kosten; dazu gehören auch die Neuordnung der Grundstücksverhältnisse, die Bodensanierung und sonstige vorbereitende Maßnahmen, die Erschließung durch nach Bundes- oder nach Landesrecht beitragsfähige sowie nicht beitragsfähige Erschließungsanlagen, die Ausarbeitung der städtebaulichen Planungen sowie erforderlichenfalls des Umweltberichts; die Verantwortung der Gemeinde für das gesetzlich vorgesehene Planaufstellungsverfahren bleibt unberührt;
2. die Förderung und Sicherung der mit der Bauleitplanung verfolgten Ziele, insbesondere die Grundstücksnutzung, auch hinsichtlich einer Befristung oder einer Bedingung, die Durchführung des Ausgleichs im Sinne des § 1a Absatz 3, die Berücksichtigung baukultureller Belange, die Deckung des Wohnbedarfs von Bevölkerungsgruppen mit besonderen Wohnraumversorgungsproblemen sowie der Erwerb angemessenen Wohnraums durch einkommensschwächere und weniger begüterte Personen der örtlichen Bevölkerung;
3. die Übernahme von Kosten oder sonstigen Aufwendungen, die der Gemeinde für städtebauliche Maßnahmen entstehen oder entstanden sind und die Voraussetzung oder Folge des geplanten Vorhabens sind; dazu gehört auch die Bereitstellung von Grundstücken;
4. entsprechend den mit den städtebaulichen Planungen und Maßnahmen verfolgten Zielen und Zwecken die Errichtung und Nutzung von Anlagen und Einrichtungen zur dezentralen und zentralen Erzeugung, Verteilung, Nutzung oder Speicherung von Strom, Wärme oder Kälte aus erneuerbaren Energien oder Kraft-Wärme-Kopplung;
5. entsprechend den mit den städtebaulichen Planungen und Maßnahmen verfolgten Zielen und Zwecken die Anforderungen an die energetische Qualität von Gebäuden.

Die Gemeinde kann städtebauliche Verträge auch mit einer juristischen Person abschließen, an der sie beteiligt ist.

(2) Die vereinbarten Leistungen müssen den gesamten Umständen nach angemessen sein. Die Vereinbarung einer vom Vertragspartner zu erbringenden Leistung ist unzulässig, wenn er auch ohne sie einen Anspruch auf die Gegenleistung hätte. Trägt oder übernimmt der Vertragspartner Kosten oder sonstige Aufwendungen, ist unbeschadet des Satzes 1 eine Eigenbeteiligung der Gemeinde nicht erforderlich.

(3) Ein städtebaulicher Vertrag bedarf der Schriftform, soweit nicht durch Rechtsvorschriften eine andere Form vorgeschrieben ist.

(4) Die Zulässigkeit anderer städtebaulicher Verträge bleibt unberührt.

§ 12
Vorhaben- und Erschließungsplan

(1) Die Gemeinde kann durch einen vorhabenbezogenen Bebauungsplan die Zulässigkeit von Vorhaben bestimmen, wenn der Vorhabenträger auf der Grundlage eines mit der Gemeinde abgestimmten Plans zur Durchführung der Vorhaben und der Erschließungsmaßnahmen (Vorhaben- und Erschließungsplan) bereit und in der Lage ist und sich zur Durchführung innerhalb einer bestimmten Frist und zur Tragung der Planungs- und Erschließungskosten ganz oder teilweise vor dem Beschluss nach § 10 Absatz 1 verpflichtet (Durchführungsvertrag). Die Begründung des Planentwurfs hat die nach

§ 2a erforderlichen Angaben zu enthalten. Für die grenzüberschreitende Beteiligung ist eine Übersetzung der Angaben vorzulegen, soweit dies nach den Vorschriften des Gesetzes über die Umweltverträglichkeitsprüfung notwendig ist. Für den vorhabenbezogenen Bebauungsplan nach Satz 1 gelten ergänzend die Absätze 2 bis 6.

(2) Die Gemeinde hat auf Antrag des Vorhabenträgers über die Einleitung des Bebauungsplanverfahrens nach pflichtgemäßem Ermessen zu entscheiden. Auf Antrag des Vorhabenträgers oder sofern die Gemeinde es nach Einleitung des Bebauungsplanverfahrens für erforderlich hält, informiert die Gemeinde diesen über den voraussichtlich erforderlichen Untersuchungsrahmen der Umweltprüfung nach § 2 Absatz 4 unter Beteiligung der Behörden nach § 4 Absatz 1.

(3) Der Vorhaben- und Erschließungsplan wird Bestandteil des vorhabenbezogenen Bebauungsplans. Im Bereich des Vorhaben- und Erschließungsplans ist die Gemeinde bei der Bestimmung der Zulässigkeit der Vorhaben nicht an die Festsetzungen nach § 9 und nach der auf Grund von § 9a erlassenen Verordnung gebunden; die §§ 14 bis 18, 22 bis 28, 39 bis 79, 127 bis 135c sind nicht anzuwenden. Soweit der vorhabenbezogene Bebauungsplan auch im Bereich des Vorhaben- und Erschließungsplans Festsetzungen nach § 9 für öffentliche Zwecke trifft, kann gemäß § 85 Absatz 1 Nummer 1 enteignet werden.

(3a) Wird in einem vorhabenbezogenen Bebauungsplan für den Bereich des Vorhaben- und Erschließungsplans durch Festsetzung eines Baugebiets auf Grund der Baunutzungsverordnung oder auf sonstige Weise eine bauliche oder sonstige Nutzung allgemein festgesetzt, ist unter entsprechender Anwendung des § 9 Absatz 2 festzusetzen, dass im Rahmen der festgesetzten Nutzungen nur solche Vorhaben zulässig sind, zu deren Durchführung sich der Vorhabenträger im Durchführungsvertrag verpflichtet. Änderungen des Durchführungsvertrags oder der Abschluss eines neuen Durchführungsvertrags sind zulässig.

(4) Einzelne Flächen außerhalb des Bereichs des Vorhaben- und Erschließungsplans können in den vorhabenbezogenen Bebauungsplan einbezogen werden.

(5) Ein Wechsel des Vorhabenträgers bedarf der Zustimmung der Gemeinde. Die Zustimmung darf nur dann verweigert werden, wenn Tatsachen die Annahme rechtfertigen, dass die Durchführung des Vorhaben- und Erschließungsplans innerhalb der Frist nach Absatz 1 gefährdet ist.

(6) Wird der Vorhaben- und Erschließungsplan nicht innerhalb der Frist nach Absatz 1 durchgeführt, soll die Gemeinde den Bebauungsplan aufheben. Aus der Aufhebung können Ansprüche des Vorhabenträgers gegen die Gemeinde nicht geltend gemacht werden. Bei der Aufhebung kann das vereinfachte Verfahren nach § 13 angewendet werden.

(7) Soll in bisherigen Erholungssondergebieten nach § 10 der Baunutzungsverordnung auch Wohnnutzung zugelassen werden, kann die Gemeinde nach Maßgabe der Absätze 1 bis 6 einen vorhabenbezogenen Bebauungsplan aufstellen, der insbesondere die Zulässigkeit von baulichen Anlagen zu Wohnzwecken in diesen Gebieten regelt.

§ 13
Vereinfachtes Verfahren

(1) Werden durch die Änderung oder Ergänzung eines Bauleitplans die Grundzüge der Planung nicht berührt oder wird durch die Aufstellung eines Bebauungsplans in einem Gebiet nach § 34 der sich aus der vorhandenen Eigenart der näheren Umgebung ergebende Zulässigkeitsmaßstab nicht wesentlich verändert oder enthält er lediglich Festsetzungen nach § 9 Absatz 2a oder Absatz 2b, kann die Gemeinde das vereinfachte Verfahren anwenden, wenn

1. die Zulässigkeit von Vorhaben, die einer Pflicht zur Durchführung einer Umweltverträglichkeitsprüfung nach Anlage 1

zum Gesetz über die Umweltverträglichkeitsprüfung oder nach Landesrecht unterliegen, nicht vorbereitet oder begründet wird,
2. keine Anhaltspunkte für eine Beeinträchtigung der in § 1 Absatz 6 Nummer 7 Buchstabe b genannten Schutzgüter bestehen und
3. keine Anhaltspunkte dafür bestehen, dass bei der Planung Pflichten zur Vermeidung oder Begrenzung der Auswirkungen von schweren Unfällen nach § 50 Satz 1 des Bundes-Immissionsschutzgesetzes zu beachten sind.

(2) Im vereinfachten Verfahren kann
1. von der frühzeitigen Unterrichtung und Erörterung nach § 3 Absatz 1 und § 4 Absatz 1 abgesehen werden,
2. der betroffenen Öffentlichkeit Gelegenheit zur Stellungnahme innerhalb angemessener Frist gegeben oder wahlweise die Veröffentlichung im Internet nach § 3 Absatz 2 durchgeführt werden,
3. den berührten Behörden und sonstigen Trägern öffentlicher Belange Gelegenheit zur Stellungnahme innerhalb angemessener Frist gegeben oder wahlweise die Beteiligung nach § 4 Absatz 2 durchgeführt werden.

Wird nach Satz 1 Nummer 2 die betroffene Öffentlichkeit beteiligt, gilt die Hinweispflicht des § 3 Absatz 2 Satz 4 zweiter Halbsatz entsprechend.

(3) Im vereinfachten Verfahren wird von der Umweltprüfung nach § 2 Absatz 4, von dem Umweltbericht nach § 2a, von der Angabe nach § 3 Absatz 2 Satz 4, welche Arten umweltbezogener Informationen verfügbar sind, sowie von der zusammenfassenden Erklärung nach § 6a Absatz 1 und § 10a Absatz 1 abgesehen; § 4c ist nicht anzuwenden. Bei der Beteiligung nach Absatz 2 Nummer 2 ist darauf hinzuweisen, dass von einer Umweltprüfung abgesehen wird.

§ 13a
Bebauungspläne der Innenentwicklung

(1) Ein Bebauungsplan für die Wiedernutzbarmachung von Flächen, die Nachverdichtung oder andere Maßnahmen der Innenentwicklung (Bebauungsplan der Innenentwicklung) kann im beschleunigten Verfahren aufgestellt werden. Der Bebauungsplan darf im beschleunigten Verfahren nur aufgestellt werden, wenn in ihm eine zulässige Grundfläche im Sinne des § 19 Absatz 2 der Baunutzungsverordnung oder eine Größe der Grundfläche festgesetzt wird von insgesamt
1. weniger als 20.000 Quadratmetern, wobei die Grundflächen mehrerer Bebauungspläne, die in einem engen sachlichen, räumlichen und zeitlichen Zusammenhang aufgestellt werden, mitzurechnen sind, oder
2. 20.000 Quadratmetern bis weniger als 70.000 Quadratmetern, wenn auf Grund einer überschlägigen Prüfung unter Berücksichtigung der in Anlage 2 dieses Gesetzes genannten Kriterien die Einschätzung erlangt wird, dass der Bebauungsplan voraussichtlich keine erheblichen Umweltauswirkungen hat, die nach § 2 Absatz 4 Satz 4 in der Abwägung zu berücksichtigen wären (Vorprüfung des Einzelfalls); die Behörden und sonstigen Träger öffentlicher Belange, deren Aufgabenbereiche durch die Planung berührt werden können, sind an der Vorprüfung des Einzelfalls zu beteiligen.

Wird in einem Bebauungsplan weder eine zulässige Grundfläche noch eine Größe der Grundfläche festgesetzt, ist bei Anwendung des Satzes 2 die Fläche maßgeblich, die bei Durchführung des Bebauungsplans voraussichtlich versiegelt wird. Das beschleunigte Verfahren ist ausgeschlossen, wenn durch den Bebauungsplan die Zulässigkeit von Vorhaben begründet wird, die einer Pflicht zur Durchführung einer Umweltverträglichkeitsprüfung nach dem Gesetz über die Umweltverträglichkeitsprüfung oder nach Landesrecht unterliegen. Das beschleunigte Verfahren ist auch ausgeschlossen, wenn Anhaltspunkte für eine Beeinträchtigung der in § 1 Absatz 6 Nummer 7 Buchstabe b genannten Schutzgüter oder dafür bestehen, dass bei der Planung Pflichten zur Vermeidung oder Begrenzung der Auswirkungen von schweren Unfällen nach § 50 Satz 1 des Bundes-Immissionsschutzgesetzes zu beachten sind.

(2) Im beschleunigten Verfahren

1. gelten die Vorschriften des vereinfachten Verfahrens nach § 13 Absatz 2 und 3 Satz 1 entsprechend;
2. kann ein Bebauungsplan, der von Darstellungen des Flächennutzungsplans abweicht, auch aufgestellt werden, bevor der Flächennutzungsplan geändert oder ergänzt ist; die geordnete städtebauliche Entwicklung des Gemeindegebiets darf nicht beeinträchtigt werden; der Flächennutzungsplan ist im Wege der Berichtigung anzupassen;
3. soll einem Bedarf an Investitionen zur Erhaltung, Sicherung und Schaffung von Arbeitsplätzen, zur Versorgung der Bevölkerung mit Wohnraum oder zur Verwirklichung von Infrastrukturvorhaben in der Abwägung in angemessener Weise Rechnung getragen werden;
4. gelten in den Fällen des Absatzes 1 Satz 2 Nummer 1 Eingriffe, die auf Grund der Aufstellung des Bebauungsplans zu erwarten sind, als im Sinne des § 1a Absatz 3 Satz 6 vor der planerischen Entscheidung erfolgt oder zulässig.

(3) Bei Aufstellung eines Bebauungsplans im beschleunigten Verfahren ist ortsüblich bekannt zu machen,

1. dass der Bebauungsplan im beschleunigten Verfahren ohne Durchführung einer Umweltprüfung nach § 2 Absatz 4 aufgestellt werden soll, in den Fällen des Absatzes 1 Satz 2 Nummer 2 einschließlich der hierfür wesentlichen Gründe, und
2. wo sich die Öffentlichkeit über die allgemeinen Ziele und Zwecke sowie die wesentlichen Auswirkungen der Planung unterrichten kann und dass sich die Öffentlichkeit innerhalb einer bestimmten Frist zur Planung äußern kann, sofern keine frühzeitige Unterrichtung und Erörterung im Sinne des § 3 Absatz 1 stattfindet.

Die Bekanntmachung nach Satz 1 kann mit der ortsüblichen Bekanntmachung nach § 2 Absatz 1 Satz 2 verbunden werden. In den Fällen des Absatzes 1 Satz 2 Nummer 2 erfolgt die Bekanntmachung nach Satz 1 nach Abschluss der Vorprüfung des Einzelfalls.

(4) Die Absätze 1 bis 3 gelten entsprechend für die Änderung, Ergänzung und Aufhebung eines Bebauungsplans.

§ 14
Veränderungssperre

(1) Ist ein Beschluss über die Aufstellung eines Bebauungsplans gefasst, kann die Gemeinde zur Sicherung der Planung für den künftigen Planbereich eine Veränderungssperre mit dem Inhalt beschließen, dass

1. Vorhaben im Sinne des § 29 nicht durchgeführt oder bauliche Anlagen nicht beseitigt werden dürfen;
2. erhebliche oder wesentlich wertsteigernde Veränderungen von Grundstücken und baulichen Anlagen, deren Veränderungen nicht genehmigungs-, zustimmungs- oder anzeigepflichtig sind, nicht vorgenommen werden dürfen.

(2) Wenn überwiegende öffentliche Belange nicht entgegenstehen, kann von der Veränderungssperre eine Ausnahme zugelassen werden. Die Entscheidung über Ausnahmen trifft die Baugenehmigungsbehörde im Einvernehmen mit der Gemeinde.

(3) Vorhaben, die vor dem Inkrafttreten der Veränderungssperre baurechtlich genehmigt worden sind, Vorhaben, von denen die Gemeinde nach Maßgabe des Bauordnungsrechts Kenntnis erlangt hat und mit deren Ausführung vor dem Inkrafttreten der Ver-

änderungssperre hätte begonnen werden dürfen, sowie Unterhaltungsarbeiten und die Fortführung einer bisher ausgeübten Nutzung werden von der Veränderungssperre nicht berührt.
(4) Soweit für Vorhaben im förmlich festgelegten Sanierungsgebiet oder im städtebaulichen Entwicklungsbereich eine Genehmigungspflicht nach § 144 Absatz 1 besteht, sind die Vorschriften über die Veränderungssperre nicht anzuwenden.

§ 15
Zurückstellung von Baugesuchen

(1) Wird eine Veränderungssperre nach § 14 nicht beschlossen, obwohl die Voraussetzungen gegeben sind, oder ist eine beschlossene Veränderungssperre noch nicht in Kraft getreten, hat die Baugenehmigungsbehörde auf Antrag der Gemeinde die Entscheidung über die Zulässigkeit von Vorhaben im Einzelfall für einen Zeitraum bis zu zwölf Monaten auszusetzen, wenn zu befürchten ist, dass die Durchführung der Planung durch das Vorhaben unmöglich gemacht oder wesentlich erschwert werden würde. Wird kein Baugenehmigungsverfahren durchgeführt, wird auf Antrag der Gemeinde anstelle der Aussetzung der Entscheidung über die Zulässigkeit eine vorläufige Untersagung innerhalb einer durch Landesrecht festgesetzten Frist ausgesprochen. Die vorläufige Untersagung steht der Zurückstellung nach Satz 1 gleich.
(2) Soweit für Vorhaben im förmlich festgelegten Sanierungsgebiet oder im städtebaulichen Entwicklungsbereich eine Genehmigungspflicht nach § 144 Absatz 1 besteht, sind die Vorschriften über die Zurückstellung von Baugesuchen nicht anzuwenden; mit der förmlichen Festlegung des Sanierungsgebiets oder des städtebaulichen Entwicklungsbereichs wird ein Bescheid über die Zurückstellung des Baugesuchs nach Absatz 1 unwirksam.
(3) Auf Antrag der Gemeinde hat die Baugenehmigungsbehörde die Entscheidung über die Zulässigkeit von Vorhaben nach § 35 Absatz 1 Nummer 2 bis 6 für einen Zeitraum bis zu längstens einem Jahr nach Zustellung der Zurückstellung des Baugesuchs auszusetzen, wenn die Gemeinde beschlossen hat, einen Flächennutzungsplan aufzustellen, zu ändern oder zu ergänzen, mit dem die Rechtswirkungen des § 35 Absatz 3 Satz 3 erreicht werden sollen, und zu befürchten ist, dass die Durchführung der Planung durch das Vorhaben unmöglich gemacht oder wesentlich erschwert werden würde. Auf diesen Zeitraum ist die Zeit zwischen dem Eingang des Baugesuchs bei der zuständigen Behörde bis zur Zustellung der Zurückstellung des Baugesuchs nicht anzurechnen, soweit der Zeitraum für die Bearbeitung des Baugesuchs erforderlich ist. Der Antrag der Gemeinde nach Satz 1 ist nur innerhalb von sechs Monaten, nachdem die Gemeinde in einem Verwaltungsverfahren von dem Bauvorhaben förmlich Kenntnis erhalten hat, zulässig. Wenn besondere Umstände es erfordern, kann die Baugenehmigungsbehörde auf Antrag der Gemeinde die Entscheidung nach Satz 1 um höchstens ein weiteres Jahr aussetzen.

§ 16
Beschluss über die Veränderungssperre

(1) Die Veränderungssperre wird von der Gemeinde als Satzung beschlossen.
(2) Die Gemeinde hat die Veränderungssperre ortsüblich bekannt zu machen. Sie kann auch ortsüblich bekannt machen, dass eine Veränderungssperre beschlossen worden ist; § 10 Absatz 3 Satz 2 bis 5 ist entsprechend anzuwenden.

§ 17
Geltungsdauer der Veränderungssperre

(1) Die Veränderungssperre tritt nach Ablauf von zwei Jahren außer Kraft. Auf die Zweijahresfrist ist der seit der Zustellung der ersten Zurückstellung eines Baugesuchs nach § 15 Absatz 1 abgelaufene Zeitraum anzurechnen. Die Gemeinde kann die Frist um ein Jahr verlängern.

(2) Wenn besondere Umstände es erfordern, kann die Gemeinde die Frist bis zu einem weiteren Jahr nochmals verlängern.
(3) Die Gemeinde kann eine außer Kraft getretene Veränderungssperre ganz oder teilweise erneut beschließen, wenn die Voraussetzungen für ihren Erlass fortbestehen.
(4) Die Veränderungssperre ist vor Fristablauf ganz oder teilweise außer Kraft zu setzen, sobald die Voraussetzungen für ihren Erlass weggefallen sind.
(5) Die Veränderungssperre tritt in jedem Fall außer Kraft, sobald und soweit die Bauleitplanung rechtsverbindlich abgeschlossen ist.
(6) Mit der förmlichen Festlegung des Sanierungsgebiets oder des städtebaulichen Entwicklungsbereichs tritt eine bestehende Veränderungssperre nach § 14 außer Kraft. Dies gilt nicht, wenn in der Sanierungssatzung die Genehmigungspflicht nach § 144 Absatz 1 ausgeschlossen ist.

§ 18
Entschädigung bei Veränderungssperre

(1) Dauert die Veränderungssperre länger als vier Jahre über den Zeitpunkt ihres Beginns oder der ersten Zurückstellung eines Baugesuchs nach § 15 Absatz 1 hinaus, ist den Betroffenen für dadurch entstandene Vermögensnachteile eine angemessene Entschädigung in Geld zu leisten. Die Vorschriften über die Entschädigung im Zweiten Abschnitt des Fünften Teils sowie § 121 gelten entsprechend; dabei ist der Grundstückswert zugrunde zu legen, der nach den Vorschriften des Zweiten Abschnitts des Dritten Teils zu entschädigen wäre.
(2) Zur Entschädigung ist die Gemeinde verpflichtet. Der Entschädigungsberechtigte kann Entschädigung verlangen, wenn die in Absatz 1 Satz 1 bezeichneten Vermögensnachteile eingetreten sind. Er kann die Fälligkeit des Anspruchs dadurch herbeiführen, dass er die Leistung der Entschädigung schriftlich bei dem Entschädigungspflichtigen beantragt. Kommt eine Einigung über die Entschädigung nicht zustande, entscheidet die höhere Verwaltungsbehörde. Für den Bescheid über die Festsetzung der Entschädigung gilt § 122 entsprechend.
(3) Auf das Erlöschen des Entschädigungsanspruchs findet § 44 Absatz 4 mit der Maßgabe Anwendung, dass bei einer Veränderungssperre, die die Sicherung einer Festsetzung nach § 40 Absatz 1 oder § 41 Absatz 1 zum Gegenstand hat, die Erlöschensfrist frühestens ab Rechtsverbindlichkeit des Bebauungsplans beginnt. In der Bekanntmachung nach § 16 Absatz 2 ist auf die Vorschriften des Absatzes 2 Satz 2 und 3 hinzuweisen.

§ 19
Teilung von Grundstücken

(1) Die Teilung eines Grundstücks ist die dem Grundbuchamt gegenüber abgegebene oder sonst wie erkennbar gemachte Erklärung des Eigentümers, dass ein Grundstücksteil grundbuchmäßig abgeschrieben und als selbständiges Grundstück oder als ein Grundstück zusammen mit anderen Grundstücken oder mit Teilen anderer Grundstücke eingetragen werden soll.
(2) Durch die Teilung eines Grundstücks im Geltungsbereich eines Bebauungsplans dürfen keine Verhältnisse entstehen, die den Festsetzungen des Bebauungsplans widersprechen.

§ 20
(weggefallen)

§ 21
(weggefallen)

§ 22
Sicherung von Gebieten mit Fremdenverkehrsfunktionen

(1) Die Gemeinden, die oder deren Teile überwiegend durch den Fremdenverkehr geprägt sind, können in einem Bebauungsplan oder durch eine sonstige Satzung bestimmen, dass zur Sicherung der Zweckbestimmung

von Gebieten mit Fremdenverkehrsfunktionen Folgendes der Genehmigung unterliegt:

1. die Begründung oder Teilung von Wohnungseigentum oder Teileigentum nach § 1 des Wohnungseigentumsgesetzes,
2. die Begründung der in den §§ 30 und 31 des Wohnungseigentumsgesetzes bezeichneten Rechte,
3. die Begründung von Bruchteilseigentum nach § 1008 des Bürgerlichen Gesetzbuchs an Grundstücken mit Wohngebäuden oder Beherbergungsbetrieben, wenn zugleich nach § 1010 Absatz 1 des Bürgerlichen Gesetzbuchs im Grundbuch als Belastung eingetragen werden soll, dass Räume einem oder mehreren Miteigentümern zur ausschließlichen Benutzung zugewiesen sind und die Aufhebung der Gemeinschaft ausgeschlossen ist,
4. bei bestehendem Bruchteilseigentum nach § 1008 des Bürgerlichen Gesetzbuchs an Grundstücken mit Wohngebäuden oder Beherbergungsbetrieben eine im Grundbuch als Belastung einzutragende Regelung nach § 1010 Absatz 1 des Bürgerlichen Gesetzbuchs, wonach Räume einem oder mehreren Miteigentümern zur ausschließlichen Benutzung zugewiesen sind und die Aufhebung der Gemeinschaft ausgeschlossen ist,
5. die Nutzung von Räumen in Wohngebäuden oder Beherbergungsbetrieben als Nebenwohnung, wenn die Räume insgesamt an mehr als der Hälfte der Tage eines Jahres unbewohnt sind.

Voraussetzung für die Bestimmung ist, dass durch die Begründung oder Teilung der Rechte, durch die Regelung nach § 1010 des Bürgerlichen Gesetzbuchs oder durch die Nutzung als Nebenwohnung die vorhandene oder vorgesehene Zweckbestimmung des Gebiets für den Fremdenverkehr und dadurch die geordnete städtebauliche Entwicklung beeinträchtigt werden kann. Die Zweckbestimmung eines Gebiets für den Fremdenverkehr ist insbesondere anzunehmen bei Kurgebieten, Gebieten für die Fremdenbeherbergung, Wochenend- und Ferienhausgebieten, die im Bebauungsplan festgesetzt sind, und bei im Zusammenhang bebauten Ortsteilen, deren Eigenart solchen Gebieten entspricht, sowie bei sonstigen Gebieten mit Fremdenverkehrsfunktionen, die durch Beherbergungsbetriebe und Wohngebäude mit Fremdenbeherbergung geprägt sind.

(2) Die Gemeinde hat die Satzung ortsüblich bekannt zu machen. Sie kann die Bekanntmachung auch in entsprechender Anwendung des § 10 Absatz 3 Satz 2 bis 5 vornehmen. Für Bestimmungen nach Absatz 1 Satz 1 Nummer 1 bis 4 teilt die Gemeinde dem Grundbuchamt den Beschluss über die Satzung, das Datum ihres Inkrafttretens sowie die genaue Bezeichnung der betroffenen Grundstücke vor ihrer Bekanntmachung rechtzeitig mit. Von der genauen Bezeichnung der betroffenen Grundstücke kann in den Fällen des Absatzes 1 Satz 1 Nummer 1 und 2 abgesehen werden, wenn die gesamte Gemarkung betroffen ist und die Gemeinde dies dem Grundbuchamt mitteilt.

(3) (weggefallen)

(4) Die Genehmigung darf nur versagt werden, wenn durch die Begründung oder Teilung der Rechte, durch die Regelung nach § 1010 des Bürgerlichen Gesetzbuchs oder durch die Nutzung als Nebenwohnung die Zweckbestimmung des Gebiets für den Fremdenverkehr und dadurch die städtebauliche Entwicklung und Ordnung beeinträchtigt wird. Die Genehmigung nach Absatz 1 Satz 1 Nummer 1 bis 4 ist zu erteilen, wenn sie erforderlich ist, damit Ansprüche Dritter erfüllt werden können, zu deren Sicherung vor dem Wirksamwerden des Genehmigungsvorbehalts eine Vormerkung im Grundbuch eingetragen oder der Antrag auf Eintragung einer Vormerkung beim Grundbuchamt eingegangen ist; die Genehmigung kann auch von dem Dritten beantragt werden. Die Genehmigung kann erteilt werden, um wirtschaftliche Nachteile zu vermeiden, die für den Eigentümer eine besondere Härte bedeuten.

(5) Über die Genehmigung entscheidet die Baugenehmigungsbehörde im Einvernehmen mit der Gemeinde. Über die Genehmigung ist innerhalb eines Monats nach Eingang des Antrags bei der Baugenehmigungsbehörde zu entscheiden. Kann die Prüfung des Antrags in dieser Zeit nicht abgeschlossen werden, ist die Frist vor ihrem Ablauf in einem dem Antragsteller mitzuteilenden Zwischenbescheid um den Zeitraum zu verlängern, der notwendig ist, um die Prüfung abschließen zu können; höchstens jedoch um drei Monate. Die Genehmigung gilt als erteilt, wenn sie nicht innerhalb der Frist versagt wird. Darüber hat die Baugenehmigungsbehörde auf Antrag eines Beteiligten ein Zeugnis auszustellen. Das Einvernehmen gilt als erteilt, wenn es nicht binnen zwei Monaten nach Eingang des Ersuchens der Genehmigungsbehörde verweigert wird; dem Ersuchen gegenüber der Gemeinde steht die Einreichung des Antrags bei der Gemeinde gleich, wenn sie nach Landesrecht vorgeschrieben ist.
(6) Bei einem Grundstück, das im Geltungsbereich einer Satzung nach Absatz 1 liegt, darf das Grundbuchamt die von Absatz 1 Satz 1 Nummer 1 bis 4 erfassten Eintragungen in das Grundbuch nur vornehmen, wenn der Genehmigungsbescheid oder ein Zeugnis gemäß Absatz 5 Satz 5 vorgelegt wird oder wenn die Freistellungserklärung der Gemeinde gemäß Absatz 8 beim Grundbuchamt eingegangen ist. Ist dennoch eine Eintragung in das Grundbuch vorgenommen worden, kann die Baugenehmigungsbehörde, falls die Genehmigung erforderlich war, das Grundbuchamt um die Eintragung eines Widerspruchs ersuchen; § 53 Absatz 1 der Grundbuchordnung bleibt unberührt. Der Widerspruch ist zu löschen, wenn die Baugenehmigungsbehörde darum ersucht oder die Genehmigung erteilt ist.
(7) Wird die Genehmigung versagt, kann der Eigentümer von der Gemeinde unter den Voraussetzungen des § 40 Absatz 2 die Übernahme des Grundstücks verlangen. § 43 Absatz 1, 4 und 5 sowie § 44 Absatz 3 und 4 sind entsprechend anzuwenden.
(8) Die Gemeinde hat den Genehmigungsvorbehalt aufzuheben oder im Einzelfall einzelne Grundstücke durch Erklärung gegenüber dem Eigentümer vom Genehmigungsvorbehalt freizustellen, wenn die Voraussetzungen für den Genehmigungsvorbehalt entfallen sind. Die Gemeinde teilt dem Grundbuchamt die Aufhebung des Genehmigungsvorbehalts sowie die genaue Bezeichnung der hiervon betroffenen Grundstücke unverzüglich mit. Von der genauen Bezeichnung kann abgesehen werden, wenn die gesamte Gemarkung betroffen ist und die Gemeinde dies dem Grundbuchamt mitteilt. Sobald die Mitteilung über die Aufhebung des Genehmigungsvorbehalts beim Grundbuchamt eingegangen ist, ist Absatz 6 Satz 1 nicht mehr anzuwenden.
(9) In der sonstigen Satzung nach Absatz 1 kann neben der Bestimmung des Genehmigungsvorbehalts die höchstzulässige Zahl der Wohnungen in Wohngebäuden nach Maßgabe des § 9 Absatz 1 Nummer 6 festgesetzt werden. Vor der Festsetzung nach Satz 1 ist der betroffenen Öffentlichkeit und den berührten Behörden und sonstigen Trägern öffentlicher Belange Gelegenheit zur Stellungnahme innerhalb angemessener Frist zu geben.
(10) Der sonstigen Satzung nach Absatz 1 ist eine Begründung beizufügen. In der Begründung zum Bebauungsplan (§ 9 Absatz 8) oder zur sonstigen Satzung ist darzulegen, dass die in Absatz 1 Satz 2 bezeichneten Voraussetzungen für die Festlegung des Gebiets vorliegen.

§ 23
(weggefallen)

§ 24
Allgemeines Vorkaufsrecht
(1) Der Gemeinde steht ein Vorkaufsrecht zu beim Kauf von Grundstücken
1. im Geltungsbereich eines Bebauungsplans, soweit es sich um Flächen handelt, für die nach dem Bebauungsplan eine Nutzung für öffentliche Zwecke oder für Flächen oder Maßnahmen zum Aus-

gleich im Sinne des § 1a Absatz 3 festgesetzt ist,
2. in einem Umlegungsgebiet,
3. in einem förmlich festgelegten Sanierungsgebiet und städtebaulichen Entwicklungsbereich,
4. im Geltungsbereich einer Satzung zur Sicherung von Durchführungsmaßnahmen des Stadtumbaus und einer Erhaltungssatzung,
5. im Geltungsbereich eines Flächennutzungsplans, soweit es sich um unbebaute Flächen im Außenbereich handelt, für die nach dem Flächennutzungsplan eine Nutzung als Wohnbaufläche oder Wohngebiet dargestellt ist,
6. in Gebieten, die nach den §§ 30, 33 oder 34 Absatz 2 vorwiegend mit Wohngebäuden bebaut werden können, soweit die Grundstücke unbebaut sind, wobei ein Grundstück auch dann als unbebaut gilt, wenn es lediglich mit einer Einfriedung oder zu erkennbar vorläufigen Zwecken bebaut ist,
7. in Gebieten, die zum Zweck des vorbeugenden Hochwasserschutzes von Bebauung freizuhalten sind, insbesondere in Überschwemmungsgebieten, sowie
8. in Gebieten nach den §§ 30, 33 oder 34, wenn
   a) in diesen ein städtebaulicher Missstand im Sinne des § 136 Absatz 2 Satz 2 in Verbindung mit Absatz 3 vorliegt oder
   b) die baulichen Anlagen einen Missstand im Sinne des § 177 Absatz 2 aufweisen

   und die Grundstücke dadurch erhebliche nachteilige Auswirkungen auf das soziale oder städtebauliche Umfeld aufweisen, insbesondere durch ihren baulichen Zustand oder ihre der öffentlichen Sicherheit und Ordnung widersprechende Nutzung.

Im Falle der Nummer 1 kann das Vorkaufsrecht bereits nach Beginn der Veröffentlichungsfrist nach § 3 Absatz 2 Satz 1 ausgeübt werden, wenn die Gemeinde einen Beschluss gefasst hat, einen Bebauungsplan aufzustellen, zu ändern oder zu ergänzen. Im Falle der Nummer 5 kann das Vorkaufsrecht bereits ausgeübt werden, wenn die Gemeinde einen Beschluss gefasst und ortsüblich bekannt gemacht hat, einen Flächennutzungsplan aufzustellen, zu ändern oder zu ergänzen und wenn nach dem Stand der Planungsarbeiten anzunehmen ist, dass der künftige Flächennutzungsplan eine solche Nutzung darstellen wird.

(2) Das Vorkaufsrecht steht der Gemeinde nicht zu beim Kauf von Rechten nach dem Wohnungseigentumsgesetz und von Erbbaurechten.

(3) Das Vorkaufsrecht darf nur ausgeübt werden, wenn das Wohl der Allgemeinheit dies rechtfertigt. Dem Wohl der Allgemeinheit kann insbesondere die Deckung eines Wohnbedarfs in der Gemeinde dienen. Bei der Ausübung des Vorkaufsrechts hat die Gemeinde den Verwendungszweck des Grundstücks anzugeben.

§ 25
Besonderes Vorkaufsrecht

(1) Die Gemeinde kann
1. im Geltungsbereich eines Bebauungsplans durch Satzung ihr Vorkaufsrecht an unbebauten Grundstücken begründen;
2. in Gebieten, in denen sie städtebauliche Maßnahmen in Betracht zieht, zur Sicherung einer geordneten städtebaulichen Entwicklung durch Satzung Flächen bezeichnen, an denen ihr ein Vorkaufsrecht an den Grundstücken zusteht;
3. im Geltungsbereich eines Bebauungsplans an brachliegenden Grundstücken oder für im Zusammenhang bebaute Ortsteile (§ 34) an unbebauten oder brachliegenden Grundstücken durch Satzung ihr Vorkaufsrecht begründen, wenn
   a) diese vorwiegend mit Wohngebäuden bebaut werden können und

b) es sich um ein nach § 201a bestimmtes Gebiet mit einem angespannten Wohnungsmarkt handelt.

Ein Grundstück gilt auch dann als unbebaut, wenn es lediglich mit einer Einfriedung oder zu erkennbar vorläufigen Zwecken bebaut ist. Das Vorkaufsrecht nach Satz 1 Nummer 3 erlischt mit dem Ende der Geltungsdauer der Rechtsverordnung nach § 201a. Auf die Satzung ist § 16 Absatz 2 entsprechend anzuwenden.

(2) § 24 Absatz 2 und 3 Satz 1 und 2 ist anzuwenden. Der Verwendungszweck des Grundstücks ist anzugeben, soweit das bereits zum Zeitpunkt der Ausübung des Vorkaufsrechts möglich ist.

§ 26
Ausschluss des Vorkaufsrechts

Die Ausübung des Vorkaufsrechts ist ausgeschlossen, wenn

1. der Eigentümer das Grundstück an seinen Ehegatten oder an eine Person verkauft, die mit ihm in gerader Linie verwandt oder verschwägert oder in der Seitenlinie bis zum dritten Grad verwandt ist,
2. das Grundstück
   a) von einem öffentlichen Bedarfsträger für Zwecke der Landesverteidigung, der Bundespolizei, der Zollverwaltung, der Polizei oder des Zivilschutzes oder
   b) von Kirchen und Religionsgesellschaften des öffentlichen Rechts für Zwecke des Gottesdienstes oder der Seelsorge

   gekauft wird,
3. auf dem Grundstück Vorhaben errichtet werden sollen, für die ein in § 38 genanntes Verfahren eingeleitet oder durchgeführt worden ist, oder
4. das Grundstück entsprechend den Festsetzungen des Bebauungsplans oder den Zielen und Zwecken der städtebaulichen Maßnahme bebaut ist und genutzt wird und eine auf ihm errichtete bauliche Anlage keine Missstände oder Mängel im Sinne des § 177 Absatz 2 und 3 Satz 1 aufweist.

§ 27
Abwendung des Vorkaufsrechts

(1) Der Käufer kann die Ausübung des Vorkaufsrechts abwenden, wenn die Verwendung des Grundstücks nach den baurechtlichen Vorschriften oder den Zielen und Zwecken der städtebaulichen Maßnahme bestimmt oder mit ausreichender Sicherheit bestimmbar ist, der Käufer in der Lage ist, das Grundstück binnen angemessener Frist dementsprechend zu nutzen, und er sich vor Ablauf der Frist nach § 28 Absatz 2 Satz 1 hierzu verpflichtet. Weist eine auf dem Grundstück befindliche bauliche Anlage Missstände oder Mängel im Sinne des § 177 Absatz 2 und 3 Satz 1 auf, kann der Käufer die Ausübung des Vorkaufsrechts abwenden, wenn er diese Missstände oder Mängel binnen angemessener Frist beseitigen kann und er sich vor Ablauf der Frist nach § 28 Absatz 2 Satz 1 zur Beseitigung verpflichtet. Die Gemeinde hat die Frist nach § 28 Absatz 2 Satz 1 auf Antrag des Käufers um zwei Monate zu verlängern, wenn der Käufer vor Ablauf dieser Frist glaubhaft macht, dass er in der Lage ist, die in Satz 1 oder 2 genannten Voraussetzungen zu erfüllen.

(2) Ein Abwendungsrecht besteht nicht

1. in den Fällen des § 24 Absatz 1 Satz 1 Nummer 1 und
2. in einem Umlegungsgebiet, wenn das Grundstück für Zwecke der Umlegung (§ 45) benötigt wird.

§ 27a
Ausübung des Vorkaufsrechts zugunsten Dritter

(1) Die Gemeinde kann

1. ihr Vorkaufsrecht zugunsten eines Dritten ausüben, wenn der Dritte zu der mit der Ausübung des Vorkaufsrechts bezweckten Verwendung des Grundstücks

innerhalb angemessener Frist in der Lage ist und sich hierzu verpflichtet, oder

2. das ihr nach § 24 Absatz 1 Satz 1 Nummer 1 zustehende Vorkaufsrecht zugunsten eines öffentlichen Bedarfs- oder Erschließungsträgers sowie das ihr nach § 24 Absatz 1 Satz 1 Nummer 3 zustehende Vorkaufsrecht zugunsten eines Sanierungs- oder Entwicklungsträgers ausüben, wenn der Träger einverstanden ist. In den Fällen der Nummer 1 hat die Gemeinde bei der Ausübung des Vorkaufsrechts zugunsten eines Dritten die Frist, in der das Grundstück für den vorgesehenen Zweck zu verwenden ist, zu bezeichnen.

(2) Mit der Ausübung des Vorkaufsrechts kommt der Kaufvertrag zwischen dem Begünstigten und dem Verkäufer zustande. Die Gemeinde haftet für die Verpflichtung aus dem Kaufvertrag neben dem Begünstigten als Gesamtschuldnerin.

(3) Für den von dem Begünstigten zu zahlenden Betrag und das Verfahren gilt § 28 Absatz 2 bis 4 entsprechend. Kommt der Begünstigte seiner Verpflichtung nach Absatz 1 Satz 1 Nummer 1 nicht nach, soll die Gemeinde in entsprechender Anwendung des § 102 die Übertragung des Grundstücks zu ihren Gunsten oder zugunsten eines Übernahmewilligen verlangen, der zur Verwirklichung des Verwendungszwecks innerhalb angemessener Frist in der Lage ist und sich hierzu verpflichtet. Für die Entschädigung und das Verfahren gelten die Vorschriften des Fünften Teils über die Rückenteignung entsprechend. Die Haftung der Gemeinde nach § 28 Absatz 3 Satz 7 bleibt unberührt.

§ 28
Verfahren und Entschädigung

(1) Der Verkäufer hat der Gemeinde den Inhalt des Kaufvertrags unverzüglich mitzuteilen; die Mitteilung des Verkäufers wird durch die Mitteilung des Käufers ersetzt. Das Grundbuchamt darf bei Kaufverträgen den Käufer als Eigentümer in das Grundbuch nur eintragen, wenn ihm die Nichtausübung oder das Nichtbestehen des Vorkaufsrechts nachgewiesen ist. Besteht ein Vorkaufsrecht nicht oder wird es nicht ausgeübt, hat die Gemeinde auf Antrag eines Beteiligten darüber unverzüglich ein Zeugnis auszustellen. Das Zeugnis gilt als Verzicht auf die Ausübung des Vorkaufsrechts.

(2) Das Vorkaufsrecht kann nur binnen drei Monaten nach Mitteilung des Kaufvertrags durch Verwaltungsakt gegenüber dem Verkäufer ausgeübt werden. Die §§ 463, 464 Absatz 2, §§ 465 bis 468 und 471 des Bürgerlichen Gesetzbuchs sind anzuwenden. Nach Mitteilung des Kaufvertrags ist auf Ersuchen der Gemeinde zur Sicherung ihres Anspruchs auf Übereignung des Grundstücks eine Vormerkung in das Grundbuch einzutragen; die Gemeinde trägt die Kosten der Eintragung der Vormerkung und ihrer Löschung. Das Vorkaufsrecht ist nicht übertragbar. Bei einem Eigentumserwerb auf Grund der Ausübung des Vorkaufsrechts erlöschen rechtsgeschäftliche Vorkaufsrechte. Wird die Gemeinde nach Ausübung des Vorkaufsrechts im Grundbuch als Eigentümerin eingetragen, kann sie das Grundbuchamt ersuchen, eine zur Sicherung des Übereignungsanspruchs des Käufers im Grundbuch eingetragene Vormerkung zu löschen; sie darf das Ersuchen nur stellen, wenn die Ausübung des Vorkaufsrechts für den Käufer unanfechtbar ist.

(3) Abweichend von Absatz 2 Satz 2 kann die Gemeinde den zu zahlenden Betrag nach dem Verkehrswert des Grundstücks (§ 194) im Zeitpunkt des Kaufes bestimmen, wenn der vereinbarte Kaufpreis den Verkehrswertüberschreitet. In diesem Falle ist der Verkäufer berechtigt, bis zum Ablauf eines Monats nach Unanfechtbarkeit des Verwaltungsakts über die Ausübung des Vorkaufsrechts vom Vertrag zurückzutreten. Auf das Rücktrittsrecht sind die §§ 346 bis 349 und 351 des Bürgerlichen Gesetzbuchs entsprechend anzuwenden. Tritt der Verkäufer vom Vertrag zurück,

trägt die Gemeinde die Kosten des Vertrags auf der Grundlage des Verkehrswerts. Tritt der Verkäufer vom Vertrag nicht zurück, erlischt nach Ablauf der Rücktrittsfrist nach Satz 2 die Pflicht des Verkäufers aus dem Kaufvertrag, der Gemeinde das Eigentum an dem Grundstück zu übertragen. In diesem Falle geht das Eigentum an dem Grundstück auf die Gemeinde über, wenn auf Ersuchen der Gemeinde der Übergang des Eigentums in das Grundbuch eingetragen ist. Führt die Gemeinde das Grundstück nicht innerhalb einer angemessenen Frist dem mit der Ausübung des Vorkaufsrechts verfolgten Zweck zu, hat sie dem Verkäufer einen Betrag in Höhe des Unterschieds zwischen dem vereinbarten Kaufpreis und dem Verkehrswert zu zahlen. § 44 Absatz 3 Satz 2 und 3, § 43 Absatz 2 Satz 1 sowie die §§ 121 und 122 sind entsprechend anzuwenden.

(4) In den Fällen des § 24 Absatz 1 Satz 1 Nummer 1 bestimmt die Gemeinde den zu zahlenden Betrag nach den Vorschriften des Zweiten Abschnitts des Fünften Teils, wenn der Erwerb des Grundstücks für die Durchführung des Bebauungsplans erforderlich ist und es nach dem festgesetzten Verwendungszweck enteignet werden könnte. Mit der Unanfechtbarkeit des Bescheids über die Ausübung des Vorkaufsrechts erlischt die Pflicht des Verkäufers aus dem Kaufvertrag, der Gemeinde das Eigentum an dem Grundstück zu übertragen. In diesem Falle geht das Eigentum an dem Grundstück auf die Gemeinde über, wenn auf Ersuchen der Gemeinde der Übergang des Eigentums in das Grundbuch eingetragen ist.

(5) Die Gemeinde kann für das Gemeindegebiet oder für sämtliche Grundstücke einer Gemarkung auf die Ausübung der ihr nach diesem Abschnitt zustehenden Rechte verzichten. Sie kann den Verzicht jederzeit für zukünftig abzuschließende Kaufverträge widerrufen. Der Verzicht und sein Widerruf sind ortsüblich bekannt zu machen. Die Gemeinde teilt dem Grundbuchamt den Wortlaut ihrer Erklärung mit. Hat die Gemeinde auf die Ausübung ihrer Rechte verzichtet, bedarf es eines Zeugnisses nach Absatz 1 Satz 3 nicht, soweit nicht ein Widerruf erklärt ist.

(6) Hat die Gemeinde das Vorkaufsrecht ausgeübt und sind einem Dritten dadurch Vermögensnachteile entstanden, hat sie dafür Entschädigung zu leisten, soweit dem Dritten ein vertragliches Recht zum Erwerb des Grundstücks zustand, bevor ein gesetzliches Vorkaufsrecht der Gemeinde auf Grund dieses Gesetzbuchs oder solcher landesrechtlicher Vorschriften, die durch § 186 des Bundesbaugesetzes aufgehoben worden sind, begründet worden ist. Die Vorschriften über die Entschädigung im Zweiten Abschnitt des Fünften Teils sind entsprechend anzuwenden. Kommt eine Einigung über die Entschädigung nicht zustande, entscheidet die höhere Verwaltungsbehörde.

§ 29
Begriff des Vorhabens; Geltung von Rechtsvorschriften

(1) Für Vorhaben, die die Errichtung, Änderung oder Nutzungsänderung von baulichen Anlagen zum Inhalt haben, und für Aufschüttungen und Abgrabungen größeren Umfangs sowie für Ausschachtungen, Ablagerungen einschließlich Lagerstätten gelten die §§ 30 bis 37.

(2) Die Vorschriften des Bauordnungsrechts und andere öffentlich-rechtliche Vorschriften bleiben unberührt.

§ 30
Zulässigkeit von Vorhaben im Geltungsbereich eines Bebauungsplans

(1) Im Geltungsbereich eines Bebauungsplans, der allein oder gemeinsam mit sonstigen baurechtlichen Vorschriften mindestens Festsetzungen über die Art und das Maß der baulichen Nutzung, die überbaubaren Grundstücksflächen und die örtlichen Verkehrsflächen enthält, ist ein Vorhaben zulässig, wenn es diesen Festsetzungen nicht widerspricht und die Erschließung gesichert ist.

(2) Im Geltungsbereich eines vorhabenbezogenen Bebauungsplans nach § 12 ist ein Vorhaben zulässig, wenn es dem Bebauungsplan nicht widerspricht und die Erschließung gesichert ist.
(3) Im Geltungsbereich eines Bebauungsplans, der die Voraussetzungen des Absatzes 1 nicht erfüllt (einfacher Bebauungsplan), richtet sich die Zulässigkeit von Vorhaben im Übrigen nach § 34 oder § 35.

§ 31
Ausnahmen und Befreiungen

(1) Von den Festsetzungen des Bebauungsplans können solche Ausnahmen zugelassen werden, die in dem Bebauungsplan nach Art und Umfang ausdrücklich vorgesehen sind.
(2) Von den Festsetzungen des Bebauungsplans kann befreit werden, wenn die Grundzüge der Planung nicht berührt werden und

1. Gründe des Wohls der Allgemeinheit, einschließlich der Wohnbedürfnisse der Bevölkerung, des Bedarfs zur Unterbringung von Flüchtlingen oder Asylbegehrenden, des Bedarfs an Anlagen für soziale Zwecke und des Bedarfs an einem zügigen Ausbau der erneuerbaren Energien, die Befreiung erfordern oder
2. die Abweichung städtebaulich vertretbar ist oder
3. die Durchführung des Bebauungsplans zu einer offenbar nicht beabsichtigten Härte führen würde

und wenn die Abweichung auch unter Würdigung nachbarlicher Interessen mit den öffentlichen Belangen vereinbar ist.
(3) In einem Gebiet mit einem angespannten Wohnungsmarkt, das nach § 201a bestimmt ist, kann mit Zustimmung der Gemeinde im Einzelfall von den Festsetzungen des Bebauungsplans zugunsten des Wohnungsbaus befreit werden, wenn die Befreiung auch unter Würdigung nachbarlicher Interessen mit den öffentlichen Belangen vereinbar ist. Von Satz 1 kann nur bis zum Ende der Geltungsdauer der Rechtsverordnung nach § 201a Gebrauch gemacht werden. Die Befristung in Satz 2 bezieht sich nicht auf die Geltungsdauer einer Genehmigung, sondern auf den Zeitraum, bis zu dessen Ende im bauaufsichtlichen Verfahren von der Vorschrift Gebrauch gemacht werden kann. Für die Zustimmung der Gemeinde nach Satz 1 gilt § 36 Absatz 2 Satz 2 entsprechend.

§ 32
Nutzungsbeschränkungen auf künftigen Gemeinbedarfs-, Verkehrs-, Versorgungs- und Grünflächen

Sind überbaute Flächen in dem Bebauungsplan als Baugrundstücke für den Gemeinbedarf oder als Verkehrs-, Versorgungs- oder Grünflächen festgesetzt, dürfen auf ihnen Vorhaben, die eine wertsteigernde Änderung baulicher Anlagen zur Folge haben, nur zugelassen und für sie Befreiungen von den Festsetzungen des Bebauungsplans nur erteilt werden, wenn der Bedarfs- oder Erschließungsträger zustimmt oder der Eigentümer für sich und seine Rechtsnachfolger auf Ersatz der Werterhöhung für den Fall schriftlich verzichtet, dass der Bebauungsplan durchgeführt wird. Dies gilt auch für die dem Bebauungsplan nicht widersprechenden Teile einer baulichen Anlage, wenn sie für sich allein nicht wirtschaftlich verwertbar sind oder wenn bei der Enteignung die Übernahme der restlichen überbauten Flächen verlangt werden kann.

§ 33
Zulässigkeit von Vorhaben während der Planaufstellung

(1) In Gebieten, für die ein Beschluss über die Aufstellung eines Bebauungsplans gefasst ist, ist ein Vorhaben zulässig, wenn

1. die Öffentlichkeits- und Behördenbeteiligung nach § 3 Absatz 2, § 4 Absatz 2 und § 4a Absatz 2 bis 4 durchgeführt worden ist,
2. anzunehmen ist, dass das Vorhaben den künftigen Festsetzungen des Bebauungsplans nicht entgegensteht,

3. der Antragsteller diese Festsetzungen für sich und seine Rechtsnachfolger schriftlich anerkennt und
4. die Erschließung gesichert ist.

(2) In Fällen des § 4a Absatz 3 Satz 1 kann vor der erneuten Öffentlichkeits- und Behördenbeteiligung ein Vorhaben zugelassen werden, wenn sich die vorgenommene Änderung oder Ergänzung des Bebauungsplanentwurfs nicht auf das Vorhaben auswirkt und die in Absatz 1 Nummer 2 bis 4 bezeichneten Voraussetzungen erfüllt sind.

(3) Wird ein Verfahren nach § 13 oder § 13a durchgeführt, kann ein Vorhaben vor Durchführung der Öffentlichkeits- und Behördenbeteiligung zugelassen werden, wenn die in Absatz 1 Nummer 2 bis 4 bezeichneten Voraussetzungen erfüllt sind. Der betroffenen Öffentlichkeit und den berührten Behörden und sonstigen Trägern öffentlicher Belange ist vor Erteilung der Genehmigung Gelegenheit zur Stellungnahme innerhalb angemessener Frist zu geben, soweit sie dazu nicht bereits zuvor Gelegenheit hatten.

§ 34
Zulässigkeit von Vorhaben innerhalb der im Zusammenhang bebauten Ortsteile

(1) Innerhalb der im Zusammenhang bebauten Ortsteile ist ein Vorhaben zulässig, wenn es sich nach Art und Maß der baulichen Nutzung, der Bauweise und der Grundstücksfläche, die überbaut werden soll, in die Eigenart der näheren Umgebung einfügt und die Erschließung gesichert ist. Die Anforderungen an gesunde Wohn- und Arbeitsverhältnisse müssen gewahrt bleiben; das Ortsbild darf nicht beeinträchtigt werden.

(2) Entspricht die Eigenart der näheren Umgebung einem der Baugebiete, die in der auf Grund des § 9a erlassenen Verordnung bezeichnet sind, beurteilt sich die Zulässigkeit des Vorhabens nach seiner Art allein danach, ob es nach der Verordnung in dem Baugebiet allgemein zulässig wäre; auf die nach der Verordnung ausnahmsweise zulässigen Vorhaben ist § 31 Absatz 1, im Übrigen ist § 31 Absatz 2 entsprechend anzuwenden.

(3) Von Vorhaben nach Absatz 1 oder 2 dürfen keine schädlichen Auswirkungen auf zentrale Versorgungsbereiche in der Gemeinde oder in anderen Gemeinden zu erwarten sein.

(3a) Vom Erfordernis des Einfügens in die Eigenart der näheren Umgebung nach Absatz 1 Satz 1 kann im Einzelfall abgewichen werden, wenn die Abweichung

1. einem der nachfolgend genannten Vorhaben dient:
   a) der Erweiterung, Änderung, Nutzungsänderung oder Erneuerung eines zulässigerweise errichteten Gewerbe- oder Handwerksbetriebs,
   b) der Erweiterung, Änderung oder Erneuerung eines zulässigerweise errichteten, Wohnzwecken dienenden Gebäudes oder
   c) der Nutzungsänderung einer zulässigerweise errichteten baulichen Anlage zu Wohnzwecken, einschließlich einer erforderlichen Änderung oder Erneuerung,
2. städtebaulich vertretbar ist und
3. auch unter Würdigung nachbarlicher Interessen mit den öffentlichen Belangen vereinbar ist.

Satz 1 findet keine Anwendung auf Einzelhandelsbetriebe, die die verbrauchernahe Versorgung der Bevölkerung beeinträchtigen oder schädliche Auswirkungen auf zentrale Versorgungsbereiche in der Gemeinde oder in anderen Gemeinden haben können. In den Fällen des Satzes 1 Nummer 1 Buchstabe b und c kann darüber hinaus vom Erfordernis des Einfügens im Einzelfall im Sinne des Satzes 1 in mehreren vergleichbaren Fällen abgewichen werden, wenn die übrigen Voraussetzungen des Satzes 1 vorliegen und die Aufstellung eines Bebauungsplans nicht erforderlich ist.

(4) Die Gemeinde kann durch Satzung

1. die Grenzen für im Zusammenhang bebaute Ortsteile festlegen,
2. bebaute Bereiche im Außenbereich als

im Zusammenhang bebaute Ortsteile festlegen, wenn die Flächen im Flächennutzungsplan als Baufläche dargestellt sind,
3. einzelne Außenbereichsflächen in die im Zusammenhang bebauten Ortsteile einbeziehen, wenn die einbezogenen Flächen durch die bauliche Nutzung des angrenzenden Bereichs entsprechend geprägt sind.

Die Satzungen können miteinander verbunden werden.

(5) Voraussetzung für die Aufstellung von Satzungen nach Absatz 4 Satz 1 Nummer 2 und 3 ist, dass
1. sie mit einer geordneten städtebaulichen Entwicklung vereinbar sind,
2. die Zulässigkeit von Vorhaben, die einer Pflicht zur Durchführung einer Umweltverträglichkeitsprüfung nach Anlage 1 zum Gesetz über die Umweltverträglichkeitsprüfung oder nach Landesrecht unterliegen, nicht begründet wird und
3. keine Anhaltspunkte für eine Beeinträchtigung der in § 1 Absatz 6 Nummer 7 Buchstabe b genannten Schutzgüter oder dafür bestehen, dass bei der Planung Pflichten zur Vermeidung oder Begrenzung der Auswirkungen von schweren Unfällen nach § 50 Satz 1 des Bundes-Immissionsschutzgesetzes zu beachten sind.

In den Satzungen nach Absatz 4 Satz 1 Nummer 2 und 3 können einzelne Festsetzungen nach § 9 Absatz 1 und 3 Satz 1 sowie Absatz 4 getroffen werden. 3 § 9 Absatz 6 und § 31 sind entsprechend anzuwenden. Auf die Satzung nach Absatz 4 Satz 1 Nummer 3 sind ergänzend § 1a Absatz 2 und 3 und § 9 Absatz 1a entsprechend anzuwenden; ihr ist eine Begründung mit den Angaben entsprechend § 2a Satz 2 Nummer 1 beizufügen.

(6) Bei der Aufstellung der Satzungen nach Absatz 4 Satz 1 Nummer 2 und 3 sind die Vorschriften über die Öffentlichkeits- und Behördenbeteiligung nach § 13 Absatz 2 Satz 1 Nummer 2 und 3 sowie Satz 2 entsprechend anzuwenden. Auf die Satzungen nach Absatz 4 Satz 1 Nummer 1 bis 3 ist § 10 Absatz 3 entsprechend anzuwenden.

§ 35

Bauen im Außenbereich

(1) Im Außenbereich ist ein Vorhaben nur zulässig, wenn öffentliche Belange nicht entgegenstehen, die ausreichende Erschließung gesichert ist und wenn es
1. einem land- oder forstwirtschaftlichen Betrieb dient und nur einen untergeordneten Teil der Betriebsfläche einnimmt,
2. einem Betrieb der gartenbaulichen Erzeugung dient,
3. der öffentlichen Versorgung mit Elektrizität, Gas, Telekommunikationsdienstleistungen, Wärme und Wasser, der Abwasserwirtschaft oder einem ortsgebundenen gewerblichen Betrieb dient,
4. wegen seiner besonderen Anforderungen an die Umgebung, wegen seiner nachteiligen Wirkung auf die Umgebung oder wegen seiner besonderen Zweckbestimmung nur im Außenbereich ausgeführt werden soll, es sei denn, es handelt sich um die Errichtung, Änderung oder Erweiterung einer baulichen Anlage zur Tierhaltung, die dem Anwendungsbereich der Nummer 1 nicht unterfällt und die einer Pflicht zur Durchführung einer standortbezogenen oder allgemeinen Vorprüfung oder einer Umweltverträglichkeitsprüfung nach dem Gesetz über die Umweltverträglichkeitsprüfung unterliegt, wobei bei kumulierenden Vorhaben für die Annahme eines engen Zusammenhangs diejenigen Tierhaltungsanlagen zu berücksichtigen sind, die auf demselben Betriebs- oder Baugelände liegen und mit gemeinsamen betrieblichen oder baulichen Einrichtungen verbunden sind,
5. der Erforschung, Entwicklung oder Nutzung der Windenergie nach Maßgabe des

§ 249 oder der Erforschung, Entwicklung oder Nutzung der Wasserenergie dient,
6. der energetischen Nutzung von Biomasse im Rahmen eines Betriebs nach Nummer 1 oder 2 oder eines Betriebs nach Nummer 4, der Tierhaltung betreibt, sowie dem Anschluss solcher Anlagen an das öffentliche Versorgungsnetz dient, unter folgenden Voraussetzungen:
   a) das Vorhaben steht in einem räumlich-funktionalen Zusammenhang mit dem Betrieb,
   b) die Biomasse stammt überwiegend aus dem Betrieb oder überwiegend aus diesem und aus nahe gelegenen Betrieben nach den Nummern 1, 2 oder 4, soweit letzterer Tierhaltung betreibt,
   c) es wird je Hofstelle oder Betriebsstandort nur eine Anlage betrieben und
   d) die Kapazität einer Anlage zur Erzeugung von Biogas überschreitet nicht 2,3 Millionen Normkubikmeter Biogas pro Jahr, die Feuerungswärmeleistung anderer Anlagen überschreitet nicht 2,0 Megawatt,
7. der Erforschung, Entwicklung oder Nutzung der Kernenergie zu friedlichen Zwecken oder der Entsorgung radioaktiver Abfälle dient, mit Ausnahme der Neuerrichtung von Anlagen zur Spaltung von Kernbrennstoffen zur gewerblichen Erzeugung von Elektrizität,
8. der Nutzung solarer Strahlungsenergie dient
   a) in, an und auf Dach- und Außenwandflächen von zulässigerweise genutzten Gebäuden, wenn die Anlage dem Gebäude baulich untergeordnet ist, oder
   b) auf einer Fläche längs von
      aa) Autobahnen oder
      bb) Schienenwegen des übergeordneten Netzes im Sinne des § 2b des Allgemeinen Eisenbahngesetzes mit mindestens zwei Hauptgleisen

      und in einer Entfernung zu diesen von bis zu 200 Metern, gemessen vom äußeren Rand der Fahrbahn, oder
9. der Nutzung solarer Strahlungsenergie durch besondere Solaranlagen im Sinne des § 48 Absatz 1 Satz 1 Nummer 5 Buchstabe a, b oder c des Erneuerbare-Energien-Gesetzes dient, unter folgenden Voraussetzungen:
   a) das Vorhaben steht in einem räumlich-funktionalen Zusammenhang mit einem Betrieb nach Nummer 1 oder 2,
   b) die Grundfläche der besonderen Solaranlage überschreitet nicht 25 000 Quadratmeter und
   c) es wird je Hofstelle oder Betriebsstandort nur eine Anlage betrieben.

(2) Sonstige Vorhaben können im Einzelfall zugelassen werden, wenn ihre Ausführung oder Benutzung öffentliche Belange nicht beeinträchtigt und die Erschließung gesichert ist.

(3) Eine Beeinträchtigung öffentlicher Belange liegt insbesondere vor, wenn das Vorhaben
1. den Darstellungen des Flächennutzungsplans widerspricht,
2. den Darstellungen eines Landschaftsplans oder sonstigen Plans, insbesondere des Wasser-, Abfall- oder Immissionsschutzrechts, widerspricht,
3. schädliche Umwelteinwirkungen hervorrufen kann oder ihnen ausgesetzt wird,
4. unwirtschaftliche Aufwendungen für Straßen oder andere Verkehrseinrichtungen, für Anlagen der Versorgung oder Entsorgung, für die Sicherheit oder Gesundheit oder für sonstige Aufgaben erfordert,
5. Belange des Naturschutzes und der Landschaftspflege, des Bodenschutzes,

des Denkmalschutzes oder die natürliche Eigenart der Landschaft und ihren Erholungswert beeinträchtigt oder das Orts- und Landschaftsbild verunstaltet,
6. Maßnahmen zur Verbesserung der Agrarstruktur beeinträchtigt, die Wasserwirtschaft oder den Hochwasserschutz gefährdet,
7. die Entstehung, Verfestigung oder Erweiterung einer Splittersiedlung befürchten lässt oder
8. die Funktionsfähigkeit von Funkstellen und Radaranlagen stört.

Raumbedeutsame Vorhaben dürfen den Zielen der Raumordnung nicht widersprechen; öffentliche Belange stehen raumbedeutsamen Vorhaben nach Absatz 1 nicht entgegen, soweit die Belange bei der Darstellung dieser Vorhaben als Ziele der Raumordnung abgewogen worden sind. Öffentliche Belange stehen einem Vorhaben nach Absatz 1 Nummer 2 bis 6 in der Regel auch dann entgegen, soweit hierfür durch Darstellungen im Flächennutzungsplan oder als Ziele der Raumordnung eine Ausweisung an anderer Stelle erfolgt ist.

(4) Den nachfolgend bezeichneten sonstigen Vorhaben im Sinne des Absatzes 2 kann nicht entgegengehalten werden, dass sie Darstellungen des Flächennutzungsplans oder eines Landschaftsplans widersprechen, die natürliche Eigenart der Landschaft beeinträchtigen oder die Entstehung, Verfestigung oder Erweiterung einer Splittersiedlung befürchten lassen, soweit sie im Übrigen außenbereichsverträglich im Sinne des Absatzes 3 sind:

1. die Änderung der bisherigen Nutzung eines Gebäudes, das unter den Voraussetzungen des Absatzes 1 Nummer 1 errichtet wurde, unter folgenden Voraussetzungen:
   a) das Vorhaben dient einer zweckmäßigen Verwendung erhaltenswerter Bausubstanz,
   b) die äußere Gestalt des Gebäudes bleibt im Wesentlichen gewahrt,
   c) die Aufgabe der bisherigen Nutzung liegt nicht länger als sieben Jahre zurück,
   d) das Gebäude ist vor mehr als sieben Jahren zulässigerweise errichtet worden,
   e) das Gebäude steht im räumlich-funktionalen Zusammenhang mit der Hofstelle des land- oder forstwirtschaftlichen Betriebs,
   f) im Falle der Änderung zu Wohnzwecken entstehen neben den bisher nach Absatz 1 Nummer 1 zulässigen Wohnungen höchstens fünf Wohnungen je Hofstelle und
   g) es wird eine Verpflichtung übernommen, keine Neubebauung als Ersatz für die aufgegebene Nutzung vorzunehmen, es sei denn, die Neubebauung wird im Interesse der Entwicklung des Betriebs im Sinne des Absatzes 1 Nummer 1 erforderlich,
2. die Neuerrichtung eines gleichartigen Wohngebäudes an gleicher Stelle unter folgenden Voraussetzungen:
   a) das vorhandene Gebäude ist zulässigerweise errichtet worden,
   b) das vorhandene Gebäude weist Missstände oder Mängel auf,
   c) das vorhandene Gebäude wurde oder wird seit längerer Zeit vom Eigentümer selbst genutzt und
   d) Tatsachen rechtfertigen die Annahme, dass das neu errichtete Gebäude für den Eigenbedarf des bisherigen Eigentümers oder seiner Familie genutzt wird; hat der Eigentümer das vorhandene Gebäude im Wege der Erbfolge von einem Voreigentümer erworben, der es seit längerer Zeit selbst genutzt hat, reicht es aus, wenn Tatsachen die Annahme rechtfertigen, dass das neu errichtete

Gebäude für den Eigenbedarf des Eigentümers oder seiner Familie genutzt wird,

3. die alsbaldige Neuerrichtung eines zulässigerweise errichteten, durch Brand, Naturereignisse oder andere außergewöhnliche Ereignisse zerstörten, gleichartigen Gebäudes an gleicher Stelle,
4. die Änderung oder Nutzungsänderung von erhaltenswerten, das Bild der Kulturlandschaft prägenden Gebäuden, auch wenn sie aufgegeben sind, wenn das Vorhaben einer zweckmäßigen Verwendung der Gebäude und der Erhaltung des Gestaltwerts dient,
5. die Erweiterung eines Wohngebäudes auf bis zu höchstens zwei Wohnungen unter folgenden Voraussetzungen:
   a) das Gebäude ist zulässigerweise errichtet worden,
   b) die Erweiterung ist im Verhältnis zum vorhandenen Gebäude und unter Berücksichtigung der Wohnbedürfnisse angemessen und
   c) bei der Errichtung einer weiteren Wohnung rechtfertigen Tatsachen die Annahme, dass das Gebäude vom bisherigen Eigentümer oder seiner Familie selbst genutzt wird,
6. die bauliche Erweiterung eines zulässigerweise errichteten gewerblichen Betriebs, wenn die Erweiterung im Verhältnis zum vorhandenen Gebäude und Betrieb angemessen ist.

In begründeten Einzelfällen gilt die Rechtsfolge des Satzes 1 auch für die Neuerrichtung eines Gebäudes im Sinne des Absatzes 1 Nummer 1, dem eine andere Nutzung zugewiesen werden soll, wenn das ursprüngliche Gebäude vom äußeren Erscheinungsbild auch zur Wahrung der Kulturlandschaft erhaltenswert ist, keine stärkere Belastung des Außenbereichs zu erwarten ist als in Fällen des Satzes 1 und die Neuerrichtung auch mit nachbarlichen Interessen vereinbar ist; Satz 1 Nummer 1 Buchstabe b bis g gilt entsprechend. In den Fällen des Satzes 1 Nummer 2 und 3 sowie des Satzes 2 sind geringfügige Erweiterungen des neuen Gebäudes gegenüber dem beseitigten oder zerstörten Gebäude sowie geringfügige Abweichungen vom bisherigen Standort des Gebäudes zulässig.

(5) Die nach den Absätzen 1 bis 4 zulässigen Vorhaben sind in einer flächensparenden, die Bodenversiegelung auf das notwendige Maß begrenzenden und den Außenbereich schonenden Weise auszuführen. Für Vorhaben nach Absatz 1 Nummer 2 bis 6, 8 Buchstabe b und Nummer 9 ist als weitere Zulässigkeitsvoraussetzung eine Verpflichtungserklärung abzugeben, das Vorhaben nach dauerhafter Aufgabe der zulässigen Nutzung zurückzubauen und Bodenversiegelungen zu beseitigen; bei einer nach Absatz 1 Nummer 2 bis 6, 8 Buchstabe b und Nummer 9 zulässigen Nutzungsänderung ist die Rückbauverpflichtung zu übernehmen, bei einer nach Absatz 1 Nummer 1 oder Absatz 2 zulässigen Nutzungsänderung entfällt sie. Die Baugenehmigungsbehörde soll durch nach Landesrecht vorgesehene Baulast oder in anderer Weise die Einhaltung der Verpflichtung nach Satz 2 sowie nach Absatz 4 Satz 1 Nummer 1 Buchstabe g sicherstellen. Im Übrigen soll sie in den Fällen des Absatzes 4 Satz 1 sicherstellen, dass die bauliche oder sonstige Anlage nach Durchführung des Vorhabens nur in der vorgesehenen Art genutzt wird.

(6) Die Gemeinde kann für bebaute Bereiche im Außenbereich, die nicht überwiegend landwirtschaftlich geprägt sind und in denen eine Wohnbebauung von einigem Gewicht vorhanden ist, durch Satzung bestimmen, dass Wohnzwecken dienenden Vorhaben im Sinne des Absatzes 2 nicht entgegengehalten werden kann, dass sie einer Darstellung im Flächennutzungsplan über Flächen für die Landwirtschaft oder Wald widersprechen oder die Entstehung oder Verfestigung einer Splittersiedlung befürchten lassen. Die Satzung kann auch auf Vorhaben erstreckt werden, die kleineren Handwerks- und Gewer-

bebetrieben dienen. In der Satzung können nähere Bestimmungen über die Zulässigkeit getroffen werden. Voraussetzung für die Aufstellung der Satzung ist, dass

1. sie mit einer geordneten städtebaulichen Entwicklung vereinbar ist,
2. die Zulässigkeit von Vorhaben, die einer Pflicht zur Durchführung einer Umweltverträglichkeitsprüfung nach Anlage 1 zum Gesetz über die Umweltverträglichkeitsprüfung oder nach Landesrecht unterliegen, nicht begründet wird und
3. keine Anhaltspunkte für eine Beeinträchtigung der in § 1 Absatz 6 Nummer 7 Buchstabe b genannten Schutzgüter oder dafür bestehen, dass bei der Planung Pflichten zur Vermeidung oder Begrenzung der Auswirkungen von schweren Unfällen nach § 50 Satz 1 des Bundes-Immissionsschutzgesetzes zu beachten sind.

Bei Aufstellung der Satzung sind die Vorschriften über die Öffentlichkeits- und Behördenbeteiligung nach § 13 Absatz 2 Satz 1 Nummer 2 und 3 sowie Satz 2 entsprechend anzuwenden. § 10 Absatz 3 ist entsprechend anzuwenden. Von der Satzung bleibt die Anwendung des Absatzes 4 unberührt.

§ 36

Beteiligung der Gemeinde und der höheren Verwaltungsbehörde

(1) Über die Zulässigkeit von Vorhaben nach den §§ 31, 33 bis 35 wird im bauaufsichtlichen Verfahren von der Baugenehmigungsbehörde im Einvernehmen mit der Gemeinde entschieden. Das Einvernehmen der Gemeinde ist auch erforderlich, wenn in einem anderen Verfahren über die Zulässigkeit nach den in Satz 1 bezeichneten Vorschriften entschieden wird; dies gilt nicht für Vorhaben der in § 29 Absatz 1 bezeichneten Art, die der Bergaufsicht unterliegen. Richtet sich die Zulässigkeit von Vorhaben nach § 30 Absatz 1, stellen die Länder sicher, dass die Gemeinde rechtzeitig vor Ausführung des Vorhabens über Maßnahmen zur Sicherung der Bauleitplanung nach den §§ 14 und 15 entscheiden kann. In den Fällen des § 35 Absatz 2 und 4 kann die Landesregierung durch Rechtsverordnung allgemein oder für bestimmte Fälle festlegen, dass die Zustimmung der höheren Verwaltungsbehörde erforderlich ist.

(2) Das Einvernehmen der Gemeinde und die Zustimmung der höheren Verwaltungsbehörde dürfen nur aus den sich aus den §§ 31, 33, 34 und 35 ergebenden Gründen versagt werden. Das Einvernehmen der Gemeinde und die Zustimmung der höheren Verwaltungsbehörde gelten als erteilt, wenn sie nicht binnen zwei Monaten nach Eingang des Ersuchens der Genehmigungsbehörde verweigert werden; dem Ersuchen gegenüber der Gemeinde steht die Einreichung des Antrags bei der Gemeinde gleich, wenn sie nach Landesrecht vorgeschrieben ist. Die nach Landesrecht zuständige Behörde kann ein rechtswidrig versagtes Einvernehmen der Gemeinde ersetzen.

§ 37

Bauliche Maßnahmen des Bundes und der Länder

(1) Macht die besondere öffentliche Zweckbestimmung für bauliche Anlagen des Bundes oder eines Landes erforderlich, von den Vorschriften dieses Gesetzbuchs oder den auf Grund dieses Gesetzbuchs erlassenen Vorschriften abzuweichen oder ist das Einvernehmen mit der Gemeinde nach § 14 oder § 36 nicht erreicht worden, entscheidet die höhere Verwaltungsbehörde.

(2) Handelt es sich dabei um Vorhaben, die der Landesverteidigung, dienstlichen Zwecken der Bundespolizei oder dem zivilen Bevölkerungsschutz dienen, ist nur die Zustimmung der höheren Verwaltungsbehörde erforderlich. Vor Erteilung der Zustimmung hat diese die Gemeinde zu hören. Versagt die höhere Verwaltungsbehörde ihre Zustimmung oder widerspricht die Gemeinde dem beabsichtigten Bauvorhaben, entscheidet das zuständige Bundesministerium im Ein-

vernehmen mit den beteiligten Bundesministerien und im Benehmen mit der zuständigen Obersten Landesbehörde.

(3) Entstehen der Gemeinde infolge der Durchführung von Maßnahmen nach den Absätzen 1 und 2 Aufwendungen für Entschädigungen nach diesem Gesetzbuch, sind sie ihr vom Träger der Maßnahmen zu ersetzen. Muss infolge dieser Maßnahmen ein Bebauungsplan aufgestellt, geändert, ergänzt oder aufgehoben werden, sind ihr auch die dadurch entstandenen Kosten zu ersetzen.

(4) Sollen bauliche Anlagen auf Grundstücken errichtet werden, die nach dem Landbeschaffungsgesetz beschafft werden, sind in dem Verfahren nach § 1 Absatz 2 des Landbeschaffungsgesetzes alle von der Gemeinde oder der höheren Verwaltungsbehörde nach den Absätzen 1 und 2 zulässigen Einwendungen abschließend zu erörtern. Eines Verfahrens nach Absatz 2 bedarf es in diesem Falle nicht.

§ 38
Bauliche Maßnahmen von überörtlicher Bedeutung auf Grund von Planfeststellungsverfahren; öffentlich zugängliche Abfallbeseitigungsanlagen

Auf Planfeststellungsverfahren und sonstige Verfahren mit den Rechtswirkungen der Planfeststellung für Vorhaben von überörtlicher Bedeutung sowie auf die auf Grund des Bundes-Immissionsschutzgesetzes für die Errichtung und den Betrieb öffentlich zugänglicher Abfallbeseitigungsanlagen geltenden Verfahren sind die §§ 29 bis 37 nicht anzuwenden, wenn die Gemeinde beteiligt wird; städtebauliche Belange sind zu berücksichtigen. Eine Bindung nach § 7 bleibt unberührt. § 37 Absatz 3 ist anzuwenden.

(...) §39 – 122 nicht abgedruckt

Sechster Teil
Erschließung

Erster Abschnitt
Allgemeine Vorschriften

§ 123
Erschließungslast

(1) Die Erschließung ist Aufgabe der Gemeinde, soweit sie nicht nach anderen gesetzlichen Vorschriften oder öffentlich-rechtlichen Verpflichtungen einem anderen obliegt.

(2) Die Erschließungsanlagen sollen entsprechend den Erfordernissen der Bebauung und des Verkehrs kostengünstig hergestellt werden und spätestens bis zur Fertigstellung der anzuschließenden baulichen Anlagen benutzbar sein.

(3) Ein Rechtsanspruch auf Erschließung besteht nicht.

(4) Die Unterhaltung der Erschließungsanlagen richtet sich nach landesrechtlichen Vorschriften.

§ 124
Erschließungspflicht nach abgelehntem Vertragsangebot

Hat die Gemeinde einen Bebauungsplan im Sinne des § 30 Absatz 1 erlassen und lehnt sie das zumutbare Angebot zum Abschluss eines städtebaulichen Vertrags über die Erschließung ab, ist sie verpflichtet, die Erschließung selbst durchzuführen.

§ 125
Bindung an den Bebauungsplan

(1) Die Herstellung der Erschließungsanlagen im Sinne des § 127 Absatz 2 setzt einen Bebauungsplan voraus.

(2) Liegt ein Bebauungsplan nicht vor, so dürfen diese Anlagen nur hergestellt werden, wenn sie den in § 1 Absatz 4 bis 7 bezeichneten Anforderungen entsprechen.

(3) Die Rechtmäßigkeit der Herstellung von Erschließungsanlagen wird durch Abweichungen von den Festsetzungen des Bebau-

ungsplans nicht berührt, wenn die Abweichungen mit den Grundzügen der Planung vereinbar sind und

1. die Erschließungsanlagen hinter den Festsetzungen zurückbleiben oder
2. die Erschließungsbeitragspflichtigen nicht mehr als bei einer plangemäßen Herstellung belastet werden und die Abweichungen die Nutzung der betroffenen Grundstücke nicht wesentlich beeinträchtigen.

§ 126
Pflichten des Eigentümers

(1) Der Eigentümer hat das Anbringen von

1. Haltevorrichtungen und Leitungen für Beleuchtungskörper der Straßenbeleuchtung einschließlich der Beleuchtungskörper und des Zubehörs sowie
2. Kennzeichen und Hinweisschildern für Erschließungsanlagen

auf seinem Grundstück zu dulden. Er ist vorher zu benachrichtigen.

(2) Der Erschließungsträger hat Schäden, die dem Eigentümer durch das Anbringen oder das Entfernen der in Absatz 1 bezeichneten Gegenstände entstehen, zu beseitigen; er kann stattdessen eine angemessene Entschädigung in Geld leisten. Kommt eine Einigung über die Entschädigung nicht zustande, so entscheidet die höhere Verwaltungsbehörde; vor der Entscheidung sind die Beteiligten zu hören.

(3) Der Eigentümer hat sein Grundstück mit der von der Gemeinde festgesetzten Nummer zu versehen. Im Übrigen gelten die landesrechtlichen Vorschriften.

§ 127
Erhebung des Erschließungsbeitrags

(1) Die Gemeinden erheben zur Deckung ihres anderweitig nicht gedeckten Aufwands für Erschließungsanlagen einen Erschließungsbeitrag nach Maßgabe der folgenden Vorschriften.

(2) Erschließungsanlagen im Sinne dieses Abschnitts sind

1. die öffentlichen zum Anbau bestimmten Straßen, Wege und Plätze;
2. die öffentlichen aus rechtlichen oder tatsächlichen Gründen mit Kraftfahrzeugen nicht befahrbaren Verkehrsanlagen innerhalb der Baugebiete (z. B. Fußwege, Wohnwege);
3. Sammelstraßen innerhalb der Baugebiete; Sammelstraßen sind öffentliche Straßen, Wege und Plätze, die selbst nicht zum Anbau bestimmt, aber zur Erschließung der Baugebiete notwendig sind;
4. Parkflächen und Grünanlagen mit Ausnahme von Kinderspielplätzen, soweit sie Bestandteil der in den Nummern 1 bis 3 genannten Verkehrsanlagen oder nach städtebaulichen Grundsätzen innerhalb der Baugebiete zu deren Erschließung notwendig sind;
5. Anlagen zum Schutz von Baugebieten gegen schädliche Umwelteinwirkungen im Sinne des Bundes-Immissionsschutzgesetzes, auch wenn sie nicht Bestandteil der Erschließungsanlagen sind.

(3) Der Erschließungsbeitrag kann für den Grunderwerb, die Freilegung und für Teile der Erschließungsanlagen selbständig erhoben werden (Kostenspaltung).

(4) Das Recht, Abgaben für Anlagen zu erheben, die nicht Erschließungsanlagen im Sinne dieses Abschnitts sind, bleibt unberührt. Dies gilt insbesondere für Anlagen zur Ableitung von Abwasser sowie zur Versorgung mit Elektrizität, Gas, Wärme und Wasser.

§ 128
Umfang des Erschließungsaufwands

(1) Der Erschließungsaufwand nach § 127 umfasst die Kosten für

1. den Erwerb und die Freilegung der Flächen für die Erschließungsanlagen;

2. ihre erstmalige Herstellung einschließlich der Einrichtungen für ihre Entwässerung und ihre Beleuchtung;
3. die Übernahme von Anlagen als gemeindliche Erschließungsanlagen.

Der Erschließungsaufwand umfasst auch den Wert der von der Gemeinde aus ihrem Vermögen bereitgestellten Flächen im Zeitpunkt der Bereitstellung. Zu den Kosten für den Erwerb der Flächen für Erschließungsanlagen gehört im Falle einer erschließungsbeitragspflichtigen Zuteilung im Sinne des § 57 Satz 4 und des § 58 Absatz 1 Satz 1 auch der Wert nach § 68 Absatz 1 Nummer 4.

(2) Soweit die Gemeinden nach Landesrecht berechtigt sind, Beiträge zu den Kosten für Erweiterungen oder Verbesserungen von Erschließungsanlagen zu erheben, bleibt dieses Recht unberührt. Die Länder können bestimmen, dass die Kosten für die Beleuchtung der Erschließungsanlagen in den Erschließungsaufwand nicht einzubeziehen sind.

(3) Der Erschließungsaufwand umfasst nicht die Kosten für

1. Brücken, Tunnels und Unterführungen mit den dazugehörigen Rampen;
2. die Fahrbahnen der Ortsdurchfahrten von Bundesstraßen sowie von Landstraßen I. und II. Ordnung, soweit die Fahrbahnen dieser Straßen keine größere Breite als ihre anschließenden freien Strecken erfordern.

§ 129
Beitragsfähiger Erschließungsaufwand

(1) Zur Deckung des anderweitig nicht gedeckten Erschließungsaufwands können Beiträge nur insoweit erhoben werden, als die Erschließungsanlagen erforderlich sind, um die Bauflächen und die gewerblich zu nutzenden Flächen entsprechend den baurechtlichen Vorschriften zu nutzen (beitragsfähiger Erschließungsaufwand). Soweit Anlagen nach § 127 Absatz 2 von dem Eigentümer hergestellt sind oder von ihm auf Grund baurechtlicher Vorschriften verlangt werden, dürfen Beiträge nicht erhoben werden. Die Gemeinden tragen mindestens 10 vom Hundert des beitragsfähigen Erschließungsaufwands.

(2) Kosten, die ein Eigentümer oder sein Rechtsvorgänger bereits für Erschließungsmaßnahmen aufgewandt hat, dürfen bei der Übernahme als gemeindliche Erschließungsanlagen nicht erneut erhoben werden.

§ 130
Art der Ermittlung des beitragsfähigen Erschließungsaufwands

(1) Der beitragsfähige Erschließungsaufwand kann nach den tatsächlich entstandenen Kosten oder nach Einheitssätzen ermittelt werden. Die Einheitssätze sind nach den in der Gemeinde üblicherweise durchschnittlich aufzuwendenden Kosten vergleichbarer Erschließungsanlagen festzusetzen.

(2) Der beitragsfähige Erschließungsaufwand kann für die einzelne Erschließungsanlage oder für bestimmte Abschnitte einer Erschließungsanlage ermittelt werden. Abschnitte einer Erschließungsanlage können nach örtlich erkennbaren Merkmalen oder nach rechtlichen Gesichtspunkten (z. B. Grenzen von Bebauungsplangebieten, Umlegungsgebieten, förmlich festgelegten Sanierungsgebieten) gebildet werden. Für mehrere Anlagen, die für die Erschließung der Grundstücke eine Einheit bilden, kann der Erschließungsaufwand insgesamt ermittelt werden.

§ 131
Maßstäbe für die Verteilung des Erschließungsaufwands

(1) Der ermittelte beitragsfähige Erschließungsaufwand für eine Erschließungsanlage ist auf die durch die Anlage erschlossenen Grundstücke zu verteilen. Mehrfach erschlossene Grundstücke sind bei gemeinsamer Aufwandsermittlung in einer Erschließungseinheit (§ 130 Absatz 2 Satz 3) bei der Verteilung des Erschließungsaufwands nur einmal zu berücksichtigen.

(2) Verteilungsmaßstäbe sind
1. die Art und das Maß der baulichen oder sonstigen Nutzung;
2. die Grundstücksflächen;
3. die Grundstücksbreite an der Erschließungsanlage.

Die Verteilungsmaßstäbe können miteinander verbunden werden.

(3) In Gebieten, die nach dem Inkrafttreten des Bundesbaugesetzes erschlossen werden, sind, wenn eine unterschiedliche bauliche oder sonstige Nutzung zulässig ist, die Maßstäbe nach Absatz 2 in der Weise anzuwenden, dass der Verschiedenheit dieser Nutzung nach Art und Maß entsprochen wird.

§ 132
Regelung durch Satzung

Die Gemeinden regeln durch Satzung
1. die Art und den Umfang der Erschließungsanlagen im Sinne des § 129,
2. die Art der Ermittlung und der Verteilung des Aufwands sowie die Höhe des Einheitssatzes,
3. die Kostenspaltung (§ 127 Absatz 3) und
4. die Merkmale der endgültigen Herstellung einer Erschließungsanlage.

§ 133
Gegenstand und Entstehung der Beitragspflicht

(1) Der Beitragspflicht unterliegen Grundstücke, für die eine bauliche oder gewerbliche Nutzung festgesetzt ist, sobald sie bebaut oder gewerblich genutzt werden dürfen. Erschlossene Grundstücke, für die eine bauliche oder gewerbliche Nutzung nicht festgesetzt ist, unterliegen der Beitragspflicht, wenn sie nach der Verkehrsauffassung Bauland sind und nach der geordneten baulichen Entwicklung der Gemeinde zur Bebauung anstehen. Die Gemeinde gibt bekannt, welche Grundstücke nach Satz 2 der Beitragspflicht unterliegen; die Bekanntmachung hat keine rechtsbegründende Wirkung.

(2) Die Beitragspflicht entsteht mit der endgültigen Herstellung der Erschließungsanlagen, für Teilbeträge, sobald die Maßnahmen, deren Aufwand durch die Teilbeträge gedeckt werden soll, abgeschlossen sind. Im Falle des § 128 Absatz 1 Satz 1 Nummer 3 entsteht die Beitragspflicht mit der Übernahme durch die Gemeinde.

(3) Für ein Grundstück, für das eine Beitragspflicht noch nicht oder nicht in vollem Umfang entstanden ist, können Vorausleistungen auf den Erschließungsbeitrag bis zur Höhe des voraussichtlichen endgültigen Erschließungsbeitrags verlangt werden, wenn ein Bauvorhaben auf dem Grundstück genehmigt wird oder wenn mit der Herstellung der Erschließungsanlagen begonnen worden ist und die endgültige Herstellung der Erschließungsanlagen innerhalb von vier Jahren zu erwarten ist. Die Vorausleistung ist mit der endgültigen Beitragsschuld zu verrechnen, auch wenn der Vorausleistende nicht beitragspflichtig ist. Ist die Beitragspflicht sechs Jahre nach Erlass des Vorausleistungsbescheids noch nicht entstanden, kann die Vorausleistung zurückverlangt werden, wenn die Erschließungsanlage bis zu diesem Zeitpunkt noch nicht benutzbar ist. Der Rückzahlungsanspruch ist ab Erhebung der Vorausleistung mit 2 vom Hundert über dem Basiszinssatz nach § 247 des Bürgerlichen Gesetzbuchs jährlich zu verzinsen. Die Gemeinde kann Bestimmungen über die Ablösung des Erschließungsbeitrags im Ganzen vor Entstehung der Beitragspflicht treffen.

§ 134
Beitragspflichtiger

(1) Beitragspflichtig ist derjenige, der im Zeitpunkt der Bekanntgabe des Beitragsbescheids Eigentümer des Grundstücks ist. Ist das Grundstück mit einem Erbbaurecht belastet, so ist der Erbbauberechtigte anstelle des Eigentümers beitragspflichtig. Ist das Grundstück mit einem dinglichen Nutzungsrecht nach Artikel 233 § 4 des Einführungs-

gesetzes zum Bürgerlichen Gesetzbuche belastet, so ist der Inhaber dieses Rechts anstelle des Eigentümers beitragspflichtig. Mehrere Beitragspflichtige haften als Gesamtschuldner; bei Wohnungs- und Teileigentum sind die einzelnen Wohnungs- und Teileigentümer nur entsprechend ihrem Miteigentumsanteil beitragspflichtig.
(2) Der Beitrag ruht als öffentliche Last auf dem Grundstück, im Falle des Absatzes 1 Satz 2 auf dem Erbbaurecht, im Falle des Absatzes 1 Satz 3 auf dem dinglichen Nutzungsrecht, im Falle des Absatzes 1 Satz 4 auf dem Wohnungs- oder dem Teileigentum.

§ 135
Fälligkeit und Zahlung des Beitrags

(1) Der Beitrag wird einen Monat nach der Bekanntgabe des Beitragsbescheids fällig.
(2) Die Gemeinde kann zur Vermeidung unbilliger Härten im Einzelfall, insbesondere soweit dies zur Durchführung eines genehmigten Bauvorhabens erforderlich ist, zulassen, dass der Erschließungsbeitrag in Raten oder in Form einer Rente gezahlt wird. Ist die Finanzierung eines Bauvorhabens gesichert, so soll die Zahlungsweise der Auszahlung der Finanzierungsmittel angepasst, jedoch nicht über zwei Jahre hinaus erstreckt werden.
(3) Lässt die Gemeinde nach Absatz 2 eine Verrentung zu, so ist der Erschließungsbeitrag durch Bescheid in eine Schuld umzuwandeln, die in höchstens zehn Jahresleistungen zu entrichten ist. In dem Bescheid sind Höhe und Zeitpunkt der Fälligkeit der Jahresleistungen zu bestimmen. Der jeweilige Restbetrag ist mit höchstens 2 vom Hundert über dem Basiszinssatz nach § 247 des Bürgerlichen Gesetzbuchs jährlich zu verzinsen. Die Jahresleistungen stehen wiederkehrenden Leistungen im Sinne des § 10 Absatz 1 Nummer 3 des Zwangsversteigerungsgesetzes gleich.
(4) Werden Grundstücke landwirtschaftlich oder als Wald genutzt, ist der Beitrag so lange zinslos zu stunden, wie das Grundstück zur Erhaltung der Wirtschaftlichkeit des landwirtschaftlichen Betriebs genutzt werden muss. Satz 1 gilt auch für die Fälle der Nutzungsüberlassung und Betriebsübergabe an Familienangehörige im Sinne des § 15 der Abgabenordnung. Der Beitrag ist auch zinslos zu stunden, solange Grundstücke als Kleingärten im Sinne des Bundeskleingartengesetzes genutzt werden.
(5) Im Einzelfall kann die Gemeinde auch von der Erhebung des Erschließungsbeitrags ganz oder teilweise absehen, wenn dies im öffentlichen Interesse oder zur Vermeidung unbilliger Härten geboten ist. Die Freistellung kann auch für den Fall vorgesehen werden, dass die Beitragspflicht noch nicht entstanden ist.
(6) Weitergehende landesrechtliche Billigkeitsregelungen bleiben unberührt.

§ 135a
Pflichten des Vorhabenträgers; Durchführung durch die Gemeinde; Kostenerstattung

(1) Festgesetzte Maßnahmen zum Ausgleich im Sinne des § 1a Absatz 3 sind vom Vorhabenträger durchzuführen.
(2) Soweit Maßnahmen zum Ausgleich an anderer Stelle den Grundstücken nach § 9 Absatz 1a zugeordnet sind, soll die Gemeinde diese anstelle und auf Kosten der Vorhabenträger oder der Eigentümer der Grundstücke durchführen und auch die hierfür erforderlichen Flächen bereitstellen, sofern dies nicht auf andere Weise gesichert ist. Die Maßnahmen zum Ausgleich können bereits vor den Baumaßnahmen und der Zuordnung durchgeführt werden.
(3) Die Kosten können geltend gemacht werden, sobald die Grundstücke, auf denen Eingriffe zu erwarten sind, baulich oder gewerblich genutzt werden dürfen. Die Gemeinde erhebt zur Deckung ihres Aufwands für Maßnahmen zum Ausgleich einschließlich der Bereitstellung hierfür erforderlicher Flächen einen Kostenerstattungsbetrag. Die Erstat-

tungspflicht entsteht mit der Herstellung der Maßnahmen zum Ausgleich durch die Gemeinde. Der Betrag ruht als öffentliche Last auf dem Grundstück.

(4) Die landesrechtlichen Vorschriften über kommunale Beiträge einschließlich der Billigkeitsregelungen sind entsprechend anzuwenden.

§ 135b

Verteilungsmaßstäbe für die Abrechnung

Soweit die Gemeinde Maßnahmen zum Ausgleich nach § 135a Absatz 2 durchführt, sind die Kosten auf die zugeordneten Grundstücke zu verteilen. Verteilungsmaßstäbe sind

1. die überbaubare Grundstücksfläche,
2. die zulässige Grundfläche,
3. die zu erwartende Versiegelung oder
4. die Schwere der zu erwartenden Eingriffe.

Die Verteilungsmaßstäbe können miteinander verbunden werden.

§ 135c

Satzungsrecht

Die Gemeinde kann durch Satzung regeln

1. Grundsätze für die Ausgestaltung von Maßnahmen zum Ausgleich entsprechend den Festsetzungen eines Bebauungsplans,
2. den Umfang der Kostenerstattung nach § 135a; dabei ist § 128 Absatz 1 Satz 1 Nummer 1 und 2 und Satz 2 entsprechend anzuwenden,
3. die Art der Kostenermittlung und die Höhe des Einheitssatzes entsprechend § 130,
4. die Verteilung der Kosten nach § 135b einschließlich einer Pauschalierung der Schwere der zu erwartenden Eingriffe nach Biotop- und Nutzungstypen,
5. die Voraussetzungen für die Anforderung von Vorauszahlungen,
6. die Fälligkeit des Kostenerstattungsbetrags.

(...) 136 – 171f nicht abgedruckt

Sechster Teil
Erhaltungssatzung und städtebauliche Gebote

Erster Abschnitt
Erhaltungssatzung

§ 172

Erhaltung baulicher Anlagen und der Eigenart von Gebieten (Erhaltungssatzung)

(1) Die Gemeinde kann in einem Bebauungsplan oder durch eine sonstige Satzung Gebiete bezeichnen, in denen

1. zur Erhaltung der städtebaulichen Eigenart des Gebiets auf Grund seiner städtebaulichen Gestalt (Absatz 3),
2. zur Erhaltung der Zusammensetzung der Wohnbevölkerung (Absatz 4) oder
3. bei städtebaulichen Umstrukturierungen (Absatz 5)

der Rückbau, die Änderung oder die Nutzungsänderung baulicher Anlagen der Genehmigung bedürfen. In den Fällen des Satzes 1 Nummer 1 bedarf auch die Errichtung baulicher Anlagen der Genehmigung. Auf die Satzung ist § 16 Absatz 2 entsprechend anzuwenden. Die Landesregierungen werden ermächtigt, für die Grundstücke in Gebieten einer Satzung nach Satz 1 Nummer 2 durch Rechtsverordnung mit einer Geltungsdauer von höchstens fünf Jahren zu bestimmen, dass die Begründung von Wohnungseigentum oder Teileigentum (§ 1 des Wohnungseigentumsgesetzes) an Gebäuden, die ganz oder teilweise Wohnzwecken zu dienen bestimmt sind, nicht ohne Genehmigung erfolgen darf. Ein solches Verbot gilt als Verbot im Sinne des § 135 des Bürgerlichen Gesetzbuchs. In den Fällen des Satzes 4 ist § 22 Absatz 2 Satz 3 und 4, Absatz 6 und 8 entsprechend anzuwenden.

(2) Ist der Beschluss über die Aufstellung einer Erhaltungssatzung gefasst und ortsüblich bekannt gemacht, ist § 15 Absatz 1 auf

die Durchführung eines Vorhabens im Sinne des Absatzes 1 entsprechend anzuwenden.
(3) In den Fällen des Absatzes 1 Satz 1 Nummer 1 darf die Genehmigung nur versagt werden, wenn die bauliche Anlage allein oder im Zusammenhang mit anderen baulichen Anlagen das Ortsbild, die Stadtgestalt oder das Landschaftsbild prägt oder sonst von städtebaulicher, insbesondere geschichtlicher oder künstlerischer Bedeutung ist. Die Genehmigung zur Errichtung der baulichen Anlage darf nur versagt werden, wenn die städtebauliche Gestalt des Gebiets durch die beabsichtigte bauliche Anlage beeinträchtigt wird.
(4) In den Fällen des Absatzes 1 Satz 1 Nummer 2 und Satz 4 darf die Genehmigung nur versagt werden, wenn die Zusammensetzung der Wohnbevölkerung aus besonderen städtebaulichen Gründen erhalten werden soll. Sie ist zu erteilen, wenn auch unter Berücksichtigung des Allgemeinwohls die Erhaltung der baulichen Anlage oder ein Absehen von der Begründung von Wohnungseigentum oder Teileigentum wirtschaftlich nicht mehr zumutbar ist. Die Genehmigung ist ferner zu erteilen, wenn

1. die Änderung einer baulichen Anlage der Herstellung des zeitgemäßen Ausstattungszustands einer durchschnittlichen Wohnung unter Berücksichtigung der bauordnungsrechtlichen Mindestanforderungen dient,
1a. die Änderung einer baulichen Anlage der Anpassung an die baulichen oder anlagentechnischen Mindestanforderungen des Gebäudeenergiegesetzes oder der Energieeinsparverordnung vom 24. Juli 2007 (BGBl. I S. 1519), die zuletzt durch Artikel 257 der Verordnung vom 19. Juni 2020 (BGBl. I S. 1328) geändert worden ist, wenn diese nach § 111 Absatz 1 des Gebäudeenergiegesetzes weiter anzuwenden ist, dient,
2. das Grundstück zu einem Nachlass gehört und Wohnungseigentum oder Teileigentum zugunsten von Miterben oder Vermächtnisnehmern begründet werden soll,
3. das Wohnungseigentum oder Teileigentum zur eigenen Nutzung an Familienangehörige des Eigentümers veräußert werden soll,
4. ohne die Genehmigung Ansprüche Dritter auf Übertragung von Wohnungseigentum oder Teileigentum nicht erfüllt werden können, zu deren Sicherung vor dem Wirksamwerden des Genehmigungsvorbehalts eine Vormerkung im Grundbuch eingetragen ist,
5. das Gebäude im Zeitpunkt der Antragstellung zur Begründung von Wohnungseigentum oder Teileigentum nicht zu Wohnzwecken genutzt wird oder
6. sich der Eigentümer verpflichtet, innerhalb von sieben Jahren ab der Begründung von Wohnungseigentum Wohnungen nur an die Mieter zu veräußern; eine Frist nach § 577a Absatz 2 Satz 1 des Bürgerlichen Gesetzbuchs verkürzt sich um fünf Jahre; die Frist nach § 577a Absatz 1 des Bürgerlichen Gesetzbuchs entfällt.

In den Fällen des Satzes 3 Nummer 6 kann in der Genehmigung bestimmt werden, dass auch die Veräußerung von Wohnungseigentum an dem Gebäude während der Dauer der Verpflichtung der Genehmigung der Gemeinde bedarf. Diese Genehmigungspflicht kann auf Ersuchen der Gemeinde in das Wohnungsgrundbuch eingetragen werden; sie erlischt nach Ablauf der Verpflichtung.
(5) In den Fällen des Absatzes 1 Satz 1 Nummer 3 darf die Genehmigung nur versagt werden, um einen den sozialen Belangen Rechnung tragenden Ablauf auf der Grundlage eines Sozialplans (§ 180) zu sichern. Ist ein Sozialplan nicht aufgestellt worden, hat ihn die Gemeinde in entsprechender Anwendung des § 180 aufzustellen. Absatz 4 Satz 2 ist entsprechend anzuwenden.

§ 173
Genehmigung, Übernahmeanspruch

(1) Die Genehmigung wird durch die Gemeinde erteilt; § 22 Absatz 5 Satz 2 bis 5 ist entsprechend anzuwenden. Ist eine baurechtliche Genehmigung oder an ihrer Stelle eine baurechtliche Zustimmung erforderlich, wird die Genehmigung durch die Baugenehmigungsbehörde im Einvernehmen mit der Gemeinde erteilt; im Baugenehmigungs- oder Zustimmungsverfahren wird über die in § 172 Absatz 3 bis 5 bezeichneten Belange entschieden.
(2) Wird in den Fällen des § 172 Absatz 3 die Genehmigung versagt, kann der Eigentümer von der Gemeinde unter den Voraussetzungen des § 40 Absatz 2 die Übernahme des Grundstücks verlangen. § 43 Absatz 1, 4 und 5 sowie § 44 Absatz 3 und 4 sind entsprechend anzuwenden.
(3) Vor der Entscheidung über den Genehmigungsantrag hat die Gemeinde mit dem Eigentümer oder sonstigen zur Unterhaltung Verpflichteten die für die Entscheidung erheblichen Tatsachen zu erörtern. In den Fällen des § 172 Absatz 4 und 5 hat sie auch Mieter, Pächter und sonstige Nutzungsberechtigte zu hören. In den Fällen des § 172 Absatz 4 Satz 3 Nummer 6 hat sie die nach Satz 2 anzuhörenden Personen über die Erteilung einer Genehmigung zu informieren.
(4) Die landesrechtlichen Vorschriften, insbesondere über den Schutz und die Erhaltung von Denkmälern, bleiben unberührt.

§ 174
Ausnahmen

(1) § 172 ist nicht auf Grundstücke anzuwenden, die den in § 26 Nummer 2 bezeichneten Zwecken dienen, und auf die in § 26 Nummer 3 bezeichneten Grundstücke.
(2) Befindet sich ein Grundstück der in Absatz 1 bezeichneten Art im Geltungsbereich einer Erhaltungssatzung, hat die Gemeinde den Bedarfsträger hiervon zu unterrichten. Beabsichtigt der Bedarfsträger ein Vorhaben im Sinne des § 172 Absatz 1, hat er dies der Gemeinde anzuzeigen. Der Bedarfsträger soll auf Verlangen der Gemeinde von dem Vorhaben absehen, wenn die Voraussetzungen vorliegen, die die Gemeinde berechtigen würden, die Genehmigung nach § 172 zu versagen, und wenn die Erhaltung oder das Absehen von der Errichtung der baulichen Anlage dem Bedarfsträger auch unter Berücksichtigung seiner Aufgaben zuzumuten ist.

§ 175
Allgemeines

(1) Beabsichtigt die Gemeinde, ein Baugebot (§ 176), ein Modernisierungs- oder Instandsetzungsgebot (§ 177), ein Pflanzgebot (§ 178) oder ein Rückbau- oder Entsiegelungsgebot (§ 179) zu erlassen, soll sie die Maßnahme vorher mit den Betroffenen erörtern. Die Gemeinde soll die Eigentümer, Mieter, Pächter und sonstigen Nutzungsberechtigten im Rahmen ihrer Möglichkeiten beraten, wie die Maßnahme durchgeführt werden kann und welche Finanzierungsmöglichkeiten aus öffentlichen Kassen bestehen.
(2) Die Anordnung von Maßnahmen nach den §§ 176 bis 179 setzt voraus, dass die alsbaldige Durchführung der Maßnahmen aus städtebaulichen Gründen erforderlich ist; bei Anordnung eines Baugebots nach § 176 kann dabei auch ein dringender Wohnbedarf der Bevölkerung berücksichtigt werden. Dies ist unter anderem insbesondere dann der Fall, wenn es sich um ein nach § 201a bestimmtes Gebiet mit einem angespannten Wohnungsmarkt handelt.
(3) Mieter, Pächter und sonstige Nutzungsberechtigte haben die Durchführung der Maßnahmen nach den §§ 176 bis 179 zu dulden.
(4) Die §§ 176 bis 179 sind nicht auf Grundstücke anzuwenden, die den in § 26 Nummer 2 bezeichneten Zwecken dienen, und auf die in § 26 Nummer 3 bezeichneten Grundstücke. Liegen für diese Grundstücke die Voraussetzungen für die Anordnung eines Gebots nach den §§ 176 bis 179 vor, soll auf Verlangen der Gemeinde der Bedarfsträger

die entsprechenden Maßnahmen durchführen oder ihre Durchführung dulden, soweit dadurch nicht die Erfüllung seiner Aufgaben beeinträchtigt wird.
(5) Die landesrechtlichen Vorschriften, insbesondere über den Schutz und die Erhaltung von Denkmälern, bleiben unberührt.

§ 176
Baugebot
(1) Im Geltungsbereich eines Bebauungsplans kann die Gemeinde den Eigentümer durch Bescheid verpflichten, innerhalb einer zu bestimmenden angemessenen Frist
1. sein Grundstück entsprechend den Festsetzungen des Bebauungsplans zu bebauen,
2. ein vorhandenes Gebäude oder eine vorhandene sonstige bauliche Anlage den Festsetzungen des Bebauungsplans anzupassen oder
3. sein Grundstück mit einer oder mehreren Wohneinheiten zu bebauen, wenn in dem Bebauungsplan Wohnnutzungen zugelassen sind und wenn es sich um ein nach § 201a bestimmtes Gebiet mit einem angespannten Wohnungsmarkt handelt. Dabei kann die Gemeinde auch ein den Festsetzungen des Bebauungsplans entsprechendes Maß der Nutzung anordnen.

Die Wirksamkeit eines nach Satz 1 Nummer 3 erlassenen Baugebots wird durch das Ende der Geltungsdauer der Rechtsverordnung nach § 201a nicht berührt.
(2) Das Baugebot kann außerhalb der in Absatz 1 bezeichneten Gebiete, aber innerhalb im Zusammenhang bebauter Ortsteile angeordnet werden, um unbebaute oder geringfügig bebaute Grundstücke entsprechend den baurechtlichen Vorschriften zu nutzen oder einer baulichen Nutzung zuzuführen, insbesondere zur Schließung von Baulücken.
(3) Die Gemeinde hat von dem Baugebot abzusehen, wenn die Durchführung des Vorhabens aus wirtschaftlichen Gründen einem Eigentümer nicht zuzumuten ist. Die Gemeinde hat weiter bis zum 23. Juni 2026 von dem Baugebot abzusehen, wenn ein Eigentümer im Falle des Absatzes 1 Satz 1 Nummer 3 glaubhaft macht, dass ihm die Durchführung des Vorhabens aus Gründen des Erhalts der Entscheidungsbefugnis über die Nutzung des Grundstücks für seinen Ehegatten oder eine in gerader Linie verwandte Person nicht zuzumuten ist. Die Regelung ist zu evaluieren.
(4) Der Eigentümer kann von der Gemeinde die Übernahme des Grundstücks verlangen, wenn er glaubhaft macht, dass ihm die Durchführung des Vorhabens aus wirtschaftlichen Gründen nicht zuzumuten ist. In diesem Fall kann die Gemeinde das Grundstück zugunsten einer kommunalen Wohnungsbaugesellschaft übernehmen, wenn diese innerhalb angemessener Frist in der Lage ist, das Baugebot zu erfüllen und sich hierzu verpflichtet. § 43 Absatz 1, 4 und 5 sowie § 44 Absatz 3 und 4 sind entsprechend anzuwenden.
(5) Ist die Durchführung eines Baugebots nur möglich, wenn zuvor eine bauliche Anlage oder Teile davon beseitigt werden, ist der Eigentümer mit dem Baugebot auch zur Beseitigung verpflichtet. § 179 Absatz 2 und 3 Satz 1, § 43 Absatz 2 und 5 sowie § 44 Absatz 3 und 4 sind entsprechend anzuwenden.
(6) Ist für ein Grundstück eine andere als bauliche Nutzung festgesetzt, sind die Absätze 1 und 3 bis 5 entsprechend anzuwenden.
(7) Mit dem Baugebot kann die Verpflichtung verbunden werden, innerhalb einer zu bestimmenden angemessenen Frist den für eine bauliche Nutzung des Grundstücks erforderlichen Antrag auf Erteilung einer bauaufsichtlichen Genehmigung zu stellen.
(8) Kommt der Eigentümer der Verpflichtung nach Absatz 7 auch nach Vollstreckungsmaßnahmen auf Grund landesrechtlicher Vorschriften nicht nach, kann das Enteignungsverfahren nach § 85 Absatz 1 Nummer 5 auch vor Ablauf der Frist nach Absatz 1 eingeleitet werden.

(9) In dem Enteignungsverfahren ist davon auszugehen, dass die Voraussetzungen des Baugebots vorliegen; die Vorschriften über die Zulässigkeit der Enteignung bleiben unberührt. Bei der Bemessung der Entschädigung bleiben Werterhöhungen unberücksichtigt, die nach Unanfechtbarkeit des Baugebots eingetreten sind, es sei denn, dass der Eigentümer die Werterhöhungen durch eigene Aufwendungen zulässigerweise bewirkt hat.

§ 176a
Städtebauliches Entwicklungskonzept zur Stärkung der Innenentwicklung

(1) Die Gemeinde kann ein städtebauliches Entwicklungskonzept beschließen, das Aussagen zum räumlichen Geltungsbereich, zu Zielen und zur Umsetzung von Maßnahmen enthält, die der Stärkung der Innenentwicklung dienen.
(2) Das städtebauliche Entwicklungskonzept nach Absatz 1 soll insbesondere der baulichen Nutzbarmachung auch von im Gemeindegebiet ohne Zusammenhang verteilt liegenden unbebauten oder brachliegenden Grundstücken dienen.
(3) Die Gemeinde kann ein städtebauliches Entwicklungskonzept nach Absatz 1 zum Bestandteil der Begründung eines Bebauungsplans machen.

§ 177
Modernisierungs- und Instandsetzungsgebot

(1) Weist eine bauliche Anlage nach ihrer inneren oder äußeren Beschaffenheit Missstände oder Mängel auf, deren Beseitigung oder Behebung durch Modernisierung oder Instandsetzung möglich ist, kann die Gemeinde die Beseitigung der Missstände durch ein Modernisierungsgebot und die Behebung der Mängel durch ein Instandsetzungsgebot anordnen. Zur Beseitigung der Missstände und zur Behebung der Mängel ist der Eigentümer der baulichen Anlage verpflichtet. In dem Bescheid, durch den die Modernisierung oder Instandsetzung angeordnet wird, sind die zu beseitigenden Missstände oder zu behebenden Mängel zu bezeichnen und eine angemessene Frist für die Durchführung der erforderlichen Maßnahmen zu bestimmen.
(2) Missstände liegen insbesondere vor, wenn die bauliche Anlage nicht den allgemeinen Anforderungen an gesunde Wohn- und Arbeitsverhältnisse entspricht.
(3) Mängel liegen insbesondere vor, wenn durch Abnutzung, Alterung, Witterungseinflüsse oder Einwirkungen Dritter

1. die bestimmungsgemäße Nutzung der baulichen Anlage nicht nur unerheblich beeinträchtigt wird,
2. die bauliche Anlage nach ihrer äußeren Beschaffenheit das Straßen- oder Ortsbild nicht nur unerheblich beeinträchtigt oder
3. die bauliche Anlage erneuerungsbedürftig ist und wegen ihrer städtebaulichen, insbesondere geschichtlichen oder künstlerischen Bedeutung erhalten bleiben soll.

Kann die Behebung der Mängel einer baulichen Anlage nach landesrechtlichen Vorschriften auch aus Gründen des Schutzes und der Erhaltung von Baudenkmälern verlangt werden, darf das Instandsetzungsgebot nur mit Zustimmung der zuständigen Landesbehörde erlassen werden. In dem Bescheid über den Erlass des Instandsetzungsgebots sind die auch aus Gründen des Denkmalschutzes gebotenen Instandsetzungsmaßnahmen besonders zu bezeichnen.
(4) Der Eigentümer hat die Kosten der von der Gemeinde angeordneten Maßnahmen insoweit zu tragen, als er sie durch eigene oder fremde Mittel decken und die sich daraus ergebenden Kapitalkosten sowie die zusätzlich entstehenden Bewirtschaftungskosten aus Erträgen der baulichen Anlage aufbringen kann. Sind dem Eigentümer Kosten entstanden, die er nicht zu tragen hat, hat die Gemeinde sie ihm zu erstatten, soweit nicht eine andere Stelle einen Zuschuss zu ihrer Deckung gewährt. Dies gilt nicht, wenn der Eigentümer

auf Grund anderer Rechtsvorschriften verpflichtet ist, die Kosten selbst zu tragen, oder wenn er Instandsetzungen unterlassen hat und nicht nachweisen kann, dass ihre Vornahme wirtschaftlich unvertretbar oder ihm nicht zuzumuten war. Die Gemeinde kann mit dem Eigentümer den Kostenerstattungsbetrag unter Verzicht auf eine Berechnung im Einzelfall als Pauschale in Höhe eines bestimmten Vomhundertsatzes der Modernisierungs- oder Instandsetzungskosten vereinbaren.
(5) Der vom Eigentümer zu tragende Kostenanteil wird nach der Durchführung der Modernisierungs- oder Instandsetzungsmaßnahmen unter Berücksichtigung der Erträge ermittelt, die für die modernisierte oder instand gesetzte bauliche Anlage bei ordentlicher Bewirtschaftung nachhaltig erzielt werden können; dabei sind die mit einem Bebauungsplan, einem Sozialplan, einer städtebaulichen Sanierungsmaßnahme oder einer sonstigen städtebaulichen Maßnahme verfolgten Ziele und Zwecke zu berücksichtigen.

§ 178
Pflanzgebot

Die Gemeinde kann den Eigentümer durch Bescheid verpflichten, sein Grundstück innerhalb einer zu bestimmenden angemessenen Frist entsprechend den nach § 9 Absatz 1 Nummer 25 getroffenen Festsetzungen des Bebauungsplans zu bepflanzen.

§ 179
Rückbau- und Entsiegelungsgebot

(1) Die Gemeinde kann den Eigentümer verpflichten zu dulden, dass eine bauliche Anlage ganz oder teilweise beseitigt wird, wenn sie
1. den Festsetzungen eines Bebauungsplans nicht entspricht und ihnen nicht angepasst werden kann oder
2. Missstände oder Mängel im Sinne des § 177 Absatz 2 und 3 Satz 1 aufweist, die auch durch eine Modernisierung oder Instandsetzung nicht behoben werden können.

Satz 1 Nummer 1 gilt entsprechend für die sonstige Wiedernutzbarmachung von dauerhaft nicht mehr genutzten Flächen, bei denen der durch Bebauung oder Versiegelung beeinträchtigte Boden in seiner Leistungsfähigkeit erhalten oder wiederhergestellt werden soll; die sonstige Wiedernutzbarmachung steht der Beseitigung nach Satz 1 gleich. Diejenigen, für die ein Recht an dem Grundstück oder an einem das Grundstück belastenden Recht im Grundbuch eingetragen oder durch Eintragung gesichert ist, das nicht zur Nutzung berechtigt, sollen von dem Bescheid benachrichtigt werden, wenn sie von der Beseitigung betroffen werden. Unberührt bleibt das Recht des Eigentümers, die Beseitigung selbst vorzunehmen.
(2) Der Bescheid darf bei Wohnraum nur vollzogen werden, wenn im Zeitpunkt der Beseitigung angemessener Ersatzwohnraum für die Bewohner unter zumutbaren Bedingungen zur Verfügung steht. Strebt der Inhaber von Raum, der überwiegend gewerblichen oder beruflichen Zwecken dient (Geschäftsraum), eine anderweitige Unterbringung an, soll der Bescheid nur vollzogen werden, wenn im Zeitpunkt der Beseitigung anderer geeigneter Geschäftsraum unter zumutbaren Bedingungen zur Verfügung steht.
(3) Entstehen dem Eigentümer, Mieter, Pächter oder sonstigen Nutzungsberechtigten durch die Beseitigung Vermögensnachteile, hat die Gemeinde angemessene Entschädigung in Geld zu leisten. Der Eigentümer kann anstelle der Entschädigung nach Satz 1 von der Gemeinde die Übernahme des Grundstücks verlangen, wenn es ihm mit Rücksicht auf das Rückbau- oder Entsiegelungsgebot wirtschaftlich nicht mehr zuzumuten ist, das Grundstück zu behalten. § 43 Absatz 1, 2, 4 und 5 sowie § 44 Absatz 3 und 4 sind entsprechend anzuwenden.
(4) Im Falle des Absatzes 1 Satz 1 Nummer 2 sind die Beseitigungskosten vom Eigentümer bis zur Höhe der ihm durch die Beseitigung entstehenden Vermögensvorteile zu tragen.

Der Kostenerstattungsbetrag kann durch Bescheid geltend gemacht werden, sobald die bauliche Anlage ganz oder teilweise beseitigt ist. Der Betrag ruht als öffentliche Last auf dem Grundstück.

BauNVO

Baunutzungs-verordnung

in der Fassung der Bekanntmachung vom 21. November 2017,
zuletzt geändert durch das Gesetz vom 3. Juli 2023 (BGBl. 2023 I Nr. 176).

Auszug

Verordnung über die bauliche Nutzung der Grundstücke (Baunutzungsverordnung – BauNVO)

in der Fassung der Bekanntmachung vom 21. November 2017, zuletzt geändert durch das Gesetz vom 3. Juli 2023 (BGBl. 2023 I Nr. 176).

INHALTSÜBERSICHT

§ 1

Allgemeine Vorschriften für Bauflächen und Baugebiete

(1) Im Flächennutzungsplan können die für die Bebauung vorgesehenen Flächen nach der allgemeinen Art ihrer baulichen Nutzung (Bauflächen) dargestellt werden als

1. Wohnbauflächen (W)
2. gemischte Bauflächen (M)
3. gewerbliche Bauflächen (G)
4. Sonderbauflächen (S)

(2) Die für die Bebauung vorgesehenen Flächen können nach der besonderen Art ihrer baulichen Nutzung (Baugebiete) dargestellt werden als

1. Kleinsiedlungsgebiete (WS)
2. reine Wohngebiete (WR)
3. allgemeine Wohngebiete (WA)
4. besondere Wohngebiete (WB)
5. Dorfgebiete (MD)
6. dörfliche Wohngebiete (MDW)
7. Mischgebiete (MI)
8. urbane Gebiete (MU)
9. Kerngebiete (MK)
10. Gewerbegebiete (GE)
11. Industriegebiete (GI)
12. Sondergebiete (SO)

(3) Im Bebauungsplan können die in Absatz 2 bezeichneten Baugebiete festgesetzt werden. Durch die Festsetzung werden die Vorschriften der §§ 2 bis 14 Bestandteil des Bebauungsplans, soweit nicht auf Grund der Absätze 4 bis 10 etwas anderes bestimmt wird. Bei Festsetzung von Sondergebieten finden die Vorschriften über besondere Festsetzungen nach den Absätzen 4 bis 10 keine Anwendung; besondere Festsetzungen über die Art der Nutzung können nach den §§ 10 und 11 getroffen werden.

(4) Für die in den §§ 4 bis 9 bezeichneten Baugebiete können im Bebauungsplan für das jeweilige Baugebiet Festsetzungen getroffen werden, die das Baugebiet

1. nach der Art der zulässigen Nutzung,
2. nach der Art der Betriebe und Anlagen und deren besonderen Bedürfnissen und Eigenschaften

gliedern. Die Festsetzungen nach Satz 1 können auch für mehrere Gewerbegebiete einer Gemeinde im Verhältnis zueinander getroffen werden; dies gilt auch für Industriegebiete. Absatz 5 bleibt unberührt.

(5) Im Bebauungsplan kann festgesetzt werden, dass bestimmte Arten von Nutzungen, die nach den §§ 2 bis 9 sowie 13 und 13a allgemein zulässig sind, nicht zulässig sind oder nur ausnahmsweise zugelassen werden können, sofern die allgemeine Zweckbestimmung des Baugebiets gewahrt bleibt.

(6) Im Bebauungsplan kann festgesetzt werden, dass alle oder einzelne Ausnahmen, die in den Baugebieten nach den §§ 2 bis 9 vorgesehen sind,

1. nicht Bestandteil des Bebauungsplans werden oder
2. in dem Baugebiet allgemein zulässig sind, sofern die allgemeine Zweckbestimmung des Baugebiets gewahrt bleibt.

(7) In Bebauungsplänen für Baugebiete nach den §§ 4 bis 9 kann, wenn besondere städtebauliche Gründe dies rechtfertigen (§ 9 Absatz 3 des Baugesetzbuchs), festgesetzt werden, dass in bestimmten Geschossen, Ebenen oder sonstigen Teilen baulicher Anlagen

1. nur einzelne oder mehrere der in dem Baugebiet allgemein zulässigen Nutzungen zulässig sind,
2. einzelne oder mehrere der in dem Baugebiet allgemein zulässigen Nutzungen unzulässig sind oder als Ausnahme zugelassen werden können oder
3. alle oder einzelne Ausnahmen, die in den Baugebieten nach den §§ 4 bis 9 vorgesehen sind, nicht zulässig oder, sofern die allgemeine Zweckbestimmung des Baugebiets gewahrt bleibt, allgemein zulässig sind.

(8) Die Festsetzungen nach den Absätzen 4 bis 7 können sich auch auf Teile des Baugebiets beschränken.

(9) Wenn besondere städtebauliche Gründe dies rechtfertigen, kann im Bebauungsplan bei Anwendung der Absätze 5 bis 8 festgesetzt werden, dass nur bestimmte Arten der in den Baugebieten allgemein oder ausnahmsweise zulässigen baulichen oder sonstigen Anlagen zulässig oder nicht zulässig sind oder nur ausnahmsweise zugelassen werden können.
(10) Wären bei Festsetzung eines Baugebiets nach den §§ 2 bis 9 in überwiegend bebauten Gebieten bestimmte vorhandene bauliche und sonstige Anlagen unzulässig, kann im Bebauungsplan festgesetzt werden, dass Erweiterungen, Änderungen, Nutzungsänderungen und Erneuerungen dieser Anlagen allgemein zulässig sind oder ausnahmsweise zugelassen werden können. Im Bebauungsplan können nähere Bestimmungen über die Zulässigkeit getroffen werden. Die allgemeine Zweckbestimmung des Baugebiets muss in seinen übrigen Teilen gewahrt bleiben. Die Sätze 1 bis 3 gelten auch für die Änderung und Ergänzung von Bebauungsplänen.

§ 2
Kleinsiedlungsgebiete

(1) Kleinsiedlungsgebiete dienen vorwiegend der Unterbringung von Kleinsiedlungen einschließlich Wohngebäuden mit entsprechenden Nutzgärten und landwirtschaftlichen Nebenerwerbsstellen.
(2) Zulässig sind
1. Kleinsiedlungen einschließlich Wohngebäude mit entsprechenden Nutzgärten, landwirtschaftliche Nebenerwerbsstellen und Gartenbaubetriebe,
2. die der Versorgung des Gebiets dienenden Läden, Schank- und Speisewirtschaften sowie nicht störenden Handwerksbetriebe.

(3) Ausnahmsweise können zugelassen werden
1. sonstige Wohngebäude mit nicht mehr als zwei Wohnungen,
2. Anlagen für kirchliche, kulturelle, soziale, gesundheitliche und sportliche Zwecke,
3. Tankstellen,
4. nicht störende Gewerbebetriebe.

§ 3
Reine Wohngebiete

(1) Reine Wohngebiete dienen dem Wohnen.
(2) Zulässig sind
1. Wohngebäude,
2. Anlagen zur Kinderbetreuung, die den Bedürfnissen der Bewohner des Gebiets dienen.

(3) Ausnahmsweise können zugelassen werden
1. Läden und nicht störende Handwerksbetriebe, die zur Deckung des täglichen Bedarfs für die Bewohner des Gebiets dienen, sowie kleine Betriebe des Beherbergungsgewerbes,
2. sonstige Anlagen für soziale Zwecke sowie den Bedürfnissen der Bewohner des Gebiets dienende Anlagen für kirchliche, kulturelle, gesundheitliche und sportliche Zwecke.

(4) Zu den nach Absatz 2 sowie den §§ 2, 4 bis 7 zulässigen Wohngebäuden gehören auch solche, die ganz oder teilweise der Betreuung und Pflege ihrer Bewohner dienen.

§ 4
Allgemeine Wohngebiete

(1) Allgemeine Wohngebiete dienen vorwiegend dem Wohnen.
(2) Zulässig sind
1. Wohngebäude,
2. die der Versorgung des Gebiets dienenden Läden, Schank- und Speisewirtschaften sowie nicht störenden Handwerksbetriebe,
3. Anlagen für kirchliche, kulturelle, soziale, gesundheitliche und sportliche Zwecke.

(3) Ausnahmsweise können zugelassen werden
1. Betriebe des Beherbergungsgewerbes,
2. sonstige nicht störende Gewerbebetriebe,
3. Anlagen für Verwaltungen,
4. Gartenbaubetriebe,
5. Tankstellen.

§ 4a

Gebiete zur Erhaltung und Entwicklung der Wohnnutzung (besondere Wohngebiete)

(1) Besondere Wohngebiete sind überwiegend bebaute Gebiete, die aufgrund ausgeübter Wohnnutzung und vorhandener sonstiger in Absatz 2 genannter Anlagen eine besondere Eigenart aufweisen und in denen unter Berücksichtigung dieser Eigenart die Wohnnutzung erhalten und fortentwickelt werden soll. Besondere Wohngebiete dienen vorwiegend dem Wohnen; sie dienen auch der Unterbringung von Gewerbebetrieben und sonstigen Anlagen im Sinne der Absätze 2 und 3, soweit diese Betriebe und Anlagen nach der besonderen Eigenart des Gebiets mit der Wohnnutzung vereinbar sind.

(2) Zulässig sind

1. Wohngebäude,
2. Läden, Betriebe des Beherbergungsgewerbes, Schank- und Speisewirtschaften,
3. sonstige Gewerbebetriebe,
4. Geschäfts- und Bürogebäude,
5. Anlagen für kirchliche, kulturelle, soziale, gesundheitliche und sportliche Zwecke.

(3) Ausnahmsweise können zugelassen werden

1. Anlagen für zentrale Einrichtungen der Verwaltung,
2. Vergnügungsstätten, soweit sie nicht wegen ihrer Zweckbestimmung oder ihres Umfangs nur in Kerngebieten allgemein zulässig sind,
3. Tankstellen.

(4) Für besondere Wohngebiete oder Teile solcher Gebiete kann, wenn besondere städtebauliche Gründe dies rechtfertigen (§ 9 Absatz 3 des Baugesetzbuchs), festgesetzt werden, dass

1. oberhalb eines im Bebauungsplan bestimmten Geschosses nur Wohnungen zulässig sind oder
2. in Gebäuden ein im Bebauungsplan bestimmter Anteil der zulässigen Geschossfläche oder eine bestimmte Größe der Geschossfläche für Wohnungen zu verwenden ist.

§ 5

Dorfgebiete

(1) Dorfgebiete dienen der Unterbringung der Wirtschaftsstellen land- und forstwirtschaftlicher Betriebe, dem Wohnen und der Unterbringung von nicht wesentlich störenden Gewerbebetrieben sowie der Versorgung der Bewohner des Gebiets dienenden Handwerksbetrieben. Auf die Belange der land- und forstwirtschaftlichen Betriebe einschließlich ihrer Entwicklungsmöglichkeiten ist vorrangig Rücksicht zu nehmen.

(2) Zulässig sind

1. Wirtschaftsstellen land- und forstwirtschaftlicher Betriebe und die dazugehörigen Wohnungen und Wohngebäude,
2. Kleinsiedlungen einschließlich Wohngebäude mit entsprechenden Nutzgärten und landwirtschaftliche Nebenerwerbsstellen,
3. sonstige Wohngebäude,
4. Betriebe zur Be- und Verarbeitung und Sammlung land- und forstwirtschaftlicher Erzeugnisse,
5. Einzelhandelsbetriebe, Schank- und Speisewirtschaften sowie Betriebe des Beherbergungsgewerbes,
6. sonstige Gewerbebetriebe,
7. Anlagen für örtliche Verwaltungen sowie für kirchliche, kulturelle, soziale, gesundheitliche und sportliche Zwecke,
8. Gartenbaubetriebe,
9. Tankstellen.

(3) Ausnahmsweise können Vergnügungsstätten im Sinne des § 4a Absatz 3 Nummer 2 zugelassen werden.

§ 5a

Dörfliche Wohngebiete

(1) Dörfliche Wohngebiete dienen dem Wohnen sowie der Unterbringung von land- und forstwirtschaftlichen Nebenerwerbsstellen und nicht wesentlich störenden Gewerbebetrieben. Die Nutzungsmischung muss nicht gleichgewichtig sein.

(2) Zulässig sind
1. Wohngebäude,
2. Wirtschaftsstellen land- und forstwirtschaftlicher Nebenerwerbsbetriebe und die dazugehörigen Wohnungen und Wohngebäude,
3. Kleinsiedlungen einschließlich Wohngebäude mit entsprechenden Nutzgärten,
4. nicht gewerbliche Einrichtungen und Anlagen für die Tierhaltung,
5. die der Versorgung des Gebiets dienenden Läden sowie Schank- und Speisewirtschaften,
6. Betriebe des Beherbergungsgewerbes,
7. sonstige Gewerbebetriebe,
8. Anlagen für örtliche Verwaltungen sowie für kirchliche, kulturelle, soziale, gesundheitliche und sportliche Zwecke.

(3) Ausnahmsweise können zugelassen werden
1. Wirtschaftsstellen land- und forstwirtschaftlicher Betriebe und die dazugehörigen Wohnungen und Wohngebäude,
2. Gartenbaubetriebe,
3. Tankstellen.

§ 6
Mischgebiete

(1) Mischgebiete dienen dem Wohnen und der Unterbringung von Gewerbebetrieben, die das Wohnen nicht wesentlich stören.

(2) Zulässig sind
1. Wohngebäude,
2. Geschäfts- und Bürogebäude,
3. Einzelhandelsbetriebe, Schank- und Speisewirtschaften sowie Betriebe des Beherbergungsgewerbes,
4. sonstige Gewerbebetriebe,
5. Anlagen für Verwaltungen sowie für kirchliche, kulturelle, soziale, gesundheitliche und sportliche Zwecke,
6. Gartenbaubetriebe,
7. Tankstellen,
8. Vergnügungsstätten im Sinne des § 4a Absatz 3 Nummer 2 in den Teilen des Gebiets, die überwiegend durch gewerbliche Nutzungen geprägt sind.

(3) Ausnahmsweise können Vergnügungsstätten im Sinne des § 4a Absatz 3 Nummer 2 außerhalb der in Absatz 2 Nummer 8 bezeichneten Teile des Gebiets zugelassen werden.

§ 6a
Urbane Gebiete

(1) Urbane Gebiete dienen dem Wohnen sowie der Unterbringung von Gewerbebetrieben und sozialen, kulturellen und anderen Einrichtungen, die die Wohnnutzung nicht wesentlich stören. Die Nutzungsmischung muss nicht gleichgewichtig sein.

(2) Zulässig sind
1. Wohngebäude,
2. Geschäfts- und Bürogebäude,
3. Einzelhandelsbetriebe, Schank- und Speisewirtschaften sowie Betriebe des Beherbergungsgewerbes,
4. sonstige Gewerbebetriebe,
5. Anlagen für Verwaltungen sowie für kirchliche, kulturelle, soziale, gesundheitliche und sportliche Zwecke.

(3) Ausnahmsweise können zugelassen werden
1. Vergnügungsstätten, soweit sie nicht wegen ihrer Zweckbestimmung oder ihres Umfangs nur in Kerngebieten allgemein zulässig sind,
2. Tankstellen.

(4) Für urbane Gebiete oder Teile solcher Gebiete kann festgesetzt werden, dass in Gebäuden
1. im Erdgeschoss an der Straßenseite eine Wohnnutzung nicht oder nur ausnahmsweise zulässig ist,
2. oberhalb eines im Bebauungsplan bestimmten Geschosses nur Wohnungen zulässig sind,
3. ein im Bebauungsplan bestimmter Anteil der zulässigen Geschossfläche oder eine im Bebauungsplan bestimmte Größe der Geschossfläche für Wohnungen zu verwenden ist, oder
4. ein im Bebauungsplan bestimmter Anteil der zulässigen Geschossfläche oder eine im Bebauungsplan bestimmte Größe der

Geschossfläche für gewerbliche Nutzungen zu verwenden ist.

§ 7

Kerngebiete

(1) Kerngebiete dienen vorwiegend der Unterbringung von Handelsbetrieben sowie der zentralen Einrichtungen der Wirtschaft, der Verwaltung und der Kultur.

(2) Zulässig sind

1. Geschäfts-, Büro- und Verwaltungsgebäude,
2. Einzelhandelsbetriebe, Schank- und Speisewirtschaften, Betriebe des Beherbergungsgewerbes und Vergnügungsstätten,
3. sonstige nicht wesentlich störende Gewerbebetriebe,
4. Anlagen für kirchliche, kulturelle, soziale, gesundheitliche und sportliche Zwecke,
5. Tankstellen im Zusammenhang mit Parkhäusern und Großgaragen,
6. Wohnungen für Aufsichts- und Bereitschaftspersonen sowie für Betriebsinhaber und Betriebsleiter,
7. sonstige Wohnungen nach Maßgabe von Festsetzungen des Bebauungsplans.

(3) Ausnahmsweise können zugelassen werden

1. Tankstellen, die nicht unter Absatz 2 Nummer 5 fallen,
2. Wohnungen, die nicht unter Absatz 2 Nummer 6 und 7 fallen.

(4) Für Teile eines Kerngebiets kann, wenn besondere städtebauliche Gründe dies rechtfertigen (§ 9 Absatz 3 des Baugesetzbuchs), festgesetzt werden, dass

1. oberhalb eines im Bebauungsplan bestimmten Geschosses nur Wohnungen zulässig sind oder
2. in Gebäuden ein im Bebauungsplan bestimmter Anteil der zulässigen Geschossfläche oder eine bestimmte Größe der Geschossfläche für Wohnungen zu verwenden ist.

Dies gilt auch, wenn durch solche Festsetzungen dieser Teil des Kerngebiets nicht vorwiegend der Unterbringung von Handelsbetrieben sowie der zentralen Einrichtungen der Wirtschaft, der Verwaltung und der Kultur dient.

§ 8

Gewerbegebiete

(1) Gewerbegebiete dienen vorwiegend der Unterbringung von nicht erheblich belästigenden Gewerbebetrieben.

(2) Zulässig sind

1. Gewerbebetriebe aller Art einschließlich Anlagen zur Erzeugung von Strom oder Wärme aus solarer Strahlungsenergie oder Windenergie, Lagerhäuser, Lagerplätze und öffentliche Betriebe,
2. Geschäfts- , Büro- und Verwaltungsgebäude,
3. Tankstellen,
4. Anlagen für sportliche Zwecke.

(3) Ausnahmsweise können zugelassen werden

1. Wohnungen für Aufsichts- und Bereitschaftspersonen sowie für Betriebsinhaber und Betriebsleiter, die dem Gewerbebetrieb zugeordnet und ihm gegenüber in Grundfläche und Baumasse untergeordnet sind,
2. Anlagen für kirchliche, kulturelle, soziale und gesundheitliche Zwecke,
3. Vergnügungsstätten.

§ 9

Industriegebiete

(1) Industriegebiete dienen ausschließlich der Unterbringung von Gewerbebetrieben, und zwar vorwiegend solcher Betriebe, die in anderen Baugebieten unzulässig sind.

(2) Zulässig sind

1. Gewerbebetriebe aller Art einschließlich Anlagen zur Erzeugung von Strom oder Wärme aus solarer Strahlungsenergie oder Windenergie, Lagerhäuser, Lagerplätze und öffentliche Betriebe,
2. Tankstellen.

(3) Ausnahmsweise können zugelassen werden
1. Wohnungen für Aufsichts- und Bereitschaftspersonen sowie für Betriebsinhaber und Betriebsleiter, die dem Gewerbebetrieb zugeordnet und ihm gegenüber in Grundfläche und Baumasse untergeordnet sind,
2. Anlagen für kirchliche, kulturelle, soziale, gesundheitliche und sportliche Zwecke.

§ 10
Sondergebiete, die der Erholung dienen
(1) Als Sondergebiete, die der Erholung dienen, kommen insbesondere in Betracht
- Wochenendhausgebiete,
- Ferienhausgebiete,
- Campingplatzgebiete.

(2) Für Sondergebiete, die der Erholung dienen, sind die Zweckbestimmung und die Art der Nutzung darzustellen und festzusetzen. Im Bebauungsplan kann festgesetzt werden, dass bestimmte, der Eigenart des Gebiets entsprechende Anlagen und Einrichtungen zur Versorgung des Gebiets und für sportliche Zwecke allgemein zulässig sind oder ausnahmsweise zugelassen werden können.
(3) In Wochenendhausgebieten sind Wochenendhäuser als Einzelhäuser zulässig. Im Bebauungsplan kann festgesetzt werden, dass Wochenendhäuser nur als Hausgruppen zulässig sind oder ausnahmsweise als Hausgruppen zugelassen werden können. Die zulässige Grundfläche der Wochenendhäuser ist im Bebauungsplan, begrenzt nach der besonderen Eigenart des Gebiets, unter Berücksichtigung der landschaftlichen Gegebenheiten festzusetzen.
(4) In Ferienhausgebieten sind Ferienhäuser zulässig, die aufgrund ihrer Lage, Größe, Ausstattung, Erschließung und Versorgung für den Erholungsaufenthalt geeignet und dazu bestimmt sind, überwiegend und auf Dauer einem wechselnden Personenkreis zur Erholung zu dienen. Im Bebauungsplan kann die Grundfläche der Ferienhäuser, begrenzt nach der besonderen Eigenart des Gebiets, unter Berücksichtigung der landschaftlichen Gegebenheiten festgesetzt werden.
(5) In Campingplatzgebieten sind Campingplätze und Zeltplätze zulässig.

§ 11
Sonstige Sondergebiete
(1) Als sonstige Sondergebiete sind solche Gebiete darzustellen und festzusetzen, die sich von den Baugebieten nach den §§ 2 bis 10 wesentlich unterscheiden.
(2) Für sonstige Sondergebiete sind die Zweckbestimmung und die Art der Nutzung darzustellen und festzusetzen. Als sonstige Sondergebiete kommen insbesondere in Betracht
Gebiete für den Fremdenverkehr, wie Kurgebiete und Gebiete für die Fremdenbeherbergung, auch mit einer Mischung von Fremdenbeherbergung oder Ferienwohnen einerseits sowie Dauerwohnen andererseits,
Ladengebiete,
Gebiete für Einkaufszentren und großflächige Handelsbetriebe,
Gebiete für Messen, Ausstellungen und Kongresse,
Hochschulgebiete,
Klinikgebiete,
Hafengebiete,
Gebiete für Anlagen, die der Erforschung, Entwicklung oder Nutzung erneuerbarer Energien, wie Windenergie und solare Strahlungsenergie, dienen.
(3)
1. Einkaufszentren,
2. großflächige Einzelhandelsbetriebe, die sich nach Art, Lage oder Umfang auf die Verwirklichung der Ziele der Raumordnung und Landesplanung oder auf die städtebauliche Entwicklung und Ordnung nicht nur unwesentlich auswirken können,
3. sonstige großflächige Handelsbetriebe, die im Hinblick auf den Verkauf an letzte Verbraucher und auf die Auswirkungen

den in Nummer 2 bezeichneten Einzelhandelsbetrieben vergleichbar sind,

sind außer in Kerngebieten nur in für sie festgesetzten Sondergebieten zulässig. Auswirkungen im Sinne des Satzes 1 Nummer 2 und 3 sind insbesondere schädliche Umwelteinwirkungen im Sinne des § 3 des Bundes-Immissionsschutzgesetzes sowie Auswirkungen auf die infrastrukturelle Ausstattung, auf den Verkehr, auf die Versorgung der Bevölkerung im Einzugsbereich der in Satz 1 bezeichneten Betriebe, auf die Entwicklung zentraler Versorgungsbereiche in der Gemeinde oder in anderen Gemeinden, auf das Orts- und Landschaftsbild und auf den Naturhaushalt. Auswirkungen im Sinne des Satzes 2 sind bei Betrieben nach Satz 1 Nummer 2 und 3 in der Regel anzunehmen, wenn die Geschossfläche 1 200 m2 überschreitet. Die Regel des Satzes 3 gilt nicht, wenn Anhaltspunkte dafür bestehen, dass Auswirkungen bereits bei weniger als 1 200 m2 Geschossfläche vorliegen oder bei mehr als 1 200 m2 Geschossfläche nicht vorliegen; dabei sind in Bezug auf die in Satz 2 bezeichneten Auswirkungen insbesondere die Gliederung und Größe der Gemeinde und ihrer Ortsteile, die Sicherung der verbrauchernahen Versorgung der Bevölkerung und das Warenangebot des Betriebs zu berücksichtigen.

§ 12
Stellplätze und Garagen

(1) Stellplätze und Garagen sind in allen Baugebieten zulässig, soweit sich aus den Absätzen 2 bis 6 nichts anderes ergibt.

(2) In Kleinsiedlungsgebieten, reinen Wohngebieten und allgemeinen Wohngebieten sowie Sondergebieten, die der Erholung dienen, sind Stellplätze und Garagen nur für den durch die zugelassene Nutzung verursachten Bedarf zulässig.

(3) Unzulässig sind

1. Stellplätze und Garagen für Lastkraftwagen und Kraftomnibusse sowie für Anhänger dieser Kraftfahrzeuge in reinen Wohngebieten,
2. Stellplätze und Garagen für Kraftfahrzeuge mit einem Eigengewicht über 3,5 Tonnen sowie für Anhänger dieser Kraftfahrzeuge in Kleinsiedlungsgebieten und allgemeinen Wohngebieten.

(4) Im Bebauungsplan kann, wenn besondere städtebauliche Gründe dies rechtfertigen (§ 9 Absatz 3 des Baugesetzbuchs), festgesetzt werden, dass in bestimmten Geschossen nur Stellplätze oder Garagen und zugehörige Nebeneinrichtungen (Garagengeschosse) zulässig sind. Eine Festsetzung nach Satz 1 kann auch für Geschosse unterhalb der Geländeoberfläche getroffen werden. Bei Festsetzungen nach den Sätzen 1 und 2 sind Stellplätze und Garagen auf dem Grundstück nur in den festgesetzten Geschossen zulässig, soweit der Bebauungsplan nichts anderes bestimmt.

(5) Im Bebauungsplan kann, wenn besondere städtebauliche Gründe dies rechtfertigen (§ 9 Absatz 3 des Baugesetzbuchs), festgesetzt werden, dass in Teilen von Geschossen nur Stellplätze und Garagen zulässig sind. Absatz 4 Satz 2 und 3 gilt entsprechend.

(6) Im Bebauungsplan kann festgesetzt werden, dass in Baugebieten oder bestimmten Teilen von Baugebieten Stellplätze und Garagen unzulässig oder nur in beschränktem Umfang zulässig sind, soweit landesrechtliche Vorschriften nicht entgegenstehen.

(7) Die landesrechtlichen Vorschriften über die Ablösung der Verpflichtung zur Herstellung von Stellplätzen und Garagen sowie die Verpflichtung zur Herstellung von Stellplätzen und Garagen außerhalb der im Bebauungsplan festgesetzten Bereiche bleiben bei Festsetzungen nach den Absätzen 4 bis 6 unberührt.

§ 13
Gebäude und Räume für freie Berufe

Für die Berufsausübung freiberuflich Tätiger und solcher Gewerbetreibender, die ihren Beruf in ähnlicher Art ausüben, sind in den Baugebieten nach den §§ 2 bis 4 Räume, in den Baugebieten nach den §§ 4a bis 9 auch Gebäude zulässig.

§ 13a
Ferienwohnungen
Räume oder Gebäude, die einem ständig wechselnden Kreis von Gästen gegen Entgelt vorübergehend zur Unterkunft zur Verfügung gestellt werden und die zur Begründung einer eigenen Häuslichkeit geeignet und bestimmt sind (Ferienwohnungen), gehören unbeschadet des § 10 in der Regel zu den nicht störenden Gewerbebetrieben nach § 2 Absatz 3 Nummer 4 und § 4 Absatz 3 Nummer 2 oder zu den Gewerbebetrieben nach § 4a Absatz 2 Nummer 3, § 5 Absatz 2 Nummer 6, § 5a Absatz 2 Nummer 7, § 6 Absatz 2 Nummer 4, § 6a Absatz 2 Nummer 4 und § 7 Absatz 2 Nummer 3. Abweichend von Satz 1 können Räume nach Satz 1 in den übrigen Fällen insbesondere bei einer baulich untergeordneten Bedeutung gegenüber der in dem Gebäude vorherrschenden Hauptnutzung zu den Betrieben des Beherbergungsgewerbes nach § 4 Absatz 3 Nummer 1, § 4a Absatz 2 Nummer 2, § 5 Absatz 2 Nummer 5, § 5a Absatz 2 Nummer 6, § 6 Absatz 2 Nummer 3, § 6a Absatz 2 Nummer 3 und § 7 Absatz 2 Nummer 2 oder zu den kleinen Betrieben des Beherbergungsgewerbes nach § 3 Absatz 3 Nummer 1 gehören.

§ 14
Nebenanlagen; Anlagen zur Nutzung solarer Strahlungsenergie und Kraft-Wärme-Kopplungsanlagen
(1) Außer den in den §§ 2 bis 13 genannten Anlagen sind auch untergeordnete Nebenanlagen und Einrichtungen zulässig, die dem Nutzungszweck der in dem Baugebiet gelegenen Grundstücke oder des Baugebiets selbst dienen und die seiner Eigenart nicht widersprechen. Soweit nicht bereits in den Baugebieten nach dieser Verordnung Einrichtungen und Anlagen für die Tierhaltung, einschließlich der Kleintiererhaltungszucht, zulässig sind, gehören zu den untergeordneten Nebenanlagen und Einrichtungen im Sinne des Satzes 1 auch solche für die Kleintierhaltung. Zu den untergeordneten Nebenanlagen und Einrichtungen im Sinne des Satzes 1 gehören auch Anlagen zur Erzeugung von Strom oder Wärme aus erneuerbaren Energien. Im Bebauungsplan kann die Zulässigkeit der Nebenanlagen und Einrichtungen eingeschränkt oder ausgeschlossen werden.
(1a) In den Baugebieten nach den §§ 2 bis 11 sind Nebenanlagen, die der öffentlichen Versorgung mit Telekommunikationsdienstleistungen dienen, zulässig; Absatz 1 Satz 4 gilt entsprechend.
(2) Die der Versorgung der Baugebiete mit Elektrizität, Gas, Wärme und Wasser sowie zur Ableitung von Abwasser dienenden Nebenanlagen können in den Baugebieten als Ausnahme zugelassen werden, auch soweit für sie im Bebauungsplan keine besonderen Flächen festgesetzt sind. Dies gilt auch für fernmeldetechnische Nebenanlagen sowie für Anlagen für erneuerbare Energien, soweit nicht Absatz 1 Satz 1 oder Absatz 1a Anwendung findet.
(3) Soweit baulich untergeordnete Anlagen zur Nutzung solarer Strahlungsenergie in, an oder auf Dach- und Außenwandflächen oder Kraft-Wärme-Kopplungsanlagen innerhalb von Gebäuden nicht bereits nach den §§ 2 bis 13 zulässig sind, gelten sie auch dann als Anlagen im Sinne des Absatzes 1 Satz 1, wenn die erzeugte Energie vollständig oder überwiegend in das öffentliche Netz eingespeist wird. In Gewerbe-, Industrie- und sonstigen Sondergebieten gilt Satz 1 auch für sonstige baulich untergeordnete Anlagen zur Nutzung solarer Strahlungsenergie.
(4) In einem Gebiet nach § 11 Absatz 2 für Anlagen, die der Nutzung solarer Strahlungsenergie dienen, sind Anlagen zur Herstellung oder Speicherung von Wasserstoff zulässig, wenn die Voraussetzungen entsprechend § 249a Absatz 4 gegeben sind. In Gewerbe- und Industriegebieten gilt Satz 1 entsprechend, wenn dort eine Anlage, die der Nutzung solarer Strahlungsenergie dient und die keine Nebenanlage im Sinne dieser Vorschrift ist, tatsächlich vorhanden ist. Absatz 1 Satz 4 gilt entsprechend.

§ 15
Allgemeine Voraussetzungen für die Zulässigkeit baulicher und sonstiger Anlagen

(1) Die in den §§ 2 bis 14 aufgeführten baulichen und sonstigen Anlagen sind im Einzelfall unzulässig, wenn sie nach Anzahl, Lage, Umfang oder Zweckbestimmung der Eigenart des Baugebiets widersprechen. Sie sind auch unzulässig, wenn von ihnen Belästigungen oder Störungen ausgehen können, die nach der Eigenart des Baugebiets im Baugebiet selbst oder in dessen Umgebung unzumutbar sind, oder wenn sie solchen Belästigungen oder Störungen ausgesetzt werden.
(2) Die Anwendung des Absatzes 1 hat nach den städtebaulichen Zielen und Grundsätzen des § 1 Absatz 5 des Baugesetzbuchs zu erfolgen.
(3) Die Zulässigkeit der Anlagen in den Baugebieten ist nicht allein nach den verfahrensrechtlichen Einordnungen des Bundes-Immissionsschutzgesetzes und der auf seiner Grundlage erlassenen Verordnungen zu beurteilen.

Zweiter Abschnitt
Maß der baulichen Nutzung

§ 16
Bestimmung des Maßes der baulichen Nutzung

(1) Wird im Flächennutzungsplan das allgemeine Maß der baulichen Nutzung dargestellt, genügt die Angabe der Geschossflächenzahl, der Baumassenzahl oder der Höhe baulicher Anlagen.
(2) Im Bebauungsplan kann das Maß der baulichen Nutzung bestimmt werden durch Festsetzung
1. der Grundflächenzahl oder der Größe der Grundflächen der baulichen Anlagen,
2. der Geschossflächenzahl oder der Größe der Geschossfläche, der Baumassenzahl oder der Baumasse,
3. der Zahl der Vollgeschosse,
4. der Höhe baulicher Anlagen.

(3) Bei Festsetzung des Maßes der baulichen Nutzung im Bebauungsplan ist festzusetzen
1. stets die Grundflächenzahl oder die Größe der Grundflächen der baulichen Anlagen,
2. die Zahl der Vollgeschosse oder die Höhe baulicher Anlagen, wenn ohne ihre Festsetzung öffentliche Belange, insbesondere das Orts- und Landschaftsbild, beeinträchtigt werden können.

(4) Bei Festsetzung des Höchstmaßes für die Geschossflächenzahl oder die Größe der Geschossfläche, für die Zahl der Vollgeschosse und die Höhe baulicher Anlagen im Bebauungsplan kann zugleich ein Mindestmaß festgesetzt werden. Die Zahl der Vollgeschosse und die Höhe baulicher Anlagen können auch als zwingend festgesetzt werden.
(5) Im Bebauungsplan kann das Maß der baulichen Nutzung für Teile des Baugebiets, für einzelne Grundstücke oder Grundstücksteile und für Teile baulicher Anlagen unterschiedlich festgesetzt werden; die Festsetzungen können oberhalb und unterhalb der Geländeoberfläche getroffen werden.
(6) Im Bebauungsplan können nach Art und Umfang bestimmte Ausnahmen von dem festgesetzten Maß der baulichen Nutzung vorgesehen werden.

§ 17
Orientierungswerte für die Bestimmung des Maßes der baulichen Nutzung

Bei der Bestimmung des Maßes der baulichen Nutzung nach § 16 bestehen, auch wenn eine Geschossflächenzahl oder eine Baumassenzahl nicht dargestellt oder festgesetzt wird, folgende Orientierungswerte für Obergrenzen:

1	2	3	4
Baugebiet	Grundflächen-zahl (GRZ)	Geschossflä-chenzahl (GFZ)	Baumassenzahl (BMZ)
in Kleinsiedlungsgebieten (WS)	0,2	0,4	–
in reinen Wohngebieten (WR) allgem. Wohngebieten (WA) Ferienhausgebieten	0,4	1,2	–
in besonderen Wohngebieten (WB)	0,6	1,6	–
in Dorfgebieten (MD) Mischgebieten (MI) dörflichen Wohngebieten (MDW)	0,6	1,2	–
in urbanen Gebieten (MU)	0,8	3,0	–
in Kerngebieten (MK)	1,0	3,0	–
in Gewerbegebieten (GE) Industriegebieten (GI) sonstigen Sondergebieten	0,8	2,4	10,0
in Wochenendhausgebieten	0,2	0,2	–

In Wochenendhausgebieten und Ferienhausgebieten dürfen die Orientierungswerte für Obergrenzen nach Satz 1 nicht überschritten werden.

§ 18
Höhe baulicher Anlagen

(1) Bei Festsetzung der Höhe baulicher Anlagen sind die erforderlichen Bezugspunkte zu bestimmen.
(2) Ist die Höhe baulicher Anlagen als zwingend festgesetzt (§ 16 Absatz 4 Satz 2), können geringfügige Abweichungen zugelassen werden.

§ 19
Grundflächenzahl, zulässige Grundfläche

(1) Die Grundflächenzahl gibt an, wieviel Quadratmeter Grundfläche je Quadratmeter Grundstücksfläche im Sinne des Absatzes 3 zulässig sind.
(2) Zulässige Grundfläche ist der nach Absatz 1 errechnete Anteil des Baugrundstücks, der von baulichen Anlagen überdeckt werden darf.
(3) Für die Ermittlung der zulässigen Grundfläche ist die Fläche des Baugrundstücks

maßgebend, die im Bauland und hinter der im Bebauungsplan festgesetzten Straßenbegrenzungslinie liegt. Ist eine Straßenbegrenzungslinie nicht festgesetzt, so ist die Fläche des Baugrundstücks maßgebend, die hinter der tatsächlichen Straßengrenze liegt oder die im Bebauungsplan als maßgebend für die Ermittlung der zulässigen Grundfläche festgesetzt ist.
(4) Bei der Ermittlung der Grundfläche sind die Grundflächen von
1. Garagen und Stellplätzen mit ihren Zufahrten,
2. Nebenanlagen im Sinne des § 14,
3. baulichen Anlagen unterhalb der Geländeoberfläche, durch die das Baugrundstück lediglich unterbaut wird,

mitzurechnen. Die zulässige Grundfläche darf durch die Grundflächen der in Satz 1 bezeichneten Anlagen bis zu 50 vom Hundert überschritten werden, höchstens jedoch bis zu einer Grundflächenzahl von 0,8; weitere Überschreitungen in geringfügigem Ausmaß können zugelassen werden. Im Bebauungsplan können von Satz 2 abweichende Bestimmungen getroffen werden. Soweit der Bebauungsplan nichts anderes festsetzt, kann im Einzelfall von der Einhaltung der sich aus Satz 2 ergebenden Grenzen abgesehen werden
1. bei Überschreitungen mit geringfügigen Auswirkungen auf die natürlichen Funktionen des Bodens oder
2. wenn die Einhaltung der Grenzen zu einer wesentlichen Erschwerung der zweckentsprechenden Grundstücksnutzung führen würde.

(5) Soweit der Bebauungsplan nichts anderes festsetzt, darf die zulässige Grundfläche in Gewerbe-, Industrie- und sonstigen Sondergebieten durch die Grundflächen von Anlagen zur Erzeugung von Strom und Wärme aus solarer Strahlungsenergie und Windenergie überschritten werden.

§ 20
Vollgeschosse, Geschossflächenzahl, Geschossfläche

(1) Als Vollgeschosse gelten Geschosse, die nach landesrechtlichen Vorschriften Vollgeschosse sind oder auf ihre Zahl angerechnet werden.
(2) Die Geschossflächenzahl gibt an, wieviel Quadratmeter Geschossfläche je Quadratmeter Grundstücksfläche im Sinne des § 19 Absatz 3 zulässig sind.
(3) Die Geschossfläche ist nach den Außenmaßen der Gebäude in allen Vollgeschossen zu ermitteln. Im Bebauungsplan kann festgesetzt werden, dass die Flächen von Aufenthaltsräumen in anderen Geschossen einschließlich der zu ihnen gehörenden Treppenräume und einschließlich ihrer Umfassungswände ganz oder teilweise mitzurechnen oder ausnahmsweise nicht mitzurechnen sind.
(4) Bei der Ermittlung der Geschossfläche bleiben Nebenanlagen im Sinne des § 14, Balkone, Loggien, Terrassen sowie bauliche Anlagen, soweit sie nach Landesrecht in den Abstandsflächen (seitlicher Grenzabstand und sonstige Abstandsflächen) zulässig sind oder zugelassen werden können, unberücksichtigt.

§ 21
Baumassenzahl, Baumasse

(1) Die Baumassenzahl gibt an, wieviel Kubikmeter Baumasse je Quadratmeter Grundstücksfläche im Sinne des § 19 Absatz 3 zulässig sind.
(2) Die Baumasse ist nach den Außenmaßen der Gebäude vom Fußboden des untersten Vollgeschosses bis zur Decke des obersten Vollgeschosses zu ermitteln. Die Baumassen von Aufenthaltsräumen in anderen Geschossen einschließlich der zu ihnen gehörenden Treppenräume und einschließlich ihrer Umfassungswände und Decken sind mitzurechnen. Bei baulichen Anlagen, bei denen eine Berechnung der Baumasse nach Satz 1 nicht möglich ist, ist die tatsächliche Baumasse zu ermitteln.

(3) Bauliche Anlagen und Gebäudeteile im Sinne des § 20 Absatz 4 bleiben bei der Ermittlung der Baumasse unberücksichtigt.
(4) Ist im Bebauungsplan die Höhe baulicher Anlagen oder die Baumassenzahl nicht festgesetzt, darf bei Gebäuden, die Geschosse von mehr als 3,50 m Höhe haben, eine Baumassenzahl, die das Dreieinhalbfache der zulässigen Geschossflächenzahl beträgt, nicht überschritten werden.

§ 21a
Stellplätze, Garagen und Gemeinschaftsanlagen

(1) Garagengeschosse oder ihre Baumasse sind in sonst anders genutzten Gebäuden auf die Zahl der zulässigen Vollgeschosse oder auf die zulässige Baumasse nicht anzurechnen, wenn der Bebauungsplan dies festsetzt oder als Ausnahme vorsieht.
(2) Der Grundstücksfläche im Sinne des § 19 Absatz 3 sind Flächenanteile an außerhalb des Baugrundstücks festgesetzten Gemeinschaftsanlagen im Sinne des § 9 Absatz 1 Nummer 22 des Baugesetzbuchs hinzuzurechnen, wenn der Bebauungsplan dies festsetzt oder als Ausnahme vorsieht.
(3) Soweit § 19 Absatz 4 nicht entgegensteht, ist eine Überschreitung der zulässigen Grundfläche durch überdachte Stellplätze und Garagen bis zu 0,1 der Fläche des Baugrundstücks zulässig; eine weitergehende Überschreitung kann ausnahmsweise zugelassen werden

1. in Kerngebieten, Gewerbegebieten und Industriegebieten,
2. in anderen Baugebieten, soweit solche Anlagen nach § 9 Absatz 1 Nummer 4 des Baugesetzbuchs im Bebauungsplan festgesetzt sind.

(4) Bei der Ermittlung der Geschossfläche oder der Baumasse bleiben unberücksichtigt die Flächen oder Baumassen von

1. Garagengeschossen, die nach Absatz 1 nicht angerechnet werden,
2. Stellplätzen und Garagen, deren Grundflächen die zulässige Grundfläche unter den Voraussetzungen des Absatzes 3 überschreiten,
3. Stellplätzen und Garagen in Vollgeschossen, wenn der Bebauungsplan dies festsetzt oder als Ausnahme vorsieht.

(5) Die zulässige Geschossfläche oder die zulässige Baumasse ist um die Flächen oder Baumassen notwendiger Garagen, die unter der Geländeoberfläche hergestellt werden, insoweit zu erhöhen, als der Bebauungsplan dies festsetzt oder als Ausnahme vorsieht.

Dritter Abschnitt
Bauweise, überbaubare Grundstücksfläche

§ 22
Bauweise

(1) Im Bebauungsplan kann die Bauweise als offene oder geschlossene Bauweise festgesetzt werden.
(2) In der offenen Bauweise werden die Gebäude mit seitlichem Grenzabstand als Einzelhäuser, Doppelhäuser oder Hausgruppen errichtet. Die Länge der in Satz 1 bezeichneten Hausformen darf höchstens 50 m betragen. Im Bebauungsplan können Flächen festgesetzt werden, auf denen nur Einzelhäuser, nur Doppelhäuser, nur Hausgruppen oder nur zwei dieser Hausformen zulässig sind.
(3) In der geschlossenen Bauweise werden die Gebäude ohne seitlichen Grenzabstand errichtet, es sei denn, dass die vorhandene Bebauung eine Abweichung erfordert.
(4) Im Bebauungsplan kann eine von Absatz 1 abweichende Bauweise festgesetzt werden. Dabei kann auch festgesetzt werden, inwieweit an die vorderen, rückwärtigen und seitlichen Grundstücksgrenzen herangebaut werden darf oder muss.

§ 23
Überbaubare Grundstücksfläche

(1) Die überbaubaren Grundstücksflächen können durch die Festsetzung von Baulinien, Baugrenzen oder Bebauungstiefen bestimmt

werden. § 16 Absatz 5 ist entsprechend anzuwenden.
(2) Ist eine Baulinie festgesetzt, so muss auf dieser Linie gebaut werden. Ein Vor- oder Zurücktreten von Gebäudeteilen in geringfügigem Ausmaß kann zugelassen werden. Im Bebauungsplan können weitere nach Art und Umfang bestimmte Ausnahmen vorgesehen werden.
(3) Ist eine Baugrenze festgesetzt, so dürfen Gebäude und Gebäudeteile diese nicht überschreiten. Ein Vortreten von Gebäudeteilen in geringfügigem Ausmaß kann zugelassen werden. Absatz 2 Satz 3 gilt entsprechend.
(4) Ist eine Bebauungstiefe festgesetzt, so gilt Absatz 3 entsprechend. Die Bebauungstiefe ist von der tatsächlichen Straßengrenze ab zu ermitteln, sofern im Bebauungsplan nichts anderes festgesetzt ist.
(5) Wenn im Bebauungsplan nichts anderes festgesetzt ist, können auf den nicht überbaubaren Grundstücksflächen Nebenanlagen im Sinne des § 14 zugelassen werden. Das Gleiche gilt für bauliche Anlagen, soweit sie nach Landesrecht in den Abstandsflächen zulässig sind oder zugelassen werden können.

Vierter Abschnitt

§ 24
(weggefallen)

Fünfter Abschnitt
Überleitungs- und Schlussvorschriften

§ 25
Fortführung eingeleiteter Verfahren *

Für Bauleitpläne, deren Aufstellung oder Änderung bereits eingeleitet ist, sind die dieser Verordnung entsprechenden bisherigen Vorschriften weiterhin anzuwenden, wenn die Pläne bei dem Inkrafttreten dieser Verordnung bereits ausgelegt sind.

* Diese Vorschrift betrifft die Fortführung eingeleiteter Verfahren bei Inkrafttreten der Baunutzungsverordnung (1. August 1962) in der ursprünglichen Fassung vom 26. Juni 1962 (BGBl. I S. 429). Für die Fortführung eingeleiteter Verfahren bei Inkrafttreten der Änderungsverordnung (1. Januar 1969) bestimmt Artikel 2 der Verordnung zur Änderung der Baunutzungsverordnung vom 26. November 1968 (BGBl. I S. 1233):
„Für Bauleitpläne, deren Aufstellung oder Änderung bereits eingeleitet ist, gilt die Verordnung in der bisherigen Fassung, wenn die Pläne bei Inkrafttreten dieser Verordnung bereits nach § 2 Absatz 6 des Bundesbaugesetzes ausgelegt sind."

§ 25a
Überleitungsvorschriften aus Anlass der zweiten Änderungsverordnung

(1) Für Bauleitpläne, deren Aufstellung oder Änderung bereits eingeleitet ist, gilt diese Verordnung in ihrer bis zum Inkrafttreten der Zweiten Verordnung zur Änderung dieser Verordnung vom 15. September 1977 (BGBl. I S. 1757) gültigen Fassung, wenn die Pläne bei Inkrafttreten der zweiten Änderungsverordnung nach § 2a Absatz 6 des Bundesbaugesetzes oder § 2 Absatz 6 des Bundesbaugesetzes in der bis zum 1. Januar 1977 geltenden Fassung ausgelegt sind.
(2) Von der Geltung der Vorschriften der zweiten Änderungsverordnung über gesonderte Festsetzungen für übereinanderliegende Geschosse und Ebenen sowie sonstige Teile baulicher Anlagen sind solche Bebauungspläne ausgenommen, auf die § 9 Absatz 3 des Bundesbaugesetzes in der ab 1. Januar 1977 geltenden Fassung nach Maßgabe des Artikels 3 § 1 Absatz 3 des Gesetzes zur Änderung des Bundesbaugesetzes vom 18. August 1976 (BGBl. I S. 2221) keine Anwendung findet. Auf diese Bebauungspläne finden die Vorschriften dieser Verordnung über gesonderte Festsetzungen für übereinanderliegende Geschosse und Ebenen und sonstige Teile baulicher Anlagen in der bis zum Inkrafttreten

der zweiten Änderungsverordnung gültigen Fassung weiterhin Anwendung.

§ 25b
Überleitungsvorschrift aus Anlass der dritten Änderungsverordnung

(1) Ist der Entwurf eines Bebauungsplans vor dem Inkrafttreten der dritten Änderungsverordnung nach § 2a Absatz 6 des Bundesbaugesetzes öffentlich ausgelegt worden, ist auf ihn § 11 Absatz 3 Satz 3 in der bis zum Inkrafttreten der dritten Änderungsverordnung geltenden Fassung anzuwenden. Das Recht der Gemeinde, das Verfahren zur Aufstellung des Bebauungsplans erneut einzuleiten, bleibt unberührt.

(2) Auf Bebauungspläne, auf die § 11 Absatz 3 in der Fassung der Bekanntmachung vom 15. September 1977 Anwendung findet, ist § 11 Absatz 3 Satz 4 entsprechend anzuwenden.

§ 25c
Überleitungsvorschrift aus Anlass der vierten Änderungsverordnung

Ist der Entwurf eines Bauleitplans vor dem 27. Januar 1990 nach § 3 Absatz 2 des Baugesetzbuchs öffentlich ausgelegt worden, ist auf ihn diese Verordnung in der bis zum 26. Januar 1990 geltenden Fassung anzuwenden. Das Recht der Gemeinde, das Verfahren zur Aufstellung des Bauleitplans erneut einzuleiten, bleibt unberührt.

§ 25d
Überleitungsvorschrift aus Anlass des Gesetzes zur Stärkung der Innenentwicklung in den Städten und Gemeinden und weiteren Fortentwicklung des Städtebaurechts

Ist der Entwurf eines Bauleitplans vor dem 20. September 2013 nach § 3 Absatz 2 des Baugesetzbuchs öffentlich ausgelegt worden, ist auf ihn diese Verordnung in der bis zum 20. September 2013 geltenden Fassung anzuwenden. Das Recht der Gemeinde, das Verfahren zur Aufstellung des Bauleitplans erneut einzuleiten, bleibt unberührt.

§ 25e
Überleitungsvorschrift aus Anlass des Gesetzes zur Mobilisierung von Bauland

Ist der Entwurf eines Bauleitplans vor dem 23. Juni 2021 nach § 3 Absatz 2 des Baugesetzbuchs oder nach dem Planungssicherstellungsgesetz öffentlich ausgelegt worden, ist auf ihn diese Verordnung in der bis zum 23. Juni 2021 geltenden Fassung anzuwenden. Das Recht der Gemeinde, das Verfahren zur Aufstellung des Bauleitplans erneut einzuleiten, bleibt unberührt.

§ 25f
Überleitungsvorschrift aus Anlass des Gesetzes zur sofortigen Verbesserung der Rahmenbedingungen für die erneuerbaren Energien im Städtebaurecht

Ist der Entwurf eines Bauleitplans vor dem 1. Januar 2023 nach § 3 Absatz 2 des Baugesetzbuchs öffentlich ausgelegt oder nach § 3 Absatz 1 des Planungssicherstellungsgesetzes im Internet veröffentlicht worden, ist auf ihn diese Verordnung in der bis zum 1. Januar 2023 geltenden Fassung anzuwenden. Das Recht der Gemeinde, das Verfahren zur Aufstellung des Bauleitplans erneut einzuleiten, bleibt unberührt.

§ 25g
Überleitungsvorschrift aus Anlass des Gesetzes zur Stärkung der Digitalisierung im Bauleitplanverfahren und zur Änderung weiterer Vorschriften

Ist der Entwurf eines Bauleitplans vor dem 7. Juli 2023 nach § 3 Absatz 2 des Baugesetzbuchs in der vor dem 7. Juli 2023 geltenden Fassung öffentlich ausgelegt oder nach § 3 Absatz 1 des Planungssicherstellungsgesetzes im Internet veröffentlicht worden, so ist auf ihn diese Verordnung in der bis zum 7. Juli 2023 geltenden Fassung anzuwenden. Das Recht der Gemeinde, das Verfahren zur Aufstellung des Bauleitplans erneut einzuleiten, bleibt unberührt.

§ 26
(Berlin-Klausel)

§ 26a
Überleitungsregelungen aus Anlass der Herstellung der Einheit Deutschlands
Soweit in dieser Verordnung auf Vorschriften verwiesen wird, die in dem in Artikel 3 des Einigungsvertrages genannten Gebiet keine Anwendung finden, sind die entsprechenden Vorschriften der Deutschen Demokratischen Republik anzuwenden. Bestehen solche Vorschriften nicht oder würde ihre Anwendung dem Sinn der Verweisung widersprechen, gelten die Vorschriften, auf die verwiesen wird, entsprechend.

§ 27 BauNVO
(In-Kraft-Treten)

GarVO

Garagenverordnung

Dritte Verordnung zur Landesbauordnung, in der Fassung der Bekanntmachung vom 30. August 1976, zuletzt geändert durch die Verordnung vom 25. August. 2008 (Amtsblatt S. 1470). Fundstelle: Amtsblatt 1976, S. 951.

Dritte Verordnung zur Landesbauordnung (Garagenverordnung – GarVO) vom 23. Dezember 1965.

In der Fassung der Bekanntmachung vom 30. August 1976.
Zuletzt geändert durch die Verordnung vom 25. 08. 2008 (Amtsblatt S. 1470).
Fundstelle: Amtsblatt 1976, S. 951.

Auf Grund des § 112 Abs. 1 Nrn. 1 und 2 und Absatz 3 in Verbindung mit § 107 Abs. 8[1] der Bauordnung für das Saarland (Landesbauordnung – LBO) wird im Einvernehmen mit dem Minister für Frauen, Arbeit, Gesundheit und Soziales verordnet:

INHALTSVERZEICHNIS

Abschnitt 1: Begriffe

§ 1 Begriffe

(1) Garagen und Garagengeschosse gelten als oberirdisch, wenn ihre Fußböden im Mittel nicht mehr als 1,30 m unter der Geländeoberfläche oder mindestens an einer Seite in oder über der Geländeoberfläche liegen.
(2) Garagenabschnitte in sonst anders genutzten Geschossen stehen Garagengeschossen gleich.
(3) Offene Garagen sind Garagen oder Garagenabschnitte in oberirdischen Geschossen, die unmittelbar ins Freie führende und so verteilte unverschließbare Öffnungen in einer Größe von insgesamt mindestens einem Drittel der Gesamtfläche der Umfassungswände

1 Jetzt: § 86 Abs. 1 Nr. 1, 3 und 4 LBO vgl. BS Nr. 2130 1.

haben, dass auch bei eingebauten Wetterschutzvorrichtungen überall eine ständige Querlüftung vorhanden ist und im Brandfall die Abführung von Hitze und Rauch ins Freie nicht wesentlich behindert wird.
(4) Stellplätze mit Schutzdächern gelten als offene Garagen.
(5) Die Nutzfläche einer Garage ist die Summe ihrer Abstell- und Verkehrsflächen. Abstell- und Verkehrsflächen für Stellplätze auf Dächern (Dachstellplätze) werden der Nutzfläche nicht zugerechnet. Die Abstellfläche ist die Summe der Flächen der Garagenstellplätze. Es sind Garagen mit einer Nutzfläche
1. bis 100 qm Kleingaragen,
2. über 100 qm bis 1.000 qm Mittelgaragen,
3. über 1.000 qm Großgaragen.

Abschnitt 2: Bauvorschriften

§ 2 Zu- und Abfahrten

(1) Zu- und Abfahrten von Garagen bis zur öffentlichen Verkehrsfläche sind so anzuordnen, dass der Verkehr auf den öffentlichen Verkehrsflächen gut zu übersehen ist und so wenig wie möglich beeinträchtigt wird.
(2) Vor Schranken, Garagentoren und anderen, die freie Zufahrt zur Garage zeitweilig hindernden Anlagen sowie vor mechanischen Förderanlagen für Kraftfahrzeuge ist ein Stauraum für wartende Kraftfahrzeuge vorzusehen. Ausnahmen können gestattet werden, wenn wegen der Sicherheit oder Ordnung des Verkehrs Bedenken nicht bestehen.
(3) Die Breiten der Fahrbahnen von Zu- und Abfahrten vor Mittel- und Großgaragen müssen mindestens betragen:
3 m bei Benutzung durch Kraftfahrzeuge bis zu 2 m Breite, 3,50 m bei Benutzung durch breitere Kraftfahrzeuge. Schmalere Fahrbahnen sind im Bereich von Zu- und Abfahrtssperren zulässig. Breitere Fahrbahnen, insbesondere in Kurven, können verlangt werden, wenn dies wegen der Verkehrssicherheit erforderlich ist.
(4) Durch Zu- und Abfahrten von Garagen darf die Benutzbarkeit der Ausgänge von Rettungswegen baulicher Anlagen nicht behindert werden.
(5) Zu- und Abfahrten müssen den zu erwartenden Belastungen entsprechend befestigt sein.
(6) Großgaragen müssen getrennte Fahrbahnen für Zu- und Abfahrten haben; die Anordnung von Zufahrten und Abfahrten an verschiedenen Seiten der Garage kann gefordert werden, wenn dies wegen des Verkehrs oder wegen der Sicherheit erforderlich ist. Zu- und Abfahrten von Großgaragen dürfen sich nicht höhengleich kreuzen; Ausnahmen können gestattet werden, wenn wegen der Sicherheit oder Ordnung des Verkehrs Bedenken nicht bestehen.
(7) Vor Großgaragen ist neben den Fahrbahnen der Zu- und Abfahrten nach Absatz 3 ein mindestens 80 cm breiter erhöhter Gehsteig erforderlich, soweit nicht für den Fußgängerverkehr besondere Fußwege vorhanden sind.
(8) In den Fällen der Absätze 3, 6 und 7 sind abweichend von § 1 Abs. 5 Satz 2 die Abstell- und Verkehrsflächen von Dachstellplätzen auf die Nutzfläche der Garage anzurechnen.
(9) Für Stellplätze gelten die Absätze 1 bis 7 sinngemäß.

§ 3 Rampen

(1) Die Neigung der Rampen soll 15 v.H., bei Kleingaragen 20 v.H. nicht überschreiten. Die Breite der Fahrbahnen auf Rampen muss mindestens der Breite der Zu- und Abfahrten nach § 2 Abs. 3 entsprechen.
(2) Zwischen öffentlicher Verkehrsfläche und Rampe mit mehr als 5 v.H. Neigung muss eine waagerechte Fläche von mindestens 5 m Länge liegen; bei Rampen, die ausschließlich dem Verkehr von Personenkraftwagen dienen, kann zwischen öffentlicher Verkehrsfläche und Rampe eine waagerechte oder bis zu

10 v.H. geneigte Fläche von mindestens 3 m Länge gestattet werden.
(3) Rampen müssen eine griffige Fahrbahn und bei einer Neigung von mehr als 15 v.H. Vorrichtungen haben, die Fußgänger gegen Ausgleiten schützen. In Großgaragen müssen Rampen, die von Fußgängern benutzt werden, einen mindestens 80 cm breiten erhöhten Gehsteig haben. An Rampen, die von Fußgängern nicht benutzt werden dürfen, ist auf das Verbot durch dauerhafte Anschläge hinzuweisen. Außenrampen von Mittel- und Großgaragen sind so herzustellen oder so zu schützen, dass sie auch bei Eis- und Schneeglätte sicher befahren werden können.
(4) Gewendelte Rampenteile müssen eine Querneigung von mindestens 3 v.H. haben. Der Halbmesser des inneren Fahrbahnrandes muss mindestens 5 m betragen.
(5) Rampen müssen, soweit eine Absturzgefahr besteht, Umwehrungen haben, die dem Anprall von Kraftfahrzeugen standhalten können.
(6) An Rampen, die von Kraftfahrzeugen mit mehr als 2 m Breite benutzt werden, können höhere Anforderungen gestellt werden.
(7) Für Stellplätze gelten die Absätze 1 bis 6 sinngemäß.

§ 4
Stellplatz- und Verkehrsflächen
(1) Garagenstellplätze für Personenkraftwagen müssen mindestens 5 m lang und mindestens 2,30 m breit sein; für Fahrzeuge von Behinderten müssen sie mindestens 3,50 m breit sein.
(2) Fahrgassen müssen bei Schrägaufstellung im Winkel von 45° mindestens 3,50 m, bei 60° mindestens 4,50 m und bei Senkrechtaufstellung mindestens 6,50 m breit sein. Bei Senkrechtaufstellung und einer Breite der Garagenstellplätze von mindestens 2,50 m brauchen sie nur 5,50 m breit zu sein.
(3) Diejenigen Teile der Fahrgassen, an denen keine Garagenstellplätze liegen oder die nicht unmittelbar der Zu- und Abfahrt von Garagenstellplätzen dienen, wie Umfahrten, müssen mindestens der Breite der Zu- und Abfahrten nach § 2 Abs. 3 entsprechen. Fahrgassen für Gegenverkehr müssen in Mittel- und Großgaragen jedoch mindestens 5 m breit sein.
(4) Die einzelnen Garagenstellplätze und die Fahrgassen sind mindestens durch Markierungen am Boden deutlich sichtbar und dauerhaft gegeneinander abzugrenzen. Mittel- und Großgaragen müssen in jedem Garagengeschoss deutlich sichtbare und dauerhafte Hinweise auf Fahrtrichtungen und Ausfahrten haben.
(5) Für Garagenstellplätze auf horizontal verschiebbaren Plattformen können Ausnahmen von den Absätzen 1 und 2 gestattet werden, wenn die Sicherheit oder Ordnung des Verkehrs nicht beeinträchtigt wird und eine Breite der Fahrgasse von mindestens 2,75 m erhalten bleibt.
(6) Für Garagenstellplätze auf kraftbetriebenen geneigten Hebebühnen können größere Abmessungen als nach Absatz 1 verlangt werden. Fahrgassen vor solchen Garagenstellplätzen müssen mindestens 8 m breit sein; geringere Breiten können gestattet werden, wenn sie nach der Bauart der Hebebühnen ausreichen. Garagenstellplätze nach Satz 1 sind in allgemein zugänglichen Garagen nicht zulässig.
(7) Die Mindestmaße der Absätze 1 bis 3, 5 und 6 dürfen durch Stützen anderer Bauteile oder Einrichtungen nicht eingeengt sein.
(8) Für Stellplätze gelten die Absätze 1 bis 4 und 7 sinngemäß.

§ 5
Lichte Höhe
Mittel- und Großgaragen müssen in begehbaren Bereichen, auch unter Unterzügen, Lüftungsleitungen und sonstigen Bauteilen, eine lichte Höhe von mindestens 2 m haben.

§ 6
Wände und Stützen
(1) Tragende Wände und Stützen von Garagen und von nicht zur Garage gehörenden Räumen unter Garagen sowie Trennwände zwischen Garagen und nicht zur Garage ge-

hörenden Räumen müssen feuerbeständig sein. Nicht tragende Teile von Außenwänden sowie nicht tragende Trennwände in Garagen müssen aus nicht brennbaren Baustoffen bestehen, wenn sie nicht feuerbeständig sind.

(2) Offene Mittel- und Großgaragen, deren oberste Abstellflächen nicht mehr als 22 m über der festgelegten Geländeoberfläche liegen, dürfen abweichend von Absatz 1 tragende Wände und Stützen in feuerhemmender Bauart aus nicht brennbaren Baustoffen haben, wenn

1. die Umfassungswände mit ins Freie führenden Öffnungen an mindestens zwei gegenüberliegenden Seiten der Garage nicht mehr als 50 m voneinander entfernt sind,
2. sich über Garagengeschossen keine anders genutzten Räume befinden,
3. vor den offenen Teilen der Außenwände ein Abstand von mindestens 10 m zu vorhandenen oder zulässigen künftigen Gebäuden eingehalten wird.

Liegen die obersten Abstellflächen nicht mehr als 16,50 m über der Geländeoberfläche, so genügen unter den sonstigen Voraussetzungen nach Satz 1 auch tragende Wände und Stützen aus nicht brennbaren Baustoffen.

(3) Für eingeschossige oberirdische Mittel- und Großgaragen, über denen sich keine anders genutzten Räume befinden, sind abweichend von Absatz 1 Wände und Stützen in feuerhemmender Bauart oder aus nicht brennbaren Baustoffen zulässig, wenn die Garagen zu vorhandenen oder zulässigen künftigen Gebäuden einen Abstand von mindestens 5 m haben oder wenn bei geringerem Abstand oder beim Anbau an andere Gebäude Brandwände vorhanden sind oder errichtet werden. Dies gilt auch, wenn ihre Dachflächen zum Abstellen von Kraftfahrzeugen genutzt werden.

(4) Oberirdische Kleingaragen als selbstständige Gebäude dürfen abweichend von Absatz 1 Außenwände, tragende Wände und Stützen in feuerhemmender Bauart oder aus nicht brennbaren Baustoffen haben, auch wenn Abstände zu anderen Gebäuden und zu Grundstücksgrenzen nicht eingehalten werden; § 33 Abs. 2 Nr. 1 LBO[2] ist nicht anzuwenden. Diese Bauteile dürfen, auch wenn sie nicht feuerhemmend sind, aus brennbaren Baustoffen bestehen, wenn sie mindestens 2,50 m Grenzabstand und mindestens 5 m Abstand von bestehenden oder zulässigen künftigen Gebäuden haben; diese Abstände sind nicht erforderlich, wenn die Garagen an feuerbeständige Wände ohne Öffnungen angebaut werden oder zur Grenze oder zum benachbarten Gebäude solche Wände haben. Das Gleiche gilt für eingeschossige oberirdische Mittel- und Großgaragen, über denen sich keine anders genutzten Räume befinden, wenn die Garagen durch mindestens feuerbeständige Trennwände in Brandabschnitte von höchstens 100 qm Nutzfläche unterteilt sind. Öffnungen in diesen Trennwänden müssen mindestens feuerhemmende und selbstschließende Abschlüsse haben.

(5) Für Kleingaragen in sonst anders genutzten Gebäuden können abweichend von Absatz 1 Außenwände, tragende Wände und Stützen in feuerhemmender Bauart gestattet werden, wenn wegen des Brandschutzes Bedenken nicht bestehen.

(6) Für Stellplätze mit Schutzdächern können Ausnahmen von Absatz 1 Satz 1, Absatz 3 Satz 1 und Absatz 4 Satz 1 und 2 gestattet werden, wenn wegen des Brandschutzes Bedenken nicht bestehen.

§ 7

Decken, Dächer und Fußböden

(1) Decken über und unter Garagen sowie zwischen Garagengeschossen und unter Dachstellplätzen müssen feuerbeständig sein. Nicht befahrbare Decken, die zugleich das Dach bilden, müssen aus nicht brennbaren Baustoffen bestehen, wenn sie nicht feuerbeständig sind.

2 Vgl. jetzt § 35 Abs. 1 Nr. 1 LBO.

(2) Das Tragwerk der Dächer und die Dachschalung müssen aus nicht brennbaren Baustoffen bestehen; dies gilt nicht, wenn der Dachraum durch eine feuerbeständige Decke von der Garage getrennt ist.

(3) Untere Verkleidungen von Decken oder Dächern über Garagen oder Garagengeschossen müssen bei Großgaragen aus nicht brennbaren Baustoffen, im Übrigen aus Baustoffen bestehen, die ohne Nachbehandlung mindestens schwer entflammbar sind. Das Gleiche gilt für Dämmschichten in Decken oder Dächern, die nicht mindestens feuerhemmend sind.

(4) Zwischen den Garagengeschossen und unter Dachstellplätzen offener Mittel- oder Großgaragen genügen unter den Voraussetzungen des § 6 Abs. 2 Satz 1 Decken in feuerhemmender Bauart aus nicht brennbaren Baustoffen, unter den Voraussetzungen des § 6 Abs. 2 Satz 2 Decken aus nicht brennbaren Baustoffen.

(5) Für eingeschossige oberirdische Mittel- und Großgaragen, deren tragende Wände und Stützen mindestens feuerhemmend sind oder aus nicht brennbaren Baustoffen bestehen (§ 6 Abs. 3 oder 4), genügen auch befahrbare Decken oder Dächer aus nicht brennbaren Baustoffen ohne Anforderungen an die Feuerwiderstandsdauer. Nicht befahrbare Dächer von Garagen nach § 6 Abs. 3 dürfen abweichend von Absatz 2 mit tragenden Bauteilen aus brennbaren Baustoffen hergestellt werden, wenn die tragenden Wände und Stützen mindestens feuerhemmend sind; die Dachschalung muss aus Baustoffen bestehen, die ohne Nachbehandlung mindestens schwer entflammbar sind.

(6) Oberirdische Kleingaragen als selbstständige Gebäude dürfen, auch wenn Abstände zu Grundstücksgrenzen und anderen Gebäuden nicht eingehalten werden, Decken oder Dächer in feuerhemmender Bauart oder aus nicht brennbaren Baustoffen haben. Decken oder Dächer dürfen, auch wenn sie nicht feuerhemmend sind, aus brennbaren Baustoffen bestehen, wenn die Kleingaragen mindestens 2,50 m Abstand zu Nachbargrenzen und zu bestehenden oder zulässigen künftigen Gebäuden einhalten; dieser Abstand ist nicht erforderlich, wenn die Kleingaragen an feuerbeständige Wände ohne Öffnungen angebaut werden oder zur Nachbargrenze oder zum benachbarten Gebäude solche Wände haben. Die Sätze 1 und 2 gelten auch für eingeschossige oberirdische Mittel- und Großgaragen, die durch feuerbeständige Trennwände in Brandabschnitte von höchstens 100 qm Nutzfläche unterteilt sind.

(7) Kleingaragen in sonst anders genutzten Gebäuden dürfen feuerhemmende Decken haben, soweit nicht nach § 36 Abs. 2 und 3 LBO[3] weitergehende Anforderungen gestellt werden. Dies gilt auch, wenn die Garagen in Gebäuden aus brennbaren Baustoffen oder mit weicher Bedachung angeordnet werden.

(8) Bei Stellplätzen mit Schutzdächern darf das Tragwerk der Dächer unter den Voraussetzungen des Absatzes 6 Satz 2 und 3 aus brennbaren Baustoffen bestehen. Darüber hinaus können Ausnahmen von den Absätzen 2 und 3 gestattet werden, wenn wegen des Brandschutzes Bedenken nicht bestehen.

(9) Decken oder befahrbare Dächer sowie Stellplätze müssen, soweit eine Absturzgefahr besteht, Umwehrungen haben, die dem Anprall von Kraftfahrzeugen standhalten.

(10) Fußböden von Abstell- und Verkehrsflächen in Garagen und auf Dächern müssen aus nicht brennbaren Baustoffen bestehen. Die Verwendung anderer Baustoffe kann gestattet werden, wenn wegen des Brandschutzes Bedenken nicht bestehen. Die Fußböden müssen gegen Flüssigkeiten undurchlässig und so ausgebildet oder durch mindestens 3 cm hohe Schwellen so abgegrenzt sein, dass brennbare Flüssigkeiten nicht in tiefer liegende Geschosse oder Abwasserleitungen abfließen können, es sei denn über Bodenabläufe und Benzinabscheider.

§ 8
Brandabschnitte

(1) Oberirdische geschlossene Garagengeschosse müssen durch mindestens feuerbeständige Wände in Brandabschnitte von höchstens 5.000 qm Nutzfläche unterteilt werden.
(2) Offene Garagen dürfen innerhalb eines Brandabschnitts Nutzflächen bis zu 7.500 qm je Geschoss haben. Die Summe der Nutzflächen aller zu einem Brandabschnitt gehörenden Geschosse darf jedoch 30.000 qm nicht überschreiten, wenn die tragenden Wände und Stützen sowie die Decken solcher Garagen nicht mindestens feuerhemmend sind. Eingeschossige offene Garagen, deren Dächer Bauteile aus brennbaren Baustoffen haben (§ 7 Abs. 5 Satz 2), müssen in Brandabschnitte von höchstens 5.000 qm Nutzfläche unterteilt werden.
(3) Unterirdische Garagengeschosse müssen durch mindestens feuerbeständige Wände in Brandabschnitte von höchstens 2.500 qm Nutzfläche unterteilt werden.
(4) Die Brandabschnitte dürfen bis zum Doppelten der nach den Absätzen 1 bis 3 zulässigen Flächen vergrößert werden, wenn Maßnahmen wie der Einbau von selbsttätigen Feuerlöschanlagen nach § 16 Abs. 3 getroffen werden, die den Brandschutz auf andere Weise sicherstellen.
(5) Öffnungen in den feuerbeständigen Wänden zwischen den Brandabschnitten müssen mit mindestens feuerhemmenden und selbstschließenden Abschlüssen versehen sein. Die Abschlüsse dürfen, wenn der Betrieb es erfordert, Haltevorrichtungen haben, die bei Raucheinwirkung ein selbsttätiges Schließen bewirken; sie müssen auch von Hand geschlossen werden können.

§ 9
Verbindung zwischen Garagengeschossen

(1) In mehrgeschossigen Mittel- und Großgaragen sind die seitlichen Öffnungen zwischen Rampen und Deckenunterseiten oder Deckenoberseiten mindestens in der Länge der Deckenöffnungen zum Schutz gegen Brandübertragung durch feuerbeständige Wände zu schließen. Bei offenen Garagen, deren Decken nach § 7 Abs. 4 in feuerhemmender Bauart oder aus nicht brennbaren Baustoffen hergestellt sein dürfen, genügt es, wenn die seitlichen Wände zwischen Rampe und Decken den Anforderungen des Brandschutzes an die Decken entsprechen.
(2) Gemeinsame Rampen für mehrere unterirdische Garagengeschosse müssen durch Tore oder andere geeignete Einrichtungen so gesichert sein, dass Feuer und Rauch nicht in andere Geschosse übertragen werden können. § 8 Abs. 5 gilt entsprechend.
(3) Aufzüge und notwendige Treppen, die Garagengeschosse miteinander verbinden, müssen in eigenen lüftbaren Fahrschächten und Treppenräumen mit feuerbeständigen Wänden liegen. Türen zu Treppenräumen müssen selbstschließend und mindestens feuerhemmend aus nicht brennbaren Baustoffen sein. Satz 1 gilt nicht für Fahrzeugaufzüge in offenen Garagen.

§ 10
Verbindung der Garagen mit anderen Räumen

(1) Garagen dürfen mit Fluren, Treppenräumen und Aufzügen, die auch den Benutzern von Wohnungen oder anderen Räumen dienen, sowie mit nicht zur Garage gehörenden Räumen nur durch Sicherheitsschleusen nach § 35 Abs. 3 LBO[3] verbunden sein, soweit in den nachfolgenden Absätzen nichts anderes bestimmt ist.
(2) Es kann gestattet werden, dass Mittel- und Großgaragen in oberirdischen Geschossen mit nicht zur Garage gehörenden Räumen unmittelbar durch Öffnungen mit mindestens feuerhemmenden und selbstschließenden Türen verbunden werden, wenn die Räume
1. nicht im Zuge des einzigen Rettungsweges von Aufenthaltsräumen liegen,

3 Die Vorschrift findet in der LBO nF keine Entsprechung.

2. keine Zündquellen oder leicht entzündliche Stoffe enthalten,
3. nicht tiefer als die angrenzenden Garagen liegen

und wenn wegen des Brandschutzes Bedenken nicht bestehen.

(3) Es kann gestattet werden, dass Mittel- und Großgaragen mit Abstellräumen bis zu 20 qm Grundfläche unmittelbar durch Öffnungen mit mindestens feuerhemmenden Türen verbunden werden, wenn wegen des Brandschutzes Bedenken nicht bestehen.

(4) Offene Garagen dürfen mit Fluren, Treppenräumen und Aufzügen, die auch den Benutzern von Wohnungen oder anderen Räumen dienen, unmittelbar durch Öffnungen mit mindestens feuerhemmenden, selbstschließenden Türen verbunden sein.

(5) Kleingaragen dürfen mit nicht zur Garage gehörenden Räumen unmittelbar durch Öffnungen mit mindestens feuerhemmenden, selbstschließenden Türen verbunden sein.

§ 11
Rettungswege

(1) Zu den Rettungswegen in Mittel- und Großgaragen gehören die Fahrgassen, die zu den Ausgängen führenden Gänge in den Garagengeschossen, die Ausgänge aus den Garagengeschossen, die notwendigen Treppen sowie die erhöhten Gehsteige neben Zu- und Abfahrten und auf Rampen. Für sie gelten die nachfolgenden Vorschriften.

(2) Rettungswege müssen in solcher Anzahl vorhanden und so verteilt sein, dass Garagenbenutzer und Betriebsangehörige auf kürzestem Weg leicht und gefahrlos ins Freie auf Verkehrsflächen gelangen können.

(3) Die nutzbare Breite eines jeden Teils von Rettungswegen muss mindestens 80 cm betragen; Treppen müssen eine nutzbare Laufbreite von mindestens 1 m haben.

(4) Die zu den Ausgängen führenden Gänge sind, soweit sie nicht über Fahrgassen führen, am Boden deutlich sichtbar und dauerhaft zu kennzeichnen. Besondere Gänge, die nicht über Fahrgassen führen, können verlangt werden, wenn dies wegen der Verkehrssicherheit erforderlich ist. In jedem Garagengeschoss sind deutlich sichtbare und dauerhafte Hinweise auf die Ausgänge anzubringen.

(5) Jedes Garagengeschoss muss mindestens zwei günstig gelegene Ausgänge haben, die aus Erdgeschossen unmittelbar ins Freie, aus nicht zu ebener Erde liegenden Geschossen in Treppenräume notwendiger Treppen führen. Von jeder Stelle eines Garagengeschosses muss bei offenen Garagen ein Ausgang in höchstens 50 m, bei geschlossenen Garagen und bei unterirdischen Garagengeschossen in höchstens 30 m Entfernung erreichbar sein. Die Entfernung ist in der Lauflinie zu messen.

(6) Von zwei Rettungswegen kann einer anstatt über eine notwendige Treppe über eine Rampe geführt werden, wenn die Rampe den Anforderungen des Absatzes 2 entspricht und wenn bei Großgaragen neben der Fahrbahn ein mindestens 80 cm breiter, erhöhter Gehsteig vorhanden ist. Von jedem Brandabschnitt müssen die Rettungswege auch dann erreicht werden können, wenn die Tore zwischen den Brandabschnitten geschlossen sind.

(7) Für Dachstellplätze gelten die Absätze 1 bis 4, Absatz 5 Satz 1 und Absatz 6 Satz 1 sinngemäß. Bei Dachstellplätzen, die im Mittel nicht mehr als 3 m über der Geländeoberfläche liegen, sind Treppenräume nicht erforderlich.

§ 12
Aufenthaltsräume und Abortanlagen

Für das Aufsichts- und Wartungspersonal von Garagen müssen ein beheizbarer Aufenthaltsraum, Abortanlagen, Waschgelegenheiten und Umkleidemöglichkeiten vorhanden sein. Bei Großgaragen können auch für die Benutzer Abortanlagen verlangt werden.

§ 13

Beleuchtung und andere elektrische Anlagen

(1) Garagen dürfen nur elektrisch beleuchtet werden. Die Leuchten sind so anzuordnen, dass die Garagen, ihre Zu- und Abfahrten sowie ihre Rettungswege ausreichend beleuchtet werden können.

(2) Die elektrischen Anlagen sindnach den anerkannten Regeln der Elektrotechnik herzustellen, zu ändern, zu unterhalten und zu betreiben.

(3) In geschlossenen Großgaragen muss zur sicheren Beleuchtung der Rettungswege eine Sicherheitsbeleuchtung vorhanden sein. Diese muss eine vom Versorgungsnetz unabhängige, bei Ausfall des Netzstroms sich selbsttätig einschaltende Ersatzstromquelle haben, die für einen mindestens einstündigen Betrieb ausgelegt ist. Die Beleuchtungsstärke der Sicherheitsbeleuchtung muss mindestens 1 Lux betragen. Dies gilt nicht für eingeschossige Garagen, die ausschließlich den Benutzern von Wohnungen zu dienen bestimmt sind (Wohnhausgaragen).

§ 14

Lüftung

(1) Geschlossene Mittel- und Großgaragen müssen mechanische Abluftanlagen haben, soweit nicht nach den Absätzen 6 und 7 eine natürliche Lüftung ausreicht. Sie müssen außerdem ausreichend große und so auf die Garage verteilte Zuluftöffnungen haben, dass alle Teile der Garage ausreichend belüftet und entlüftet werden. Die Abluftanlage ist so zu bemessen und einzurichten, dass der Volumengehalt an Kohlenmonoxid (CO) in der Luft, gemessen in einer Höhe von etwa 1,50 m über dem Fußboden über einen zusammenhängenden Zeitraum von einer Stunde, unter Berücksichtigung der regelmäßig zu erwartenden Verkehrsspitzen im Mittel nicht mehr als 100 ppm (= 100 cm3/m3) beträgt. Dies gilt in der Regel als erfüllt, wenn die Abluftanlage bei Garagen mit geringem Zu- und Abgangsverkehr, wie bei Wohnhausgaragen, mindestens 6 cbm, bei anderen Garagen mindestens 12 cbm Abluft in der Stunde je qm Garagennutzfläche abführen kann. In Sonderfällen, insbesondere bei Garagen oder Teilen von Garagen mit regelmäßig außergewöhnlichen Verkehrsspitzen, kann ein rechnerischer Nachweis der erforderlichen Leistung der Abluftanlage verlangt werden.

(2) Mechanische Abluftanlagen müssen in jedem Lüftungssystem mindestens zwei gleich große Ventilatoren haben, die bei gleichzeitigem Betrieb zusammen die erforderliche Gesamtleistung erbringen. Jeder Ventilator muss aus einem eigenen, unmittelbar hinter der Hauptsicherung abzweigenden Stromkreis gespeist werden, an den andere elektrische Anlagen nicht angeschlossen werden können. Soll das Lüftungssystem zeitweise nur mit einem Ventilator betrieben werden, müssen die Ventilatoren so geschaltet sein, dass sich bei Ausfall eines Ventilators der andere selbsttätig einschaltet.

(3) Geschlossene Großgaragen mit nicht nur geringem Zu- und Abgangsverkehr müssen CO-Anlagen zur Messung, Regelung und Warnung (CO-Warnanlagen) haben. Die CO-Warnanlagen müssen so beschaffen sein, dass die Benutzer der Garagen bei Überschreitung eines CO-Gehalts der Luft von 250 ppm über Lautsprecher oder durch Blinkzeichen mit deutlicher Aufschrift dazu aufgefordert werden können, die Motoren der Kraftfahrzeuge abzuschalten. Lautsprecher oder Blinkzeichen sind an die Ersatzstromquelle (§ 13 Abs. 3) anzuschließen.

(4) Ist mit der mechanischen Abluftanlage nach den Absätzen 1 und 2 eine ausreichende Lüftung aller Teile der Garage durch Zuluftöffnungen nicht gesichert, so muss außerdem eine mechanische Zuluftanlage vorhanden sein. Für den elektrischen Anschluss der Zuluftventilatoren gilt Absatz 2 Satz 2.

(5) Räume innerhalb von Garagen, in denen Menschen für längere Zeit tätig sind und in

die Kraftfahrzeugabgase eindringen können, müssen so gelüftet werden, dass die Anforderungen an Arbeitsräume erfüllt sind. Abfertigungsräume, Pförtnerlogen und ähnliche Räume müssen eigene mechanische Zuluftanlagen haben, die das Zuströmen von Kraftfahrzeugabgasen verhindern. Für diese Anlagen genügt ein Zuluftventilator, wenn der Ausfall des Ventilators durch ein Warnsignal angezeigt wird.

(6) Für offene Garagen genügt die natürliche Lüftung. Für geschlossene Mittel- und Großgaragen mit geringem Zu- und Abgangsverkehr reicht eine natürliche Lüftung aus, wenn Außenwände mit Lüftungsöffnungen einander gegenüberliegen, die in oberirdischen Garagen nicht weiter als 35 m, in eingeschossigen unterirdischen Garagen nicht weiter als 20 m voneinander entfernt sind, und wenn überall eine ständige Querlüftung gesichert ist. Die Lüftungsöffnungen müssen oberhalb der Geländeoberfläche liegen, unverschließbar sein und einen freien Gesamtquerschnitt von mindestens 600 cqm je Garagenstellplatz haben. In Garagen, die nur die Tiefe eines Garagenstellplatzes haben, sowie in Kleingaragen genügen Lüftungsöffnungen in den Außentüren mit einem freien Querschnitt von insgesamt mindestens 150 cqm je Garagenstellplatz.

(7) Für geschlossene Mittel- und Großgaragen, die nach Lage und Abmessungen den Voraussetzungen nach Absatz 6 Satz 2 nicht entsprechen, sind mechanische Abluftanlagen nicht erforderlich, wenn nach dem Gutachten eines anerkannten Sachverständigen (§ 26 Abs. 7) zu erwarten ist, dass der CO-Gehalt der Luft in der Garage bei natürlicher Lüftung auch während der regelmäßigen Verkehrsspitzen im Mittel nicht mehr als 100 ppm beträgt; dies ist durch einen Prüfbericht des Sachverständigen auf der Grundlage von Messungen, die nach Inbetriebnahme der Garage über einen angemessenen Zeitraum durchzuführen sind, nachzuweisen. Die Ausrüstung der Garagen mit CO-Warnanlagen kann verlangt werden.

(8) In allen Garagen müssen auffällige, dauerhafte Anschläge in genügender Zahl angebracht sein mit dem Wortlaut „Vorsicht bei laufenden Motoren! Vergiftungsgefahr!“

§ 15
Unzulässigkeit von Zündquellen

(1) Garagen dürfen keine Anlagen oder Einrichtungen enthalten, an denen sich brennbare Gase oder Dämpfe entzünden können.

(2) Die Oberflächentemperatur von Heizungsanlagen darf 300° C nicht überschreiten. Heizungsanlagen, die Oberflächentemperaturen von mehr als 110° C erreichen können, sind mit Verkleidungen aus nicht brennbaren Baustoffen und mit schräger Abdeckung zu versehen, so dass Gegenstände nicht darauf abgelegt werden können.

(3) In sonst anders genutzten Gebäuden müssen Garagengeschosse von Großgaragen, die unter dem obersten Kellergeschoss liegen, selbsttätige Feuerlöschanlagen mit über die Garage verteilten Sprühdüsen, wie Sprinkleranlagen, haben.

§ 16
Feuerlöscheinrichtungen

(1) Für eingeschossige Großgaragen kann je angefangene 1000 qm Nutzfläche ein Wandhydrant mit absperrbarem Strahlrohr verlangt werden. Die Wandhydranten sind so zu verteilen, dass jede Stelle der Garage mit Löschwasser erreicht werden kann.

(2) Bei mehrgeschossigen Garagen kann für jeden Treppenraum eine Steigleitung mit Wandhydranten und absperrbaren Strahlrohren verlangt werden.

(3) In sonst anders genutzten Gebäuden müssen Garagengeschosse von Großgaragen, die unter dem obersten Kellergeschoss liegen, selbsttätige Feuerlöschanlagen mit über die Garage verteilten Sprühdüsen, wie Sprinkleranlagen, haben.

(4) In Mittel- und Großgaragen sind für die Bekämpfung von Glut- und Flüssigkeitsbränden geeignete Feuerlöscher in ausreichender

Größe und zweckmäßiger Verteilung griffbereit anzubringen. Für die ersten 20 Garagenstellplätze sind zwei, für je weitere 20 Garagenstellplätze ein Feuerlöscher erforderlich. Die Bereitstellung geeigneter fahrbarer Feuerlöschgeräte kann verlangt werden.

§ 17
Feuermeldeeinrichtungen
Für Mittel- und Großgaragen kann der Einbau von Feuermeldeeinrichtungen verlangt werden, wenn dies nach Lage, Art und Größe der Garage erforderlich ist. Unter den gleichen Voraussetzungen kann verlangt werden, dass jedes Auslösen selbsttätiger Feuerlöschanlagen der Feuerwehr selbsttätig gemeldet wird.

§ 18
Tankstellen in Verbindung mit Garagen
(1) Werden Tankstellen mit Zapfsäulen, Zapfgeräten oder Tankautomaten in Garagengeschossen oder auf Dachstellplätzen errichtet, so müssen die tragenden Wände, Stützen und Decken dieser Geschosse oder die Decken unter den Dachstellplätzen innerhalb des betreffenden Brandabschnitts feuerbeständig sein. Dies gilt nicht für eingeschossige oberirdische Garagen.
(2) Zapfsäulen, Zapfgeräte und Tankautomaten sind so aufzustellen, dass sie und die an ihnen tankenden Kraftfahrzeuge die zügige Zu- und Abfahrt zu und von den Garagenstellplätzen und die sichere Benutzung der Rettungswege nicht behindern.

§ 19
Arbeitsgruben
Arbeitsgruben innerhalb von Garagen müssen eine ausreichende Lüftung haben. Sie müssen jederzeit leicht verlassen werden können, gut erkennbar und durch Abdeckung oder andere Schutzvorrichtungen so gesichert sein, dass Personen nicht hineinstürzen können.

§ 20
Zusätzliche Bauvorlagen
Die Bauvorlagen müssen zusätzliche Angaben enthalten über:
1. die Zahl, Abmessung und Kennzeichnung der Garagenstellplätze und Fahrgassen,
2. die Rettungswege,
3. die Feuermelde- und Feuerlöscheinrichtungen, die Alarmeinrichtungen und andere Sicherheitseinrichtungen wie CO-Warnanlagen,
4. die Lüftungsanlagen,
5. die elektrischen Starkstromanlagen einschließlich der Sicherheitsbeleuchtung.

Abschnitt 3:
Betriebsvorschriften

§ 21
Verkehrssicherung
Die Zu- und Abfahrten und die Rettungswege sind bis zur öffentlichen Verkehrsfläche verkehrssicher und frei zu halten. Dies gilt insbesondere bei Eis- und Schneeglätte. Bei Dunkelheit sind sie zu beleuchten, soweit es die Verkehrssicherheit erfordert.

§ 22
Schutz gegen Vergiftung
(1) Lüftungsanlagen dürfen nicht verschlossen oder zugestellt werden. Mechanische Lüftungsanlagen und CO-Warnanlagen müssen so gewartet werden, dass sie ständig betriebsbereit sind. Mechanische Lüftungsanlagen müssen so betrieben werden, dass der CO-Gehalt der Luft im Mittel nicht mehr als 100 ppm beträgt (§ 14 Abs. 1 Satz 3). CO-Warnanlagen müssen ständig eingeschaltet sein.
(2) In Garagen dürfen Motoren nur zum Erreichen und zum Verlassen der Garagenstellplätze laufen. Bei Überschreitung eines CO-Gehalts der Luft von 250 ppm in Garagen mit CO-Warnanlagen nach § 14 Abs. 3 sowie bei Ausfall der Lüftung müssen die Benutzer der Garagen über Lautsprecher oder Blinkzeichen dazu aufgefordert werden, die Motoren

abzuschalten. Dieser Aufforderung ist Folge zu leisten.

§ 23
Feuergefährliche Stoffe und Rauchverbot

(1) Kraftstoffe und Kraftstoffbehälter dürfen in Garagen nicht aufbewahrt werden; der Tankinhalt abgestellter Kraftfahrzeuge und die in ihnen mitgeführten Reservekanister bleiben hierbei unberücksichtigt. Abweichend von Satz 1 dürfen in Kleingaragen bis zu 200 Liter Dieselkraftstoff und bis zu 20 Liter Benzin in dicht verschlossenen, bruchsicheren Behältern aufbewahrt werden.
(2) Andere brennbare Stoffe dürfen in Garagen nur in unerheblichen Mengen, öl- oder fetthaltige Putzwolle und -lappen nur in dicht schließenden Behältern aus nicht brennbaren Stoffen aufbewahrt werden. Zum Aufsaugen brennbarer Flüssigkeiten benutzte Stoffe sind sofort aus den Garagen zu entfernen.
(3) In Garagen und auf Stellplätzen sowie auf ihren Zu- und Abfahrten dürfen Kraftfahrzeuge nur dort mit Kraftstoff oder Öl versorgt oder mit brennbaren Flüssigkeiten gereinigt werden, wo verschüttete Flüssigkeiten nicht in den Boden oder in Abwasseranlagen eindringen können. Benzinabscheider sind rechtzeitig zu entleeren und zu reinigen. Brennbare Flüssigkeiten mit einem Flammpunkt unter 21° C dürfen in Garagen insbesondere nicht zum Reinigen verwendet werden.
(4) In geschlossenen Mittel- und Großgaragen ist es verboten, zu rauchen und offenes Feuer zu verwenden; auf das Verbot ist durch deutlich sichtbare und dauerhafte Anschläge mit dem Wortlaut „Feuer und Rauchen verboten!" hinzuweisen. Dies gilt nicht für Garagen, die ausschließlich dem Abstellen von Diesel- oder Elektrofahrzeugen dienen.

§ 24
Abstellen von Druckgasfahrzeugen

Kraftfahrzeuge, die mit Druckgas betrieben werden, das schwerer ist als Luft, wie Propan, Butan und deren Gemische, dürfen in Garagen nur abgestellt werden, wenn sichergestellt ist, dass austretendes Gas gefahrlos ins Freie entweichen kann.

§ 25
Abstellen von Kraftfahrzeugen in anderen Räumen als Garagen

(1) Kraftfahrzeuge dürfen in Wohnungen, Treppenräumen, Dachräumen, Fluren und Kellergängen nicht abgestellt werden.
(2) Kraftfahrzeuge dürfen in Durchgängen und Durchfahrten nur abgestellt werden, wenn der Verkehr oder die Feuerlösch- und Rettungsmaßnahmen dadurch nicht behindert werden.
(3) Kraftfahrzeuge dürfen in anderen Räumen als Garagen nur abgestellt werden, wenn

1. das Gesamtfassungsvermögen der Kraftstoffbehälter aller abgestellten Kraftfahrzeuge nicht mehr als 12 Liter beträgt,
2. Kraftstoff außer dem Inhalt der Kraftstoffbehälter abgestellter Kraftfahrzeuge in diesen Räumen nicht aufbewahrt wird,
3. diese Räume nicht Wohnzwecken dienen und nicht im einzigen Rettungsweg von Aufenthaltsräumen liegen und
4. diese Räume keine Zündquellen oder leicht entzündlichen Stoffe enthalten und von Räumen mit Feuerstätten oder leicht entzündlichen Stoffen durch Türen abgetrennt sind. Die Räume dürfen durch Lattenverschläge unterteilt sein.

Befinden sich diese Räume in Gebäuden aus brennbaren Baustoffen, so gilt Nummer 1 für den gesamten Brandabschnitt.
(4) Kraftfahrzeuge als landwirtschaftliche Arbeitsmaschinen dürfen in anderen Räumen als Garagen abgestellt werden.
(5) Das Rauchen, der Umgang mit offenem Feuer, das Laufenlassen von Motoren, das Tanken und Reinigen mit brennbaren Flüssigkeiten sind in Räumen nach Absätzen 2 bis 4 unzulässig.

Abschnitt 4
Prüfungen und Schlussvorschriften

§ 26
Prüfungen
(1) (aufgehoben)
(2) (aufgehoben)
(3) (aufgehoben)
(4) (aufgehoben)
(5) (aufgehoben)
(6) Der Betreiber hat die von den Sachverständigen bei den Prüfungen festgestellten Mängel unverzüglich beseitigen zu lassen und die Beseitigung der Bauaufsichtsbehörde mitzuteilen.
(7) (aufgehoben)
(8) (aufgehoben)
(9) Die Bauaufsichtsbehörde hat Großgaragen in Abständen von längstens fünf Jahren zu prüfen. An der Prüfung sind die mit der Abwehr von Gefahren für die öffentliche Sicherheit oder Ordnung betrauten Behörden zu beteiligen.

§ 27
Anwendung der Betriebsvorschriften auf bestehende Garagen
Auf die zum Zeitpunkt des In-Kraft-Tretens der Verordnung bestehenden Garagen sind die Betriebsvorschriften (§§ 21 bis 24) sowie die Vorschriften über Prüfungen (§ 26) entsprechend anzuwenden.

§ 28
Weitere Anforderungen und Erleichterungen
(1) Weitere Anforderungen als nach dieser Verordnung können gestellt werden, wenn dies zur Gefahrenabwehr oder zur zweckentsprechenden Nutzung der Garagen durch Behinderte erforderlich ist. Dies gilt insbesondere für die Anordnung, Bemessung und Regelung der Zu- und Abfahrten, die Verbindung der Garagen mit anderen Räumen, die Sicherung der Rettungswege, die Lüftung der Garagen und die stufenlose Zugänglichkeit der Stellplätze für Behinderte.
(2) Die Anforderungen nach § 4, § 9 Abs. 3, § 11 Abs. 3 bis 5, § 13 Abs. 3, § 14 Abs. 1 bis 4, Abs. 6 Satz 2 und 3, Abs. 7 und Abs. 8 sowie § 22 Abs. 1 Satz 3 und Abs. 2 Satz 2 und 3 gelten nicht für Garagen ohne Fahrverkehr, in denen die Kraftfahrzeuge mit mechanischen Förderanlagen von der Garagenzufahrt zu Garagenstellplätzen befördert und ebenso zum Abholplatz an der Garagenausfahrt zurückbefördert werden.

§ 29
Ordnungswidrigkeiten[4]
Ordnungswidrig gemäß § 111 Abs. 1 Nr. 1 LBO[5] handelt, wer vorsätzlich oder fahrlässig
1. entgegen dem Gebot des § 21 Satz 1 und 2 die Zu- und Abfahrten und die Rettungswege nicht verkehrssicher und frei hält;
2. entgegen dem Verbot des § 22 Abs. 1 Satz 1 Lüftungsöffnungen verschließt oder zustellt;
3. entgegen dem Gebot des § 22 Abs. 1 Satz 3 mechanische Lüftungsanlagen so betreibt, dass der in § 14 Abs. 1 Satz 3 genannte Wert überschritten wird;
4. entgegen dem Gebot des § 22 Abs. 1 Satz 4 CO-Warnanlagen nicht ständig eingeschaltet lässt;
5. entgegen dem Gebot des § 22 Abs. 2 Satz 2 nicht zum Abschalten der Motoren auffordert;
6. entgegen dem Gebot des § 22 Abs. 2 Satz 3 der Aufforderung zum Abschalten der Motoren nicht nachkommt;
7. entgegen dem Verbot des § 23 Abs. 1 Kraftstoffe und Kraftstoffbehälter in Garagen aufbewahrt;
8. entgegen dem Verbot des § 23 Abs. 4 Satz 1 offenes Feuer verwendet;
9. entgegen den Geboten des § 26 die vorgeschriebenen oder angeordneten Prüfungen nicht oder nicht rechtzeitig durchführen lässt.

Der Minister des Innern[6]

4 Vgl. Bußgeldkatalog vom 15. Januar 2002 (GMBl. S. 63).
5 Vgl. jetzt § 95 Abs. 1 Nr. 1 LBO.
6 Jetzt Ministerium für Umwelt gem. Nr. 8.16 der Bekanntmachung - BS- Nr. 1101- 5.

LBO

Landesbauordnung

In der Fassung vom 18. Februar 2004, zuletzt geändert durch das Gesetz vom 12. Dezember 2023 (Amtsbl. I S. 212). Fundstelle: Amtsblatt 2004, S. 822.

Landesbauordnung (LBO) [1] [2]
vom 18. Februar 2004

In der Fassung vom 18. Februar 2004, zuletzt geändert durch das Gesetz vom 12. Dezember 2023 (Amtsbl. I S. 212).
Fundstelle: Amtsblatt 2004, S. 822.

INHALTSVERZEICHNIS

1 Die Verpflichtungen aus der Richtlinie 98/34/EG des Europäischen Parlaments und des Rates vom 22. Juni 1998 über ein Informationsverfahren auf dem Gebiet der Normen und technischen Vorschriften (ABl. EG Nr. L 204 S. 37), zuletzt geändert durch die Akte über die Bedingungen des Beitritts der Tschechischen Republik, der Republik Estland, der Republik Zypern, der Republik Lettland, der Republik Litauen, der Republik Ungarn, der Republik Malta, der Republik Polen, der Republik Slowenien und der Slowakischen Republik und die Anpassungen der die Europäische Union begründenden Verträge – Anhang II: Liste nach Artikel 20 der Beitrittsakte – 1. Freier Warenverkehr – H. Horizontale und verfahrensbezogene Maßnahmen vom 16. April 2003 (ABl. EG Nr. L 236 S. 68), sind beachtet worden. – Amtliche Fußnote 1.

2 Dieses Gesetz dient auch der Umsetzung der Richtlinie 2006/123/EG des Europäischen Parlaments und des Rates vom 12. Dezember 2006 über Dienstleistungen im Binnenmarkt (ABl. EU Nr. L 376 S. 36). – Amtliche Fußnote 2.

Teil 1
Allgemeine Vorschriften

§ 1
Anwendungsbereich

(1) Dieses Gesetz gilt für bauliche Anlagen und für Bauprodukte. Es gilt auch für Grundstücke sowie für andere Anlagen und Einrichtungen, an die in diesem Gesetz oder in Vorschriften auf Grund dieses Gesetzes Anforderungen gestellt werden.

(2) Dieses Gesetz gilt nicht für

1. Anlagen des öffentlichen Verkehrs einschließlich Zubehör, Nebenanlagen und Nebenbetriebe, mit Ausnahme von Gebäuden,
2. Anlagen, soweit sie der Bergaufsicht unterliegen, mit Ausnahme von oberirdischen Gebäuden,
3. Leitungen, die der öffentlichen Versorgung oder Entsorgung, der Telekommunikation, dem Rundfunk oder dem Fernsehen dienen, und ihre Nebenanlagen, mit Ausnahme von Masten, Unterstützungen und Gebäuden,
4. Rohrleitungen, die dem Ferntransport von Stoffen dienen, und ihre Nebenanlagen, mit Ausnahme von Unterstützungen und Gebäuden,
5. Kräne und Krananlagen mit Ausnahme ihrer ortsfesten Bahnen und Unterstützungen,
6. Messestände in Messe- und Ausstellungsgebäuden,
7. Regale und Regalanlagen in Gebäuden, soweit sie nicht Teil der Gebäudekonstruktion sind oder keine Erschließungsfunktion haben.

§ 2

Begriffe

(1) Bauliche Anlagen sind mit dem Erdboden verbundene, aus Bauprodukten hergestellte Anlagen. Eine Verbindung mit dem Erdboden besteht auch, wenn die Anlage durch eigene Schwere auf dem Boden ruht oder nach ihrem Verwendungszweck dazu bestimmt ist, überwiegend ortsfest benutzt zu werden. Als bauliche Anlagen gelten auch

1. Aufschüttungen und Abgrabungen,
2. Lager-, Abstell- und Ausstellungsplätze,
3. Sport- und Spielflächen,
4. Camping-, Wochenend- und Zeltplätze,
5. Freizeit- und Vergnügungsparks,
6. Stellplätze für Kraftfahrzeuge und Abstellplätze für Fahrräder,
7. Gerüste,
8. Hilfseinrichtungen zur statischen Sicherung von Bauzuständen,
9. Regale im Freien und Regale, die Teil der Gebäudekonstruktion sind oder Erschließungsfunktion haben.

Anlagen sind bauliche Anlagen und sonstige Anlagen und Einrichtungen im Sinne des § 1 Abs. 1 Satz 2.

(2) Gebäude sind selbstständig benutzbare, überdeckte bauliche Anlagen, die von Menschen betreten werden können und geeignet oder bestimmt sind, dem Schutz von Menschen, Tieren oder Sachen zu dienen.

(3) Es gehören an:

1. der Gebäudeklasse 1:
   a) freistehende Gebäude mit einer Höhe bis zu 7 m und nicht mehr als zwei Nutzungseinheiten von insgesamt nicht mehr als 400 m2 und
   b) freistehende land- oder forstwirtschaftlich genutzte Gebäude,
2. der Gebäudeklasse 2:
   Gebäude mit einer Höhe bis zu 7 m und nicht mehr als zwei Nutzungseinheiten von insgesamt nicht mehr als 400 m2,
3. der Gebäudeklasse 3:
   sonstige Gebäude mit einer Höhe bis zu 7 m,
4. der Gebäudeklasse 4:
   Gebäude mit einer Höhe bis zu 13 m und Nutzungseinheiten mit jeweils nicht mehr als 400 m2,
5. der Gebäudeklasse 5:
   sonstige Gebäude einschließlich unterirdischer Gebäude.

Höhe im Sinne des Satzes 1 ist das Maß der Fußbodenoberkante des höchstgelegenen Geschosses, in dem ein Aufenthaltsraum möglich ist, über der Geländeoberfläche im Mittel. Die Flächen der Nutzungseinheiten im Sinne dieses Gesetzes sind die Brutto-Grundflächen; bei der Berechnung der Brutto-Grundflächen nach Satz 1 bleiben Flächen in Untergeschossen außer Betracht. Gebäude werden nicht der Gebäudeklasse 2 wegen angebauter Nebengebäude zugeordnet, wenn es sich um Nebengebäude der in § 61 Absatz 1 Nummer 1 Buchstabe a oder b genannten Art und Größe handelt.

(4) Sonderbauten sind Anlagen und Räume besonderer Art oder Nutzung, die einen der nachfolgenden Tatbestände erfüllen:

1. Hochhäuser (Gebäude mit einer Höhe nach Absatz 3 Satz 2 von mehr als 22 m),
2. bauliche Anlagen mit einer Höhe von mehr als 30 m über der Geländeoberfläche,
3. Gebäude, deren Geschoss mit der größten Ausdehnung mehr als 1.600 m2 Grundfläche hat, ausgenommen Wohngebäude und Garagen,
4. Verkaufsstätten, deren Verkaufsräume und Ladenstraßen eine Grundfläche von insgesamt mehr als 800 m2 haben,
5. Gebäude mit Räumen, die einer Büro- und Verwaltungsnutzung dienen und
6. einzeln eine Grundfläche von mehr als 400 m2 haben,
7. Gebäude mit Räumen, die einzeln für die Nutzung durch mehr als 100 Personen bestimmt sind,
8. Versammlungsstätten
   a) mit Versammlungsräumen, die insgesamt mehr als 200 Besuche-

rinnen und Besucher fassen, wenn diese Versammlungsräume gemeinsame Rettungswege haben,
   b) im Freien mit Szenenflächen sowie Freisportanlagen jeweils mit Tribünen, die keine Fliegenden Bauten sind und insgesamt mehr als 1.000 Besucherinnen und Besucher fassen,
9. Schank- und Speisegaststätten mit mehr als 40 Gastplätzen in Gebäuden oder mehr als 1 000 Gastplätzen im Freien, Beherbergungsstätten mit mehr als 12 Betten sowie Spielhallen und Wettbüros mit jeweils mehr als 150 m2 Grundfläche,
10. Gebäude mit mindestens einer Nutzungseinheit zum Zwecke der Pflege oder Betreuung von Personen mit Pflegebedürftigkeit oder Behinderungen, deren Selbstrettungsfähigkeit eingeschränkt ist, wenn
    a) mindestens eine Nutzungseinheit für mehr als sechs Personen bestimmt ist,
    b) mindestens eine Nutzungseinheit für Personen mit Intensivpflegebedarf bestimmt ist oder
    c) mindestens zwei Nutzungseinheiten einen gemeinsamen Rettungsweg haben und insgesamt für mehr als zwölf Personen bestimmt sind,
11. Krankenhäuser,
12. Wohnheime,
13. Tageseinrichtungen für Menschen mit Behinderungen, alte Menschen und Kinder, ausgenommen Tageseinrichtungen einschließlich Tagespflege für nicht mehr als zehn Kinder, sowie sonstige Einrichtungen zur Unterbringung von Personen, ausgenommen wohnartige Einrichtungen für nicht mehr als zehn Personen,
14. Schulen, Hochschulen und ähnliche Einrichtungen,
15. Justizvollzugsanstalten und bauliche Anlagen für den Maßregelvollzug,
16. Camping- und Wochenendplätze,
17. Freizeit- und Vergnügungsparks,
18. bauliche Anlagen, deren Nutzung durch Umgang oder Lagerung von Stoffen mit Explosions- oder erhöhter Brandgefahr verbunden ist,
19. Regallager mit einer Oberkante Lagerguthöhe von mehr als 7,50 m,
20. Fliegende Bauten[3], soweit sie einer Ausführungsgenehmigung bedürfen,
21. Anlagen und Räume, die in den Nummern 1 bis 19 nicht aufgeführt sind, deren Art oder Nutzung mit vergleichbaren Gefahren verbunden sind.

(5) Vollgeschosse sind Geschosse, deren Deckenoberkante im Mittel mehr als 1,40 m über die Geländeoberfläche hinausragt und die eine lichte Höhe von mindestens 2,30 m haben. Ein Geschoss im Dachraum und ein gegenüber mindestens einer Außenwand des Gebäudes zurückgesetztes oberstes Geschoss (Staffelgeschoss) ist ein Vollgeschoss, wenn es diese Höhe über mindestens drei Viertel der Grundfläche des darunter liegenden Geschosses hat. Garagengeschosse sind Vollgeschosse, wenn sie im Mittel mehr als 2 m über die Geländeoberfläche hinausragen.

(6) Geschosse sind oberirdische Geschosse, wenn ihre Deckenoberkante im Mittel mehr als 1,40 m über die Geländeoberfläche hinausragt, im Übrigen sind sie Untergeschosse. Hohlräume zwischen der obersten Decke und der Bedachung, in denen Aufenthaltsräume nicht möglich sind, sind keine Geschosse.

(7) Geländeoberfläche ist die sich aus den Festsetzungen einer städtebaulichen Satzung ergebende oder von der Bauaufsichtsbehörde festgelegte, im Übrigen die natürliche Geländeoberfläche auf dem Baugrundstück.

(8) Aufenthaltsräume sind Räume, die zum nicht nur vorübergehenden Aufenthalt von Menschen bestimmt oder geeignet sind.

(9) Stellplätze sind Flächen, die dem Abstellen von Kraftfahrzeugen außerhalb der öf-

3 Vgl. bisher VV bauaufsichtliche Behandlung fliegender Bauten vom 4. September 1997 (GMBl. S. 385), geändert durch VV vom 30. Juli 1998 (GMBl. S. 210).

fentlichen Verkehrsflächen auf Grundstücken dienen. Garagen sind ganz oder teilweise umschlossene Räume zum Abstellen von Kraftfahrzeugen und überdachte Stellplätze. Ausstellungs-, Verkaufs-, Werk- und Lagerplätze und -räume für Kraftfahrzeuge sind keine Stellplätze oder Garagen.

(10) Feuerstätten sind in oder an Gebäuden ortsfest benutzte Anlagen oder Einrichtungen, die dazu bestimmt sind, durch Verbrennung Wärme zu erzeugen.

(11) Barrierefrei sind bauliche Anlagen, soweit sie für Menschen mit Behinderungen, alte Menschen und Personen mit Kleinkindern in der allgemein üblichen Weise, ohne besondere Erschwernis und grundsätzlich ohne fremde Hilfe auffindbar, zugänglich und nutzbar sind.

(12) Öffentlich-rechtliche Sicherung ist die Sicherstellung eines Tuns, Duldens oder Unterlassens durch Eintragung einer Baulast, Festsetzung in einer städtebaulichen Satzung oder durch sonstige öffentlich-rechtliche Vorschriften.

(13) Bauprodukte sind

1. Produkte, Baustoffe, Bauteile und Anlagen sowie Bausätze gemäß Art. 2 Nr. 2 der Verordnung (EU) Nr. 305/2011 des Europäischen Parlaments und des Rates vom 9. März 2011 zur Festlegung harmonisierter Bedingungen für die Vermarktung von Bauprodukten und zur Aufhebung der Richtlinie 89/106/EWG des Rates (ABl. L 88 vom 4.4.2011, S. 5, ABl. L 103 vom 12.4.2013, S. 10, ABl. L 92 vom 8.4.2015, S. 118), zuletzt geändert durch die Delegierte Verordnung (EU) Nr. 574/2014 der Kommission vom 21. Februar 2014 (ABl. L 159 vom 28.5.2014, S. 41), in der jeweils geltenden Fassung, die hergestellt werden, um dauerhaft in bauliche Anlagen eingebaut zu werden,
2. aus Produkten, Baustoffen, Bauteilen sowie Bausätzen gemäß Art. 2 Nr. 2 der Verordnung (EU) Nr. 305/2011 vorgefertigte Anlagen, die hergestellt werden, um mit dem Erdboden verbunden zu werden,
3. und deren Verwendung sich auf die Anforderungen nach § 3 Absatz 1 Nummer 1 auswirken kann.

(14) Bauart ist das Zusammenfügen von Bauprodukten zu baulichen Anlagen oder Teilen von baulichen Anlagen.

§ 3
Allgemeine Anforderungen

(1) Anlagen sind so anzuordnen, zu errichten, zu ändern und instand zu halten, dass sie

1. die öffentliche Sicherheit und Ordnung, insbesondere Leben, Gesundheit und die natürlichen Lebensgrundlagen, nicht gefährden; dabei sind die Grundanforderungen an Bauwerke gemäß Anhang I der Verordnung (EU) Nr. 305/2011 zu berücksichtigen,
2. keine unzumutbaren Belästigungen verursachen,
3. ihrem Zweck entsprechend ohne Missstände zu benutzen sind,
4. die besonderen Belange der Familien und der Personen mit Kindern, der Menschen mit Behinderungen und der alten Menschen berücksichtigen.

(2) Für die Beseitigung von Anlagen und für die Änderung ihrer Nutzung gilt Absatz 1 entsprechend.

§ 4
Gestalterische Anforderungen

Bauliche Anlagen müssen nach Form, Maßstab, Verhältnis der Baumassen und Bauteile zueinander, Werkstoff und Farbe so gestaltet sein, dass sie nicht verunstaltet wirken. Sie sind mit ihrer Umgebung so in Einklang zu bringen, dass sie das vorhandene Straßen-, Orts- oder Landschaftsbild nicht verunstalten.

Teil 2
Das Grundstück und seine Bebauung

§ 5
Bebauung der Grundstücke

(1) Gebäude dürfen nur errichtet werden, wenn das Grundstück für die Zufahrt und den Einsatz von Feuerlösch- und Rettungsgeräten in ausreichender Breite an eine befahrbare öffentliche Verkehrsfläche angrenzt oder eine befahrbare öffentlich-rechtlich gesicherte Zufahrt in ausreichender Breite zu einer befahrbaren öffentlichen Verkehrsfläche hat.

(2) Die Errichtung eines Gebäudes auf mehreren Grundstücken ist nur zulässig, wenn öffentlich-rechtlich gesichert ist, dass keine Verhältnisse eintreten können, die den Vorschriften dieses Gesetzes oder den auf Grund dieses Gesetzes erlassenen Vorschriften zuwiderlaufen. Dies gilt bei bestehenden Gebäuden nicht für eine Außenwand- oder Dachdämmung, die über die Bauteilanforderungen des Gesetzes zur Einsparung von Energie und zur Nutzung Erneuerbarer Energien zur Wärme- und Kälteerzeugung in Gebäuden vom 8. August 2020 (BGBl. I S. 1728), zuletzt geändert durch Artikel 18a des Gesetzes vom 20. Juli 2022 (BGBl. I S. 1237), in der jeweils geltenden Fassung für bestehende Gebäude nicht hinausgeht. Satz 2 gilt entsprechend für die mit der Wärmedämmung zusammenhängenden notwendigen Änderungen von Bauteilen.

(3) Auf die natürliche Umwelt ist Rücksicht zu nehmen. Der Bestand an standortgerechten einheimischen Bäumen und Gehölzen ist zu erhalten, soweit er nicht erhebliche Beeinträchtigungen für die Benutzerinnen und Benutzer der baulichen Anlage oder für die Nachbarschaft bewirkt oder eine Gefahr für die bauliche Anlage selbst darstellt.

(4) Grundstücke, die mit umweltgefährdenden Stoffen belastet sind, dürfen nur bebaut werden, wenn von ihnen für die vorgesehene Nutzung keine Gefahren für die Umwelt, insbesondere die Gesundheit, ausgehen.

(5) Bei der Errichtung oder Änderung baulicher Anlagen hat die Bauaufsichtsbehörde, soweit erforderlich, die Geländeoberfläche und die Höhenlage der baulichen Anlage festzulegen; die Gemeinde ist zu hören. Die Bauaufsichtsbehörde kann verlangen oder untersagen, dass die Oberfläche des Grundstücks verändert wird, um

1. eine Störung des Straßen-, Orts- oder Landschaftsbildes zu vermeiden oder zu beseitigen,
2. eine Angleichung an die Höhe der Verkehrsfläche oder an die Oberfläche des Nachbargrundstücks zu erreichen,
3. Gefahren oder Beeinträchtigungen zu vermeiden.

§ 6
Zugänge und Zufahrten auf den Grundstücken

(1) Von öffentlichen Verkehrsflächen ist insbesondere für die Feuerwehr ein geradliniger Zu- oder Durchgang zu rückwärtigen Gebäuden zu schaffen; zu anderen Gebäuden ist er zu schaffen, wenn der zweite Rettungsweg dieser Gebäude über Rettungsgeräte der Feuerwehr führt. Zu Gebäuden, bei denen die Oberkante der Brüstung von zum Anleitern bestimmten Fenstern oder Stellen mehr als 8 m über der Geländeoberfläche liegt, ist in den Fällen des Satzes 1 anstelle eines Zu- oder Durchgangs eine Zu- oder Durchfahrt zu schaffen. Ist für die Personenrettung der Einsatz von Hubrettungsfahrzeugen erforderlich, so sind die dafür erforderlichen Aufstell- und Bewegungsflächen vorzusehen. Bei Gebäuden, die ganz oder mit Teilen mehr als 50 m von einer öffentlichen Verkehrsfläche entfernt sind, sind Zufahrten oder Durchfahrten nach Satz 2 zu den vor und hinter den Gebäuden gelegenen Grundstücksteilen und Bewegungsflächen herzustellen, wenn sie aus Gründen des Feuerwehreinsatzes erforderlich sind.

(2) Zu- oder Durchfahrten, Aufstellflächen und Bewegungsflächen müssen für Feuerwehrfahrzeuge ausreichend befestigt und

tragfähig sein; sie sind als solche zu kennzeichnen und ständig freizuhalten; die Kennzeichnung von Zufahrten muss von der öffentlichen Verkehrsfläche aus sichtbar sein. Fahrzeuge dürfen auf den Flächen nach Satz 1 nicht abgestellt werden.

§ 7
Abstandsflächen, Abstände

(1) Vor den Außenwänden von Gebäuden oder vor den Abschnitten von Außenwänden von Gebäuden sind Flächen von oberirdischen Gebäuden sowie von Anlagen nach Absatz 7 freizuhalten (Abstandsflächen). Eine Abstandsfläche ist nicht erforderlich vor Außenwänden, die an Grundstücksgrenzen errichtet werden, wenn nach planungsrechtlichen Vorschriften

1. das Gebäude ohne Grenzabstand gebaut werden muss oder
2. das Gebäude ohne Grenzabstand gebaut werden darf und öffentlich-rechtlich gesichert ist, dass auf dem Nachbargrundstück ebenfalls ohne Grenzabstand gebaut wird.

Muss nach planungsrechtlichen Vorschriften mit Grenzabstand gebaut werden, ist aber auf dem Nachbargrundstück innerhalb der überbaubaren Grundstücksfläche ein Gebäude ohne Grenzabstand bereits vorhanden, so kann gestattet oder verlangt werden, dass ebenfalls ohne Grenzabstand gebaut wird. Muss nach planungsrechtlichen Vorschriften ohne Grenzabstand gebaut werden, ist aber auf dem Nachbargrundstück innerhalb der überbaubaren Grundstücksfläche ein Gebäude mit Grenzabstand vorhanden, so kann gestattet oder verlangt werden, dass eine Abstandsfläche eingehalten wird.

(2) Die Abstandsflächen sowie die Abstände nach § 30 Abs. 2 Satz 1 Nr. 1 und § 32 Abs. 2 Satz 1 Nr. 1 müssen auf dem Grundstück selbst liegen. Sie dürfen auch auf öffentlichen Verkehrsflächen, öffentlichen Grünflächen und öffentlichen Wasserflächen liegen, jedoch nur bis zu deren Mitte.

(3) Die Abstandsflächen dürfen sich nicht überdecken; dies gilt nicht für

1. Außenwände, die in einem Winkel von mehr als 75° zueinander stehen,
2. Gebäude und andere bauliche Anlagen, die in der Abstandsfläche zulässig sind oder gestattet werden,
3. Außenwände zu einem fremder Sicht entzogenen Gartenhof bei Wohngebäuden mit nicht mehr als zwei Wohnungen.

(4) Die Tiefe der Abstandsflächen bemisst sich nach der Wandhöhe; sie wird senkrecht zur Wand gemessen. Als Wandhöhe gilt das Maß von der Geländeoberfläche bis zum Schnittpunkt der Wand mit der Dachhaut oder bis zum oberen Abschluss der Wand. Bei Wänden, die an Giebelflächen grenzen, gilt als oberer Abschluss der Wand die Verbindungslinie der Schnittpunkte nach Satz 2. Bei geneigtem oberem Wandabschluss und bei geneigter Geländeoberfläche ist die im Mittel gemessene Wandhöhe maßgebend. Bei Gebäuden mit gestaffelten Wänden ist die Wandhöhe für den jeweiligen Wandabschnitt entsprechend zu ermitteln. Zur Wandhöhe werden hinzugerechnet:

1. voll die Höhe von
    a) Dächern und Dachteilen mit einer Dachneigung von mehr als 70°,
    b) Giebelflächen, wenn die Summe der Dachneigungen mindestens 140° beträgt,
2. zu einem Drittel die Höhe von
    a) Dächern und Dachteilen mit einer Dachneigung von mehr als 45° bis 70°,
    b) Dächern mit Dachgauben oder anderen Dachaufbauten, wenn diese zusammen mehr als halb so breit wie die darunter liegende Gebäudewand sind,
    c) Giebelflächen, wenn die Summe der Dachneigungen weniger als 140° beträgt.

Das sich ergebende Maß ist H.

(5) Die Tiefe der Abstandsfläche beträgt 0,4 H. Vor den Außenwänden von Wohngebäuden der Gebäudeklassen 1 und 2 mit nicht mehr als drei oberirdischen Geschossen genügt als Tiefe der Abstandsfläche 3 m. In Gewerbe- und Industriegebieten genügt eine Tiefe der Abstandsfläche von 0,2 H. In Kerngebieten sowie in Sondergebieten, die nicht der Erholung dienen, kann eine geringere Tiefe als 0,4 H gestattet werden, wenn die Nutzung des Sondergebiets dies rechtfertigt. In allen Fällen der Sätze 1, 3 und 4 muss die Tiefe der Abstandsfläche mindestens 3 m betragen. Werden von einer städtebaulichen Satzung oder einer Satzung nach § 85 Abs. 1 Nr. 5 Außenwände zugelassen oder vorgeschrieben, vor denen Abstandsflächen größerer oder geringerer Tiefe als nach den Sätzen 1 bis 5 liegen müssten, finden die Sätze 1 bis 5 keine Anwendung, es sei denn, die Satzung ordnet die Geltung dieser Vorschriften an.

(6) Bei der Bemessung der Abstandsflächen bleiben außer Betracht:

1. vor die Außenwand nicht mehr als 0,50 m vortretende Bauteile wie Gesimse und Dachüberstände einschließlich der Dachrinne,
2. Vorbauten, wenn sie
   a) insgesamt nicht mehr als ein Drittel der Breite der jeweiligen Außenwand in Anspruch nehmen,
   b) nicht mehr als 1,50 m vor diese Außenwand vortreten und
   c) mindestens 2 m, bei Hauseingangstreppen, Hauseingangsüberdachungen und Behindertenaufzügen mindestens 1,50 m von den Grundstücksgrenzen entfernt bleiben,
3. Abgrabungen vor Außenwänden zur notwendigen Belichtung von Aufenthaltsräumen im Untergeschoss sowie für Eingänge und Einfahrten zum Untergeschoss, wenn
   a) sie sich insgesamt nicht über mehr als ein Viertel der Breite der jeweiligen Außenwand erstrecken und
   b) ihre Außenkante mindestens 1,50 m von den Grundstücksgrenzen entfernt bleibt,
4. bei Gebäuden an der Grundstücksgrenze die Seitenwände von Vorbauten und Dachaufbauten, auch wenn sie nicht an der Grundstücksgrenze errichtet werden.

(7) Gegenüber oberirdischen Gebäuden und Grundstücksgrenzen gelten die Absätze 1 bis 6 entsprechend für Anlagen, die keine Gebäude sind,

1. soweit sie höher als 2 m über der Geländeoberfläche sind und von ihnen Wirkungen wie von Gebäuden ausgehen oder
2. soweit sie höher als 1 m über der Geländeoberfläche sind und dazu geeignet sind, von Menschen betreten zu werden.

(8) Für Windenergieanlagen gelten die Absätze 4 bis 7 nicht. Die Abstandsfläche von Windkraftanlagen ist ein Kreis um den geometrischen Mittelpunkt des Mastes. Die Tiefe der Abstandsfläche beträgt im Außenbereich oder in Sondergebieten für Windenergie 0,25 H und im Übrigen 0,4 H. Dabei ist H die größte Höhe, die sich bei Anlagen mit Horizontalachse aus der Höhe der Rotorachse über dem Mastmittelpunkt zuzüglich des Rotorradius und bei Anlagen mit Vertikalachse aus der Gesamtlänge von Mast und Rotorachse errechnet. In allen Fällen muss die Tiefe der Abstandsfläche bei Anlagen mit Horizontalachse mindestens dem Abstand der senkrecht stehenden Rotorblattspitze vom Mastmittelpunkt auf Nabenhöhe und bei Anlagen mit Vertikalachse mindestens dem größtmöglichen horizontalen Abstand des äußeren Randes des Rotors vom Mastmittelpunkt, jeweils zuzüglich 3 m, entsprechen. Bei der Ermittlung von H nach Satz 4 und der Abstände nach Satz 5 ist auf die Bauteile der Windenergieanlagen im ruhenden Betriebszustand abzustellen.

(9) Für Antennen einschließlich Masten im Außenbereich beträgt die Tiefe der Abstandsfläche 0,2 H.

§ 8
Erleichterungen von den Anforderungen des § 7

(1) In Gewerbe- und Industriegebieten genügt bei Wänden ohne Öffnungen eine Tiefe der Abstandsfläche

1. von 1,50 m, wenn die Wände mindestens feuerhemmend sind und einschließlich ihrer Bekleidung aus nicht brennbaren Baustoffen bestehen,
2. von 2,50 m, wenn die Wände mindestens feuerhemmend sind oder einschließlich ihrer Bekleidung aus nicht brennbaren Baustoffen bestehen.
3. Dies gilt nicht für Abstandsflächen gegenüber Grundstücksgrenzen.

(2) In Abstandsflächen sowie ohne eigene Abstandsfläche oder mit einer geringeren Tiefe der Abstandsfläche sind zulässig:

1. Behindertenrampen,
2. nachträgliche Außenwandbekleidungen zur Schall- oder Wärmedämmung; nachträgliche Anbringung von Solaranlagen an Dach- und Außenwandflächen,
3. Rollmarkisen zur zeitweisen Beschattung,
4. Garagen einschließlich Abstellraum, Gebäude zum Abstellen von Fahrrädern, Nebengebäude und Nebenanlagen zum Abstellen und zum Lagern sowie Gewächshäuser bis zu 12 m Gesamtlänge je Grundstücksgrenze; der Brutto-Rauminhalt der einzelnen Nebengebäude, Nebenanlagen und Gewächshäuser darf jeweils 30 m3 nicht überschreiten; Garagen, Gebäude zum Abstellen von Fahrrädern und Nebengebäude dürfen zusätzlich zu Abstell- oder Lagerzwecken ganz oder teilweise unterkellert sein; Stoffe mit Explosions- oder erhöhter Brandgefahr dürfen nicht gelagert werden,
5. Nebenanlagen für die öffentliche Versorgung bis zu 6 m Länge,
6. gebäudeunabhängige Solaranlagen bis zu 3 m Höhe und 12 m Gesamtlänge je Grundstücksgrenze; Solaranlagen, Parabolantennen und sonstige Antennenanlagen an und bis zu einer Höhe von 1,50 m auf den Anlagen nach den Nummern 4 und 5,
7. Wärmepumpen einschließlich ihrer Fundamente und Einhausungen mit einer Höhe bis zu 2 m über der Geländeoberfläche und einer Gesamtlänge je Grundstücksgrenze von 3 m,
8. Einfriedungen, Sichtschutzwände und Stützmauern in Gewerbe- und Industriegebieten,
9. zur Grundstücksgrenze geneigte Aufschüttungen; das Neigungsverhältnis darf 1 zu 1,5 zur Geländeoberfläche nicht überschreiten.

Werden Anlagen nach Satz 1 Nr. 4, 5, 6 und 8 nicht unmittelbar an der Grundstücksgrenze errichtet, müssen sie eine Abstandsfläche von mindestens 1 m Tiefe einhalten; § 7 Abs. 6 Nr. 1 findet Anwendung. Die Länge der die Abstandsflächentiefe gegenüber den Grundstücksgrenzen nach § 7 nicht einhaltenden Bebauung nach Satz 1 Nr. 4 und 6 darf auf einem Grundstück insgesamt 15 m nicht überschreiten. Die Anlagen nach Satz 1 Nr. 4 und 5 dürfen eine grenzseitige mittlere Wandhöhe von 3 m über der Geländeoberfläche nicht überschreiten; § 7 Abs. 4 Satz 2 bis 5 findet Anwendung. Diese Höhe übersteigende Dächer und Solaranlagen dürfen zur Grundstücksgrenze nicht mehr als 45° geneigt sein; dies gilt nicht für Solaranlagen, die von der Grundstücksgrenze mindestens 2 m entfernt bleiben. Die Firsthöhe darf nicht mehr als 4 m betragen. Dachgauben und ähnliche Dachaufbauten sind unzulässig.

(3) Geringere Tiefen der Abstandsflächen sind zulässig bei der nachträglichen Anhebung des Daches bestehender Gebäude, wenn die Baumaßnahme der Verbesserung des Wärmeschutzes dient; die Anhebung darf 0,50 m nicht überschreiten.

(4) Für die Außenwände zulässigerweise errichteter Gebäude, die die nach diesem Gesetz erforderlichen Abstandsflächen gegenüber Grundstücksgrenzen nicht einhalten, gilt § 7 Abs. 1 bis 5 nicht für diese Außenwände bei

1. Änderungen innerhalb des Gebäudes,
2. der Schaffung von Wohnraum durch Ausbau oder Nutzungsänderung ohne wesentliche Veränderung der Außenwände und des Daches des Gebäudes; Dachgauben und ähnliche Dachaufbauten, Fenster und sonstige Öffnungen sind unbeschadet der §§ 30 und 32 (Brandwände und Dächer) so anzuordnen, dass von ihnen keine unzumutbaren Belästigungen oder Störungen für die Nachbarschaft ausgehen können,
3. sonstige Nutzungsänderungen, wenn der Abstand des Gebäudes zu den Nachbargrenzen mindestens 2,50 m beträgt,
4. sonstige Änderungen, wenn der Abstand des Gebäudes zu den Nachbargrenzen mindestens 2,50 m beträgt, ohne Veränderung von Länge und Höhe der diesen Nachbargrenzen zugekehrten Wände und Dachflächen und ohne Einrichtung neuer Öffnungen oder Vergrößerung bestehender Öffnungen in diesen Wänden und Dachflächen.

Darüber hinausgehende Änderungen und Nutzungsänderungen können unter Würdigung nachbarlicher Belange und der Belange des Brandschutzes gestattet werden. Die Sätze 1 und 2 gelten nicht für Gebäude nach Absatz 2.

(5) Abstände und Abstandsflächen dürfen sich ganz oder teilweise auf Nachbargrundstücke erstrecken, wenn öffentlich-rechtlich gesichert ist, dass sie nicht überbaut werden, oder wenn sie aus tatsächlichen Gründen nicht überbaut werden können. Sie müssen zusätzlich zu den für die Bebauung der Nachbargrundstücke vorgeschriebenen Abständen und Abstandsflächen von der Bebauung freigehalten werden. Vorschriften, nach denen eine Überbauung zulässig ist, bleiben unberührt. Die Sätze 1 und 3 gelten auch bei nachträglichen Grenzänderungen und Grundstücksteilungen.

§ 9
Veränderung von Grundstücksgrenzen

(1) Durch die Teilung eines Grundstücks, das bebaut oder dessen Bebauung genehmigt ist, dürfen keine Verhältnisse geschaffen werden, die den Vorschriften dieses Gesetzes oder aufgrund dieses Gesetzes widersprechen.

(2) Soll bei einer Teilung nach Absatz 1 von Vorschriften dieses Gesetzes oder aufgrund dieses Gesetzes abgewichen werden, ist § 68 entsprechend anzuwenden.

(3) Entstehen durch die Veränderung von Grundstücksgrenzen Verhältnisse, die dem öffentlichen Baurecht widersprechen, kann die Bauaufsichtsbehörde verlangen, dass ein baurechtmäßiger Zustand hergestellt wird. § 57 Abs. 3 und § 82 gelten entsprechend.

§ 10
Nicht überbaute Flächen der bebauten Grundstücke, Kleinkinderspielplätze

(1) Die nicht überbauten Flächen der bebauten Grundstücke sind

1. wasseraufnahmefähig zu belassen oder herzustellen und
2. zu begrünen oder mit einheimischen, standortgerechten Bäumen und Gehölzen zu bepflanzen

und so zu unterhalten, soweit sie nicht für eine andere zulässige Verwendung benötigt werden. Satz 1 findet keine Anwendung, soweit städtebauliche Satzungen Festsetzungen zu den nicht überbauten Flächen treffen. Flächen, die für eine andere zulässige Verwendung benötigt werden, dürfen wasserundurchlässig nur befestigt werden, soweit dies zur Abwehr von Gefahren für das Grundwasser erforderlich ist. Wasserrechtliche Vorschriften bleiben unberührt.

(2) Bei der Errichtung von Gebäuden mit mehr als drei Wohnungen ist ein ausreichend großer Spielplatz für Kleinkinder anzulegen

und zu unterhalten. Der Spielplatz ist auf dem Baugrundstück oder auf einem geeigneten Grundstück in unmittelbarer Nähe des Baugrundstücks anzulegen, dessen Benutzung zu diesem Zweck öffentlich-rechtlich gesichert ist. Der Spielplatz muss barrierefrei erreichbar sein; § 50 Absatz 5 gilt entsprechend. Der Spielplatz ist so anzulegen und zu unterhalten, dass für die Kinder Gefahren oder unzumutbare Belästigungen nicht entstehen; insbesondere darf der Spielplatz nicht mit giftigen oder stachel- oder dornenbewehrten Pflanzen begrünt werden. Satz 1 gilt nicht, wenn

1. in unmittelbarer Nähe eine Gemeinschaftsanlage oder ein sonstiger für Kleinkinder nutzbarer Spielplatz geschaffen wird oder vorhanden ist, und öffentlich-rechtlich gesichert ist, dass der Spielplatz für die Wohnungen dauernd zur Verfügung steht, oder
2. ein Spielplatz für Kleinkinder wegen der Art und Lage der Wohnungen nicht erforderlich ist.

Bei bestehenden Gebäuden nach Satz 1 kann die Herstellung von Spielplätzen für Kleinkinder verlangt werden, wenn dies die Gesundheit oder der Schutz der Kinder erfordern.

§ 11
Baustelle

(1) Baustellen sind so einzurichten, dass die baulichen Anlagen ordnungsgemäß errichtet, geändert oder abgebrochen werden können und Gefahren oder vermeidbare Belästigungen nicht entstehen.
(2) Bei Bauarbeiten, durch die unbeteiligte Personen gefährdet werden können, ist die Gefahrenzone abzugrenzen und mit Warnzeichen zu versehen, soweit erforderlich ein Bauzaun zu errichten und dieser mit Schutzvorrichtungen gegen herabfallende Gegenstände zu versehen und zu beleuchten.
(3) Öffentliche Verkehrsflächen, Versorgungs-, Abwasser- und Meldeanlagen sowie Gewässermessstellen, Vermessungszeichen, Abmarkungs- und Grenzzeichen sind für die Dauer der Bauausführung zu schützen und, soweit erforderlich, unter den notwendigen Sicherheitsvorkehrungen zugänglich zu halten.
(4) An der Baustelle nicht verfahrensfreier Bauvorhaben ist ein dauerhaftes und von der öffentlichen Verkehrsfläche aus sichtbares Schild anzubringen, das die Bezeichnung des Vorhabens, das Genehmigungsdatum, die Bauschein-Nummer und die Genehmigungsbehörde sowie Namen und Anschriften der Bauherrin oder des Bauherrn, der Entwurfsverfasserin oder des Entwurfsverfassers und der Bauleiterin oder des Bauleiters enthalten muss. In den Fällen der §§ 63 und 64 Abs. 3 Satz 5 findet Satz 1 für die Bezeichnung des Vorhabens, die zuständige Bauaufsichtsbehörde sowie hinsichtlich der Namen und Anschriften der Bauherrin oder des Bauherrn, der Entwurfsverfasserin oder des Entwurfsverfassers und der Bauleiterin oder des Bauleiters entsprechende Anwendung.
(5) Erhaltenswerte Bäume und Gehölze müssen während der Bauausführung geschützt werden.

§ 12
Anlagen der Außenwerbung und Warenautomaten

(1) Anlagen der Außenwerbung (Werbeanlagen) sind alle ortsfesten Einrichtungen, die der Ankündigung oder Anpreisung oder als Hinweis auf Gewerbe oder Beruf dienen und vom öffentlichen Verkehrs- oder Grünraum aus sichtbar sind. Hierzu zählen insbesondere Schilder, Beschriftungen und Bemalungen, Lichtwerbungen, Schaukästen sowie für Zettel- oder Bogenanschläge oder Lichtwerbung bestimmte Säulen, Tafeln und Flächen.
(2) Für Werbeanlagen gelten die an bauliche Anlagen zu stellenden Anforderungen. Die störende Häufung von Werbeanlagen ist unzulässig.
(3) Außerhalb der im Zusammenhang bebauten Ortsteile sind Werbeanlagen unzulässig. Ausgenommen sind, soweit in anderen Vorschriften nichts anderes bestimmt ist,

1. Werbeanlagen an der Stätte der Leistung,
2. Sammelhinweisschilder vor Ortsdurchfahrten, die Namen und Art gewerblicher Betriebe kennzeichnen,
3. einzelne Schilder oder Zeichen an Verkehrsstraßen und Wegabzweigungen, die auf abseits liegende Betriebe oder Stätten hinweisen,
4. Werbeanlagen an und auf Flugplätzen, Sportanlagen und Versammlungsstätten, soweit sie nicht in die freie Landschaft wirken,
5. Werbeanlagen auf Ausstellungsgeländen und Messegeländen.

(4) In Kleinsiedlungsgebieten, Dorfgebieten, reinen Wohngebieten, allgemeinen Wohngebieten und besonderen Wohngebieten sind Werbeanlagen nur zulässig an der Stätte der Leistung sowie Anlagen für amtliche Mitteilungen und Unterrichtung der Bevölkerung über kirchliche, kulturelle, politische, sportliche und ähnliche Veranstaltungen; die jeweils freie Fläche dieser Anlagen darf auch für andere Werbung verwendet werden. In reinen Wohngebieten darf an der Stätte der Leistung nur mit Hinweisschildern geworben werden. An Gebäuden, die nach ihrer Zweckbestimmung auf Verkehrsflächen öffentlicher Straßen errichtet werden, können auch untergeordnete andere Werbeanlagen zugelassen werden, soweit sie das Ortsbild nicht beeinträchtigen.

(5) Absatz 2 und Absatz 3 Satz 1 und 2 Nr. 4 und 5 gelten für Warenautomaten entsprechend.

(6) Die Vorschriften dieses Gesetzes sind nicht anzuwenden auf

1. Anschläge und Lichtwerbung an dafür genehmigten Säulen, Tafeln und Flächen,
2. Werbemittel an Zeitungs- und Zeitschriftenverkaufsstellen,
3. Auslagen und Dekorationen in Fenstern und Schaukästen,
4. Wahlwerbung für die Dauer eines Wahlkampfes.

Teil 3
Bauliche Anlagen

Abschnitt 1
Allgemeine Anforderungen an die Bauausführung

§ 13
Standsicherheit

(1) Jede bauliche Anlage muss im Ganzen und in ihren einzelnen Teilen sowie für sich allein standsicher sein. Die Standsicherheit anderer baulicher Anlagen und die Tragfähigkeit des Baugrunds der Nachbargrundstücke dürfen nicht gefährdet werden. Die Standsicherheit muss auch während der Errichtung, bei der Änderung und der Beseitigung gewährleistet sein.

(2) Die Verwendung gemeinsamer Bauteile für mehrere bauliche Anlagen ist zulässig, wenn öffentlich-rechtlich gesichert ist, dass die gemeinsamen Bauteile bei der Beseitigung einer der baulichen Anlagen erhalten bleiben.

§ 14
Schutz gegen schädliche Einwirkungen

Bauliche Anlagen müssen so beschaffen sein, dass durch Wasser, Feuchtigkeit, Einflüsse der Witterung, pflanzliche oder tierische Schädlinge oder durch andere chemische, physikalische oder biologische Einflüsse Gefahren oder unzumutbare Belästigungen oder Nachteile nicht entstehen. Baugrundstücke müssen für bauliche Anlagen entsprechend geeignet sein.

§ 15
Brandschutz

Bauliche Anlagen sind so anzuordnen, zu errichten, zu ändern und instand zu halten, dass der Entstehung eines Brandes und der Ausbreitung von Feuer und Rauch (Brandausbreitung) vorgebeugt wird und bei einem Brand die Rettung von Menschen und Tieren sowie wirksame Löscharbeiten möglich sind.

§ 16
Wärme-, Schall- und Erschütterungsschutz

(1) Gebäude sind so anzuordnen und zu gestalten, dass sie eine sparsame Energieverwendung ermöglichen. Gebäude müssen einen ihrer Nutzung und den klimatischen Verhältnissen entsprechenden Wärmeschutz haben.

(2) Gebäude müssen einen ihrer Nutzung entsprechenden Schallschutz haben, der auch den Besonderheiten ihrer Lage, insbesondere zu Verkehrswegen, Rechnung trägt. Geräusche, die von ortsfesten Einrichtungen in baulichen Anlagen oder auf Baugrundstücken ausgehen, sind so zu dämmen, dass Gefahren oder unzumutbare Belästigungen nicht entstehen.

(3) Erschütterungen oder Schwingungen, die von ortsfesten Einrichtungen in baulichen Anlagen oder auf Baugrundstücken ausgehen, sind so zu dämmen, dass Gefahren oder unzumutbare Belästigungen nicht entstehen.

§ 17
Verkehrssicherheit

(1) Bauliche Anlagen und die dem Verkehr dienenden Flächen von bebauten Grundstücken müssen verkehrssicher sein.

(2) Die Sicherheit und Leichtigkeit des öffentlichen Verkehrs darf durch bauliche Anlagen oder ihre Nutzung nicht gefährdet werden.

§ 17a
Bauarten

(1) Bauarten dürfen nur angewendet werden, wenn bei ihrer Anwendung die baulichen Anlagen bei ordnungsgemäßer Instandhaltung während einer dem Zweck entsprechenden angemessenen Zeitdauer die Anforderungen dieses Gesetzes oder aufgrund dieses Gesetzes erfüllen und für ihren Anwendungszweck tauglich sind.

(2) Bauarten, die von Technischen Baubestimmungen nach § 86a Abs. 2 Nr. 2 oder Nr. 3 Buchstabe a wesentlich abweichen oder für die es allgemein anerkannte Regeln der Technik nicht gibt, dürfen bei der Errichtung, Änderung und Instandhaltung baulicher Anlagen nur angewendet werden, wenn für sie

1. eine allgemeine Bauartgenehmigung durch das Deutsche Institut für Bautechnik oder
2. eine vorhabenbezogene Bauartgenehmigung durch die oberste Bauaufsichtsbehörde

erteilt worden ist. § 19 Abs. 2 bis 7 gilt entsprechend.

(3) Anstelle einer allgemeinen Bauartgenehmigung genügt ein allgemeines bauaufsichtliches Prüfzeugnis für Bauarten, wenn die Bauart nach allgemein anerkannten Prüfverfahren beurteilt werden kann. In der Verwaltungsvorschrift nach § 86a werden diese Bauarten mit der Angabe der maßgebenden technischen Regeln bekannt gemacht. § 20 Abs. 2 gilt entsprechend.

(4) Wenn Gefahren im Sinne des § 3 Abs. 1 Nr. 1 nicht zu erwarten sind, kann die oberste Bauaufsichtsbehörde im Einzelfall oder für genau begrenzte Fälle allgemein festlegen, dass eine Bauartgenehmigung nicht erforderlich ist.

(5) Bauarten bedürfen einer Bestätigung ihrer Übereinstimmung mit den Technischen Baubestimmungen nach § 86a Abs. 2, den allgemeinen Bauartgenehmigungen, den allgemeinen bauaufsichtlichen Prüfzeugnissen für Bauarten oder den vorhabenbezogenen Bauartgenehmigungen; als Übereinstimmung gilt auch eine Abweichung, die nicht wesentlich ist. § 22 Abs. 2 gilt für die Anwenderin oder den Anwender der Bauart entsprechend.

(6) Bei Bauarten, deren Anwendung in außergewöhnlichem Maß von der Sachkunde und Erfahrung der damit betrauten Personen oder von einer Ausstattung mit besonderen Vorrichtungen abhängt, kann in der Bauartgenehmigung oder durch Rechtsverordnung der obersten Bauaufsichtsbehörde vorgeschrieben werden, dass die Anwenderin oder der Anwender über solche Fachkräfte und Vorrichtungen verfügt und den Nachweis

hierüber gegenüber einer Prüfstelle nach § 25 Satz 1 Nr. 6 zu erbringen hat. In der Rechtsverordnung können Mindestanforderungen an die Ausbildung, die durch Prüfung nachzuweisende Befähigung und die Ausbildungsstätten einschließlich der Anerkennungsvoraussetzungen gestellt werden.
(7) Für Bauarten, die einer außergewöhnlichen Sorgfalt bei Ausführung oder Instandhaltung bedürfen, kann in der Bauartgenehmigung oder durch Rechtsverordnung der obersten Bauaufsichtsbehörde die Überwachung dieser Tätigkeiten durch eine Überwachungsstelle nach § 25 Satz 1 Nr. 5 vorgeschrieben werden.

Abschnitt 2
Bauprodukte

§ 17b
Allgemeine Anforderungen für die Verwendung von Bauprodukten

(1) Bauprodukte dürfen nur verwendet werden, wenn bei ihrer Verwendung die baulichen Anlagen bei ordnungsgemäßer Instandhaltung während einer dem Zweck entsprechenden angemessenen Zeitdauer die Anforderungen dieses Gesetzes oder aufgrund dieses Gesetzes erfüllen und gebrauchstauglich sind.
(2) Bauprodukte, die in Vorschriften anderer Vertragsstaaten des Abkommens vom 2. Mai 1992 über den Europäischen Wirtschaftsraum genannten technischen Anforderungen entsprechen, dürfen verwendet werden, wenn das geforderte Schutzniveau gemäß § 3 Abs. 1 Nr. 1 gleichermaßen dauerhaft erreicht wird.

§ 17c
Anforderungen für die Verwendung von CE-gekennzeichneten Bauprodukten

Ein Bauprodukt, das die CE-Kennzeichnung trägt, darf verwendet werden, wenn die erklärten Leistungen den in diesem Gesetz oder aufgrund dieses Gesetzes festgelegten Anforderungen für diese Verwendung entsprechen. Die §§ 18 bis 26 Abs. 1 gelten nicht für Bauprodukte, die die CE-Kennzeichnung aufgrund der Verordnung (EU) Nr. 305/2011 tragen.

§ 18
Verwendbarkeitsnachweise

(1) Ein Verwendbarkeitsnachweis (§§ 19 bis 21) ist für ein Bauprodukt erforderlich, wenn
1. es keine Technische Baubestimmung und keine allgemein anerkannte Regel der Technik gibt,
2. das Bauprodukt von einer Technischen Baubestimmung (§ 86a Abs. 2 Nr. 3) wesentlich abweicht oder
3. eine Verordnung nach § 86 Abs. 6 es vorsieht.

(2) Ein Verwendbarkeitsnachweis ist nicht erforderlich für ein Bauprodukt,
1. das von einer allgemein anerkannten Regel der Technik abweicht oder
2. das für die Erfüllung der Anforderungen dieses Gesetzes oder auf Grund dieses Gesetzes nur eine untergeordnete Bedeutung hat.

(3) Die Technischen Baubestimmungen nach § 86a enthalten eine nicht abschließende Liste von Bauprodukten, die keines Verwendbarkeitsnachweises nach Absatz 1 bedürfen.

§ 19
Allgemeine bauaufsichtliche Zulassung

(1) Das Deutsche Institut für Bautechnik erteilt unter den Voraussetzungen des § 18 Abs. 1 eine allgemeine bauaufsichtliche Zulassung für Bauprodukte, wenn deren Verwendbarkeit im Sinne des § 17b Abs. 1 nachgewiesen ist.
(2) Die zur Begründung des Antrags erforderlichen Unterlagen sind beizufügen. Soweit erforderlich sind Probestücke vom Antragsteller zur Verfügung zu stellen oder durch Sachverständige, die das Deutsche Institut für Bautechnik bestimmen kann, zu entnehmen oder Probeausführungen unter Aufsicht der Sachverständigen herzustellen. § 70 Abs. 1 Satz 2 gilt entsprechend.
(3) Das Deutsche Institut für Bautechnik

kann für die Durchführung der Prüfung die sachverständige Stelle und für Probeausführungen die Ausführungsstelle und Ausführungszeit vorschreiben.
(4) Die allgemeine bauaufsichtliche Zulassung wird widerruflich und für eine bestimmte Frist erteilt, die in der Regel fünf Jahre beträgt. Die Zulassung kann mit Nebenbestimmungen erteilt werden. Sie kann auf in Textform gestellten Antrag in der Regel um fünf Jahre verlängert werden; § 74 Abs. 2 Satz 2 gilt entsprechend.
(5) Die Zulassung wird unbeschadet der Rechte Dritter erteilt.
(6) Das Deutsche Institut für Bautechnik macht die allgemeinen bauaufsichtlichen Zulassungen nach Gegenstand und wesentlichem Inhalt öffentlich bekannt.
(7) Allgemeine bauaufsichtliche Zulassungen anderer Länder gelten auch im Saarland.

§ 20
Allgemeine bauaufsichtliche Zulassung
(1) Bauprodukte, die nach allgemein anerkannten Prüfverfahren beurteilt werden, bedürfen anstelle einer allgemeinen bauaufsichtlichen Zulassung nur eines allgemeinen bauaufsichtlichen Prüfzeugnisses. Dies wird mit der Angabe der maßgebenden technischen Regeln in den Technischen Baubestimmungen nach § 86a bekannt gemacht.
(2) Ein allgemeines bauaufsichtliches Prüfzeugnis wird von einer Prüfstelle nach § 25 Satz 1 Nr. 1 für Bauprodukte nach Absatz 1 erteilt, wenn deren Verwendbarkeit im Sinne des § 17b Abs. 1 nachgewiesen ist. § 19 Abs. 2 und 4 bis 7 gilt entsprechend. Die Anerkennungsbehörde für Stellen nach § 25 Satz 1 Nr. 1 und § 86 Abs. 4 Nr. 1 kann allgemeine bauaufsichtliche Prüfzeugnisse zurücknehmen oder widerrufen; die §§ 48 und 49 des Saarländischen Verwaltungsverfahrensgesetzes vom 15. Dezember 1976 (Amtsbl. S. 1151), zuletzt geändert durch Gesetz vom 26. August 2020 (Amtsbl. I S. 1058), in der jeweils geltenden Fassung finden Anwendung.

§ 21
Nachweis der Verwendbarkeit von Bauprodukten im Einzelfall
Mit Zustimmung der obersten Bauaufsichtsbehörde dürfen unter den Voraussetzungen des § 18 Abs. 1 im Einzelfall Bauprodukte verwendet werden, wenn ihre Verwendbarkeit im Sinne des § 17b Abs. 1 nachgewiesen ist. Wenn Gefahren im Sinne des § 3 Abs. 1 Nr. 1 nicht zu erwarten sind, kann die oberste Bauaufsichtsbehörde im Einzelfall erklären, dass ihre Zustimmung nicht erforderlich ist.

§ 22
Übereinstimmungsbestätigung
(1) Bauprodukte bedürfen einer Bestätigung ihrer Übereinstimmung mit den Technischen Baubestimmungen nach § 86a Abs. 2, den allgemeinen bauaufsichtlichen Zulassungen, den allgemeinen bauaufsichtlichen Prüfzeugnissen oder den Zustimmungen im Einzelfall; als Übereinstimmung gilt auch eine Abweichung, die nicht wesentlich ist.
(2) Die Bestätigung der Übereinstimmung erfolgt durch Übereinstimmungserklärung des herstellenden Unternehmens (§ 23).
(3) Die Übereinstimmungserklärung hat das herstellende Unternehmen durch Kennzeichnung der Bauprodukte mit dem Übereinstimmungszeichen (Ü-Zeichen) unter Hinweis auf den Verwendungszweck abzugeben.
(4) Das Ü-Zeichen ist auf dem Bauprodukt, auf einem Beipackzettel oder auf seiner Verpackung oder, wenn dies Schwierigkeiten bereitet, auf dem Lieferschein oder auf einer Anlage zum Lieferschein anzubringen.
(5) Ü-Zeichen aus anderen Ländern und aus anderen Staaten gelten auch im Saarland.

§ 23
Übereinstimmungserklärung des herstellenden Unternehmens
(1) Das herstellende Unternehmen darf eine Übereinstimmungserklärung nur abgeben, wenn es durch werkseigene Produktionskontrolle sichergestellt hat, dass das von ihm

hergestellte Bauprodukt den maßgebenden technischen Regeln, der allgemeinen bauaufsichtlichen Zulassung, dem allgemeinen bauaufsichtlichen Prüfzeugnis oder der Zustimmung im Einzelfall entspricht.

(2) In den Technischen Baubestimmungen nach § 86a, in den allgemeinen bauaufsichtlichen Zulassungen, in den allgemeinen bauaufsichtlichen Prüfzeugnissen oder in den Zustimmungen im Einzelfall kann eine Prüfung der Bauprodukte durch eine Prüfstelle vor Abgabe der Übereinstimmungserklärung vorgeschrieben werden, wenn dies zur Sicherung einer ordnungsgemäßen Herstellung erforderlich ist. In diesen Fällen hat die Prüfstelle das Bauprodukt daraufhin zu überprüfen, ob es den maßgebenden technischen Regeln, der allgemeinen bauaufsichtlichen Zulassung, dem allgemeinen bauaufsichtlichen Prüfzeugnis oder der Zustimmung im Einzelfall entspricht.

(3) In den Technischen Baubestimmungen nach § 86a, in den allgemeinen bauaufsichtlichen Zulassungen oder in den Zustimmungen im Einzelfall kann eine Zertifizierung vor Abgabe der Übereinstimmungserklärung vorgeschrieben werden, wenn dies zum Nachweis einer ordnungsgemäßen Herstellung eines Bauproduktes erforderlich ist. Die oberste Bauaufsichtsbehörde kann im Einzelfall die Verwendung von Bauprodukten ohne Zertifizierung gestatten, wenn nachgewiesen ist, dass diese Bauprodukte den technischen Regeln, Zulassungen, Prüfzeugnissen oder Zustimmungen nach Absatz 1 entsprechen.

(4) Bauprodukte, die nicht in Serie hergestellt werden, bedürfen nur einer Übereinstimmungserklärung nach Absatz 1, sofern nichts anderes bestimmt ist.

§ 24
Zertifizierung

(1) Dem herstellenden Unternehmen ist ein Übereinstimmungszertifikat von einer Zertifizierungsstelle nach § 25 zu erteilen, wenn das Bauprodukt

1. den Technischen Baubestimmungen nach § 86a Abs. 2, der allgemeinen bauaufsichtlichen Zulassung, dem allgemeinen bauaufsichtlichen Prüfzeugnis oder der Zustimmung im Einzelfall entspricht und
2. einer werkseigenen Produktionskontrolle sowie einer Fremdüberwachung nach Maßgabe des Absatzes 2 unterliegt.

(2) Die Fremdüberwachung ist von Überwachungsstellen nach § 25 durchzuführen. Die Fremdüberwachung hat regelmäßig zu überprüfen, ob das Bauprodukt den Technischen Baubestimmungen nach § 86a Abs. 2, der allgemeinen bauaufsichtlichen Zulassung, dem allgemeinen bauaufsichtlichen Prüfzeugnis oder der Zustimmung im Einzelfall entspricht.

§ 25
Prüf-, Zertifizierungs-, Überwachungsstellen

Die oberste Bauaufsichtsbehörde kann eine natürliche oder juristische Person als

1. Prüfstelle für die Erteilung allgemeiner bauaufsichtlicher Prüfzeugnisse (§ 20 Abs. 2),
2. Prüfstelle für die Überprüfung von Bauprodukten vor Bestätigung der Übereinstimmung (§ 23 Abs. 2),
3. Zertifizierungsstelle (§ 24 Abs. 1),
4. Überwachungsstelle für die Fremdüberwachung (§ 24 Abs. 2),
5. Überwachungsstelle für die Überwachung nach § 17a Abs. 7 und § 26 Abs. 2 oder
6. Prüfstelle für die Überprüfung nach § 17a Abs. 6 und § 26 Abs. 1

anerkennen, wenn sie oder die bei ihr Beschäftigten nach ihrer Ausbildung, Fachkenntnis, persönlichen Zuverlässigkeit, ihrer Unparteilichkeit und ihren Leistungen die Gewähr dafür bieten, dass diese Aufgaben den öffentlich-rechtlichen Vorschriften entsprechend wahrgenommen werden, und wenn sie über die erforderlichen Vorrichtungen verfügen. Satz 1 ist entsprechend auf Behörden anzuwenden, wenn sie ausreichend mit geeigneten Fachkräften besetzt und mit den erforderlichen Vorrichtungen ausgestattet sind. Die Anerkennung von Prüf-, Zertifizierungs- und Überwachungsstellen anderer Länder gilt auch im Saarland.

§ 26
Besondere Sachkunde- und Sorgfaltsanforderungen

(1) Bei Bauprodukten, deren Herstellung in außergewöhnlichem Maß von der Sachkunde und Erfahrung der damit betrauten Personen oder von einer Ausstattung mit besonderen Vorrichtungen abhängt, kann in der allgemeinen bauaufsichtlichen Zulassung, in der Zustimmung im Einzelfall oder durch Rechtsverordnung der obersten Bauaufsichtsbehörde vorgeschrieben werden, dass das herstellende Unternehmen über solche Fachkräfte und Vorrichtungen verfügt und den Nachweis hierüber gegenüber einer Prüfstelle nach § 25 Satz 1 Nr. 6 zu erbringen hat. In der Rechtsverordnung können Mindestanforderungen an die Ausbildung, die durch Prüfung nachzuweisende Befähigung und die Ausbildungsstätten einschließlich der Anerkennungsvoraussetzungen gestellt werden.
(2) Für Bauprodukte, die wegen ihrer besonderen Eigenschaften oder ihres besonderen Verwendungszwecks einer außergewöhnlichen Sorgfalt bei Einbau, Transport, Instandhaltung oder Reinigung bedürfen, kann in der allgemeinen bauaufsichtlichen Zulassung, in der Zustimmung im Einzelfall oder durch Rechtsverordnung der obersten Bauaufsichtsbehörde die Überwachung dieser Tätigkeiten durch eine Überwachungsstelle nach § 25 Satz 1 Nr. 5 vorgeschrieben werden, soweit diese Tätigkeiten nicht bereits durch die Verordnung (EU) Nr. 305/2011 erfasst sind.

Abschnitt 3
Brandverhalten von Baustoffen und Bauteilen; Wände, Decken, Dächer

§ 27
Allgemeine Anforderungen an das Brandverhalten von Baustoffen und Bauteilen

(1) Baustoffe werden nach den Anforderungen an das Brandverhalten unterschieden in
1. nichtbrennbare,
2. schwerentflammbare,
3. normalentflammbare.

Baustoffe, die nicht mindestens normalentflammbar sind (leichtentflammbare Baustoffe), dürfen nicht verwendet werden; dies gilt nicht für Baustoffe, wenn sie in Verbindung mit anderen Baustoffen nicht leichtentflammbar sind.
(2) Bauteile werden nach den Anforderungen an ihre Feuerwiderstandsfähigkeit unterschieden in
1. feuerbeständige,
2. hochfeuerhemmende,
3. feuerhemmende;

die Feuerwiderstandsfähigkeit bezieht sich bei tragenden und aussteifenden Bauteilen auf deren Standsicherheit im Brandfall, bei raumabschließenden Bauteilen auf deren Widerstand gegen die Brandausbreitung. Bauteile werden zusätzlich nach den Anforderungen an das Brandverhalten ihrer Baustoffe unterschieden in
1. Bauteile aus nichtbrennbaren Baustoffen,
2. Bauteile, deren tragende und aussteifende Teile aus nichtbrennbaren Baustoffen bestehen und die bei raumabschließenden Bauteilen zusätzlich eine in Bauteilebene durchgehende Schicht aus nichtbrennbaren Baustoffen haben,
3. Bauteile, deren tragende und aussteifende Teile aus brennbaren Baustoffen bestehen und die allseitig eine brandschutztechnisch wirksame Bekleidung aus nichtbrennbaren Baustoffen (Brandschutzbekleidung) und Dämmstoffe aus nichtbrennbaren Baustoffen haben,

4. Bauteile aus brennbaren Baustoffen.

Soweit in diesem Gesetz oder in Vorschriften aufgrund dieses Gesetzes nichts anderes bestimmt ist, müssen

1. Bauteile, die feuerbeständig sein müssen, mindestens den Anforderungen des Satzes 2 Nr. 2,
2. Bauteile, die hochfeuerhemmend sein müssen, mindestens den Anforderungen des Satzes 2 Nr. 3

entsprechen.

Abweichend von Abs. 2 Satz 3 sind andere Bauteile, die feuerbeständig oder hochfeuerhemmend sein müssen, aus brennbaren Baustoffen zulässig, sofern sie den Technischen Baubestimmungen nach § 86a entsprechen. Satz 4 gilt nicht für Wände nach § 30 Abs. 3 Satz 1 und Wände nach § 35 Abs. 4 Satz 1 Nr. 1.

§ 28
Tragende Wände, Außenwände, Pfeiler und Stützen

(1) Tragende und aussteifende Wände, Pfeiler und Stützen müssen im Brandfall ausreichend lang standsicher sein. Sie müssen

1. in Gebäuden der Gebäudeklasse 5 feuerbeständig,
2. in Gebäuden der Gebäudeklasse 4 hochfeuerhemmend,
3. in Gebäuden der Gebäudeklassen 2 und 3 feuerhemmend sein.

Satz 2 gilt

1. für Geschosse im Dachraum nur, wenn darüber noch Aufenthaltsräume möglich sind; § 29 Abs. 4 bleibt unberührt,
2. nicht für Balkone, ausgenommen offene Gänge, die als notwendige Flure dienen.

(2) Im Untergeschoss müssen tragende und aussteifende Wände, Pfeiler und Stützen

1. in Gebäuden der Gebäudeklassen 3 bis 5 feuerbeständig,
2. in Gebäuden der Gebäudeklassen 1 und 2 feuerhemmend sein.

(3) Außenwände und Außenwandteile wie Brüstungen und Schürzen sind so auszubilden, dass eine Brandausbreitung auf und in diesen Bauteilen ausreichend lang begrenzt ist.

(4) Nichttragende Außenwände und nichttragende Teile tragender Außenwände müssen aus nichtbrennbaren Baustoffen bestehen; sie sind aus brennbaren Baustoffen zulässig, wenn sie als raumabschließende Bauteile feuerhemmend sind. Satz 1 gilt nicht für

1. Türen und Fenster,
2. Fugendichtungen und
3. brennbare Dämmstoffe in nichtbrennbaren geschlossenen Profilen der Außenwandkonstruktionen.

(5) Oberflächen von Außenwänden sowie Außenwandbekleidungen müssen einschließlich der Dämmstoffe und Unterkonstruktionen schwerentflammbar sein; Unterkonstruktionen aus normalentflammbaren Baustoffen sind zulässig, wenn die Anforderungen nach Absatz 3 erfüllt sind. Balkonbekleidungen, die über die erforderliche Umwehrungshöhe hinaus hochgeführt werden, und mehr als zwei Geschosse überbrückende Solaranlagen an Außenwänden müssen schwerentflammbar sein. Baustoffe, die schwerentflammbar sein müssen, in Bauteilen nach Satz 1 Halbsatz 1 und Satz 2 dürfen nicht brennend abfallen oder abtropfen.

(6) Bei Außenwandkonstruktionen mit geschossübergreifenden Hohl- oder Lufträumen wie hinterlüfteten Außenwandbekleidungen sind gegen die Brandausbreitung besondere Vorkehrungen zu treffen. Satz 1 gilt für Doppelfassaden entsprechend.

(7) Die Absätze 4, 5 und 6 Satz 1 gelten nicht für Gebäude der Gebäudeklassen 1 bis 3; Absatz 6 Satz 2 gilt nicht für Gebäude der Gebäudeklasse 1 und 2. Abweichend von Absatz 5 sind hinterlüftete Außenwandbekleidungen, die den Technischen Baubestimmungen nach § 86a entsprechen, mit Ausnahme der Dämmstoffe, aus normalentflammbaren Baustoffen zulässig.

§ 29

Trennwände

(1) Trennwände nach Absatz 2 müssen als raumabschließende Bauteile von Räumen oder Nutzungseinheiten innerhalb von Geschossen ausreichend lang widerstandsfähig gegen die Brandausbreitung sein.

(2) Trennwände sind erforderlich

1. zwischen Nutzungseinheiten sowie zwischen Nutzungseinheiten und anders genutzten Räumen, ausgenommen notwendigen Fluren,
2. zum Abschluss von Räumen mit Explosions- oder erhöhter Brandgefahr,
3. zwischen Aufenthaltsräumen und anders genutzten Räumen im Untergeschoss.

(3) Trennwände nach Absatz 2 Nrn. 1 und 3 müssen die Feuerwiderstandsfähigkeit der tragenden und aussteifenden Bauteile des Geschosses haben, jedoch mindestens feuerhemmend sein. Trennwände nach Absatz 2 Nr. 2 müssen feuerbeständig sein.

(4) Die Trennwände nach Absatz 2 sind bis zur Rohdecke, im Dachraum bis unter die Dachhaut zu führen; werden in Dachräumen Trennwände nur bis zur Rohdecke geführt, ist diese Decke als raumabschließendes Bauteil einschließlich der sie tragenden und aussteifenden Bauteile feuerhemmend herzustellen.

(5) Öffnungen in Trennwänden nach Absatz 2 sind nur zulässig, wenn sie auf die für die Nutzung erforderliche Zahl und Größe beschränkt sind; sie müssen feuerhemmende, dicht- und selbstschließende Abschlüsse haben.

(6) Die Absätze 1 bis 5 gelten nicht für Wohngebäude der Gebäudeklassen 1 und 2.

§ 30

Brandwände

(1) Brandwände müssen als raumabschließende Bauteile zum Abschluss von Gebäuden (Gebäudeabschlusswand) oder zur Unterteilung von Gebäuden in Brandabschnitte (innere Brandwand) ausreichend lang die Brandausbreitung auf andere Gebäude oder Brandabschnitte verhindern.

(2) Brandwände sind erforderlich

1. als Gebäudeabschlusswand, wenn diese Abschlusswände an der Grundstücksgrenze oder mit einem Abstand von weniger als 2,50 m gegenüber der Grundstücksgrenze errichtet werden, es sei denn, dass ein Abstand von mindestens 5 m zu bestehenden oder nach den baurechtlichen Vorschriften zulässigen künftigen Gebäuden öffentlich-rechtlich gesichert ist,
2. als innere Brandwand zur Unterteilung ausgedehnter Gebäude in Abständen von nicht mehr als 40 m,
3. als innere Brandwand zur Unterteilung landwirtschaftlich genutzter Gebäude in Brandabschnitte von nicht mehr als 10.000 m3 Brutto-Rauminhalt,
4. als Gebäudeabschlusswand zwischen Wohngebäuden und angebauten landwirtschaftlich genutzten Gebäuden sowie als innere Brandwand zwischen dem Wohnteil und dem landwirtschaftlich genutzten Teil eines Gebäudes.

Satz 1 gilt nicht für Nebengebäude ohne Aufenthaltsräume, Toiletten und Feuerungsanlagen mit einem Brutto-Rauminhalt bis zu 50 m3 und offene Garagen bis zu 100 m2 Nutzfläche einschließlich der Verkehrsflächen.

(3) Brandwände müssen auch unter zusätzlicher mechanischer Beanspruchung feuerbeständig sein und aus nichtbrennbaren Baustoffen bestehen. Anstelle von Brandwänden sind in den Fällen des Absatzes 2 Nr. 1 bis 3 zulässig

1. für Gebäude der Gebäudeklasse 4 Wände, die auch unter zusätzlicher mechanischer Beanspruchung hochfeuerhemmend sind,
2. für Gebäude der Gebäudeklassen 1 bis 3 hochfeuerhemmende Wände,
3. für Gebäude der Gebäudeklassen 1 bis 3 Gebäudeabschlusswände, die jeweils von innen nach außen die Feuerwiderstandsfähigkeit der tragenden und aus-

steifenden Teile des Gebäudes, mindestens jedoch feuerhemmende Bauteile, und von außen nach innen die Feuerwiderstandsfähigkeit feuerbeständiger Bauteile haben.

In den Fällen des Absatzes 2 Nr. 4 sind anstelle von Brandwänden feuerbeständige Wände zulässig, wenn der Brutto-Rauminhalt des landwirtschaftlich genutzten Gebäudes oder Gebäudeteils nicht größer als 2.000 m3 ist.

(4) Brandwände müssen bis zur Bedachung durchgehen und in allen Geschossen übereinander angeordnet sein. Abweichend davon dürfen anstelle innerer Brandwände Wände geschossweise versetzt angeordnet werden, wenn

1. die Wände im Übrigen Absatz 3 Satz 1 entsprechen,
2. die Decken, soweit sie in Verbindung mit diesen Wänden stehen, feuerbeständig und aus nichtbrennbaren Baustoffen sind und keine Öffnungen haben,
3. die Bauteile, die diese Wände und Decken unterstützen, feuerbeständig und aus nichtbrennbaren Baustoffen sind,
4. die Außenwände in der Breite des Versatzes in dem Geschoss oberhalb oder unterhalb des Versatzes feuerbeständig sind und
5. Öffnungen in den Außenwänden im Bereich des Versatzes so angeordnet oder andere Vorkehrungen so getroffen sind, dass eine Brandausbreitung in andere Brandabschnitte nicht zu befürchten ist.

(5) Brandwände sind 0,30 m über die Bedachung zu führen oder in Höhe der Dachhaut mit einer beiderseits 0,50 m auskragenden feuerbeständigen Platte aus nichtbrennbaren Baustoffen abzuschließen; darüber dürfen brennbare Teile des Daches nicht hinweggeführt werden. Bei Gebäuden der Gebäudeklassen 1 bis 3 sind Brandwände mindestens bis unter die Dachhaut zu führen. Verbleibende Hohlräume sind vollständig mit nichtbrennbaren Baustoffen auszufüllen.

(6) Müssen Gebäude oder Gebäudeteile, die über Eck zusammenstoßen, durch eine Brandwand getrennt werden, so muss der Abstand dieser Wand von der inneren Ecke mindestens 5 m betragen; dies gilt nicht, wenn der Winkel der inneren Ecke mehr als 120° beträgt oder mindestens eine Außenwand auf 5 m Länge als öffnungslose feuerbeständige Wand aus nichtbrennbaren Baustoffen, bei Gebäuden der Gebäudeklassen 1 bis 4 als öffnungslose hochfeuerhemmende Wand ausgebildet ist.

(7) Bauteile mit brennbaren Baustoffen dürfen über Brandwände nicht hinweggeführt werden. Bei Außenwandkonstruktionen, die eine seitliche Brandausbreitung begünstigen können, wie hinterlüfteten Außenwandbekleidungen oder Doppelfassaden, sind gegen die Brandausbreitung im Bereich der Brandwände besondere Vorkehrungen zu treffen. Außenwandbekleidungen von Gebäudeabschlusswänden müssen einschließlich der Dämmstoffe und Unterkonstruktionen nichtbrennbar sein. Bauteile dürfen in Brandwände nur soweit eingreifen, dass deren Feuerwiderstandsfähigkeit nicht beeinträchtigt wird; für Leitungen, Leitungsschlitze und Abgasanlagen gilt dies entsprechend.

(8) Öffnungen in Brandwänden sind unzulässig. Sie sind in inneren Brandwänden nur zulässig, wenn sie nach Zahl und Größe auf das für die Nutzung erforderliche Maß beschränkt sind; die Öffnungen müssen feuerbeständige, dicht- und selbstschließende Abschlüsse haben.

(9) In inneren Brandwänden sind feuerbeständige Verglasungen nur zulässig, wenn sie nach Zahl und Größe auf das für die Nutzung erforderliche Maß beschränkt sind.

(10) Absatz 2 Nr.1 gilt nicht für seitliche Wände von Vorbauten im Sinne des § 7 Abs. 6 Nr. 2, die nicht mehr als 1,50 m vor der Flucht der vorderen oder hinteren Außenwand des Nachbargebäudes vortreten, wenn sie von dem Nachbargebäude oder der Grundstücksgrenze einen Abstand einhalten, der ihrer eigenen Ausladung entspricht, mindestens jedoch 1 m beträgt.

(11) Die Absätze 4 bis 10 gelten sinngemäß auch für Wände, die nach Absatz 3 anstelle von Brandwänden zulässig sind.

§ 31
Decken

(1) Decken müssen als tragende und raumabschließende Bauteile zwischen Geschossen im Brandfall ausreichend lang standsicher und widerstandsfähig gegen die Brandausbreitung sein. Sie müssen
1. in Gebäuden der Gebäudeklasse 5 feuerbeständig,
2. in Gebäuden der Gebäudeklasse 4 hochfeuerhemmend,
3. in Gebäuden der Gebäudeklassen 2 und 3 feuerhemmend sein.

Satz 2 gilt
1. für Geschosse im Dachraum nur, wenn darüber Aufenthaltsräume möglich sind; § 29 Abs. 4 bleibt unberührt,
2. nicht für Balkone, ausgenommen offene Gänge, die als notwendige Flure dienen.

(2) Im Untergeschoss müssen Decken
1. in Gebäuden der Gebäudeklassen 3 bis 5 feuerbeständig,
2. in Gebäuden der Gebäudeklassen 1 und 2 feuerhemmend sein.

Decken müssen feuerbeständig sein
1. unter und über Räumen mit Explosions- oder erhöhter Brandgefahr, ausgenommen in Wohngebäuden der Gebäudeklassen 1 und 2,
2. zwischen dem landwirtschaftlich genutzten Teil und dem Wohnteil eines Gebäudes.

(3) Der Anschluss der Decken an die Außenwand ist so herzustellen, dass er den Anforderungen aus Absatz 1 Satz 1 genügt.

(4) Öffnungen in Decken, für die eine Feuerwiderstandsfähigkeit vorgeschrieben ist, sind nur zulässig, wenn sie nach Zahl und Größe auf das für die Nutzung erforderliche Maß beschränkt sind und Abschlüsse mit der Feuerwiderstandsfähigkeit der Decke haben. Satz 1 gilt nicht
1. in den Gebäudeklassen 1 und 2,
2. innerhalb derselben Nutzungseinheit mit nicht mehr als insgesamt 400 m2 in nicht mehr als zwei Geschossen.

§ 32
Dächer

(1) Bedachungen müssen gegen eine Brandbeanspruchung von außen durch Flugfeuer und strahlende Wärme ausreichend lang widerstandsfähig sein (harte Bedachung).

(2) Bedachungen, die die Anforderungen nach Absatz 1 nicht erfüllen, sind zulässig bei Gebäuden der Gebäudeklassen 1 bis 3, wenn die Gebäude
1. einen Abstand von der Grundstücksgrenze von mindestens 12 m,
2. von Gebäuden auf demselben Grundstück mit harter Bedachung einen Abstand von mindestens 15 m,
3. von Gebäuden auf demselben Grundstück mit Bedachungen, die die Anforderungen nach Absatz 1 nicht erfüllen, einen Abstand von mindestens 24 m,
4. von Gebäuden auf demselben Grundstück ohne Aufenthaltsräume und ohne Feuerstätten mit nicht mehr als 50 m3 Brutto-Rauminhalt einen Abstand von mindestens 5 m

einhalten. Soweit Gebäude nach Satz 1 Abstand halten müssen, genügt bei Wohngebäuden der Gebäudeklassen 1 und 2 in den Fällen
1. der Nummer 1 ein Abstand von mindestens 6 m,
2. der Nummer 2 ein Abstand von mindestens 9 m,
3. der Nummer 3 ein Abstand von mindestens 12 m.

(3) Die Absätze 1 und 2 gelten nicht für
1. Gebäude ohne Aufenthaltsräume und ohne Feuerstätten mit nicht mehr als 50 m3 Brutto-Rauminhalt,
2. lichtdurchlässige Bedachungen aus nichtbrennbaren Baustoffen; brennbare Fugendichtungen und brennbare

Dämmstoffe in nicht brennbaren Profilen sind zulässig,
3. Dachflächenfenster, Oberlichte und Lichtkuppeln von Wohngebäuden,
4. Eingangsüberdachungen und Vordächer aus nichtbrennbaren Baustoffen,
5. Eingangsüberdachungen aus brennbaren Baustoffen, wenn die Eingänge nur zu Wohnungen führen.

(4) Abweichend von den Absätzen 1 und 2 sind
1. lichtdurchlässige Teilflächen aus brennbaren Baustoffen in Bedachungen nach Absatz 1 und
2. begrünte Bedachungen

zulässig, wenn eine Brandentstehung bei einer Brandbeanspruchung von außen durch Flugfeuer und strahlende Wärme nicht zu befürchten ist oder Vorkehrungen hiergegen getroffen werden.

(5) Dachüberstände, Dachgesimse und Dachaufbauten, lichtdurchlässige Bedachungen, Dachflächenfenster, Lichtkuppeln, Oberlichte und Solaranlagen sind so anzuordnen und herzustellen, dass Feuer nicht auf andere Gebäudeteile und Nachbargrundstücke übertragen werden kann. Von Brandwänden und von Wänden, die anstelle von Brandwänden zulässig sind, müssen folgende Abstände eingehalten werden:
1. ohne Abstand
   a) Dachflächenfenster, Oberlichte, Lichtkuppeln und Öffnungen in der Bedachung, wenn die Wände nach Halbsatz 1 mindestens 30 cm über die Bedachung geführt sind,
   b) Solaranlagen, Dachgauben und ähnliche Dachaufbauten aus brennbaren Baustoffen, wenn sie durch die Wände nach Halbsatz 1 gegen Brandübertragung geschützt sind.
2. mindestens 0,50 m
   Solaranlagen, die mit maximal 30 cm Höhe über der Dachhaut installiert oder im Dach integriert sind, wenn sie nicht unter Nr. 1 Buchstabe b fallen.
3. mindestens 1,25 m
   a) Dachflächenfenster, Oberlichte, Lichtkuppeln und Öffnungen in der Bedachung, die nicht unter Nr. 1 Buchstabe a fallen,
   b) Dachgauben und ähnliche Dachaufbauten, wenn sie nicht unter Nr. 1 Buchstabe b fallen,
   c) Solaranlagen, die nicht unter Nr. 1 Buchstabe b oder Nr. 2 fallen.

(6) Dächer von traufseitig aneinander gebauten Gebäuden müssen als raumabschließende Bauteile für eine Brandbeanspruchung von innen nach außen einschließlich der sie tragenden und aussteifenden Bauteile feuerhemmend sein. Öffnungen in diesen Dachflächen müssen waagerecht gemessen mindestens 2 m von der Brandwand oder der Wand, die anstelle der Brandwand zulässig ist, entfernt sein.

(7) Dächer von Anbauten, die an Außenwände mit Öffnungen oder ohne Feuerwiderstandsdauer anschließen, müssen innerhalb eines Abstands von 5 m von diesen Wänden als raumabschließende Bauteile für eine Brandbeanspruchung von innen nach außen einschließlich der sie tragenden und aussteifenden Bauteile die Feuerwiderstandsfähigkeit der Decken des Gebäudeteils haben, an das sie angebaut werden. Dies gilt nicht für Anbauten an Wohngebäude der Gebäudeklassen 1 bis 3.

(8) Für die vom Dach aus vorzunehmenden Arbeiten sind sicher benutzbare Vorrichtungen anzubringen.

Abschnitt 4
Rettungswege, Öffnungen, Umwehrungen

§ 33
Erster und zweiter Rettungsweg

(1) Für Nutzungseinheiten mit mindestens einem Aufenthaltsraum, wie Wohnungen, Praxen, selbstständige Betriebsstätten, müssen in jedem Geschoss mindestens zwei voneinander unabhängige Rettungswege ins

Freie vorhanden sein; beide Rettungswege dürfen jedoch innerhalb eines Geschosses über denselben notwendigen Flur führen.

(2) Für Nutzungseinheiten nach Absatz 1, die nicht zu ebener Erde liegen, muss der erste Rettungsweg über eine notwendige Treppe führen. Der zweite Rettungsweg kann eine weitere notwendige Treppe oder eine mit Rettungsgeräten der Feuerwehr erreichbare Stelle der Nutzungseinheit sein. Ein zweiter Rettungsweg ist nicht erforderlich, wenn die Rettung über einen sicher erreichbaren Treppenraum möglich ist, in den Feuer und Rauch nicht eindringen können (Sicherheitstreppenraum).

(3) Gebäude, deren zweiter Rettungsweg über Rettungsgeräte der Feuerwehr führt und bei denen die Oberkante der Brüstung von zum Anleitern bestimmten Fenstern oder Stellen mehr als 8 m über der Geländeoberfläche liegt, dürfen nur errichtet werden, wenn die Feuerwehr über die erforderlichen Rettungsgeräte, wie Hubrettungsfahrzeuge, verfügt. Bei Sonderbauten ist der zweite Rettungsweg über Rettungsgeräte der Feuerwehr nur zulässig, wenn keine Bedenken wegen der Personenrettung bestehen.

§ 34
Treppen

(1) Jedes nicht zu ebener Erde liegende Geschoss und der benutzbare Dachraum eines Gebäudes müssen über mindestens eine Treppe zugänglich sein (notwendige Treppe). Statt notwendiger Treppen sind Rampen mit flacher Neigung zulässig.

(2) Einschiebbare Treppen und Rolltreppen sind als notwendige Treppen unzulässig. In den Gebäudeklassen 1 und 2 sind einschiebbare Treppen und Leitern als Zugang zu einem Dachraum ohne Aufenthaltsräume zulässig.

(3) Notwendige Treppen sind in einem Zuge zu allen angeschlossenen Geschossen zu führen; sie müssen mit den Treppen zum Dachraum unmittelbar verbunden sein. Dies gilt nicht für Treppen

1. in Gebäuden der Gebäudeklassen 1 bis 3,
2. nach § 35 Abs. 1 Satz 3 Nr. 2.

(4) Die tragenden Teile notwendiger Treppen müssen

1. in Gebäuden der Gebäudeklasse 5 feuerhemmend und aus nichtbrennbaren Baustoffen,
2. in Gebäuden der Gebäudeklasse 4 aus nichtbrennbaren Baustoffen,
3. in Gebäuden der Gebäudeklasse 3 aus nichtbrennbaren Baustoffen oder feuerhemmend sein. Tragende Teile von Außentreppen nach § 35 Abs. 1 Satz 3 Nr. 3 für Gebäude der Gebäudeklassen 3 bis 5 müssen aus nichtbrennbaren Baustoffen bestehen.

(5) Die nutzbare Breite der Treppenläufe und Treppenabsätze notwendiger Treppen muss für den größten zu erwartenden Verkehr ausreichen.

(6) Treppen müssen einen festen und griffsicheren Handlauf haben. Für Treppen sind Handläufe auf beiden Seiten und Zwischenhandläufe vorzusehen, soweit die Verkehrssicherheit dies erfordert.

(7) Eine Treppe darf nicht unmittelbar hinter einer Tür beginnen, die in Richtung der Treppe aufschlägt; zwischen Treppe und Tür ist ein ausreichender Treppenabsatz anzuordnen.

§ 35
Notwendige Treppenräume und Ausgänge

(1) Jede notwendige Treppe muss zur Sicherstellung der Rettungswege aus den Geschossen ins Freie in einem eigenen, durchgehenden Treppenraum liegen (notwendiger Treppenraum). Notwendige Treppenräume müssen so angeordnet und ausgebildet sein, dass die Benutzung der notwendigen Treppen im Brandfall ausreichend lang möglich ist. Notwendige Treppen sind ohne eigenen Treppenraum zulässig

1. in Gebäuden der Gebäudeklassen 1 und 2,
2. für die Verbindung von höchstens zwei Geschossen innerhalb derselben Nutzungseinheit mit einer Größe von nicht

mehr als insgesamt 200 m2, wenn in jedem Geschoss ein anderer Rettungsweg erreicht werden kann,
3. als Außentreppen, wenn ihre Benutzung ausreichend sicher ist und im Brandfall nicht gefährdet werden kann.

(2) Von jeder Stelle eines Aufenthaltsraums sowie eines Untergeschosses muss mindestens ein Ausgang in einen notwendigen Treppenraum oder ins Freie in höchstens 35 m Entfernung erreichbar sein. Übereinanderliegende Untergeschosse müssen jeweils mindestens zwei Ausgänge zu notwendigen Treppenräumen oder ins Freie haben. Sind mehrere notwendige Treppenräume erforderlich, müssen sie so verteilt sein, dass sie möglichst entgegengesetzt liegen und dass die Rettungswege möglichst kurz sind.

(3) Jeder notwendige Treppenraum muss einen unmittelbaren Ausgang ins Freie haben. Sofern der Ausgang eines notwendigen Treppenraums nicht unmittelbar ins Freie führt, muss der Raum zwischen dem notwendigen Treppenraum und dem Ausgang ins Freie

1. mindestens so breit sein wie die dazugehörigen Treppenläufe,
2. Wände haben, die die Anforderungen an die Wände des Treppenraumes erfüllen,
3. rauchdichte und selbstschließende Abschlüsse zu notwendigen Fluren haben und
4. ohne Öffnungen zu anderen Räumen, ausgenommen zu notwendigen Fluren, sein.

(4) Die Wände notwendiger Treppenräume müssen als raumabschließende Bauteile

1. in Gebäuden der Gebäudeklasse 5 die Bauart von Brandwänden haben,
2. in Gebäuden der Gebäudeklasse 4 auch unter zusätzlicher mechanischer Beanspruchung hochfeuerhemmend und
3. in Gebäuden der Gebäudeklasse 3 feuerhemmend

sein. Dies ist nicht erforderlich für Außenwände von Treppenräumen, die aus nichtbrennbaren Baustoffen bestehen und durch andere an diese Außenwände anschließende Gebäudeteile im Brandfall nicht gefährdet werden können. Der obere Abschluss notwendiger Treppenräume muss als raumabschließendes Bauteil die Feuerwiderstandsfähigkeit der Decken des Gebäudes haben; dies gilt nicht, wenn der obere Abschluss das Dach ist und die Treppenraumwände bis unter die Dachhaut reichen.

(5) In notwendigen Treppenräumen und in Räumen nach Absatz 3 Satz 2 müssen

1. Bekleidungen, Putze, Dämmstoffe, Unterdecken und Einbauten aus nichtbrennbaren Baustoffen bestehen,
2. Wände und Decken aus brennbaren Baustoffen eine Bekleidung aus nichtbrennbaren Baustoffen in ausreichender Dicke haben,
3. Bodenbeläge, ausgenommen Gleitschutzprofile, aus mindestens schwerentflammbaren Baustoffen bestehen.

(6) In notwendigen Treppenräumen müssen Öffnungen

1. zu Untergeschossen, zu nicht ausgebauten Dachräumen, Werkstätten, Läden, Lager- und ähnlichen Räumen, zu Nutzungseinheiten, die sich über mehr als ein Geschoss erstrecken sowie zu sonstigen Räumen und Nutzungseinheiten mit einer Fläche von mehr als 200 m2, ausgenommen Wohnungen, mindestens feuerhemmende, rauchdichte und selbstschließende Abschlüsse,
2. zu notwendigen Fluren rauchdichte und selbstschließende Abschlüsse,
3. zu sonstigen Räumen und Nutzungseinheiten mindestens dicht- und selbstschließende Abschlüsse

haben. Die Feuerschutz- und Rauchschutzabschlüsse dürfen lichtdurchlässige Seitenteile und Oberlichte enthalten, wenn der Abschluss insgesamt nicht breiter als 2,50 m ist.

(7) Notwendige Treppenräume müssen zu beleuchten sein. Notwendige Treppenräume ohne Fenster müssen in Gebäuden mit einer Höhe nach § 2 Abs. 3 Satz 2 von mehr als 13 m eine Sicherheitsbeleuchtung haben.

(8) Notwendige Treppenräume müssen belüftet und zur Unterstützung wirksamer Löscharbeiten entraucht werden können. Sie müssen

1. in jedem oberirdischen Geschoss unmittelbar ins Freie führende Fenster mit einem freien Querschnitt von mindestens 0,50 m2 haben, die geöffnet werden können, oder
2. an der obersten Stelle eine Öffnung zur Rauchableitung haben.

In den Fällen des Satzes 2 Nr. 1 ist in Gebäuden der Gebäudeklasse 5 an der obersten Stelle eine Öffnung zur Rauchableitung erforderlich; in den Fällen des Satzes 2 Nr. 2 sind in Gebäuden der Gebäudeklassen 4 und 5, soweit dies zur Erfüllung der Anforderungen nach Satz 1 erforderlich ist, besondere Vorkehrungen zu treffen. Öffnungen zur Rauchableitung nach den Sätzen 2 und 3 müssen in jedem Treppenraum einen freien Querschnitt von mindestens 1 m2 und Vorrichtungen zum Öffnen ihrer Abschlüsse haben, die vom Erdgeschoss sowie vom obersten Treppenabsatz aus bedient werden können.

§ 36
Notwendige Flure, offene Gänge

(1) Flure, über die Rettungswege aus Aufenthaltsräumen oder aus Nutzungseinheiten mit Aufenthaltsräumen zu notwendigen Treppenräumen oder zu Ausgängen ins Freie führen (notwendige Flure), müssen so angeordnet und ausgebildet sein, dass die Nutzung im Brandfall ausreichend lang möglich ist. Notwendige Flure sind nicht erforderlich

1. in Wohngebäuden der Gebäudeklassen 1 und 2,
2. in sonstigen Gebäuden der Gebäudeklassen 1 und 2, ausgenommen in Untergeschossen,
3. innerhalb von Nutzungseinheiten mit nicht mehr als 200 m2 und innerhalb von Wohnungen,
4. innerhalb von Nutzungseinheiten, die einer Büro- oder Verwaltungsnutzung dienen, mit nicht mehr als 400 m2; das gilt auch für Teile von größeren Nutzungseinheiten, wenn diese Teile nicht größer als 400 m2 sind und Trennwände nach § 29 Abs. 2 Nr. 1 haben und jeder Teil unabhängig von anderen Teilen Rettungswege nach § 33 Abs. 1 hat.

(2) Notwendige Flure müssen so breit sein, dass sie für den größten zu erwartenden Verkehr ausreichen. In den Fluren ist eine Folge von weniger als drei Stufen unzulässig.

(3) Notwendige Flure sind durch nicht abschließbare, rauchdichte und selbstschließende Abschlüsse in Rauchabschnitte zu unterteilen. Die Rauchabschnitte sollen nicht länger als 30 m sein. Die Abschlüsse sind bis an die Rohdecke zu führen; sie dürfen bis an die Unterdecke der Flure geführt werden, wenn die Unterdecke feuerhemmend ist. Notwendige Flure mit nur einer Fluchtrichtung, die zu einem Sicherheitstreppenraum führen, dürfen nicht länger als 15 m sein. Die Sätze 1 bis 4 gelten nicht für offene Gänge nach Absatz 5.

(4) Die Wände notwendiger Flure müssen als raumabschließende Bauteile feuerhemmend, in Untergeschossen, deren tragende und aussteifende Bauteile feuerbeständig sein müssen, feuerbeständig sein. Die Wände sind bis an die Rohdecke zu führen. Sie dürfen bis an die Unterdecke der Flure geführt werden, wenn die Unterdecke feuerhemmend und ein demjenigen nach Satz 1 vergleichbarer Raumabschluss sichergestellt ist. Türen in diesen Wänden müssen dicht schließen; Öffnungen zu Lagerbereichen im Untergeschoss müssen feuerhemmende, dicht- und selbstschließende Abschlüsse haben.

(5) Für Wände und Umwehrungen von notwendigen Fluren mit nur einer Fluchtrichtung, die als offene Gänge vor den Außenwänden angeordnet sind, gilt Absatz 4 entsprechend. Fenster in diesen Außenwänden sind ab einer Brüstungshöhe von 0,90 m zulässig.

(6) In notwendigen Fluren sowie in offenen Gängen nach Absatz 5 müssen

1. Bekleidungen, Putze, Unterdecken und Dämmstoffe aus nichtbrennbaren Baustoffen bestehen,
2. Wände und Decken aus brennbaren Baustoffen eine Bekleidung aus nichtbrennbaren Baustoffen in ausreichender Dicke haben.

§ 37
Notwendige Flure, offene Gänge

(1) Können die Fensterflächen nicht gefahrlos vom Erdboden, vom Innern des Gebäudes oder von Loggien und Balkonen aus gereinigt werden, so sind Vorrichtungen, wie Aufzüge, Halterungen oder Stangen anzubringen, die eine Reinigung von außen ermöglichen.
(2) Glastüren und andere Glasflächen, die bis zum Fußboden allgemein zugänglicher Verkehrsflächen herabreichen, sind so zu kennzeichnen, dass sie leicht erkannt werden können. Weitere Schutzmaßnahmen sind für größere Glasflächen vorzusehen, wenn dies die Verkehrssicherheit erfordert.
(3) Eingangstüren von Wohnungen, die über Aufzüge erreichbar sein müssen, müssen eine lichte Durchgangsbreite von mindestens 0,90 m haben.
(4) Jedes Untergeschoss muss mindestens eine Öffnung ins Freie haben, um eine Rauchableitung zu ermöglichen. Gemeinsame Lichtschächte für übereinander liegende Untergeschosse sind unzulässig.
(5) Fenster, die als Rettungswege nach § 33 Abs. 2 Satz 2 dienen, müssen im Lichten mindestens 0,90 x 1,20 m groß und nicht höher als 1,20 m über der Fußbodenoberkante angeordnet sein. Liegen diese Fenster in Dachschrägen oder Dachaufbauten, so darf ihre Unterkante oder ein davor liegender Austritt von der Traufkante horizontal gemessen nicht mehr als 1 m entfernt sein.

§ 38
Umwehrungen

(1) In, an und auf baulichen Anlagen sind zu umwehren oder mit Brüstungen zu versehen:
1. Flächen, die im Allgemeinen zum Begehen bestimmt sind und unmittelbar an mehr als 1 m tiefer liegende Flächen angrenzen; dies gilt nicht, wenn die Umwehrung dem Zweck der Flächen widerspricht,
2. nicht begehbare Oberlichte und Glasabdeckungen in Flächen, die im Allgemeinen zum Begehen bestimmt sind, wenn sie weniger als 0,50 m aus diesen Flächen herausragen,
3. Dächer oder Dachteile, die zum auch nur zeitweiligen Aufenthalt von Menschen bestimmt sind,
4. Öffnungen in begehbaren Decken sowie in Dächern oder Dachteilen nach Nummer 3, wenn sie nicht sicher abgedeckt sind,
5. nicht begehbare Glasflächen in Decken sowie in Dächern oder Dachteilen nach Nummer 3,
6. die freien Seiten von Treppenläufen, Treppenabsätzen und Treppenöffnungen (Treppenaugen),
7. Lichtschächte von Untergeschossen und Betriebsschächte, die an Verkehrsflächen liegen, wenn sie nicht verkehrssicher abgedeckt sind.

(2) In Verkehrsflächen liegende Lichtschächte von Untergeschossen und Betriebsschächte sind in Höhe der Verkehrsfläche verkehrssicher abzudecken. An und in Verkehrsflächen liegende Abdeckungen müssen gegen unbefugtes Abheben gesichert sein. Fenster, die unmittelbar an Treppen liegen und deren Brüstung unter der notwendigen Umwehrungshöhe liegen, sind zu sichern.
(3) Fensterbrüstungen über Flächen mit einer Absturzhöhe bis zu 12 m müssen mindestens 0,80 m, über Flächen mit mehr als 12 m Absturzhöhe mindestens 0,90 m hoch sein. Geringere Brüstungshöhen sind zulässig, wenn durch andere Vorrichtungen, wie Geländer, die nach Absatz 4 vorgeschriebenen Mindesthöhen eingehalten werden.

(4) Andere notwendige Umwehrungen müssen folgende Mindesthöhen haben:
1. Umwehrungen zur Sicherung von Öffnungen in begehbaren Decken und Dächern sowie Umwehrungen von Flächen mit einer Absturzhöhe von 1 m bis zu 12 m 0,90 m,
2. Umwehrungen von Flächen mit mehr als 12 m Absturzhöhe 1,10 m.

(5) In, an und auf Gebäuden, bei denen in der Regel mit der Anwesenheit von Kindern gerechnet werden muss, dürfen Öffnungen in Umwehrungen, Brüstungen und Geländern mindestens in einer Richtung nicht breiter als 12 cm sein. Ein seitlicher Zwischenraum zwischen dem Geländer oder der Brüstung und der zu sichernden Fläche darf nicht größer als 4 cm sein. Die Umwehrungen, Brüstungen und Geländer sind so auszubilden, dass Kindern das Überklettern nicht erleichtert wird.

Abschnitt 5
Technische Gebäudeausrüstung

§ 39
Aufzüge

(1) Aufzüge im Innern von Gebäuden müssen eigene Fahrschächte haben, um eine Brandausbreitung in andere Geschosse ausreichend lang zu verhindern. In einem Fahrschacht dürfen bis zu drei Aufzüge liegen. Aufzüge ohne eigene Fahrschächte sind zulässig
1. innerhalb eines notwendigen Treppenraums, ausgenommen in Hochhäusern,
2. innerhalb von Räumen, die Geschosse überbrücken,
3. zur Verbindung von Geschossen, die offen miteinander in Verbindung stehen dürfen,
4. in Gebäuden der Gebäudeklassen 1 und 2;

die Aufzüge müssen sicher umkleidet sein.

(2) Die Fahrschachtwände müssen als raumabschließende Bauteile
1. in Gebäuden der Gebäudeklasse 5 feuerbeständig und aus nichtbrennbaren Baustoffen,
2. in Gebäuden der Gebäudeklasse 4 hochfeuerhemmend,
3. in Gebäuden der Gebäudeklasse 3 feuerhemmend

sein; Fahrschachtwände aus brennbaren Baustoffen müssen schachtseitig eine Bekleidung aus nichtbrennbaren Baustoffen in ausreichender Dicke haben. Fahrschachttüren und andere Öffnungen in Fahrschachtwänden mit erforderlicher Feuerwiderstandsfähigkeit sind so herzustellen, dass die Anforderungen nach Absatz 1 Satz 1 nicht beeinträchtigt werden.

(3) Fahrschächte müssen zu lüften sein und eine Öffnung zur Rauchableitung mit einem freien Querschnitt von mindestens 2,5 vom Hundert der Fahrschachtgrundfläche, mindestens jedoch 0,10 m2 haben. Diese Öffnung darf einen Abschluss haben, der im Brandfall selbsttätig öffnet und von mindestens einer geeigneten Stelle aus bedient werden kann. Die Lage der Rauchaustrittsöffnungen muss so gewählt werden, dass der Rauchaustritt durch Windeinfluss nicht beeinträchtigt wird.

(4) Gebäude mit einer Höhe nach § 2 Absatz 3 Satz 2 von mehr als 13 m müssen Aufzüge in ausreichender Zahl haben; die Aufzüge müssen mit Sprachmodulen ausgerüstet sein. Satz 1 gilt nicht beim nachträglichen Ausbau und der Nutzungsänderung des obersten Geschosses oder bei der Aufstockung um bis zu zwei Geschosse. Von den Aufzügen nach Satz 1 muss mindestens ein Aufzug Kinderwagen, Rollstühle, Krankentragen und Lasten aufnehmen können und Haltestellen in allen Geschossen haben. Dieser Aufzug muss von der öffentlichen Verkehrsfläche und von allen Nutzungseinheiten in dem Gebäude aus stufenlos erreichbar sein. Haltestellen im obersten Geschoss und in den Untergeschossen können entfallen, wenn sie nur unter besonderen Schwierigkeiten hergestellt wer-

den können. Satz 5 gilt nicht für Haltestellen in Untergeschossen, wenn der Aufzug von der öffentlichen Verkehrsfläche aus nur im Untergeschoss stufenlos erreichbar ist.
(5) Fahrkörbe zur Aufnahme einer Krankentrage müssen eine nutzbare Grundfläche von mindestens 1,10 m x 2,10 m, zur Aufnahme eines Rollstuhles von mindestens 1,10 m x 1,40 m haben; Türen müssen eine lichte Durchgangsbreite von mindestens 0,90 m haben. In einem Aufzug für Rollstühle und Krankentragen darf der für Rollstühle nicht erforderliche Teil der Fahrkorbgrundfläche durch eine verschließbare Tür abgesperrt werden. Vor den Aufzügen muss eine ausreichende Bewegungsfläche vorhanden sein.

§ 40
Leitungs-, Lüftungsanlagen, Installationsschächte und -kanäle

(1) Leitungen dürfen durch raumabschließende Bauteile, für die eine Feuerwiderstandsfähigkeit vorgeschrieben ist, nur hindurchgeführt werden, wenn eine Brandausbreitung ausreichend lang nicht zu befürchten ist oder Vorkehrungen hiergegen getroffen sind; dies gilt nicht
1. für Gebäude der Gebäudeklassen 1 und 2,
2. innerhalb von Wohnungen,
3. innerhalb derselben Nutzungseinheit mit einer Größe von nicht mehr als insgesamt 400 m2 in nicht mehr als zwei Geschossen.

(2) In notwendigen Treppenräumen, in Räumen nach § 35 Abs. 3 Satz 2 und in notwendigen Fluren sind Leitungsanlagen nur zulässig, wenn eine Nutzung als Rettungsweg im Brandfall ausreichend lang möglich ist.
(3) Lüftungsanlagen müssen betriebssicher und brandsicher sein; sie dürfen den ordnungsgemäßen Betrieb von Feuerungsanlagen nicht beeinträchtigen.
(4) Lüftungsleitungen sowie deren Bekleidungen und Dämmstoffe müssen aus nicht brennbaren Baustoffen bestehen; brennbare Baustoffe sind zulässig, wenn ein Beitrag der Lüftungsleitung zur Brandentstehung oder Brandweiterleitung nicht zu befürchten ist. Lüftungsleitungen dürfen raumabschließende Bauteile, für die eine Feuerwiderstandsfähigkeit vorgeschrieben ist, nur überbrücken, wenn eine Brandausbreitung ausreichend lang nicht zu befürchten ist oder wenn Vorkehrungen hiergegen getroffen sind.
(5) Lüftungsanlagen sind so herzustellen, dass sie Gerüche und Staub nicht in andere Räume übertragen.
(6) Lüftungsanlagen dürfen nicht in Abgasanlagen eingeführt werden; die gemeinsame Nutzung von Lüftungsleitungen zur Lüftung und zur Ableitung der Abgase von Feuerstätten ist zulässig, wenn keine Bedenken wegen der Betriebssicherheit und des Brandschutzes bestehen. Die Abluft ist ins Freie zu führen. Nicht zur Lüftungsanlage gehörende Einrichtungen sind in Lüftungsleitungen unzulässig.
(7) Für raumlufttechnische Anlagen und Warmluftheizungen gelten die Absätze 3 bis 6 entsprechend.
(8) Für Installationsschächte und Installationskanäle gelten die Absätze 1 und 4 Satz 1 sowie Absatz 5 entsprechend.
(9) Die Absätze 4, 5, 7 und 8 gelten nicht
1. für Gebäude der Gebäudeklassen 1 und 2,
2. innerhalb von Wohnungen,
3. innerhalb derselben Nutzungseinheit mit einer Größe von insgesamt nicht mehr als 400 m2 in nicht mehr als zwei Geschossen.

§ 41
Feuerungsanlagen, sonstige Anlagen zur Wärmeerzeugung, Brennstoffversorgung

(1) Feuerstätten und Abgasanlagen (Feuerungsanlagen) müssen betriebssicher und brandsicher sein.
(2) Feuerstätten dürfen in Räumen nur aufgestellt werden, wenn nach der Art der Feuerstätte und nach Lage, Größe, baulicher Beschaffenheit und Nutzung der Räume Gefahren nicht entstehen.

(3) Abgase von Feuerstätten sind durch Abgasleitungen, Schornsteine und Verbindungsstücke (Abgasanlagen) so abzuführen, dass keine Gefahren oder unzumutbaren Belästigungen entstehen. Abgasanlagen sind in solcher Zahl und Lage und so herzustellen, dass die Feuerstätten des Gebäudes ordnungsgemäß angeschlossen werden können. Sie müssen leicht gereinigt werden können.
(4) Behälter und Rohrleitungen für brennbare Gase und Flüssigkeiten müssen betriebssicher und brandsicher sein. Diese Behälter sowie feste Brennstoffe sind so aufzustellen oder zu lagern, dass keine Gefahren oder unzumutbaren Belästigungen entstehen.
(5) Für die Aufstellung von ortsfesten Verbrennungsmotoren, Blockheizkraftwerken, Brennstoffzellen und Verdichtern sowie die Ableitung ihrer Verbrennungsgase gelten die Absätze 1 bis 3 entsprechend.
(6) Feuerstätten dürfen erst in Betrieb genommen werden, wenn die bevollmächtigte Bezirksschornsteinfegerin oder der bevollmächtigte Bezirksschornsteinfeger die Tauglichkeit und die sichere Benutzbarkeit der Abgasanlagen bescheinigt hat. Verbrennungsmotoren, Blockheizkraftwerke, Brennstoffzellen und Verdichter dürfen erst in Betrieb genommen werden, wenn die bevollmächtigte Bezirksschornsteinfegerin oder der bevollmächtigte Bezirksschornsteinfeger die Tauglichkeit und sichere Benutzbarkeit der Anlagen zur Ableitung von Verbrennungsgasen bescheinigt hat. Die Sätze 1 und 2 gelten auch bei Änderungen vorhandener Feuerstätten, Verbrennungsmotoren, Blockheizkraftwerke, Brennstoffzellen, Verdichter sowie der dazu gehörigen Abgasanlagen oder Anlagen zur Ableitung von Verbrennungsgasen.

§ 42

Wasserversorgungs- und Abwasseranlagen, Anlagen für Niederschlagswasser

(1) Wasserversorgungsanlagen und Anlagen für die Ableitung und Behandlung des Schmutzwassers und des Niederschlagswassers müssen betriebssicher, dicht, sicher und leicht erreichbar und so angeordnet und beschaffen sein, dass Gefahren oder erhebliche Nachteile oder Belästigungen, insbesondere durch Gerüche und Geräusche, nicht entstehen.
(2) Wasserversorgungsanlagen sind so anzuordnen und instand zu halten, dass sie unnötigen Trinkwasserverbrauch vermeiden. Für jede Wohnung und jede sonstige Nutzungseinheit müssen Einrichtungen zur Messung des Kaltwasserverbrauchs vorhanden sein; dies gilt auch für Wohnungen und sonstige Nutzungseinheiten in bestehenden Gebäuden, wenn die Wasserinstallation erneuert oder wesentlich geändert wird.
(3) Kleinkläranlagen, Gruben und sonstige Behälter für Abwasser müssen ausreichend groß und wasserdicht sein. Sie müssen eine dichte und sichere Abdeckung sowie Reinigungs- und Entleerungsöffnungen haben. Diese Öffnungen dürfen nur vom Freien aus zugänglich sein. Die Anlagen sind so zu entlüften, dass keine Gesundheitsschäden oder unzumutbaren Belästigungen entstehen. Die Zuleitungen zu Kleinkläranlagen, Gruben und sonstigen Behältern für Abwasser müssen geschlossen, dicht und, soweit erforderlich, zum Reinigen eingerichtet sein.
(4) Das Zuleiten von Abwasser in Kleinkläranlagen, abflusslose Gruben und sonstige Behälter ist nur zulässig, wenn oder solange das Abwasser nicht in eine öffentliche Kanalisation eingeleitet werden kann. Niederschlagswasser darf nicht in Kleinkläranlagen und nicht in dieselbe Grube und denselben sonstigen Behälter wie das übrige Abwasser geleitet werden. Bei landwirtschaftlichen Betrieben können Toiletten mit Wasserspülung an ausreichend dimensionierte Gülle- und Jauchegruben angeschlossen werden, wenn keine gesundheitlichen und wasserwirtschaftlichen Bedenken bestehen.

§ 43
Aufbewahrung fester Abfallstoffe

(1) Feste Abfallstoffe dürfen innerhalb von Gebäuden vorübergehend aufbewahrt werden, in Gebäuden der Gebäudeklassen 3 bis 5 jedoch nur, wenn die dafür bestimmten Räume

1. Trennwände und Decken als raumabschließende Bauteile mit der Feuerwiderstandsfähigkeit der tragenden Wände und
2. Öffnungen vom Gebäudeinnern zum Aufstellraum mit feuerhemmenden, dicht- und selbstschließenden Abschlüssen haben,
3. unmittelbar vom Freien entleert werden können und
4. eine ständig wirksame Lüftung haben.

(2) Abfallschächte in Gebäuden sind nicht zulässig.

§ 44
Blitzschutzanlagen

Bauliche Anlagen, bei denen nach Lage, Bauart oder Nutzung Blitzschlag leicht eintreten oder zu schweren Folgen führen kann, sind mit dauernd wirksamen Blitzschutzanlagen zu versehen.

Abschnitt 6
Nutzungsbedingte Anforderungen

§ 45
Aufenthaltsräume

(1) Aufenthaltsräume müssen eine lichte Höhe von mindestens 2,40 m haben. Aufenthaltsräume im Dachraum müssen eine lichte Raumhöhe von mindestens 2,30 m über mindestens der Hälfte ihrer Netto-Raumfläche haben; Raumteile mit einer lichten Raumhöhe bis zu 1,50 m bleiben außer Betracht. Die Sätze 1 und 2 gelten nicht für Aufenthaltsräume in Wohngebäuden der Gebäudeklassen 1 und 2.

(2) Aufenthaltsräume müssen ausreichend belüftet und mit Tageslicht belichtet werden können. Sie müssen Fenster mit einem Rohbaumaß der Fensteröffnungen von mindestens einem Achtel der Netto-Raumfläche des Raumes einschließlich der Netto-Raumfläche verglaster Vorbauten und Loggien haben.

(3) Aufenthaltsräume, deren Benutzung eine Belichtung mit Tageslicht verbietet, sowie Verkaufsräume, Schank- und Speisegaststätten, ärztliche Behandlungsräume, Sporträume, Spielräume, Werkräume und ähnliche Räume, ausgenommen Spielräume und Werkräume für Kinder, sind ohne Fenster zulässig.

§ 46
Wohnungen

(1) Jede Wohnung muss eine Küche oder Kochnische haben. Fensterlose Küchen oder Kochnischen sind zulässig, wenn sie für sich lüftbar sind.

(2) Jede Wohnung muss ein Bad mit Badewanne oder Dusche und eine Toilette haben. Fensterlose Bäder und Toilettenräume sind nur zulässig, wenn eine wirksame Lüftung gewährleistet ist.

(3) Für Gebäude mit mehr als zwei Wohnungen sind leicht erreichbare und barrierefrei zugängliche Abstellräume für Kinderwagen, Fahrräder, Kinderspielgeräte und Mobilitätshilfsmittel sowie für jede Wohnung ein ausreichend großer Abstellraum herzustellen.

(4) In Wohnungen müssen Schlafräume und Kinderzimmer sowie Flure, über die Rettungswege von Aufenthaltsräumen führen, jeweils mindestens einen Rauchwarnmelder haben. Die Rauchwarnmelder müssen so eingebaut oder angebracht und betrieben werden, dass Brandrauch frühzeitig erkannt und gemeldet wird. Die Eigentümerinnen und Eigentümer vorhandener Wohnungen sind verpflichtet, jede Wohnung bis zum 31. Dezember 2016 entsprechend auszustatten. Die Sicherstellung der Betriebsbereitschaft obliegt den unmittelbaren Besitzerinnen und Besitzern, es sei denn, die Eigentümerin oder der Eigentümer übernimmt diese Verpflichtung selbst.

§ 47

Stellplätze und Garagen, Abstellplätze für Fahrräder

(1) Bei der Errichtung baulicher und anderer Anlagen, bei denen ein Zu- und Abgangsverkehr zu erwarten ist, müssen Stellplätze oder Garagen in ausreichender Zahl, Größe und in geeigneter Beschaffenheit (notwendige Stellplätze und Garagen) hergestellt werden. Ihre Zahl und Größe richtet sich nach Art und Zahl der vorhandenen und unter Berücksichtigung der örtlichen Verkehrsverhältnisse und des öffentlichen Personennahverkehrs zu erwartenden Kraftfahrzeuge der ständigen Benutzerinnen und Benutzer sowie der Besucherinnen und Besucher der Anlagen. Bei Änderungen von Anlagen nach Satz 1 oder bei Änderungen ihrer Nutzung ist nur der durch die Änderung verursachte Mehrbedarf an Stellplätzen und Garagen zu decken. Die Stellplatzpflicht entfällt bei Wohngebäuden mit bis zu zwei Wohnungen.

(2) Die notwendigen Stellplätze und Garagen sind auf dem Baugrundstück oder in zumutbarer Entfernung davon auf einem geeigneten Grundstück herzustellen, dessen Benutzung für diesen Zweck öffentlich-rechtlich gesichert ist. Die Bauaufsichtsbehörde kann, wenn Gründe des Verkehrs dies erfordern, im Einzelfall bestimmen, ob die Stellplätze auf dem Baugrundstück oder auf einem anderen Grundstück herzustellen sind.

(3) Ist die Herstellung nach Absatz 2 nicht oder nur unter großen Schwierigkeiten möglich oder ist sie auf Grund einer Satzung nach § 85 Abs. 1 Nr. 8 untersagt oder eingeschränkt, so kann die Bauaufsichtsbehörde im Einvernehmen mit der Gemeinde gestatten, dass die Stellplatzpflicht durch Zahlung eines Geldbetrags abgelöst wird, sofern eine Ablösesatzung (§ 85 Abs. 1 Nr. 9) besteht. Der Geldbetrag darf 80 vom Hundert der durchschnittlichen Herstellungskosten der Parkeinrichtungen einschließlich des Grunderwerbs im Gemeindegebiet oder in bestimmten Teilen des Gemeindegebiets nicht überschreiten. Der Geldbetrag ist zu verwenden für

1. die Herstellung zusätzlicher oder die Instandhaltung oder die Modernisierung bestehender Parkeinrichtungen oder die Herstellung von Ladestationen für Elektromobilität,
2. sonstige Maßnahmen zur Entlastung der Straßen von ruhendem Verkehr einschließlich investiver Maßnahmen des öffentlichen Personennahverkehrs und des Fahrradverkehrs.

(4) Für die Herstellung von Abstellplätzen für Fahrräder gilt Absatz 1 Satz 1 bis 3 sinngemäß. Fahrradabstellplätze sind auf dem Baugrundstück herzustellen. Die Pflicht zur Herstellung von Fahrradabstellplätzen entfällt bei Wohnungen, soweit die Herstellung von Fahrradabstellplätzen für Besucherinnen und Besucher auf dem Baugrundstück nicht oder nur unter großen Schwierigkeiten möglich ist.

(5) Stellplätze und Garagen müssen so angeordnet und ausgeführt werden, dass ihre Benutzung die Gesundheit nicht schädigt sowie das Arbeiten und Wohnen, die Ruhe und die Erholung in der Umgebung durch Lärm, Abgase und Gerüche nicht über das zumutbare Maß hinaus stört. Sie müssen unter Berücksichtigung eines angemessenen Stauraums auf möglichst kurzem Weg von den öffentlichen Verkehrsflächen aus verkehrssicher zu erreichen sein. Stellplätze für uneingeschränkt mit dem Rollstuhl nutzbare Wohnungen müssen barrierefrei sein. Es kann verlangt werden, dass anstelle von Stellplätzen Garagen hergestellt werden.

(6) Garagen und ihre Nebenanlagen müssen zu lüften sein. Abfließende Treib- und Schmierstoffe müssen unschädlich beseitigt werden können.

(7) Stellplatzflächen sollen durch Anpflanzungen gärtnerisch gestaltet werden. Flächen mit mehr als acht Stellplätzen sind mit standortgerechten Bäumen und Gehölzen zu bepflanzen. Eine Abschirmung von Stellplät-

zen und Garagen durch Schutzwände sowie durch Bäume und Sträucher kann im Einzelfall verlangt werden.

(8) Notwendige Stellplätze, Garagen und Fahrradabstellplätze dürfen nicht zweckentfremdet benutzt werden.

(9) Wird in einem Gebäude, das vor dem 1. Januar 1995 fertiggestellt war, eine Wohnung geteilt oder Wohnraum durch Änderung der Nutzung, durch Aufstocken oder durch Ausbau des Dachraums geschaffen, so brauchen notwendige Stellplätze nicht hergestellt zu werden, soweit dies auf dem Grundstück nicht oder nur unter großen Schwierigkeiten möglich ist.

Abschnitt 7
Besondere bauliche Anlagen

§ 48
(aufgehoben)

§ 49
(aufgehoben)

§ 50
Barrierefreies Bauen

(1) In Gebäuden mit mehr als zwei Wohnungen müssen die Wohnungen eines Geschosses barrierefrei erreichbar sein; diese Verpflichtung kann auch durch barrierefrei erreichbare Wohnungen in mehreren Geschossen erfüllt werden. In Gebäuden, die errichtet werden und die gemäß § 39 Absatz 4 Satz 1 einen Aufzug haben müssen, müssen die Aufenthaltsräume barrierefrei erreichbar sein. In den Wohnungen nach den Sätzen 1 und 2 müssen die Aufenthaltsräume, eine Toilette, ein Bad sowie die Küche oder die Kochnische und, soweit vorhanden, der Freisitz barrierefrei, aber nicht uneingeschränkt mit dem Rollstuhl nutzbar sein. Von den Wohnungen nach Satz 2 müssen in Gebäuden mit mehr als 6 Wohnungen eine Wohnung und in Gebäuden mit mehr als 12 Wohnungen zwei Wohnungen uneingeschränkt mit dem Rollstuhl nutzbar sein. Die Sätze 1 und 3 gelten nicht, wenn durch nachträglichen Ausbau des Dachgeschosses, durch Nutzungsänderung des obersten Geschosses, durch Aufstockung um bis zu zwei Geschosse oder durch Teilung von Wohnungen zusätzliche Wohnungen entstehen.

(2) Bauliche Anlagen, die öffentlich zugänglich sind, müssen in den dem allgemeinen Besucher- und Benutzerverkehr dienenden Teilen barrierefrei sein. Dies gilt insbesondere für

1. Einrichtungen der Kultur und des Bildungs- und Erziehungswesens,
2. Sport- und Freizeitstätten,
3. Einrichtungen des Gesundheitswesens,
4. Büro-, Verwaltungs- und Gerichtsgebäude,
5. Verkaufsstätten, Schank- und Speisegaststätten,
6. Stellplätze, Garagen und Toilettenanlagen,
7. Beherbergungsstätten,
8. Serviceautomaten, insbesondere zur Bargeldbeschaffung.

Für die der zweckentsprechenden Nutzung dienenden Räume und Anlagen genügt es, wenn sie in dem erforderlichen Umfang barrierefrei sind. Toilettenräume und notwendige Stellplätze für Besucherinnen, Besucher, Benutzerinnen und Benutzer müssen in der erforderlichen Anzahl barrierefrei sein.

(3) Für bauliche Anlagen, die überwiegend oder ausschließlich von Menschen mit Behinderungen oder aufgrund von Alter oder Krankheit beeinträchtigten Menschen genutzt werden oder die ihrer Betreuung dienen, wie

1. Tagesstätten, Schulen, Werkstätten und Heime für behinderte Menschen,
2. Altenheime, Altenwohnheime und Altenpflegeheime,

gelten die Anforderungen des Absatzes 2 Satz 1 für die gesamte Anlage oder Einrichtung.

(4) Sollen rechtmäßig bestehende bauliche Anlagen, andere Anlagen oder Einrichtungen nach den Absätzen 2 und 3 wesentlich geändert werden, so soll die Bauaufsichtsbehörde verlangen, dass auch die von der Änderung nicht unmittelbar berührten Teile mit den Anforderungen der Absätze 2 und 3 in Einklang gebracht werden, wenn dies für die Bauherrin oder den Bauherrn keine unzumutbaren Mehrkosten verursacht.
(5) Von den Absätzen 1 bis 3 können Abweichungen zugelassen werden, soweit die Anforderungen wegen schwieriger Geländeverhältnisse, wegen des Einbaus eines sonst nicht erforderlichen Aufzugs, wegen ungünstiger vorhandener Bebauung oder im Hinblick auf die Sicherheit der Menschen mit Behinderung und der alten Menschen nur mit einem unverhältnismäßigen Mehraufwand erfüllt werden können. § 68 Abs. 2 gilt entsprechend.

§ 51
Sonderbauten

An Sonderbauten können im Einzelfall zur Verwirklichung der allgemeinen Anforderungen nach § 3 besondere Anforderungen gestellt werden. Erleichterungen können gestattet werden, soweit es der Einhaltung von Vorschriften wegen der besonderen Art oder Nutzung baulicher Anlagen oder Räume oder wegen besonderer Anforderungen nach Satz 1 nicht bedarf. Die besonderen Anforderungen und die Erleichterungen können sich insbesondere erstrecken auf

1. die Anordnung der baulichen Anlagen auf dem Grundstück,
2. die Abstände von Grundstücksgrenzen, von anderen baulichen Anlagen auf dem Grundstück und von öffentlichen Verkehrsflächen sowie auf die Größe der freizuhaltenden Flächen des Baugrundstücks,
3. die Öffnungen nach öffentlichen Verkehrsflächen und nach angrenzenden Grundstücken,
4. die Anlage der Zu- und Abfahrten,
5. die Anlage von Grünstreifen, Baumpflanzungen und anderen Pflanzungen, die Begrünung oder Beseitigung von Halden und Gruben, das Sammeln, Versickern und Verwenden von Niederschlags- oder Brauchwasser,
6. die Bauart und Anordnung aller für die Stand- und Verkehrssicherheit, den Brand-, Wärme-, Schall- oder Gesundheitsschutz wesentlichen Bauteile und die Verwendung von Baustoffen,
7. Brandschutzanlagen, -einrichtungen und -vorkehrungen,
8. die Löschwasserrückhaltung,
9. die Anordnung und Herstellung von Aufzügen, Treppen, Treppenräumen, Fluren, Ausgängen und sonstigen Rettungswegen,
10. die Beleuchtung und Energieversorgung,
11. die Lüftung und Rauchableitung,
12. die Feuerungsanlagen und Heizräume,
13. die Wasserversorgung,
14. die Aufbewahrung und Entsorgung von Abwasser und von festen Abfallstoffen,
15. die Stellplätze und Garagen,
16. die barrierefreie Nutzbarkeit,
17. die zulässige Zahl der Benutzerinnen und Benutzer, Anordnung und Zahl der zulässigen Sitz- und Stehplätze bei Versammlungsstätten, Tribünen und Fliegenden Bauten,
18. die Zahl der Toiletten für Besucherinnen und Besucher,
19. Umfang, Inhalt und Zahl besonderer Bauvorlagen, insbesondere eines Brandschutzkonzeptes,
20. weitere zu erbringende Bescheinigungen,
21. die Bestellung und Qualifikation der Bauleiterin oder des Bauleiters und der Fachbauleiterinnen und Fachbauleiter,
22. den Betrieb und die Benutzung, einschließlich der Bestellung und der Qualifikation einer oder eines Brandschutzbeauftragten,

23. Erst-, Wiederholungs- und Nachprüfungen und die Bescheinigungen, die hierüber zu erbringen sind,
24. Kommunikationseinrichtungen für die Gefahrenabwehr.

Teil 4
Die am Bau Beteiligten

§ 52
Grundsatz

Bei der Errichtung, Änderung, Nutzungsänderung und der Beseitigung von Anlagen sind die Bauherrin oder der Bauherr und im Rahmen ihres Aufgabenbereichs die anderen am Bau Beteiligten dafür verantwortlich, dass die öffentlich-rechtlichen Vorschriften und die Anordnungen der Bauaufsichtsbehörde eingehalten werden.

§ 53
Bauherrin, Bauherr

(1) Die Bauherrin oder der Bauherr hat zur Vorbereitung, Überwachung und Ausführung eines nicht verfahrensfreien Vorhabens eine Entwurfsverfasserin oder einen Entwurfsverfasser, Unternehmen und eine Bauleiterin oder einen Bauleiter zu beauftragen, soweit sie oder er nicht selbst zur Erfüllung der Verpflichtungen nach diesem Gesetz geeignet ist, und sie der Bauaufsichtsbehörde zu benennen. Der Bauherrin oder dem Bauherrn obliegen ferner die nach den öffentlich-rechtlichen Vorschriften erforderlichen Anträge, Anzeigen und Nachweise. Die Bauherrin oder der Bauherr hat die zur Erfüllung der Anforderungen dieses Gesetzes oder aufgrund dieses Gesetzes erforderlichen Nachweise und Unterlagen zu den verwendeten Bauprodukten und den angewandten Bauarten bereitzuhalten. Werden Bauprodukte verwendet, die die CE-Kennzeichnung nach der Verordnung (EU) Nr. 305/2011 tragen, ist die Leistungserklärung bereitzuhalten. Satz 1 gilt nicht bei Nutzungsänderungen ohne bauliche Änderungen.
(2) Bei Bauarbeiten, die in Selbst- oder Nachbarschaftshilfe für eigenen Bedarf der Bauherrin oder des Bauherrn ausgeführt werden, ist die Beauftragung von Unternehmen nicht erforderlich, wenn genügend Fachkräfte mit der nötigen Sachkunde, Erfahrung und Zuverlässigkeit mitwirken. Dies gilt nicht bei der Beseitigung von Anlagen.
(3) Sind die von der Bauherrin oder vom Bauherrn Beauftragten für ihre Aufgabe nach Sachkunde und Erfahrung nicht geeignet, so kann die Bauaufsichtsbehörde vor und während der Bauausführung verlangen, dass sie durch geeignete Personen ersetzt oder geeignete Sachverständige herangezogen werden. Die Bauaufsichtsbehörde kann die Bauarbeiten einstellen, bis geeignete Personen oder Sachverständige beauftragt sind.
(4) Wechselt die Bauherrin oder der Bauherr, so hat die neue Bauherrin oder der neue Bauherr dies der Bauaufsichtsbehörde unverzüglich in Textform mitzuteilen.
(5) Sind mehrere Bauherrinnen oder Bauherren an einem Bauvorhaben beteiligt, so ist gegenüber der Bauaufsichtsbehörde eine Vertreterin oder ein Vertreter zu bestellen, die oder der für die Erfüllung der der Bauherrin oder dem Bauherrn nach den öffentlich-rechtlichen Vorschriften obliegenden Verpflichtungen zu sorgen hat.

§ 54
Entwurfsverfasserin, Entwurfsverfasser, Fachplanerinnen, Fachplaner

(1) Die Entwurfsverfasserin oder der Entwurfsverfasser muss nach Sachkunde und Erfahrung zur Vorbereitung des jeweiligen Bauvorhabens geeignet sein. Sie oder er ist für die Vollständigkeit und Brauchbarkeit ihres oder seines Entwurfs verantwortlich. Sie oder er hat dafür zu sorgen, dass die für die Ausführung notwendigen Einzelzeichnungen, Einzelberechnungen und Anweisungen den öffentlich-rechtlichen Vorschriften entsprechen.
(2) Hat die Entwurfsverfasserin oder der Entwurfsverfasser auf einzelnen Fachgebieten

nicht die erforderliche Sachkunde und Erfahrung, so hat sie oder er dafür zu sorgen, dass geeignete Fachplanerinnen oder Fachplaner herangezogen werden. Diese sind für die von ihnen gefertigten Unterlagen verantwortlich. Für das ordnungsgemäße Ineinandergreifen aller Fachplanungen bleibt die Entwurfsverfasserin oder der Entwurfsverfasser verantwortlich.

§ 55
Unternehmen

(1) Jedes Unternehmen ist für die den öffentlich-rechtlichen Vorschriften entsprechende Ausführung der von ihm übernommenen Arbeiten und insoweit für die ordnungsgemäße Einrichtung und den sicheren Betrieb der Baustelle verantwortlich. Es hat die zur Erfüllung der Anforderungen dieses Gesetzes oder aufgrund dieses Gesetzes erforderlichen Nachweise und Unterlagen zu den verwendeten Bauprodukten und den angewandten Bauarten zu erbringen und auf der Baustelle bereitzuhalten. Bei Bauprodukten, die die CE-Kennzeichnung nach der Verordnung (EU) Nr. 305/2011 tragen, ist die Leistungserklärung bereitzuhalten. Hat ein Unternehmen für einzelne übernommene Arbeiten nicht die erforderliche Sachkunde und Erfahrung, so hat es dafür zu sorgen, dass geeignete Fachunternehmen oder Fachleute herangezogen werden; diese sind für ihre Arbeiten verantwortlich.

(2) Jedes Unternehmen hat auf Verlangen der Bauaufsichtsbehörde für Bauarbeiten, bei denen die Sicherheit der baulichen Anlagen in außergewöhnlichem Maß von der besonderen Sachkenntnis und Erfahrung oder von einer Ausstattung des Unternehmens mit besonderen Vorrichtungen abhängt, nachzuweisen, dass es für diese Bauarbeiten geeignet ist und über die erforderlichen Vorrichtungen verfügt. Satz 1 gilt entsprechend für die Fachunternehmen und Fachleute.

§ 56
Bauleiterin, Bauleiter

(1) Die Bauleiterin oder der Bauleiter hat darüber zu wachen, dass die Baumaßnahme entsprechend den öffentlich-rechtlichen Anforderungen durchgeführt wird und die dafür erforderlichen Weisungen zu erteilen. Sie oder er hat im Rahmen dieser Aufgabe auf den sicheren bautechnischen Betrieb der Baustelle, insbesondere auf das gefahrlose Ineinandergreifen der Arbeiten der Unternehmen zu achten. Die Verantwortlichkeit der Unternehmen bleibt unberührt. Verstöße, denen nicht abgeholfen wird, hat sie oder er unverzüglich der Bauaufsichtsbehörde mitzuteilen.

(2) Die Bauleiterin oder der Bauleiter muss über die für ihre oder seine Aufgabe erforderliche Sachkunde und Erfahrung verfügen. Verfügt die Bauleiterin oder der Bauleiter auf einzelnen Teilgebieten nicht über die erforderliche Sachkunde und Erfahrung, so hat sie oder er dafür zu sorgen, dass geeignete Fachbauleiterinnen oder Fachbauleiter herangezogen werden. Diese treten insoweit an die Stelle der Bauleiterin oder des Bauleiters. Die Bauleiterin oder der Bauleiter hat die Tätigkeit der Fachbauleiterinnen und Fachbauleiter und ihre oder seine Tätigkeit aufeinander abzustimmen.

Teil 5
Bauaufsichtsbehörden, Verfahren

Abschnitt 1
Bauaufsichtsbehörden

§ 57
Aufgaben und Befugnisse der Bauaufsichtsbehörden

(1) Die Bauaufsicht ist Aufgabe des Staates.

(2) Die Bauaufsichtsbehörden haben bei der Errichtung, der Änderung, der Nutzungsänderung, der Beseitigung sowie der Instandhaltung von Anlagen darüber zu wachen, dass die öffentlich-rechtlichen Vorschriften

und die auf Grund dieser Vorschriften erlassenen Anordnungen eingehalten werden. Sie haben in Wahrnehmung dieser Aufgaben die nach pflichtgemäßem Ermessen erforderlichen Maßnahmen zu treffen.

(3) Bei bestandsgeschützten baulichen Anlagen können Anforderungen gestellt werden, wenn dies zur Abwehr von erheblichen Gefahren für Leben und Gesundheit oder von unzumutbaren Belästigungen erforderlich ist.

(4) Sollen rechtmäßig bestehende bauliche Anlagen, andere Anlagen oder Einrichtungen wesentlich geändert werden, so kann gefordert werden, dass auch die von der Änderung nicht unmittelbar berührten Teile mit diesem Gesetz oder den auf Grund dieses Gesetzes erlassenen Vorschriften in Einklang gebracht werden, wenn dies für die Bauherrin oder den Bauherrn keine unzumutbaren Mehrkosten verursacht.

(5) Bei bestandsgeschützten Sonderbauten,

1. mit deren Nutzung eine besondere Brand- oder Explosionsgefahr verbunden ist,
2. durch die im Falle eines Brandes, einer Explosion oder eines sonstigen gefahrbringenden Ereignisses eine größere Anzahl von Menschen oder erhebliche Sachwerte gefährdet werden können oder
3. bei denen zur Gewährleistung der Sicherheit oder Ordnung der Besucherinnen und Besucher eine regelmäßige oder ständige Anwesenheit der Polizei erforderlich ist,

kann verlangt werden, dass Anlagen nach § 51 Satz 3 Nr. 24 eingebaut, unterhalten und an den jeweiligen Stand der von Feuerwehr und Polizei verwendeten Kommunikationstechnik angepasst werden, wenn dies keine unzumutbaren Kosten verursacht.

(6) Bauaufsichtliche Genehmigungen und sonstige Maßnahmen gelten auch für und gegen die Rechtsnachfolgenden.

(7) Die mit dem Vollzug dieses Gesetzes beauftragten Personen sind berechtigt, in Ausübung ihres Amtes Grundstücke und bauliche Anlagen einschließlich der Wohnungen zu betreten. Das Grundrecht der Unverletzlichkeit der Wohnung (Art. 13 des Grundgesetzes) wird insoweit eingeschränkt.

§ 58

Aufbau der Bauaufsichtsbehörden

(1) Oberste Bauaufsichtsbehörde ist das Ministerium für Inneres, Bauen und Sport. Die Aufgaben der unteren Bauaufsichtsbehörden werden von den Landkreisen und dem Regionalverband Saarbrücken als Auftragsangelegenheiten wahrgenommen, soweit in diesem Gesetz oder auf Grund dieses Gesetzes nichts anderes bestimmt ist. Die oberste Bauaufsichtsbehörde führt die Fachaufsicht über die unteren Bauaufsichtsbehörden nach Satz 2 und Absatz 2.

(2) Die oberste Bauaufsichtsbehörde überträgt einer Gemeinde auf Antrag durch Rechtsverordnung ganz oder teilweise die Aufgaben der unteren Bauaufsichtsbehörde, wenn die Gemeinde mehr als 30.000 Einwohnerinnen und Einwohner hat und ihre Leistungsfähigkeit nachweist.[4]

(3) Den Bauaufsichtsbehörden müssen Beamtinnen oder Beamte mit der Befähigung zum Richteramt oder zum höheren Verwaltungsdienst oder Beamtinnen oder Beamte des höheren technischen Verwaltungsdienstes der Fachrichtung Hochbau oder Städtebau sowie Beamtinnen oder Beamte des gehobenen technischen Verwaltungsdienstes der Fachrichtung Hochbau oder der Fachrichtung Bauingenieurwesen, Fachgebiet Städtebau und Bauordnungswesen, angehören. Die Leitung oder Verantwortung für die technische Bearbeitung der Bauaufsichtsgeschäfte ist Bediensteten zu übertragen, die mindestens die Befähigung zum gehobenen technischen Verwaltungsdienst nach Satz 1 und die erforderlichen Kenntnisse der Bautechnik, der Baugestaltung und des öffentli-

4 Vgl. BS-Nr. 2130-1-5.

chen Baurechts haben. Die oberste Bauaufsichtsbehörde kann Ausnahmen zulassen.

§ 59
Sachliche Zuständigkeit

(1) Sachlich zuständig ist die untere Bauaufsichtsbehörde, soweit nichts anderes bestimmt ist.
(2) Die oberste Bauaufsichtsbehörde kann bestimmen, dass die Erteilung der Baugenehmigung und die Zulassung von Abweichungen für die Errichtung oder wesentliche Änderung bestimmter Sonderbauten ihrer Zustimmung bedarf.[5]

Abschnitt 2
Genehmigungspflicht, Genehmigungsfreiheit

§ 60
Grundsatz

(1) Die Errichtung, die Änderung und Nutzungsänderung von Anlagen bedürfen der Baugenehmigung, soweit in den §§ 61 bis 63[6] und 77 nichts anderes bestimmt ist.
(2) Die Genehmigungsfreiheit nach Absatz 1, den §§ 61 bis 63 und 77 sowie die Beschränkung der bauaufsichtlichen Prüfung nach den §§ 64, 65 und 67 Abs. 4 entbinden nicht von der Verpflichtung zur Einhaltung der Anforderungen, die durch öffentlich-rechtliche Vorschriften an Anlagen gestellt werden und lassen die bauaufsichtlichen Eingriffsbefugnisse unberührt. Die Genehmigungsfreiheit nach Absatz 1, den §§ 61 bis 63 und 77 entbindet auch nicht von der Verpflichtung, die nach anderen öffentlich-rechtlichen Vorschriften erforderlichen Anzeigen zu erstatten und Gestattungen einzuholen, insbesondere die Genehmigungen nach den Vorschriften des Saarländischen Denkmalschutzgesetzes vom 19. Mai 2004 (Amtsbl. S. 1498), zuletzt geändert durch Artikel 2 des Gesetzes vom 17. Juni 2009 (Amtsbl. S. 1374), in der jeweils geltenden Fassung.
(3) Auf Verlangen der Bauherrin oder des Bauherrn wird für verfahrensfreie Vorhaben nach § 61 und für genehmigungsfrei gestellte Vorhaben nach § 63 ein Genehmigungsverfahren nach § 64 und für Vorhaben nach § 64 ein Genehmigungsverfahren nach § 65 durchgeführt.
(4) Schließt eine nach anderen Vorschriften erforderliche Gestattung die Baugenehmigung ein, kann die für die Erteilung dieser Gestattung zuständige Behörde in entsprechender Anwendung dieses Gesetzes und auf Grund dieses Gesetzes erlassener Vorschriften Prüfingenieurinnen, Prüfingenieure, Prüfämter und Prüfstellen heranziehen oder die Vorlage von Bescheinigungen von Prüfsachverständigen verlangen.

§ 61
Verfahrensfreie Vorhaben, Beseitigung von Anlagen

1) Verfahrensfrei sind:
1. folgende Gebäude:
   a) eingeschossige Gebäude bis zu 10 m2 Brutto-Grundfläche, außer im Außenbereich,
   b) eingeschossige Garagen einschließlich eingebautem Abstellraum und eingeschossige Gebäude zum Abstellen von Fahrrädern, jeweils mit einer mittleren Wandhöhe bis zu 3 m über der Geländeoberfläche und bis zu 36 m2 Bruttogrundfläche, außer im Außenbereich; § 7 Abs. 4 Satz 2 bis 5 findet Anwendung,
   c) Gebäude ohne Feuerstätten bis zu 100 m2 Brutto-Grundfläche und mit einer traufseitigen Wandhöhe bis zu 5 m, die einem land- oder forstwirtschaftlichen Betrieb im Sinne des § 35 Abs. 1 Nr. 1 oder 2 und des § 201 des Baugesetz-

5 Vgl. den Erlass betr. Zustimmung der obersten Bauaufsichtsbehörde vom 1. Juni 2004 (Amtsbl. S. 1333).
6 Vgl. zum bisherigen § 63 Abs. 2 LBO den Erlass betr. Zustimmung der obersten Bauaufsichtsbehörde vom 2. Februar 2000 (GMBl. S. 145).

buchs in der Fassung der Bekanntmachung vom 23. September 2004 (BGBl. I S. 2414), zuletzt geändert durch Artikel 1 des Gesetzes vom 20. November 2014 (BGBl. I S. 1748), in der jeweils geltenden Fassung dienen und nur zur Unterbringung von Sachen oder zum vorübergehenden Schutz von Tieren bestimmt sind,

d) Gewächshäuser bis 100 m2 Brutto-Grundfläche und 5 m Firsthöhe, die einem landwirtschaftlichen Betrieb im Sinne des § 35 Abs. 1 Nr. 1 oder 2 und des § 201 des Baugesetzbuchs dienen,

e) Gartenlauben in genehmigten Kleingartenanlagen im Sinne des § 1 Abs. 1 des Bundeskleingartengesetzes (BKleingG) vom 28. Februar 1983 (BGBl. I S. 210), zuletzt geändert durch Artikel 14 des Gesetzes vom 13. September 2001 (BGBl. I S. 2376), in der jeweils geltenden Fassung und in Dauerkleingärten im Sinne des § 1 Abs. 3 des Bundeskleingartengesetzes,

f) Fahrgastunterstände, die dem öffentlichen Personenverkehr oder der Schülerbeförderung dienen,

g) Schutzhütten für Wanderer und Grillhütten, die jedermann zugänglich sind und keine Aufenthaltsräume haben,

h) Terrassenüberdachungen mit einer Fläche bis zu 36 m2 und einer Tiefe bis zu 3 m,

i) Kioske, Verkaufswagen und Toiletten auf öffentlichen Verkehrsflächen,

2. Anlagen der technischen Gebäudeausrüstung, ausgenommen freistehende Abgasanlagen mit einer Höhe von mehr als 10 m,

3. folgende Anlagen zur Nutzung erneuerbarer Energien:

   a) Solaranlagen in, an und auf Dach- oder Außenwandflächen sowie die damit verbundene Änderung der Nutzung oder der äußeren Gestalt des Gebäudes,

   b) gebäudeunabhängige Solaranlagen mit einer Höhe bis zu 3 m und einer Gesamtlänge bis zu 12 m,

   c) gebäudeunabhängige Windkraftanlagen und Windkraftanlagen auf Dächern, jeweils bis zu 10 m Höhe gemessen von der Geländeoberfläche bis zum höchsten Punkt der vom Rotor bestrichenen Fläche, sowie die damit verbundene Änderung der Nutzung oder der äußeren Gestalt des Gebäudes,

4. folgende Versorgungsanlagen:

   a) Brunnen,

   b) Anlagen, die der Telekommunikation, der öffentlichen Versorgung mit Elektrizität, Gas, Öl oder Wärme dienen, bis zu 50 m3 Brutto-Rauminhalt,

5. folgende Masten, Antennen und ähnliche Anlagen:

   a) Masten bis 10 m Höhe,

   b) Masten und Unterstützungen für Freileitungen, Straßenbeleuchtungsanlagen, Fahnen und Seilbahnen, die der Lastenbeförderung dienen,

   c) unbeschadet der Nummer 4 Buchstabe b Antennen einschließlich der Masten mit einer Höhe bis zu 15 m, auf Gebäuden gemessen ab dem Schnittpunkt der Anlage mit der Dachhaut, und Parabolantennen mit einem Durchmesser bis zu 1,20 m sowie zugehörige Versorgungseinheiten mit einem Brutto-Rauminhalt bis zu 10 m3; bei einer Höhe von mehr als 10 m ist das Vorhaben nur verfahrensfrei, wenn vor der Bauausführung von einer oder einem Prüfsachver-

ständigen aufgrund des § 86 Abs. 3 ein Standsicherheitsnachweis erstellt und die Standsicherheit der Bauherrin oder dem Bauherrn bescheinigt wurde,
   d) die bauliche Änderung, die Nutzungsänderung und die Änderung der äußeren Gestalt bestehender baulicher Anlagen durch die Errichtung, An- oder Einbringung von Antennen und Parabolantennen nach Buchstabe c einschließlich der zugehörigen Versorgungseinheiten bis zu 10 m3 Netto-Rauminhalt in bestehenden baulichen Anlagen und bis zu 10 m3 Brutto-Rauminhalt an oder auf bestehenden baulichen Anlagen,
   e) ortsveränderliche Antennenträger, die für längstens 24 Monate aufgestellt werden, einschließlich der zugehörigen Versorgungseinheiten sowie der Anbringung und Veränderung von Antennen.
   f) Sirenen und deren Masten,
   g) Blitzschutzanlagen,
   h) Signalhochbauten der Landesvermessung,
6. folgende Behälter und Wasserbecken:
   a) ortsfeste Behälter für verflüssigte Gase mit einem Fassungsvermögen von weniger als 3 Tonnen, für nicht verflüssigte Gase bis zu 6 m3 Brutto-Rauminhalt,
   b) ortsfeste Behälter für brennbare oder wassergefährdende Flüssigkeiten bis zu 10 m3 Brutto-Rauminhalt,
   c) ortsfeste Behälter sonstiger Art bis zu 50 m3 Brutto-Rauminhalt und bis zu 3 m Höhe,
   d) landwirtschaftliche Dünge- und Futtermittelsilos, Fahrsilos, Kompost- und ähnliche Anlagen,
   e) Wasserbecken bis zu 100 m3 Beckeninhalt,
7. folgende Einfriedungen, Sichtschutzwände und Stützmauern:
   a) Einfriedungen und Sichtschutzwände jeweils bis zu 2 m Höhe, außer im Außenbereich,
   b) offene Einfriedungen und Weidezäune für landwirtschaftlich oder forstwirtschaftlich genutzte Grundstücke im Außenbereich,
   c) Stützmauern bis zu 2 m Höhe,
8. folgende Anlagen in Gärten und zur Freizeitgestaltung:
   a) Anlagen, die der zweckentsprechenden Einrichtung von Gärten dienen, wie Bänke, Sitzgruppen oder Pergolen, ausgenommen Gebäude und Einfriedungen,
   b) Schwimmbecken mit einem Beckeninhalt bis zu 100 m3 einschließlich dazugehöriger luftgetragener Überdachungen, außer im Außenbereich,
   c) Anlagen, die der zweckentsprechenden Einrichtung von Spiel- und Sportflächen, Reit- und Wanderwegen, Trimm- und Lehrpfaden dienen, ausgenommen Gebäude und Tribünen,
   d) Sprungschanzen, Sprungtürme und Rutschbahnen jeweils bis zu 10 m Höhe,
   e) Landungsstege,
   f) Wohnwagen, Wohnmobile, Zelte und bauliche Anlagen, die keine Gebäude sind, auf genehmigten Camping-, Zelt- und Wochenendplätzen,
9. folgende Werbeanlagen, Warenautomaten, ähnliche Anlagen und Hinweisschilder und -zeichen, jeweils bis zu 10 m Anlagenhöhe, sowie, soweit sie in, auf oder an einer bestehenden baulichen Anlage errichtet werden, die damit verbundene Änderung der Nutzung oder der äußeren Gestalt der Anlage:
   a) Werbeanlagen mit einer Ansichtsfläche bis zu 1 m2,

b) Anlagen, die der Ankündigung oder Anpreisung dienen und nicht vom öffentlichen Verkehrs- oder Grünraum aus sichtbar sind,
c) Werbeanlagen für zeitlich begrenzte Veranstaltungen,
d) für höchstens 2 Monate an der Stätte der Leistung angebrachte oder aufgestellte Werbeanlagen,
e) Waren- und Leistungsautomaten sowie Packstationen von Post- und Paketdienstleistern,
f) Zeichen, die auf abseits oder versteckt gelegene Stätten hinweisen, außer im Außenbereich,
g) Schilder, die Inhaber und Art gewerblicher oder landwirtschaftlicher Betriebe kennzeichnen oder auf einen Beruf hinweisen (Hinweisschilder) an der Stätte der Leistung, vor Ortsdurchfahrten, wenn sie vor Ortsdurchfahrten auf einer einzigen Tafel zusammengefasst sind, und an Stellen, an denen sie nicht vom öffentlichen Verkehrs- oder Grünraum aus sichtbar sind,
h) Werbeanlagen in durch Bebauungsplan festgesetzten Gewerbe-, Industrie- und vergleichbaren Sondergebieten an der Stätte der Leistung, an und auf Flugplätzen, Sportanlagen, auf abgegrenzten Versammlungsstätten, Ausstellungs- und Messegeländen, soweit sie nicht in die freie Landschaft wirken,
i) Servicesäulen und Hinweistafeln für Mobilitätsdienstleistungen,

10. folgende sonstige vorübergehend aufgestellte oder benutzbare Anlagen:
a) Gerüste,
b) Baustelleneinrichtungen einschließlich der Lagerhallen, Schutzhallen und Unterkünfte,
c) Toilettenwagen,
d) Behelfsbauten, die der Landesverteidigung, dem Katastrophenschutz oder der Unfallhilfe dienen,
e) bauliche Anlagen, die zu Straßenfesten, Volksfesten und Märkten errichtet werden und die keine Fliegenden Bauten sind,
f) bauliche Anlagen, die für höchstens drei Monate auf genehmigtem Messe- und Ausstellungsgelände errichtet werden, ausgenommen Fliegende Bauten,
g) vorübergehend aufgestellte bauliche Anlagen, die dem Verkauf landwirtschaftlicher oder erwerbsgärtnerischer Produkte durch die Erzeugerin oder den Erzeuger dienen, ausgenommen Gebäude,

11. folgende tragende und nicht tragende Bauteile:
a) nicht tragende und nicht aussteifende Bauteile in baulichen Anlagen,
b) die Änderung tragender oder aussteifender Bauteile innerhalb von Wohngebäuden der Gebäudeklassen 1 und 2,
c) Fenster und Türen sowie die dafür bestimmten Öffnungen,
d) Außenwandbekleidungen einschließlich Maßnahmen der Wärmedämmung, ausgenommen bei Hochhäusern, sowie Verblendungen, Anstrich und Verputz baulicher Anlagen,
e) Dächer von Gebäuden, ausgenommen Hochhäuser, einschließlich der Dachkonstruktion ohne Änderung des bisherigen statischen Systems und der Dachhöhe,
f) einzelne Aufenthaltsräume im Dachraum von Wohngebäuden, wenn dadurch die Gebäudeklasse 3 nicht überschritten und die äußere Gestaltung des Gebäudes nicht verändert wird; der Einbau in

der Dachfläche liegender Fenster gilt nicht als Veränderung der äußeren Gestaltung des Gebäudes,

auch vor Fertigstellung der baulichen Anlage,

12. folgende Plätze, private Verkehrsanlagen, Aufschüttungen und Abgrabungen:
    a) Abstellplätze für Fahrräder,
    b) unbefestigte Lager- und Abstellplätze, die einem Betrieb im Sinne des § 35 Abs. 1 Nr. 1 und 2 und des § 201 des Baugesetzbuchs dienen,
    c) sonstige Lager- und Abstellplätze sowie Ausstellungsplätze, jeweils bis zu 300 m2 Fläche, in durch Bebauungsplan festgesetzten Gewerbe-, Industrie- und vergleichbaren Sondergebieten,
    d) unbeschadet der Buchstaben b und c Stellplätze und Abstellplätze für Anhänger mit bis zu 36 m2 Gesamtfläche,
    e) Kleinkinderspielplätze im Sinne von § 10 Abs. 2 Satz 1,
    f) private Verkehrsanlagen einschließlich Brücken und Durchlässe mit einer lichten Weite bis zu jeweils 5 m sowie Untertunnelungen mit einem Durchmesser bis zu 3 m,
    g) Wirtschaftswege der Land- und Forstwirtschaft,
    h) Aufschüttungen und Abgrabungen bis zu 2 m Höhe oder Tiefe, wenn ihre Grundfläche nicht größer als 36 m2, im Außenbereich nicht größer als 300 m2 ist,
    i) Ausgrabungen des Landesdenkmalamtes,
    j) Aufschüttungen und Abgrabungen, die der landwirtschaftlichen oder erwerbsgärtnerischen Bodenverbesserung dienen,
13. folgende sonstige Anlagen und Teile von Anlagen:
    a) Regale bis zu einer Höhe von 7,50 m Oberkante Lagergut,
    b) Anlagen, die der Erlaubnis nach § 18 der Betriebssicherheitsverordnung vom 3. Februar 2015 (BGBl. I S. 49) in der jeweils geltenden Fassung bedürfen,
    c) Fahrradabstellanlagen,
    d) Fahrzeugwaagen,
    e) Kranbahnen und ihre Unterstützungen für Kräne bis zu 1 t Traglast,
    f) Denkmale, Skulpturen und Feldkreuze jeweils bis zu 4 m Höhe sowie Grabdenkmale auf Friedhöfen,
    g) Treppenaufzüge in Wohngebäuden,
    h) Ladestationen für Elektromobilität und die damit verbundene Änderung der Nutzung.
14. andere vergleichbare unbedeutende Anlagen, die in den vorstehenden Nummern nicht erfasst sind, wie Hauseingangsüberdachungen, Markisen, Fensterläden, Rollläden, Terrassen, Maschinenfundamente, Teppichstangen, Jägerstände, Wildfütterungen, Bienenfreistände und Taubenhäuser.

(2) Über Absatz 1 hinaus sind verfahrensfrei:

1. Gebäude ohne Feuerstätten mit einer traufseitigen Wandhöhe bis zu 5 m, die einem land- oder forstwirtschaftlichen Betrieb im Sinne des § 35 Abs. 1 Nr. 1 oder 2 und des § 201 des Baugesetzbuchs dienen und nur zur Unterbringung von Sachen oder zum vorübergehenden Schutz von Tieren bestimmt sind,
2. Gewächshäuser bis 5 m Firsthöhe, die einem landwirtschaftlichen Betrieb im Sinne des § 35 Abs. 1 Nr. 1 oder 2 und des § 201 des Baugesetzbuchs dienen,

wenn die Bauherrin oder der Bauherr der Gemeinde das beabsichtigte Vorhaben durch Einreichen der erforderlichen Unterlagen zur Kenntnis gegeben hat und die Gemeinde nicht innerhalb einer Frist von zwei Wochen eine vorläufige Untersagung nach § 15 Abs. 1 Satz 2 des Baugesetzbuchs beantragt. Teilt die Gemeinde der Bauherrin oder dem Bauherrn vor Ablauf der Frist mit, dass sie eine vorläufige Untersagung nach § 15 Abs. 1 Satz 2 des Baugesetzbuchs nicht beantragen wird, darf mit der Ausführung des Vorhabens bereits vor Ablauf der Frist nach Satz 1 begonnen werden.

(3) Verfahrensfrei ist die Änderung der Nutzung von Anlagen, wenn

1. für die neue Nutzung keine anderen öffentlich-rechtlichen Anforderungen, die im Baugenehmigungsverfahren nach § 65 zu prüfen sind, als für die bisherige Nutzung in Betracht kommen,
2. Räume eines Wohngebäudes mit nicht mehr als zwei Wohnungen in Aufenthaltsräume, die zu diesen Wohnungen gehören, umgenutzt werden,
3. Räume in vorhandenen Wohngebäuden und Wohnungen in Räume für Bäder und Toiletten umgenutzt werden,
4. die Errichtung oder Änderung der Anlagen nach Absatz 1 verfahrensfrei wäre.

(4) Verfahrensfrei ist die Beseitigung von

1. Anlagen nach Absatz 1,
2. freistehenden Gebäuden der Gebäudeklassen 1 und 3,
3. sonstigen Anlagen, die keine Gebäude sind, mit einer Höhe bis zu 10 m.

Im Übrigen ist die beabsichtigte Beseitigung von Anlagen mindestens einen Monat zuvor der Bauaufsichtsbehörde anzuzeigen. Bei nicht freistehenden Gebäuden muss die Standsicherheit des Gebäudes oder der Gebäude, an die das zu beseitigende Gebäude angebaut ist, durch eine Tragwerksplanerin oder einen Tragwerksplaner im Sinne des § 67 Abs. 2 Satz 1 oder 2 beurteilt und im erforderlichen Umfang nachgewiesen werden; die Beseitigung ist, soweit notwendig, durch eine Tragwerksplanerin oder einen Tragwerksplaner im Sinne des § 67 Abs. 2 Satz 1 oder 2 zu überwachen. Satz 3 gilt nicht, soweit an verfahrensfreie Gebäude angebaut ist. § 73 Abs. 6 Nr. 3 und Abs. 8 gilt entsprechend.

(5) Instandhaltungsarbeiten sind verfahrensfrei.

§ 62

Vorhaben des Bundes und der Länder

(1) Nicht verfahrensfreie Vorhaben des Bundes und der Länder sowie ihrer rechtsfähigen Anstalten, Körperschaften und Stiftungen bedürfen keiner Genehmigungsfreistellung oder Baugenehmigung sowie Bauüberwachung und Bauzustandsbesichtigung (§§ 63 bis 65, 78, 79), wenn

1. die Leitung der Entwurfsarbeiten und der Bauüberwachung einer Baudienststelle des Bundes oder eines Landes übertragen ist und
2. die Baudienststelle mindestens mit einer Beamtin oder einem Beamten des höheren technischen Verwaltungsdienstes der Fachrichtung Hochbau oder einer oder einem technischen Angestellten, die oder der die Voraussetzungen für die Einstellung in den Vorbereitungsdienst der Laufbahn des höheren Dienstes der Fachrichtung Hochbau erfüllt und über eine Berufserfahrung von mindestens drei Jahren in ihrer oder seiner Fachrichtung verfügt, besetzt ist.

Solche Vorhaben bedürfen der Zustimmung der obersten Bauaufsichtsbehörde (Zustimmungsverfahren). Die Zustimmung der obersten Bauaufsichtsbehörde entfällt, wenn die Gemeinde nicht widerspricht und die Nachbarschaft dem Vorhaben zustimmt. Keiner Genehmigungsfreistellung, Baugenehmigung oder Zustimmung sowie Bauüberwachung und Bauzustandsbesichtigung bedürfen unter den Voraussetzungen des Satzes 1 Baumaßnahmen in oder an bestehenden Gebäuden, soweit sie nicht zu einer Erweiterung des Bauvolumens oder zu einer der Genehmigungspflicht unterliegenden Nutzungsänderung führen. Die Sätze 3 und 4 gelten nicht für Vorhaben, für die nach dem Gesetz über die Umweltverträglichkeitsprüfung in der Fassung der Bekanntmachung vom 18. März 2021 (BGBl. I S. 540), zuletzt geändert durch Artikel 14 des Gesetzes vom 10. September 2021 (BGBl. I S. 4147), in der jeweils geltenden Fassung oder dem Saarländischen Gesetz über die Umweltverträglichkeitsprüfung vom 30. Oktober 2002 (Amtsbl. S. 2494), zuletzt geändert durch Artikel 1 des Gesetzes vom 13. Februar 2019 (Amtsbl. I S. 324), in der jeweils geltenden Fassung, eine Pflicht zur Durchführung einer Umweltverträglichkeitsprüfung oder einer Vorprüfung besteht und für Vorhaben, für die nach § 71 Abs. 3 Satz 2 eine Öffentlichkeitsbeteiligung durchzuführen ist.

(2) Der Antrag auf Zustimmung ist bei der obersten Bauaufsichtsbehörde einzureichen. Die oberste Bauaufsichtsbehörde prüft die Zulässigkeit des Vorhabens entsprechend § 64 Abs. 2 Satz 1 Nr. 1. Sie führt eine nach den Vorschriften über die Umweltverträglichkeitsprüfung erforderliche Öffentlichkeitsbeteiligung und bei Vorhaben nach § 71 Abs. 3 Satz 2 die Öffentlichkeitsbeteiligung nach § 71 Abs. 3 bis 6 durch. Sie entscheidet über Abweichungen von den nach Satz 2 zu prüfenden sowie von anderen Vorschriften, soweit sie nachbarschützend sind und die Nachbarschaft nicht zugestimmt hat; darüber hinaus bedarf die Zulässigkeit von Ausnahmen, Befreiungen und Abweichungen keiner bauaufsichtlichen Entscheidung. Die Gemeinde ist vor Erteilung der Zustimmung zu hören; § 36 Abs. 2 Satz 2 Halbsatz 1 des Baugesetzbuches gilt entsprechend. § 68 Abs. 1 und Abs. 2 Satz 1, § 69 Abs. 2 und die §§ 70 bis 75 finden Anwendung.

(3) Die Baudienststelle trägt unter den Voraussetzungen des Absatzes 1 Satz 1 die Verantwortung dafür, dass die Errichtung, die Änderung, die Nutzungsänderung und die Beseitigung baulicher Anlagen den öffentlich-rechtlichen Vorschriften entsprechen; die Verantwortung für die Unterhaltung baulicher Anlagen trägt die Baudienststelle nur, wenn und solange sie die oder der für die Anlage Verantwortliche ausschließlich ihr überträgt. Die Verantwortung der öffentlichen Bauherrschaft (§ 53) sowie der Unternehmen (§ 55) und die Befugnisse der unteren Bauaufsichtsbehörden bleiben unberührt.

(4) Nicht verfahrensfreie Vorhaben des Bundes, die der Landesverteidigung, dienstlichen Zwecken der Bundespolizei oder dem zivilen Bevölkerungsschutz dienen, sind abweichend von den Absätzen 1 bis 3 der obersten Bauaufsichtsbehörde vor Baubeginn in geeigneter Weise zur Kenntnis zu bringen; dies gilt nicht, wenn die Gemeinde nicht widerspricht. Darüber hinaus wirken die Bauaufsichtsbehörden nicht mit. Besteht für ein Vorhaben nach Satz 1 eine Pflicht zur Durchführung einer Umweltverträglichkeitsprüfung oder einer Vorprüfung, bedarf es der Zustimmung der obersten Bauaufsichtsbehörde. Auf Fliegende Bauten, die der Landesverteidigung, dienstlichen Zwecken der Bundespolizei oder dem zivilen Bevölkerungsschutz dienen, finden Satz 1 und § 77 Abs. 2 bis 10 keine Anwendung; sie bedürfen auch keiner Genehmigungsfreistellung oder Baugenehmigung.

§ 63
Genehmigungsfreistellung

(1) Keiner Baugenehmigung bedürfen über die §§ 61, 62 und 77 hinaus

1. Gebäude der Gebäudeklassen 1 bis 3,
2. sonstige Anlagen, die keine Gebäude sind,
3. Nebengebäude und Nebenanlagen zu Vorhaben nach den Nummern 1 und 2,

wenn die Voraussetzungen nach Absatz 2 vorliegen. Satz 1 gilt nicht für

1. Werbeanlagen,
2. Sonderbauten,
3. Vorhaben, für die eine Pflicht zur Durchführung einer Umweltverträglichkeitsprüfung oder einer Vorprüfung besteht,
4. Vorhaben innerhalb eines Achtungsabstands von 2 200 m, bei Biogasanlagen von 200 m, um einen Betriebsbereich im Sinne des § 3 Abs. 5a des Bundes-Immissionsschutzgesetzes in der Fassung der Bekanntmachung vom 17. Mai 2013 (BGBl. I S. 1274), zuletzt geändert durch

Artikel 3 des Gesetzes vom 18. Juli 2017 (BGBl. I S. 2771), in der jeweils geltenden Fassung, durch die

a) eine oder mehrere dem Wohnen dienende Nutzungseinheiten geschaffen oder um einen oder mehrere dem Wohnen dienende Aufenthaltsräume erweitert werden oder
b) eine oder mehrere öffentlich zugängliche bauliche Anlagen geschaffen oder ein oder mehrere dem allgemeinen Besucherverkehr dienende Teile einer öffentlich zugänglichen baulichen Anlage erweitert werden,

es sei denn, die Bauherrin oder der Bauherr weist durch ein Gutachten eines oder einer nach § 29b des Bundes-Immissionsschutzgesetzes bekannt gegebenen Sachverständigen oder durch eine Bestätigung der Immissionsschutzbehörde nach, dass sich das Vorhaben außerhalb des angemessenen Sicherheitsabstands im Sinne des § 3 Abs. 5c des Bundes-Immissionsschutzgesetzes befindet.

(2) Vorhaben nach Absatz 1 sind baugenehmigungsfrei gestellt, wenn

1. sie im Geltungsbereich eines Bebauungsplans im Sinne des § 30 Abs. 1 oder der §§ 12 und 30 Abs. 2 des Baugesetzbuchs liegen und den Festsetzungen dieses Bebauungsplans nicht widersprechen,
2. die Erschließung im Sinne des Baugesetzbuchs gesichert ist,
3. eine Abweichung nach § 68 von Vorschriften dieses Gesetzes oder auf Grund dieses Gesetzes nicht erforderlich ist und
4. die Gemeinde nicht innerhalb der Frist nach Absatz 3 Satz 2 erklärt, dass das vereinfachte Baugenehmigungsverfahren durchgeführt werden soll, oder bei der Bauaufsichtsbehörde eine vorläufige Untersagung nach § 15 Abs. 1 Satz 2 des Baugesetzbuchs beantragt.

(3) Die Bauherrin oder der Bauherr hat die erforderlichen Unterlagen bei der Gemeinde einzureichen; die Gemeinde leitet, soweit sie nicht selbst Bauaufsichtsbehörde ist, die Unterlagen unverzüglich an die Bauaufsichtsbehörde weiter. Mit dem Vorhaben darf einen Monat nach Eingang der erforderlichen Unterlagen bei der Gemeinde begonnen werden. Teilt die Gemeinde der Bauherrin oder dem Bauherrn vor Ablauf der Frist mit, dass kein Baugenehmigungsverfahren durchgeführt werden soll und sie eine vorläufige Untersagung nach § 15 Abs. 1 Satz 2 des Baugesetzbuchs nicht beantragen wird, darf bereits vor Ablauf der Frist nach Satz 2 mit der Ausführung des Vorhabens begonnen werden; von der Mitteilung nach Halbsatz 1 hat die Gemeinde die Bauaufsichtsbehörde zu unterrichten. Beantragt die Gemeinde innerhalb der Frist nach Satz 2 eine vorläufige Untersagung nach § 15 Abs. 1 Satz 2 des Baugesetzbuchs, sind der Bauherrin oder dem Bauherrn die eingereichten Unterlagen zurückzugeben. Will die Bauherrin oder der Bauherr mit der Ausführung des Vorhabens mehr als drei Jahre, nachdem die Bauausführung nach Satz 2 oder 3 zulässig geworden ist, beginnen, ist das Verfahren nach den Sätzen 1 bis 4 zu wiederholen.

(4) Die Erklärung der Gemeinde nach Absatz 2 Nr. 4 kann insbesondere deshalb erfolgen, weil die Gemeinde eine Überprüfung der sonstigen Voraussetzungen des Absatzes 2 oder des Bauvorhabens aus anderen Gründen für erforderlich hält. Darauf, dass die Gemeinde von ihrer Erklärungsmöglichkeit keinen Gebrauch macht, besteht kein Rechtsanspruch. Erklärt die Gemeinde, dass das vereinfachte Baugenehmigungsverfahren durchgeführt werden soll, hat sie dem Bauherrn die vorgelegten Unterlagen zurückzugeben. Hat der Bauherr bei der Einreichung der Unterlagen bestimmt, dass diese im Fall der Erklärung nach Absatz 2 Nummer 4 als Bauantrag zu behandeln sind, leitet die Gemeinde die Unterlagen gleichzeitig mit der

Erklärung an die Bauaufsichtsbehörde weiter.
(5) § 67 bleibt unberührt. 2§ 69 Abs. 2 Satz 1 sowie § 73 Abs. 6 Nr. 2, Abs. 7 und 8 sind entsprechend anzuwenden.

Abschnitt 3 Genehmigungsverfahren

§ 64 Vereinfachtes Baugenehmigungsverfahren

(1) Für Vorhaben nach § 63 Abs. 1 Satz 1, bei denen die Voraussetzungen nach § 63 Abs. 2 nicht vorliegen, wird ein vereinfachtes Baugenehmigungsverfahren durchgeführt. Satz 1 gilt nicht für Vorhaben nach § 63 Abs. 1 Satz 2 Nr. 2 und 3.
(2) Im vereinfachten Baugenehmigungsverfahren werden geprüft:

1. die Zulässigkeit des Vorhabens nach den Vorschriften des Baugesetzbuchs und den sonstigen öffentlich-rechtlichen Vorschriften außerhalb des Bauordnungsrechts, ausgenommen die Anforderungen nach der Arbeitsstättenverordnung vom 12. August 2004 (BGBl. I S. 2179), zuletzt geändert durch Artikel 4 der Verordnung vom 19. Juli 2010 (BGBl. I S. 96), in der jeweils geltenden Fassung und die Anforderungen nach dem Gesetz zur Einsparung von Energie und zur Nutzung Erneuerbarer Energien zur Wärme- und Kälteerzeugung in Gebäuden vom 8. August 2020 (BGBl. I S. 1728), in der jeweils geltenden Fassung, und dem Gesetz zum Aufbau einer gebäudeintegrierten Lade- und Leitungsinfrastruktur für die Elektromobilität vom 18. März 2021 (BGBl I. S. 354), in der jeweils geltenden Fassung,
2. die Übereinstimmung des Vorhabens mit den Vorschriften über die Abstandsflächen (§§ 7, 8) und das barrierefreie Bauen (§ 50) sowie den Örtlichen Bauvorschriften (§ 85),
3. bei Werbeanlagen abweichend von Nummer 2 die Übereinstimmung des Vorhabens mit den Vorschriften der §§ 4, 7, 8, 12, 14 und 17 Abs. 2 sowie mit den Örtlichen Bauvorschriften (§ 85),

beantragte Abweichungen.
§ 67 bleibt unberührt.
(3) Über den Bauantrag ist innerhalb von drei Monaten nach Eingang des vollständigen Antrags zu entscheiden; die Bauaufsichtsbehörde kann diese Frist aus wichtigem Grund um bis zu einem Monat verlängern. Ein wichtiger Grund liegt insbesondere vor, wenn eine Ausnahme, Befreiung oder Abweichung beantragt ist oder die Erteilung der Baugenehmigung der Entscheidung einer anderen Behörde oder Stelle bedarf oder eine Öffentlichkeitsbeteiligung nach § 71 Abs. 3 erforderlich ist. Wenn zur Beurteilung eines Vorhabens durch eine beteiligte Behörde oder Stelle noch zusätzliche Unterlagen oder Angaben erforderlich sind, wird die Frist bis zum Eingang der nachgeforderten Unterlagen oder Angaben unterbrochen. Die Frist wird im Übrigen auch durch einen nachgereichten Antrag auf Erteilung einer Ausnahme, Befreiung oder Abweichung unterbrochen. Die Genehmigung gilt als erteilt, wenn über den Bauantrag nicht innerhalb der Frist entschieden worden ist. Auf Verlangen der Bauherrin oder des Bauherrn hat die Bauaufsichtsbehörde die Genehmigung nach Satz 5 schriftlich zu bestätigen. Die Sätze 1 bis 6 gelten nicht, wenn die Frist für die Entscheidung einer anderen Behörde oder Stelle nach bundesrechtlichen Vorschriften mehr als zwei Monate beträgt oder über zwei Monate hinaus verlängert werden darf.

§ 65 Baugenehmigungsverfahren

Bei baugenehmigungsbedürftigen Anlagen, die nicht unter § 64 fallen, werden geprüft:

1. die Zulässigkeit des Vorhabens nach den Vorschriften des Baugesetzbuchs, nach den Vorschriften des Bauordnungsrechts, ausgenommen die Anforderungen an den Wärme-, Schall- und Erschüt-

terungsschutz, und nach den sonstigen öffentlich-rechtlichen Vorschriften, ausgenommen die Anforderungen nach dem Gesetz zur Einsparung von Energie und zur Nutzung Erneuerbarer Energien zur Wärme- und Kälteerzeugung in Gebäuden und dem Gesetz zum Aufbau einer gebäudeintegrierten Lade- und Leitungsinfrastruktur für die Elektromobilität.

2. beantragte Abweichungen.

§ 67 bleibt unberührt.

§ 66

Bauvorlageberechtigung

(1) Bauvorlagen für die nicht verfahrensfreie Errichtung und Änderung von Gebäuden müssen von einer bauvorlageberechtigten Entwurfsverfasserin oder einem bauvorlageberechtigten Entwurfsverfasser selbst oder unter ihrer oder seiner Leitung erstellt sein. Dies gilt nicht für

1. Bauvorlagen, die üblicherweise von Fachkräften mit anderer Ausbildung als nach Absatz 2 verfasst werden, und
2. geringfügige oder technisch einfache Bauvorhaben.

(2) Bauvorlageberechtigt ist,

1. wer auf Grund des Saarländischen Architekten- und Ingenieurkammergesetzes vom 13. Juli 2016 (Amtsbl. I S. 714), zuletzt geändert durch Artikel 2 des Gesetzes vom 12. Dezember 2023 (Amtsbl. I 2024 S. 212), in der jeweils geltenden Fassung, die Berufsbezeichnung „Architektin" oder „Architekt" führen darf oder
2. wer in die Liste der Bauvorlageberechtigten nach § 29 des Saarländischen Architekten- und Ingenieurkammergesetzes eingetragen ist oder, ohne eine solche Listeneintragung, gemäß § 29c des Saarländischen Architekten- und Ingenieurkammergesetzes bauvorlageberechtigt ist.

(3) Bauvorlageberechtigt sind ferner

1. Berufsangehörige, welche über die in § 29 des Saarländischen Architekten- und Ingenieurkammergesetzes genannten inländischen oder auswärtigen Hochschulabschlüsse verfügen, für die in Absatz 1 Satz 2 genannten Vorhaben und
   a) freistehende oder nur einseitig angebaute oder anbaubare Wohngebäude der Gebäudeklassen 1 bis 3,
   b) eingeschossige gewerblich genutzte Gebäude, die keine Sonderbauten sind,
   c) land- und forstwirtschaftliche Gebäude, die keine Sonderbauten sind,
   d) Behelfsgebäude und untergeordnete Gebäude, sowie
   e) Garagen bis 100 m2 Nutzfläche einschließlich der Verkehrsflächen,
2. Berufsangehörige, welche
   a) auf Grund des Saarländischen Architekten- und Ingenieurkammergesetzes die Berufsbezeichnung „Innenarchitektin" oder „Innenarchitekt" führen dürfen oder in einem anderen Mitgliedstaat der Europäischen Union oder einem nach dem Recht der Europäischen Union gleichgestellten Staat zur Ausübung des Berufs der Innenarchitektin oder des Innenarchitekten rechtmäßig niedergelassen sind, nach Maßgabe des § 2 Absatz 2 des Saarländischen Architekten- und Ingenieurkammergesetzes für die mit der Berufsaufgabe der Innenarchitektinnen und Innenarchitekten verbundenen baulichen Änderungen von Gebäuden,
   b) in einem anderen Mitgliedstaat der Europäischen Union oder einem nach dem Recht der Europäischen Union gleichgestellten Staat zur Ausübung des Berufs der Architektin oder des Architekten rechtmäßig niedergelassen sind, nach Maßgabe des § 2 Absatz 2 des Saarländischen Architekten- und Ingenieurkammergesetzes,

3. Berufsangehörige, welche
    a) die Befähigung zum höheren oder gehobenen technischen Verwaltungsdienst der Fachrichtung Hochbau oder der Fachrichtung Bauingenieurwesen, Fachgebiet Städtebau und Bauordnungswesen, besitzen,
    b) einen berufsqualifizierenden Hochschulabschluss eines Studiums der Fachrichtung Bauingenieurwesen gemäß den in Anlage 2 des Saarländischen Architekten- und Ingenieurkammergesetzes geregelten Leitlinien oder der Fachrichtung Architektur nachweisen können und danach mindestens zwei Jahre auf dem Gebiet der Entwurfsplanung von Gebäuden praktisch tätig gewesen sind,
    c) ein Studium der Fachrichtung Innenarchitektur erfolgreich abgeschlossen haben und mindestens zwei Jahre in dieser Fachrichtung praktisch tätig waren,

für ihre dienstliche Tätigkeit bei einer juristischen Person des Öffentlichen Rechts; Absolventinnen und Absolventen der Fachrichtung Innenarchitektur sind nur bauvorlageberechtigt für die mit der Berufsaufgabe der Innenarchitektinnen und Innenarchitekten verbundenen baulichen Änderungen von Gebäuden.

(4) Bauvorlageberechtigt für die in Absatz 1 Satz 2 genannten Vorhaben und

1. Baumaßnahmen in oder an Wohngebäuden der Gebäudeklasse 1, soweit sie nicht zu einer Erweiterung des Brutto-Rauminhalts um mehr als 100 m3 führen,
2. die Errichtung oder Änderung von
    a) landwirtschaftlichen Betriebsgebäuden und gewerblich genutzten Gebäuden bis zu 120 m2 Geschossfläche, die keine Sonderbauten sind,
    b) Behelfsgebäuden und untergeordneten Gebäuden sowie
    c) Garagen bis 100 m2 Nutzfläche einschließlich der Verkehrsflächen

sind auch die Angehörigen der Fachrichtungen Architektur, Hochbau und Bauingenieurwesen, die aufgrund des § 1 oder des § 2 des Gesetzes zum Schutze der Berufsbezeichnung Ingenieur diese Berufsbezeichnung führen dürfen, die Meisterinnen und Meister des Maurer-, Betonbauer-, Stahlbetonbauer- oder Zimmererhandwerks und die staatlich geprüften Technikerinnen und Techniker der Fachrichtung Bautechnik. Personen, die in einem anderen Mitgliedstaat der Europäischen Union oder einem nach dem Recht der Europäischen Union gleichgestellten Staat niedergelassen sind und die Anforderungen nach Satz 1 nicht erfüllen, sind für Vorhaben nach Satz 1 Nummer 1 und 2 bauvorlageberechtigt, wenn sie in dem Staat ihrer Niederlassung eine vergleichbare Berechtigung besitzen.

(5) Die Bauvorlageberechtigten nach Absatz 3 Nummer 1 sind in ein von der Ingenieurkammer zu führendes Verzeichnis einzutragen.

§ 67
Bautechnische Nachweise

(1) Die Einhaltung der Anforderungen an die Standsicherheit, den Brand-, Schall- und Erschütterungsschutz sowie die Einhaltung der Anforderungen der Teile 2 und 3 des Gesetzes zur Einsparung von Energie und zur Nutzung erneuerbarer Energien zur Wärme- und Kälteerzeugung in Gebäuden ist nach näherer Maßgabe der Rechtsverordnung aufgrund des § 86 Abs. 2 durch hierzu berechtigte Personen nachzuweisen (bautechnische Nachweise); dies gilt nicht für verfahrensfreie Bauvorhaben, einschließlich der Beseitigung von Anlagen, soweit nicht in diesem Gesetz oder in der Rechtsverordnung aufgrund des § 86 Abs. 2 anderes bestimmt ist. Die Bauvorlageberechtigung nach § 66 Absatz 2, Absatz 3 Nummer 2 Buchstabe b und Nummer 3 Buchstabe a und b schließt die Berechtigung zur Erstellung der bautechnischen Nachweise ein, soweit nicht nachfolgend Ab-

weichendes bestimmt ist. Die Bauvorlageberechtigung nach § 66 Abs. 4 schließt die Berechtigung zur Erstellung der bautechnischen Nachweise für die in § 66 Abs. 4 Satz 1 genannten Vorhaben mit Ausnahme des Standsicherheitsnachweises ein.

(2) Bei

3. Gebäuden der Gebäudeklassen 1 bis 3 und
4. sonstigen baulichen Anlagen, die keine Gebäude sind,

muss der Standsicherheitsnachweis, bei anderen Bauvorhaben darf der Standsicherheitsnachweis von einer Person selbst oder unter ihrer Leitung erstellt sein, die in die Liste der Tragwerksplanerinnen und -planer nach § 31 des Saarländischen Architekten- und Ingenieurkammergesetzes oder in die entsprechende Liste eines anderen Landes eingetragen ist. Der Standsicherheitsnachweis darf nach Maßgabe von § 32 des Saarländischen Architekten- und Ingenieurkammergesetzes auch von einer Person selbst oder unter ihrer Leitung erstellt sein, die in einem anderen Mitgliedstaat der Europäischen Union oder in einem nach dem Recht der Europäischen Union gleichgestellten Staat zur Erstellung von Standsicherheitsnachweisen niedergelassen ist. Bei Vorhaben im Einwirkungsbereich untertägigen Bergbaus ist eine Stellungnahme des bergbauberechtigten Unternehmens über die Erforderlichkeit vorbeugender Sicherungsmaßnahmen einzuholen. Die Sicherungsmaßnahmen sind im Standsicherheitsnachweis zu berücksichtigen. Tragwerksplanerinnen und Tragwerksplaner nach den Sätzen 1 und 2 dürfen auch Nachweise über den Schall- und Erschütterungsschutz sowie die Einhaltung der Anforderungen der Teile 2 und 3 des Gesetzes zur Einsparung von Energie und zur Nutzung erneuerbarer Energien zur Wärme- und Kälteerzeugung in Gebäuden erstellen oder anerkennen.

(3) Der Brandschutznachweis darf auch von einer Person selbst oder unter ihrer Leitung erstellt sein, die in die Liste der Brandschutzplanerinnen und -planer nach § 33 des Saarländischen Architekten- und Ingenieurkammergesetzes oder in die entsprechende Liste eines anderen Landes eingetragen ist oder nach Maßgabe des § 34 des Saarländischen Architekten- und Ingenieurkammergesetzes in einem anderen Mitgliedstaat der Europäischen Union oder in einem nach dem Recht der Europäischen Union gleichgestellten Staat zur Erstellung von Brandschutznachweisen niedergelassen ist. Hat die nachweisberechtigte Person für einzelne Fragen des Brandschutznachweises nicht die erforderliche Sachkunde und Erfahrung, findet § 54 Abs. 2 entsprechende Anwendung.

(4) Der Standsicherheitsnachweis muss bauaufsichtlich geprüft oder durch eine Prüfsachverständige oder einen Prüfsachverständigen im Sinne der Rechtsverordnung aufgrund des § 86 Abs. 3 bescheinigt sein bei

1. Sonderbauten und Gebäuden der Gebäudeklassen 4 und 5,
2. folgenden baulichen Anlagen, wenn dies nach Maßgabe eines in der Rechtsverordnung aufgrund des § 86 Abs. 2 geregelten Kriterienkatalogs erforderlich ist:
   a) Gebäude der Gebäudeklassen 1 bis 3, ausgenommen Wohngebäude der Gebäudeklassen 1 und 2 und ihre Nebengebäude,
   b) Behälter, Brücken, Stützmauern und Tribünen,
   c) sonstige bauliche Anlagen, die keine Gebäude sind, mit einer Höhe von mehr als 10 m.

Der Brandschutznachweis muss bauaufsichtlich geprüft oder durch eine Prüfsachverständige oder einen Prüfsachverständigen im Sinne der Rechtsverordnung aufgrund des § 86 Abs. 3 bescheinigt sein bei

3. Vorhaben, für die das Baugenehmigungsverfahren nach § 65 durchgeführt wird,
4. Garagen mit mehr als 100 m2 Nutzfläche einschließlich der Verkehrsflächen, ausgenommen oberirdische, eingeschossige

Garagen bis zu 1 000 m2 Nutzfläche einschließlich der Verkehrsflächen.

(5) Bei der Änderung von Gebäuden darf der Nachweis der Einhaltung der Anforderungen des Teils 3 des Gesetzes zur Einsparung von Energie und zur Nutzung erneuerbarer Energien zur Wärme- und Kälteerzeugung in Gebäuden auch von einer Person erstellt sein, die nach dem Gesetz zur Einsparung von Energie und zur Nutzung erneuerbarer Energien zur Wärme- und Kälteerzeugung in Gebäuden zur Ausstellung des Energieausweises berechtigt ist.

(6) Außer in den Fällen des Absatzes 4 müssen bautechnische Nachweise weder geprüft noch bescheinigt werden; § 68 bleibt unberührt. Einer bauaufsichtlichen Prüfung oder Bescheinigung einer oder eines Prüfsachverständigen bedarf es ferner nicht, soweit für das Bauvorhaben Standsicherheitsnachweise vorliegen, die von einem Prüfamt für Standsicherheit allgemein geprüft sind (Typenprüfung). Typenprüfungen anderer Länder gelten auch im Saarland.

(7) § 66 Abs. 4 gilt entsprechend.

§ 68

Abweichungen

(1) Die Bauaufsichtsbehörde kann Abweichungen von bauaufsichtlichen Anforderungen dieses Gesetzes und auf Grund dieses Gesetzes erlassener Vorschriften zulassen, wenn sie unter Berücksichtigung des Zwecks der jeweiligen Anforderung und unter Würdigung der öffentlich-rechtlich geschützten nachbarlichen Belange mit den öffentlichen Belangen, insbesondere den Anforderungen des § 3 Abs. 1 vereinbar sind. § 86a Abs. 1 Satz 3 bleibt unberührt.

(2) Die Zulassung von

1. Abweichungen nach Absatz 1,
2. Ausnahmen und Befreiungen von den Festsetzungen eines Bebauungsplanes oder einer sonstigen städtebaulichen Satzung nach § 31 des Baugesetzbuchs,
3. Ausnahmen und Befreiungen von Regelungen der Baunutzungsverordnung über die zulässige Art der baulichen Nutzung nach § 34 Abs. 2 Halbsatz 2 des Baugesetzbuchs,
4. Abweichungen, die eine Ermessensentscheidung nach der Baunutzungsverordnung in der jeweils anzuwendenden Fassung verlangen,

ist gesondert in Textform zu beantragen; der Antrag ist zu begründen. Für Anlagen, die keiner Genehmigung bedürfen, sowie für Abweichungen von Vorschriften, die im Genehmigungsverfahren nicht geprüft werden, gilt Satz 1 entsprechend; § 73 Abs. 2 gilt entsprechend.

(3) Zulassungen von Abweichungen nach Absatz 2 gelten drei Jahre; § 74 Absatz 2 gilt entsprechend.

§ 69

Bauantrag und Bauvorlagen

(1) Der Bauantrag ist bei der unteren Bauaufsichtsbehörde einzureichen.

(2) Dem Bauantrag sind alle für die Beurteilung des Bauvorhabens und die Bearbeitung des Bauantrags erforderlichen Unterlagen (Bauvorlagen), einschließlich der bautechnischen Nachweise, beizufügen, auch soweit Anforderungen in den Verfahren nach den §§ 64 und 65 nicht geprüft werden. Es kann zugelassen werden, dass einzelne Bauvorlagen nachgereicht werden. Auf Antrag kann die Baugenehmigung auch unter der Bedingung erteilt werden, dass bautechnische Nachweise nachgereicht werden und mit der Bauausführung erst soweit erforderlich nach erfolgter bauaufsichtlicher Prüfung der nachgereichten Nachweise oder nach Vorlage von Bescheinigungen von Prüfsachverständigen gemäß § 67 Abs. 4 begonnen werden darf.

(3) § 25 Absatz 2 Satz 1 des Saarländischen Verwaltungsverfahrensgesetzes bleibt unberührt.

§ 70
Behandlung des Bauantrags

(1) Die Bauaufsichtsbehörde hat den Bauantrag binnen sechs Arbeitstagen nach Eingang auf seine Vollständigkeit zu überprüfen (Vorprüfung). Der Bauantrag ist zurückzuweisen, wenn die Bauvorlagen so unvollständig oder fehlerhaft sind, dass sie nicht bearbeitet werden können. Zur Beseitigung geringfügiger Mängel soll die Bauaufsichtsbehörde eine Frist setzen. Werden die Mängel innerhalb der Frist nicht behoben, gilt der Antrag als zurückgenommen. Die Bearbeitungsfähigkeit des Bauantrags ist der Bauherrin oder dem Bauherrn unverzüglich unter Angabe der voraussichtlichen Verfahrensdauer mitzuteilen.

(2) Ist die Erteilung der Baugenehmigung von der Gestattung oder dem Einvernehmen einer anderen Behörde abhängig oder muss über das Vorhaben im Benehmen mit einer anderen Behörde entschieden werden, so holt die Bauaufsichtsbehörde die Entscheidung der anderen Behörde ein. Die Bauaufsichtsbehörde holt die Stellungnahme sonstiger Behörden und Stellen ein, deren Aufgabenbereich durch das Vorhaben berührt wird. Entscheidungen und Stellungnahmen nach den Sätzen 1 und 2 sollen gleichzeitig eingeholt werden. Eine gemeinsame Besprechung der zu beteiligenden Stellen (Antragskonferenz) soll einberufen werden, wenn dies der beschleunigten Abwicklung des Vorhabens dienlich ist.

(3) Eine auf Grund landesrechtlicher Vorschriften nach Absatz 2 Satz 1 erforderliche Entscheidung gilt als erteilt, wenn sie nicht innerhalb von zwei Monaten nach Eingang des Ersuchens unter Angabe der Gründe versagt wird. Stellungnahmen nach Absatz 2 Satz 2 können unberücksichtigt bleiben, wenn sie nicht innerhalb eines Monats nach Anforderung bei der Bauaufsichtsbehörde eingehen. Wenn zur Beurteilung des Vorhabens durch eine beteiligte Behörde oder Stelle noch zusätzliche Unterlagen oder Angaben erforderlich sind, wird die Frist nach Satz 1 oder 2 bis zum Eingang der nachgeforderten Unterlagen oder Angaben bei der beteiligten Behörde oder Stelle unterbrochen. Die Bauaufsichtsbehörde teilt die Entscheidung der anderen Behörde zusammen mit ihrer Entscheidung der Bauherrin oder dem Bauherrn mit.

§ 71
Beteiligung der Nachbarschaft und der Öffentlichkeit

(1) Vor der Zulassung von Abweichungen nach § 68 und vor der Erteilung von Befreiungen nach § 31 Abs. 2 des Baugesetzbuchs, die öffentlich-rechtlich geschützte nachbarliche Belange berühren können, soll die nach § 68 für die Zulassung zuständige Stelle die betroffenen Eigentümerinnen und Eigentümer sowie Erbbauberechtigten benachbarter Grundstücke (Nachbarschaft) von dem Vorhaben benachrichtigen. Entsprechend kann verfahren werden, wenn nicht ausgeschlossen werden kann, dass durch die Baugenehmigung öffentlich-rechtlich geschützte nachbarliche Belange beeinträchtigt werden. Die Bauherrin oder der Bauherr hat der zuständigen Stelle auf Verlangen die betroffene Nachbarschaft namhaft zu machen und Unterlagen zu ihrer Beteiligung zur Verfügung zu stellen. Einwendungen sind innerhalb eines Monats nach Zugang der Benachrichtigung bei der zuständigen Stelle in Textform oder zur Niederschrift vorzubringen; hierauf ist in der Benachrichtigung hinzuweisen. Die benachrichtigte Nachbarschaft wird mit allen öffentlich-rechtlichen Einwendungen ausgeschlossen, die im Rahmen der Beteiligung nicht fristgemäß geltend gemacht worden sind. Auf diese Rechtsfolge ist in der Benachrichtigung hinzuweisen.

(2) Die Benachrichtigung nach Absatz 1 Satz 1 entfällt, wenn die Nachbarschaft der Abweichung oder Befreiung zugestimmt hat; die Bauherrin oder der Bauherr hat die Zustimmung nachzuweisen. Wird den Einwendun-

gen der Nachbarschaft nicht entsprochen, ist ihr eine Ausfertigung der Baugenehmigung oder der Entscheidung über die Zulassung der Abweichung oder Befreiung zuzustellen.

(3) Bei baulichen Anlagen, die aufgrund ihrer Beschaffenheit oder ihres Betriebs geeignet sind, die Allgemeinheit oder die Nachbarschaft zu gefährden, zu benachteiligen oder zu belästigen, kann die Bauaufsichtsbehörde auf Antrag der Bauherrin oder des Bauherrn das Bauvorhaben nach den für sie geltenden Bekanntmachungsvorschriften und außerdem entweder im Internet oder in örtlichen Tageszeitungen, die im Bereich des Standorts der Anlage verbreitet sind, öffentlich bekannt machen.

Ein Bauvorhaben innerhalb eines Achtungsabstands eines Betriebsbereichs nach § 63 Abs. 1 Satz 2 Nr. 4,

1. durch das dem Wohnen dienende Nutzungseinheiten mit einer Größe von insgesamt mehr als 5.000 m2 Bruttogrundfläche neu geschaffen werden oder bestehende dem Wohnen dienende Nutzungseinheiten um mehr als 5.000 m2 Bruttogrundfläche erweitert werden,
2. durch das die gleichzeitige Nutzung einer oder mehrerer öffentlich zugänglicher baulicher Anlagen durch mehr als 100 zusätzliche Besucherinnen und Besucher ermöglicht wird oder
3. nach dessen Durchführung ein Sonderbau nach § 2 Abs. 4 Nr. 9, 10, 12, 13, 15 oder 16 besteht,

ist nach Eingang des vollständigen Antrags nach Satz 1 bekannt zu machen, es sei denn, die Bauherrin oder der Bauherr weist durch ein Gutachten eines oder einer nach § 29b des Bundes-Immissionsschutzgesetzes bekannt gegebenen Sachverständigen oder durch eine Bestätigung der Immissionsschutzbehörde nach, dass sich das Vorhaben außerhalb des angemessenen Sicherheitsabstands im Sinne des § 3 Abs. 5c des Bundes-Immissionsschutzgesetzes befindet. Satz 2 gilt nicht, wenn die Bauaufsichtsbehörde zu dem Ergebnis kommt, dass dem Gebot, den angemessenen Sicherheitsabstand zu wahren, bereits in einem Bebauungsplan Rechnung getragen ist oder wenn durch eine Änderung eines Sonderbaus, der ein Sonderbau nach Satz 2 Nr. 3 ist, eine Erhöhung der Anzahl der Benutzerinnen und Benutzer oder Besucherinnen und Besucher nicht eintritt. Verfährt die Bauaufsichtsbehörde nach Satz 1 oder 2, findet Absatz 1 keine Anwendung.

(4) In der Bekanntmachung nach Absatz 3 Satz 1 und 2 ist über Folgendes zu informieren:

1. über den Gegenstand des Vorhabens,
2. über die für die Genehmigung zuständige Behörde, bei der der Antrag nebst Unterlagen zur Einsicht ausgelegt wird sowie wo und wann Einsicht genommen werden kann,
3. darüber, dass Personen, deren Belange berührt sind, und Vereinigungen, welche die Anforderungen von § 3 Abs. 1 oder § 2 Abs. 2 des Umwelt-Rechtsbehelfsgesetzes in der Fassung der Bekanntmachung vom 23. August 2017 (BGBl. I S. 3290), in der jeweils geltenden Fassung erfüllen (betroffene Öffentlichkeit), Einwendungen bei einer in der Bekanntmachung bezeichneten Stelle bis zu zwei Wochen nach Ablauf der Auslegungsfrist erheben können; dabei ist darauf hinzuweisen, dass mit Ablauf der Frist alle öffentlich-rechtlichen Einwendungen ausgeschlossen sind und der Ausschluss von umweltbezogenen Einwendungen nur für das Genehmigungsverfahren gilt,
4. dass die Zustellung der Entscheidung über die Einwendungen durch öffentliche Bekanntmachung ersetzt werden kann.

Bei der Bekanntmachung nach Absatz 3 Satz 2 ist zusätzlich über Folgendes zu informieren:

1. gegebenenfalls die Feststellung einer Pflicht zur Durchführung einer Umweltverträglichkeitsprüfung für das Vorhaben nach § 5 des Gesetzes über die Umweltverträglichkeitsprüfung sowie erforderlichenfalls die Durchführung einer grenz-

überschreitenden Beteiligung nach den §§ 55 und 56 des Gesetzes über die Umweltverträglichkeitsprüfung,
2. die Art möglicher Entscheidungen oder, soweit vorhanden, den Entscheidungsentwurf und
3. gegebenenfalls weitere Einzelheiten des Verfahrens zur Unterrichtung der Öffentlichkeit und Anhörung der betroffenen Öffentlichkeit.

(5) Nach der Bekanntmachung sind der Antrag und die Bauvorlagen sowie die entscheidungserheblichen Berichte und Empfehlungen, die der Bauaufsichtsbehörde im Zeitpunkt der Bekanntmachung vorliegen, einen Monat zur Einsicht auszulegen. Bauvorlagen, die Geschäfts- oder Betriebsgeheimnisse enthalten, sind nicht auszulegen; für sie gilt § 10 Abs. 2 des Bundes-Immissionsschutzgesetzes entsprechend. Bis zwei Wochen nach Ablauf der Auslegungsfrist kann die Öffentlichkeit gegenüber der zuständigen Behörde in Textform Einwendungen erheben; mit Ablauf dieser Frist sind alle öffentlich-rechtlichen Einwendungen ausgeschlossen. Satz 3 Halbsatz 2 gilt für umweltbezogene Einwendungen nur für das Genehmigungsverfahren. Weitere Informationen, die für die Entscheidung über die Genehmigung von Bedeutung sein können und die der Bauaufsichtsbehörde erst nach der Bekanntmachung vorliegen, sind der Öffentlichkeit nach den Bestimmungen über den Zugang zu Umweltinformationen zugänglich zu machen.

(6) Bei mehr als 20 Personen, denen die Baugenehmigung oder die Entscheidung über die Zulassung der Abweichung oder Befreiung nach Absatz 2 Satz 2 zuzustellen ist, kann die Zustellung durch öffentliche Bekanntmachung ersetzt werden; wurde eine Öffentlichkeitsbeteiligung nach Absatz 4 durchgeführt, ist der Genehmigungsbescheid öffentlich bekannt zu machen. Die öffentliche Bekanntmachung wird dadurch bewirkt, dass der verfügende Teil des Bescheids und die Rechtsbehelfsbelehrung in entsprechender Anwendung des Absatzes 3 Satz 1 bekannt gemacht werden; auf Auflagen ist hinzuweisen. Eine Ausfertigung des gesamten Genehmigungsbescheids ist vom Tage nach der Bekanntmachung an zwei Wochen zur Einsicht auszulegen. Ist eine Öffentlichkeitsbeteiligung nach Absatz 3 Satz 2 erfolgt, sind in die Begründung die wesentlichen tatsächlichen und rechtlichen Gründe, die die Behörde zu ihrer Entscheidung bewogen haben, die Behandlung der Einwendungen sowie Angaben über das Verfahren zur Beteiligung der Öffentlichkeit aufzunehmen; § 73 Abs. 2 bleibt unberührt. In der öffentlichen Bekanntmachung ist anzugeben, wo und wann der Bescheid und seine Begründung eingesehen und nach Satz 7 angefordert werden können. Mit dem Ende der Auslegungsfrist gilt der Bescheid auch Dritten gegenüber, die keine Einwendungen erhoben haben, als zugestellt; darauf ist in der Bekanntmachung hinzuweisen. Nach der öffentlichen Bekanntmachung können der Bescheid und seine Begründung bis zum Ablauf der Widerspruchsfrist von den Personen, die Einwendungen erhoben haben, in Textform angefordert werden.

§ 72
Ersetzung des gemeindlichen Einvernehmens

(1) Hat eine Gemeinde ihr nach § 14 Abs. 2 Satz 2, § 22 Abs. 5 Satz 1, § 36 Abs. 1 Satz 1 und 2 des Baugesetzbuches erforderliches Einvernehmen rechtswidrig versagt, kann das fehlende Einvernehmen nach Maßgabe der Absätze 2 bis 4 im bauaufsichtlichen Verfahren oder im Widerspruchsverfahren ersetzt werden.

(2) Die §§ 130 bis 133 und 137 Abs. 1 des Kommunalselbstverwaltungsgesetzes (KSVG) in der Fassung der Bekanntmachung vom 27. Juni 1997 (Amtsbl. S. 682), zuletzt geändert durch Artikel 4 des Gesetzes vom 8. Oktober 2003 (Amtsbl. S. 2874), in der jeweils geltenden Fassung finden keine Anwendung.

(3) Das Einvernehmen der Gemeinde wird

durch die Genehmigung oder den Widerspruchsbescheid ersetzt. Die Genehmigung oder der Widerspruchsbescheid ist insoweit zu begründen. Die Gemeinde ist vor Erlass der Genehmigung oder des Widerspruchsbescheids anzuhören. Dabei ist ihr Gelegenheit zu geben, binnen angemessener Frist erneut über das gemeindliche Einvernehmen zu entscheiden.

(4) Entfällt die aufschiebende Wirkung von Widerspruch und Anfechtungsklage gegen die Genehmigung nach § 80 Abs. 2 Satz 1 Nr. 3 oder 4 der Verwaltungsgerichtsordnung in der Fassung der Bekanntmachung vom 19. März 1991 (BGBl. I S. 686), zuletzt geändert durch Artikel 1 und 6 des Gesetzes vom 20. Dezember 2001 (BGBl. I S. 3987), in der jeweils geltenden Fassung haben Widerspruch und Anfechtungsklage auch insoweit keine aufschiebende Wirkung, als die Genehmigung das Einvernehmen der Gemeinde ersetzt.

(5) Die Absätze 1 bis 4 finden entsprechende Anwendung, wenn über die Zulässigkeit eines Vorhabens nach § 14 Abs. 2 Satz 2, § 22 Abs. 5 Satz 1 sowie § 36 Abs. 1 Satz 1 und 2 des Baugesetzbuchs in einem anderen Verfahren entschieden wird. Die zuständige Behörde holt vor ihrer Entscheidung die Stellungnahme der unteren Bauaufsichtsbehörde ein.

§ 73

Baugenehmigung, Baubeginn

(1) Die Baugenehmigung ist zu erteilen, wenn dem Vorhaben keine öffentlich-rechtlichen Vorschriften entgegenstehen, die im bauaufsichtlichen Genehmigungsverfahren zu prüfen sind; die Bauaufsichtsbehörde darf den Bauantrag auch ablehnen, wenn das Vorhaben gegen öffentlich-rechtliche Vorschriften verstößt, die im bauaufsichtlichen Genehmigungsverfahren nicht zu prüfen sind. Die durch eine Umweltverträglichkeitsprüfung ermittelten, beschriebenen und bewerteten Umweltauswirkungen sind nach Maßgabe der hierfür geltenden Vorschriften zu berücksichtigen.

(2) Die Baugenehmigung bedarf der Schriftform (Bauschein). Sie und ihre Nebenbestimmungen müssen nur insoweit begründet werden, als nach § 71 Abs. 1 oder 5 fristgerecht erhobenen Einwendungen nicht entsprochen wird; § 71 Abs. 6 dieses Gesetzes und § 39 Abs. 2 Nr. 2 des Saarländischen Verwaltungsverfahrensgesetzes bleiben unberührt. Der Baugenehmigung sind die mit einem Genehmigungsvermerk versehenen Bauvorlagen beizufügen.

(3) Bauliche Anlagen, die nur auf beschränkte Zeit errichtet werden können oder sollen, können widerruflich oder befristet genehmigt werden. Die Genehmigung soll nur erteilt werden, wenn gesichert ist, dass die Anlage nach Widerruf oder nach Fristablauf beseitigt wird. Nach Widerruf oder nach Fristablauf ist die Anlage ohne Entschädigung zu beseitigen; ein ordnungsgemäßer Zustand ist herzustellen.

(4) Die Baugenehmigung wird unbeschadet privater Rechte Dritter erteilt.

(5) Die Gemeinde ist, wenn sie nicht Bauaufsichtsbehörde ist, von der Erteilung, Verlängerung, Ablehnung, Rücknahme und dem Widerruf einer Baugenehmigung sowie dem Ablauf der Frist nach § 64 Abs. 3 Satz 5 zu unterrichten. Wird die Baugenehmigung erteilt, so ist der Gemeinde die Entscheidung der Bauaufsichtsbehörde durch eine Übermittlung des Bescheids, einschließlich der mit einem Genehmigungsvermerk versehenen Bauvorlagen, zur Kenntnis zu geben; im Fall des § 64 Abs. 3 Satz 5 sind nur die Bauvorlagen zu übersenden.

(6) Mit der Bauausführung oder mit der Ausführung des jeweiligen Bauabschnitts darf erst begonnen werden, wenn

1. die Baugenehmigung der Bauherrin oder dem Bauherrn zugegangen ist oder durch Fristablauf nach § 64 Abs. 3 Satz 5 als erteilt gilt,
2. die bautechnischen Nachweise soweit erforderlich bauaufsichtlich geprüft oder gemäß § 67 Abs. 4 bescheinigt sind und

3. der Bauaufsichtsbehörde die Baubeginnsanzeige nach Absatz 8 vorliegt.

(7) Vor Baubeginn müssen Grundrissfläche und Höhenlage der baulichen Anlage auf dem Grundstück festgelegt sein (Einweisung). Die oder der Einweisende hat die Einweisung zu bescheinigen.

(8) Die Bauherrin oder der Bauherr hat den Ausführungsbeginn und die Wiederaufnahme der Bauarbeiten nach einer Unterbrechung von mehr als drei Monaten mindestens eine Woche vorher der Bauaufsichtsbehörde in Textform mitzuteilen (Baubeginnsanzeige). Die Baugenehmigung, ausgenommen im Fall des § 64 Abs. 3 Satz 5, die Bauvorlagen, einschließlich der bautechnischen Nachweise, und die Bescheinigung über die Einweisung müssen an der Baustelle von Baubeginn an bereitgehalten werden.

§ 74
Geltungsdauer der Genehmigung

(1) Die Baugenehmigung und die Teilbaugenehmigung erlöschen, wenn innerhalb von drei Jahren nach ihrer Bekanntgabe mit der Ausführung des Bauvorhabens nicht begonnen oder die Bauausführung ein Jahr unterbrochen worden ist. Die Einlegung eines Rechtsbehelfs hemmt den Lauf der Frist bis zur Unanfechtbarkeit der Baugenehmigung.

(2) Die Frist nach Absatz 1 kann auf in Textform gestellten Antrag jeweils bis zu einem Jahr verlängert werden. Sie kann auch rückwirkend verlängert werden, wenn der Antrag vor Fristablauf bei der Bauaufsichtsbehörde eingegangen ist.

§ 75
Teilbaugenehmigung

(1) Ist das Gesamtvorhaben grundsätzlich genehmigungsfähig, kann vorab für die Baugrube und für einzelne Bauteile oder Bauabschnitte auf in Textform gestellten Antrag eine Teilbaugenehmigung erteilt werden.

(2) Die §§ 66 bis 74 gelten entsprechend.

(3) In der Baugenehmigung können, ungeachtet der Teilbaugenehmigung, für die bereits begonnenen oder ausgeführten Teile des Bauvorhabens zusätzliche Anforderungen gestellt werden, wenn sich bei der weiteren Prüfung der Bauvorlagen ergibt, dass diese Anforderungen wegen der öffentlichen Sicherheit oder Ordnung erforderlich sind.

§ 76
Vorbescheid

Auf in Textform gestellten Antrag der Bauherrin oder des Bauherrn ist zu einzelnen Fragen ihres oder seines Bauvorhabens ein Vorbescheid zu erteilen. Der Vorbescheid gilt drei Jahre. Die Frist kann auf in Textform gestellten Antrag jeweils bis zu einem Jahr verlängert werden. Für Fragen zu Vorhaben nach den §§ 61 und 63 gilt § 64 Abs. 2 entsprechend; für Fragen zu Vorhaben nach den §§ 64 und 65 gilt § 65 entsprechend; daneben gelten die §§ 67 bis 72 und § 74 Abs. 2 Satz 2 entsprechend.

§ 77
Fliegende Bauten

(1) Fliegende Bauten sind bauliche Anlagen, die geeignet und bestimmt sind, an verschiedenen Orten wiederholt und befristet aufgestellt und wieder zerlegt zu werden. Baustelleneinrichtungen und Baugerüste gelten nicht als Fliegende Bauten.

(2) Fliegende Bauten bedürfen keiner Baugenehmigung. Fliegende Bauten bedürfen, bevor sie erstmals aufgestellt und in Gebrauch genommen werden, einer Ausführungsgenehmigung. Dies gilt nicht für folgende Fliegende Bauten:

1. Fliegende Bauten bis 5 m Höhe, die nicht dazu bestimmt sind, von Besucherinnen und Besuchern betreten zu werden,
2. Fliegende Bauten bis 5 m Höhe, die für Kinder betrieben werden und eine Geschwindigkeit von höchstens 1 m/s haben,
3. Bühnen, die Fliegende Bauten sind, einschließlich Überdachungen und sons-

tiger Aufbauten bis 5 m Höhe mit einer Grundfläche bis 100 m2 und einer Fußbodenhöhe bis 1,50 m,
4. erdgeschossige Zelte und betretbare Verkaufsstände, die Fliegende Bauten sind, jeweils mit einer Grundfläche bis zu 75 m2,
5. aufblasbare Spielgeräte mit einer Höhe des betretbaren Bereichs von bis zu 5 m oder mit überdachten Bereichen, bei denen die Entfernung zum Ausgang nicht mehr als 3 m oder, sofern ein Absinken der Überdachung konstruktiv verhindert wird, nicht mehr als 10 m beträgt.

(3) Die Ausführungsgenehmigung wird von der Bauaufsichtsbehörde erteilt, in deren Bereich die Antragstellerin oder der Antragsteller ihre oder seine Hauptwohnung oder ihre oder seine gewerbliche Niederlassung hat. Hat die Antragstellerin oder der Antragsteller ihre oder seine Hauptwohnung oder ihre oder seine gewerbliche Niederlassung außerhalb der Bundesrepublik Deutschland, so ist die Bauaufsichtsbehörde zuständig, in deren Bereich der Fliegende Bau erstmals aufgestellt und in Gebrauch genommen werden soll. Die oberste Bauaufsichtsbehörde kann bestimmen, dass Ausführungsgenehmigungen für Fliegende Bauten nur durch bestimmte Bauaufsichtsbehörden erteilt werden dürfen.

(4) Die Genehmigung wird für eine bestimmte Frist erteilt, die höchstens fünf Jahre betragen soll; sie kann auf schriftlichen Antrag von der für die Erteilung der Ausführungsgenehmigung zuständigen Behörde jeweils bis zu fünf Jahren verlängert werden; § 74 Abs. 2 Satz 2 gilt entsprechend. Die Genehmigungen werden in ein Prüfbuch eingetragen, dem eine Ausfertigung der mit einem Genehmigungsvermerk zu versehenden Bauvorlagen beizufügen ist. Ausführungsgenehmigungen anderer Länder gelten auch im Saarland.

(5) Die Inhaberin oder der Inhaber der Ausführungsgenehmigung hat den Wechsel ihrer oder seiner Hauptwohnung oder ihrer oder seiner gewerblichen Niederlassung oder die Übertragung eines Fliegenden Baues an Dritte der Bauaufsichtsbehörde anzuzeigen, die die Ausführungsgenehmigung erteilt hat. Die Behörde hat die Änderung in das Prüfbuch einzutragen und sie, wenn mit den Änderungen ein Wechsel der Zuständigkeit verbunden ist, der nunmehr zuständigen Behörde mitzuteilen.

(6) Fliegende Bauten, die nach Absatz 2 Satz 2 einer Ausführungsgenehmigung bedürfen, dürfen unbeschadet anderer Vorschriften nur in Gebrauch genommen werden, wenn ihre Aufstellung der Bauaufsichtsbehörde des Aufstellungsortes rechtzeitig, mindestens sechs Werktage vor Inbetriebnahme, angezeigt ist. Die Bauaufsichtsbehörde kann die Inbetriebnahme dieser Fliegenden Bauten von einer Gebrauchsabnahme abhängig machen. Das Ergebnis der Abnahme ist in das Prüfbuch einzutragen. In der Ausführungsgenehmigung kann bestimmt werden, dass Anzeigen nach Satz 1 nicht erforderlich sind, wenn eine Gefährdung im Sinne des § 3 Abs. 1 Nr. 1 nicht zu erwarten ist.

(7) Die für die Erteilung der Gebrauchsabnahme zuständige Bauaufsichtsbehörde kann Auflagen machen oder die Aufstellung oder den Gebrauch Fliegender Bauten untersagen, soweit dies nach den örtlichen Verhältnissen oder zur Abwehr von Gefahren oder nach sonstigen öffentlich-rechtlichen Vorschriften erforderlich ist, insbesondere weil die Betriebssicherheit oder Standsicherheit nicht oder nicht mehr gewährleistet ist oder weil von der Ausführungsgenehmigung abgewichen wird.

(8) Wird die Aufstellung oder der Gebrauch untersagt, so ist dies in das Prüfbuch einzutragen. Die ausstellende Behörde ist zu benachrichtigen, das Prüfbuch ist einzuziehen und der ausstellenden Behörde zuzuleiten, wenn die Herstellung ordnungsgemäßer Zustände innerhalb angemessener Frist nicht zu erwarten ist.

(9) Bei Fliegenden Bauten, die von Besucherinnen und Besuchern betreten und längere

Zeit an einem Aufstellungsort betrieben werden, kann die für die Gebrauchsabnahme zuständige Bauaufsichtsbehörde aus Gründen der Sicherheit Nachabnahmen durchführen. Das Ergebnis der Nachabnahme ist in das Prüfbuch einzutragen.
(10) Die §§ 69 und 78 Abs. 1 und 5 gelten entsprechend.

Abschnitt 4
Bauüberwachung

§ 78
Bauüberwachung

(1) Die Bauaufsichtsbehörde kann die Einhaltung der öffentlich-rechtlichen Vorschriften und Anforderungen sowie die ordnungsgemäße Erfüllung der Pflichten der am Bau Beteiligten überprüfen.
(2) Die Bauaufsichtsbehörde oder nach Maßgabe der Rechtsverordnung nach § 86 Abs. 3 die Prüfingenieurin oder der Prüfingenieur oder die oder der Prüfsachverständige überwachen die Bauausführung bei baulichen Anlagen

1. nach § 67 Abs. 4 Satz 1 hinsichtlich des von ihr oder ihm geprüften oder bescheinigten Standsicherheitsnachweises,
2. nach § 67 Abs. 4 Satz 2 hinsichtlich des von ihr oder ihm geprüften oder bescheinigten Brandschutznachweises.

Soweit der Standsicherheitsnachweis nicht nach § 67 Abs. 4 Satz 1 bauaufsichtlich geprüft oder bescheinigt wird, hat die Bauherrin oder der Bauherr eine Tragwerksplanerin oder einen Tragwerksplaner im Sinne des § 67 Abs. 2 Satz 1 mit der Überwachung der Bauausführung zu beauftragen und der Bauaufsichtsbehörde zu benennen. Die zur Überwachung der Bauausführung verpflichteten Prüfsachverständigen haben die Übereinstimmung der Bauausführung mit den von ihnen bescheinigten bautechnischen Nachweisen zu bescheinigen; die Tragwerksplanerin oder der Tragwerksplaner nach Satz 2 hat die Übereinstimmung der Bauausführung mit dem Standsicherheitsnachweis zu bestätigen; die Bescheinigungen und die Bestätigung sind der Bauaufsichtsbehörde vorzulegen. Wird die Bauausführung nach Satz 3 bescheinigt oder bestätigt, findet insoweit eine bauaufsichtliche Überwachung nicht statt.
(3) Die Bauaufsichtsbehörde, die oder der von ihr Beauftragte, die oder der Prüfsachverständige sowie die Tragwerksplanerin oder der Tragwerksplaner können verlangen, dass ihr oder ihm Beginn und Beendigung bestimmter Bauarbeiten angezeigt werden. Die Bauarbeiten dürfen erst fortgesetzt werden, wenn die Bauaufsichtsbehörde, die oder der von ihr Beauftragte, die oder der Prüfsachverständige oder die Tragwerksplanerin oder der Tragwerksplaner zugestimmt hat.
(4) Im Rahmen der Bauüberwachung können auf Kosten der Bauherrin oder des Bauherrn Proben von Baustoffen und Bauteilen, soweit erforderlich auch aus fertigen Bauteilen, entnommen und geprüft werden.
(5) Im Rahmen der Bauüberwachung ist jederzeit Einblick in die Genehmigungen, Zulassungen, Prüfzeugnisse, Übereinstimmungserklärungen, Übereinstimmungszertifikate, Zeugnisse und Aufzeichnungen über die Prüfung von Bauprodukten, in die CE-Kennzeichnungen und Leistungserklärungen nach der Verordnung (EU) Nr. 305/2011, in die Bautagebücher und andere vorgeschriebene Aufzeichnungen zu gewähren.
(6) Die Bauaufsichtsbehörde oder die Prüfingenieurin oder der Prüfingenieur oder die oder der Prüfsachverständige soll, soweit sie oder er im Rahmen der Bauüberwachung Erkenntnisse über systematische Verstöße gegen die Verordnung (EU) Nr. 305/2011 erlangt, diese der für die Marktüberwachung zuständigen Stelle (§ 84c) mitteilen.
(7) Die Bauaufsichtsbehörde kann einen Nachweis darüber verlangen, dass die Ausführung der baulichen Anlage entsprechend der Einweisung erfolgt ist. Als Nachweis kann die gemäß § 15 des Saarländischen Vermes-

sungs- und Katastergesetzes durchzuführende Gebäudeeinmessung verwendet werden.

§ 79

Bauzustandsbesichtigung, Aufnahme der Nutzung

(1) Die Fertigstellung des Rohbaus und die abschließende Fertigstellung nicht verfahrensfreier baulicher Anlagen sind der Bauaufsichtsbehörde von der Bauherrin oder vom Bauherrn jeweils zwei Wochen vorher anzuzeigen, um der Bauaufsichtsbehörde eine Besichtigung des Bauzustands zu ermöglichen. Der Rohbau ist fertiggestellt, wenn die tragenden Teile, Abgasanlagen, Brandwände, notwendigen Treppen und die Dachkonstruktion vollendet sind. Zur Besichtigung des Rohbaus sind die Bauteile, die für die Standsicherheit und, soweit möglich, die Bauteile, die für die Feuersicherheit, den Wärme- und den Schallschutz sowie für die Abwasserbeseitigung wesentlich sind, derart offen zu halten, dass Maße und Ausführungsart geprüft werden können. Die abschließende Fertigstellung umfasst auch die Fertigstellung der Wasserversorgungs- und Abwasserbeseitigungsanlagen. Die Bauherrin oder der Bauherr hat für die Besichtigungen und die damit verbundenen möglichen Prüfungen die erforderlichen Arbeitskräfte und Geräte bereitzustellen.

(2) Der Anzeige der Fertigstellung des Rohbaus ist eine Bescheinigung der bevollmächtigten Bezirksschornsteinfegerin oder des bevollmächtigten Bezirksschornsteinfegers über die Tauglichkeit der Abgasanlagen und der für Räume mit Feuerstätten erforderlichen Lüftungsschächte beizufügen. Der Anzeige der abschließenden Fertigstellung ist eine Bescheinigung der bevollmächtigten Bezirksschornsteinfegerin oder des bevollmächtigten Bezirksschornsteinfegers nach § 41 Abs. 6 beizufügen. Sind der Bauaufsichtsbehörde im Genehmigungsverfahren Bescheinigungen von Prüfsachverständigen vorgelegt worden, sind der Anzeige der abschließenden Fertigstellung Erklärungen dieser Prüfsachverständigen beizufügen, wonach sie sich nach Maßgabe der Rechtsverordnung aufgrund des § 86 Abs. 3 davon überzeugt haben, dass die baulichen Anlagen entsprechend den Bescheinigungen ausgeführt worden sind.

(3) Ob und in welchem Umfang eine Besichtigung nach Absatz 1 durchgeführt wird, bleibt dem Ermessen der Bauaufsichtsbehörde überlassen. Soweit Bescheinigungen und Erklärungen nach Absatz 2 Satz 3 vorliegen, findet eine Bauzustandsbesichtigung nicht statt. Über das Ergebnis der Besichtigung ist auf Verlangen der Bauherrin oder des Bauherrn eine Bescheinigung auszustellen.

(4) Mit dem Innenausbau darf erst einen Tag nach dem in der Anzeige nach Absatz 1 genannten Zeitpunkt der Fertigstellung des Rohbaus begonnen werden, soweit die Bauaufsichtsbehörde nicht einem früheren Beginn des Innenausbaus zugestimmt hat.

(5) Die Bauaufsichtsbehörde kann verlangen, dass die Anlagen erst benutzt werden, wenn sie von ihr, einer oder einem von ihr Beauftragten oder einer oder einem Prüfsachverständigen geprüft worden sind.

(6) Eine bauliche Anlage darf erst benutzt werden, wenn sie selbst, Zufahrtswege, Wasserversorgungs- und Abwasserbeseitigungsanlagen sowie Gemeinschaftsanlagen ordnungsgemäß fertiggestellt und sicher benutzbar sind, frühestens jedoch eine Woche nach dem in der Anzeige nach Absatz 1 genannten Zeitpunkt der Fertigstellung. Die Bauaufsichtsbehörde soll gestatten, dass die bauliche Anlage ganz oder teilweise schon früher benutzt wird, wenn wegen der öffentlichen Sicherheit und Ordnung Bedenken nicht bestehen und die Bescheinigung der bevollmächtigten Bezirksschornsteinfegerin oder des bevollmächtigten Bezirksschornsteinfegers nach § 41 Abs. 6 vorliegt.

Abschnitt 5
Bauaufsichtliche Maßnahmen

§ 80
Verbot unrechtmäßig gekennzeichneter Bauprodukte

Sind Bauprodukte entgegen § 22 mit dem Ü-Zeichen gekennzeichnet, kann die Bauaufsichtsbehörde ihre Verwendung untersagen und die Kennzeichnung entwerten oder beseitigen lassen.

§ 81
Einstellung von Arbeiten

(1) Werden Anlagen im Widerspruch zu öffentlich-rechtlichen Vorschriften errichtet, geändert oder beseitigt, kann die Bauaufsichtsbehörde die Einstellung der Arbeiten anordnen. Dies gilt insbesondere, wenn

1. die Ausführung eines genehmigungsbedürftigen oder nach § 63 freigestellten Vorhabens ohne Baugenehmigung oder Einreichung der erforderlichen Unterlagen nach § 63 Abs. 2 oder entgegen den Vorschriften des § 73 Abs. 6 und 7 begonnen wurde,
2. bei der Ausführung eines Vorhabens von der erteilten Genehmigung abgewichen wird, obwohl es dazu einer Genehmigung bedurft hätte,
3. bei der Ausführung eines nach § 63 freigestellten Vorhabens von den eingereichten Bauvorlagen abgewichen wird, es sei denn die Abweichung ist nach § 61 verfahrensfrei,
4. Bauprodukte verwendet werden, die entgegen der Verordnung (EU) Nr. 305/2011 keine CE-Kennzeichnung oder entgegen § 22 kein Ü-Zeichen tragen,
5. Bauprodukte verwendet werden, die unberechtigt mit der CE-Kennzeichnung oder dem Ü-Zeichen (§ 22 Abs. 3) gekennzeichnet sind.

(2) Werden unzulässige Arbeiten trotz einer schriftlich oder mündlich verfügten Einstellung fortgesetzt, so kann die Bauaufsichtsbehörde die Baustelle, die Anlage oder einzelne Teile derselben versiegeln oder die an der Baustelle vorhandenen Bauprodukte, Geräte, Maschinen und Bauhilfsmittel in amtlichen Gewahrsam bringen. Satz 1 gilt auch, wenn nach Erlass eines unanfechtbaren oder eines für sofort vollziehbar erklärten Benutzungsverbots die verbotene Nutzung fortgesetzt wird.

§ 82
Beseitigung von Anlagen, Nutzungsuntersagung

(1) Werden Anlagen im Widerspruch zu öffentlich-rechtlichen Vorschriften errichtet oder geändert, kann die Bauaufsichtsbehörde ihre teilweise oder vollständige Beseitigung anordnen, wenn nicht auf andere Weise rechtmäßige Zustände hergestellt werden können.
(2) Werden die in Absatz 1 genannten Anlagen im Widerspruch zu öffentlich-rechtlichen Vorschriften genutzt, so kann diese Nutzung untersagt werden.
(3) Die Bauaufsichtsbehörde kann verlangen, dass Bauvorlagen eingereicht werden oder ein Bauantrag gestellt wird.

Abschnitt 6
Baulasten, Datenschutz

§ 83
Baulasten

(1) Durch Erklärung gegenüber der Bauaufsichtsbehörde können Grundstückseigentümerinnen und Grundstückseigentümer öffentlich-rechtliche Verpflichtungen zu einem ihre Grundstücke betreffenden Tun, Dulden oder Unterlassen übernehmen, die sich nicht schon aus öffentlich-rechtlichen Vorschriften ergeben (Baulasten). Baulasten werden unbeschadet der Rechte Dritter mit der Eintragung in das Baulastenverzeichnis wirksam und wirken auch gegenüber den Rechtsnachfolgenden.
(2) Die Erklärung nach Absatz 1 bedarf der Schriftform. Die Unterschrift muss öffentlich beglaubigt oder von einer Vermes-

sungsstelle im Sinne des § 2 Abs. 3 des Saarländischen Vermessungs- und Katastergesetzes beglaubigt sein, wenn sie nicht vor der Bauaufsichtsbehörde geleistet oder vor ihr anerkannt wird; dies gilt nicht für Träger öffentlicher Verwaltung.

(3) Die Baulast erlischt durch in Textform zu erklärenden Verzicht der Bauaufsichtsbehörde. Der Verzicht ist zu erklären, wenn ein öffentlich-rechtliches Interesse an der Baulast nicht mehr besteht. Vor dem Verzicht sollen die oder der Verpflichtete und die durch die Baulast Begünstigten angehört werden. Der Verzicht wird mit der Löschung der Baulast im Baulastenverzeichnis wirksam.

(4) Die Baulasten sind in ein Verzeichnis (Baulastenverzeichnis) einzutragen, das von der Bauaufsichtsbehörde geführt wird. In das Baulastenverzeichnis sind auch einzutragen

1. andere baurechtliche Verpflichtungen der Grundstückseigentümerin oder des Grundstückseigentümers zu einem ihr oder sein Grundstück betreffenden Tun, Dulden oder Unterlassen, Auflagen, Bedingungen, Befristungen und Widerrufsvorbehalte, soweit ein öffentliches Interesse an der Eintragung besteht,
2. andere öffentlich-rechtliche Verpflichtungen der Grundstückseigentümerin oder des Grundstückseigentümers zu einem ihr oder sein Grundstück betreffenden Tun, Dulden oder Unterlassen, soweit eine Rechtsvorschrift die Eintragung verlangt.

(5) Wer ein berechtigtes Interesse darlegt, kann in das Baulastenverzeichnis Einsicht nehmen und sich einen Auszug erstellen lassen.

§ 84
Erhebung, Verarbeitung und Übermittlung personenbezogener Daten

(1) Die Bauaufsichtsbehörden sind befugt, zur Wahrnehmung ihrer gesetzlichen Aufgaben die erforderlichen personenbezogenen Daten von den am Bau Beteiligten, Grundstückseigentümerinnen und -eigentümern, der Nachbarschaft, baustoffproduzierenden Unternehmen sowie den sonstigen am Verfahren zu Beteiligenden zu erheben. Darüber hinaus ist eine Erhebung personenbezogener Daten nur mit Einwilligung der betroffenen Person zulässig.

(2) Die Bauaufsichtsbehörden sind berechtigt, die nach Absatz 1 rechtmäßig erhobenen personenbezogenen Daten zur Wahrnehmung ihrer gesetzlichen Aufgaben zu verarbeiten. Darüber hinaus ist eine Verarbeitung personenbezogener Daten nur mit Einwilligung der betroffenen Person zulässig.

(3) Die Übermittlung personenbezogener Daten an andere Behörden und Private ist unter folgenden Voraussetzungen zulässig:

1. Personenbezogene Daten der antragstellenden Person dürfen an andere in Verfahren nach diesem Gesetz zu beteiligende Behörden nur weitergegeben werden, wenn sie für deren Entscheidung erforderlich sind. Bei der Weiterleitung des Antrags sind nur die Unterlagen beizufügen, die die anderen Behörden für ihre Entscheidung benötigen. Die Behörden dürfen die übermittelten Daten nur zu dem Zweck verarbeiten, zu dem sie übermittelt worden sind.
2. Im Verfahren nicht beteiligten Behörden, die zur Erfüllung der ihnen gesetzlich zugewiesenen Aufgaben Kenntnis von erteilten Genehmigungen und Zustimmungen nach diesem Gesetz haben müssen, sind die erforderlichen personenbezogenen Daten mitzuteilen.
3. Personenbezogene Daten der am Bau Beteiligten dürfen an die oberste Bauaufsichtsbehörde, die Architektenkammer des Saarlandes oder die Ingenieurkammer weitergeleitet werden, soweit sie für Entscheidungen nach § 66 Abs. 4, § 67 Abs. 6, § 88 Abs. 4 Satz 3 oder § 88 Abs. 6 Satz 5 oder für Entscheidungen nach § 48 und § 50 Abs. 2 des Saarländischen Architekten- und Ingenieurkammergesetzes erforderlich sind.

(4) Im Übrigen gelten die Vorschriften des Saarländischen Datenschutzgesetzes (SDSG) vom 24. März 1993 (Amtsbl. S. 286), zuletzt geändert durch das Gesetz vom 27. Februar 2002 (Amtsbl. S. 498), in der jeweils geltenden Fassung.

(5) Nach Maßgabe dieses Gesetzes wird das Recht auf informationelle Selbstbestimmung (Artikel 2 Absatz 1 in Verbindung mit Artikel 1 Absatz 1 des Grundgesetzes; Artikel 2 Satz 2 der Verfassung des Saarlandes) eingeschränkt.

Teil 6
Marktüberwachung harmonisierter Bauprodukte nach der EU-Bauproduktenverordnung

§ 84a
Aufbau der Marktüberwachungsbehörden

Marktüberwachungsbehörden sind

1. die oberste Bauaufsichtsbehörde (Marktüberwachungsbehörde),
2. das Deutsche Institut für Bautechnik (gemeinsame Marktüberwachungsbehörde).

§ 84b
Aufgaben und Befugnisse der Marktüberwachungsbehörden

(1) Die Marktüberwachungsbehörden nehmen die Aufgaben nach

1. der Verordnung (EU) Nr. 2019/1020 des Europäischen Parlaments und des Rates vom 20. Juni 2019 über Marktüberwachung und die Konformität von Produkten sowie zur Änderung der Richtlinie 2004/42/EG und der Verordnungen (EG) Nr. 765/2008 und (EU) Nr. 305/2011 (ABl. L 169 vom 25.6.2019, S. 1), in der jeweils geltenden Fassung,
2. dem Gesetz zur Marktüberwachung und zur Sicherstellung der Konformität von Produkten vom 9. Juni 2021 (BGBl. I S. 1723), in der jeweils geltenden Fassung,
3. der Verordnung (EU) Nr. 305/2011, in der jeweils geltenden Fassung, und
4. dem Gesetz zur Durchführung der Verordnung (EU) Nr. 305/2011 zur Festlegung harmonisierter Bedingungen für die Vermarktung von Bauprodukten und zur Umsetzung und Durchführung anderer Rechtsakte der Europäischen Union in Bezug auf Bauprodukte vom 5. Dezember 2012 (BGBl. I S. 2449, 2450), zuletzt geändert durch Artikel 5 des Gesetzes vom 27. Juli 2021 (BGBl. I S. 3146), in der jeweils geltenden Fassung,

wahr.

(2) Den Marktüberwachungsbehörden stehen die sich aus den Vorschriften nach Absatz 1 ergebenden Befugnisse zu.

§ 84c
Zuständigkeit der Marktüberwachungsbehörden

(1) Zuständig ist die Marktüberwachungsbehörde, soweit nachfolgend nichts Abweichendes bestimmt ist.

(2) Die gemeinsame Marktüberwachungsbehörde ist zuständig für die einheitliche Prüfung und Bewertung von Bauprodukten in technischer Hinsicht. Sie ist außerdem in den Fällen, in denen Bauprodukte nach den Anforderungen der EU-Bauproduktenverordnung die in Bezug auf die wesentlichen Merkmale erklärte Leistung nicht erbringen oder eine Gefahr im Sinne des Artikels 58 der EU-Bauproduktenverordnung darstellen, dafür zuständig, die den Marktüberwachungsbehörden zustehenden Maßnahmen nach der Verordnung (EU) Nr. 305/2011, dem Marktüberwachungsgesetz und der Verordnung (EU) Nr. 2019/1020 zu ergreifen.

(3) Besteht für die Marktüberwachungsbehörde Grund zu der Annahme, dass Maßnahmen oder Anordnungen nach Absatz 2 in Betracht kommen, gibt sie die Sachbehandlung für das Produkt an die gemeinsame Marktüberwachungsbehörde ab. Die Zuständigkeit der gemeinsamen Marktüberwachungsbehörde beginnt mit dem Eingang der Abgabe. Soweit nachfolgend nichts Abweichendes bestimmt ist, umfasst sie alle Aufgaben und

Befugnisse nach § 84b; sie schließt die Zuständigkeit der Marktüberwachungsbehörde auch dann aus, wenn sie durch die Abgabe der Sachbehandlung für das Produkt durch eine Marktüberwachungsbehörde eines anderen Landes begründet worden ist. Die Befugnis der Marktüberwachungsbehörde, bei Gefahr im Verzug vorläufige Maßnahmen und Anordnungen zu treffen, bleibt unberührt.
Die Aufhebung eines Verwaltungsakts der Marktüberwachungsbehörde, der nicht nach § 44 des Saarländischen Verwaltungsverfahrensgesetzes nichtig ist, kann nicht alleine deshalb beansprucht werden, weil die Voraussetzungen des Satzes 1 nicht vorgelegen haben oder die Marktüberwachungsbehörde die Sachbehandlung nicht an die gemeinsame Marktüberwachungsbehörde abgegeben hat, obwohl die Voraussetzungen des Satzes 1 vorgelegen haben; im Übrigen bleiben die §§ 45 und 46 des Saarländischen Verwaltungsverfahrensgesetzes unberührt.
(4) Maßnahmen und Anordnungen der gemeinsamen Marktüberwachungsbehörde gelten auch im Saarland.
(5) Der Vollzug der Maßnahmen und Anordnungen der gemeinsamen Marktüberwachungsbehörde einschließlich der Anordnung von Maßnahmen des Verwaltungszwangs obliegt der Marktüberwachungsbehörde.

Teil 7
Rechtsvorschriften, Ordnungswidrigkeiten, Übergangsvorschriften, Außerkrafttreten

§ 85
Örtliche Bauvorschriften

(1) Die Gemeinden können durch Satzung Örtliche Bauvorschriften erlassen über

1. besondere Anforderungen an die äußere Gestaltung baulicher Anlagen sowie von Werbeanlagen und Warenautomaten zur Erhaltung und Gestaltung von Ortsbildern; dabei können sich die Vorschriften auch auf deren Art, Größe und Anbringungsort erstrecken,
2. das Verbot von Werbeanlagen und Warenautomaten aus ortsgestalterischen Gründen,
3. die Gestaltung, Begrünung und Bepflanzung der Gemeinschaftsanlagen, der Lagerplätze, der Stellplätze und der Abstellplätze für Fahrräder, der Standplätze für Abfall- und Wertstoffbehälter, der unbebauten Flächen der bebauten Grundstücke, die Begrünung baulicher Anlagen, der Spielplätze sowie der Camping-, Zelt- und Wochenendplätze; dabei kann bestimmt werden, dass Vorgärten nicht als Stellplätze, als Abstell- oder als Lagerplätze oder als Arbeitsflächen hergerichtet oder benutzt werden dürfen,
4. die Verpflichtung zur Herstellung, das Verbot der Herstellung sowie über Art, Höhe und Gestaltung von Einfriedungen,
5. von § 7 abweichende Maße der Abstandsflächentiefe, wenn besondere städtebauliche Gründe dies erfordern oder zur Wahrung der bauhistorischen Bedeutung oder der sonstigen erhaltenswerten Eigenart eines Ortsteils; dabei sind eine ausreichende Belichtung sowie der Brandschutz zu gewährleisten.
6. die Pflicht zur Anlage und Unterhaltung von Kleinkinderspielplätzen für bestehende Gebäude mit mehr als drei Wohnungen im Gemeindegebiet oder in Teilen davon, wenn dies die Gesundheit oder der Schutz der Kinder erfordert,
7. die Herstellungspflicht von Stellplätzen oder Garagen sowie von Abstellplätzen für Fahrräder für bestehende bauliche Anlagen in genau abgegrenzten Teilen des Gemeindegebiets, wenn die Bedürfnisse des ruhenden oder fließenden Verkehrs oder die Beseitigung städtebaulicher Missstände dies erfordern,
8. das Verbot oder die Einschränkung der Herstellung von Stellplätzen und Garagen, wenn und soweit Gründe des Verkehrs, Festsetzungen einer städtebaulichen Satzung oder sonstige städte-

bauliche Gründe dies erfordern und die Belange des ruhenden Verkehrs angemessen berücksichtigt werden,
9. die Höhe des Geldbetrags im Sinne von § 47 Abs. 3,
10. die Unzulässigkeit von mehr als einer Empfangsanlage für Rundfunk- und Fernsehprogramme auf Gebäuden, soweit der Anschluss an eine Gemeinschaftsempfangsanlage möglich ist.

(2) Durch Örtliche Bauvorschriften kann ferner bestimmt werden, dass im Gemeindegebiet oder in Teilen davon Anlagen zum Sammeln, Verwenden, Versickern oder Verrieseln von Niederschlagswasser oder zum Verwenden von Grauwasser vorgeschrieben werden, um die Abwasseranlagen zu entlasten, Überschwemmungsgefahren zu vermeiden oder den Wasserhaushalt zu schonen, soweit wasserwirtschaftliche oder gesundheitliche Belange nicht entgegenstehen.

(3) Anforderungen nach Absatz 1 können in der Örtlichen Bauvorschrift auch in Form zeichnerischer Darstellungen gestellt werden. Diese können durch öffentliche Auslegung bekannt gemacht werden; hierauf sowie auf Ort und Zeit der Auslegung ist in der Örtlichen Bauvorschrift hinzuweisen.

(4) Örtliche Bauvorschriften können auch durch Bebauungsplan oder, soweit das Baugesetzbuch dies vorsieht, durch sonstige städtebauliche Satzungen erlassen werden. In diesem Fall sind die Vorschriften des Ersten und Dritten Abschnitts des Ersten Teils des Ersten Kapitels, des Ersten Abschnitts des Zweiten Teils des Ersten Kapitels, die §§ 13, 13a, 30, 31, 33, 36 und 214 bis 215a des Baugesetzbuchs entsprechend anzuwenden, soweit das Baugesetzbuch kein abweichendes Verfahren regelt.

§ 86

Verordnungsermächtigungen

(1) Zur Verwirklichung der in § 3 Abs. 1 Nr. 1, § 17a Abs. 1 und § 17b Abs. 1 bezeichneten Anforderungen wird die oberste Bauaufsichtsbehörde ermächtigt, durch Rechtsverordnung Vorschriften zu erlassen über
1. die nähere Bestimmung allgemeiner Anforderungen in den §§ 4 bis 17, 27 bis 46,
2. Anforderungen an Feuerungsanlagen (§ 41),
3. Anforderungen an Stellplätze und Garagen (§ 2 Abs. 9),
4. besondere Anforderungen oder Erleichterungen, die sich aus der besonderen Art oder Nutzung der baulichen Anlagen für Errichtung, Änderung, Unterhaltung, Betrieb oder Benutzung ergeben (§§ 50 und 51), sowie über die Anwendung solcher Anforderungen auf bestehende bauliche Anlagen dieser Art,
5. Erst-, Wiederholungs- und Nachprüfungen von Anlagen, die zur Verhütung erheblicher Gefahren oder Nachteile ständig ordnungsgemäß unterhalten werden müssen, und die Erstreckung dieser Nachprüfungspflicht auf bestehende Anlagen,
6. die Anwesenheit fachkundiger Personen beim Betrieb technisch schwieriger baulicher Anlagen und Einrichtungen, wie Bühnenbetriebe und technisch schwierige Fliegende Bauten, einschließlich des Nachweises der Befähigung.

(2) Die oberste Bauaufsichtsbehörde wird ermächtigt, durch Rechtsverordnung Vorschriften zu erlassen über
1. Form, Umfang, Inhalt und Zahl der erforderlichen Unterlagen einschließlich der Vorlagen bei der Anzeige der beabsichtigten Beseitigung von Anlagen nach § 61 Abs. 4 Satz 2 und bei der Genehmigungsfreistellung nach § 63,
2. die erforderlichen Anträge, Anzeigen, Nachweise, Bescheinigungen, Bestätigungen, Erklärungen und Anordnungen, einschließlich deren Formerfordernissen, auch bei verfahrensfreien Vorhaben,
3. soweit erforderlich, das Verfahren im Einzelnen.

Sie kann dabei

1. die Art der Übermittlung,
2. für verschiedene Arten von Bauvorhaben unterschiedliche Anforderungen und Verfahren,
3. den Gebrauch der von der obersten Bauaufsichtsbehörde veröffentlichten Formulare vorschreiben.

(3) Die oberste Bauaufsichtsbehörde wird ermächtigt, durch Rechtsverordnung Vorschriften zu erlassen über

1. Prüfingenieurinnen, Prüfingenieure, Prüfämter und Prüfstellen, denen bauaufsichtliche Prüfaufgaben einschließlich der Bauüberwachung und der Bauzustandsbesichtigung übertragen werden, sowie
2. Prüfsachverständige, die im Auftrag der Bauherrin oder des Bauherrn oder des sonstigen nach Bauordnungsrecht Verantwortlichen die Einhaltung bauordnungsrechtlicher Anforderungen prüfen und bescheinigen.

Die Rechtsverordnungen nach Satz 1 regeln, soweit erforderlich,

1. die Fachbereiche und Fachrichtungen, in denen Prüfingenieurinnen, Prüfingenieure, Prüfämter, Prüfstellen und Prüfsachverständige tätig werden,
2. die Anforderungen an die Prüfingenieurinnen, Prüfingenieure, Prüfämter, Prüfstellen und Prüfsachverständigen, insbesondere in Bezug auf
   a) Ausbildung,
   b) Fachkenntnis,
   c) Berufserfahrung in zeitlicher und sachlicher Hinsicht,
   d) die Verpflichtung zu laufender Fort- und Weiterbildung,
   e) durch Prüfungen nachzuweisende Befähigungen,
   f) den Nachweis der persönlichen Zuverlässigkeit,
   g) die Mitgliedschaft in einer berufsständischen Kammer,
3. das Anerkennungsverfahren, wobei die Befugnis zur Anerkennung auf Dritte übertragen werden kann, sowie die Voraussetzungen für die Anerkennung, ihren Widerruf, ihre Rücknahme und ihr Erlöschen sowie für Prüfungen die Bestellung und Zusammensetzung der Prüfungsorgane und das Prüfungsverfahren,
4. die Überwachung der Prüfingenieurinnen, Prüfingenieure, Prüfämter, Prüfstellen und Prüfsachverständigen,
5. die Festsetzung einer Altersgrenze,
6. das Erfordernis einer ausreichenden Haftpflichtversicherung,
7. die Vergütung der Prüfingenieurinnen, Prüfingenieure, Prüfämter, Prüfstellen und Prüfsachverständigen, die Verpflichtung der Abrechnung über eine Abrechnungsstelle sowie über die Bestimmung der hierfür zuständigen Stelle,
8. die Aufgabenerledigung.

(4) Die oberste Bauaufsichtsbehörde wird ermächtigt, durch Rechtsverordnung die Befugnisse auf andere als in diesen Vorschriften aufgeführte Behörden zu übertragen für:

1. die Anerkennung von Prüf-, Zertifizierungs- und Überwachungsstellen (§ 25),
2. die Ausführungsgenehmigung für Fliegende Bauten (§ 77).

Die Befugnisse können auch auf eine Behörde eines anderen Landes übertragen werden, die der Aufsicht einer obersten Bauaufsichtsbehörde untersteht oder an deren Willensbildung die oberste Bauaufsichtsbehörde mitwirkt.

(5) Die oberste Bauaufsichtsbehörde kann durch Rechtsverordnung

1. das Ü-Zeichen festlegen und zu diesem Zeichen zusätzliche Angaben verlangen,
2. das Anerkennungsverfahren nach § 25, die Voraussetzungen für die Anerkennung, ihren Widerruf und ihr Erlöschen regeln, insbesondere auch Altersgrenzen festlegen, sowie eine ausreichende Haftpflichtversicherung fordern,
3. die Fachaufsicht über die natürlichen oder juristischen Personen und Behörden nach § 25 regeln und

4. Gebühren und Auslagenersatz für die Tätigkeit der natürlichen oder juristischen Personen nach § 25 regeln.

(6) Die oberste Bauaufsichtsbehörde kann durch Rechtsverordnung vorschreiben, dass für bestimmte Bauprodukte und Bauarten, auch soweit sie Anforderungen nach anderen Rechtsvorschriften unterliegen, hinsichtlich dieser Anforderungen § 17a Abs. 2 und die §§ 18 bis 26 ganz oder teilweise anwendbar sind, wenn die anderen Rechtsvorschriften dies verlangen oder zulassen.

(7) Die oberste Bauaufsichtsbehörde wird ermächtigt, durch Rechtsverordnung zu bestimmen, dass die Anforderungen der Rechtsverordnungen nach § 31 des Gesetzes über überwachungsbedürftige Anlagen vom 27. Juli 2021 (BGBl. I S. 3146, 3162), in der jeweils geltenden Fassung und nach § 49 Absatz 4 des Energiewirtschaftsgesetzes vom 7. Juli 2005 (BGBl. I S. 1970, 3621), zuletzt geändert durch Artikel 9 des Gesetzes vom 26. Juli 2023 (BGBl. 2023 I Nr. 202), in der jeweils geltenden Fassung entsprechend für Anlagen gelten, die weder gewerblichen noch wirtschaftlichen Zwecken dienen und in deren Gefahrenbereich auch keine Arbeitnehmerinnen oder Arbeitnehmer beschäftigt werden. Sie kann auch die Verfahrens-, Ordnungswidrigkeits-, Zuständigkeits- und Gebührenregelungen dieser Verordnungen für anwendbar erklären oder selbst das Verfahren bestimmen sowie Zuständigkeiten und Gebühren regeln. Dabei kann sie auch vorschreiben, dass danach zu erteilende Erlaubnisse die Baugenehmigung einschließlich der zugehörigen Abweichungen einschließen und dass § 27 Abs. 5 Nr. 4 des Gesetzes über überwachungsbedürftige Anlagen, in der jeweils geltenden Fassung, insoweit Anwendung findet.

§ 86a
Technische Baubestimmungen

(1) Die Anforderungen nach § 3 können durch Technische Baubestimmungen konkretisiert werden. Die Technischen Baubestimmungen sind zu beachten. Von den in den Technischen Baubestimmungen enthaltenen Planungs-, Bemessungs- und Ausführungsregelungen kann abgewichen werden, wenn mit einer anderen Lösung die Anforderungen in gleichem Maße erfüllt werden und in der Technischen Baubestimmung eine Abweichung nicht ausgeschlossen ist; § 17a Abs. 2, § 18 Abs. 1 und § 68 Abs. 1 bleiben unberührt.

(2) Die Konkretisierungen können durch Bezugnahmen auf technische Regeln und deren Fundstellen oder auf andere Weise erfolgen, insbesondere in Bezug auf:

1. bestimmte bauliche Anlagen oder ihre Teile,
2. die Planung, Bemessung und Ausführung baulicher Anlagen und ihrer Teile,
3. die Leistung von Bauprodukten in bestimmten baulichen Anlagen oder ihren Teilen, insbesondere
   a) Planung, Bemessung und Ausführung baulicher Anlagen bei Einbau eines Bauprodukts,
   b) Merkmale von Bauprodukten, die sich für einen Verwendungszweck auf die Erfüllung der Anforderungen nach § 3 Abs. 1 Nr. 1 auswirken,
   c) Verfahren für die Feststellung der Leistung eines Bauproduktes im Hinblick auf Merkmale, die sich für einen Verwendungszweck auf die Erfüllung der Anforderungen nach § 3 Abs. 1 Nr. 1 auswirken,
   d) zulässige oder unzulässige besondere Verwendungszwecke,
   e) die Festlegung von Klassen und Stufen in Bezug auf bestimmte Verwendungszwecke,
   f) die für einen bestimmten Verwendungszweck anzugebende oder erforderliche und anzugebende Leistung in Bezug auf ein Merkmal, das sich für einen Verwendungszweck auf die Erfüllung der Anforderungen nach § 3 Abs. 1 Nr.

1 auswirkt, soweit vorgesehen in Klassen und Stufen,
4. die Bauarten und die Bauprodukte, die nur eines allgemeinen bauaufsichtlichen Prüfungszeugnisses nach § 17a Abs. 3 oder nach § 20 Abs. 1 bedürfen,
5. Voraussetzungen zur Abgabe der Übereinstimmungserklärung für ein Bauprodukt nach § 23,
6. die Art, den Inhalt und die Form technischer Dokumentation.

(3) Die Technischen Baubestimmungen sollen nach den Grundanforderungen gemäß Anhang I der Verordnung (EU) Nr. 305/2011 gegliedert sein.

(4) Die Technischen Baubestimmungen enthalten die in § 18 Abs. 3 genannte Liste.

(5) Das Deutsche Institut für Bautechnik macht nach Anhörung der beteiligten Kreise im Einvernehmen mit der obersten Bauaufsichtsbehörde zur Durchführung dieses Gesetzes und der aufgrund dieses Gesetzes erlassenen Rechtsverordnungen die Technischen Baubestimmungen nach Absatz 1 als Verwaltungsvorschrift bekannt. Die nach Satz 1 bekannt gemachte Verwaltungsvorschrift gilt als Verwaltungsvorschrift des Saarlandes, soweit die oberste Bauaufsichtsbehörde keine abweichende Verwaltungsvorschrift im Amtsblatt des Saarlandes bekannt macht. Die Fundstelle der Bekanntmachung der Verwaltungsvorschrift nach Satz 1 wird im Amtsblatt des Saarlandes bekannt gemacht.

§ 87
Ordnungswidrigkeiten

(1) Ordnungswidrig handelt, wer vorsätzlich oder fahrlässig
1. einer nach § 86 erlassenen Rechtsverordnung oder einer nach § 85 erlassenen Örtlichen Bauvorschrift zuwiderhandelt, sofern die Rechtsverordnung oder die Satzung für einen bestimmten Tatbestand auf diese Bußgeldvorschrift verweist,
2. einer vollziehbaren schriftlichen Anordnung der Bauaufsichtsbehörde zuwiderhandelt, die aufgrund dieses Gesetzes oder aufgrund einer nach diesem Gesetz zulässigen Rechtsverordnung oder Satzung erlassen worden ist, sofern die Anordnung auf die Bußgeldvorschrift verweist,
3. die Rettungswege entgegen § 6 Abs. 2 nicht kennzeichnet oder nicht freihält,
4. Bauprodukte entgegen § 22 Abs. 3 ohne das Ü-Zeichen verwendet,
5. Bauarten entgegen § 17a ohne Bauartgenehmigung anwendet,
6. Bauprodukte mit dem Ü-Zeichen kennzeichnet, ohne dass dafür die Voraussetzungen nach § 22 Abs. 3 vorliegen,
7. ohne die erforderliche Genehmigung (§ 60 Abs. 1), Teilbaugenehmigung (§ 75), Abweichung (§ 68) oder Ausnahme oder Befreiung nach § 31 des Baugesetzbuchs oder abweichend davon Anlagen errichtet, ändert, benutzt oder entgegen § 61 Abs. 4 Satz 2 bis 4 beseitigt,
8. Fliegende Bauten ohne Ausführungsgenehmigung (§ 77 Abs. 2) oder ohne rechtzeitige Anzeige und Abnahme (§ 77 Abs. 6) in Gebrauch nimmt,
9. entgegen § 63 Abs. 3 Satz 2 bis 4 mit der Ausführung eines Bauvorhabens beginnt, entgegen § 73 Abs. 6 und 7 Bauarbeiten beginnt, entgegen § 61 Abs. 4 Satz 5 mit der Beseitigung einer Anlage beginnt, entgegen § 78 Abs. 3 Beginn und Beendigung bestimmter Bauarbeiten nicht anzeigt oder Bauarbeiten fortführt, entgegen § 79 Abs. 4 mit dem Innenausbau beginnt oder entgegen § 79 Abs. 6 Satz 1 bauliche Anlagen nutzt,
10. die nach § 73 Abs. 8 vorgeschriebene Anzeige nicht oder nicht fristgerecht erstattet,
11. als Bauherrin oder Bauherr § 11 Abs. 4 und § 53 Abs. 1 Satz 1 und 2, als Entwurfsverfasserin oder Entwurfsverfas-

ser § 54 Abs. 1 Satz 3, als Unternehmen § 55 Abs. 1 Satz 1, 2 und 4, als Bauleiterin oder Bauleiter § 56 Abs. 1 Satz 1 oder als deren Vertreterin oder Vertreter diesen Vorschriften zuwiderhandelt.

(2) Ordnungswidrig handelt auch, wer wider besseres Wissen

1. unrichtige Angaben macht oder unrichtige Pläne oder Unterlagen vorlegt, um einen nach diesem Gesetz vorgesehenen Verwaltungsakt zu erwirken oder zu verhindern,
2. als Prüfingenieurin oder Prüfingenieur unrichtige Prüfberichte erstellt oder als Prüfsachverständige oder Prüfsachverständiger unrichtige Bescheinigungen über die Einhaltung bauordnungsrechtlicher Anforderungen ausstellt,
3. unrichtige Angaben im Kriterienkatalog nach § 67 Abs. 4 Satz 1 Nr. 2 macht,
4. unrichtige Bescheinigungen oder Bestätigungen nach § 78 Abs. 2 Satz 3 ausstellt.

(3) Die Ordnungswidrigkeit kann mit einer Geldbuße bis zu 250.000 Euro geahndet werden.

(4) Ist eine Ordnungswidrigkeit nach Absatz 1 Nr. 4 bis 6 begangen worden, so können Gegenstände, auf die sich die Ordnungswidrigkeit bezieht, eingezogen werden. § 23 des Gesetzes über Ordnungswidrigkeiten in der Fassung der Bekanntmachung vom 19. Februar 1987 (BGBl. I S. 602), zuletzt geändert durch Artikel 3 des Gesetzes vom 22. Dezember 2003 (BGBl. I S. 2838), in der jeweils geltenden Fassung ist anzuwenden.

(5) Verwaltungsbehörde im Sinne des § 36 Abs. 1 Nr. 1 des Gesetzes über Ordnungswidrigkeiten ist die untere Bauaufsichtsbehörde.

§ 88

Fortgeltung bestehender Vorschriften, Übergangsvorschriften

(1) Vor Inkrafttreten des Gesetzes zur Änderung der Landesbauordnung, des Saarländischen Architekten- und Ingenieurkammergesetzes, des Saarländischen Nachbarrechtsgesetzes und anderer Rechtsvorschriften vom 15. Juli 2015 (Amtsbl. I S. 632) eingeleitete Verfahren sind nach den bisherigen Verfahrensvorschriften weiter zu führen. Vorhaben, die im Zeitpunkt des Inkrafttretens des in Satz 1 genannten Gesetzes nach § 63 in der bisher geltenden Fassung baugenehmigungsfrei gestellt waren und die Voraussetzungen für den Baubeginn erfüllten, bleiben bis zum Ablauf von drei Jahren, nachdem die Bauausführung nach § 63 Abs. 3 in der bisher geltenden Fassung zulässig geworden ist, baugenehmigungsfrei gestellt; § 60 Abs. 3 findet Anwendung.

(2) Sind Verfahren vor dem In-Kraft-Treten des in Absatz 1 genannten Gesetzes eingeleitet worden, kann von der Bauherrin oder dem Bauherrn die Entscheidung nach dem zur Zeit der Antragstellung geltenden materiellen Recht verlangt werden. Wird nach der Verkündung, jedoch vor dem In-Kraft-Treten des in Absatz 1 genannten Gesetzes über einen Antrag entschieden, kann die Bauherrin oder der Bauherr verlangen, dass der Entscheidung die materiellen Vorschriften des in Absatz 1 genannten Gesetzes zugrunde gelegt werden.

(3) Abweichend von § 67 Abs. 3 ist die Eintragung in die Liste der Brandschutzplanerinnen und -planer nach § 29b des Saarländischen Architekten- und Ingenieurkammergesetzes für Personen, die nach der Rechtsverordnung auf Grund des § 86 Abs. 3 berechtigt sind, Brandschutznachweise bauaufsichtlich zu prüfen oder zu bescheinigen, bis zum 31. Dezember 2015 nicht erforderlich.

(4) Nicht bauvorlageberechtigte Personen, die bis zum In-Kraft-Treten dieses Gesetzes in Ausübung einer hauptberuflichen Tätigkeit regelmäßig Bauvorlagen für Gebäude nach § 70 Abs. 1 Satz 2 der Bauordnung für das Saarland vom 27. März 1996 (Amtsbl. S. 477), gefertigt haben und dies innerhalb einer Ausschlussfrist von einem Jahr nach In-Kraft-Treten dieses Gesetzes gegenüber

der obersten Bauaufsichtsbehörde nachweisen, können Bauvorlagen für Gebäude dieser Art, ausgenommen nach § 63 baugenehmigungsfrei gestellte Gebäude, auch weiterhin unterschreiben. Über den erbrachten Nachweis erteilt die oberste Bauaufsichtsbehörde eine Bescheinigung. 3§ 66 Abs. 4 gilt entsprechend.

(5) Wer auf Grund einer Berufsausbildung in der Fachrichtung Bauingenieurwesen nach dem Gesetz über die Führung der Berufsbezeichnung „Beratender Ingenieur" und die Errichtung einer Kammer der Beratenden Ingenieure des Saarlandes (BerIngG) vom 31. Januar 1975 (Amtsbl. S. 362), zuletzt geändert durch Artikel 10 Abs. 20 des Gesetzes vom 7. November 2001 (Amtsbl. S. 2158), zur Führung der Berufsbezeichnung „Beratender Ingenieur" berechtigt war und diese Berufsbezeichnung auch nach dem Saarländischen Architekten- und Ingenieurkammergesetz führen darf, ist bauvorlageberechtigt für die Errichtung und Änderung von Ingenieurbauten, insbesondere Silobauten, Kühlhäuser, Parkhäuser, Tribünenbauten in Sportanlagen, Bauten für den Straßen-, Schienen-, Schifffahrts- und Luftverkehr, Bauten der öffentlichen Ver- und Entsorgung und der Energieversorgung sowie Fabrikations- und Lagerhallen.

(6) Wer während der letzten zehn Jahre vor In-Kraft-Treten dieses Gesetzes in Ausübung seiner hauptberuflichen Tätigkeit regelmäßig bautechnische Nachweise erstellt hat und die erforderliche Berufsausbildung für die Eintragung in die Architektenliste, die Liste der bauvorlageberechtigten Ingenieurinnen und Ingenieure oder die Liste der Tragwerksplanerinnen und -planer nach dem Saarländischen Architekten- und Ingenieurkammergesetz nicht nachweisen kann, bleibt im Rahmen des § 67 nachweisberechtigt, soweit sie oder er eine ausreichende Befähigung anhand eigener Arbeiten innerhalb einer Ausschlussfrist von einem Jahr nach In-Kraft-Treten dieses Gesetzes gegenüber der obersten Bauaufsichtsbehörde nachweist. Wer bautechnische Nachweise nur für bestimmte Gebäudeklassen erstellt hat, bleibt nur für diese Gebäudeklassen nachweisberechtigt. Über den erbrachten Nachweis erteilt die oberste Bauaufsichtsbehörde eine Bescheinigung. Die Bescheinigung berechtigt auch zur Bauüberwachung nach § 78 Abs. 2 Satz 3. § 66 Abs. 4 gilt entsprechend.

(7) Festsetzungen über die äußere Gestaltung baulicher Anlagen in einem Bebauungsplan, der vor In-Kraft-Treten der Bauordnung für das Saarland (LBO) vom 10. November 1988 (Amtsbl. S. 1373) oder des Baugesetzbuches aufgestellt wurde, gelten als Örtliche Bauvorschriften im Sinne des § 85 Abs. 4. Eines getrennten Satzungsbeschlusses für die Örtlichen Bauvorschriften bedarf es dazu nicht.

(8) Festsetzungen über die Pflicht zur Anlage und Unterhaltung von Kleinkinderspielplätzen für bestehende Gebäude mit mehr als drei Wohnungen in einer Satzung nach § 6 Abs. 2 des Gesetzes über Spielplätze vom 6. November 1974 (Amtsbl. S. 1008) gelten als Örtliche Bauvorschriften im Sinne des § 85 fort.

(9) Auf Verfahren, die vor Inkrafttreten des Artikels 5 des Gesetzes zur Änderung des Saarländischen Behindertengleichstellungsgesetzes und weiterer gesetzlicher Vorschriften vom 19. Juni 2019 (Amtsbl. I S. 639) eingeleitet wurden, ist § 50 Absatz 1 der Landesbauordnung vom 18. Februar 2004 (Amtsbl. S. 822), zuletzt geändert durch das Gesetz vom 13. Februar 2019 (Amtsbl. I S. 324) anzuwenden.

(10) Die Verwendung des Ü-Zeichens auf Bauprodukten, die die CE-Kennzeichnung auf Grund der Verordnung (EU) Nr. 305/2011 tragen, ist mit dem Inkrafttreten des Gesetzes zur Änderung der Landesbauordnung und anderer Rechtsvorschriften vom 4. Dezember 2019 (Amtsbl. I S. 211) nicht mehr zulässig. Sind bereits in Verkehr gebrachte Bauprodukte, die die CE-Kennzeichnung auf Grund der Verordnung (EU) Nr. 305/2011 tragen, mit dem Ü-Zeichen gekennzeichnet,

verliert das Ü-Zeichen mit dem Inkrafttreten des in Satz 1 genannten Gesetzes seine Gültigkeit.

(11) Bis zum Inkrafttreten des in Absatz 10 Satz 1 genannten Gesetzes für Bauarten erteilte allgemeine bauaufsichtliche Zulassungen oder Zustimmungen im Einzelfall gelten als Bauartgenehmigung nach § 17a Abs. 2 fort.

(12) Bestehende Anerkennungen als Prüf-, Überwachungs- und Zertifizierungsstellen bleiben in dem bis zum Inkrafttreten des in Absatz 10 Satz 1 genannten Gesetzes geregelten Umfang wirksam. Vor dem Inkrafttreten des in Absatz 10 Satz 1 genannten Gesetzes gestellte Anträge gelten als Anträge nach diesem Gesetz.

(13) Vor Inkrafttreten des Gesetzes zur Änderung der Landesbauordnung und weiterer Rechtsvorschriften vom 16. Februar 2022 (Amtsbl. I S. 456), eingeleitete Verfahren sind nach den bisherigen Verfahrensvorschriften weiterzuführen.